KB212100

법화경 강설

경전강의 시리즈
교재 03

법화경 강설

성본 역해

민족사

차례

법화경에 대하여

『법화경(法華經)』은 『반야경』, 『화엄경』, 『금강경』, 『유마경』, 『열반경』 등과 같이 대승불교의 대표적인 경전이다.

『법화경』의 원래 명칭은 『묘법연화경(妙法蓮華經)』인데, 서품에서 "무량의(無量義), 교보살법(教菩薩法), 불소호념(佛所護念)"이라고 경전의 또 다른 명칭을 제시하고 있다.

세친(世親)은 『법화론(法華論, 妙法蓮華經 優波提舍)』 상권에 『법화경』에서 설한 법문을 토대로 하여 "무량의경(無量義經), 최승수다라(最勝修多羅), 대방광경(大方廣經), 교보살법(教菩薩法), 불소호념(佛所護念), 일체제불비밀법(一切諸佛秘密法), 일체제불지장(一切諸佛之藏), 일체제불비밀처(一切諸佛秘密處), 능생일체제불경(能生一切諸佛經), 일체제불견고사리(一切諸佛堅固舍利), 일체제불대교방편경(一切諸佛大巧方便經), 설일승경(說一乘經), 제일의주(第一義住), 묘법연화경(妙法蓮華經), 최상법문(最上法門) 등 17종의 명칭을 제시하고 있다.

『법화경』의 다양한 명칭은, 경전에서 설한 법문의 내용 가운데서 특성(특징) 있는 설법 부분을 경전의 명칭(별칭)으로 제시한 것이다.

또한 반야경전에서 대승보살 수행자는 성불하고 이승의 수행자는 성불할 수 없다고 설했는데, 『법화경』에서는 이승의 수행자뿐만 아니라 악인(惡人)이나 여인도 발심하여 성불할 수 있다는 일체개성(一切皆成)의 법문을 설한다.

『법화경』의 법문을 회삼귀일(會三歸一)로 정리하고, 방편품에는 성문, 연각, 보살 등 삼승의 수행자가 모두 발심 수행하여 일불승(一佛乘)의 경지를 깨달아 체득할 수 있는 방편 법문과 비유법문을 설한다.

또 제법실상법(諸法實相法), 자연법이(自然法爾)의 진여법(眞如法)을 진여일심의 지혜로 발심 수행하여 구경의 깨달음을 체득하는 제불여래의 경지를 십여시(十如是)로 다음과 같이 설한다.

> 말하자면 제법은 진여의 실상(如是相)과 진여법성(法性), 진여의 근본 당체(如是體), 진여일심의 독자적인 지혜의 힘(如是力), 진여일심의 창조적인 지혜작용(如是作), 진여일심의 근본(如是因)과 진여일심이 지혜로 반연(如是緣) 되어 진여일심으로 깨달음(如是果)과 진여일심의 지혜를 체득하는 과보(如是報)를 이룬다. 즉 진여일심으로 발심 수행하고 정각의 깨달음을 이루는(如是本末) 진여삼매는 구경(究竟)에 평등(等)하여 여래의 지혜로 실행된다.
>
> (所謂諸法 如是相 如是性 如是體 如是力 如是作 如是因 如是緣 如是果 如是報 如是本末 究竟等)

이 일단의 십여시(十如是) 법문은 범어(梵語) 원본의 『법화경』에는 없고, 축법호(竺法護)가 번역한 『정법화경(正法華經)』이나 세친(世親)의 『법화경론』에도 보이지 않는다. 그래서 학자들은 용수(龍樹)의 『대지도론(大智度論)』 제3권, 12권, 32권 등에 설하는 체(體), 법(法), 력(力), 인(因), 연(緣), 과(果), 성(性), 한애(限碍), 개통방편(開通方便)의 9종법(種法)을 구마라집이 십여시(十如是) 법문으로 전용(轉用)한 것이라고 추정하기도 한다.

십여시는 제법실상법(諸法實相法), 진여법은 외부의 힘에 의거하지 않고 진여일심 자체의 지혜로 여법하고 여실하게 진여삼매(眞如三昧)로 작용한다는 사실이다. 진여자성이 자연스럽고 여법하게 지혜의 생명으로 작용하는 불가사의한 묘용(妙用)을 설한 법문이다.

십(十)은 원만한 수(數)로 진여일심의 지혜가 원만하고 무애자재한 경지이며, 여시(如是)는 제불여래의 여시설법(如是說法)과 여래실지실견(如來悉知悉見), 여시지(如是知), 여시견(如是見), 여시신해(如是信解), 여시아문(如是我聞), 여여(如如), 여법(如法), 여래(如來), 여시(如是), 여실(如實), 불이(不二) 등과 같은 뜻으로 진여일심이 여법하고 여여하게 지혜로 작용하는 진여삼매(眞如三昧)이다.

『금강경』에 "여래란 제법과 여여하게 지혜로 작용하는 뜻이다(如來者 則諸法如義)"라고 설한 것처럼 진여일심이 여법하고 여여하게 진여삼매의 지혜로 작용되도록 하는 것은 발보리심, 발심 수행이다.

여시 인연 과보는 진여일심으로 발심 수행(如來因地法行)하고 진여일심의 지혜로 정각의 깨달음을 체득하여 보신불(報身佛)의 경지를 이룬 것을 말한다.

여시(如是) 본말(本末)은 진여일심(因地)으로 발심 수행(法行)하는 본분사의 일(本)과 진여일심의 지혜로 깨달음의 정각을 이룬 경지(末)이다. 초발심의 수행이 진여일심이며 구경의 정각이 진여일심이기에 진여삼매, 일행삼매(一行三昧)로 이루어진다는 사실이다. 그래서 "여시 본말이 구경(究竟)에 평등하다"고 설한다.

이와 똑같은 법문을 『화엄경』에는 "초발심이 곧 정각(初發心時便成正覺)"이라고 설하고, 『열반경』에서는 "발심과 구경의 정각, 이 둘은 구분할 수가 없다(發心畢竟二不別)"고 하며, 『대승기신론』에는 "초발심의 시각(始覺)과 구경의 본각(本覺)은 같다"고 설한다.

『법화경』 종지용출품에도 "이 모든 보살대중의 발심 수행과 깨달음을 체득한 인연(是諸菩薩衆 本末之因緣)"에 대하여 설해 줄 것을 요청하고 있다. 『참동계(參同契)』에 "발심 수행과 깨달음(本末)이 반드시 진여본심으로 귀결된다(本末須歸宗)"라고 설하는 것처럼, 제법실상법은 진여본심의 지혜로 여여(如是)하게 발심 수행과 깨달음(本末)이 구경(究竟)에는 평등(等)하게 진여삼매(眞如三昧)로 실행된다는 사실을 설한다. 『금강경』에 "이 진여법(法)은 평등하여 고하(高下)의 차별이 없다(是法平等無有高下)"고 설한다.

법화경의 번역

『법화경』은 서진(西晉)의 축법호(竺法護; Dharmaraksa)가 서기 276년에 번역한 『정법화경』 10권 27품과 구마라집(鳩摩羅什; Kumārajīva)이 406년에 번역한 『묘법연화경』 7권 28품, 그리고 수나라 시대 사나굴다(Jñānagupta)가 601년에 번역한 『첨품묘법연화경(添品妙法蓮華經)』 7권 27품이 있다.

이상의 3가지 번역본 가운데 구마라집이 번역한 『묘법연화경』은 평이하게 번역하여 중국불교에 널리 유포되었고, 경전의 법문을 서사, 수지, 독송하는 불법 수행의 소의경전이 되었다.

특히 수나라 시대 길장(吉藏)은 『법화경』에 의거하여 『법화현론(法華玄論)』을 저술하였고, 천태지의(天台智顗)는 『법화현의』를 저술하여 『법화경』의 사상과 교리를 정립하고 해석하였다. 특히 『법화경』을 중심으로 대승불교의 수행법을 체계 있게 정리한 『마하지관(摩訶止觀)』, 『천태소지관(天台小止觀)』 법문을 설하여 중국불교 천태교학을 건립하고 불법사상의 금자탑을 세웠다.

법화경의 내용

법화(法華)란 진흙탕 같은 중생의 사바세계에서 발심 수행하여 제법실상법, 진여법(眞如法)을 깨달아 체득하고, 불지견과 방편지혜로 지금, 여기, 시절인연에 따른 자신의 일대사를 상구보리 하화중생의 보살도로 실행하는 것이다.

『화엄경』 보현행원품에 "마치 연꽃이 흙탕물에 오염되지 않는 것과 같다(猶如蓮華不着水)"라고 설한 것처럼, 연꽃이 진흙탕에 뿌리를 내리고 있지만 결코 진흙탕에 오염되지 않고 청정하며(處染常淨), 희고 아름답게 꽃피는 백련화(白蓮華)에 비유한 말이다.

법화부 경전은 불교경전 가운데 세계 각국에서 많은 사람들이 수지 독송하는 경전으로 대승불법의 가르침을 진흙탕에 피는 연꽃에 비유하여 법화(法華), 혹은 묘법연화(妙法蓮華)라고 한다.

『법화경』 방편품에 중생세간의 삼계(三界)를 불타는 집(火宅)에 비유한 것처럼 탐진치 삼독심과 오욕(五欲)의 불길이 자신을 불태우고 있지만, 본래 청정한 진여일심법을 깨달아 해탈 열반의 안락한 경지에서 보살도를 실행할 수 있도록 발심 수행, 서사(書寫), 수지(受持), 독(讀), 송(誦)하는 5종(五種)의 방편 수행법을 제시한다. 즉 화택의 사바세계에서 해탈하고, 본래 청정한 진여일심의 경지에서 반야지혜로 공덕행을 회향하는 일대사 인연이다.

『법화경』은 제불세존이 불지견(佛知見)으로 훌륭한 방편법문과 비유법문, 인연법문으로 불법의 진실을 개시(開示)하여 일체 중생들과 삼승(三乘)의 수행자들이 대승의 불법을 깨닫고 제불여래의 지혜를 체득하도록 설법했다.

여기서 삼승은 성문승(聲聞乘), 연각승(緣覺乘), 보살승(菩薩乘)을 말한다.

성문승과 연각승은 홀로 세상의 온갖 번뇌에서 벗어나는 것을 수행 목표로 하는 소승불교의 수행자이고, 보살승은 일체 중생을 제도하는 원력을 발원하고 수행하는 대승의 보살이다. 제불세존이 설한 법문은 오직 일불승(一佛乘)의 경지를 이루는 진실한 법문이며, 이승(二乘)이나 삼승(三乘)은 방편이다.

번뇌 망념으로 오염된 중생의 오탁악세(五濁惡世)에 제불여래가 훌륭한 방편 법문을 제시하여 설했기 때문에 "삼승방편 일승진실(三乘方便 一乘眞

實)"이라고 한다.

『법화경』에는 대승불교의 불신론(佛身論)을 제시한다.

여래수량품에 이 세상에 출현하신 석가모니불을 가야근성(伽耶近城)의 부처라고 부른다. 붓다가야에서 성불하신 석가모니불은 팔십 세의 나이로 쿠시나가라에서 입멸하였지만 이것은 중생구제의 지혜생명을 나툰 방편의 화신(方便身)일 뿐 사실은 무한한 과거세에 본래(本來) 성불한 구원실성(久遠實成)인 부처의 지혜법신이기 때문에 부처의 지혜수명은 무량하다(無量壽).

석가모니불은 대승불법을 설한 방편의 화신불(化身佛)이며, 여래의 진여법신은 불생불멸(不生不滅), 불변(不變), 구원실성(久遠實成), 본래성불(本來成佛)이라고 한다.

『법화경』 방편품에 "제법은 본래부터 항상 적멸(열반)의 실상이다. 불자가 발심 수행하여 이러한 경지를 깨달아 체득하면 곧 즉시에 부처의 지혜를 이룬다(諸法從本來 常自寂滅相, 佛子行道已 來世得作佛)"라고 설한다.

『법화경』에 일체 중생은 본래 여래비밀지장(如來秘密之藏)을 구족하고 있다고 설하고, 여래수량품에서 설한 구원실성의 법문은 이후에 발전하는 대승불교의 여래장, 불성(佛性)사상의 근원이 되고 있다.

방편 법문과 방편 수행

『법화경』 방편품에는 제불세존이 불지견으로 일체 중생에게 정법(진여법)을 개시오입(開示悟入)하여 중생들이 정법을 깨달아 체득하도록 출세(出世) 설법한 일대사인연(一大事因緣)을 설한다.

일체 중생이 제불세존이 설한 방편 법문에 의거하여 여법하게 발심 수행, 방편 수행하여 진여법, 제법실상법을 깨달아 불지견(佛知見)을 구족하도록 설법한 것이다.

사실 제불세존(여래)이 진여법(眞如法), 제법실상법을 깨닫고 여법하고 여실하게 방편 법문으로 개시(開示)하여 설법한 것을 일대사인연으로 출세(出世)한 것이라고 한다.

방편품에 "부처의 지혜로 설법했기 때문에 제불이 사바세계에 출세한 것이다(說佛智慧故 諸佛出於世)"라고 설한 것처럼, 제불여래는 진여법, 제법실상법을 깨닫고 진여본심의 지혜로 여시설법(如是說法)한다.

『금강경』에 "설법은 진여본심의 지혜로 설해야 한다(無法可說)", "여래는 진어자(眞語者), 실어자(實語者), 여어자(如語者), 불광어자(不誑語者), 불이어자(不異語者)"라고 설한 것처럼, 제불여래는 중생심의 자아의식과 의식의 대상경계를 텅 비운 진여본심으로 방편지혜를 설법하는 일이 시절인연의 본분사(일대사)이다.

『유마경』 제바품에 "설법은 설하고 제시하는 것도 없고, 청법은 듣고 얻은 것도 없다. 비유하면 마술사(幻士)가 인형(幻人)에게 설법하는 것과 같다(夫說法者 無說無示, 其聽法者 無聞無得. 譬如幻士 爲幻人說法)"라고 설한다.

진여본심은 중생의 심의식(心意識)과 대상경계를 텅 비운 공(空)이며, 지혜는 진여본심의 방편지혜로서 불공(不空)의 묘용이다. 진여의 공과 불공은 정혜(定慧), 지관(止觀), 진공묘유(眞空妙有)이며 불이법(不二法)이다. 그래서 『능가경』에 "제불세존은 49년간 한 글자도 설하지 않았다"라고 했다. 즉 자신의 주관적인 사고의 말을 한 마디도 설하지 않고, 오직 진여본심의 지혜로 시절인연에 따른 방편 법문, 인연 법문, 비유 법문을 여법하고 여실하게 개시(開示)했다.

그래서 제불여래의 설법을 일음(一音), 원음(圓音), 묘음(妙音), 법음(法音) 설법이라고 한다. 따라서 보살수행자는 제불여래가 진여일심의 지혜로 여시설법(如是說法)한 경전의 방편 법문을 자아의식의 중생심을 텅 비운 아공

(我空), 법공(法空)의 경지에서 여시아문(如是我聞)하고 수지(受持) 독송하며 신수봉행(信受奉行)해야 제불여래의 지혜를 깨달아 체득할 수 있다. 『법성게』에 "깨달아 증득한 지혜로만이 알 수 있는 경지(證智所知非餘境)"라고 했다.

특히 『법화경』에는 경전의 법문을 수지(受持) 독송하는 5종의 방편 수행을 반복해서 설한다.

상불경보살품에는 『법화경』의 법문을 수지, 독송, 해설, 서사(書寫), 공양하는 5종의 방편 법문을 수행하는 법화행자(法華行者)로서 상불경(常不輕) 보살의 인욕행을 소개한다. 마치 『금강경』에 인욕선인이 경전의 법문을 깨달아 아상, 인상을 텅 비운 경지에서 반야의 지혜로 보살도를 실천하는 법문과 같은 내용이다.

여인 오장신(五障身)과 변성남자(變成男子) 성불(成佛)

『법화경』 제바달다품에 8세 용녀의 변성남자 성불을 설하면서 여인의 몸은 청정하지 못하고 오염되어 생사에 윤회하는 업장이 많아 불도를 이룰 수 있는 법기가 아니라고(女身垢穢 非是法器) 하며, 여인 오장신(五障身)을 설한다.

『증일아함경(增一阿含經)』 제38권에 장로 비구들에게는 보장(寶藏)여래가 성불하는 수기를 주었지만, 옥녀(玉女)에게 여인신(女人身)은 전륜성왕(轉輪聖王), 제석(帝釋), 범천(梵天), 마왕(魔王), 여래(如來, 佛身)가 될 수 없기 때문에 수기를 주지 않았다고 경전에서 처음으로 전한다. 『대지도론』 제2권, 9권, 25권 등에도 여인 오장신을 설하고 여신(女身)은 불신(佛身)이 될 수 없다고 설한다. 『대보적경(大寶積經)』 제38권에는 여인은 어릴 때는 부모(親)를 따르고, 시집가서는 남편(夫)을 따르고 늙어서는 아들을 따르는 삼종(三從)의 인연에 종속하는 부자유가 있기 때문에 성불이 어렵다고 설한다.

『법화경』 약왕보살본사품에 다음과 같이 설한다.

> 여래의 지혜가 없는 말세에 만약 어떤 여인이 이 경전(법화경)의 법문을 청법하고 여법하게 수행하면 그는 번뇌 망념의 생명이 끝난 뒤에 다시 여신(女身)을 받지 않는다.
>
> 여래의 지혜가 없는 말세에 만약 어떤 여인이 이 경전의 법문을 청법하고 경전의 법문과 같이 여법하게 수행하면, 그는 번뇌 망념의 생명이 끝난 뒤(命終)에 곧 안락세계(安樂世界) 아미타불(阿彌陀佛)과 대보살 대중들이 둘러싸인 곳에서 연꽃 중의 보배자리(寶座)에 왕생한다(若如來滅後 後五百歲中, 若有女人, 聞是經典, 如說修行, 於此命終, 卽往安樂世界, 阿彌陀佛, 大菩薩衆, 圍繞住所, 生蓮華中, 寶座之上) ≪대정장≫ 제9권 54쪽. 下)

『법화경』 약왕보살본사품에 "저 일월정명덕(日月淨明德) 여래의 국토에는 여인과 지옥, 아귀, 축생, 아수라 등이 없다"고 하며, 특히 극락정토에는 여인이 없다고 설한다. 『아미타경』에도 아미타불의 정토에는 사바세계 중생들이 자아의식으로 사량 분별하는 번뇌 망념도 없고, 지옥, 아귀, 축생의 삼악도(三惡道)와 그 과보를 받는 일도 없고, 생사에 윤회하는 중생의 고통도 없기 때문에 안락정토라고 한다.

『법화경』에 아미타불의 안락국토에 왕생한다는 설법은 정토삼부경에 자주 설하는 법문으로 당시 불교계에 정토왕생의 사상이 널리 유행하였기 때문에 이러한 설법을 수용한 것이라고 하겠다.

경전에서 자주 설하는 "여래멸후 오백세중(如來滅後 五百歲中)"이라는 표현은 여래의 지혜가 소멸하고 자아의식의 중생심으로 살고 있는 말법(末法) 시대, 즉 사바세계를 말한다.

중생의 사바세계에서 여인이 구법의 원력을 세우고 경전의 법문을 청법하고 정법의 안목을 구족하여 여법하게 발심 수행하도록 설한 법문이다.

그런데 『법화경』에는 왜 여인에게만 한정하여 이러한 설법을 하고 있을까? 『법화경』 제바달다품에 여인은 범천왕(梵天王), 제석(帝釋), 마왕(魔王), 전륜성왕(轉輪聖王), 불신(佛身)이 될 수 없는 다섯 가지 장애를 가진 몸(五障身)이기 때문에 성불할 수 없다고 하여 8세 용녀(龍女)가 남자의 몸으로 바꾸어 곧바로 성불하는 변성남자성불(變成男子成佛)을 설한다.

여인이 남자의 몸으로 변하여(變成男子) 성불하는 법문은 『불설초일명삼매경(佛說超日明三昧經)』, 『무소유보살경(無所有菩薩經)』에도 설하고 있다. 또 『도행반야경(道行般若經)』에 여신(女身)이 내세(來世)에 남자로 변하여 아촉불의 정토(妙喜世界)에 왕생한다고 설하며, 『불설칠녀경(佛說七女經)』, 『대보적경(大寶積經)』 제106권에도 여인신(女人身)이 남자상(男子相)이 되어 사람들의 존경을 받는다고 설한다.

32상 80종호는 남자 신체의 특징을 중심으로 장부상(丈夫相)을 설한 것이다. 여자의 몸(女身)이 남자의 몸(男子身)으로 변하여 성불했다는 말을 글자대로 번역하면 육체적인 변화가 있어야 성불할 수 있다는 말이다. 유심(唯心)의 사상을 설하는 불법사상과 『금강경』에 "만약 형색으로 여래를 보거나 음성으로 여래를 구한다면 이 사람은 사도를 행하는 것이니 여래를 친견할 수가 없다(若以色見我 以音聲求我 是人行邪道 不能見如來)"라는 법문에 위배된다.

같은 예로 『법화경』 약왕보살본사품에 몸을 불에 태워 공양한다는 소신공양(燒身供養)도 글자대로 번역하면 사도(邪道), 외도(外道)가 된다.

『법화경』에 사리불과 지적보살이 용녀(龍女)의 여신에 대한 차별심과 남녀에 대한 분별심을 가지고 있기 때문에 용녀가 발심 수행하여 본래 남자의 몸으로 변하여 32상을 구족하고 묘법을 연설했다고 한다.

8세 용녀가 갑자기 남자의 몸으로 변성했다는 것은 어떠한 의미인가?
『대무량수경』 상권, 제35원에 영원히 여신을 여의는 원(永離女身願)을 다음과 같이 설한다.

가령 내가 부처의 지혜를 체득하여 시방의 무량한 불가사의 제불세계에 있을 때 어떤 여인이 나의 이름을 듣고 환희하여 신심의 법락으로 보리심을 발하고, 여신(女身)을 싫어하는 구도심으로 번뇌 망심의 수명이 끝난 이후 또 다시 여인상(女人像)에 대한 분별의식이 남아 있다면 정각을 취하지 않겠습니다.(設我得佛 十方無量不可思議諸佛世界, 其有女人 聞我名字 歡喜信樂 發菩提心, 厭惡女身壽終之後, 復爲女像者 不取正覺) (≪대정장≫ 제12권 268쪽 下)

이 법문을 『정토론(淨土論)』에서는 "여인과 신근(信根)이 결여된 이승은 대승의 종자가 성장하지 못한다(女人及根缺 二乘種不生)."라고 해설한다. 여인이나 성문, 연각과 같은 이승의 수행자는 대승불법에 신심과 불종(佛種), 여래종자(如來種子)가 없어 성불할 수 없다는 뜻이다.
『대반열반경』 제9권 보살품에 여인은 나쁜 업장의 인연이 많이 집합된 곳이라고 다음과 같이 설법한다.

또 선남자여! 만약 선남자, 선여인들이 남자신(男子身)을 구하지 않는 자가 없다. 왜냐하면 일체의 여인은 모두 나쁜 업장의 인연이 많이 집합된 곳(衆惡之所住處)이기 때문이다. ---(略)--- 선남자여! 이런 뜻으로 모든 선남자, 선여인들은 이 대승열반경의 법문을 청법하고 항상 여인상(女人相)을 꾸짖고 남자가 될 것을 구해야 한다. 왜냐하면 이 대승경전은 장부상(丈夫相)을 구족하고 있다. 말하자면 불성(佛性)이다. 만약 어떤 사람이 이 불성을 구족한 사실을 알지 못하면 곧 남자상(男子相)이 없는 것이다. 자신이 스스로 불성을 구족한 사실을 깨달아 알지 못했기 때문이다. 스스로 불성을 깨달아 체득하지 못한 것을 여래는 이들의 이름을 여인이라고 설한다. 만약 스스로 불성을 깨달으면 여래는 이 사람을 장부상이 되었다고 설한다. 만약 어떤 여인이 스스로 자기 몸에 불성 구족한 사실을 확실히 결정했다면 이들은 곧 남자가 된 것임을 알아야 한다.(若有女人 能知自身 定有佛性 當知是等 卽爲男子) (《대정장》 12권 422쪽 上)

고대 인도에서는 여인을 낮추어 부모와 남편, 아들을 따르는 연약한 존재로 보기 때문에 나쁜 업장(業障)으로 연결된 인연이 많은 것으로 보고 있다. 따라서 대승경전의 법문을 청법하고, 남자신(男子身), 장부상을 구하고 불성을 깨달아 체득하는 구법행을 실천해야 한다는 법문이다.

여인오장신(女人五障身)은 제석, 범천, 마왕, 전륜성왕, 불신(佛身)이 될 수 있는 제불여래의 지혜를 구족하지 못한 중생신이기 때문에 남자상, 장부상, 불성을 깨달아 체득하지 못해 생사에 윤회하는 업장(業障)이 많다는 법문이다.

다시 말해 남자상은 장부상으로 대승경전에서 조어장부(調御丈夫), 대장부상(大丈夫相), 삼십이대인상, 구삼십이대장부상(具三十二大丈夫相), 구삼십이상(具三十二相), 구족색신(具足色身), 구족상(具足相), 구족제상(具足諸相)으로 설하는 제불여래상이다.

『금강경』에 32상을 구족한 전륜성왕을 여래라고 할 수 없다고 설하며, 『대승기신론』에도 마구니(魔王)가 보살상, 여래상의 32상 80종호(相好)를 구족한 모습으로 나타나 육바라밀과 삼해탈(三解脫)의 법문을 설하며 수행자들을 현혹한다고 설한다.

이와 같이 마왕(魔王), 전륜성왕, 불신(佛身)은 32상 80종의 상호를 원만하게 구족하고, 광명으로 장엄한다고 설한 32상은 남자의 신체상을 32종류의 특성으로 설한 것이다.

『대무량수경』 상권에 “가령 내가 성불할 때 나라 가운데 인천(人天)이 모두 원만하게 32대인상을 구족하지 않으면 정각(正覺)을 취하지 않겠다”라고 21번째 원력을 밝히고 있다.

『법화경』 묘음보살품에 “그때 석가모니불이 대인상(大人相)인 육계(肉髻)의 광명과 미간(眉間) 백호상(白毫相)의 광명을 놓아 동방의 백팔만 억 나유타 항하사와 같은 수많은 제불세계를 널리 두루 비추었다”고 설한다.

여래의 32상은 『대지도론』 제4권 등에도 설하는데, 대인상인 육계(肉髻)는 정계상(頂髻相)으로 정상(頂上肉)이 상투(髻)처럼 생겨 누구도 볼 수가 없어 무견정상(無見頂相)이라고 한다. 미간(眉間) 백호상(白毫相)이나 남자의 신체에 나는 털로 모상향상(毛上向相), 일공일모생상(一孔一毛生相), 백모상(白毛相), 신체가 크고 곧다(大直身相), 상반신이 사자 같다(上身如獅子相), 신체가 가로 세로 같다(身廣長等相), 특히 음경이 몸 안에 감추어져 있는 음장상(陰藏相)은 남자의 신체상(身體相)이다.

일체 중생이 본래 구족하고 있는 불성을 깨달으면 남자상, 장부상을 갖춘 것이라고 설한 법문은 여자와 남자를 분별하는 말이 아니다. 불성을 깨달아 진여법신을 구족하면 32상 80종호를 갖춘 여래가 된다는 뜻이기 때문에 중생심의 번뇌 망념을 초월하고 본래 청정한 진여본성을 회복한 본래면목의 입장이다.

『법화경』 방편품에 “제법은 본래 항상 적멸(열반)의 실상이니 불자가 발심 수행하면 곧 부처의 지혜를 이룬다(諸法從本來 常自寂滅相, 佛子行道已來世得作佛)”라고 설한 법문처럼, 불교에서 수행(bhavana)은 비본래(非本來)의 중생심에서 발심 수행하여 본래 청정한 진여본성을 깨달아 성불(成佛)하는 일이다.

번뇌 망념의 중생심으로 오염된 비본래의 중생신(衆生身)과 여신(女身)

을 탈피하고, 발심 수행하여 본래 청정한 불성(佛性)인 장부상(丈夫相), 남자신(男子身)으로 전환해서 성불해야 32상 80종호를 구족한 불신(佛身)이 된다.

여래 10호(十號)에 조어장부(調御丈夫)가 있는 것처럼, 대장부는 불성을 깨달아 정법의 안목인 불지견을 구족하여 독보행(獨步行)을 하고, 독자적인 방편지혜로 사자후(獅子吼)의 무외(無畏) 설법으로 본분사의 삶을 건립(창조)한다.

『전등록』 제29권 십현담(十玄談)에 "장부는 모두 하늘을 치고 오르는 뜻이 있으니 여래가 행한 곳을 따라서 행하지 말라(丈夫皆有衝天志 莫向如來行處行)"고 설한다.

『증도가』에도 "대장부는 지혜의 검을 잡았다(大丈夫 秉慧劍)"고 하며, "항상 홀로 행하고 항상 홀로 걸어가니 불도를 통달한 자는 열반의 길에서 함께 유희한다(常獨行, 常獨步, 達者同遊涅槃路)"고 설한다.

천상천하 유아독존이나 무소의 뿔처럼 홀로 가라는 법문을 선에서는 수처작주(隨處作主), 무의도인(無依道人), 만상지중독로신(萬象之中獨露身), 단소독보(丹霄獨步), 독좌대웅봉(獨坐大雄峰) 등의 법문으로 설한다.

여인이 변성남자(變成男子)로 성불한다는 것은 많은 죄업과 반연된 인연으로 홀로 독립(獨立) 주행(周行)할 능력이 없는 중생여인은 본래면목의 불성을 깨달아 남자상, 장부상을 구족해야 한다는 의미이다.

비본래의 중생심에서 발심 수행하여 정각을 이루어 본래의 진여본성(본래면목)을 회복하는 견성성불(見性成佛)의 법문과 같다.

『관무량수경』에 "제불여래는 법계신(法界身)이니 일체 중생의 심상(心想) 중에서 깨달아 체득한다. 그대들이 중생의 심상(心想)을 깨달아 부처의 지혜를 이룰 때 이 일심(一心)에 곧 32상 80종호를 구족한다. 이 진여일심의 지혜가 부처를 이루며(是心作佛), 이 진여일심의 지혜가 바로 부처(是心是佛)이다. 제불의 정변지(正徧知)의 바다(海)는 중생의 심상(心想)에서 생긴다"고 설한다.

『법화경』에 8세 용녀가 남자의 몸으로 변화해서 성불한다(變成男子成佛)는 법문을 글자대로 해석하면 여인이 남자로 바뀌는 육체적인 변화가 되어버리고, 소신공양(燒身供養)을 육체의 몸을 불태워 대상의 부처님께 공양하는 것으로 번역하면 유물론(唯物論)적인 해석이 되고 만다. 불법은 유심의 사상을 설한 자각의 종교이며, 대상경계의 사물과 육체의 형상이 변화시키는 유물론을 설한 것이 아니다.

『화엄경』에 "일체법은 오직 마음으로 창조하는 것(一切唯心造)"이라고 설한 법문처럼, 유심(唯心)의 사상으로 일심의 지혜를 이루는 심법(心法)의 종교이기 때문에 여인이 남자로 바뀌는 육체적인 변화가 아니다.

비본래의 중생인 여인이 자아의식으로 대상경계의 인연을 분별하는 차별심을 텅 비우고, 발심 수행하여 본래 청정한 진여본심의 지혜를 회복하면 남자신(男子身), 장부상(丈夫相), 여래삼십이상(如來三十二相)으로 전환되어 곧바로 성불할 수 있다는 말이다.

『법화경』에 제불세존은 불지견(佛知見)으로 다양한 중생들의 근기에 맞추어 훌륭한 방편(方便), 비유(譬喩), 인연(因緣) 법문으로 설법하는데, 용녀(龍女)의 변성남자성불(變成男子成佛)이나 소신공양(燒身供養)의 법문도 장부상, 남자신, 여래삼십이상, 불성 등의 언설방편과 비유법문으로 중생들의 근기에 맞추어 유심(唯心)의 실천사상을 설한 방편 법문이다.

또 『법화경』에 자아의식의 중생심으로 사량 분별하는 번뇌 망념의 생명(命終)이 끝날 때 안락세계 연꽃의 보배좌석에 곧바로 왕생(往生)한다고 설한다.

연꽃 위에 왕생한다는 표현은 정토 경전에도 자주 보이는데, 『유마경』 불도품에 "고원의 육지에는 연꽃이 피지 않고 진흙땅에 연꽃이 핀다"라는 처염상정(處染常淨)은 중생심의 사바세계에서 발심 수행하여 부처의 지혜를 이루는 성불(成佛)이나 작불(作佛)과 같은 법문이다.

정토에 왕생하는 일은 중생의 사바세계에서 발심 수행, 염불 수행하여 본래 청정한 불성을 깨달아 진여본심의 지혜를 체득하는 일이다. 중생의 사바세계에서 염불 수행, 발심 수행하여 진여본심의 지혜로 이룬 보신(報身)의 아미타불을 친견하고, 자성청정심의 정토에 왕생하는 일은 진흙땅에서 연꽃을 피우는 것과 같이 불가사의한 일이다.

『유마경』 불도품에 "삼계화택(三界火宅)의 불속에서 연꽃이 피는 일은 진실로 희유한 일이다. 중생의 욕망세계에서 참선 수행하는 일, 역시 희유한 일이다(火中生蓮華 是可謂希有 在欲而行禪 希有亦如是)"라고 설했다.

『유마경』 문질품에 문수가 "제불의 해탈은 어디서 구해야 합니까?"라고 질문하자, 유마힐은 "당연히 일체 중생의 번뇌 망심(心行中)에서 구해야지요"라고 대답하고 있다. 중생심의 욕망과 번뇌 망심(心行中)에서 발심 수행(行禪)하고 참선 수도(行道)하여 본래 청정한 불성(열반)을 깨달아 불가사의하고 희유(希有)한 부처의 지혜를 이루는 일이 성불이며 작불이다.

『조주어록』에 어떤 노파가 조주선사에게 "노파는 오장신(五障身)인데 어떻게 해야 여인의 오장신을 모면할 수 있겠습니까?"라고 질문하자, 조주 선사는 "원하건대 일체의 모든 사람들이 천상에 태어나기 바라며 원하건대 노파는 영원히 고해(苦海)에 빠지기 바랍니다"라고 말했다.

조주선사는 노파 스스로 번뇌 망념의 고해(苦海)에서 윤회하는 고통을 철저하게 자각하고 발심 수행하여 해탈해야 여인의 오장신에서 벗어날 수 있다고 설한 법문이다.

『유마경』 불도품에 중생의 일체 번뇌 망념이 모두 부처의 종자(佛種), 여래종(如來種)이라고 설하는데, 삼계에 윤회하는 중생심의 번뇌 망념을 자각하는 초발심 수행을 할 때 정각을 이루고 성불할 수 있다.

용녀가 세존께 구슬을 헌상하고, 세존이 그 구슬을 받는 일보다 불지견을 구족한 용녀가 본래의 불성을 깨닫고 남자의 몸으로 바꾸어 성불하는 일이 더 신속하다고 했다. 즉 타인으로부터 보배 구슬을 받는 일보다 자기 스스로 번뇌 망념을 자각하는 발심 수행으로 정각을 이루는 성불이 더 신속한 것이다.

그래서 『화엄경』에 "처음 발심한 때에 곧 정각을 이룬다(初發心時 便成正覺)"라고 설한다.

『육조단경』에서는 정법의 안목으로 "중생심을 인식하고 불성(佛性)을 깨닫도록 하라(識心見性)" 혹은 "불성을 깨닫고 성불하라(見性成佛)"는 법문으로 강조하고 있다. 성불과 작불은 입지성불(立地成佛), 즉신성불(卽身成佛), 즉득왕생(卽得往生), 일념성불(一念成佛), 돈오견성(頓悟見性) 등과 같이 찰나의 일념에 발심 수행으로 정각을 이룬다. 불지견으로 번뇌 망념을 자각할 때 정각을 이루고 부처의 지혜를 체득하기 때문이다.

이와 같이 『법화경』에 8세 용녀가 불성을 깨닫고 남자로 변성(變成)하여 성불하고, 『유마경』에 천녀가 사리불에게 대승의 법문을 설법한다. 『승만경』에는 승만부인이 일체 중생이 본래 구족하고 있는 여래장의 법문을 설한다. 『불설암제차사자후요의경(佛說菴提遮獅子吼了義經)』에는 문수사리보살의 질문에 암제차녀(菴提遮女)가 "불법의 대의를 깨달아 정법의 안목은 있지만, 현실에서 방편지혜의 힘이 충분하지 못하면 번뇌 망념이 일어나 대상경계에 집착하고 속박된다"고 설법한다.

『유마경』 관중생품에는 천녀와 사리불의 대화를 다음과 같이 전한다.

> 사리불이 천녀에게 말했다. "그대는 어찌하여 여신(女身)을 남자의 몸으로 바꾸지 않습니까?"
>
> 천녀가 말했다. "나는 12년 동안 여인의 형상(女人相)을 찾아보았으나 결국

찾아볼 수가 없었습니다. 어떻게 여신을 남자의 몸으로 바꾸어야 한다는 것입니까? 비유하면 요술사(幻師)가 환화(幻化)의 여자아이 인형(幻女)으로 바꾸는 것과 같습니다. 만약 어떤 사람이 그 환화의 여자아이 인형에게 '어찌 여신을 남자의 몸으로 바꾸지 않습니까?'라고 질문한다면, 이것은 정당한 질문이라고 할 수 있겠습니까?"

사리불이 말했다. "그렇지 않습니다. 환화(幻)의 인형은 고정된 형상(相)이 없으니 반드시 어떻게 바꾼다고 할 수 있겠습니까?"

천녀가 말했다. "일체 제법도 또한 이와 같아서 정해진 형상이 없는데, 어떻게 여신을 남자의 몸으로 바꾸지 않는가라고 질문할 수가 있습니까?"

그때 천녀는 신통력(神通力)으로 남자의 몸인 사리불을 바꾸어 천녀와 같게 하고, 천녀는 스스로 몸을 바꾸어 사리불과 같게 한 뒤에 사리불에게 질문했다. "그대는 어찌하여 여신을 남자의 몸으로 바꾸지 않습니까?"

사리불이 천녀의 모습으로 대답했다. "나는 지금 무엇이 어떻게 바뀌었는지 알 수 없으나 내 몸이 여신으로 바뀌었습니다."

천녀가 말했다. "사리불이여! 만약 스스로 여신을 남자의 몸으로 바꿀 수 있다면 곧 일체 여인도 또한 반드시 여신을 남자의 몸으로 바꿀 수 있습니다. 사리불께서 여인이 아니면서 여신으로 나타나듯이 일체 여인도 이와 같습니다. 비록 여인이 여신으로 나타나지만 고정된 형상의 여인은 아닙니다. 이러한 까닭에 부처님은 일체 제법은 남자도 아니고, 여자도 아니다(非男非女)라고 설했습니다."

즉시에 천녀가 갑자기 신통력(神力)을 거두자, 여신으로 바뀐 사리불의 몸은 다시 본래 사리불의 모습으로 환원되었다.

천녀가 사리불에게 질문했다. "여신의 형색과 특성(色相)이 지금 어느 곳에 있습니까?"

사리불이 말했다. "여신의 형색과 특성은 고정된 형체로 존재하는 것도 아니고, 존재하지 않는 것도 아닙니다(女身色相 無在無不在)".

> 천녀가 말했다. "일체 제법도 또한 이와 같아서 존재하는 것도 아니고, 존재하지 않는 것도 아닙니다. 대개 일체의 모든 제법은 고정된 형체로 존재하는 것도 아니고, 존재하지 않는 것도 아니라고 제불은 설법했습니다."

『유마경』 관중생품에 사리불이 천녀(天女)에게 "그대는 어찌 여자의 몸(女身)을 남자의 몸으로 바꾸지 않는가?"라고 하자, 천녀는 "나는 12년 동안 여인의 모습(女人相)을 찾아보았지만 찾을 수가 없었다(我從十二年來 求女人相 了不可得)"라고 대답했다.

사리불은 남자 여자의 차별심으로 천녀를 보고 있지만, 천녀는 정법의 안목을 구족한 불지견으로 남녀를 분별하는 차별심 없이 여여부동한 진여본심의 지혜와 방편으로 자기 본분사의 일을 하고 있다는 사실을 밝히고 있다.

『금강경』에 "이 진여법(眞如法)은 평등하여 높고 낮음이 없다(是法平等 無有高下)"라고 설한 것처럼, 자아의식으로 의식의 대상경계를 분별하고 차별하며 집착하는 중생심의 세계에서는 남녀(男女), 선악(善惡), 자타(自他), 시비(是非) 등의 분별심이 있지만, 진여본심의 평등심에는 남녀, 자타, 시비를 분별하는 중생심의 번뇌 망념도 없다.

『법성게』에 '무명무상절일체(無名無相絕一切)'라고 설한 것처럼, 일체 제법의 실상(實相)은 고정된 실체의 형색으로 존재하지 않는다(無有定法). 일체 제법은 각자의 형상과 특성으로 시절인연과 상황에 맞는 생명활동을 하고 있기 때문에 자성을 고수하지 않고 시절인연에 따라 자기 본분사의 지혜로운 삶을 살고 있다(不守自性隨緣成).

『금강경』에 "여래는 제법과 같이 여여하게 지혜의 생명으로 작용하는 뜻(如來者卽 諸法如義)"이라고 설하는데, 남자는 남자, 여자는 여자의 형상과 특성으로 새는 허공에 날고 물고기는 물속에서 살고, 학의 다리는 길고 오리다리는 짧은 본래면목의 실상 그대로 각자 진여본성의 지혜로 시절인연에 따라서 자기 본분사의 지혜로운 생명활동을 하고 있다.

이것이 진여법, 제법실상법이 자연법이(自然法爾)로 작용하는 불가사의한 묘용(妙用)이다.

사리불과 천녀가 "여신의 형색과 특성은 고정된 형체로 존재하는 것도 아니고, 존재하지 않는 것도 아니다(女身色相 無在無不在)"라고 설한다. 여신색상은 여자의 신체와 특성을 말한다.

자성 청정한 진여본성(佛性)에는 고정된 실체로 존재하는 여인상으로 형색은 없지만, 시절인연에 따라서 여인상의 형색과 특성으로 자기 본분사의 지혜로운 삶을 사는 것이라고 '무재(無在) 무부재자(無不在者)'라고 설한다.

진여본성에 여인의 형상이 실체로 존재하는 것이 없다는 무재는 공(空)이고, 무부재는 진여자성이 시절인연에 따라서 미묘하게 지혜생명으로 작용하는 불공(不空)이다.

『유마경』 불국품에 "설법은 중생심을 비우고(不有) 진여본심의 지혜로 설하는 것(亦不無)"이라고 하며, 『금강경』에는 "여래가 깨달아 체득한 진여법이니 이 진여법의 실체는 없지만 지혜작용은 허망하지 않다(如來所得法 此法 無實 無虛)"고 설한다. 『증도가』에 "진실은 공의 경지에서 반야의 지혜가 작용한다(若實 無生 無不生)"라고 설한 법문과 같다.

즉 진여법(眞如法), 제법실상법(諸法實相法)은 자아의식의 중생심을 텅 비운(空) 진여일심의 지혜로 시절인연에 따라서 자기 본분사의 생명활동을 하고 있다(不空)는 사실을 진공묘유(眞空妙有)로 설한 법문이다.

소신공양(燒身供養)

『법화경』 약왕보살본사품(藥王菩薩本事品)에는 일체중생희견(一切衆生喜

見)보살이 몸을 불태우는 공양, 즉 소신공양(燒身供養)을 설한다. 진여법을 설한 방편 법문을 글자대로 번역하여 사람의 육체(몸)를 불태우는 것으로 잘못 번역(誤譯)하면 사도(邪道), 외도(外道)가 된다.

불교는 유심 사상을 설한 방편 법문이다. 보살이 몸을 불태운 소신공양은 육체를 불태운 것이 아니다.

일체중생희견보살은 일월정명덕여래가 설한 『법화경』의 방편 법문을 청법하고, 일심으로 부처의 지혜를 구하고 난행, 고행으로 현일체색신삼매(現一切色身三昧)를 체득했다. 이 삼매는 보현색신삼매로서 일체 중생의 요청에 부응하여 몸을 자유롭게 나타낼 수 있는 보살의 원생신(願生身)이다. 보살이 신통지혜와 원력으로 스스로 중생신의 몸을 불태우니 지혜 광명이 팔십 억 항하사 세계를 널리 비추었다고 설했다. 중생신의 몸을 불태운 것은 공의 실천이며, 지혜광명을 비춘 것은 불공의 묘용으로 보살이 원력과 발심 수행으로 진여일심의 지혜를 체득한 진공묘유(眞空妙有)이다. 그래서 중생신의 몸을 불태운 것을 진정한 수행정진이라고 하고, 진정하게 여래에 법공양한 것이라고 찬탄했다.

자아의식의 중생심과 의식의 대상경계를 텅 비운 아공(我空), 법공(法空), 일체개공(一切皆空)의 경지이며, 중생신을 불태우고 진여법신의 지혜로 제불여래께 법공양하는 일이 소신공양이다. 선에서는 살인도(殺人刀), 활인검(活人劍)이라고 한다.

관세음보살의 염불수행

관세음보살보문품(觀世音菩薩普門品)은 일명 『관음경』이라고 하며, '관세음보살' 칭명염불의 수행법을 다음과 같이 설한다.

"세존이시여! 관세음(觀世音)보살은 어떠한 인연으로 관세음보살이라고 칭명하게 된 것입니까?"

부처님이 무진의보살에게 말했다.

"선남자여! 만약 한량없는 백 천만 억 중생들이 번뇌 망념으로 생사에 윤회하는 고통을 받을 때, '관세음보살'이라고 일심(一心)으로 칭명하고 '관세음보살'이라는 그 음성을 듣는 즉시에 '관세음보살'이라는 그 음성을 자각(自覺)하면 생사에 윤회하는 고통에서 해탈할 수 있다."

구도자인 대승보살이 발심 수행하여 관세음보살이 되는 원력과 발심으로 '관세음보살'의 명호(名號)를 칭명(稱名)하는 것이 염불 수행이다. 보살수행자가 스스로 '관세음보살' 명호를 칭명하고 자신이 '관세음보살'이라고 칭명한 그 음성을 진여본심의 지혜로 관찰하고 자각하는 염불 수행이다. 따라서 염불수행자가 '관세음보살'이라는 명호를 칭명하는 음성을 진여일심의 귀(耳根)로 듣고 자각(觀)하여 진여삼매, 염불삼매가 되도록 해야 한다.

『대승기신론』 진여자체상(眞如自體相) 훈습을 설한 곳에 "진여자체상 훈습이란 무시이래로부터 무루법을 구족하고 있으며, 또 불가사의한 지혜로 본각진여를 대상경계로 훈습작용하고 있다(自體相熏習者 從無始世來 具無漏法, 備有不思議業相, 作境界之性)"라고 설한다.

진여삼매를 심일경성(心一境性)이라고 하는 것처럼, 진여일심으로 '관세음보살'이라고 칭명하는 염불 수행이 시각진여(始覺眞如)이며, 또 '관세음보살'이라고 칭명하는 그 음성을 진여일심의 지혜로 듣고 자각하는 본각진여(本覺眞如)가 대상경계의 본성(境界之性)이다.

『수능엄경』 제6권에는 『법화경』과 『대승기신론』에 의거하여 관세음보살 이근원통(耳根圓通)을 이루는 수행법을 반문문자성(反聞聞自性)으로 설한다. 즉 관세음보살이라고 칭명하는 그 자신의 소리를 본래로 되돌려 진여자성이 듣고 자각하게 한다는 법문이다. 대승보살이 방편으로 '관세음보살'이라고 칭명하는 소리(음성)를 진여본성이 듣고 자각하여 염불삼매가 되도록 했다.

『수능엄경』 제6권에는 또 "중생심의 의식을 바꾸어 진여본성이 되도록 하면 대상경계가 없어진다(入流忘所)"라고 설한다. '관세음보살'의 명호를 칭명하는 염불 수행은, 중생심으로 인식하는 의식의 흐름을 바꾸어 진여본성이 '관세음보살'이라고 칭명하는 그 음성을 듣고 자각하면 중생심으로 소리를 듣는 대상경계가 없어진다는 뜻이다.

'관세음보살'이라는 그 염불 소리를 귀로 듣게 되면 의식의 대상경계가 있지만, 진여본성이 듣고 자각관찰(觀)하면 진여삼매가 되기 때문에 대상경계의 자취나 흔적도 없게 된다.

『아미타경』과 『대승기신론』에는 '나무아미타불' 6자(六字) 염불 수행법을 설하는데, 관세음보살을 칭명하는 염불 수행과 함께 중국불교에 널리 실행되어 정토교(淨土敎)를 형성했다.

그런데 관세음보살보문품에서 설한 칭명염불 수행의 방편 법문을 한자(漢字) 지식에 의거한 자의적인 해석으로 번역하여 많은 오역이 발생했다. 진여법을 설한 경전의 방편 법문을 글자대로 번역하면 방편 법문에 의거한 여법한 염불 수행은 불가능하다.

법화경의 인연 법문

『법화경』 화성유품에는 과거 무량 아승지겁에 대통지승불이 출가하기 이전에 16명의 왕자가 있었는데 그 16왕자가 출가하여 대승불법을 수행하여 부처의 지혜를 이루었다고 하며, 그 16번째 왕자가 곧 석가모니불이라고 과거 전생에 불법을 수행한 인연 법문을 설한다.

과거 무량 아승지겁에 석가여래가 보살로서 불법을 수행한 인연 법문은 『법화경』 서품과 여래수량품, 『금강경』(10)에 연등불(燃燈佛)의 처소에서 유동(儒童)으로 연등불에게 꽃을 공양하고, 또 머리카락으로 진흙땅을 덮어서 걸어가도록 보살행을 하여 연등불의 수기를 받았다고 전한다.(『증일아함경』 11권, 13권, 40권, 『수행본기경』, 『대지도론』 제4권 등에 의거함)

또 『금강경』(14)에 여래가 옛날 가리왕(歌利王)으로부터 온 몸이 찢어지고 칼로 살을 베는 고통을 당할 때, 인욕행을 하여 과거 오백 세에 인욕선인(忍辱仙人)으로 불법을 수행한 인연 법문을 설한다.

『법성게』에 "찰나의 일념이 곧 무량겁이며 구세와 십세의 시간이 서로서로 상즉한다(一念卽是無量劫, 九世十世互相卽)"고 설한 것처럼, 대승보살은 아공(我空), 법공(法空)으로 시간과 공간, 출가나 재가의 신분이나 분제(分際)도 초월한 진여본심의 지혜로 불도를 수행하기 때문에 법계와 하나(法界一相)이며, 삼세 여래가 모두 같이 진여일심을 본체(三世如來一體同)로 한다.

법화경의 비유 법문

『법화경』에는 불법을 깨달아 체득하는 7가지 비유법문(法華七譬)을 설한다.

(1) 비유품의 삼거화택(三車火宅) 비유

이 화택유(火宅喩)라는 비유법문은, 중생의 세계(三界)는 평안하지 않아 마치 불타는 집과 같으니 괴로움으로 가득하여 매우 두렵고 생로병사와 우환의 불길이 항상 타오르고 있다. 삼계(三界) 육도(六道)에 윤회하는 중생을 구제하는 방편으로 세 가지 수레를 제시하여 일불승(一佛乘)의 법문을 깨달아 체득하도록 설한 법문이다.

장자가 불타는 집에서 정신없이 놀고 있는 자식(중생)들을 구하려고 양이 끄는 수레(성문승), 사슴이 끄는 수레(연각승), 소가 끄는 수레(보살승)를 준다고 유인하여 집 밖의 안전한 곳(露地)으로 인도 한 뒤 흰 소가 끄는 대승 일불승(一佛乘)의 수레를 준다.

(2) 신해품의 장자궁자(長子窮子) 비유

이 궁자유(窮子喻)라는 비유 법문은, 중생이 본래 구족하고 있는 진여자성(불성; 여래장)의 무진장의 보배 재산을 깨닫도록 제시한 법문이다.

아버지를 버리고 멀리 타국으로 도망간 아들이 50년 동안 거지 행각을 하다가 자신의 집으로 돌아와 머슴살이하는 동안 차츰차츰 집안일을 맡겨 장자의 아들이라는 사실을 밝히고 집안의 모든 재산을 물려주는 비유 법문이다.

(3) 약초품의 삼초이목(三草二木) 비유

이 약초유(藥草喻)라는 비유 법문은, 비가 온 대지에 똑같이 내리지만 나무뿌리, 줄기와 가지, 열매가 받아들이는 빗물의 정도는 다르다. 이와 같이 부처의 감로법문을 듣고 깨달음을 이루는 것도 근기에 따라 다르다.

『법성게』에 “감로의 비가 중생들에게 이익이 되도록 허공에 가득 내리니 중생들은 신심의 그릇에 따라서 해탈의 이익을 체득한다(雨寶益生滿虛空, 衆生隨器得利益)”라고 읊고 있다.

수행자가 각자 근기에 따라서 수행을 견고히 할 것을 당부하는 비유 법문이다.

(4) 화성유품의 화성보처(化城寶處) 비유

이 화성유(化城喻)라는 비유 법문은, 부처님이 보배가 있는 곳으로 길을 안내하여 일불승의 보배를 체득하도록 한다. 즉 보배를 찾아 험난한 숲길을 걸어가는 사람들의 지친 모습을 보고 부처님이 임시로 화성(化城)을 건립하여 대중을 이끌고 잠시 쉬었다가 보배가 있는 곳으로 인도하는 비유 법문이다.

(5) 오백제자 수기품의 의리보주(衣裏寶珠) 비유

이 의주유(衣珠喩)라는 비유 법문은, 부자 친구가 술에 취해 잠자는 옛 친구의 옷 속에 값을 정할 수 없는 귀중한 보배를 넣어두고 외출한다. 옛 친구는 자신에게 본래 무진장의 보배가 있는 줄도 모르고 거지로 고생하다가 부자 친구의 지시로 보배를 발견하여 부자로 살 수 있게 된 비유이다. 중생이 본래 일불승이라는 보배가 구족된 사실을 자각하도록 설한 비유 법문이다.

(6) 안락행품의 계중명주(髻中明珠) 비유

이 계주유(髻珠喩)라는 비유 법문은, 전륜성왕이 전쟁에서 공을 세운 장수에게 여러 가지 상금을 주는데 가장 큰 공을 세운 사람에게는 상투 속에 있는 귀한 보배를 상으로 준다. 법화경에서 설한 제법실상법을 깨달아 일불승의 지혜를 체득한 보살을 비유했다.

(7) 여래수량품의 양의양약(良醫良藥) 비유

이 의자유(醫子喩)라는 비유법문은, 독약을 먹은 아들에게 아버지가 좋은 약을 먹이려고 해도 먹지 않자, 아버지가 죽었다고 임시방편으로 속이고 대승의 법약으로 치료하여 본래의 건강을 되찾게 하는 비유이다. 이 비유는 부처의 수명이 무량하다는 사실을 신뢰하지 않는 중생에게 방편으로 부처의 열반을 보여주고 교화하는 비유 법문이다.

제1 서품(序品)

성문 대중(聲聞大衆)

如是我聞 一時 佛 住王舍城耆闍崛山中. 與大比丘衆萬二千人俱, 皆是阿羅漢. 諸漏已盡 無復煩惱 逮得己利 盡諸有結 心得自在.
其名曰 阿若憍陳如, 摩訶迦葉, 優樓頻螺迦葉, 伽耶迦葉, 那提迦葉, 舍利弗, 大目犍連, 摩訶迦旃延, 阿㝹樓馱, 劫賓那, 憍梵波提, 離婆多, 畢陵伽婆蹉, 薄拘羅, 摩訶俱絺羅, 難陀, 孫陀羅難陀, 富樓那彌多羅尼子, 須菩提, 阿難, 羅睺羅. 如是衆所知識, 大阿羅漢等.
復有學無學二千人, 摩訶波闍波提比丘尼 與眷屬六千人俱 羅睺羅母 耶輸陀羅比丘尼 亦與眷屬俱.

여래는 진여일심으로 여법하게 부처님의 설법을 청법(聽法)했다. 어느 날 부처님께서 왕사성 기사굴산(영축산)에 계셨다. 그때 대비구(大比丘) 일만 이천여 명과 자리를 함께 했는데, 그들은 모두 아라한의 경지에 오른 성자로서 생사에 윤회하는 업장(業障)을 모두 소멸시키고(漏), 번뇌 망념이 없고 스스로 해탈의 이익을 체득하였으며, 일체의 자아의식과 의식의 대상경계를 다 소멸하고 마음이 자재한 아라한의 성자들이다.

아라한의 경지를 체득한 성자의 이름은 아약교진여, 마하가섭, 우루빈나가섭, 가야가섭, 나제가섭, 사리불, 대목건련, 마하가전연, 아누루타, 겁빈나, 교범바제, 이바다, 필릉가바차, 박구라, 마하구치라, 난타, 손타라난타, 부루나미다라니자, 수보리, 아난, 라후라 등인데, 이들은 세상에 이름이 널리 알려진 훌륭한 아라한의 경지를 이룬 수행자들이다.

또한 유학[有學; 수다원(預流果), 사다함(一來果), 아나함(不還果)]의 수행자들과 무학(無學; 아라한)의 경지를 이룬 비구승 이천여 명도 함께 했다.

그리고 마하파사파제 비구니(比丘尼)는 그들의 권속 육천여 명과 함께 동참하였으며, 라후라의 어머니인 야수다라 비구니도 역시 그들의 권속들과 함께 동참하였다.

* 기사굴산(耆闍崛山) : 범어로 뜨라드라꾸따(trdhrakuta). 축봉(鷲峰), 영축산(靈鷲山)이라고 번역한다.
* 제루이진(諸漏已盡) : 중생심의 번뇌 망념으로 생사에 윤회하는 업장이 완전히 소멸된 경지, 즉 무루(無漏)의 경지를 이룬 것을 말한다. 아라한은 번뇌 망념의 도적을 모두 죽인 것(殺賊)이다.
* 기리(己利) : 소승불교의 수행자인 성문, 연각이 자리(自利) 해탈의 경지를 이룬 것이며 대승 보살은 자리이타(自利利他)이다.
* 유결(有結) : 중생심의 미혹으로 유위법(有爲法)에 속박된 것을 말한다. 중생은 삼유(三有; 因, 果, 생사윤회)가 있어 자아의식으로 의식의 대상경계에 집착되어 결박, 속박된 것을 말한다. 즉 애(愛, 애욕), 에(恚, 화냄), 만(慢, 교만), 무명(無明), 견(見, 邪見), 취(取, 대상경계를 취하는 것), 의(疑, 의심) 질(嫉, 질투), 간(慳, 인색함) 등의 번뇌 망념이다.

보살 대중(菩薩大衆)

菩薩摩訶薩 八萬人 皆於阿耨多羅三藐三菩提 不退轉 皆得陀羅尼 樂說辯才 轉不退轉法輪, 供養無量百千諸佛, 於諸佛所 植衆德本 常爲諸佛之所稱歎 以慈修身 善入佛慧 通達大智 到於彼岸 名稱普聞無量世界 能度無數百千衆生.
其名曰 文殊師利菩薩, 觀世音菩薩, 得大勢菩薩, 常精進菩薩, 不休息菩薩, 寶掌菩薩, 藥王菩薩, 勇施菩薩, 寶月菩薩, 月光菩薩, 滿月菩薩, 大力菩薩, 無量力菩薩, 越三界菩薩, 跋陀婆羅菩薩, 彌勒菩薩, 寶積菩薩, 導師菩薩, 如是等 菩薩摩訶薩 八萬人俱.

또 대승불법의 수행자로서 보살 팔만여 명이 동참하였는데 그들은 모두 무상정등정각(아누다라삼먁삼보리)을 이루는 발심 수행으로 생사윤회에 타락하지 않는 경지를 이루었다.

또한 그들은 불법의 지혜를 구족하여(다라니) 선법을 실행하는 능력과 설법을 잘하는 변재가 있어 불퇴전의 경지를 체득하는 법문을 했다.

그들은 무량 백 천만 억 제불의 처소에서 공양 올렸으며, 수없이 많은 공덕(德)의 근본을 심어 항상 제불의 처소에서 칭찬을 들었으며, 자비심으로 불도를 수행하여 훌륭하게 부처의 지혜(佛知見)를 구족하고, 방편의 지혜를 통달하여 열반의 경지에 도달(彼岸)하였다. 그들의 명성은 한량없는 무량의 세계에 두루 알려져 무수한 백 천만 억 중생을 제도할 수 있었다.

그 대승보살의 이름은 문수사리보살, 관세음보살, 득대세보살, 상정진보살, 불휴식보살, 보장보살, 약왕보살, 용시보살, 보월보살, 월광보살, 만월보살, 대력보살, 무량력보살, 월삼계보살, 발타바라보살, 미륵보살, 보적보살, 도사보살 등인데, 이와 같은 훌륭한 보살 팔만여 명도 법회에 함께 동참하였다.

* 식중덕본(植衆德本) : 제불여래의 처소에서 부처의 지혜를 이루는 원력과 발심 수행으로 많은 선행의 인연을 심고 보살도를 실천하는 것. 『법화경』과 『무량수경』, 『유마경』 등에 자주 설한다.
『금강경』에 "일불(一佛) 이불(二佛) 삼사오불(三四五佛) 등 무량 제불의 처소에서 선근인연을 심었다(無量諸佛 種善根)"라고 설한다.
* 부처의 지혜를 깨닫고, 방편의 지혜를 통달했다(善入佛慧 通達大智)라는 말은, 불법의 현지를 깨달아 불지견(佛知見)을 구족하고 다양한 방편의 지혜(大智)를 통달한 것을 말한다.

천자 대중

爾時 釋提桓因 與其眷屬 二萬天子俱. 復有明月天子, 普香天子, 寶光天子, 四大天王 與其眷屬萬天子俱, 自在天子, 大自在天子 與其眷屬三萬天子俱, 娑婆世界主 梵天王 尸棄大梵 光明大梵等 與其眷屬 萬二千天子俱.

그때 도리천의 주인인 석제환인(제석천)도 그들의 권속 이만 천자(天子)들과 함께 동참하였으며, 또 명월천자와 보향천자, 보광천자, 사대천왕 역시 그들의 권속 일만 천자들과 함께 했다.

또 자재천자와 대자재천자가 그들의 권속 삼만 천자들과 함께하였으며, 사바세계의 주인인 범천왕과 시기대범천왕과 광명대범천왕 등이 그들의 권속 일만 이천 천자들과 함께했다.

* 제석(帝釋) : 석제환인타라(釋帝桓因陀羅)로 수미산 정상에 있는 도리천(忉

利天)의 주인으로 선견성(善見城)에 거주하며 동서남북 사천왕(四天王)과 천상계 33천을 다스린다. 불법에 귀의하는 자를 보호하고 불법을 방해하는 마구니를 징벌하는 무서운 천신이라고 전한다. 고대인도 신화에 등장하는 제석신이 불교에서 제석이 된 것이다.

팔부신중(八部神衆) 용왕 대중

有八龍王 難陀龍王, 跋難陀龍王, 娑伽羅龍王, 和修吉龍王, 德叉迦龍王, 阿那婆達多龍王, 摩那斯龍王, 優鉢羅龍王等 各與若干百千眷屬俱.

또 여덟 용왕이 있으니, 난타용왕, 발난타용왕, 사가라용왕, 화수길용왕, 덕차가용왕, 아나바달다용왕, 마나사용왕, 우발라용왕 등이 각기 백 천의 권속들과 함께했다.

긴나라 대중

有四緊那羅王 法緊那羅王 妙法緊那羅王 大法緊那羅王 持法緊那羅王 各與若干百千眷屬俱.

또 네 긴나라왕이 있으니, 법긴나라왕, 묘법긴나라왕, 대법긴나라왕, 지법긴나라왕 등이 각기 백 천의 권속들과 함께했다.

* 긴나라 : 비인(非人)으로 음악의 신(歌神)이라고 한다.

건달바 대중

有四乾闥婆王 樂乾闥婆王 樂音乾闥婆王 美乾闥婆王 美音乾闥婆王 各與若干百千眷屬俱

또 네 건달바왕이 있으니, 악건달바왕, 악음건달바왕, 미건달바왕, 미음건달바왕 등이 각기 백 천의 권속들과 함께했다.

* 건달바 : 향기를 먹고 사는 신으로 식향(食香), 심향(尋香)이라고 하며 불법의 수호신으로 설법할 때 나타난다고 한다.

아수라 대중

有四阿修羅王 婆稚阿修羅王 佉羅騫馱阿修羅王 毘摩質多羅阿修羅王 羅睺阿修羅王 各與若干百千眷屬俱

또 네 아수라왕이 있으니 바치아수라왕, 거라건타아수라왕, 비마질다라아수라왕, 나후아수라왕 등이 각기 백 천의 권속들과 함께했다.

* 아수라 : 비천(非天), 싸움을 좋아하는 신.

가루라 대중

有四迦樓羅王 大威德迦樓羅王 大身迦樓羅王 大滿迦樓羅王 如

意迦樓羅王 各與若干百千眷屬俱

또 네 가루라왕이 있으니 대위덕가루라왕, 대신가루라왕, 대만가루라왕, 여의가루라왕 등이 각기 백 천의 권속들과 함께했다.

* 가루라 : 금시조(金翅鳥)라고 하며, 독수리와 같은 새로 용을 잡아먹는다고 한다.

인왕 대중

韋提希子阿闍世王 與若干百千眷屬俱 各禮佛足 退坐一面.

또 위제희(韋提希)의 아들 아사세왕(阿闍世王)도 백 천의 권속들과 함께 각각 부처님의 발에 예배를 올리고 물러나와 한쪽에 가서 앉았다.

* 위제희 : 마갈타국 빈비사라왕의 부인. 아들 아사세왕은 제바달다(調達)와 결탁하여 부왕을 죽이고 어머니를 감금한 포악한 왕이다. 뒤에 불법에 귀의하여 경전 결집을 후원했다고 하며, 아사세왕 이야기는 『관무량수경』에도 전한다.

법회의 상서(祥瑞)

爾時 世尊 四衆圍繞 供養恭敬尊重讚歎 爲諸菩薩 說大乘經. 名無量義 教菩薩法 佛所護念 佛說此經已 結跏趺坐 入於無量義處三昧 身心不動.

是時 天雨曼陀羅華，摩訶曼陀羅華，曼殊沙華，摩訶曼殊沙華 而散佛上 及諸大衆 普佛世界 六種震動.
爾時 會中 比丘比丘尼 優婆塞優婆夷 天龍夜叉 乾闥婆 阿修羅 迦樓羅 緊那羅 摩睺羅伽人非人 及諸小王 轉輪聖王 是諸大衆 得未曾有 歡喜合掌 一心觀佛.

그때 세존(世尊)은 사부대중들에게 둘러싸여 공양과 공경, 존중과 찬탄을 받았다. 모든 보살들에게 대승경의 법문을 설하니 그 경전은 무량의 지혜가 여법하게 작용하는 뜻이며, 보살이 여법하게 보살도를 실행하는 가르침을 설한 법문이다. 또한 부처의 지혜로 생사윤회에 타락하지 않도록 잘 보호하는 경이다.

부처님은 이 대승의 법문을 설한 뒤에 가부좌하고, 무량의 지혜가 작용하는 삼매에 들어 몸도 마음도 평안한 여여 부동의 경지에 안주했다(身心不動).

그때 천상에서는 만다라 꽃과 큰 만다라 꽃과 만수사 꽃과 큰 만수사 꽃이 비 오듯 내려 부처님과 여러 대중들에게 꽃공양을 했으며, 모든 제불의 세계는 여섯 종류의 진동이 있었다.

그때 법회(法會)에 함께 있던 비구, 비구니, 우바새, 우바이, 천룡과 야차, 건달바, 아수라, 가루라, 긴나라, 마후라가, 사부대중의 사람(人), 비인(非人)들과 모든 소왕, 전륜성왕 등 여러 대중들이 일찍이 들어볼 수 없었던 법문이라면서 환희하고 합장하며 일심으로 부처님을 우러러 뵙고 있었다.

* 육종진동(六種震動) : 땅의 움직임(動), 일어남(起), 솟아오름(涌), 진동(震), 울림(吼), 경각(覺擊) 등이다.

다른 국토(他土)의 상서

爾時 佛放眉間白毫相光 照東方萬八千世界 靡不周徧. 下至阿鼻地獄 上至阿迦尼吒天 於此世界 盡見彼土 六趣衆生. 又見彼土 現在諸佛 及聞諸佛所說經法.
幷見彼諸比丘比丘尼 優婆塞優婆夷 諸修行得道者. 復見諸菩薩摩訶薩 種種因緣 種種信解 種種相貌 行菩薩道.
復見諸佛 般涅槃者 復見諸佛 般涅槃後 以佛舍利 起七寶塔.

그때 부처님은 무량의처삼매의 미간(眉間) 백호상(白毫相)에서 지혜의 광명을 놓아 동방으로 일만 팔천 세계를 비추니 일체 처에 두루했다.

그 부처의 지혜 광명은 아래로는 아비(阿鼻)지옥까지 비추고, 위로는 유정천(有頂天)까지 비추었다. 그리고 이 사바세계에서 그 모든 세계의 육도(六道) 중생들을 모두 볼 수 있었으며, 또 사바세계의 현재 제불을 친견할 수가 있고 제불이 설하는 경전의 법문도 모두 다 들을 수 있었다.

또한 그 사바세계의 모든 비구, 비구니, 우바새, 우바이들이 여러 가지 방편을 수행하고 도를 깨달아 체득하는 것까지도 여실하게 볼 수 있었다.

그리고 보살 마하살들이 다양한 인연과 다양한 신심과 불법의 이해와 여러 가지 특성으로 보살도를 실행하는 것을 친견할 수 있었다.

또 제불이 완전한 열반에 든 것을 친견할 수 있었고, 또 제불이 완전한 열반에 든 이후 부처의 사리를 칠보탑(七寶塔)에 봉안하여 친견할 수 있게 했다.

상서에 대한 의문점과 미륵보살의 질문

爾時 彌勒菩薩 作是念 今者世尊 現神變相 以何因緣 而有此

瑞. 今佛世尊 入于三昧 是不可思議 現希有事 當以問誰 誰能答者. 復作此念 是文殊師利法王之子 已曾親近供養過去無量諸佛 必應見此希有之相. 我今當問.
爾時 比丘 比丘尼 優婆塞 優婆夷 及諸天龍鬼神等 咸作此念 是佛光明神通之相 今當問誰.
爾時 彌勒菩薩 欲自決疑 又觀四衆 比丘比丘尼 優婆塞優婆夷 及諸天龍 鬼神等衆會之心 而問文殊師利言 以何因緣 而有此瑞 神通之相 放大光明 照于東方 萬八千土 悉見彼佛國界莊嚴.

그때 미륵보살은 이렇게 사유했다. '지금 세존께서 신통 변화하는 모습을 나투는데 어떠한 인연으로 이러한 상서로움이 있는 것일까? 지금 제불 세존이 무량의처삼매에 드신 것은 불가사의하고 희유(稀有)한 일이다. 누구에게 이러한 사실을 물어봐야 하고 누가 이러한 사실을 능히 대답할 수 있을까?'

또 이렇게 사유했다. '문수사리보살은 불법의 지혜를 구족한 법왕의 아들이다. 그는 과거에 무량의 제불을 친견하고 공양을 올렸다. 문수사리보살은 이런 희유한 일을 친견했을 것이니 그 문수사리보살에게 물어보면 될 것이다.'

그때 비구, 비구니 출가승과 재가의 청신사, 청신녀, 천상, 용왕, 귀신들도 다 같이 이러한 생각을 했다. '이러한 부처의 무량의처삼매에서 지혜광명과 신통묘용으로 나타난 사실을 누구에게 물어봐야 할까?'

그때 미륵보살이 자신의 의문점을 해결하고, 또 비구, 비구니, 청신사 ,청신녀, 천상의 신과 용왕, 귀신들과 법회 대중들의 의문을 풀기 위하여 문수사리보살에게 질문했다.

"어떠한 인연으로 부처님의 이러한 상서와 신통한 지혜광명을 비추는 일이 있습니까? 그리고 큰 지혜광명을 동방으로 일만 팔천 국토를 비추어서 그 불국세계의 장엄(莊嚴)을 모두 볼 수 있게 합니까?"

於是彌勒菩薩 欲重宣此義 以偈問曰

文殊師利 導師何故 眉間白毫 大光普照
雨曼陀羅 曼殊沙華 栴檀香風 悅可衆心
以是因緣 地皆嚴淨 而此世界 六種震動
時四部衆 咸皆歡喜 身意快然 得未曾有
眉間光明 照於東方 萬八千土 皆如金色
從阿鼻獄 上至有頂 諸世界中 六道衆生
生死所趣 善惡業緣 受報好醜 於此悉見

그때 미륵보살은 이러한 뜻을 거듭 밝히고자 게송으로 질문했다.

"문수사리여! 제불 도사께서는 어떠한 인연으로 미간의 백호에서 큰 지혜광명을 놓아 널리 비추는 것입니까?

만다라 꽃과 만수사 꽃을 비 오듯 내리며 전단향의 바람이 불어 사람들의 마음을 기쁘게 하니, 이러한 인연으로 땅이 모두 아름답게 장엄된 것입니까?

이 세계가 여섯 가지로 진동하니, 지금 사부대중들은 모두들 환희하여 몸과 마음은 상쾌하고 이전에 일찍이 볼 수 없었던 일을 보게 되었습니다.

미간 백호에서 놓으신 광명은 동방으로 일만 팔천 국토를 비추니 모두 금빛입니다.

아래로는 아비지옥 위로는 유정천(有頂天)까지 비추며, 그 모든 세계가운데 육도에 윤회하는 중생들이 생사에 윤회하여 태어나고, 선악의 업장을 짓는 인연과 좋고 나쁜 과보(果報) 받는 것을 여기서 모두 여실하게 볼 수 있었다.

* 범음(梵音) : 성스러운 소리, 즉 제불여래의 설법을 묘음(妙音), 법음(法音), 원음(圓音), 일음(一音), 범음(梵音) 등으로 표현한다. 마치 천상의 법고(法鼓)가 법계에 두루 울리는 것과 같이 미묘한 소리를 듣는 이가 모두 중생심을

텅 비우고 진여일심의 지혜로 무량한 해탈 이익을 체득한다.

又覩諸佛　聖主師子　演說經典　微妙第一
其聲清淨　出柔軟音　教諸菩薩　無數億萬
梵音深妙　令人樂聞　各於世界　講說正法
種種因緣　以無量喻　照明佛法　開悟衆生
若人遭苦　厭老病死　爲說涅槃　盡諸苦際
若人有福　曾供養佛　志求勝法　爲說緣覺
若有佛子　修種種行　求無上慧　爲說淨道
文殊師利　我住於此　見聞若斯　及千億事
如是衆多　今當略說

또 제불 성주(聖主)가 사자좌에서 경전을 연설하니 미묘하기 제일입니다. 설법의 음성은 청정하고 유연하며, 억만의 무수한 보살들에게 설하는 성스러운 소리는 깊고도 미묘하여 사람들이 더욱 듣고 싶어 합니다.
제불은 각자의 세계에서 정법을 설하며, 갖가지 인연법과 무량한 비유 법문으로 밝은 지혜를 비추어 중생들을 깨닫게 합니다.
만약 어떤 사람이 생로병사의 고통을 싫어하면 열반의 법락을 설하여 모든 생사윤회의 고통을 없애도록 합니다.
만약 어떤 사람이 복이 있어 부처님을 공양하고, 수승한 정법을 구하고자 원력을 세우면 인연법을 깨닫도록 설합니다.
만약 어떤 불자가 여러 가지 다양한 방법으로 수행하여
무상의 지혜를 구하면 청정한 불도를 이루는 설법을 합니다.
문수사리 보살이여!
내가 여기 사바세계에 거주하면서 보고 듣는 일이 이와 같으며, 이 밖에도 천만 억 가지 사실들이 이렇게 많은 것을 지금 간략하게 말한 것입니다.

* 정법(正法) : 진여법, 제법실상법, 대승일승법, 불법, 묘법을 말한다. 사법(邪法)은 중생심의 사견으로 분별심, 차별심을 일으켜 번뇌 망념으로 생사에 윤회하는 업장을 짓는 것이고, 외도법(外道法)은 마음 밖에서 부처나 신(神), 해탈, 열반, 신통 묘용 등의 신비한 깨달음의 경지를 목적으로 추구하는 것이다.

我見彼土　恒沙菩薩　種種因緣　而求佛道
或有行施　金銀珊瑚　眞珠摩尼　硨磲瑪瑙
金剛諸珍　奴婢車乘　寶飾輦輿　歡喜布施
廻向佛道　願得是乘　三界第一　諸佛所歎
或有菩薩　駟馬寶車　欄楯華蓋　軒飾布施
復見菩薩　身肉手足　及妻子施　求無上道
又見菩薩　頭目身體　欣樂施與　求佛智慧

내가(미륵보살) 저 사바세계를 살펴보니, 갠지스강의 모래처럼 많은 보살들이 여러 가지 다양한 인연으로 부처의 지혜를 이루는 불도를 구합니다.
어떤 사람은 보시(布施)행을 실행하는데 금과 은, 산호와 진주, 마니주의 보배, 자거와 마노, 금강 같은 온갖 보배와 또 노비와 수레들, 보배로 꾸민 가마와 연을 기쁘게 보시하여 불도(佛道)의 지혜로 회향하고, 삼계에서 제일인 일불승(一佛乘)의 경지를 체득하여 제불의 칭찬받기 원합니다.
혹은 어떤 보살들은 난간이 있고 일산을 받쳐 들고 네 마리의 말이 끄는 잘 꾸민 보배 수레를 보시합니다.
또 어떤 보살은 몸의 살과 손발과 처자까지 보시하여 무상의 불도를 구합니다.

또 어떤 보살은 머리와 눈과 신체를 흔쾌히 보시하고 부처의 지혜를 구합니다.

* 자신의 신체를 보시하는 일은, 『반야경』 398권에 상제(常啼)보살이 뼈를 쪼개어 골수를 끄집어내어(敲骨出髓) 보시하는 이야기, 『현유인연경』에 자기 몸에 피를 내어 굶주린 사람에게 보시하는 이야기(刺血濟飢), 수제태자(須提太子)가 살을 베어 부모에게 보시한 이야기 등을 전한다.
『금광명경(金光明經)』 4권에는 언덕에 투신하는 호랑이에게 몸을 보시한 이야기(投崖飼虎), 『열반경』에는 설산(雪山) 동자가 나찰에게 몸을 보시(捨身羅刹)한 위법망구(爲法忘軀) 이야기도 전한다.
수행자가 자신의 몸과 생명을 의식하지 않고(不惜身命), 지금 여기, 시절인연에 따라서 자기 본분사의 일로 구법행을 하는 것이다.
『법화경』 약왕보살본사품에서 설하는 법화행자의 소신공양도 자아의식과 의식의 대상경계를 텅 비운 아공(我空), 법공(法空)의 경지에서 진여본심의 지혜로 법공양 하는 것을 말한다.

文殊師利　我見諸王　往詣佛所　問無上道
便捨樂土　宮殿臣妾　剃除鬚髮　而被法服
或見菩薩　而作比丘　獨處閑靜　樂誦經典
又見菩薩　勇猛精進　入於深山　思惟佛道
又見離欲　常處空閑　深修禪定　得五神通
又見菩薩　安禪合掌　以千萬偈　讚諸法王
復見菩薩　智深志固　能問諸佛　聞悉受持
又見佛子　定慧具足　以無量喩　爲衆講法
欣樂說法　化諸菩薩　破魔兵衆　而擊法鼓

문수사리여! 나는(미륵보살) 모든 제왕들이 부처님께 나아가서 최상의 불도를 질문할 때 좋은 국토와 궁전, 신하들과 후비(後妃)들을 다 보시하고, 머리와 수염을 모두 깎고 법복 입는 모습을 보았습니다.

혹 어떤 보살들은 비구의 모습을 하고, 고요한 장소에 홀로 앉아
경전 읽기를 좋아합니다.
어떤 보살들은 용맹정진하며 깊은 산에 들어가
불도(佛道)를 사유하고, 어떤 욕심을 여읜 사람은 늘 한적한 곳에
있으면서 깊은 선정의 수행으로 다섯 가지 신통을 체득합니다.
어떤 보살들은 선정에서 합장하고 천만 가지 게송으로
모든 법왕을 찬탄합니다.
어떤 보살들의 지혜는 깊고 구도의 뜻은 견고하여
부처님께 불법을 질문하여 모두 다 수지(受持)합니다.
어떤 불자들은 선정(禪定)과 지혜를 구족하여 한량없는 비유로
대중들에게 정법을 설하며, 기쁜 마음으로 설법하여 많은 보살들을
교화하고 마군의 무리들을 타파하고 정법의 북을 울립니다.

* 법고를 친다(擊法鼓) : 『증도가』에 “진법뢰(震法雷) 격법고(擊法鼓)”라고 읊은 것처럼, 천상의 북을 쳐서 법계의 일체 중생들이 북소리의 법음(法音)을 청법하고 깨달음을 체득하도록 한다. 도리천에 독을 바른 북(塗毒鼓)을 치면 그 북소리를 듣는 중생은 모두 중생심이 죽고 불심이 되살아난다고 한다.

又見菩薩　寂然宴默　天龍恭敬　不以爲喜
又見菩薩　處林放光　濟地獄苦　令入佛道
又見佛子　未嘗睡眠　經行林中　勤求佛道

又見具戒　威儀無缺　淨如寶珠　以求佛道
又見佛子　住忍辱力　增上慢人　惡罵捶打
皆悉能忍　以求佛道

어떤 보살들은 고요히 명상하여 천신들과 용왕들이 공경해도
기뻐하지 않습니다.
어떤 보살들은 숲속에 있으면서 지혜의 광명을 놓아 지옥의 중생들을 고통에서 벗어나게 하고 불도를 깨달아 체득하도록 합니다.
어떤 불자들은 잠자지 않고 숲속을 경행(經行)하고 사유하며
부지런히 불도를 수행 정진합니다.
어떤 사람들은 계행(戒行)을 여법하게 실행하여 언행이 훌륭한 것이 마치 보배구슬과 같이하여 불도를 구합니다.
어떤 불자들은 인욕의 힘이 훌륭하여 잘난 체하는 이가
나쁜 말로 꾸짖고 몽둥이로 때릴지라도 모든 어려움을
능히 참고 인욕하며 불도를 구합니다.

* 『법화경』 상불경보살품에 법화행자 상불경보살이 온갖 인욕행을 실천하면서 불법 수행을 하고 있다. 『돈오요문(頓悟要門)』에 "인욕행이 불도 수행의 근본이다. 먼저 아상과 인상을 텅 비워야 한다. 시절인연에 어떤 일이 닥쳐도 의식의 대상경계로 받아들이지 않는다면 이것이 곧 깨달음을 체득한 불신이다(忍辱第一道　先須除我人　事來無所受　卽眞菩提身)"라고 설한다.

又見菩薩　離諸戱笑　及癡眷屬　親近智者
一心除亂　攝念山林　億千萬歲　以求佛道
或見菩薩　餚饍飮食　百種湯藥　施佛及僧

名衣上服　價値千萬　或無價衣　施佛及僧
千萬億種　旃檀寶舍　衆妙臥具　施佛及僧
清淨園林　華果茂盛　流泉浴池　施佛及僧
如是等施　種種微妙　歡喜無厭　求無上道
或有菩薩　說寂滅法　種種敎詔　無數衆生
或見菩薩　觀諸法性　無有二相　猶如虛空
又見佛子　心無所着　以此妙慧　求無上道

또 어떤 보살들은 온갖 희롱과 농담과 어리석은 무리들을 멀리 여의고 지혜로운 이들을 친근하여 일심으로 산란심(散亂心)을 제거하고 중생심의 번뇌 망념을 잘 수습하여 억천만 년 동안 불도를 구합니다.
어떤 보살들은 맛있는 반찬과 좋은 음식과 수백 가지 탕약으로
부처와 승가에 보시합니다.
천만금 나가는 값진 옷이나 값을 매길 수도 없는 진귀한 옷으로
부처와 승가에 보시합니다.
천만 억 가지의 전단향나무로 지은 값진 집과 많은 이부자리를
부처와 승가에 보시합니다.
또 청정한 동산에 꽃과 과일이 풍성한 숲과 흐르는 시냇물과
연못들을 부처와 승가에 보시합니다.
이와 같이 여러 가지 좋은 물건을 보시하는 기쁜 마음으로 보살도를 실행하여
싫어하는 마음을 내지 않고 최상의 불도를 구합니다.
어떤 보살들은 적멸법(寂滅法)을 깨닫도록 설법하며 여러 가지
법문의 가르침으로 수많은 중생들을 교화합니다.
어떤 보살들은 제법(諸法)의 본성은 두 가지 차별상이 없으며,
마치 허공과 같이 텅 비어 공한 것으로 관찰합니다.

어떤 불자들은 마음에 집착하는 대상이 없으며,
이러한 미묘한 지혜로써 무상의 불도를 구합니다.

* 적멸법(寂滅法) : 진여법(眞如法), 제법실상법(諸法實相法)은 본래 청정한 열반의 경지인 진여일심법을 말한다. 『법화경』 방편품에 "諸法從本來 常自寂滅相, 佛子行道已 來世得作佛"이라고 설한다.
* 관제법성(觀諸法性) 무유이상(無有二相) 유여허공(猶如虛空); 『법성게』에 "法性圓融無二相, 諸法不動本來寂"이라고 설한 것처럼, 진여본성, 법성은 불생불멸, 여여부동(如如不動), 본래열반(本來涅槃), 진여열반지성(眞如涅槃之性), 진여무념(眞如無念), 진여자연(眞如自然)이다.

『금강경』에 "일체유위법은 꿈, 환화, 물거품, 그림자와 같이 실체가 없다(一切有爲法 如夢幻泡影)"라고 설한 법문과 같이 진여, 법성, 자성 또한 텅 비어 허공과 같이 공하다.

文殊師利　又有菩薩　佛滅度後　供養舍利
又見佛子　造諸塔廟　無數恒沙　嚴飾國界
寶塔高妙　五千由旬　縱廣正等　二千由旬
一一塔廟　各千幢幡　珠交露幔　寶鈴和鳴
諸天龍神　人及非人　香華伎樂　常以供養
文殊師利　諸佛子等　爲供舍利　嚴飾塔廟
國界自然　殊特妙好　如天樹王　其華開敷

문수사리여! 어떤 보살들은 부처님이 열반하신 뒤에 부처의 사리(유골)를 공양하기도 합니다.
어떤 불자들은 수없이 많은 탑을 쌓아 국토를 장엄하며,

높고 아름다운 보배 탑의 높이는 오천 유순이고 세로와 가로가 똑같이 이천 유순입니다.
그 많은 탑마다 천 개의 깃대와 깃발과 이슬처럼 반짝이는 보배구슬로 장엄된 휘장과 보배의 풍령(風鈴)이 바람에 울려 퍼집니다.
모든 천룡의 신들과 사람과 사람 아닌 이들이 향과 꽃, 춤과 음악으로 항상 공양합니다.
문수사리여!
모든 불자들이 부처의 사리(유골)에 공양하기 위해 훌륭한 탑을 장엄하니 국토는 자연 그대로 빼어나게 아름답고 미묘해서 마치 도리천에 있는 원생수(圓生樹)에 화사하게 꽃이 핀 듯합니다.

* 원생수(圓生樹) : 도리천(忉利天) 선견성(善見城) 동북쪽에 있는 나무로 범어로는 빠리자따(parijata)이며 파리질다라수(波移質多羅樹)라고 한다. 이 나무의 뿌리, 가지, 잎, 꽃, 열매의 향은 천궁에 가득 풍기고 제천(諸天)이 기뻐한다.

佛放一光　我及衆會　見此國界　種種殊妙
諸佛神力　智慧希有　放一淨光　照無量國
我等見此　得未曾有　佛子文殊　願決衆疑
四衆欣仰　瞻仁及我　世尊何故　放斯光明
佛子時答　決疑令喜　何所饒益　演斯光明
佛坐道場　所得妙法　爲欲說此　爲當授記
示諸佛土　衆寶嚴淨　及見諸佛　此非小緣
文殊當知　四衆龍神　瞻察仁者　爲說何等

부처님이 무량의처삼매에서 진여일심의 지혜광명을 비추니,
나와 이 법회에 모인 대중들은 이 사바세계에서 여러 가지
수승하고 미묘한 경지를 잘 봅니다.
제불의 신통력과 지혜는 희유하여 진여일심의 청정한 광명을
놓으시어 무량의 국토를 비추니, 우리들은 이러한 일을 이전에는
보지 못했습니다.
불자 문수보살이여! 우리 대중들의 많은 의심을 해결해 주십시오.
여기 사부대중들이 문수보살과 나(미륵)를 우러러봅니다.
세존께서 무슨 일로 이러한 지혜광명을 놓습니까?
불자 문수보살이여! 보살은 저의 질문에 대답하여 우리들의 의문을
풀어주고 기쁘게 해 주시오.
중생들이 어떠한 해탈 이익을 이루도록 이러한 지혜광명을 놓으십니까?
제불여래의 본분사(坐道場)로 미묘한 정법을 설하시는 것입니까?
저희들에게 수기(授記)를 주시려는 것입니까?
모든 불국토가 수많은 보배로 장엄된 사실을 볼 수 있도록 하고, 여러 제불을
친견하게 되니 이것은 작은 인연이 아닙니다.
문수사리여! 사부대중과 용, 신들이 모두 그대를 우러러보는데 이러한 상서가
보이는 것은 무슨 뜻인지 말씀해 주십시오."

* 좌도량(坐道場) : 제불여래가 진여본심, 제일의(第一義)에서 지금 여기, 시절인연의 자기 본분사를 실행하는 것이다. 『법화경』 화성유품에 "대통지승불은 십겁의 오랜 시간에 본분사의 일을 실행하며 불법을 펼치지도 않고 불도를 이루려고도 하지 않는다(大通智勝佛 十劫坐道場 佛法不現前 不得成佛道)"라고 설하며, 여래신력품에도 "제불은 본분사의 일로 비요법을 깨달아 체득한다(諸佛坐道場 所得秘要法)"고 설한다.

문수보살의 답변

爾時 文殊師利 語彌勒菩薩摩訶薩 及諸大士. 善男子等 如我惟忖 今佛世尊 欲說大法 雨大法雨, 吹大法螺, 擊大法鼓, 演大法義. 諸善男子 我於過去諸佛 曾見此瑞 放斯光已 卽說大法. 是故當知 今佛現光 亦復如是. 欲令衆生 咸得聞知一切世間難信之法 故現斯瑞

그때 문수사리보살이 미륵보살마하살과 여러 보살들에게 말했다.

"선남자들이여! 내가 사유해 볼 때 아마 부처님께서 대승의 법문을 설하고자 대승법의 비를 내리고, 대승법의 소라를 불고 대승법의 북을 치시며 대승법의 뜻을 연설할 것 같습니다.

여러 선남자여! 내가 과거에 제불의 처소에서 이러한 상서를 본 적이 있는데 그때도 이러한 광명을 놓고 대승의 법문을 설했습니다. 그러므로 반드시 잘 알아야 합니다. 지금 부처님이 광명을 나타낸 것도 역시 그와 같습니다. 즉 중생들이 일체 세간에서 확신하기 어려운 불법의 가르침을 청법하고, 깨달아 알도록 이러한 상서(祥瑞)를 나타낸 것입니다.

일월등명불(日月燈明佛)

諸善男子 如過去無量無邊不可思議阿僧祇劫. 爾時有佛 號日月燈明如來 應供 正徧知 明行足 善逝 世間解 無上士 調御丈夫 天人師 佛 世尊. 演說正法 初善 中善 後善. 其義深遠 其語巧妙 純一無雜, 具足淸白 梵行之相. 爲求聲聞者 說應四諦法 度

生老病死 究竟涅槃. 爲求辟支佛者 說應十二因緣法. 爲諸菩薩 說應六波羅蜜, 令得阿耨多羅三藐三菩提 成一切種智.

여러 선남자들이여! 과거 한량없고 끝없는 불가사의한 아승지겁 이전에 한 부처님이 출현하였으니 명호가 일월등명(日月燈明)여래, 응공, 정변지,명행족, 선서, 세간해, 무상사, 조어장부, 천인사, 불, 세존입니다.

그 부처님이 정법을 연설했는데 처음도 중간도 끝도 훌륭했습니다. 불법의 지혜가 미묘하게 작용하는 뜻은 심원하고 방편 법문은 훌륭하며, 진여일심의 지혜도 순일하여 혼잡스러운 중생심의 망심도 없이 청정하여 여법한 지혜와 덕상을 구족했습니다.

성문(聲聞)의 경지를 구하는 사람들에게는 네 가지 진실한 법문(四諦法)을 요청에 부응하여 설하고, 늙고 병들고 죽는 생사윤회의 고통에서 해탈하여 궁극에는 열반의 경지를 이루도록 설법했습니다.

벽지불(辟支佛)의 경지를 구하는 사람들에게는 십이인연의 법문을 여법하게 설했습니다.

모든 보살들에게는 육바라밀(六波羅蜜)의 법문을 여법하게 설하여 최상의 깨달음을 깨달아 체득하고, 일체의 다양한 방편지혜(一切種智)를 성취하도록 했습니다.

* 연설정법(演說正法) : 정법은 진여법, 제법실상법인데, 여기서 정법의 칠선(七善)을 설한다. 『유가사지론』 제83권에도 묘법(妙法)의 뜻(義)이 심원(深遠)하고 방편의 언설(語)이 교묘하며, 순일무잡(純一無雜)한 진여일심의 지혜를 구족하고 청정하고 순수(淸白)하며, 여법한 범행상(梵行相)으로 제불의 위의(佛威儀)를 갖춘 경지를 설한다.

중간의 이만불(二萬佛)

次復有佛 亦名日月燈明，次復有佛 亦名日月燈明．如是二萬佛 皆同一字 號日月燈明．又同一姓 姓頗羅墮．
彌勒當知．初佛後佛 皆同一字 名日月燈明，十號具足 所可說法 初中後善．

또 한 분의 부처님이 있었으니 그 부처님의 명호가 일월등명불이며, 또 한 분의 부처님 역시 명호가 일월등명입니다. 이와 같이 이만 명의 부처님이 있었는데 모두 다 같이 명호가 일월등명불이었고, 성도 똑같이 파라타(頗羅墮)입니다.

미륵보살이여! 앞의 부처님이나 뒤의 부처님의 명호가 다 같이 일월등명불이고, 부처의 열 가지 명호도 구족하였으며 설법하는 법문도 처음과 중간과 끝이 모두 여법하고 훌륭했습니다.

* 파라타(頗羅墮) : 범어 고뜨라(gotra)로 동일씨족(同一氏族)이라는 뜻이다.

최후의 일불

其最後佛 未出家時 有八王子．一名有意，二名善意，三名無量意，四名寶意，五名增意，六名除疑意，七名響意，八名法意．是八王子 威德自在 各領四天下 是諸王子聞父出家 得阿耨多羅三藐三菩提 悉捨王位 亦隨出家 發大乘意 常修梵行 皆爲法師 已於千萬佛所 植諸善本．

그 최후의 일월등명불이 출가하기 전에 여덟 왕자가 있었습니다. 첫째 이름이 유의(有意), 둘째 이름은 선의(善意), 셋째 이름은 무량의(無量意), 넷째 이름은 보의(寶意), 다섯째 이름은 증의(增意), 여섯째 이름은 제의의(除疑意), 일곱째 이름은 향의(響意), 여덟째 이름은 법의(法意)였습니다.

이 여덟 왕자는 위엄과 지혜의 덕이 자유자재하여 각각 사천하(四天下)를 다스렸고, 이 왕자들은 부왕이 출가하여 최상의 깨달음을 체득한 줄 알고는 모두 왕위를 버리고 부왕을 따라 출가하여 대승불법의 가르침에 발심했습니다. 그리고 항상 청정하고 여법한 범행을 수행하여 모두 법사(法師)가 되었으며, 천만억 부처님의 처소에서 수많은 선근 공덕을 이루는 신심의 근본을 심었습니다.

是時 日月燈明佛 說大乘經 名無量義, 教菩薩法, 佛所護念. 說是經已 卽於大衆中 結跏趺坐 入於無量義處三昧 身心不動. 是時 天雨曼陀羅華 摩訶曼陀羅華 曼殊沙華 摩訶曼殊沙華 而散佛上 及諸大衆. 普佛世界 六種震動.
爾時 會中 比丘 比丘尼 優婆塞 優婆夷 天龍 夜叉 乾闥婆 阿修羅 迦樓羅 緊那羅 摩睺羅伽 人 非人 及諸小王 轉輪聖王 等 是諸大衆 得未曾有 歡喜合掌 一心觀佛.
爾時 如來 放眉間白毫相光 照東方萬八千佛土 靡不周徧 如今所見是諸佛土.
彌勒當知. 爾時會中 有二十億菩薩 樂欲聽法. 是諸菩薩 見此光明 普照佛土 得未曾有 欲知此光 所爲因緣.

그때 일월등명불이 대승경전의 법문을 설했으니 무량의경(無量義經)인데 보살들에게 설하는 법문이며, 부처의 지혜로 번뇌 망념에 타락하지 않도록 보호하는 지혜법문입니다.

일월등명불이 대승경전의 법문을 설한 뒤에 대중들 가운데서 결가부좌하고 무량의처삼매에 들어 몸과 마음이 동요하지 않았습니다.

그때 하늘에서 만다라꽃, 큰 만다라꽃, 만수사꽃, 큰 만수사꽃을 비 오듯 내려서 부처님과 대중들에게 공양했으며, 널리 부처의 여러 세계가 여섯 가지로 진동했습니다.

그때 법회에 모인 비구, 비구니, 우바새, 우바이, 천신, 용, 야차, 건달바, 아수라, 가루라, 긴나라, 마후라가, 사람과 사람 아닌 귀신과 여러 작은 왕과 전륜성왕(轉輪聖王) 등 여러 대중들이 이전에 볼 수 없던 사실을 친견하게 되어 환희하여 합장하고 일심으로 부처님을 우러러 보았습니다.

그때 부처님이 미간의 백호상으로부터 광명을 놓아 동방의 일만 팔천 세계를 널리 비추니 두루하지 않는 곳이 없었으며, 마치 지금 여기서 모든 불국토를 보는 것과 같았습니다.

미륵보살이여! 그때 이 법회에 모인 이십 억 보살들이 있어서 법문 듣기를 좋아했습니다. 그 보살들은 이전에는 일찍이 볼 수 없었던 부처의 지혜 광명이 여러 세계에 널리 비추게 된 것을 보고는 이 광명이 어떠한 인연으로 이렇게 비추게 된 것인지 알고자 했습니다.

時有菩薩 名曰妙光 有八百弟子. 是時 日月燈明佛 從三昧起 因妙光菩薩 說大乘經 名妙法蓮華 教菩薩法 佛所護念. 六十小劫 不起于座 時會聽者 亦坐一處. 六十小劫 身心不動 聽佛所說 謂如食頃.

是時衆中 無有一人 若身若心而生懈倦 日月燈明佛 於六十小劫 說是經已 卽於梵魔 沙門婆羅門 及天人阿修羅衆中 而宣此言 如來於今日中夜 當入無餘涅槃

時有菩薩 名曰德藏 日月燈明佛 卽授其記 告諸比丘 是德藏菩

薩 次當作佛 號曰淨身多陀阿伽度阿羅訶三藐三佛陀 佛授記已 便於中夜 入無餘涅槃 佛滅度後 妙光菩薩 持妙法蓮華經 滿八十小劫 爲人演說 日月燈明佛八子 皆師妙光 妙光敎化 令其堅固阿耨多羅三藐三菩提 是諸王子 供養無量百千萬億佛已 皆成佛道 其最後成佛者 名曰然燈

그때 묘광(妙光)이라는 한 보살이 있었는데, 팔백 명의 제자들을 거느리고 있었습니다. 일월등명불이 삼매의 경지에서 묘광보살과 그의 제자들에게 대승경전을 설법했으니, 이것이 묘법연화경이며 보살들에게 교시하는 법문이며 부처의 지혜를 수지하여 생사윤회에 타락하지 않도록 보호하는 대승의 법문입니다.

부처님은 육십 소겁 동안 자리에서 일어나지 않았고, 그 회상에서 청법하는 사람들도 한곳에 앉아서 육십 소겁 동안 몸과 마음을 동요하지 않고 부처님의 법문을 청법했는데 마치 밥 한 끼 먹는 시간과 같았습니다.

그때 대중들 가운데 한 사람도 몸이나 마음에 권태로운 생각을 내는 이가 없었습니다.

일월등명불이 육십 소겁 동안 이 경전의 법문을 설하시고는 곧 범천과 마군, 사문과 바라문, 천신과 사람, 아수라 가운데서 이렇게 선언했습니다.

'여래는 오늘 밤에 무여열반(無餘涅槃)에 들리라.'고.

그때 덕장(德藏)보살이 있었는데, 일월등명불은 그 덕장보살에게 수기를 주면서 모든 비구들에게 다음과 같이 알렸습니다.

'이 덕장보살은 이후에 성불하여 정신(淨身)여래, 응공(應供), 정변지(正遍知)라고 할 것이다.'

부처님이 수기를 설하고 그날 밤에 무여열반에 들었습니다. 그 일월등명불이 열반한 뒤에 묘광보살이 묘법연화경의 법문을 팔십 소겁 동안 설했으며, 일월등명불의 여덟 왕자도 모두 묘광보살을 스승으로 모셨습니다.

묘광보살은 그 여덟 왕자들을 교화하여 확실하게 최상의 깨달음을 체득하게 했습니다. 그 왕자들은 한량없는 백 천만 억 제불께 공양하고 모두 불도를 이루었으며, 최후에 성불한 부처의 명호가 연등불(燃燈佛)입니다.

* 연등불(燃燈佛, Dīpaṃkara) : 『법화경』 서품, 『금강경』 등에 언급하고 있는데, 『수행본기경』, 『무량수경』에서는 정광(錠光) 여래라고 한다. 과거 석가불이 보살로 수행할 때(因地) 친견한 부처님이다. 당시 석가불은 유동(儒童)이라고 했고, 꽃 공양과 진흙땅에 머리카락을 풀어 연등불이 걸어갈 수 있도록 했다. 뒤에 석가불로 성불하게 될 것이라고 수기를 내린다.

구명(求名) 보살과 묘광(妙光) 보살

八百弟子中 有一人 號曰求名 貪着利養 雖復讀誦衆經 而不通利 多所忘失 故號求名 是人 亦以種諸善根因緣故 得値無量百千萬億諸佛 供養恭敬 尊重讚歎

彌勒當知 爾時妙光菩薩 豈異人乎 我身是也 求名菩薩 汝身是也 今見此瑞 與本無異 是故惟忖 今日如來 當說大乘經 名妙法蓮華 敎菩薩法 佛所護念

묘광보살의 팔백 제자 가운데 한 사람의 이름이 구명(求名)이니, 이익과 명예(利養)를 탐하고, 여러 경전을 독송하지만 법문의 뜻을 분명하게 알지 못하고 다소 잊어버리는 일이 많아 이름을 구명(求名)이라고 했습니다.

이 사람도 선근(善根)을 심은 인연으로 한량없는 백 천만 억의 수많은 부처님을 만나서 공양하고 공경하며 존중하고 찬탄했습니다.

미륵보살이여! 그때의 묘광보살은 다른 사람이 아니라 곧 나 문수이며, 미륵보살 그대가 구명입니다.

이제 이 상서를 보니 예전과 다르지 않습니다. 그러므로 오늘 여래께서 반드시 대승경전을 설할 것이니, 그 경전은 묘법연화경이며, 보살들에게 교시하는 법문이며, 부처의 지혜로 생사윤회에 타락하지 않도록 보호하는 법문입니다."

爾時文殊師 利於大衆中欲 重宣此義 而說偈言
我念過去世　無量無數劫　有佛人中尊　號日月燈明
世尊演說法　度無量衆生　無數億菩薩　令入佛智慧
佛未出家時　所生八王子　見大聖出家　亦隨修梵行

그때 문수사리보살이 대중 가운데서 이 뜻을 거듭 펴려고 게송으로 읊었다.
"내가 기억해 보니 과거세에 한량없이 많은 시간(無數劫)에 사람들의 존경을 받는 부처님이 계셨으니 명호가 일월등명불입니다.
세존이 설법하여 무량의 중생들과 수억만의 보살들을 제도하여 부처의 지혜를 깨닫도록 했습니다.
그 일월등명불이 출가하기 전에 여덟 왕자를 두었는데, 대성(大聖)이 출가한 것을 보고 그들도 출가하여 청정한 정법을 수행했습니다.

時佛說大乘　經名無量義　於諸大衆中　而爲廣分別
佛說此經已　卽於法座上　跏趺坐三昧　名無量義處
天雨曼陀華　天鼓自然鳴　諸天龍鬼神　供養人中尊
一切諸佛土　卽時大震動　佛放眉間光　現諸希有事
此光照東方　萬八千佛土　示一切衆生　生死業報處
有見諸佛土　以衆寶莊嚴　琉璃玻瓈色　斯由佛光照
及見諸天人　龍神夜叉衆　乾闥緊那羅　各供養其佛

그때 일월등명불이 대승의 법문을 설하시니 그 이름은 무량의경이며, 모든 대중들에게 널리 방편의 지혜로 설했습니다.
이 경의 법문을 설하고 곧 그 법상 위에서 가부좌하고 삼매에 드니 그 삼매는 무량의처삼매입니다.
천상에서 만다라 꽃비가 내리고 제석천의 북은 저절로 울리며, 천신과 용과 신들도 세존께 공양했습니다.
일체의 모든 불국토가 즉시에 크게 진동하고 부처의 미간에서 광명을 놓아 희유한 상서 나투니, 그 광명은 동방으로 일만 팔천 세계를 두루 비추어 일체 중생들이 생사에 윤회하는 업장의 과보를 보도록 했습니다.
또 어떤 제불의 국토는 온갖 보배로 장엄하였는데, 유리(琉璃)와 파리(頗梨)의 색상으로 부처 지혜 광명이 환히 비치는 까닭에 제천과 사람과 용신과 야차 대중과 건달바와 긴나라들이 각기 일월등명불께 공양하는 모습을 볼 수 있었습니다.

又見諸如來　自然成佛道　身色如金山　端嚴甚微妙
如淨琉璃中　內現眞金像　世尊在大衆　敷演深法義
一一諸佛土　聲聞衆無數　因佛光所照　悉見彼大衆

또 모든 여래는 자연히 불도를 이루고, 몸빛은 황금산같이 단정하고 장엄된 모습이 매우 미묘합니다.
맑은 유리병 속에 진금상(眞金像)이 여실하게 나타나듯이 세존은 대중 가운데서 깊은 진여법의 뜻을 연설했습니다.
하나하나 모든 제불 국토의 무수한 성문들에게 부처의 지혜광명을 비추니, 저 성문 대중들을 여실하게 볼 수 있었습니다.

或有諸比丘　在於山林中　精進持淨戒　猶如護明珠
又見諸菩薩　行施忍辱等　其數如恒沙　斯由佛光照
又見諸菩薩　深入諸禪定　身心寂不動　以求無上道
又見諸菩薩　知法寂滅相　各於其國土　說法求佛道
爾時四部衆　見日月燈佛　現大神通力　其心皆歡喜
各各自相問　是事何因緣

혹 어떤 비구들은 산림 속에 있으면서 정진하고, 청정한 계법 수지하기를 맑은 구슬 보호하듯 했습니다.
또 여러 보살들이 보시하고 인욕 수행하는 그 숫자가 갠지스강의 모래 수와 같이 많은 것을 부처의 지혜광명으로 모두 볼 수 있었습니다.
또 여러 보살들은 깊은 선정에서 몸과 마음이 동요되지 않고 최상의 불도를 구했습니다.
또 어떤 보살들은 불법의 적멸한 실상을 알고 제각기 그 국토에서 불법을 설하여 불도를 구했습니다.
그때 사부대중들은 일월등명불께서 큰 신통 나투신 것을 보고 매우 기뻐서 제각기 서로서로 무슨 인연으로 이런 일이 있는지 질문했습니다.

天人所奉尊　適從三昧起　讚妙光菩薩　汝爲世間眼
一切所歸信　能奉持法藏　如我所說法　唯汝能證知
世尊旣讚歎　令妙光歡喜　說是法華經　滿六十所劫
不起於此座　所說上妙法　是妙光法師　悉皆能受持

천신과 인간들이 존중하는 일월등명불이 마침 삼매에서 깨어나 묘광보살을 찬탄했습니다. "그대는 세간의 눈이요, 일체 중생들이 신심으로 귀의할 것이니 스스로 법장(法藏)을 받들어 수지하라. 여래가 설법한 법문은 오직 그대 스스로가 깨달아 증득해야만 알 수 있다."
일월등명불은 묘광보살을 찬탄하고 환희심을 갖게 했습니다. 이 법화경을 설할 때 육십 소겁 동안 그 법좌에서 일어나지 않고 최상의 미묘한 정법을 설하니, 이것을 묘광법사가 모두 다 능히 스스로 수지(受持)했습니다.

* 여소증지(汝所證知) : 제불여래의 설법을 여법하게 청법(聽法)하고 깊이 사유해서 깨달아 증득한 지혜(證智)로 능히 알 수 있다는 뜻이다. 『법성게』의 "증지소지비여경(證智所知非餘境)"과 같이 불법의 지혜는 사유 자각으로 실증(實證)해야 한다.

佛說是法華　令衆歡喜已　尋卽於是日　告於天人衆
諸法實相義　已爲汝等說　我今於中夜　當入於涅槃
汝一心精進　當離於放逸　諸佛甚難値　億劫時一遇
世尊諸子等　聞佛入涅槃　各各懷悲惱　佛滅一何速
聖主法之王　安慰無量衆　我若滅度時　汝等勿憂怖
是德藏菩薩　於無漏實相　心已得通達　其次當作佛
號曰爲淨身　亦度無量衆

일월등명불이 법화경을 설하여 대중들을 기쁘게 하고 그날에 즉시 천신과 인간 대중들에게 말했습니다.
'제법실상(諸法實相)의 뜻(義)을 이미 그대들에게 설했으니 여래는 오늘 밤중에 열반에 들리라. 그대들은 일심으로 정진하여 망념을 여의고 방일(放逸)하지 말라. 제불을 친견하기 매우 어려워 억겁에 겨우 한번 만나게 된다.'
여러 불자들은 세존(일월등명불)이 열반에 드신다는 말씀을 듣고 제각기 슬퍼하며 '부처님이 이렇게 빨리 열반에 드시는가?'라고 의아해 했습니다.
성주(聖主) 법왕께서 무량의 대중들을 위로하기를 '여래가 열반에 드는 것을 너희들은 걱정하지 말라. 이 덕장보살이 무루실상(無漏實相)의 경지를 마음으로 이미 다 통달하였으니 다음에 반드시 성불하여 정신여래(淨身如來)라는 부처의 명호로서 무량의 중생들을 제도하게 될 것이다'라고 했습니다.

* 제법실상의(諸法實相義) : 제법실상법이 여법하게 지혜로 작용하는 뜻이다. 『금강경』에 "여래란 곧 제법이 여법하게 지혜의 생명으로 작용한다는 뜻(如來者 則諸法如義)"이라고 설한 법문과 같다. 제불여래는 진여법, 제법실상법을 깨달아 여래의 지혜로 방편 법문을 개시(開示)한다.

佛此夜滅度　如薪盡火滅　分布諸舍利　而起無量塔
比丘比丘尼　其數如恒沙　倍復加精進　以求無上道
是妙光法師　奉持佛法藏　八十所劫中　廣宣法華經
是諸八王子　妙光所開化　堅固無上道　當見無數佛
供養諸佛已　隨順行大道　相繼得成佛　轉次而授記
最後天中天　號曰燃燈佛　諸仙之導師　度脫無量衆

이날 밤 일월등명불이 열반에 들어 화장하는 나무가 다 타고 불이 꺼지자, 사리를 나누어 수없이 많은 불탑을 세웠습니다. 갠지스강의 모래 수와 같이 많은 비구와 비구니들은 더욱더 정진하여 최상의 불도를 구했습니다.
이 묘광법사가 부처님의 법장(法藏)을 받들어 수지하고 팔십 소겁 동안 널리 법화경을 선전했습니다. 이 여덟 왕자들은 묘광법사의 교화를 받고 최상의 불도수행을 굳게 발심하여 무수히 많은 부처님을 친견하고, 제불을 공양한 이후에 여법하게 대도를 수행하여 서로서로 이어서 성불하고 차례차례로 수기를 했습니다.

최후로 제천중의 수승한 부처님의 명호가 연등불이니, 모든 신선들의 길을 안내하는 스승(導師)으로서 한량없는 중생들을 제도했습니다.

是妙光法師　時有一弟子　心常懷懈怠　貪着於名利
求名利無厭　多遊族姓家　棄捨所習誦　廢忘不通利
以是因緣故　號之爲求名　亦行衆善業　得見無數佛
供養於諸佛　隨順行大道　具六波羅蜜　今見釋師子
其後當作佛　號名曰彌勒　廣度諸衆生　其數無有量
彼佛滅度後　懈怠者汝是　妙光法師者　今則我身是

그때 묘광법사에게 한 제자가 있었는데 마음에는 항상 게으름을 품고, 명예와 이익을 탐하고 추구하기를 싫어할 줄 모르고 귀족들의 가문에만 출입했습니다.

경전의 법문을 익히고 외웠던 것은 모두 잊어버리고 불법의 도리는 아무것도 알지 못했기 때문에 이름을 구명(求名)이라고 했습니다.

그래도 많은 선업을 수행하고 무수한 부처님을 친견하고 제불을 공양하며, 진여일심에 수순하여 여법하게 대도(大道)를 수행했습니다.

육바라밀을 구족하고 금생에 석가불(釋師子)을 친견하니, 그는 이후에 반드시 성불하여 그 명호를 미륵불이 되리라고 수기했으며, 널리 여러 중생들을 제도하니 그 수효는 한량이 없습니다.

일월등명불이 열반하신 뒤에 게으름을 피우던 자가 바로 그대(미륵)요, 묘광법사는 지금 바로 나(문수)입니다.

我見燈明佛　本光瑞如此　以是知今佛　欲說法華經
今相如本瑞　是諸佛方便　今佛放光明　助發實相義

諸人今當知　合掌一心待　佛當雨法雨　充足求道者
諸求三乘人　若有疑悔者　佛當爲除斷　令盡無有餘

내가(문수) 일월등명불이 이와 같은 지혜 광명을 비추는 상서를 보았으므로 이제 지금 부처님이 법화경을 설하려는 뜻임을 알 수 있습니다.
지금의 이 상서는 옛날 일월등명불이 지혜광명을 비추는 상서와 같으니 이것은 제불의 방편입니다.
지금 부처님이 지혜광명을 놓아 제법실상의 뜻을 드러내니 여러분들은 그런 줄 알고 합장하고 일심으로 부처님의 설법을 기대합시다.
부처님은 감로의 법우를 내리시어 불도 구하는 사람들을 만족케 하며, 삼승(三乘)의 법문을 구하는 자들에게 만약 어떤 의심과 후회가 있다면 부처님은 반드시 모든 번뇌 망념을 끊고 모든 의심을 제거하는 법문을 설해 주실 것입니다."

제2 방편품(方便品)

제불의 지혜를 찬탄함

爾時 世尊 從三昧安詳而起 告舍利弗. 諸佛智慧 甚深無量, 其智慧門 難解難入. 一切聲聞辟支佛 所不能知. 所以者何 佛曾親近百千萬億無數諸佛, 盡行諸佛無量道法, 勇猛精進 名稱普聞. 成就甚深未曾有法, 隨宜所說 意趣難解.
舍利弗 吾從成佛已來, 種種因緣, 種種譬喩, 廣演言教 無數方便, 引導衆生 令離諸著. 所以者何 如來 方便知見波羅蜜 皆已具足.
舍利弗 如來知見 廣大深遠 無量無礙 力無所畏. 禪定解脫三昧深入無際 成就一切未曾有法.

그때 세존께서 삼매(三昧)의 경지에서 조용히 일어나 사리불에게 말했습니다.
"제불의 지혜는 매우 깊고 한량없으며, 그 지혜의 문은 이해하기도 어렵고 깨달아 체득하기도 어렵다. 일체 성문이나 벽지불(辟支佛)은 알 수가 없다. 무슨 까닭인가? 부처는 일찍이 백 천만 억의 무수한 제불을 친근(親近)하여 제불의 한량없는 도법(道法)을 수행하고 용맹 정진하여 그 명성이 널리 두루 알려졌으며, 심오하여 듣지도 못한 미증유법(未曾有法)을 성취하여 중생의 근기에 따라 방편 법문으로 설법한 것이므로 그 법문의 취지를 이해하기 어렵다.

사리불이여! 여래가 성불한 이후 여러 가지 인연과 여러 가지 비유 법문과 널리 언어로 교법(敎法)을 연설하며, 무수한 방편 법문으로 중생들을 인도하고 모든 집착을 여의도록 했다. 왜냐하면 여래의 지혜는 방편, 지견(知見)바라밀을 모두 구족했기 때문이다.

사리불이여! 여래의 지견은 넓고 크고 심원하여 무량하고 걸림 없는 지혜의 힘으로 두려움이 없고, 선정과 해탈 삼매에 한계가 없는 경지를 깊이 깨달아 일체의 미증유 불법을 성취하였다."

* 도법(道法) : 불도를 체득하는 정법으로 공의 법문, 반야바라밀의 지혜를 말한다. 『노자(老子)』에 "도(道)는 자연을 기준법으로 한다(道法自然)"고 했다.
* 심심미증유법(甚深未曾有法) : 진여법성의 깊고 미묘한 불가사의 지혜로 작용하는 법. 무상심심미묘법, 묘법연화경, 제법실상법, 진여법을 말한다. 제불세존이 진여법성을 발견하고 깨달아 방편 법문으로 설법한 대승일승법이다.
* 제불여래는 인연 법문, 비유 법문, 널리 언교(言敎)로써 연설하고 방편 법문으로 중생들에게 설법한다.
* 여래 방편 지견바라밀 : 제불여래는 불지견(佛知見)과 방편지혜를 구족했다. 제불세존이 일대사 인연으로 출세한 것은 중생들에게 불지견을 구족하도록 방편 법문을 설하는 일이며 『금강경』에는 "여래실지실견(如來悉知悉見)"이라고 한다.
* 여래지견이 무량하다는 것은 자비희사(慈悲喜捨)의 사무량심(四無量心)을 말하며, 무애(無礙)는 법(法), 의(義), 언사(言辭), 요설(樂說)의 사무애변(四無礙辯)이며, 역(力)은 부처의 방편지혜의 십력(十力), 무소외(無所畏)는 설법이 자유자재한 사무소외(四無所畏)이다.
* 선정해탈삼매(禪定解脫三昧) : 자아의식의 중생심과 의식의 대상경계를

텅 비운 아공(我空), 법공(法空), 일체개공(一切皆空)으로 진여삼매, 무량의처삼매를 이룬 경지이다.

* 미증유법 : 제불여래의 설법은 일찍이 그 누구도 발견해서 제시한 일이 없는 법성(dharma-svabhava), 진여법, 제법실상법을 방편 법문으로 설한 것이다. 불교의 경전과 논서, 어록에서 설한 법문의 독자성은 진여법, 제법실상법을 공과 불공, 불이법문 등 법수(法數)의 논리로 설한 방편 법문이다.

삼지삼청(三止三請)

舍利弗 如來 能種種分別 巧說諸法 言辭柔輭 悅可衆心
舍利弗 取要言之 無量無邊未曾有法 佛悉成就
止 舍利弗 不須復說. 所以者何 佛所成就第一希有難解之法
唯佛與佛 乃能究盡諸法實相

사리불이여! 여래는 여러 가지 방편의 지혜로 분별하여 제법의 실상을 훌륭하게 설하니, 언어는 유연하여 중생들의 마음을 기쁘게 한다.

사리불이여! 요지를 간략하게 말하자면, 한량없고 끝이 없는 미증유의 불법을 부처는 모두 깨달아 성취하였다.

그만두라! 사리불이여! 또다시 말할 필요가 없다. 왜냐하면 부처가 성취한 제일 희유하고 이해하기 어려운 불법은 오직 부처의 지혜를 체득한 부처만이 제법의 실상(實相)을 완전하게 깨달아 체득할 수가 있기 때문이다.

* 불수(不須) : 불필(不必)과 같은 말로 말할 필요가 없다는 뜻이다.
* 제불여래가 깨달아 체득한 법을 제일희유 난해지법(難解之法), 난신지법(難信之法), 미증유법이라고 강조하는 것은,『법화경』에서 설하는 제법실

상법, 일승묘법은 일체 중생이 모두 본래 불성(여래장)을 구족한 사실을 처음 발견하고 설한 법문이다. 중생은 진여법성이 구족된 사실을 알지 못한 무지(無知), 무명(無明), 불각(不覺)으로 그러한 사실을 이해하지 못해 진여법에 대한 신심을 일으키지 않는다.

* 제불여래가 깨달아 체득한 제법실상법은 오직 불지견을 구족한 부처와 부처의 지혜로서만이 알 수 있는 경지(唯佛與佛)이다. 범부중생은 물론 성문과 벽지불도 알 수 없는 경지이다.

십여시(十如是) 법문

所謂諸法 如是相 如是性 如是體 如是力 如是作 如是因 如是緣 如是果 如是報 如是本末 究竟等.

말하자면 제법은 진여의 실상(如是相)과 진여법성(法性), 진여의 근본 당체(如是體), 진여지혜의 힘(如是力), 진여일심의 창조적인 지혜작용(如是作), 진여일심의 근본원인(如是因)과 진여일심의 지혜로 반연된 인연(如是緣), 진여일심으로 깨달음을 이룬 결과(如是果), 진여일심의 지혜를 체득한 과보(如是報)이다. 즉 진여일심으로 발심 수행하고 정각의 깨달음을 이루는(如是本末) 진여삼매는 구경(究竟)에 평등(等)하여 제불여래의 지혜로 여법하고 여실하게 실행된다.

* 이 일단의 십여시(十如是) 법문은 범어(梵語) 원본의 『법화경』에는 없다. 축법호(竺法護)가 번역한 『정법화경(正法華經)』이나 세친(世親)의 『법화경론』에도 보이지 않는다. 용수(龍樹)의 『대지도론(大智度論)』 제3권, 12권, 32권 등에 설하는 체(體), 법(法), 역(力), 인(因), 연(緣), 과(果), 성(性), 한애(限碍), 개통방편(開通方便)의 9종법을 구마라집이 십여시 법문으로 전용

(轉用)한 것이라고 추정하기도 한다.

십여시는 제법실상법, 진여법이 외부의 힘에 의거하지 않고 진여일심 자체의 지혜로 여법하고 여실하게 진여삼매로 작용한다는 사실이다. 진여자성이 자연 그대로 여법하게 지혜의 생명으로 작용하는 불가사의한 묘용을 설한 법문이다.

십은 원만수로서 진여일심의 지혜가 원만하고 무애자재한 경지이며, 여시는 제불여래의 여시설법과 여래실지실견, 여시지, 여시견, 여시신해, 여시아문, 여여, 여법, 여래, 여시, 여실, 불이 등과 같은 뜻으로 진여일심이 여법하고 여여하게 지혜로 작용하는 진여삼매이다.

『금강경』에 "여래란 제법과 여여하게 지혜로 작용하는 뜻이다(如來者則諸法如義)"라고 설한 것처럼, 진여일심이 여법하고 여여하게 진여삼매의 지혜로 작용되도록 하는 것이 발보리심, 발심 수행이다.

* 여시인연과보(如是因緣果報) : 진여일심으로 발심 수행(如來因地法行)하고, 진여일심의 지혜로 정각의 깨달음을 체득하여 보신불(報身佛)의 경지를 이루는 것을 말한다.

* 여시본말(如是本末) : 진여일심(因地)으로 발심 수행(法行)하는 일(本)과 진여일심의 지혜로 깨달음의 정각을 이룬 경지(末)이다. 초발심의 수행이 진여일심이며 구경의 정각이 진여일심이기에 진여삼매, 일행삼매로 이루어진다. 그래서 "여시본말이 구경(究竟)에 평등하다"고 설한다.

이와 같은 법문으로 『화엄경』에서는 "초발심이 곧 정각(初發心時便成正覺)"이라고 설하며, 『열반경』에도 "발심과 구경의 정각, 이 둘은 구분할 수가 없다(發心畢竟二不別)"고 한다. 그래서 『대승기신론』에도 "초발심의 시각(始覺)과 구경의 본각(本覺)은 같다"고 설한다.

『법화경』 종지용출품에도 "이 모든 보살 대중의 발심 수행과 깨달음을 체득한 인연(是諸菩薩衆 本末之因緣)"에 대하여 설해 줄 것을 요청하고 있다. 『참동계(參同契)』에 "발심 수행과 깨달음(本末)은 반드시 진여본심으로 귀결된다(本末須歸宗)"라고 설하는 것처럼, 제법실상법은 진여본심의 지혜로 여여(如是)하게 발심 수행과 깨달음(本末)이 구경(究竟)에는 평등(等)하게 진여삼매로 실행된다는 사실을 설한 것이다. 『금강경』에 "이 진여법은 평등하여 고하(高下)의 차별이 없다(是法平等無有高下)"라고 설한다.

爾時 世尊 欲重宣此義 而說偈言

世雄不可量　諸天及世人　一切衆生類　無能知佛者
佛力無所畏　解脫諸三昧　及佛諸餘法　無能測量者
本從無數佛　具足行諸道　甚深微妙法　難見難可了
於無量億劫　行此諸道已　道場得成果　我已悉知見

이때 세존께서 이 제법실상의 뜻을 거듭 설명하고자 게송으로 설했다.
"중생세간의 영웅인 부처의 지혜는 중생심으로 사량할 수 없으며,
제천(諸天)과 세간의 사람, 일체 중생세계의 무리들은
부처의 지혜를 알 수가 없다.
부처의 지혜가 작용하는 힘은 두려움이 없고,
생사를 해탈한 여러 삼매이니 그 밖의 부처의 모든 지혜가 실행하는
경지를 스스로 측량할 수가 없다.
본래부터 수많은 부처의 법문을 따라 모든 불도의 수행을
구족했으며, 매우 깊고도 미묘한 불법은 친견하기 어렵고,
깨달아 요달하기 어렵다.
한량없는 억겁의 오랜 세월에 이와 같은 불도를 닦아 수행하고,
깨달음(보리)의 도량에서 불도를 체득하니
여래는 이미 제법을 모두 다 여법하게 알고, 여실하게 본다.

* 불도의 수행을 구족하고(具足行諸道), 여래는 제법을 모두 여실하게 알고 본다(我已悉知見)라는 말은, 불지견의 지혜를 구족한 사실이다. 『법화경』에는 불지견, 『금강경』에는 여래 실지 실견이라고 설한다.

如是大果報　種種性相義　我及十方佛　乃能知是事
是法不可示　言辭相寂滅　諸餘衆生類　無有能得解
除諸菩薩衆　信力堅固者　諸佛弟子衆　曾供養諸佛
一切漏已盡　住是最後身　如是諸人等　其力所不堪
假使滿世間　皆如舍利弗　盡思共度量　不能測佛智
正使滿十方　皆如舍利弗　及餘諸弟子　亦滿十方刹
盡思共度量　亦復不能知
辟支佛利智　無漏最後身　亦滿十方界　其數如竹林
斯等共一心　於億無量劫　欲思佛實智　莫能知少分
新發意菩薩　供養無數佛　了達諸義趣　又能善說法
如稻麻竹葦　充滿十方刹　一心以妙智　於恒河沙劫
咸皆共思量　不能知佛智　不退諸菩薩　其數如恒沙
一心共思求　亦復不能知
又告舍利弗　無漏不思議　甚深微妙法　我今已具得
唯我知是相　十方佛亦然

진여일심의 훌륭한 수행 과보와 다양한 종류의
제법의 본성과 실상의 뜻을 여래와 시방의 제불만이
이 십여시의 지혜가 여법하게 작용하는 진여법을 능히 알 수 있다.
이 진여법은 대상으로 나타내 보일 수도 없고,
언어로 설할 수도 없는 적멸의 경지이다.

여러 다른 중생세계의 무리들은 능히 이 제법의 실상법(實相法)을 이해할 수 가 없고, 모든 보살 대중들 가운데 신력(信力)의 힘이 견고한 보살들만 알 수 가 있다.
제불의 제자들이 일찍이 제불을 공양하고, 일체의 모든 번뇌 망념을 다 소멸한 중생의 최후신(아라한)으로 살고 있는
모든 아라한의 지혜를 갖춘 사람들도 능히 감당할 수 없다.
설사 이 세상에 가득 차 있는 사리불의 지혜와 같은
수많은 사람들이 모두 사유하여 헤아린다고 할지라도
제불여래의 지혜(佛智)는 측량할 수 없다.
설사 시방세계의 사람들이 모두 다 사리불의 지혜와 같고,
시방 국토에 가득 찬 모든 부처님의 제자들이 모두 함께
사유하고 계산해도 부처의 지혜는 알 수가 없다.
벽지불의 영리한 지혜와 무루(無漏) 최후신을 이룬 사람들이
시방세계에 가득 차서 그 수효가 대나무 숲과 같이 많고,
그 사람들이 모두 한 마음이 되어 한량없는 억만 겁 동안 부처의
진실한 지혜를 사유한다 할지라도 아주 작은 한 부분도 알 수가 없다.
처음 발심(發心)한 보살이 무수한 부처님을 공양하고
제법 실상의 뜻을 깨달아 요달하여 능히 설법도 훌륭하게
잘할 수 있는 사람이 벼, 삼, 대나무, 갈대처럼 시방 국토에
가득 찬 사람들이 일심의 미묘한 지혜로 갠지스강의 모래숫자처럼
많은 세월 동안 사유해도 역시 제불여래의 지혜는 알 수가 없다.
불퇴전의 지위에 오른 보살로서 갠지스강의 모래알처럼
많은 사람들이 일심으로 사유하여 함께 추구해도
역시 제불여래의 지혜는 알 수가 없다.
또 세존이 사리불에게 말했다. '무루법(無漏)의 불가사의하고 깊고 깊은 미묘한

실상법의 법문을 여래가 이미 깨달아 구족하였다. 오직 여래는 이와 같은 제법의 실상을 알고, 시방의 제불 역시 또한 그러하다.'

* 시법불가시(是法不可示) 언사상적멸(言辭相寂滅) : 시법(是法)은 진여법, 제법실상법, 일승묘법, 불법을 말하고, 진여법은 이언진여(離言眞如)로 일체의 언설상(言說相), 명자상(名字相), 심연상(心緣相)을 여읜 불립문자(不立文字), 언전불급(言詮不及), 언어도단(言語道斷), 심행처멸(心行處滅)의 경지이다.
* 불가시(不可示) : 불가설(不可說)과 같이 진여일심법은 여법하고 여실하게 남에게 제시하거나 언어 문자로 설할 수가 없다는 뜻이다.
* 최후신(最後身) : 생사망념의 중생신(衆生身)을 소멸한 최후신으로 아라한을 말한다.

삼승(三乘)의 방편 법문을 설하는 의미

舍利弗當知　諸佛語無異　於佛所說法　當生大信力
世尊法久後　要當說眞實　告諸聲聞衆　及求緣覺乘
我令脫苦縛　逮得涅槃者　佛以方便力　示以三乘教
衆生處處著　引之令得出

사리불이여! 그대는 반드시 잘 알도록 하라.
제불이 설하는 말은 진여일심법과 다르지 않다는 사실이니, 부처님(佛)이 여시 설법한 법문에 반드시 큰 신력(信力)을 일으키도록 하라.
세존은 오랫동안 사유한 뒤에 긴요하고 합당하며 진실한 대승의 정법을 설한다.
성문의 법문을 구하는 여러 대중과 연각의 깨달음을 구하는 이승의 수행자들에게 분명하게 설한다.

여래가 고통의 속박에서 해탈하게 하고 속히 열반의 경지를 체득하도록 설법한 것이니 부처는 방편 지혜의 힘으로 삼승(三乘)의 법문을 제시했다. 중생들은 처처에서 대상경계에 집착하기 때문에 그들을 인도하여 삼계의 고통에서 벗어나도록 정법을 설한다."

* 제불어무이(諸佛語無異) : 제불의 설법이 진여법, 제법실상법, 진여법과 다르지 않다는 뜻이다. 제불은 제법의 지혜생명으로 작용하는 뜻이 같다(諸佛 諸法如義)고 설한 것처럼, 진여일심의 지혜로 여시설법했다.
『금강경』에 "여래는 진어자(眞語者), 실어자(實語者), 여어자(如語者), 불이어자(不異語者), 불광어자(不誑語者)"라고 설한다.

사리불이 법문을 청(請)하다

爾時 大衆中 有諸聲聞 漏盡阿羅漢 阿若憍陳如等 千二百人 及發聲聞辟支佛心 比丘 比丘尼 優婆塞 優婆夷 各作是念. 今者世尊 何故慇懃稱歎方便 而作是言 佛所得法 甚深難解 有所言說 意趣難知 一切聲聞 辟支佛 所不能及.
佛說一解脫義. 我等亦得此法 到於涅槃 而今不知是義所趣.

그때 대중 가운데 성문으로서 번뇌가 모두 소멸한 아라한의 경지를 이룬 아약교진여 등 일천이백 명과 처음으로 성문, 벽지불로 발심한 비구, 비구니, 우바새, 우바이는 각자 이와 같이 사유했다.

'지금 세존께서 무슨 까닭으로 은근히 방편을 찬탄하고 이러한 말씀을 하시는가? 부처님이 깨달아 체득한 불법은 매우 깊고 이해하기 어려우며, 설법한 언설의 취지도 알기 어려워 일체의 성문들과 벽지불이 어찌 이 불법을 능히 이해할 수가 없다고 하시는가? 부처님이 진여일심으로 해탈을 이루는 깊은 뜻의 법문을 설하지만, 우리들 역시 이 법문을 깨달아 열반의 경지에 도달했는데 지금 또 이렇게 대승의 법문을 설하는 진정한 취지가 무엇인지 알 수가 없다.'

제일청법(第一請法)

爾時 舍利弗 知四衆心疑 自亦未了 而白佛言 世尊 何因何緣 慇懃稱歎諸佛第一方便 甚深微妙 難解之法 我自昔來 未曾從佛聞如是說 今者四衆 咸皆有疑 惟願世尊 敷演斯事 世尊何故 慇懃稱歎甚深微妙難解之法

爾時 舍利弗 欲重宣此義 而說偈言

慧日大聖尊　久乃說是法　自說得如是　力無畏三昧
禪定解脫等　不可思議法　道場所得法　無能發問者
我意難可測　亦無能問者　無問而自說　稱歎所行道
智慧甚微妙　諸佛之所得　無漏諸羅漢　及求涅槃者
今皆墮疑網　佛何故說是　其求緣覺者　比丘比丘尼
諸天龍鬼神　及乾闥婆等　相視懷猶豫　瞻仰兩足尊
是事爲云何　願佛爲解說　於諸聲聞衆　佛說我第一
我今自於智　疑惑不能了　爲是究竟法　爲是所行道
佛口所生子　合掌瞻仰待　願出微妙音　時爲如實說
諸天龍神衆　其數如恒沙　求佛諸菩薩　大數有八萬
又諸萬億國　轉輪聖王至　合掌以敬心　欲聞具足道

그때 사리불은 사부대중들이 이와 같이 의심하고 있다는 사실을 알고, 자기 자신도 분명히 알지 못하여 부처님께 말했다.

"세존이시여! 무슨 인연으로 제불이 설한 제일 방편의 법문이 매우 깊고 미묘하여 이해하기 어려운 법이라고 은근히 찬탄합니까? 제가 예전부터 지금까지 한 번도 부처님께서 이렇게 설한 말씀을 듣지 못했으며, 지금 사부대중들은 대승의 법문에 대하여 모두 의심하고 있습니다.

바라옵건대 세존께서 대승의 법문 설하는 뜻을 설명해 주십시오.

세존께서는 무슨 일로 대승의 법문이 매우 깊고 미묘하여 이해하기 어려운 법이라고 은근히 찬탄하십니까?"

그때 사리불이 이 뜻을 자세히 설명하고자 게송으로 읊었다.

"지혜의 태양이며 위대하고 성스러운 세존이 오랫동안 이 불법을 설했으니, 세존은 스스로 이와 같은 지혜의 힘과 걸림 없는 여러 가지 삼매와 선정과 해탈 등 불가사의한 불법을 깨달아 체득하셨다.

보리도량에서 깨달아 체득한 정법을 능히 질문하는 사람이 없고, 여래의 뜻은 예측하기도 어렵지만 또한 스스로 질문하는 사람도 없다.

질문하는 사람이 없으니 여래는 스스로 설법하여

불도를 수행하는 바른 길을 찬탄하니, 매우 깊고 미묘한 지혜는

제불이 깨달아 증득한 경지이다.

무루법을 깨달은 여러 아라한들과 열반의 경지를 구하는 여러 사람들은 모두 의심의 그물에 걸려 '부처님은 무슨 일로 대승법문을 설하는가?'라고 의심했다.

연각의 법을 구하는 여러 사람들과 출가한 비구와 비구니,

온갖 천신들과 용, 귀신들과 건달바, 그 밖의 여러 대중들이

머뭇거리고 망설이면서 서로가 서로를 쳐다보았다.

지혜와 자비를 구족하신 양족존(兩足尊)인 부처님을 우러러보며,
'대승의 법문을 설하는 것은 무슨 까닭인지 원컨대 부처님은 설법해 주십시오.
부처님은 여러 성문 대중 가운데 나(사리불)를 지혜제일이라고
말하지만, 나는 지금 자신의 지혜로 이러한 의혹을 해결할 수가 없습니다.
무엇이 구경의 해탈법문입니까? 무엇이 불도수행의 정법입니까?'
부처님의 설법을 청법하고 발심(發心)한 제자들은 합장하고 우러러 기대하며,
'원하건대 미묘한 음성으로 지금 즉시 여실하게 설법해 주십시오.
제천과 용신의 대중의 숫자는 갠지스 강의 모래수와 같이 많고, 부처의 지혜를 구하는 모든 보살대중의 숫자도 거의 팔만여 명입니다. 또 여러 천만 억 국토의 전륜성왕들이 이 법회에 참석하여 합장하고 공경하는 마음으로 법문을 청법하고자 합니다.'

* 『법화경』과 『아미타경』 등 대승경전에는 제법실상법은 범부 중생들이 이해하기 어렵고(難解之法) 신심을 일으키기도 어렵다(難信之法)고 설한다. 중생은 본래 청정한 진여본성을 구족한 사실을 알지 못한 무지(無知), 무명(無明), 불각(不覺)으로 자아의식의 중생심으로 생사에 윤회하는 업장을 짓고 있다.

제이지(第二止)

爾時 佛告舍利弗 止止 不須復說 若說是事 一切世間 諸天及人 皆當驚疑

이때 부처님이 사리불에게 말했다.
"그만두고, 그만두라! 더 이상 설할 필요가 없다. 만약 이 대승의 법문을 설한

다면 모든 세간과 천신들과 인간 사람들이 모두 놀라고 의심할 것이다.”

제이청법(第二請法)

舍利弗 重白佛言 世尊 惟願說之 惟願說之. 所以者何 是會無數百千萬億阿僧祇衆生 曾見諸佛 諸根猛利 智慧明了 聞佛所說則能敬信.

爾時舍利弗 欲重宣此義 而說偈言,

法王無上尊 惟說願勿慮 是會無量衆 有能敬信者.

사리불이 또다시 부처님께 말했다.

“세존이시여! 오직 원하오니 대승의 법문을 설해 주십시오. 오직 원하오니 설해 주십시오. 왜냐하면 이 회상(會上)에 있는 무수한 백 천만 억 아승지 중생들은 일찍 제불을 친견하여 모든 선근(根)이 매우 영리하며 지혜가 명철하여 부처님의 설법을 들으면 곧 능히 스스로 공경하고 신심을 일으킬 것입니다.”

이때 사리불이 이 뜻을 거듭 펴기 위해 게송으로 읊었다.

“법왕(法王)이신 무상의 세존이시여! 오직 설법해 주시고 다른 염려는 하지 마십시오. 이 법회에 모인 한량없는 여러 대중들은 능히 스스로 공경하고 신심을 일으키는 사람들입니다.”

제삼지(第三止)

佛復止 舍利弗 若說是事 一切世間天人阿脩羅 皆當驚疑 增上慢比丘 將墜於大坑

爾時世尊 重說偈言

止止不須說 我法妙難思 諸增上慢者 聞必不敬信

부처님은 또 "그만두라. 사리불이여!"라고 말했다.

"만약 이 대승의 법문을 설한다면 일체 세간의 천신과 인간 사람과 아수라들이 모두 놀라고 의심하며, 증상만(增上慢) 비구들은 큰 함정에 빠질 것이다."

이때 부처님은 또다시 게송으로 설했다.

"그만두고, 그만두라! 더 이상 설하지 않을 것이다. 여래가 설하는 대승의 법은 미묘하고 불가사의하여 모든 증상만인들이 이 법문을 들으면 반드시 공경하지도 않고 신심을 일으키지도 않을 것이다."

* 증상만(增上慢) 비구들은 큰 함정에 빠질 것이다(將墜於大坑) : 증상만 비구들은 번뇌 망념의 도적을 죽이고(殺賊), 아라한의 경지를 깨달았다는 자만심을 갖고 있기 때문에 의식의 대상경계에 집착한 것이다. 『유마경』에 수행하여 깨달음을 얻고, 증득한 경지가 있다(有得有證)고 주장하는 것을 증상만(增上慢)이라고 설한다. 선에서는 향상의 깨달음을 주장하는 것을 법신(法身) 선병(禪病)이라고 하며, 향상의 한 함정(向上一竅)에 빠졌다고 비판한다.

제삼청법(第三請法)

爾時 舍利弗 重白佛言 世尊 惟願說之 惟願說之. 今此會中 如我等比百千萬億 世世已曾從佛受化 如此人等 必能敬信. 長夜安隱 多所饒益.

爾時舍利弗 欲重宣此義 而說偈言

無上兩足尊　願說第一法　我爲佛長子　惟垂分別說

是會無量衆　能敬信此法　佛已曾世世　敎化如是等
皆一心合掌　欲聽受佛語　我等千二百 及餘求佛者
願爲此衆故　惟垂分別說　是等聞此法　則生大歡喜

그때 사리불이 다시 부처님께 말했다.

"세존이시여! 오직 원하오니 일승법을 설법해 주십시오. 오직 원하오니 설법해 주십시오. 지금 이 법회에 있는 저와 같은 백 천만 억 대중들은 세세생생 일찍부터 부처님의 교화를 받아 왔습니다. 이와 같은 사람들은 반드시 공경하고 신심을 일으킬 것입니다. 부처님의 설법을 들으면 생사윤회의 어둡고 긴긴 무명의 밤에서 편안한 안락의 경지를 이루고, 중생들이 깨달음을 체득하는 해탈의 이익이 많을 것입니다."

이때 사리불이 이 뜻을 거듭 펴고자 게송으로 읊었다.

"무상의 양족존이시여! 원하오니 제일의 일승법을 설해 주십시오. 나는 부처님의 장자(長子)가 되었으니 원컨대 방편의 지혜로 분별하여 설해 주십시오. 이 법회에 모인 한량없는 대중들은 능히 이 일승법을 공경하고 신심을 일으킬 것입니다.

부처님이 일찍이 중생의 세상에서 이와 같이 평등하게 대중들을 교화(敎化)했기 때문에 모두 다 일심으로 합장하고 스스로 부처님의 법문을 청법하고자 합니다.

우리들 일천이백 대중들과 그 외 모든 사람들도 부처의 지혜를 구하는 자입니다. 원하건대 이 법회에 모인 대중들에게 방편의 지혜로 설법해 주시기 바랍니다. 여기 모인 대중들이 이 법문을 청법하면 모두 다 크게 환희심을 일으킬 것입니다."

오천명(五千名)이 퇴석(退席)하다

爾時 世尊 告舍利弗. 汝已慇懃三請 豈得不說. 汝今諦聽 善思念之 吾當爲汝 分別解說. 說此語時 會中 有比丘 比丘尼 優婆塞 優婆夷 五千人等 卽從座起 禮佛而退. 所以者何 此輩罪根深重 及增上慢 未得謂得 未證謂證. 有如此失 是以不住. 世尊黙然 而不制止.

그때 세존께서 사리불에게 말했다.

"그대가 이미 은근히 간절하게 세 번이나 청법을 했으니 어찌 설하지 않을 수 있겠는가. 그대는 자세히 청법하고 잘 사유하라. 여래는 이제 그대들에게 방편 법문으로 해설하리라."

세존이 이렇게 말하자, 법회 가운데 있던 비구, 비구니, 우바새, 우바이 오천인(五千人)이 자리에서 일어나 부처님께 예배하고 물러갔다.

왜냐하면, 이 사람들은 죄업의 뿌리가 깊고 무거워 높은 교만심으로 불법을 깨달아 체득하지 못하고도 깨달아 체득했다고 주장하고, 증득하지 못하고도 증득했다고 주장하는 사람들이다. 이들은 증상만의 허물(過失)이 있으므로 이 법회에 동참하지 못하는 것이다.

그리고 세존은 묵묵히 계시면서 그들이 물러가는 것을 제지하지 않았다.

爾時 佛告舍利弗. 我今此衆 無復枝葉 純有貞實. 舍利弗 如是增上慢人 退亦佳矣. 汝今善聽 當爲汝說. 舍利弗言 唯然世尊 願樂欲聞.

그때 부처님(佛)이 사리불에게 말했다.

"지금 여기에 있는 대중은 더 이상 잎과 가지는 없고 순수하고 알찬 열매들만 있구나. 사리불이여, 저들과 같이 교만심이 높은 사람들은 물러가도 좋다. 그대들은 자세히 청법하도록 하라. 반드시 그대들에게 일승법을 설하리라."

사리불이 말했다. "예. 세존이시여! 원컨대 세존의 설법을 청법하고자 합니다."

일대사인연(一大事因緣)

佛告舍利弗 如是妙法 諸佛如來 時乃說之 如優曇鉢華時一現耳.
舍利弗 汝等當信佛之所說 言不虛妄.
舍利弗 諸佛隨宜說法 意趣難解 所以者何. 我以無數方便 種種因緣 譬喩言辭 演說諸法. 是法 非思量分別之所能解 唯有諸佛乃能知之.

부처님(佛)이 사리불에게 말했다. "이와 같이 미묘한 불법은 제불여래가 시절인연에 따라서 설법한 것이니, 마치 우담발화가 때가 되어서 꽃이 피는 것과 같다. 사리불이여! 그대들은 반드시 부처님(佛)이 설한 불법을 확신하도록 하라. 부처의 지혜로 설한 법문은 허망한 거짓이 없다.

사리불이여! 제불은 시절인연에 따라서 여법하게 설법하는 법문의 뜻과 취지는 중생심으로 사량 분별해서 이해하기 어렵다. 왜냐하면 여래는 무수하게 많은 방편과 다양한 인연과 비유의 언어로 제법의 실상을 연설하기 때문이다. 이 법문은 중생심으로 사량 분별해서 이해할 수가 없다. 오직 제불의 지혜로써만이 알 수 있을 뿐이다.

* 우담발화(優曇鉢華) : 범어 우담바라(udumbara)로서 영서(靈瑞), 서응(瑞應)이라고 번역한다. 전륜성왕이나 부처님이 출현할 때 3000년에 한 번 꽃이

핀다는 이상적인 상상의 식물이다.

* 제법(諸法) : 제법실상법(諸法實相法)을 말하고, 시법(是法) 역시 제법실상법을 설법한 법문이다. 『금강경』에 "이 법은 평등하여 고하(高下)의 차별이 없다"라고 설한 것처럼, 진여법, 제법실상법, 일승법(一乘法)은 평등한 진여일심법이다.

진여법에 대한 무지(無知) 무명(無明)의 중생은 알 수가 없다. 진여일심을 깨달아 증득한 제불의 지혜로써 알 수 있다(唯佛能知). 『법성게』에는 "증지소지비여경(證智所知非餘境)"이라고 설한다.

所以者何 諸佛世尊 唯以一大事因緣故 出現於世
舍利弗 云何名諸佛世尊 唯以一大事因緣故 出現於世
諸佛世尊 欲令衆生 開佛知見 使得淸淨故 出現於世 欲示衆生佛之知見故 出現於世 欲令衆生 悟佛知見故 出現於世
欲令衆生 入佛知見道故 出現於世
舍利弗 是爲諸佛 唯以一大事因緣故 出現於世
佛告舍利弗 諸佛如來 但敎化菩薩 諸有所作 常爲一事 唯以佛之知見 示悟衆生.
舍利弗 如來但以一佛乘故 爲衆生說法 無有餘乘 若二若三.
舍利弗 一切十方諸佛 法亦如是.

왜나하면 제불세존은 오직 일대사인연으로 이 사바세계에 출세하기 때문이다.

사리불이여! 제불세존이 오직 이 일대사인연으로 사바세계에 출세한 뜻은 무엇인가?

제불세존은 중생들이 불지견(佛知見)을 열고(開), 청정한 반야지혜를 체득하도록 출세한 것이며, 중생들에게 불지견을 개시(示)하도록 출세한 것이며, 중생들에게 불지견을 자각하도록(悟) 출세한 것이다. 중생들에게 불지견의 지혜(佛知見道)를 깨달아 체득(入)하도록 설법하는 본분사로서 출세한 것이다.

사리불이여! 제불은 오직 정법을 설하는 일대사 인연으로 이 사바세계에 출세한 것이다."

부처님이 사리불에게 말했다.

"제불여래는 다만 보살들만을 교화하기 때문에 모든 일이 항상 일대사의 일을 실행하는 것이다. 오직 불지견을 중생들에게 개시(開示)하고 중생들이 불지견을 자각하고 깨달아 체득(悟入)하도록 하는 일이다.

사리불이여! 여래는 단지 일불승(一佛乘)의 법문을 중생들에게 설법하는 것이며, 이승(二乘)이나 삼승(三乘)의 다른 법문을 설하지 않는다.

사리불이여! 일체의 시방 제불이 설하는 법문도 또한 이와 같다.

* 불지견(佛知見) : 진여법성을 깨달아 증득한 진여일심의 지혜(佛智)를 여실지견(如實知見)으로 제시한 법문이다. 지(知)는 반야의 지(知)로서 정법(正法)과 사법(邪法), 외도법(外道法), 중생의 무지(無知), 무명(無明), 불각(不覺)에 따른 제반 심병(心病)과 지(知)적인 착오(錯誤)의 문제(所知障; 智碍)를 여법하게 진단할 수 있는 정법의 안목이다. 견(見)은 중생심의 정의(情意)적인 감정과 망념의 미혹으로 발생하는 일체의 번뇌(煩惱障; 愛碍)를 여실하게 볼 수 있는 부처의 지혜이다.

불지견은 중생의 심병과 수행자의 선병, 자기의 과오를 진단하고 발심수행과 방편의 지혜로 치료할 수 있는 능력을 말한다. 선에서는 정법안장(正法眼藏), 진정견해(眞正見解)라고 설한다.

불법 수행자는 불법의 대의와 현지(玄旨)를 깨닫고 불지견을 구족해야 일체법을 여법하고 여실하게 판단하고, 중생의 심병을 진단하여 방편의 지혜로 치료할 수가 있다. 그래서 부처님을 훌륭한 명의(名醫)에 비유한다.

과거불 증명장

舍利弗 過去諸佛 以無量無數方便 種種因緣 譬喩言辭 而爲衆生 演說諸法. 是法皆爲一佛乘故. 是諸衆生 從諸佛聞法 究竟皆得一切種智.

사리불이여! 과거의 제불이 한량없고 수없이 많은 방편 법문과 여러 가지 인연과 비유의 말로써 중생들에게 제법의 실상을 연설하였다. 이 법은 모두가 부처의 지혜를 이루는 일불승(一佛乘)의 법문이기 때문이다. 이 모든 중생들이 제불의 설법을 청법하고 구경에는 모두가 일체의 모든 방편지혜(一切種智)를 깨달아 체득하게 된다.

* 과거불로서 서품에 일월등명불(日月燈明佛)이 출세하여 보살들에게 대승경인 『묘법연화경』을 설한 인연을 소개했다.
* 일체종지(一切種智) : 제불이 구족한 일체의 모든 반야지혜, 방편지혜를 말한다.

미래불 증명장

舍利弗 未來諸佛 當出於世 亦以無量無數方便 種種因緣 譬喩言辭 而爲衆生 演說諸法. 是法皆爲一佛乘故. 是諸衆生 從佛聞法 究竟皆得一切種智

사리불이여! 미래의 제불도 세상에 출현하면 또한 한량없고 무수한 방편 법문과 갖가지 인연과 비유의 말로써 중생들에게 제법의 실상을 연설한다. 이 법은 모두 부처의 지혜를 이루는 일불승의 법문이다. 이 모든 중생들은 제불의 설법을 청법하고, 구경에는 일체의 모든 지혜를 깨달아 체득한다.

* 『금강경』에 "수보리여! 미래의 세상에 만약 선남자, 선여인이 스스로 이 경전의 법문을 수지, 독송하면 곧 여래가 되어 제불의 지혜로 이 사람(중생)의 과오를 모두 알고, 이 사람(중생)의 허물을 모두 볼 수 있기에 무량무변의 공덕을 성취한다"라고 설한다.
 여래실지실견(如來悉知悉見), 즉 불지견(佛知見)을 구족하면 수행자 자신의 과오와 허물을 여법하게 알고 볼 수 있기 때문에 생사에 윤회하는 업장을 짓지 않고(佛所護念), 정법수행으로 부처의 공덕을 성취할 수 있다.

현재불 증명장

舍利弗 現在十方無量百千萬億佛土中 諸佛世尊 多所饒益 安樂衆生. 是諸佛 亦以無量無數方便 種種因緣 譬喩言辭 而爲衆生演說諸法. 是法皆爲一佛乘故. 是諸衆生 從佛聞法 究竟皆得一切種智.
舍利弗 是諸佛 但敎化菩薩 欲以佛之知見 示衆生故 欲以佛之知見 悟衆生故 欲令衆生 入佛之知見故.

사리불이여! 현재 시방세계의 한량없는 백 천만 억 국토의 제불세존은 많은 중생들이 법문을 듣고 깨달아 해탈할 수 있도록 설법한다. 이와 같이 제불은 한량없고 무수한 방편과 여러 가지 인연과 비유의 말로써 중생들에게 제법의 실상을 연설한다. 이 법은 모두 부처의 지혜를 이루는 일불승의 법문이다. 이 모든 중생들이 제불의 설법을 청법하면 구경에는 일체의 지혜를 깨달아 체득할 수 있다.

사리불이여! 이와 같이 제불은 단지 보살들을 교화하며, 제불의 지견(知見)으로 중생들에게 이 법을 제시(示)하는 것이며, 제불의 지견을 중생들이 자각(悟)하도록 설한 것이며, 중생들이 제불의 지견을 깨달아 체득하도록(入) 설법한 것이다.

석가불 증명장

舍利弗 我今亦復如是 知諸衆生 有種種欲 深心所著 隨其本性 以種種因緣 譬喻言辭 方便力 而爲說法. 舍利弗 如此皆爲得一佛乘 一切種智故.
舍利弗 十方世界中 尙無二乘 何況有三.
舍利弗 諸佛 出於五濁惡世. 所謂 劫濁 煩惱濁 衆生濁 見濁 命濁. 如是舍利弗 劫濁亂時 衆生垢重 慳貪嫉妬 成就諸不善根故 諸佛以方便力 於一佛乘 分別說三.

사리불이여! 지금 여래도 또한 이와 같이 모든 중생들이 여러 가지 욕망을 깊이 마음으로 집착하고 있는 것을 알고, 각자 자기의 본성에 수순하도록 여러 가지 인연과 비유법문과 방편지혜로 설법한다.

사리불이여! 이렇게 하는 것은 모든 중생들이 일불승의 경지를 이루고, 일체의 지혜를 깨달아 체득하도록 설법한 것이다.

사리불이여! 시방세계에는 이승(二乘)도 없는데, 어찌 삼승(三乘)의 방편이 있을 수 있겠는가?

사리불이여! 제불은 다섯 가지 번뇌 망념으로 혼탁해진 중생의 세상(五濁惡世)에서 출현했다. 말하자면 시간(劫)이 혼탁한 세상, 중생심의 차별심으로 혼탁한 세상, 중생심의 견해가 혼탁한 세상, 중생심으로 진여의 지혜생명이 혼탁한 세상이다.

이와 같이 사리불이여! 시간(劫)에 혼탁한 시대에는 중생들의 번뇌가 많아 업장이 두터워 아끼고 간탐하고 시기 질투하여 모든 나쁜 근성을 이룬다. 그래서 제불은 방편 지혜의 힘으로 일불승이 되는 진실을 나누어 삼승(三乘)의 방편 법문으로 설한 것이다.

* 제불여래는 자기 본성에 수순하도록(隨其本性) 여러 가지 인연과 비유와 방편 법문을 설한다. 제불여래가 진여법, 제법실상법, 일불승의 법문을 설한 의미이다. 제불여래가 일체 중생이 본래 구족하고 있는 본성(本性), 법성(法性), 진성(眞性), 진여자성(眞如自性), 불성(佛性)을 구족하고 있다는 사실을 발견하고 중생들에게 설법한 법문이다.
수순(隨順)은 상응(相應)과 같은 의미로, 중생심을 텅 비우고 본래의 본성을 깨달아 체득하여 진여본성으로 되돌아가는 귀명(歸命), 귀의(歸依)와 같은 뜻이다.

* 오탁악세(五濁惡世) : 중생심의 번뇌 망념으로 진여본성의 지혜생명이 혼탁해진 상태이며, 『아미타경』 등 대승경전에 자주 언급한다. 겁탁(劫濁)은 시대의 혼탁으로 정법이 없는 말세의 중생 시대, 견탁(見濁)은 중생심의 사견(邪見)으로 불지견(佛知見)이 없는 것, 번뇌탁(煩惱濁)은 번뇌 망념으로 혼탁한 것. 중생탁(衆生濁)은 유정탁(有情濁)으로 자아의식의 중생심으로 혼탁한 것. 명탁(命濁)은 수탁(壽濁), 수명탁(壽命濁)으로 중생심의 망념으로 진여의 지혜생명이 짧아진 것을 말한다.

舍利弗 若我弟子 自謂阿羅漢辟支佛者 不聞不知諸佛如來 但教化菩薩事 此非佛弟子 非阿羅漢 非辟支佛.

又舍利弗 是諸比丘比丘尼 自謂已得阿羅漢 是最後身究竟涅槃 便不復志求阿耨多羅三藐三菩提.
當知此輩 皆是增上慢人. 所以者何. 若有比丘 實得阿羅漢 若不信此法 無有是處. 除佛滅度後 現前無佛.
所以者何 佛滅度後 如是等經 受持讀誦解義者. 是人難得 若遇餘佛 於此法中 便得決了. 舍利弗 汝等當一心信解 受持佛語. 諸佛如來 言無虛妄. 無有餘乘 唯一佛乘.

사리불이여! 만일 여래의 제자로서 스스로 아라한이나 벽지불의 경지를 체득했다고 주장하는 사람들은 제불여래가 보살들에게 교화하는 대승의 법문을 청법하지도 않고, 알지도 못한다면 이 사람은 부처님의 제자도 아니며 아라한도 아니고 벽지불도 아니다.

또 사리불이여! 이 비구, 비구니들이 스스로 "나는 이미 아라한의 경지를 체득했다. 이것이 최후의 몸으로 구경열반에 도달한 것이다"라고 주장하며 더 이상 최상의 깨달음을 구법하는 발심을 하지 않는다면 이러한 무리들은 모두 증상만인(增上慢人)인 줄 알아야 한다.

왜냐하면, 만약 비구로서 진실로 아라한의 경지를 체득했다고 하면서 이 일승법을 불신(不信)하는 것은 불법의 도리에 맞지 않기 때문이다.

다만 부처님이 열반한 이후 부처님이 출현하지 않았을 때는 제외한다. 왜냐하면 부처님이 열반한 이후 이런 대승경전의 법문을 수지 독송하며 법문의 뜻을 이해하고 해설하는 사람을 만나기 어렵기 때문이다. 이 사람이 만약 다른 제불이 설법하는 인연을 만난다면, 일불승의 법문을 청법하고 곧바로 분명하게 깨달아 확연히 통달하게 될 것이다.

사리불이여! 그대들은 반드시 일심으로 일불승의 법문을 확신하고 이해하여 제불의 설법을 수지하도록 하라. 제불여래의 설법은 허망하지 않고 다른 이승

(二乘)과 삼승(三乘)의 가르침이 없고 오직 부처의 지혜를 이루는 일불승의 법문뿐이다."

爾時世尊 欲重宣此義 而說偈言
比丘比丘尼 有懷增上慢 優婆塞我慢 優婆夷不信
如是四衆等 其數有五千 不自見其過 於戒有缺漏
護惜其瑕疵 是小智已出 衆中之糟糠 佛威德故去
斯人尠福德 不堪受是法 此衆無枝葉 唯有諸貞實

그때 세존께서 이 일불승 법문의 뜻을 거듭 자세하게 게송으로 설했다.
"비구나 비구니로서 증상만의 교만심을 가졌거나 우바새로서 아만이 있거나 우바이로서 일승법을 불신하는 사부대중들의 숫자가 오천 명이다.
그들은 스스로 자신의 허물은 보지 못하고 계법(戒法)도 어겼다. 또한 자신의 허물을 숨기고 소승의 지혜를 가진 이들이 모두 물러갔으니, 대중들 가운데 술찌꺼기와 쌀겨 같은 이들은 제불의 위덕으로 떠나게 된 것이다.
이 사람들은 적은 복덕으로 이 일승법의 법문을 감당할 수가 없다. 여기 남은 대중들은 가지와 잎(枝葉)이 없고, 오직 충실한 열매뿐이다.

오불(五佛) 증명장

舍利弗善聽 諸佛所得法 無量方便力 而爲衆生說
衆生心所念 種種所行道 若干諸欲性 先世善惡業
佛悉知是已 以諸緣譬喻 言辭方便力 令一切歡喜
或說修多羅 伽陀及本事 本生未曾有 亦說於因緣
譬喻幷祇夜 優波提舍經 鈍根樂小法 貪著於生死

於諸無量佛　不行深妙道　衆苦所惱亂　爲是說涅槃
我設是方便　令得入佛慧　未曾說汝等　當得成佛道
所以未曾說　說時未至故　今正是其時　決定說大乘
我此九部法　隨順衆生說　入大乘爲本　以故說是經

사리불이여! 그대는 잘 청법하라.
제불이 깨달아 체득한 일승법은 한량없는 방편 지혜로 중생들에게 설하는 법문이다.
중생심의 번뇌 망념에 따라서 여러 가지 다양한 방편 법문으로 수행하는 법을 설한다.
중생의 여러 가지 욕망과 성품, 전생에 지은 선과 악업의 업장을 부처의 지혜로 모두 여법하게 알고 여러 가지 인연과 비유, 방편 법문으로 설하여 일체 중생들이 깨달음을 체득하여 환희심을 일으키게 한다.
어떤 때는 경전의 법문과 게송, 과거의 인연(本事), 본생(本生)과 미증유(未曾有)의 법문을 설한다. 또 인연법문과 비유법문, 응송(應頌)과 논의로서 설법한다.
우둔한 근기는 소승법에 탐닉하고 생사에 윤회하는 일에 탐착하여 한량없는 제불을 친견해도 깊고 미묘한 불도는 수행하지 않고, 많은 고통에 시달리기에 그들에게 열반의 법문을 설한다.
여래는 이러한 방편 법문을 개설하여 중생들이 부처의 지혜를 깨달아 체득하도록 했지만, 그대들에게는 일찍이 성불하리라고 설하지 않았다.
여래가 그런 말을 일찍이 설하지 않은 것은 일승법을 설할 시기가 도래하지 않았기 때문이다.
지금이 바로 일승법을 설할 시기가 되었으니 결정적인 대승법을 설한다.
여래가 구부(九部)의 법문을 설한 것은, 중생들의 근기에 수순해서 설한 것이니 모두 대승법을 깨닫는 근본이 될 수 있도록 이 경전을 설한다.

* 제불여래의 설법을 아홉 종류(九分)로 구분하여 설명한다.
수다라(修多羅; sutra)는 계경(契經)으로 경전의 법문. 가타(伽陀; gata)는 게송(偈頌), 본사(本事)는 여시어(如是語)로 보살의 전생(前生) 수행인연, 본생(本生; jataka)은 제불의 전생(前生) 이야기, 미증유(未曾有)는 불가사의한 불법의 가르침. 기야(祇夜; geya)는 응송(應頌)과 중송(重頌)으로 긴 설법을 게송으로 설한 것, 우바제사경(優波提舍經)은 논의설(論議說)로 불교의 법상(法相)과 교설을 논리적으로 해설하고 논의한 것이다.

有佛子心淨　柔輭亦利根　無量諸佛所　而行深妙道
爲此諸佛子　說是大乘經　我記如是人　來世成佛道
以深心念佛　修持淨戒故　此等聞得佛　大喜充徧身
佛知彼心行　故爲說大乘　聲聞若菩薩　聞我所說法
乃至於一偈　皆成佛無疑　十方佛土中　唯有一乘法
無二亦無三　除佛方便說　但以假名字　引導於衆生
說佛智慧故　諸佛出於世　唯此一事實　餘二則非眞
終不以小乘　濟度於衆生　佛自住大乘　如其所得法
定慧力莊嚴　以此度衆生　自證無上道　大乘平等法
若以小乘化　乃至於一人　我則墮慳貪　此事爲不可

불자의 마음은 청정하고 유연하고 영리하여 한량없는 제불의 처소에서 깊고도 미묘한 불도를 수행했다. 이 모든 불자들에게 대승경의 법문을 설하고, 여래는 이와 같은 사람에게 내세에 불도를 이루리라고 수기한다.
깊은 신심으로 염불하고 청정한 계행을 수지하기 때문이다. 이러한 사람들은 부처가 되리라는 수기 설법을 듣고 큰 기쁨이 온몸에 충만했다.
제불은 저 중생들의 마음 작용을 알기 때문에 대승의 법문을 설한다.
성문이나 보살들까지도 내가 설하는 법문을 청법하고, 하나의 게송만 수지해도 모두 성불하는 일에 의심할 필요가 없다.
시방의 불국토에는 오직 부처의 지혜를 이루는 일승법만 있고, 이승도 없고 또한 삼승도 없다. 그러나 오직 부처의 방편지혜로 설한 법문만은 제외한다.
다만 삼승이라는 방편의 말을 빌려서 중생들을 일승법으로 인도한다.
부처의 지혜로 불법을 설하고자 제불이 이 사바세계에서 출세한 것이다.
오직 이 일승(一乘)만 진실이요, 그 외의 이승(二乘)은 진실이 아니며, 소승의 법문으로는 중생들을 제도할 수 없다.
제불은 스스로 대승의 지혜로 살고 있으니, 깨달아 체득한 불법과 같다.
선정과 지혜의 힘으로 장엄하고 중생을 제도하며, 스스로는 최상의 불도인 대승의 평등법을 깨달아 증득했다.
만일 소승법으로 한 사람이라도 교화한다면, 여래는 곧 간탐죄(慳貪罪)에 떨어지니 이 일대사를 실행할 수 없다.

제불의 서원(誓願)

若人信歸佛　如來不欺誑　亦無貪嫉意　斷諸法中惡
故佛於十方　而獨無所畏　我以相嚴身　光明照世間
無量衆所尊　爲說實相印　舍利弗當知　我本立誓願
欲令一切衆　如我等無異　如我昔所願　今者已滿足
化一切衆生　皆令入佛道

만약 어떤 사람이 신심으로 부처의 지혜에 귀의하면, 여래는 그를 속이지 않고 탐욕심과 질투심도 없으니 제법의 나쁜 업장을 모두 다 끊었기 때문이다.
그래서 부처의 지혜는 시방세계에서 홀로 근심이나 두려움도 없고, 여래는 지혜로 몸을 장엄하며 광명으로 중생세간을 두루 비춘다.
한량없는 대중들의 존경을 받고, 제법의 실상을 여법하게 설한다.
사리불이여! 반드시 잘 알아라.
여래가 본래 세운 서원은 일체 중생이 여래와 같고 다르지 않은 일승법을 깨닫도록 설하는 것이다.
여래가 본래 세운 서원처럼 지금 이미 서원을 만족하여 일체 중생을 교화하고 모두 불도를 깨달아 체득하도록 설한 것이다.

소승(小乘)을 설한 이유

若我遇衆生　盡教以佛道　無智者錯亂　迷惑不受教
我知此衆生　未曾修善本　堅著於五欲　癡愛故生惱
以諸欲因緣　墜墮三惡道　輪廻六趣中　備受諸苦毒
受胎之微形　世世常增長　薄德少福人　衆苦所逼迫
入邪見稠林　若有若無等　依止此諸見　具足六十二
深著虛妄法　堅受不可捨　我慢自矜高　諂曲心不實
於千萬億劫　不聞佛名字　亦不聞正法　如是人難度
是故舍利弗　我爲設方便　說諸盡苦道　示之以涅槃
我雖說涅槃　是亦非眞滅
諸法從本來　常自寂滅相　佛子行道已　來世得作佛
我有方便力　開示三乘法　一切諸世尊　皆說一乘道
今此諸大衆　皆應除疑惑　諸佛語無異　唯一無二乘

여래가 만약 중생들을 만나면 모두 불도를 설하여 가르치지만, 지혜 없는 사람들은 착각하고 미혹하여 불법의 가르침을 받아들이지 않는다.
여래는 이러한 중생들이 일찍이 선행의 근본을 수행하지 않고, 다섯 가지 욕망(欲)에 굳게 집착하여 어리석음과 애욕으로 번뇌 망념을 일으킨 줄 안다.
온갖 애욕의 인연으로 삼악도(三惡道)의 나쁜 길에 타락하고 육도(六道)에 윤회하며 여러 가지 고뇌와 고통을 받는다.
모체의 태중(胎中)에서 미미한 형상이 점차로 증장하여, 박덕(薄德)하고 복 없는 사람이 되어 온갖 괴로움과 핍박에 시달린다.
삿된 소견으로 번뇌 망념의 숲에 빠져 유무를 분별하는 차별심과 편견 등, 온갖 견해에 의지하여 육십이(六十二) 외도의 소견을 골고루 갖추었다.
허망한 대상경계에 깊이 집착하여 굳게 믿고 떨쳐버리지 못하여 아만과 자긍심이 너무 높아서 비뚤어지고 거짓된 망심은 진실성이 전혀 없다.
그들은 천만 억 겁을 지나도 부처의 명호를 듣지 못하고, 정법의 법문도 청법하지 못하니 이러한 사람들은 제도하기 어렵다.
그러므로 사리불이여! 여래는 방편 법문을 개설하여 온갖 중생의 고통을 없애도록 설하고, 열반을 체득하는 법문을 개시한다.
여래가 비록 열반의 법문을 설했으나 이것은 진실한 열반의 경지가 아니다.
모든 법은 본래부터 항상 자체가 적멸(寂滅)한 실상이니, 불자들이 이러한 불도를 수행하면 내세(來世)에 부처의 지혜를 체득할 것이다.
여래는 방편지혜의 힘이 있어 삼승의 법문을 개시(開示)하고, 일체의 모든 제불세존은 모두 부처의 지혜를 이루는 일승법만을 설한다.
지금 여기 모든 대중들은 모두 중생심의 의혹을 없애도록 하라. 제불의 설법은 다른 말이 없고, 오직 일승의 법문뿐이며 이승의 법문은 없다.

* 소승에서 번뇌 망념을 소멸시킨 아라한(殺賊)은 열반(寂滅)의 경지를 체득

했다고 주장하지만 사실은 진실된 열반의 경지가 아니다(非眞滅).

진멸(眞滅)은 대승불교에서 설한 열반의 경지이다. 즉 진여본성은 본래 청정한 열반의 경지(本來涅槃), 즉 번뇌 망념이 없는 진여무념(眞如無念), 진성(眞性), 법성(法性), 진여본성(본래면목)을 깨달아 회복하는 귀명, 귀의가 대승의 열반이다.

불지견으로 중생심의 심병을 진단하고 발심 수행으로 텅 비운 아공(我空)·법공(法空)의 경지, 일체개공(一切皆空)의 경지에서 지금 여기, 자기 본분사의 일을 진여본심의 지혜로 보살도를 실행하는 것이 대승의 열반이다.

* 행도(行道)와 행선(行禪)은 초발심의 시각(始覺)이며 작불(作佛)과 성불(成佛)은 본각(本覺; 正覺)이다.

방편(方便) 법문과 진실

過去無數劫　無量滅度佛　百千萬億種　其數不可量
如是諸世尊　種種緣譬喩　無數方便力　演說諸法相
是諸世尊等　皆說一乘法　化無量衆生　令入於佛道
又諸大聖主　知一切世間　天人群生類　深心之所欲
更以異方便　助顯第一義　若有衆生類　值諸過去佛
若聞法布施　或持戒忍辱　精進禪智等　種種修福慧
如是諸人等　皆已成佛道　諸佛滅度後　若人善輭心
如是諸衆生　成佛道皆已

과거 셀 수도 없는 긴 시간(劫)에 열반하신 무량한 제불은 백 천만 억의 종류로 그 숫자를 헤아릴 수 없다.

이와 같은 여러 세존들이 갖가지 다양한 인연과 비유와 무수히 많은 방편지혜의 힘으로 제법실상의 법문을 연설했다.
이러한 모든 세존들이 한결같이 모두 일승법을 설해서, 한량없는 중생들을 교화하여 불도를 깨달아 체득하도록 했다.
또, 모든 대성인(大聖人)들이 일체 세간의 천신과 인간, 여러 중생들의 깊은 마음에서 바라는 욕망을 알고, 또 다른 방편 법문으로 불법의 근본(第一義) 대의를 나타내 보였다.
만약 어떤 중생들이 과거불을 만나 법문을 청법하고, 보시를 행하며 계법을 수지하고 인욕행을 실천하며 정진도 하고 선정과 지혜를 수행하며 여러 가지 복덕과 지혜를 닦으면 이러한 사람들은 모두 이미 불도(佛道)를 이룬 것이다.
제불이 입적한 후에 만약 어떤 사람들이 마음이 착하고 부드러우면 이와 같은 중생들은 모두 이미 불도를 이루었다.

諸佛滅度已　供養舍利者　起萬億種塔　金銀及玻瓈
硨磲與瑪瑙　玫瑰琉璃珠　淸淨廣嚴飾　莊校於諸塔
或有起石廟　栴檀及沈水　木櫁幷餘材　甎瓦泥土等
若於曠野中　積土成佛廟　乃至童子戲　聚沙爲佛塔
如是諸人等　皆已成佛道
若人爲佛故　建立諸形像　刻雕成衆相　皆已成佛道
或以七寶成　鍮鉐赤白銅　白鑞及鉛錫　鐵木及與泥
或以膠漆布　嚴飾作佛像　如是諸人等　皆已成佛道
彩畫作佛像　百福莊嚴相　自作若使人　皆已成佛道
乃至童子戲　若草木及筆　或以指爪甲　而畫作佛像
如是諸人等　漸漸積功德　具足大悲心　皆已成佛道
但化諸菩薩　度脫無量衆

제불이 입적한 후 사리에 공양하는 사람이 만억의 탑을 세울 때 금, 은, 파리, 자거, 마노, 매괴, 유리, 진주 등으로 청정하고 넓고 아름답게 장엄하고 웅장하게 모든 탑을 장식하며, 또는 석굴을 파서 불당을 건립하고 전단향과 침수향으로 건립하고, 목밀(木樒)나무나 다른 재목이나 벽돌과 도기나 진흙으로 건립하고, 넓은 벌판에 흙을 쌓아서 불당을 건립하고, 또는 아이들이 장난으로 모래를 쌓아 불탑을 만든다면 이런 사람들은 모두 이미 불도를 이룬 것이다.

만약 어떤 사람이 부처의 지혜를 이루고자 여러 부처의 형상을 건립하거나, 여러 성현들의 형상을 조각한 사람들은 모두 이미 불도를 이룬 것이다.

칠보로 부처의 형상을 조성하거나 황동, 백동, 함석, 아연, 주석, 철, 나무, 진흙으로 조성하거나 아교나 옻칠과 천으로 불상을 조성한 사람들도 모두 이미 불도를 이룬 것이다.

채색으로 불상을 그려서 일백 가지 복이 원만하게 장엄한 탱화를 만들 때, 제가 스스로 하거나 남을 시켜서 하더라도 이들은 모두 이미 불도를 이룬 것이다.

어린아이들이 소꿉장난으로 나무 꼬챙이나 붓 또는 손가락, 손톱으로 불상을 그린다면 이와 같은 이들은 점점 공덕을 쌓으며 큰 자비심을 갖추어서 모두 이미 불도를 이룬 것이다.

이러한 인연으로 모든 보살들을 교화하고, 무량한 중생들도 해탈하게 하였다.

若人於塔廟　寶像及畫像　以華香旛蓋　敬心而供養
若使人作樂　擊鼓吹角貝　簫笛琴箜篌　琵琶鐃銅鈸
如是衆妙音　盡持以供養　或以歡喜心　歌唄頌佛德
乃至一小音　皆已成佛道
若人散亂心　乃至以一華　供養於畫像　漸見無數佛

或有人禮拜　或復但合掌　乃至擧一手　或復小低頭
以此供養像　漸見無量佛　自成無上道　廣度無數衆
入無餘涅槃　如薪盡火滅　若人散亂心　入於塔廟中
一稱南無佛　皆已成佛道
於諸過去佛　在世或滅後　若有聞是法　皆已成佛道

만약 어떤 사람이 탑묘나 등상불, 탱화 등에 꽃, 향, 깃발과 일산으로 공경스럽게 공양하거나, 또는 남을 시켜 풍악을 울리고 북을 치고 소라를 불고 퉁소, 피리, 거문고, 공후, 비파, 징과 장구 등으로 아름다운 음악을 제불에 공양하거나, 또는 환희심으로 노래하여 부처의 공덕을 칭송하거나 내지 아주 작은 음성으로 공양한 사람들도 모두 이미 불도를 이룬 것이다.
만약 어떤 사람이 마음이 산란해 꽃 한 송이를 부처의 형상을 그린 화상(畫像)에 공양하면 점차로 무수한 제불의 지혜를 친견할 수 있다.
혹 어떤 사람이 절을 한번하고 합장을 한번하거나 손을 한번 들거나 머리 숙여 인사하는 등, 부처의 화상(畫像)에 공양하면 점차로 한량없는 제불을 친견하고, 스스로 무상의 불도를 이루어 널리 무수한 중생들을 제도하여 무여열반의 경지를 깨달아 체득하기를 마치 나무가 다 타고 불이 꺼지듯 한다.
만약 또 어떤 사람이 산란한 마음으로 불탑에 들어가 한번 "나무불(南無佛)"이라고 칭명하면 모두 다 이미 성불한 것이다.
모든 과거의 부처나 혹 현재의 부처나 부처의 지혜가 없는 중생이 이러한 일승법을 청법한다면 모두 다 이미 불도를 이룬 것이다.

미래 제불의 방편과 진실

未來諸世尊　其數無有量　是諸如來等　亦方便說法

一切諸如來　以無量方便　度脫諸衆生　入佛無漏智
若有聞法者　無一不成佛　諸佛本誓願　我所行佛道
普欲令衆生　亦同得此道　未來世諸佛　雖說百千億
無數諸法門　其實爲一乘　諸佛兩足尊　知法常無性
佛種從緣起　是故說一乘　是法住法位　世間相常住
於道場知已　導師方便說

미래 세상에 모든 세존들의 숫자는 한량이 없고, 이 모든 여래들도 또한 방편으로 설법하고 일체 모든 여래도 한량없는 방편으로 설법하여 모든 중생들을 제도하여 부처의 무루(無漏) 지혜를 깨달아 체득하게 한다.
만약 일승의 법문을 청법한다면, 어느 누구라도 성불하지 못할 사람이 없다.
제불의 본래 서원은 여래가 불도(佛道)를 수행하는 것과 같이 널리 일체 중생들이 이 불도를 깨달아 체득하도록 하는 것이다.
미래 세상의 제불들이 비록 백 천억의 무수히 많은 법문을 설할지라도, 그 진실은 오직 일불승의 법문을 위한 것뿐이다.
제불은 지혜와 자비를 구족하여 만법은 자성의 실체가 없음(無自性)을 알지만, 부처의 종자(佛種)는 정법인연이라는 사실을 알기 때문에 일승의 법문을 설한다.
이 진여법은 항상 여법하게 법위(法位)에 상주하며, 생멸하는 세간법의 현상(相)에서도 이 진여법이 여법하게 법위에 상주(常住)한다는 사실을 깨달아 알았기에 도사(導師)는 방편 법문으로 설한다.

* 제불(諸佛) : 지혜와 자비를 원만하게 구족한 양족존(兩足尊)으로서 일체의 제법은 고정된 실체의 자성이 없다(無自性)는 공(空)한 사실을 잘 안다. 『법성게』에 "진여법성은 자성을 고수하지 않고 시절인연과 함께 부처의

지혜로운 생명을 이룬다(不守自性隨緣成)"라고 읊고 있다.

* 불종(佛種) : 여래종(如來種)으로 부처의 지혜를 이룰 수 있는 종자인 진여자성의 신심(信心)을 구족한 것을 말한다. 부처의 종자와 진여자성의 신심이 있는 사람은 제불의 법문을 청법하고 여래인지(如來因地; 진여본심)에서 발심 수행한다.『화엄경』에 "초발심일 때 정각을 이룬다"라고 설하는 것처럼, 대승법문을 청법하고 발심 수행할 때, 여래종, 불종을 구족하여 여래의 지혜를 깨달아 체득할 수 있다.

* 이 진여법은 여법하게 법위(法位)에 상주하며, 생멸하는 세간법의 현상(相)에서도 진여법이 여법하게 법위에 상주(常住)한다는 사실을 깨달았기에 도사(導師)는 방편 법문을 설한다(是法住法位 世間相常住). 진여법은『금강경』에서 "이 진여법은 평등하여 높고 낮은 차별심이 없다(是法平等無有高下)"라고 설한다.

제불여래가 일체 중생이 진여본성, 여래장을 구족하고 있다는 사실과 진여본성이 항상 여여하고 여법하게 지혜로 작용한다는 사실을 발견하고 일체 중생에게 진여법을 깨닫도록 방편 법문을 설하여 개시(開示)한 의미를 밝히고 있다.

진여법은 외부의 힘에 의존하지 않고 진여본성이 본래 그대로 여여하게 자기 본래의 생명으로 지혜작용을 실행한다. 진여본성은 세간의 일체 모든 존재가 시절인연과 함께 연기하며 생멸 변화하는 가운데도 진여 자체는 여여하게 법위의 본분에 상주하고 있기 때문에 경전에 중생심의 번뇌망념 속에 감추어진 여래장, 불성(佛性), 진흙 속에 묻혀 있는 보배구슬(摩尼寶珠)로 비유한다.

현재 제불의 방편과 진실

天人所供養　現在十方佛　其數如恒沙　出現於世間

安隱衆生故　亦說如是法　知第一寂滅　以方便力故
雖示種種道　其實爲佛乘　知衆生諸行　深心之所念
過去所習業　欲性精進力　及諸根利鈍　以種種因緣
譬喩亦言辭　隨應方便說

천신과 인간의 공양을 받는 현재의 시방 제불도, 갠지스강의 모래수와 같이 사바세계에 출현하여 중생들을 편안하게 하고자 이 일불승의 법문을 설한다. 제일 근본이 되는 열반(적멸)의 정법인 줄 알게 하며, 오직 방편지혜로 설법하는 것이다.
비록 여러 가지 다양한 방편법문으로 불도를 제시하지만, 그 진실은 일불승을 깨달아 체득하도록 하는 것이다.
제불세존은 중생들의 깊은 마음작용(心行)과 의식의 대상경계를 인식하는 것과 과거에 익힌 죄업과 욕망과 성품, 정진의 힘과 근성이 총명하고 둔함을 알게 하고, 여러 종류의 인연법문과 비유법문, 방편의 언설로써 중생의 근기에 맞게 설법한다.

석가모니불의 방편과 진실

今我亦如是　安隱衆生故　以種種法門　宣示於佛道
我以智慧力　知衆生性欲　方便說諸法　皆令得歡喜
舍利弗當知　我以佛眼觀　見六道衆生　貧窮無福慧
入生死險道　相續苦不斷　深著於五欲　如犛牛愛尾
以貪愛自蔽　盲瞑無所見　不求大勢佛　及與斷苦法
深入諸邪見　以苦欲捨苦　爲是衆生故　而起大悲心

지금 여래도 또한 이와 같이 중생들을 편안하게 하고자 여러 종류의 법문으로 불도를 설하여 제시한다.
여래는 지혜의 힘으로 중생들의 성품과 욕망을 알고, 여러 가지 방편법문을 설하여 중생들을 모두 열반의 법락을 체득하게 한다.
사리불이여! 잘 알도록 하라. 여래가 불안(佛眼)으로 관찰하여 육도(六道) 중생들을 살펴보니 빈궁하여 복과 지혜가 없다.
생사에 윤회하는 험한 길에 들어가 업장으로 상속되는 고통을 끊지 못하고 깊이 오욕(五慾)에 집착한 것이 마치 검은 물소가 자기 꼬리에 애착하는 것과 같다.
탐욕과 애착에 스스로 지혜의 눈을 가리고 캄캄하여 아무 것도 볼 수가 없다.
큰 지혜의 힘을 구족한 부처와 고통을 끊는 정법을 구하지 않고 온갖 삿된 소견에 깊이 빠져, 고통으로써 고통을 없애려고 한다.
이러한 중생들을 가련히 여기는 마음으로 대비심을 일으킨다.

我始坐道場　觀樹亦經行　於三七日中　思惟如是事
我所得智慧　微妙最第一　衆生諸根鈍　著樂癡所盲
如斯之等類　云何而可度　爾時諸梵王　及諸天帝釋
護世四天王　及大自在天　幷餘諸天衆　眷屬百千萬
恭敬合掌禮　請我轉法輪　我卽自思惟　若但讚佛乘
衆生沒在苦　不能信是法　破法不信故　墜於三惡道
我寧不說法　疾入於涅槃

여래가 처음 도량에 앉아서 보리수를 관찰하고 또한 경행하면서 21일 동안 이와 같이 지금 여기, 자기 본분사의 일을 깊이 사유했다.
'여래가 깨달아 체득한 이 지혜는 미묘하고 최상 제일이지만, 중생들의 근기가 우둔하여 즐거운 일에 집착하여 어리석고 눈이 어둡다. 이와 같은 중생들을 어떻게 제도할 수가 있을까?'라고.

그때 모든 범천왕과 제석천왕과 이 세상을 보호하는 사천왕과 대자재천왕과 여러 천신 대중들과 그들의 권속 백 천만 대중들이 공경히 합장하고 예배하면서 여래에게 법륜 굴리기를 청했다.

여래는 스스로 사유했다.

'만약 일불승만 찬탄하면 괴로움에 빠져 있는 저 중생들은 일불승을 확신하지 않고, 신심을 일으키지 않아 정법을 파괴하고, 신심이 없는 까닭에 삼악도(三惡道)에 떨어질 것이니, 여래가 차라리 설법하는 일을 그만두고 속히 열반에 드는 것이 어떨까?'

尋念過去佛　所行方便力　我今所得道　亦應說三乘
作是思惟時　十方佛皆現　梵音慰喩我　善哉釋迦文
第一之導師　得是無上法　隨諸一切佛　而用方便力
我等亦皆得　最妙第一法　爲諸衆生類　分別說三乘
小智樂小法　不自信作佛　是故以方便　分別說諸果
雖復說三乘　但爲教菩薩
舍利弗當知　我聞聖師子　深淨微妙音　稱南無諸佛
復作如是念　我出濁惡世　如諸佛所說　我亦隨順行
思惟是事已　卽趣波羅奈　諸法寂滅相　不可以言宣
以方便力故　爲五比丘說　是名轉法輪　便有涅槃音
及以阿羅漢　法僧差別名　從久遠劫來　讚示涅槃法
生死苦永盡　我常如是說

그리고 깊이 과거불이 실행한 방편지혜의 힘에 대하여 사유했다.

'여래가 지금 깨달아 체득한 불도를 중생의 근기에 맞추어 삼승의 법문으로 설하리라.'

이렇게 사유할 때 시방의 제불이 모두 출현하여 범음(梵音)으로 석가여래를 위로하며 다음과 같이 설했다.

'훌륭합니다(善哉). 석가모니불이여! 제일의 도사(導師)로서 최상의 정법을 깨달아 체득하여 일체 제불이 방편의 지혜를 실행한 것처럼 방편의 법문을 설해 주시오. 우리 제불여래도 모두 최상의 미묘하고 제일의 불법을 체득했지만, 여러 종류의 중생들에게 방편의 지혜로 근기에 맞추어 분별하여 삼승의 법문을 설했소.

작은 지혜의 소승법을 탐착해서 스스로 성불을 확신하지 못했기 때문에, 중생들의 근기에 맞추어 방편법문을 제시하여 깨달음을 이루도록 설법한 것이요. 비록 삼승의 방편 법문을 설했으나, 오직 대승보살들을 교화하기 위한 것이오.'

사리불이여! 잘 알도록 하라.

여래는 성스러운 사자(獅子)와 같은 제불의 청정하고 미묘한 법음을 듣고 '제불(諸佛)에 귀의합니다'라고 했다.

또다시 다음과 같이 사유했다.

'여래가 홀로 혼탁한 중생의 세상에 출세했으니, 제불이 설한 법문과 같이 여래도 또한 일승법에 수순하여 방편 법문을 실행할 것이다.'

이러한 본분사의 일을 사유한 뒤에 곧바로 바라나로 향했다.

제법이 본래 적멸한 실상을 언설로 표현할 수 없지만, 방편 지혜의 힘으로 다섯 비구들에게 불법을 연설했다.

이것을 전법륜(轉法輪)이라고 하며, 곧 열반(涅槃)이라는 법문과 아라한, 법보(法寶), 승보(僧寶)라는 임시방편의 명칭으로 제시했다. 구원겁(久遠劫) 이래로 열반의 법을 찬탄하고 제시하며, 생사에 윤회하는 고통을 영원히 소진한다고 여래는 항상 이와 같이 대승의 법문을 설했다.

* 바라나(波羅奈) : 바라나시(varanasi)로 석가세존이 바라나의 녹야원에서 처음 5비구에게 법륜을 굴린 초전법륜지(初轉法輪地)이다. 전법륜(轉法輪)은 석가불이 최초로 방편법문을 제시하여 설법한 것으로 불법승 삼보와 불교의 교단이 성립된 역사적인 사실이다.

진실을 보이다

舍利弗當知　我見佛子等　志求佛道者　無量千萬億
咸以恭敬心　皆來至佛所　曾從諸佛聞　方便所說法
我卽作是念　如來所以出　爲說佛慧故　今正是其時
舍利弗當知　鈍根小智人　著相憍慢者　不能信是法
今我喜無畏　於諸菩薩中　正直捨方便　但說無上道
菩薩聞是法　疑網皆已除　千二百羅漢　悉亦當作佛

사리불이여! 반드시 잘 알도록 하라.
여래는 여러 불자들과 불도의 원력의 뜻을 세운 한량없는 천만 억 사람들이 모두 다 공경하는 마음으로 부처님의 처소에 이르러, 제불여래가 방편으로 설하는 법문을 청법하는 것을 보았다.
여래는 곧 이렇게 사유했다.
'여래가 사바세계에 출현한 것은 제불여래의 지혜로 설법하는 것이니, 지금이 바로 설법할 때이다.'
사리불이여! 잘 알도록 하라. 근기가 우둔하고 지혜가 작은 사람과 명상에 집착하는 교만한 사람들은 이 일승의 법문을 확신하지 않는다.

여래는 이제 환희심으로 걸림 없이 여러 보살들에게 곧바로 방편을 버리고, 단지 무상의 깨달음을 체득하는 불도(道)를 설하리라.
보살들이 이 일승법의 법문을 들으면 의심의 그물이 모두 없어지고, 천이백 아라한들도 모두 다 반드시 부처의 지혜를 이룬다.

일승(一乘)의 진실을 찬탄하다 – 사난장(四難章)

如三世諸佛　說法之儀式　我今亦如是　說無分別法
諸佛興出世　懸遠值遇難　正使出于世　說是法復難
無量無數劫　聞是法亦難　能聽是法者　斯人亦復難
譬如優曇華　一切皆愛樂　天人所希有　時時乃一出
聞法歡喜讚　乃至發一言　卽爲已供養　一切三世佛
是人甚希有　過於優曇華　汝等勿有疑　我爲諸法王
普告諸大衆　但以一乘道　敎化諸菩薩　無聲聞弟子
汝等舍利弗　聲聞及菩薩　當知是妙法　諸佛之秘要
以五濁惡世　但樂著諸欲　如是等衆生　終不求佛道
當來世惡人　聞佛說一乘　迷惑不信受　破法墮惡道
有慚愧淸淨　志求佛道者　當爲如是等　廣讚一乘道
舍利弗當知　諸佛法如是　以萬億方便　隨宜而說法
其不習學者　不能曉了此　汝等旣已知　諸佛世之師
隨宜方便事　無復諸疑惑　心生大歡喜　自知當作佛

과거, 현재, 미래, 삼세의 제불이 설법한 의식대로 여래도 지금 삼세제불과 같이 분별심이 없는 일승법을 설하리라.
제불이 이 사바세계에 출현한 것은 매우 드물고, 친견하기도 어렵다.

설사 사바세계에 출현하더라도 이 무분별법 설하기 어렵고, 한량없는 오랜 시간(겁)에 이 법문을 청법하기도 어렵다. 이 법문을 스스로 능히 청법하는 사람이 되는 것은 더욱 어렵다.

비유하면, 일체 모든 사람들이 우담바라꽃을 좋아하지만, 천상과 인간계에서는 매우 희유한 일로 시절 인연이 도래해야만 한번 꽃이 핀다.

이 분별심이 없는 일심법을 청법하고 환희하며 찬탄하는 말 한 마디만 해도 그는 곧 일체 삼세(三世) 제불(諸佛)에게 공양한 것이다.

이 사람은 매우 희유하여 우담바라 꽃이 핀 것보다 더 희유하다.

그대들은 여래가 하는 말에 의심하지 말라.

여래는 제법의 법왕이 되어 모든 대중들에게 널리 선고한다. 여래는 다만 일승의 불도로 모든 보살들을 교화하니 성문의 제자는 없다.

그대들, 사리불과 성문과 보살들은 반드시 잘 알도록 하라!

이 미묘한 일승의 불법은 제불이 비밀스럽게 지혜로 작용하는 긴요한 법문이다.

다섯 가지가 혼탁한 사바세계의 중생은, 다만 자신의 즐거움과 여러 가지 욕망에만 탐착하니 이러한 중생들은 끝내 불도(佛道)를 구하지 않는다.

미래(當來) 세상의 악한 사람들은 부처가 설한 일승의 법문을 들어도 미혹하여 신심으로 수지하지 않고, 정법을 파괴하고 삼악도(三惡道)에 타락한다.

자신의 허물을 부끄러워할 줄 아는 청정한 사람들은 불도에 원력을 세우는 뜻을 두니, 반드시 이러한 사람들이 널리 일승의 불도를 찬탄한다.

사리불이여! 반드시 잘 알아라. 제불의 정법은 이와 같이 여여하여 천만 억 방편의 지혜로 중생의 근기에 맞추어 설법을 한다.

불법을 배우고 수행하지 못한 사람들은 이러한 불법의 도리를 깨닫지 못한다.

그대들은 이미 사바세계의 중생들을 인도하는 제불이 근기에 맞추어 방편 법문으로 설한 본분사의 일을 잘 알고, 또한 약간의 의혹도 없으니 마음으로 큰 환희심을 일으켜 스스로 부처의 지혜를 이룬 사실을 알 수 있다.”

제3 비유품(譬喩品)

사리불의 이해

爾時 舍利弗 踊躍歡喜 卽起合掌 瞻仰尊顔 而白佛言, 今從世尊 聞此法音 心懷踊躍 得未曾有. 所以者何 我昔從佛 聞如是法 見諸菩薩 受記作佛 而我等 不預斯事 甚自感傷 失於如來無量知見.
世尊 我常獨處山林樹下 若坐 若行 每作是念, 我等同入法性 云何如來 以小乘法 而見濟度 是我等咎 非世尊也.
所以者何 若我等 待說所因 成就阿耨多羅三藐三菩提者 必以大乘 而得度脫 然 我等不解方便 隨宜所說 初聞佛法 遇便信受 思惟取證.
世尊 我從昔來 終日竟夜 每自剋責 而今從佛 聞所未聞未曾有法 斷諸疑悔 身意泰然 快得安隱 今日乃知眞是佛子 從佛口生 從法化生 得佛法分.

그때 사리불이 뛸 듯이 기뻐하여 자리에서 일어나 합장하고 부처님의 존안(尊顔)을 우러러보며 부처님께 말했다.

"지금 세존이 설한 이러한 법음(法音)을 듣고 마음이 크게 기뻐 전에 경험할 수 없던 사실을 체득했습니다. 왜냐하면 내가 예전에 부처님으로부터 이러한 법문을 청법했습니다. 보살들은 부처님의 수기(授記)를 받아 성불한다고 했으나, 저희 성문들은 그 일에 참여하지 못하여 매우 슬프고 상심하여 여래의 무량한 지견(知見)을 상실했다고 생각했습니다.

세존이시여! 저는 항상 숲속(山林)의 나무 밑에 홀로 앉아 좌선과 경행하면서 사유하기를, 우리들도 똑같이 법성(法性)을 구족했는데, 어찌하여 여래는 성문들에게 소승법(小乘法)으로 제도하시는가? 이것은 우리 소승인의 허물이요, 세존의 허물이 아닙니다. 그 까닭은, 만약 우리들도 성불의 요인(발심)을 설하는 법문을 기다려서 최상의 깨달음(아뇩다라삼먁삼보리)을 성취했더라면 반드시 대승의 법문으로 깨달음을 체득했을 것입니다. 그러나 우리들은 시절 인연에 따라 설하는 방편법문의 뜻을 알지 못하고, 처음 부처님이 설한 법문을 곧바로 신수하여 사유하고 아라한의 경지를 깨달아 증득했습니다.

세존이시여! 제가 예전부터 지금까지 종일 밤낮으로 자신을 책망하고, 지금 부처님으로부터 이전에 듣지 못한 미증유(未曾有)의 일승법을 청법하게 되었습니다. 이제 모든 의혹과 회한을 버리고 몸과 마음이 태연하고 편안한 경지를 이루었습니다.

금일에야 진정한 불자(佛子)가 된 사실을 알았고, 부처의 법문을 듣고 태어났으며 정법으로 화생(化生)한 사실과 불법의 지혜생명으로 작용하는 본분을 깨달아 체득했습니다."

* 수기작불(受記作佛) : 『법화경』의 특성으로 수기(受記)는 수기(授記)라고도 하며, 제불여래가 대승보살에게 미래에 반드시 부처가 될 것이라고 예언한 약속이다. 여기서는 성문제자인 사리불에게 수기작불의 법문을 설하고, 이후 500제자와 모든 성문들도 미래에 성불한다고 수기한다.

* 법음(法音) : 제불여래의 설법은 진여본심으로 진여법의 진실의(眞實義)를 여시설법(如是說法)하는 것이다. 『유마경』 불국품에 "부처는 일음(一音)으

로 설법을 한다(佛以一音演說法)"라고 설하며, 대승경전에서는 원음(圓音), 범음(梵音), 묘음(妙音), 해조음(海潮音)이라고 한다.

* 동입법성(同入法性) : 일체 중생이 모두 진여법성을 구족하고 있다는 사실을 말한다. 제불이 출현한 것은 일체 중생이 구족한 법성, 불성, 여래장, 진여자성을 깨달아 일체 중생에게 정법을 개시한 것이다. 사실 제불이 출세하거나 출세하기 전이나 법성은 일체 중생이 모두 구족하고 있다. 그러나 제불여래의 지혜로 일체중생이 본래 불성을 구족한 사실을 설법하지 않는다면 알 수가 없고, 깨달아 체득할 수가 없다.

* 종불구생(從佛口生) : 부처님의 설법을 여시아문하고 부처의 지혜를 깨달아 체득하는 것(聞慧), 종법화생(從法化生)은 일승법을 깨달아 중생심에서 불신(佛身)을 이루는 것이다. 화생은 유심(唯心)으로 중생심을 불심으로 변화시키는 묘용이다. 염불 수행으로 정토에 왕생하는 일도 화생이며, 보살의 원생신(願生身), 제불의 변화신(變化身)도 화생이다.

* 득불법분(得佛法分)의 분(分)은 범어 깔라(kala)로서 일부분이라는 뜻이다. 본분(本分), 수분(隨分) 등과 같이 진여일심이 일념(一念), 일념의 자각으로 지혜 생명으로 작용하는 본분이다. 선에서는 시절 인연의 본분사라고 한다. 염념보리심(念念菩提心)도 진여일심이 지혜의 생명으로 작용하는 본분이다.

爾時舍利弗 欲重宣此義 而說偈言,

我聞是法音　得所未曾有　心懷大歡喜　疑網皆已除
昔來蒙佛教　不失於大乘　佛音甚希有　能除衆生惱
我已得漏盡　聞亦除憂惱　我處於山谷　或在林樹下
若坐若經行　常思惟是事　嗚呼深自責　云何而自欺
我等亦佛子　同入無漏法　不能於未來　演說無上道
金色三十二　十力諸解脫　同共一法中　而不得此事

八十種妙好　十八不共法
如是等功德　而我皆已失　我獨經行時　見佛在大衆
名聞滿十方　廣饒益衆生　自惟失此利　我爲自欺誑
我常於日夜　每思惟是事　欲以問世尊　爲失爲不失
我常見世尊　稱讚諸菩薩　以是於日夜　籌量如此事
今聞佛音聲　隨宜而說法　無漏難思議　令衆至道場

그때 사리불이 이 뜻을 거듭 펴려고 게송으로 말했다.

"나는 부처님이 설한 법음(法音)을 청법하고 이전에 경험하지 못한 미증유의 깨달음을 체득했습니다.

마음은 대 환희심으로 가득 찼고, 의심의 그물은 모두 제거되었으며,

예로부터 부처님의 가르침을 받은 대승의 뜻을 상실하지 않았습니다.

부처님의 법음은 매우 희유하여 중생의 번뇌를 능히 제거합니다.

나는 이미 번뇌, 망념을 다 소멸시켰지만, 일승의 법문을 들으니 근심과 우비고뇌가 제거되었습니다.

나는 산과 계곡에 거처하기도 하고, 산중의 나무 밑에 거주하면서 좌선하고 경행하면서 항상 이 일(此事)을 사유했습니다.

슬픈 일이다! 스스로 깊이 나를 책망하며, 어떻게 내가 자기 스스로를 속였던가?

저희들도 불자(佛子)로서 똑같이 무루법(無漏法)을 구족했지만, 스스로 미래세에 무상의 불도를 연설할 수가 없었습니다.

부처의 32상 금색상과 열 가지 지혜의 힘과 모든 해탈(解脫)의 법문이 모두 같은 한 법(一法) 가운데 있는데 이 일을 깨달아 체득하지 못했습니다.

부처의 80가지 좋은 상호와 열여덟 가지 특별한 지혜의 법문(法)과 이와 같은 여래의 지혜공덕을 우리들은 모두 다 상실했습니다.

내 혼자 경행하면서 보니 명성이 시방세계에 두루한 부처님은 대중과 함께 하면서 중생들에게 널리 해탈의 이익이 되도록 설법하는데, 나만 오직 해탈의 이익을 상실했으니 이것은 나 스스로를 속인 것입니다.

나는 항상 밤낮으로 수기작불(受記作佛)하는 일을 사유하고, 나는 진정 본분을 잃어버렸는가, 잃지 않았는가를 세존께 질문하려고 했습니다.

나는 항상 세존께서 모든 보살들을 칭찬하는 것을 보고, 밤낮으로 수기작불(受記作佛)하는 일을 사유했습니다.

지금 부처님의 음성으로 중생들의 근기에 맞추어 설법하는 법문을 청법하니, 무루법(無漏法)은 중생심으로 사량할 수 없으나 중생들을 깨달음의 도량에 이르도록 합니다.

* 아이득누진(我已得漏盡) : 사리불은 이미 아라한의 경지를 이룬 성자이기 때문에 이미 모든 번뇌가 소멸되었다고 했다. 아라한은 번뇌 망념의 도적을 다 죽인 살적(殺賊)이라고 번역한다.
* 차사(此事) : 부처님이 보살들에게 일승법과 수기작불(受記作佛)의 인연을 설하는 일이다. 성문들은 이 일에 동참하지 못한 것을 후회하고 있다. 부처님이 대승법을 설하려고 할 때 5000명의 성문, 사부대중이 법석을 떠난 것처럼, 소승법에 만족하는 아라한은 대승법을 신수봉행하지 않는다.
* 일법(一法) : 진여(眞如) 일심법(一心法), 심법을 말하고, 『불설법구경(佛說法句經)』에는 "삼라급만상(森羅及萬象) 일법지소인(一法之所印)"이라고 설한다. 『대승기신론』에 "진여일심은 일체 세간, 출세간법을 모두 통섭한다"라고 설하는 것처럼, 불법은 심법이며 유심(唯心)의 실천 사상이다.

我本著邪見　爲諸梵志師　世尊知我心　拔邪說涅槃
我悉除邪見　於空法得證　爾時心自謂　得至於滅度

而今乃自覺　非是實滅度　若得作佛時　具三十二相
天人夜叉衆　龍神等恭敬　是時乃可謂　永盡滅無餘
佛於大衆中　說我當作佛　聞如是法音　疑悔悉已除
初聞佛所說　心中大驚疑　將非魔作佛　惱亂我心耶
佛以種種緣　譬喩巧言說　其心安如海　我聞疑網斷
佛說過去世　無量滅度佛　安住方便中　亦皆說是法
現在未來佛　其數無有量　亦以諸方便　演說如是法
如今者世尊　從生及出家　得道轉法輪　亦以方便說
世尊說實道　波旬無此事　以是我定知　非是魔作佛
我墮疑網故　謂是魔所爲　聞佛柔輭音　深遠甚微妙
演暢清淨法　我心大歡喜　疑悔永已盡　安住實智中
我定當作佛　爲天人所敬　轉無上法輪　教化諸菩薩

나(사리불)는 본래 사견에 집착하여 여러 바라문(梵志)들의 스승이 되었고, 세존은 저의 마음을 알고 삿된 견해를 제거하고 열반의 법문을 설했습니다.
나의 사견을 모두 제거하고 공의 법문을 깨달아 증득하고, 그때 나는 마음으로 열반의 경지를 체득했다고 여겼는데, 지금에서야 이것이 진실한 열반이 아니라는 사실을 자각했습니다.
만약 성불했다면 32상이 구족되고, 천신, 사람, 야차, 용, 신들이 공경할 것이니 그때가 곧 영원히 자취나 흔적도 없는 무여(無餘)열반이라 할 것입니다.
부처님이 대중들 가운데서 나(사리불)도 반드시 성불할 것이라고 수기의 말씀을 하시니, 이러한 부처님의 법음을 청법하고 일체의 의심과 회한(悔恨)이 제거되었습니다.
나(사리불)는 처음 부처님이 설한 법문을 청법하고 마음속으로 매우 놀라 의심하기를, '아마 악마가 부처님의 모습을 하고 내 마음을 어지럽게 하는가?'라고 생각했습니다.

부처님은 갖가지 인연과 비유와 방편 법문으로 설법하니 그 마음이 바다와 같이 편안하여, 나는 법문을 깨닫고 의심의 그물(疑網)을 차단했습니다.

부처님이 설법하시기를, "과거세에 열반하신 한량없는 제불들이 방편의 지혜로써 이 대승 법문을 설하고, 현재와 미래불의 한량없는 제불여래도 여러 가지 방편으로 이와 같은 대승의 법문을 연설하며, 지금의 세존(世尊)과 같이 탄생하고 출가하여 불도를 이루고 법륜(法輪)을 굴리며 역시 방편 법문을 설하십니다.

세존은 진실한 불도를 설하지만, 마군들은 일승법을 설하는 일이 없습니다. 그래서 나는 악마가 부처가 된 것이 아닌 사실을 분명히 알고, 내가 의심의 그물에 빠졌기 때문에 악마의 소행이라고 여긴 것입니다.

부처님의 유연한 법음은 심원(深遠)하고 미묘하며, 청정법을 연설하는 법문을 듣고 나의 마음은 매우 환희하여 의심과 후회가 영원히 없어지고 진실한 지혜로 평안하게 살게 되었습니다.

나는 결정코 반드시 부처의 지혜를 체득하여 천상과 인간의 공경을 받고, 무상의 법륜을 굴리며 모든 보살들을 교화하겠습니다."

* 사리불은 출가 이전에 범천(梵天)의 가르침에 뜻을 둔 바라문(梵志)의 스승이었다.
* 공의 법문을 깨달아 증득했다(空法得證)는 말은, 이승(二乘)의 수행자들이 무아법(無我法)에 의거하여 자아의식의 번뇌 망념을 텅 비운 경지(我空)이다. 일체의 번뇌 망념을 제거(殺賊)하여 아라한의 경지를 증득한 것을 말한다. 아공(我空)을 『신심명』에서는 전공(前空)이라고 하며, 『반야심경』에서 자아의식과 의식의 대상경계를 텅 비운 아공(我空), 법공(法空), 일체개공(一切皆空)의 경지가 대승의 법문이다.

* 이 일단은 악마와 부처의 다른 점을 설한다. 세존은 진실한 불도를 연설하지만, 마왕 파순(波旬)은 이 일승법을 연설하고 수기작불(受記作佛)하는 일이 없다(波旬無此事). 파순(波旬)은 범어 빠삐야스(papiyas)로 마구니, 마왕(魔王)이다.

사리불에게 수기법문을 설하다.

爾時 佛告舍利弗 吾今 於天人 沙門 婆羅門等 大衆中說.
我昔曾於二萬億佛所 爲無上道故 常教化汝 汝亦長夜 隨我受學
我以方便 引導汝故 生我法中.
舍利弗 我昔教汝志願佛道 汝今悉忘 而便自謂已得滅度 我今還欲令汝 憶念本願所行道故 爲諸聲聞 說是大乘經. 名妙法蓮華. 教菩薩法. 佛所護念.

그때 부처님이 사리불에게 말했다.

“여래가 이제 천신과 사람들, 사문들과 바라문 등 여러 대중들에게 설한다. 내가 아주 오랜 옛적에 이만 억 제불의 처소에서 무상의 불도를 이루고 그대들을 항상 교화(敎化)했었다.

그대들도 오랫동안(長夜) 나를 따라서 불도를 배웠다. 나는 방편으로 그대들을 인도하여 여래의 법문에서 새롭게 태어나도록 했다.

사리불이여! 여래가 일찍이 그대로 하여금 불도를 이루는 뜻과 서원을 세우도록 했는데 그대는 모두 잊어버리고 스스로 이미 열반의 경지를 이루었다고 말했다.

그러므로 여래가 이제 그대로 하여금 본래의 서원으로 수행하려던 기억을 되살리고 불도를 수행하도록 여러 성문들에게 대승경의 법문을 설한다.

그 대승경은 묘법연화경(妙法蓮華經)이며, 보살들에게 교시하는 정법이며, 부처의 지혜로 보호하여 중생심에 타락하지 않도록 하는 법문이다.

* "여래의 법문에서 새롭게 태어나게 했다(生我法中)"라는 말은, 부처님이 입으로 설한 법문을 청법하고 제불여래의 지혜를 깨달아 체득한 종불구생(從佛口生)과 같은 뜻이다.
* 대승경인 『법화경』은 보살들에게 설한 법문인데, 지금 사리불과 성문들이 일불승의 법문을 청법하고 발심하도록 대승경을 설한 것이다.

사리불 수기장(授記章)

舍利弗 汝於未來世 過無量無邊不可思議劫 供養若干千萬億佛 奉持正法 具足菩薩所行之道 當得作佛. 號曰, 華光如來 應供 正徧知 明行足 善逝 世間解 無上士 調御丈夫 天人師 佛 世尊. 國名離垢 其土平正 清淨嚴飾 安隱豐樂 天人熾盛 琉璃爲地 有八交道 黃金爲繩 以界其側 其傍 各有七寶行樹 常有華果. 華光如來 亦以三乘 敎化衆生

舍利弗 彼佛出時 雖非惡世 以本願故 說三乘法 其劫名大寶莊嚴 何故 名曰大寶莊嚴 其國中 以菩薩 爲大寶故 彼諸菩薩 無量無邊不可思議 算數譬喩 所不能及 非佛智力 無能知者 若欲行時 寶華承足 此諸菩薩 非初發意 皆久植德本 於無量百千萬億佛所 淨修梵行 恒爲諸佛之所稱歎 常修佛慧 具大神通 善知一切諸法之門 質直無僞 志念堅固 如是菩薩 充滿其國.

舍利弗 華光佛壽 十二小劫 除爲王子 未作佛時 其國人民 壽八小劫 華光如來 過十二小劫 授堅滿菩薩 阿耨多羅三藐三菩提記.

告諸比丘. 是堅滿菩薩 次當作佛 號曰, 華足安行多陀阿伽度阿羅訶 三藐三佛陀 其佛國土 亦復如是.
舍利弗 是華光佛滅度之後 正法住世 三十二小劫 像法住世 亦三十二小劫.

사리불이여! 그대는 미래 세상에 한량없고 끝이 없는 불가사의한 시간(劫)을 지나면서 수많은 천만 억 부처님께 공양하고 바른 정법을 받들어 수지하며 보살도의 수행을 두루 갖추어 반드시 성불하게 될 것이다.

그때 부처의 이름은 화광(華光)여래, 응공, 정변지, 명행족, 선서, 세간해, 무상사, 조어장부, 천인사, 불, 세존이다.

그 화광(華光)여래가 교화하는 국토의 이름은 이구(離垢)인데, 그 땅은 평탄하고 반듯하여 청정하게 꾸며졌으며, 안락하고 풍족하여 천인이 매우 번창했다. 그 국토의 땅은 유리로 되었고, 여덟 갈래 길에는 황금 줄로 경계를 치고, 길옆에는 칠보로 된 가로수에 꽃과 과일이 항상 열려 있었다.

화광여래도 역시 삼승의 법문(三乘法)을 설하여 중생들을 교화할 것이다.

사리불이여! 그 화광여래가 출현할 때는 중생심으로 오염된 나쁜 세상(惡世)은 아니지만, 제불의 본원(本願)으로 삼승법(三乘法)을 연설하여 중생들을 교화할 것이다.

화광여래가 출현하는 겁(劫)의 이름은 대보장엄(大寶莊嚴)이다. 대보장엄이라고 이름 붙인 까닭은, 그 국토는 보살을 큰 보배로 삼기 때문이다.

그 보살들은 한량없고 끝이 없으며, 불가사의하여 숫자나 비유로 계산해서 알 수 없다. 부처의 지혜가 아니고서는 알 수 있는 사람이 없다.

그 보살들이 어디를 가려고 하면 보배로 된 연꽃이 발을 떠받친다. 그 보살들은 처음으로 발심한 이들이 아니고, 오랫동안 공덕의 근본을 심어서 한량없는 백 천만 억 제불의 처소에서 청정한 수행(梵行)을 하고 제불의 칭찬을 받은 보살들이다. 그들은 항상 부처의 지혜와 훌륭한 신통을 구족했으며, 일체 제법의 법문을 잘 알아 순수하고 소박하고 정직하여 거짓이 없으며 뜻이 견고하였다. 이러한 보살들이 그 국토에 가득 찼다.

사리불이여! 화광불(華光佛)의 수명은 이십(二十) 소겁(小劫)이다. 그가 왕자로 있으면서 성불하기 전의 세월은 제외한 것이다. 그 나라 백성들의 수명은 팔 소겁(小劫)이다.

화광여래가 이십 소겁을 지나 견만(堅滿)보살에게 최상의 깨달음(아뇩다라삼먁삼보리)을 이루는 수기를 수여하면서 여러 비구들에게 말했다. '이 견만보살은 이후에 반드시 부처가 될 것이니, 부처의 이름은 화족안행(華足安行)여래이며, 인천의 공양을 받는 응공(應供)으로 최상의 정각을 이룬 부처가 되리라. 그 화족안행불(華足安行佛)의 국토도 역시 이와 같다.'

사리불이여! 이 화광불이 열반한 뒤에 정법(正法)이 세상에 상주하는 기간은 삼십이(三十二) 소겁(小劫)이고, 상법(像法)이 상주하는 기간도 역시 삼십이 소겁(小劫)이다."

爾時世尊 欲重宣此義 而說偈言

舍利弗來世　成佛普智尊　號名曰華光　當度無量衆
供養無數佛　具足菩薩行　十力等功德　證於無上道
過無量劫已　劫名大寶嚴　世界名離垢　清淨無瑕穢
以瑠璃爲地　金繩界其道　七寶雜色樹　常有華果實
彼國諸菩薩　志念常堅固　神通波羅蜜　皆已悉具足
於無數佛所　善學菩薩道　如是等大士　華光佛所化
佛爲王子時　棄國捨世榮　於最末後身　出家成佛道
華光佛住世　壽十二小劫　其國人民衆　壽命八小劫
佛滅度之後　正法住於世　三十二小劫　廣度諸衆

正法滅盡已　像法三十二　舍利廣流布　天人普供養
華光佛所爲　其事皆如是　其兩足聖尊　最勝無倫匹
彼卽是汝身　宜應自欣慶

그때 세존이 이 뜻을 거듭 펴려고 게송으로 말했다.

"사리불이 미래 세상에서 성불하여 큰 지혜를 갖추면, 그 이름은 화광여래이고 한량없는 중생들을 제도할 것이다.

무수한 부처님께 공양하면서 보살의 수행과 열 가지 방편지혜의 힘과 온갖 공덕 갖추어서 최상의 불도를 증득할 것이다.

한량없는 겁을 지나 대보장엄겁이 되면, 그 불국토의 이름은 이구(離垢)이니 청정하여 오염되는 일이 없다. 땅은 유리로 되었고 길가에는 황금의 줄이 쳐 있으며, 칠보로 장엄 된 가로수에는 언제나 꽃과 과일이 가득할 것이다.

그 나라의 보살들은 원력과 신심이 견고하여 신통과 바라밀다를 모두 갖추었으며, 무수한 부처의 처소에서 훌륭한 보살도를 수학했다. 이와 같은 보살들은 모두 화광여래가 교화한 보살들이다.

그 화광여래는 왕자가 되었다가 나라와 영화를 모두 버리고 최후의 몸으로 출가하여 성불할 것이다.

화광여래가 세상에 거주하는 수명이 십이 소겁이고, 그 나라 백성들은 수명이 팔 소겁이 될 것이다.

그 화광여래부처님이 열반한 뒤 정법이 세상에 머무는 삼십이 소겁 동안 많은 중생들을 제도하고 정법(正法)이 다한 뒤에는 상법(像法)도 삼십이 소겁이 될 것이며, 사리를 널리 유포하여 천신과 인간의 공양을 받게 될 것이다.

화광불이 실행하는 본분사의 일은 이와 같으며, 그 부처의 양족존(兩足尊)은 최고로 수승하여 비교할 대상이 없으니, 그 화광불이 곧 그대(사리불)의 몸이니 기쁘고 경사스러운 일이다."

* 보지존(普智尊)은 부처의 존칭인데, 보지(普智)란 지혜가 법계에 두루한다는 정변지(正徧智)이며 존(尊)은 세존(世尊)이다.

사중팔부가 환희하다

爾時 四部衆 比丘 比丘尼 優婆塞 優婆夷, 天龍 夜叉, 乾闥婆 阿修羅 迦樓羅 緊那羅 摩喉羅加等 大衆 見舍利弗 於佛前 受阿耨多羅三藐三菩提記 心大歡喜 踊躍無量 各各脫身所著上衣 以供養佛.
釋提桓因 梵天王等 與無數天子 亦以天妙衣 天曼陀羅華 摩訶曼陀羅華等 供養於佛 所散天衣 住虛空中 而自廻轉 諸天伎樂 百千萬種 於虛空中 一時俱作 雨衆天華 而作是言, 佛昔於波羅奈 初轉法輪 今乃復轉無上最大法輪.

그때 사부대중인 비구, 비구니, 우바새, 우바이, 천신, 용왕, 야차, 건달바, 아수라, 가루라, 긴나라, 마후라가 등 팔부신중들은 사리불이 부처님 앞에서 최상의 깨달음을 이루는 수기 받는 것을 보고 마음으로 크게 환희심을 일으키고 한량없이 기뻐했다.

그리고는 제각기 몸에 입었던 웃옷을 벗어서 부처님께 공양하였다. 제석천왕과 범천왕들도 무수한 천자들과 함께 아름다운 천상의 미묘한 옷과 하늘의 만다라 꽃과 마하만다라 꽃들로 부처님께 공양하였다.

허공에 흩어놓은 천상의 옷들은 공중에 머물러 저절로 빙글빙글 돌며, 제천의 백 천만 종류의 악기로 연주하는 천상의 음악은 허공중에서 연주되었고 하늘의 꽃들은 비 내리듯 하면서 이렇게 말했다.

"부처님께서 옛적에 녹야원(바라나시)에서 처음으로 사성제(四聖諦)의 법륜(法

輪)을 굴리더니, 이제 또 최상의 가장 큰 대승의 법륜을 굴리셨다."

爾時諸天子 欲重宣此義 而說偈言

昔於波羅奈 轉四諦法輪 分別說諸法 五衆之生滅
今復轉最妙 無上大法輪 是法甚深奧 少有能信者
我等從昔來 數聞世尊說 未曾聞如是 深妙之上法
世尊說是法 我等皆隨喜 大智舍利弗 今得受尊記
我等亦如是 必當得作佛 於一切世間 最尊無有上
佛道叵思議 方便隨宜說 我所有福業 今世若過世
及見佛功德 盡廻向佛道

그때 여러 천자들은 이러한 사실을 거듭 게송으로 말했다.

"옛적에 녹야원(바라나시)에서 사성제(四聖諦)의 법륜을 굴리시며, 모든 법이 오온(五蘊)으로 생멸(生滅)한다는 사실을 설하고,

지금 또다시 최상의 미묘한 무상의 대법륜을 굴리시니, 이 대승법은 매우 깊고도 오묘하여 스스로 신심을 갖는 자가 드물었다.

우리들이 예전부터 세존의 설법을 자주 들었지만, 이렇게 깊고도 미묘한 최상의 법문은 듣지 못했다.

세존께서 이 대승법을 설하니 우리들도 모두 따라 기뻐한다.

큰 지혜의 사리불이 이제 세존의 수기를 받으니, 우리들도 이와 같이 반드시 부처의 지혜를 이루어 일체의 세간에서 최고로 존귀(尊貴)하여 그 위가 없다.

불도는 불가사의하여 방편의 지혜로 중생의 근기에 따라서 설하니, 내가 지닌 복덕(福德)의 공업과 금세와 과거세에서 부처의 지혜를 친견한 공덕을 모두 불도로 회향(廻向)하고자 합니다."

화택(火宅)의 비유

爾時 舍利弗 白佛言, 世尊 我今無復疑悔 親於佛前 得受阿耨多羅三藐三菩提記 是諸千二百心自在者 昔住學地 佛常敎化. 言我法 能離生老病死 究竟涅槃.
是學無學人 亦各自已離我見 及有無見等 謂得涅槃 而今於世尊前 聞所未聞 皆墮疑惑 善哉世尊 願爲四衆 說其因緣 令離疑悔

그때 사리불이 부처님께 말했다.

"세존이시여! 저는 이제 다시는 의심이 없으며 친히 부처님 앞에서 최상의 깨달음에 대한 수기를 받았습니다. 여기 일천 이백 명, 마음이 자유자재한 수행자들은 옛날 그대로 망심을 없애는 수행에 안주하고 있습니다. 부처님께서 항상 보살들에게 '여래가 설하는 대승법은 생로병사에 윤회하는 고통을 여의고, 구경의 열반에 이른다'고 설했습니다.

오늘 이곳의 유학(아라한의 경지를 이루지 못한 수행자)과 무학인(아라한의 경지를 깨달아 체득한 수행자)도 모두 각각 자아의 견해와 의식의 대상경계에 있고 없는 견해를 여의고 열반의 경지를 체득했다고 말합니다. 지금 여기 세존 앞에서 일찍이 듣지 못했던 법문을 듣고는 모두 의혹에 빠졌습니다.

훌륭하신 세존이시여! 원하옵건대 사부대중들에게 그 대승법을 설한 인연을 제시하여 이들의 의문과 후회를 영원히 여의도록 해 주십시오."

삼계화택(三界火宅)의 비유

爾時 佛告舍利弗 我先不言諸佛世尊 以種種因緣 譬喩言辭 方

便說法 皆爲阿耨多羅三藐三菩提耶. 是諸所說 皆爲化菩薩故. 然舍利弗 今當復以譬喩 更明此義. 諸有智者 以譬喩得解. 舍利弗 若國邑聚落 有大長者 其年衰邁 財富無量 多有田宅 及諸僮僕 其家廣大. 唯有一門 多諸人衆 一百二百 乃至五百人 止住其中. 堂閣朽故 牆壁隤落 柱根腐敗 梁棟傾危 周帀俱時 欻然火起 焚燒舍宅. 長者諸子 若十二十 或至三十 在此宅中. 長者 見是大火從四面起 卽大驚怖 而作是念. 我雖能於此所燒之門 安隱得出. 而諸子等 於火宅內 樂著嬉戲 不覺不知 不驚不怖 火來逼身 苦痛切己 心不厭患 無求出意.

그때 부처님이 사리불에게 말했다.

“여래가 앞에서 설하지 않았던가. 제불세존이 여러 가지 다양한 인연법문과 비유의 언어와 방편 법문으로 설법한 것은 모두 최상의 깨달음을 이루도록 하는 것이다. 이렇게 다양하게 설법한 것은 모두 보살 수행자들을 교화하는 법문이다.

사리불이여! 지금 다시 비유 법문으로써 이 대승법의 뜻을 분명하게 밝히고자 하니 모든 지혜 있는 사람들은 이 비유 법문을 통해서 대승법을 이해할 수 있을 것이다.

사리불이여! 만약 어떤 나라의 한 마을에 훌륭한 장자(長者)가 있었다. 그는 나이가 많아 노쇠하였지만, 재산은 부유하여 한량이 없고, 전답과 주택과 고용인들도 많았다.

그의 집은 매우 크고 광대하지만 출입문은 오직 하나뿐이었으며, 집안에는 일백에서 이백, 내지 오백 명의 많은 사람들이 살고 있었다.

집과 누각은 낡았고, 담과 벽은 퇴락하여 기둥은 썩고 대들보는 기울었다.

그때 사방에서 한꺼번에 불길이 일어나 모든 집들이 한창 불타고 있는데, 그 장자의 아들 열 명, 스무 명, 내지 삼십 명이 그 집안에 있었다.

장자는 큰 화재가 사방에서 일어나는 것을 보고 크게 놀라면서 이렇게 생각했다.

'나는 비록 이 불타는 집에서 스스로 무사히 빠져나올 수 있지만, 자식들은 불이 난 집안에서 즐거운 놀이에 탐착하여 불이 난 사실도 모르고, 놀라지도 않고 두려워하지도 않는다. 불길이 몸을 압박하여 고통이 극심해도 마음으로 싫어하거나 두려워하지도 않고 불타는 집에서 나오려고도 하지 않는다.'

화택과 아이들의 놀이

舍利弗 是長者作是思惟. 我身手有力 當以衣裓 若以机案 從舍出之 復更思惟 是舍唯有一門 而復狹小 諸子幼稚 未有所識 戀著戲處 或當墮落 爲火所燒 我當爲說 怖畏之事 此舍已燒 宜時疾出 無令爲火之所燒害 作是念已 如所思惟 具告諸子 汝等速出 父雖憐愍 善言誘喩 而諸子等 樂著嬉戲 不肯信受 不驚不畏了無出心 亦復不知何者是火 何者爲舍 云何爲失 但東西走戲視父而已.

爾時長者 卽作是念. 此舍已爲大火所燒 我及諸子. 若不時出必爲所焚. 我今當設方便 令諸子等 得免斯害 父知諸子 先心各有所好 種種珍玩奇異之物 情必樂著 而告之言, 汝等所可玩好希有難得. 汝若不取 後必憂悔. 如此種種羊車 鹿車 牛車 今在門外 可以遊戲. 汝等 於此火宅 宜速出來 隨汝所欲 皆當與汝.

爾時諸子 聞父所說珍玩之物 適其願故 心各勇銳 互相推排 競共馳走 爭出火宅.

사리불이여! 이 장자는 또 이렇게 사유했다.

'내 몸과 손은 힘이 있으니 옷을 담는 바구니와 의자에 아이들을 앉혀서 집 밖으로 데리고 나와야겠다'라고 생각했다.

또다시 '이 집에는 출입문이 하나뿐이고 또 좁다. 저 모든 아이들은 어려서 현재의 상황을 파악하지 못하고 자신들의 놀이에 빠져서 장난치고 노는 데만 정신이 팔려 있다. 혹시 아이들을 데리고 나오다 떨어지기라도 하면 불에 탈 것이다. 나는 반드시 아이들에게 무섭고 두려운 일을 말해서 이 집이 한창 불에 타고 있으니 지금 빨리 나와서 불에 타지 않게 하리라'고 생각했다.

장자는 이와 같이 사유하고 여러 아들에게 '너희들은 불타는 집에서 빨리 나오너라'라고 말했다.

아버지는 딱하고 불쌍한 생각에 좋은 말로 타일렀으나 아들들은 장난치고 놀기에 탐착하여 아버지의 말을 믿지도 않고 받아들이지 않았다. 또한 놀라지도 않고 두려워하지도 않아 전혀 집 밖으로 나올 마음이 없었다. 또한 불이 무엇인지 집이 무엇인지도 알지 못하고, 어떤 것이 손실인지도 모르고 동서로 쫓아다니면서 장난치고 놀며 아버지를 그냥 쳐다볼 뿐이었다.

그때 장자는 또 이렇게 사유했다.

'이 집은 이미 큰불에 타고 있는데 나와 자식들이 지금 바로 이 집에서 나가지 않으면 반드시 불에 타 죽게 될 것이다. 내가 방편을 시설하여 여러 자식들이 이런 피해를 모면할 수 있도록 해야겠다.'

아버지는 여러 자식들이 이미 마음으로 자기가 좋아하는 여러 가지 진기하고 특이한 장난감들이 여기에 있으니 그런 장난감을 보면 자식들이 반드시 즐거워하고 좋아할 것이라 여겨 자식들에게 이렇게 말했다.

'너희들이 좋아하고, 가지고 싶어 하고 구하기 어려운 장난감이 여기 있는데, 너희들이 지금 여기 와서 가지지 않는다면 나중에 반드시 후회하게 될 것이다. 여기에 여러 가지 양이 끄는 수레(羊車), 사슴이 끄는 수레(鹿車), 소가 끄는 수레(牛車)가 지금 대문 밖에 있는데 이 수레를 가지고 놀면 좋을 것이다. 너희들

이 이 불타는 집에서 신속하게 나오면 너희들이 가지고 싶은 대로 모두 주겠다.'

그때 여러 자식들은 아버지가 말하는 진귀한 장난감이 마음에 들어 매우 기뻐하면서 서로서로 밀치고 앞을 다투어 경쟁하듯 달려서 불타는 집에서 뛰쳐나왔다.

모두에게 큰 수레를 줌

是時長者 見諸子等 安隱得出 皆於四衢道中 露地而坐 無復障礙 其心泰然 歡喜踊躍.
時諸子等 各白父言, 父先所許玩好之具 羊車 鹿車 牛車 願時賜與.
舍利弗 爾時長者 各賜諸子 等一大車. 其車高廣 衆寶莊校. 周帀欄楯 四面懸鈴. 又於其上 張設幰蓋 亦以珍奇雜寶 而嚴飾之 寶繩交絡 垂諸華瓔 重敷婉筵 安置丹枕 駕以白牛 膚色充潔 形體姝好 有大筋力 行步平正 其疾如風. 又多僕從 而侍衛之. 所以者何. 是大長者 財富無量 種種諸藏 悉皆充溢 而作是念, 我財物無極 不應以下劣小車 與諸子等. 今此幼童 皆是吾子 愛無偏黨. 我有如是七寶大車 其數無量 應當等心 各各與之 不宜差別. 所以者何 以我此物 周給一國 猶尙不匱 何況諸子. 是時諸子 各乘大車 得未曾有 非本所望.

그때 장자는 여러 자식들이 집에서 무사히 나와 네거리 도로 가운데 노지(露地)에 앉아서 아무런 장애가 없는 것을 보고 마음이 태연하고 환희하여 기뻐서 뛰었다.

그때 여러 아이들이 아버지에게 말했다.

'아버지께서 먼저 주시겠다고 하신 장난감 양의 수레(羊車), 사슴의 수레(鹿車), 소의 수레(牛車)를 지금 얼른 주십시오.'

사리불이여! 그때 장자는 여러 아들에게 하나의 큰 수레(一大車)를 똑같이 나누어 주었다. 그 수레는 높고, 넓고, 크고, 여러 가지 보배로 장엄하였으며, 주변에는 난간이 있고 사방에는 풍령이 달려 있었다. 또 그 수레 위에는 일산을 펴고 휘장을 쳤으며 모두 진기한 보배로 장식되었다. 곳곳에 보배의 끈을 서로 엮어서 늘어뜨리고 여러 가지 꽃과 영락을 드리웠으며, 포근한 자리를 겹겹이 깔고 붉은 베개를 안치해 두었다. 흰 소(白牛)가 그 수레를 끌도록 했는데 흰 소의 피부는 깨끗하고 몸체는 예쁘고 아름다웠으며, 근육은 단단하고 기운찬 걸음걸이가 평탄하고 반듯하면서 바람같이 재빨랐다.

또 많은 시종들이 그 수레의 주위를 둘러싸고 호위했다. 장자는 재산이 부유하고 무량하여 창고마다 보물이 가득 차고 넘쳐서 또 이러한 생각을 했다.

'나는 재물이 한량없이 많으니 변변치 못한 작은 수레를 아이들에게 줄 것이 아니다. 이 어린아이들이 모두 내 자식들이니 자식을 사랑함에 치우치는 마음이 없다.

나는 이와 같이 칠보로 장엄된 큰 수레가 무진장 많으니 반드시 평등한 마음으로 각각 자식들에게 나누어 주어 차별하지 않을 것이다. 왜냐하면, 나는 이런 수레를 온 나라 사람들에게 모두 나누어주어도 모자라지 아니한데 어찌 하물며 내 자식들에게 나누어주는 일에 부족할 수가 있겠는가?'

그때 모든 자식들이 각각 큰 수레를 타고 이전에 경험할 수 없었던 즐거움을 얻게 되었다. 그러나 그것은 본래 마음속으로 바라던 일은 아니었다.

* 네거리 도로 가운데 노지(露地)에 앉아서 아무런 장애가 없다(四衢道中露地而坐)라는 말은, 생사해탈을 초월하고 중생심의 번뇌 망념을 텅 비운 공(空)의 경지로, 본래의 진여본심을 회복하여 안심입명(安心立命)의 본분

사를 사는 귀가온좌(歸家穩坐)이다. 노지이좌(露地而坐)는 보리좌(菩提坐), 좌도량(坐道場)과 같은 뜻이며, 선에서는 진여본심의 지혜를 노지백우(露地白牛)라고 설한다.

* 양거(羊車), 녹거(鹿車), 우거(牛車)는 성문, 연각, 보살의 삼승(三乘)이며, 일대거(一大車)는 일불승(一佛乘), 백우(白牛)는 청정한 진여본심의 지혜를 비유한 것이다.

장자는 거짓이 아님

舍利弗 於汝意云何 是長者 等與諸子珍寶大車 寧有虛妄不 舍利弗言 不也世尊 是長者 但令諸子 得免火難 全其軀命 非爲虛妄 何以故 若全身命 便爲已得玩好之具 況復方便 於彼火宅 而拔濟之 世尊 若是長者 乃至不與最小一車 猶不虛妄 何以故 是長者 先作是意 我以方便 令子得出 以是因緣 無虛妄也 何況長者 自知財富無量 欲饒益諸子 等與大車 佛告舍利弗 善哉善哉 如汝所言.

사리불이여! 그대는 어떻게 생각하는가? 이 장자가 여러 자식들에게 진귀한 큰 보배수레를 똑같이 준 것을 어찌 허망한 일이라고 할 수 있겠는가?"

사리불이 말했다. "아닙니다. 세존이시여! 이 장자가 여러 자식들이 화재(火災)의 재난을 모면하게 하고 그 아들들의 신체와 목숨을 온전하게 보존하도록 한 것은 허망한 일이 아닙니다. 왜냐하면 그 아들들이 신체와 목숨을 보존하고 또한 훌륭한 장난감을 얻게 된 것이며, 또한 방편으로써 그 불타는 집에서 그들을 구제한 일이야 더 말할 필요가 있겠습니까?

세존이시여! 만약 이 장자가 가장 작은 수레 하나라도 주지 않았더라도 오히려 허망한 일이 아닙니다. 왜냐하면 이 장자가 앞에서 먼저 내가 방편으로 '이 아이들을 불타는 집에서 벗어나도록 하리라.'고 결심한 그 인연이 허망한 거짓이 아니라는 사실입니다. 어찌 하물며 장자가 스스로 자신의 재산이 한량없음을 알고, 모든 자식들에게 평등하게 큰 수레를 나누어 주어 이익이 되도록 하는 일이야 더 말할 필요가 있겠습니까?"

부처님이 사리불에게 말했다. "훌륭하고 훌륭하다, 참으로 그대의 말과 같다.

* 아버지가 불타는 집에서 자식들의 생명을 구해준 일도 대단한 일인데, 그 자식들에게 자신의 재산을 평등하게 골고루 나누어주어 부유하고 풍요롭게 살 수 있도록 자비심을 베풀고 있다.
제불여래가 방편법문을 설하여 중생을 구제하고 생사윤회에서 해탈하도록 설한 법문이다.

화택 비유의 의미

舍利弗 如來亦復如是 則爲一切世間之父 於諸怖畏 衰惱憂患 無明暗蔽 永盡無餘. 而悉成就無量知見力無所畏 有大神力 及智慧力 具足方便智慧婆羅蜜 大慈大悲 常無懈倦 恒求善事 利益一切. 而生三界朽故火宅 爲度衆生 生老病死 憂悲苦惱 愚癡暗蔽 三毒之火 教化令得阿耨多羅三藐三菩提

見諸衆生 爲生老病死憂悲苦惱之所燒煮 亦以五欲財利故 受種種苦 又以貪著追求故 現受衆苦 後受地獄畜生餓鬼之苦 若生天上 及在人間 貧窮困苦 愛別離苦 怨憎會苦.

如是等種種諸苦衆生 沒在其中 歡喜遊戲 不覺不知 不驚不怖 亦不生厭 不求解脫 於此三界火宅 東西馳走 雖遭大苦 不以爲患.

舍利弗 佛見此已 便作是念 我爲衆生之父 應拔其苦難 與無量無邊佛智慧樂 令其遊戱.

사리불이여! 여래도 또한 이와 같다. 일체 중생세간의 아버지로서 중생의 모든 두려움과 공포, 고뇌와 모든 근심걱정, 우환과 무명의 어두움을 영원히 모두 다 없앤다. 한량없는 여래지견의 힘으로 두려움 없는 경지(無所畏)를 성취하여 큰 신통력과 지혜의 힘을 갖추고, 방편과 지혜바라밀을 구족하여 대자대비(大慈大悲)로 언제나 게으르지 않고 선근공덕이 되는 일을 실행하며 일체 중생들을 이익 되게 한다.

따라서 삼계(三界)의 낡고 허물어진 불타는 집에서 벗어나, 중생들의 생로병사, 우비고뇌의 고통과 어리석은 무명의 어두움과 탐진치 삼독(三毒)심의 불길을 제거하고, 그들을 교화하여 최상의 깨달음을 체득하도록 설법하는 것이다.

모든 중생들이 생로병사(生老病死), 우비고뇌(憂悲苦惱)의 고통과 탐진치 삼독심에 불타고 있으며, 또한 다섯 가지 욕망과 재물과 이익을 추구하기 때문에 여러 가지 다양한 고통을 받고 있는 것을 여실하게 본다.

또한 중생은 탐욕과 집착으로 대상경계를 추구하기 때문에 현세에서 수많은 고통을 받고 후세에서도 지옥, 아귀, 축생의 삼악도에서 고통을 받으며 어떤 경우에는 천상에 태어나기도 한다.

또 인간세상에서 빈궁하여 곤란한 고통, 사랑하는 사람과 이별하는 고통, 미운 사람과 만나는 고통을 받기도 한다.

이와 같이 삼계의 여러 가지 다양한 고통을 받는 가운데서도 환희와 기쁨에 유희하며 고통을 느끼지도 알지도 못하고, 놀라거나 두려워하지도 않는다. 또 삼계의 고통을 싫어하는 마음을 일으키지도 않고, 해탈을 구하는 마음을 갖지도 않는다. 이러한 삼계의 불타는 집에서 동서로 치달리며 왔다 갔다 하며 큰 고통을 만날지라도 근심 걱정도 하지 않는다.

사리불이여! 부처님은 이러한 중생들을 보고 이렇게 사유한다.

'여래는 중생들의 아버지(父)로서 반드시 생사윤회의 고통에서 구제하고, 무량무변의 지혜를 체득하는 법문을 설하여 그들이 불법을 깨달아 열반의 법락에 유희하도록 한다.'

* 중생이 진여본성(眞如本性)을 구족한 사실을 알지 못하고(無知) 출세간의 지혜를 깨닫지 못한(無明) 불각(不覺)으로 생사윤회의 고통 속에 살기 때문에 여래(如來)는 일체 중생세간의 아버지(一切世間之父)로서 중생구제의 원력을 실행했다. 여래를 일체중생지부(一切衆生之父), 사생(四生)의 자부(慈父)라고도 하며, 일체 중생이 생사에 윤회하는 고통을 없애 주고 열반의 법락을 깨달아 체득하도록 방편 법문을 제시한다(拔苦與樂)고 설했다.

舍利弗 如來復作是念 若我但以神力 及智慧力 捨於方便 爲諸衆生 讚如來知見力無所畏者 衆生不能以是得度. 所以者何 是諸衆生 未免生老病死 憂悲苦惱 而爲三界火宅所燒 何由能解佛之智慧.

舍利弗 如彼長者 雖復身手有力 而不用之 但以慇懃方便 勉濟諸子火宅之難然後 各與珍寶大車. 如來 亦復如是 雖有力無所畏 而不用之.

但以智慧方便 於三界火宅 拔濟衆生 爲說三乘 聲聞 辟支佛 佛乘 而作是言,

汝等 莫得樂住三界火宅 勿貪麤弊 色聲香味觸也. 若貪著生愛則爲所燒. 汝速出三界 當得三乘 聲聞 辟支佛 佛乘. 我今爲汝保任此事 終不虛也. 汝等但當勤修精進.

사리불이여! 여래는 또 이와 같이 사유했다. '여래가 만약 신통의 힘과 지혜의 힘으로써 방편 법문을 제시하지 않고, 모든 중생들에게 여래 지견(知見)의 힘과 두려움이 없다는 사실만을 찬탄한다면, 이 중생들은 이것으로 스스로를 구제할 수가 없다.

왜냐하면, 이 모든 중생들이 태어나 늙고, 병들어 죽고, 근심하고 슬퍼하는 괴로움을 모면하지 못하고 삼계의 불타는 집에서 타 죽게 될 것이니, 어떻게 능히 스스로 부처의 지혜를 알 수가 있겠는가?'

사리불이여! 마치 저 장자가 비록 자기 자신의 몸과 팔에 강한 힘이 있지만, 그 강한 힘을 사용하지 않고 은근한 방편으로 여러 자식들을 불타는 집의 재난에서 구제한 뒤에 진귀한 보배의 큰 수레를 평등하게 나누어 준 것과 같다.

여래도 또한 이와 같이 비록 지혜의 힘과 근심, 걱정 없는 능력을 구족했지만, 그 힘을 사용하지 않는 것이다. 다만 지혜와 방편으로 삼계의 불타는 집에서 중생들을 구제하고자 삼승(三乘)인 성문승, 벽지불승, 일불승을 방편법문으로 이렇게 설법했다.

'너희들은 삼계의 불타는 집에서 안주하는 것을 좋아하지 말고, 하찮은 대상경계의 형색과 소리, 향기, 맛, 촉감 등의 오욕에 탐착하지 말라. 만약에 의식의 대상경계에 탐착하여 애착심을 일으키면 곧 애욕의 불길에 타서 죽게 된다. 그대들은 속히 삼계에서 벗어나면 반드시 삼승의 가르침인 성문승, 벽지불승, 일불승의 방편법문을 깨달아 체득할 것이다. 여래가 지금 그대들에게 대승의 불법을 깨닫는 이 일을 확실하게 보증(保證)하니 결코 허망한 일이 아니다. 그대들은 반드시 부지런히 수행 정진하도록 하라.'

* 보임차사(保任此事) : 대승 법문을 수지 독송하여 제불여래의 지혜를 깨달아 체득하는 일을 스스로 확신하고 보유한다는 뜻이다.

보임(保任)은 불지견으로 번뇌 망념을 자각하고 발심 수행하여 중생심의 생사망념에 타락하지 않도록 방편지혜로 본분사를 실행하는 일이다. 즉, 진여일심(여래)의 지혜로 중생심의 생사윤회에 타락하지 않도록 잘 호념(護念)하고, 호지(護持)하는 일이다. 『금강경』의 "여래선호념제보살(如來善護念諸菩薩)"과 같은 의미이다. 선에서도 보임(保任)이라는 말을 방편 수행으로 사용한다.

如來 以是方便 誘進衆生 復作是言. 汝等當知 此三乘法 皆是聖所稱歎 自在無繫 無所依求 乘是三乘 以無漏根力覺道, 禪定解脫三昧等 而自娛樂 便得無量安隱快樂. 舍利弗. 若有衆生內有智性 從佛世尊 聞法信受 慇懃精進 欲速出三界 自求涅槃是名聲聞乘 如彼諸子 爲求羊車 出於火宅.
若有衆生 從佛世尊 聞法信受 慇懃精進 求自然慧 樂獨善寂 深知諸法因緣 是名辟支佛乘. 如彼諸子 爲求鹿車 出於火宅.
若有衆生 從佛世尊 聞法信受 勤修精進 求一切智 佛智 自然智無師智 如來知見 力無所畏 愍念安樂無量衆生 利益天人 度脫一切 是名大乘菩薩 求此乘故 名爲摩訶薩 如彼諸子 爲求牛車出於火宅

여래는 이와 같은 방편의 지혜로 중생들을 인도하여 깨달음으로 나아가게 하고 이와 같이 말했다.

'그대들은 반드시 잘 알도록 하라. 이 삼승의 법문은 모든 성인들이 칭찬하며 자유자재하여 의식의 대상경계에 속박되는 일이 없고, 의지하여 추구하는 일도 없다. 이 삼승의 법문을 수행하면 업장(業障)의 물이 새지 않고(無漏), 오근(五根)과 오력(五力), 칠각지(七覺支), 팔정도(八正道), 선정(禪定), 해탈(解脫), 삼매(三昧) 등으로 스스로 법락을 이루며, 곧 한량없이 편안하고 쾌락한 열반의 경지를 체득하게 될 것이다.

사리불이여! 만약 어떤 중생이 안으로 지혜의 본성을 구족하여 불세존의 법문을 듣고 확신하여 부지런히 정진하고, 삼계의 고통에서 속히 벗어나고자 원력을 세우고 스스로 열반의 경지를 구하면 이것은 성문승(聲聞乘)이다. 저 장자의 아들들이 양의 수레를 구하려고 불타는 집에서 나온 것과 같다.

만약 어떤 중생이 제불세존의 법문을 청법하고 신수(信受)하여 부지런히 정진하고 자연의 지혜를 구하며, 홀로 조용히 선정의 경지를 즐기며 깊이 제법의 인연법을 깨달으면 이것은 벽지불승(辟支佛乘)이다. 마치 저 장자의 여러 아들들이 사슴이 끄는 수레를 구하려고 불타는 집에서 나온 것과 같다.

만약 어떤 중생이 제불세존의 법문을 청법하고 부지런히 정진 수행하여 일체지(一切智)와 불지(佛智)와 자연지(自然智), 무사지(無師智), 여래지견(如來知見)과 무소외(無所畏)의 능력을 구하며, 무량한 중생을 가엾이 여기고 안락하게 하며, 천인(天人)을 이익 되게 하며, 일체의 중생을 제도(濟度)하여 해탈하게 하면 이것은 대승(大乘)보살이다. 이 대승법을 구하기에 마하살(摩訶薩)이라고 하며, 마치 저 장자의 여러 아들들이 소의 수레를 구하고자 불타는 집에서 벗어난 것과 같다.'

* 오근(五根)과 오력(五力), 칠각지(七覺支), 팔정도(八正道)는 불법 수행의 37도품(道品)으로 설한 것이다. 오근은 신근(信根), 정진근(精進根), 염근(念根), 정근(定根), 혜근(慧根)이며, 오력(五力)은 신력(信力), 진력(進力), 염력(念力), 정력(定力), 혜력(慧力)이다.
칠각지는 칠각분(七覺分), 칠보리분(七菩提分), 칠각(七覺)이라고 하며, 정법을 택하는 택법각분(擇法覺分), 정진수행의 정진각분(精進覺分), 법희선열의 희각분(喜覺分), 망념을 제거하는 제각분(除覺分), 망념을 비우는 사각분(捨覺分), 선정수행의 정각분(定覺分). 자각수행의 염각분(念覺分)이다.

* 홀로 조용히 선정 수행(獨善寂) 하는 것은 독각(獨覺), 연각(緣覺)이다.
* 문법신수(聞法信受) : 제불여래의 여시설법을 여시아문하고 신수 봉행하는 것이다. 자연지(自然智)는 진여본성에 본래 구족한 자연지혜이다. 스승이나 남으로부터 받은 지혜가 아닌 것을 무사지(無師智)라고 하며, 여래지견은 불지견(佛知見), 여래실지실견(如來悉知悉見)과 같은 말이다.
* 마하살(摩訶薩) : 마하살타의 준말로, 범어로는 마하삿뜨와(mahasattva)이다. 대보리심, 대심, 대사, 대중생, 대유정이라고 번역한다.

舍利弗 如彼長者 見諸子等 安隱得出火宅 到無畏處 自惟財富無量 等以大車 而賜諸子 如來亦復如是 爲一切衆生之父 若見無量億千衆生 以佛敎門 出三界苦怖畏險道 得涅槃樂.
如來爾時 便作是念 我有無量無邊智慧力無畏等諸佛法藏 是諸衆生 皆是我子 等與大乘 不令有人 獨得滅度 皆以如來滅度 而滅度之 是諸衆生 脫三界者 悉與諸佛禪定解脫等娛樂之具 皆是一相一種 聖所稱歎 能生淨妙第一之樂.

사리불이여! 마치 저 장자가 여러 아들들이 안전하게 불타는 집에서 나와 두려움 없이 편안하게 있는 것을 보고, 스스로 자신의 재산이 한량없이 많은 것을 생각하여 모든 자식들에게 평등하게 큰 수레를 나누어 준 것과 같다.

여래도 역시 그와 같이 일체 중생의 아버지가 되어 무량의 억천(億千) 중생들이 불교의 법문을 통해서 삼계의 고통과 공포의 두려움, 위험한 길(險道)에서 벗어나 열반의 법락을 깨달아 체득하는 것을 보고 여래는 이와 같이 사유했다.

'여래는 한량없고 끝이 없는 지혜의 힘과 두려움 없는 여러 가지 제불여래의 법장(法藏)을 구족하고 있다. 이 모든 중생은 모두가 바로 여래의 아들이라 평등하게 대승(大乘)의 불법을 나누어 줄 것이다. 어떤 사람일지라도 혼자서 열반

의 경지를 체득하지 않게 하고, 여래가 체득한 열반의 경지를 중생들이 깨달아 체득하도록 할 것이다.'

이 모든 중생들이 삼계를 해탈하여 모두가 제불의 선정과 해탈 등 오락의 도구를 주었으니 모두가 진여본심의 지혜로 하나의 특성(一相)과 하나의 근본종자(一種)이다. 제불성인들이 칭찬한 것이며, 능히 스스로 청정하고 미묘한 제일(第一)의 법락(法樂)을 이루게 하는 것이다.

* 일상일종(一相一種) : 진여일심의 지혜가 하나의 특성(一相)과 하나의 근본종자(一種)라는 뜻이다. 일상(一相)은 일여(一如), 일미(一味), 일음(一音)과 같이 진여일심의 지혜는 불이(不二)의 묘용(妙用)이라는 뜻이며, 일종(一種)은 불종(佛種), 여래종, 일불승종(一佛乘種)과 같은 말이다. 삼승은 방편(차별)으로 제시되었지만 진여일심은 평등하여 불이일체(不二一體)로 무차별이다.
* "능히 스스로 청정하고 미묘한 제일의 법락을 이룬다(能生淨妙第一之樂)"라는 말은 『대승기신론』에 능생정신(能生淨信)과 뜻이 같다. 즉 불지견을 구족하여 스스로 자각 발심하고, 해탈열반의 경지를 깨달아 법락을 이루는 것이다.

舍利弗 如彼長者 初以三車 誘引諸子. 然後 但與大車 寶物莊嚴 安隱第一. 然彼長者 無虛妄之咎.
如來 亦復如是 無有虛妄 初說三乘 引導衆生. 然後 但以大乘而度脫之. 何以故 如來有無量智慧 力無所畏諸法之藏 能與一切衆生大乘之法 但不盡能受.
舍利弗 以是因緣 當知諸佛 方便力故 於一佛乘 分別說三.

사리불이여! 마치 저 장자가 처음 세 가지 수레로 여러 자식들을 유인한 후에 보물로 장엄된 편안하고 제일 큰 수레를 주었으나, 저 장자는 허망한 거짓말을 한 허물이 없는 것처럼 여래도 또한 이와 같이 허망한 말을 하지 않는다. 처음에 삼승의 법을 설하여 중생들을 인도한 이후에, 대승의 법문으로 그 중생들을 제도하고 해탈하게 한 것이 거짓이 아니다.

왜냐하면, 여래는 무량의 방편 지혜의 힘과 두려움 없는 제불여래의 법장을 구족하여 일체 중생들에게 대승의 법문을 제시하지만, 중생들은 스스로 모든 법문을 다 수용하지 못한다.

사리불이여! 이러한 인연으로 제불은 방편지혜의 힘으로 일불승(一佛乘)의 법문을 삼승(三乘)으로 구별하여 설법한 것임을 잘 알아야 한다."

佛 欲重宣此義 而說偈言

譬如長者　有一大宅　其宅久故　而復頓弊
堂舍高危　柱根摧朽　梁棟傾斜　基陛隤毁
牆壁圮坼　泥塗阤落　覆苫亂墜　椽梠差脫
周障屈曲　雜穢充徧　有五百人　止住其中

부처님이 이 화택 비유법문의 뜻을 자세히 게송으로 말했다.

"비유하면 어떤 장자가 큰 저택을 소유했는데, 그 저택은 오래되어 낡고 퇴락하였다.

당사(堂舍)는 높고 위태로우며 기둥뿌리는 꺾이고 썩었으며, 대들보는 기울어져 집의 계단과 축대는 무너졌다.

벽과 담장은 허물어지고, 진흙으로 바른 벽은 떨어져 나갔다.

풀로 엮은 지붕은 썩어 흩어지고, 서까래가 받치는 평고대(櫞梠)는 서로 어긋났다.

담장은 무너져 비틀어지고, 더러운 오염으로 가득 찼으나 오백여 명이나 되는 집안사람들이 그 집에 살고 있었다.

鵄梟鵰鷲　烏鵲鳩鴿　蚖蛇蝮蠍　蜈蚣蚰蜒
守宮百足　鼬狸鼷鼠　諸惡蟲輩　交橫馳走
屎尿臭處　不淨流溢　蜣蜋諸蟲　而集其上
狐狼野干　咀嚼踐踏　嚌齧死屍　骨肉狼藉
由是羣狗　競來搏撮　飢羸慞惶　處處求食
鬪諍摣掣　啀喍嘷吠　其舍恐怖　變狀如是

소리개와 올빼미, 부엉이, 독수리, 까마귀, 까치, 비둘기, 뻐꾸기, 뱀과 독사, 살모사, 전갈, 지네, 그리마(유연), 도마뱀, 노래기(지네), 족제비, 살쾡이, 생쥐 등 여러 종류의 쥐들과 여러 독충들이 서로 달아나고 뛰어다녔다.
똥, 오줌의 악취들이 넘쳤고, 쇠똥구리, 말똥구리 모든 벌레들이 그 똥더미 위에 모여 있었다.
여우와 이리들은 그 독충들을 잡아먹고 밟고 뛰며 죽은 송장을 씹고 썰어 뼈와 살이 낭자했다.
이런 곳에 많은 개들이 무리 지어 와서 잡고 뺏고 싸우고 먹을 것을 찾아 굶주린 짐승들이 방황하며 곳곳에서 먹을 것을 구하고, 투쟁하고 다투며 서로 울부짖고 으르렁거리고 짖어대니 그 집안의 괴이한 현상은 이와 같았다.

處處皆有　魑魅魍魎　夜叉惡鬼　食噉人肉
毒蟲之屬　諸惡禽獸　孚乳產生　各自藏護
夜叉競來　爭取食之　食之旣飽　惡心轉熾
鬪諍之聲　甚可怖畏　鳩槃荼鬼　蹲踞土埵

或時離地　一尺二尺　往返遊行　縱逸嬉戲
捉狗兩足　撲令失聲　以脚加頸　怖狗自樂
復有諸鬼　其身長大　裸形黑瘦　常住其中
發大惡聲　叫呼求食　復有諸鬼　其咽如針
復有諸鬼　首如牛頭　或食人肉　或復噉狗
頭髮髼亂　殘害兇險　飢渴所逼　叫喚馳走
夜叉餓鬼　諸惡鳥獸　飢急四向　窺看窗牖
如是諸難　恐畏無量

여기 저기 모든 곳에는 도깨비와 귀신, 야차들과 악귀들이 사람의 송장을 씹어 먹고, 독충의 무리들과 사나운 짐승들이 알과 새끼를 낳아 몸에 품고 기르는데 야차들이 앞을 다투며 그것들을 잡아먹는다.
야차들이 그것을 먹고 배가 부르면 나쁜 마음이 더욱 치성하여 투쟁하는 소리가 실로 무섭다.
구반다 귀신들은 흙더미에 걸터앉아 어떤 때는 땅위에서 한 자, 두 자 뛰어오르고, 오고 가며 유행하고 뒹굴며 제멋대로 장난친다.
개의 양쪽 두 발을 붙잡고 휘둘러 치니 개가 정신없이 소리치고, 다리로 목을 눌러 개가 공포에 두려워하는 것을 즐거워한다.
또 어떤 귀신은 신체가 장대하여 벌거벗은 몸이 검고 야위어 헐벗은 몸으로 그 집에 살면서 큰소리로 악을 쓰며 먹을 것을 구하고,
또 어떤 아귀들은 목구멍이 마치 바늘구멍과 같고, 또 어떤 귀신들은 머리가 소의 얼굴과 같아서 사람의 살을 뜯어먹고 어떤 때는 개도 잡아먹는다.
머리털은 헝클어지고 생긴 모양이 흉악하며, 배고프고 목말라 울부짖으며 뛰어다닌다.
야차(夜叉)와 아귀(餓鬼)들, 악한 새와 짐승들이 배가 고파 사방으로 다니면

서 창문으로 엿보고 먹을 것을 찾으니 이와 같은 모든 재난과 두려움과 공포가 한량없다.

* 야차(夜叉) : 포악한 귀신으로 허공을 날아다니는 허공(虛空)야차, 천(天)야차, 지(地)야차가 있다.

是朽故宅　屬于一人　其人近出　未久之間
於後宅舍　忽然火起　四面一時　其燄俱熾
棟梁椽柱　爆聲震裂　摧折墮落　牆壁崩倒
諸鬼神等　揚聲大叫　鵰鷲諸鳥　鳩槃茶等
周慞惶怖　不能自出　惡獸毒蟲　藏竄孔穴
毗舍闍鬼　亦住其中　薄福德故　爲火所逼
共相殘害　飮血噉肉　野干之屬　幷已前死
諸大惡獸　競來食噉　臭烟蓬㶿　四面充塞
蜈蚣蚰蜒　毒蛇之類　爲火所燒　爭走出穴
鳩槃茶鬼　隨取而食.
又諸餓鬼　頭上火然　飢渴熱惱　周慞悶走
其宅如是　甚可怖畏　毒害火災　衆難非一

그 저택의 낡은 집에 한 사람의 장자가 살고 있었는데, 그 장자가 집을 나간지 오래되지 않아 그 집에서 갑자기 불길이 일어났다. 사면에 불길이 치성하였으니 대들보와 기둥, 서까래 타는 소리가 진동했다.
집의 기둥이 꺾어지고 떨어져 담장과 벽이 무너지니,
모든 악한 귀신들은 큰 소리로 울부짖고, 부엉이와 독수리, 모든 새들과 구반다 등의 귀신들은 두렵고 당황하여 스스로 그 집에서 나올 수가 없었다.

악한 짐승과 독한 벌레들이 쥐구멍 속에 숨어 있고, 비사자 식육귀신도 그 집에 살지만 박복하고 덕이 없어 불길에 쫓기면서 서로가 서로를 죽여 피를 마시고 살을 씹어 먹는다.

여우의 무리들은 이미 죽어 널브러져 있고 크고 악한 짐승들이 몰려와서 뜯어먹고, 독한 연기는 자욱하여 사면에 가득 차고, 지네와 그리마와 독사의 무리들은 뜨거운 불에 타서 다투어 쥐구멍에서 나오는데 구반다 귀신들은 보이는 즉시 잡아먹는다.

모든 아귀들은 머리 위에 불이 붙고, 배고프고 목말라 뜨거워서 황급히 달아난다.

그 집은 이와 같이 실로 두렵고 무서우며, 악독한 재앙과 화재로 수많은 어려움이 있으니 하나가 아니다.

是時宅主　在門外立　聞有人言　汝諸子等
先因遊戲　來入此宅　稚小無知　歡娛樂著
長者聞已　驚入火宅　方宜救濟　令無燒害
告喩諸子　說衆患難　惡鬼毒蟲　災火蔓延
衆苦次第　相續不絶　毒蛇蚖蝮　及諸夜叉
鳩槃荼鬼　野干狐狗　鵰鷲鵄梟　百足之屬
飢渴惱急　甚可怖畏　此苦難處　況復大火
諸子無知　雖聞父誨　猶故樂著　嬉戲不已

그때 이 집 주인인 장자가 대문 밖에 서 있는데 어떤 사람이 말했다.

'그대의 아들들이 놀기를 좋아하여 이 집안에 있는데, 어린아이들이 무지하여 오락과 환락에 집착하고 있다.'

장자가 이 말을 듣고 놀라서 불타는 집에 뛰어 들어갔다.

장자는 방편으로 자식들을 구제하여 불에 타는 재해를 없애고, 여러 자식들에게 비유하여 모든 환난을 설명하였다.
'여러 악한 귀신들과 독한 벌레들과 또 화재까지 번졌으니, 수많은 고통이 차례차례 상속하여 끊어지지 않는다. 독사, 전갈, 살무사, 모든 악귀, 야차, 구반다 귀신들, 들여우, 이리, 개, 부엉이, 독수리, 소리개, 올빼미, 노래기등의 무리들이 굶주리고 목이 말라 다급하여 야단들이니 심히 두려워했다. 이러한 고난 속에 큰불까지 일어났다.'
그 장자의 여러 아들들은 무지하여 비록 아버지의 가르침을 들었지만, 자신들의 놀이에 탐착하여 그만두지 않았다.

是時長者　而作是念　諸子如此　益我愁惱
今此舍宅　無一可樂　而諸子等　耽湎嬉戲
不受我敎　將爲火害　卽便思惟　設諸方便
告諸子等　我有種種　珍玩之具　妙寶好車
羊車鹿車　大牛之車　今在門外　汝等出來
吾爲汝等　造作此車　隨意所樂　可以遊戲
諸子聞說　如此諸車　卽時奔競　馳走而出
到於空地　離諸苦難

그때 그 장자가 이러한 생각을 하게 되었다.
'여러 아이들이 이렇게 철이 없으니 나의 근심이 더 늘어나는 구나. 지금 이 집에서는 즐거울 것이 하나도 없는데, 여러 자식들은 자신들의 놀이에 탐착하여 나의 가르침을 받아들이지 않으니 장차 불에 타는 재해를 당할 것이다.'
장자는 곧 이렇게 생각을 하고 모든 방편을 시설하여 여러 자식들에게 말했다.

'나는 여러 가지 다양하고 진귀한 장난감을 갖고 있으니, 미묘한 보배로 만든 장난감 수레가 있다. 양이 끄는 수레, 사슴이 끄는 수레, 소가 끄는 수레들이 지금 대문 밖에 있으니 너희들은 빨리 집 밖으로 나오도록 하라.
내가 너희들을 위하여 이와 같은 수레들을 만들었으니
너희들은 마음대로 이 수레를 가지고 즐겁게 놀도록 하라.'
여러 자식들이 아버지의 말을 듣자 다투고 밀치면서 그 집에서 뛰어나와 텅 빈 공간에 도착하여 모든 고통과 어려움에서 벗어났다.

* 공지(空地) : 앞에서 설한 노지(露地)와 같은 뜻으로 일체의 장애가 없는 텅 빈 경지이다. 불교에서는 자아의식과 의식의 대상경계를 텅 비운 아공(我空), 법공(法空), 일체개공(一切皆空), 청정한 진여일심(眞如一心), 본래무일물(本來無一物)의 경지를 말한다.

長者見子　得出火宅　住於四衢　坐師子座
而自慶言　我今快樂　此諸子等　生育甚難
愚小無知　而入險宅　多諸毒蟲　魑魅可畏
大火猛燄　四面俱起　而此諸子　貪着嬉戲
我已救之　令得脫難　是故諸人　我今快樂
爾時諸子　知父安坐　皆詣父所　而白父言
願賜我等　三種寶車　如前所許　諸子出來
當以三車　隨汝所欲　今正是時　惟垂給與

장자는 아이들이 불타는 집에서 나와 네거리에 있는 것을 보고 사자좌에 앉아서 스스로 다행스럽게 말했다.
'나는 지금 통쾌하고 즐겁다. 여기 여러 자식들 양육하기에 어려움이 무척 많았다. 우치한 아이들은 무지하여 불타는 위험한 집에 들어가 여러 가지 독한 벌레들이 득실거리고 무서운 도깨비도 많고 맹렬한 불길마저 사면에서 타오르는데, 여러 자식들은 자신들의 놀이에 탐착하고 있다.
나는 이미 그 아이들을 구제하여 어려움에서 모두 벗어나게 하였다. 이러한 까닭으로 여러분들이여! 나는 지금 매우 통쾌하다.'
그때 여러 자식들은 아버지가 편안하게 앉아 있는 것을 알고 아버지의 처소에 나아가서 이렇게 말했다.
'원하건대 저희들에게 세 가지 좋은 보배 수레를 주십시오. 조금 전에 말씀하시기를 저희들이 불타는 집에서 나오면 세 가지 좋은 수레를 마음껏 가지라고 말씀하셨으니 지금이 바로 수레를 나누어 줄 때입니다. 수레를 주십시오.'

長者大富 庫藏衆多 金銀琉璃 硨磲瑪瑙
以衆寶物 造諸大車 莊校嚴飾 周帀欄楯
四面懸鈴 金繩交絡 眞珠羅網 張施其上
金華諸瓔 處處垂下 衆綵雜飾 周帀圍繞
柔軟繒纊 以爲茵褥 上妙細氎 價値千億
鮮白淨潔 以覆其上 有大白牛 肥壯多力
形體姝好 而駕寶車 多諸儐從 而侍衛之
以是妙車 等賜諸子 諸子是時 歡喜踊躍
乘是寶車 遊於四方 嬉戲快樂 自在無礙

장자는 큰 부자로서 많은 보물창고가 있었다.
금, 은, 유리, 자거, 마노들과 여러 가지 수많은 보물로써 큰 수레를 만드니, 장식도 훌륭하였다.
수레 주위에는 난간을 내고, 사면에는 풍령을 달고 황금의 줄을 걸쳤다.

진주로 만든 그물이 그 위에 덮여 있고, 금화와 여러 가지 영락 구슬을 곳곳에 드리웠다.
여러 가지 비단 장식으로 그 주변에 휘장을 둘렀으며, 부드러운 비단 솜으로 방석을 만들어 깔개로 삼고, 최상의 미묘하고 부드러운 모포는 그 가치가 천억이나 되었으며 곱고 희고 깨끗한 천으로 그 위를 덮었다.
그리고 크고 흰 소가 있으니 살이 찌고 힘이 세며, 몸체가 좋고 자태가 빼어나 보배 수레를 끌고 수많은 시종이 앞뒤에서 호위했다.
이런 미묘한 수레를 평등하게 여러 자식들에게 나누어 주니, 그 자식들은 환희하고 기뻐 뛰면서 이 보배 수레를 타고 사방으로 유행하며 희희낙락 즐거워하고 걸림 없이 자유자재하였다.

告舍利弗　我亦如是　衆聖中尊　世間之父
一切衆生　皆是吾子　深著世樂　無有慧心
三界無安　猶如火宅　衆苦充滿　甚可怖畏
常有生老　病死憂患　如是等火　熾然不息
如來已離　三界火宅　寂然閑居　安處林野
今此三界　皆是我有　其中衆生　悉是吾子
而今此處　多諸患難　唯我一人　能爲救護
雖復敎詔　而不信受　於諸欲染　貪著深故
以是方便　爲說三乘　令諸衆生　知三界苦
開示演說　出世間道　是諸子等　若心決定
具足三明　及六神通　有得緣覺　不退菩薩

부처님이 사리불에게 말했다. '여래도 역시 이와 같이 많은 성인(聖人)들 가운데 존귀한 중생세간의 아버지(父)이다. 일체의 중생들이 모두 나의 아들이니,

깊이 세간의 즐거움에 탐착하여 지혜의 마음이 없다.
삼계(三界)는 편안한 곳이 없어 마치 불타는 집과 같고, 수많은 고통들이 충만하여 실로 무섭고 두렵기 한이 없다.
항상 생로병사(生老病死)와 우비고뇌(憂悲苦惱)의 고통이 있으니, 이와 같은 번뇌 망념의 맹렬한 불길이 타오르며 멈추지 않는다.
여래는 이미 삼계(三界)의 불타고 있는 집을 여의고, 적연히 한가하게 편안한 산림(山林)에 안거하고 있다.
지금 이 삼계는 모두 다 여래가 관리하는 영역이고, 삼계의 모든 중생들은 모두 여래의 자식이다.
지금 중생의 삼계에 많은 어려움과 재난이 있을 지라도 오직 여래 한 사람(一人)만이 능히 구제하고 보호할 수 있다.
여래가 비록 일승법을 교시하나 중생들이 신수하지 않는 것은, 모든 중생이 욕망에 탐착하는 마음이 깊기 때문이다.
여기에 방편의 지혜로 삼승법(三乘法)을 설하니, 모든 중생들에게 삼계의 고통을 알도록 하여 출세간의 불도를 개시하며 연설하는 것이다.
이 모든 자식들이 만약 마음으로 결정적인 신심을 일으키면, 삼명(三明)과 육신통(六神通)을 구족하여 인연법을 깨닫고 불퇴전의 보살이 될 수 있다.

* 여래는 많은 성인들 가운데 존귀한 중생세간의 아버지이며 일체 중생은 모두 나의 아들이다(衆聖中尊 世間之父 一切衆生 皆是吾子).
진여여래는 천상천하 유아독존(天上天下 唯我獨尊)이라는 말과 같이 절대 유일하고 존귀한 생명이다. 여래는 일체 중생을 구제하고 인도할 수 있는 자부(慈父)이며, 불지견(佛知見)을 구족한 여래만이 일체 중생을 구제할 수 있다.

* 지금 이 삼계는 모두 다 여래가 소유하는 것이다(今此三界 皆是我有). 아유

(我有)는 여래의 지혜로 다스리는 영역(領有)이라는 뜻이다. 『화엄경』에 "진여본심과 불심, 중생심, 이 셋은 차별이 없다(心佛衆生 是三無差別)"라고 설한 법문처럼, 삼계에 윤회하는 중생심은 불지견을 구족한 여래(불심)만이 능히 중생을 삼계의 고통에서 구제할 수가 있기 때문이다.

* 유아일인(唯我一人) : 여래를 말한다.

* 삼명(三明) : 숙명명(宿命明), 천안명(天眼明), 누진명(漏盡明)이다. 육신통(六神通)은 신족통(神足通), 천안통(天眼通), 천이통(天耳通), 타심통(他心通), 숙명통(宿命通), 누진통(漏盡通)이며, 명(明)과 통(通)은 진여일심의 지혜작용이다. 숙명은 과거의 일을 여실하게 아는 지혜, 누진은 중생심의 번뇌 망념이 없는 진여일심의 지혜이다.

汝舍利弗　我爲衆生　以此譬喩　說一佛乘
汝等若能　信受是語　一切皆當　成得佛道
是乘微妙　清淨第一　於諸世間　爲無有上
佛所悅可　一切衆生　所應稱讚　供養禮拜
無量億千　諸力解脫　禪定智慧　及佛餘法
得如是乘　令諸子等　日夜劫數　常得遊戲
與諸菩薩　及聲聞衆　乘此寶乘　直至道場
以是因緣　十方諦求　更無餘乘　除佛方便

그대 사리불이여! 잘 들어라.

여래는 중생들에게 이 화택의 비유로 일불승의 법문을 설한다.

그대들이 만약 스스로 이 법문을 신심으로 수지한다면, 일체 중생 모두가 반드시 불도를 이루게 된다.

이 일불승의 법문은 미묘하고 청정하여 제일 근본이니, 모든 세간에서 위가 없는 최상의 법문이다.

제불도 기뻐하는 법문이니, 일체 중생들은 반드시 칭찬하고 공양하며 예배해야 한다.

한량없는 억 천만 가지의 모든 지혜의 힘과 해탈, 선정과 지혜, 부처의 여러 방편 법문으로 이와 같은 일승법을 깨달아 체득하게 하여 저 모든 자식들에게 오랜 세월 동안 밤과 낮으로 항상 유희할 수 있게 한다.

여러 보살들과 모든 성문 대중들이 이 보배의 수레를 타고 깨달음의 도량에 곧바로 이르도록 한다.

이와 같은 인연을 시방세계에서 분명하게 구하지만, 부처의 방편 법문을 제외하고 다른 대승의 법문은 구할 수가 없다.'

* 그대들이 만약 스스로 이 법문을 신심으로 수지한다면 일체의 중생이 모두 반드시 불도를 이루게 된다(汝等若能 信受是語 一切皆當 成得佛道). 이 일단은 『법화경』에서 일체 중생은 모두 성불한다(一切皆成)는 법문이다. 일승법을 설한 『법화경』의 방편 법문을 여시아문, 신수봉행, 수지, 독송, 방편 수행하면 성불하게 된다. 그래서 서사(書寫), 수지, 독(讀), 송(誦) 등 오종의 방편 수행을 설한다.

『금강경』에도 경전의 법문을 수지하면 곧 여래가 된다고 설했다.

* 일불승의 대승법문은 제불여래의 방편 법문밖에 없다. 제불여래가 진여법, 제법실상법을 발견하여 방편 법문으로 설한 법문이 일승법이다.

告舍利弗　汝諸人等　皆是吾子　我則是父
汝等累劫　衆苦所燒　我皆濟拔　令出三界
我雖先說　汝等滅度　但盡生死　而實不滅
今所應作　唯佛智慧　若有菩薩　於是衆中

能一心聽　諸佛實法　諸佛世尊　雖以方便
所化衆生　皆是菩薩

부처님이 사리불에게 말했다. '그대들 모든 사람들은 모두가 여래의 자식들이고, 여래는 곧 그대들의 아버지이다.

그대들이 오랜 시간(累劫) 삼계의 불타는 집에서 고통 받고 있는 것을 여래는 모두 구제하여 삼계의 고통에서 벗어나게 했다.

여래가 이전에 소승법을 설하니 그대들이 열반의 경지를 체득했다고 말했으나 그것은 단지 생사망념을 모두 소멸했을 뿐 진실로 대승 열반의 경지는 아니다.

지금부터 그대들이 해야 할 일은 오직 부처의 지혜를 체득해야 한다.

만약 어떤 보살이 이 대중 가운데서 일심으로 제불의 진실 된 일승의 법문을 청법한다면, 제불세존이 방편으로 교화한 중생 모두가 바로 보살이 된다.

若人小智　深著愛欲　爲此等故　說於苦諦
衆生心喜　得未曾有　佛說苦諦　眞實無異
若有衆生　不知苦本　深著苦因　不能暫捨
爲是等故　方便說道　諸苦所因　貪欲爲本
若滅貪欲　無所依止　滅盡諸苦　名第三諦
爲滅諦故　修行於道　離諸苦縛　名得解脫
是人於何　而得解脫　但離虛妄　名爲解脫
其實未得　一切解脫　佛說是人　未實滅度
斯人未得　無上道故　我意不欲　令至滅度
我爲法王　於法自在　安穩衆生　故現於世

만약 어떤 사람이 작은 지혜로 애욕에 깊이 탐착하면, 이와 같은 중생들에게 일체가 고통이라는 법문(苦諦)을 설한다. 중생들이 마음으로 기뻐하여 미증유의 법문을 깨달아 체득하면, 부처님이 설한 고(苦)의 법문(苦諦)은 진실과 다르지 않다.

만약 어떤 중생이 생사윤회 고통의 근본을 알지 못하고 깊이 고통의 인연에 탐착하여 스스로 잠시라도 고통을 떨쳐 버리지 못하면, 이러한 중생에게 방편으로 팔정도(八正道)의 법문(道諦)을 설하여 모든 고통의 원인은 탐욕이 근본이라고 설한다.

만약 탐욕을 다 소멸시키면 의지할 곳이 없으니 모든 고통이 다 없어진 세 번째 법문을 멸제(滅諦)라고 설한다.

모든 고통이 소멸된 진리(滅諦)이기 때문에 팔정도(八正道)를 수행하니, 온갖 고통의 속박을 여의면 해탈을 체득했다고 설한다.

이러한 사람은 어떻게 해탈의 경지를 체득하는가?

단지 허망한 중생의 망념을 여읜 것을 해탈이라고 한다.

그러나 사실 일체 해탈을 체득하지 못한 것이다. 그래서 부처님은 이 사람을 진실한 열반의 경지를 체득한 것이 아니라고 설한다.

이 사람은 무상의 불도를 깨달아 체득하지 못했기 때문에 여래의 뜻도 열반의 경지에 도달했다고 생각하지 않는다.

여래는 이미 법왕이 되어 일체 법에 자유자재하여 중생들을 편안하게 하고자 이 사바세계에 출세한 것이다.

* 소승의 열반은 깨달아 얻은 것과 증득한 것(有得有證)이 있다고 주장하지만, 대승은 발심 수행하여 진여본성을 자각하고 본래 열반을 회복하는 것이다. 소승불교에서 열반의 경지를 목적으로 삼고 수행하여 증득했다고 주장한 아라한을 증상만(增上慢)이라고 한다. 열반과 해탈은 수행하여 대

상경계에서 구하고 증득할 수 있는 것이 아니다. 그래서 대승불교에서는 소승의 열반은 진실이 아니다(非盡滅)라고 비판한다.

『법화경』 방편품에 "제법종본래(諸法從本來) 상자적멸상(常自寂滅相)"이라고 설한 것처럼, 대승의 열반은 본래열반인 진여자성을 회복하는 일이다. 즉 비본래의 중생심을 자각하고 본래의 진여본심으로 되돌아가는 발심 수행(歸命)이 해탈, 열반이다. 초발심으로 정각을 이룬 진여본심으로 지금 여기, 시절 인연의 본분사(일대사)를 방편지혜로 실행하는 것이다.

汝舍利弗　我此法印　爲欲利益　世間故說
在所遊方　勿妄宣傳　若有聞者　隨喜頂受
當知是人　阿鞞跋致　若有信受　此經法者
是人已曾　見過去佛　恭敬供養　亦聞是法
若人有能　信汝所說　則爲見我　亦見於汝
及比丘僧　幷諸菩薩　斯法華經　爲深智說
淺識聞之　迷惑不解　一切聲聞　及辟支佛
於此經中　力所不及　汝舍利弗　尚於此經
以信得入　況餘聲聞　其餘聲聞　信佛語故
隨順此經　非己智分

그대 사리불이여! 여래가 이 일승법의 법문(法印)을 설하는 것은, 일체 세간 사람들에게 생사해탈의 이익을 얻게 하는 일이다.
유흥가의 사람들에게 이 일승법을 허망하게 선전하지 말라.
만약 어떤 사람이 일승법의 법문을 청법하고 수희 동참하며 지심으로 수지하면 이 사람은 불퇴전의 지위를 체득한 것이다.
만약 어떤 사람이 이 경전의 법문을 신수하면 이 사람은 이미 과거에 제불을 친견하고 공경, 공양하고 대승의 법문을 청법한 사람이다.

만약에 어떤 사람이 능히 그대(사리불)가 설한 법문을 확신한다면, 그는 곧 진여의 참된 자아를 친견하고 또한 그대와 비구승과 아울러 여러 보살들을 친견한 것이다.

이 법화경(法華經)의 법문은 깊은 지혜를 깨달아 체득하도록 설한 것이니, 얕은 지식을 가진 중생이 법화경의 법문을 청법하면 미혹하여 그 뜻을 이해하지 못한다.

일체의 성문과 벽지불은 이 경전의 법문을 수용하고 수지할 수 있는 신심(信心)이 부족하다.

그대 사리불도 오히려 이 경전의 법문을 확신하고 깨달아 체득할 수 있었는데, 하물며 다른 성문들이야 말할 필요가 있겠는가.

그 밖에 여러 성문들도 부처님의 설법을 확신했기 때문에 이 경전의 법문에 수순하는 것이니, 이것은 자기 지식으로 이해한 것이 아니다.

* 일승법은 구법의 원력을 세운 대승 보살들에게 설하는 법문이므로, 대승 보살도의 원력을 세우지 않고 신심도 일으키지 않는 사람에게 허망하게 선전하지 말라고 주의하는 말이다.
* 아비발치(阿鞞跋致), 혹은 아유월치(阿惟越致)는 범어 아위니와르따니야(Avinivartaniya)의 음사(音寫)로 불퇴전(不退轉)이라고 번역한다. 중생심으로 생사윤회에 타락하지 않는 십지(十地) 이상의 보살을 불퇴전(不退轉), 불퇴위(不退位)라고 한다.
* 『법화경』의 법문은 진여본심의 지혜로 청법(聽法)하고 신수 봉행(信受奉行)할 때 진여일심의 지혜와 수순하게 되지만, 소승법을 수행하는 성문과 연각의 지혜로는 이 대승법을 수용하고 실천할 수가 없다. 이 경전의 법문에 수순하여 일승법을 깨달아 체득하는 것은, 자기 자신의 작은 지혜가

아니라 방편 법문을 수행한 진여일심의 불가사의한 지혜 덕분이다.

又舍利弗　憍慢懈怠　計我見者　莫說此經
凡夫淺識　深著五欲　聞不能解　亦勿爲說
若人不信　毁謗此經　則斷一切　世間佛種
或復顰蹙　而懷疑惑　汝當聽說　此人罪報
若佛在世　若滅度後　其有誹謗　如斯經典
見有讀誦　書持經者　輕賤憎嫉　而懷結恨
此人罪報　汝今復聽　其人命終　入阿鼻獄
具足一劫　劫盡更生　如是展轉　至無數劫

또 사리불이여! 교만하거나 게으르고 자아의 견해에 집착하는 사람에게 이 경전의 법문을 설하지 마라.
범부들도 얕은 지식으로 깊이 오욕에 탐착하여 이 경전의 법문을 들어도 능히 이해할 수 없으니 그런 사람에게도 역시 설하지 마라.
만약 어떤 사람이 이 법문을 확신하지 않고 이 경전의 법문을 훼방하면, 일체 세간에서 부처의 종자(佛種)를 단절하는 것이 된다.
혹은 미간을 찌푸리며 의혹을 품는 사람이 있으니, 그대는 이러한 사람들이 받을 죄의 과보를 설해주도록 하라.
만약 부처님이 세상에 있거나 열반(滅度)한 이후에 이 경전의 법문을 비방하는 사람이나 이 경전의 법문을 독송, 사경, 수지하는 사람을 보고, 가벼이 여기거나 업신여기고 미워하며 질투하여 원수같이 생각하면 이 사람이 받는 죄의 과보(果報)를 그대는 지금 설해서 들려주도록 하라.
그 사람은 지혜의 생명이 끝난 뒤에 아비지옥에 떨어져 일 겁의 긴 시간 동안 지옥의 고통을 받고, 일 겁이 지난 후 다시 그곳(아비지옥)에 태어나 이와 같이 거듭 되풀이하기를 무수겁에 이른다.

* 만약 부처님이 세상에 있거나 열반(滅度)한 이후(若佛在世 若滅度後)라는 말은, 부처의 지혜가 있는 여래와 부처의 지혜가 없는 중생(如來在世, 如來滅後)이라는 뜻이다.
* 그 사람은 지혜의 생명이 끝나고(其人命終) 중생심의 망념이 일어나게 되면 아비지옥에 타락한다는 뜻이다. 또 명종(命終)이라는 말은 번뇌 망념의 생명이 끝날 때 즉시 정토에 왕생한다(臨命終時 卽得往生)라고도 설한다. 여기서는 진여일심의 지혜생명이 끝나면 곧 중생심의 번뇌 망념이 되어 생사에 윤회하게 된다.

從地獄出　當墮畜生　若狗野干　其形(乞+頁)瘦
黧黮疥癩　人所觸嬈　又復爲人　之所惡賤
常困飢渴　骨肉枯竭　生受楚毒　死被瓦石
斷佛種故　受斯罪報　若作馲駝　或生驢中
身常負重　加諸杖捶　但念水草　餘無所知
謗斯經故　獲罪如是　有作野干　來入聚落
身體疥癩　又無一目　爲諸童子　之所打擲
受諸苦痛　或時致死　於此死已　更受蟒身
其形長大　五百由旬　聾騃無足　蜿轉腹行
爲諸小蟲　之所咂食　晝夜受苦　無有休息
謗斯經故　獲罪如是

아비지옥을 벗어나면 다시 축생의 세계에 타락하여 개나 여우의 몸을 받게 된다. 그 몸의 형체는 바짝 마르고 얼굴은 검게 뭉그러져 사람들의 놀림감이 되어 미움과 천대를 받는다.

배는 항상 굶주려 뼈와 살이 맞붙어서 피골이 상접하고, 살아서는 회초리로 매를 맞고 죽어서는 흙에 묻히지 못하고 돌무더기에 묻히니 부처의 종자가 단절되었기 때문에 이와 같은 죄의 과보를 받는다.

만약 어쩌다가 낙타의 몸을 받거나 당나귀로 태어나면 항상 무거운 짐을 몸에 싣고 채찍을 맞으면서 단지 생각하는 것은 물과 풀뿐이요, 다른 것은 전혀 알 수가 없다.

이렇게 경전의 법문을 비방한 탓으로 이와 같은 죄의 과보를 받는다.

어떤 때는 들여우가 되어 마을에 들어오면 신체는 나병환자처럼 썩어 한쪽 눈은 없고, 많은 아이들이 던지는 돌멩이에 맞아 온갖 고통을 다 받다가 끝내는 죽게 된다.

죽고 난 이후에는 다시 구렁이 몸을 받게 되니, 그 구렁이 몸의 길이는 오백 유순이나 되며, 귀도 없고 발도 없이 꿈틀꿈틀 기어 다닌다.

온갖 작은 벌레들이 비늘 밑을 빨아먹어 밤낮으로 받는 고통은 잠깐이라도 쉬지 못한다.

경전(經典)을 비방한 탓으로 받는 죄의 과보는 이와 같다.

* 굴(乞+頁) : 머리 벗겨질 굴이고, 추한 모습을 말한다.

若得爲人　諸根暗鈍　矬陋攣躄　盲聾背傴
有所言說　人不信受　口氣常臭　鬼魅所著
貧窮下賤　爲人所使　多病痟瘦　無所依怙
雖親附人　人不在意　若有所得　尋復忘失
若修醫道　順方治病　更增他疾　或復致死
若自有病　無人救療　設服良藥　而復增劇
若他反逆　抄劫竊盜　如是等罪　橫罹其殃

如斯罪人　永不見佛　衆聖之王　說法敎化
如斯罪人　常生難處　狂聾心亂　永不聞法
於無數劫　如恒河沙　生輒聾啞　諸根不具
常處地獄　如遊園觀　在餘惡道　如己舍宅
駝驢猪狗　是其行處　謗斯經故　獲罪如是

만약 사람의 몸을 받더라도 육근의 기관이 몽매하고 우둔하여 키가 작은 사람이나 손발이 오그라드는 앉은뱅이, 눈멀고 귀멀고 등 굽은 꼽추가 된다.
어떤 말을 하더라도 사람들이 그의 말을 믿지 않고, 입에서는 항상 나쁜 냄새가 나고 귀신들이 붙어 다닌다.
또한 빈궁하고 천대받고 사람들이 그를 부려 먹는다.
많은 병으로 몸이 아프고 여위어 의지할 곳이 없다. 비록 사람들과 가까이하려고 해도 사람들은 그를 모른 체한다.
만약 조그마한 소득이 있더라도 금방 잃어버린다.
만약 의술을 배워서 방편으로 병을 치료할지라도 다시 다른 질병이 증가하여 곧 죽게 된다.
만약 자신이 병이 있게 되면 보호하고 치료해 줄 사람이 없고, 설사 좋은 약을 복용할지라도 병세는 더욱 악화된다.
또 다른 사람과 역적 도모하고 약탈하고 절도하는 등 이와 같은 다양한 죄의 과보로 이유 없이 걸려들어 재앙(災殃)을 받게 된다.
이와 같은 죄인들은 영원히 부처의 지혜를 깨닫지 못한다.
많은 성인의 법왕이신 부처님의 설법으로 교화할지라도 이와 같은 죄인들은 항상 불법 만나기 어려운 곳에 태어나서 미치거나 귀가 먹고 마음이 어지러워 영원히 그 법문을 듣지 못한다.
갠지스강의 모래알처럼 많은 시간(劫)에 태어날 적마다 귀먹고 말 못하는 병

어리가 되거나, 모든 육근(六根)의 신체를 온전하게 갖추지 못한다.
또 항상 지옥에 있기를 유원지에서 유람하듯 하고, 삼악도에 사는 것이 마치 자기 집에서 사는 것과 같다.
낙타나 나귀, 돼지나 개가 사는 곳이 바로 그 사람이 사는 곳이다.
이 경전의 법문을 비방한 탓으로 이와 같은 죄의 과보를 받는다.

若得爲人　聾盲瘖瘂　貧窮諸衰　以自莊嚴
水腫乾痟　疥癩癰疽　如是等病　以爲衣服
身常臭處　垢穢不淨　深著我見　增益瞋恚
婬欲熾盛　不擇禽獸　謗斯經故　獲罪如是
告舍利弗　謗斯經者　若說其罪　窮劫不盡
以是因緣　我故語汝　無智人中　莫說此經

만약 사람의 몸을 받아 태어나도 귀머거리, 맹인, 벙어리가 되고, 빈궁하여 여러 가지 쇠약한 것으로 자신을 장엄한다.
수종과 조갈 증세와 악성종기와 연주창, 등창 등과 같은 온갖 병으로 의복을 삼는다.
몸에서는 항상 악취가 나며 몸이 더러워 청정하지 못하고, 자기 견해에 집착하여 성내는 일만 날로 늘어난다.
음욕이 치성하여 새나 짐승도 가리지 않는다. 이 경전의 법문을 비방한 죄의 과보는 이와 같다.
부처님이 사리불에게 말했다. 이 경전의 법문을 비방한 사람이 그 과보로 받는 죄를 설명하면 미래 겁이 다해도 설명할 수 없다.
이러한 인연으로 내가 그대에게 말하노라. 지혜가 없는 사람에게는 이 경전의 법문을 설하지 말라.

* 『법화경』은 제불보살의 원력을 세우고 발심 수행하는 대승보살들에게 설하는 일불승의 법문(教菩薩法)이다. 대승불법의 원력과 구법의 신심이 없는 사람들에게 『법화경』의 법문을 설하지 말라고 당부하고 있다.

若有利根　智慧明了　多聞强識　求佛道者　如是之人
乃可爲說　若人曾見　億百千佛　植諸善本　深心堅固
如是之人　乃可爲說　若人精進　常修慈心　不惜身命
乃可爲說　若人恭敬　無有異心　離諸凡愚　獨處山澤
如是之人　乃可爲說

만약 어떤 사람이 영리하여 지혜가 있고 총명해서 많은 법문을 듣고 모두 기억하여 불도를 구하는 자가 있다면, 이러한 사람들에게 법화경의 법문을 설해야 한다.

만약 어떤 사람이 일찍이 백 천억 제불을 친견하고 온갖 선근(善根) 공덕이 되는 근본을 심고 신심이 깊고 견고하면, 이와 같은 사람에게는 이 경전의 법문을 설해야 한다.

만약 어떤 사람이 불도에 정진하여 항상 자비심을 수행하고 자신의 몸과 목숨(身命)을 의식하지 않는다면, 이 경전의 법문을 설하도록 하라.

어떤 사람이 이 경전의 법문을 공경하여 다른 망심을 일으키지 않고 여러 범부(凡愚)의 어리석음을 여의고 홀로 산과 강가에 거주한다면, 이와 같은 사람에게 이 경전의 법문을 설하도록 하라.

* 식재선본(植諸善本) : 『법화경』과 대승경전에서 자주 언급하는데, 보살이 원력을 세우고 발심 수행하여 선근공덕이 되는 부처의 종자(佛種), 여래의 종자(如來種)를 심는 신심수행이다.

* 불석신명(不惜身命) : 위법망구(爲法忘軀)와 같이 구법자가 자아의식으로 자신의 몸과 목숨을 의식하지 않고 진여일심으로 구법수행에 몰입한다는 뜻이다. 구법수행자는 자신의 몸(身)과 목숨(命)을 의식해서는 안 되고, 진여일심의 지혜로 정법수행에 몰입해야 한다.

又舍利弗　若見有人　捨惡知識　親近善友
如是之人　乃可爲說　若見佛子　持戒淸潔
如淨明珠　求大乘經　如是之人　乃可爲說
若人無瞋　質直柔軟　常愍一切　恭敬諸佛
如是之人　乃可爲說　復有佛子　於大衆中
以淸淨心　種種因緣　譬喩言辭　說法無礙
如是之人　乃可爲說

또 사리불이여!
만약 어떤 사람이 삿된 외도 선지식을 버리고 선우(善友)를 친근한다면, 이와 같은 사람에게 이 경전의 법문을 설하도록 하라.
또 만약 어떤 불자가 청청하게 계행(戒行)을 실천하는 모습을 보고 마치 맑은 구슬과 같은 마음으로 대승경전의 법문을 구하면, 이와 같은 사람에게 이 경전의 법문을 설하도록 하라.
만약 어떤 사람이 성내는 일이 없고 솔직하고 유연하며 항상 일체 중생을 불쌍히 여기고 제불을 공경하면, 이러한 사람에게 이 경전의 법문을 설하도록 하라.
또 만약 어떤 불자가 여러 대중 가운데서 청정심으로 여러 가지 다양한 인연과 비유 법문으로써 대승의 법문을 설함에 무애자재하면, 이와 같은 사람에게 이 경전의 법문을 설하도록 하라.

若有比丘　爲一切智　四方求法　合掌頂受
但樂受持　大乘經典　乃至不受　餘經一偈
如是之人　乃可爲說　如人至心　求佛舍利
如是求經　得已頂受　其人不復　志求餘經
亦未曾念　外道典籍　如是之人　乃可爲說
告舍利弗　我說是相　求佛道者　窮劫不盡
如是等人　則能信解　汝當爲說　妙法華經

만약 어떤 비구가 일체의 지혜를 이루고자 사방으로 대승법(法)을 구하여 합장하고 신수하며, 오직 대승경전(大乘經典)의 법문을 수지하는 법락을 이루고 다른 외도의 경전 하나의 게송도 받아들이지 않으면, 이와 같은 사람에게 이 경전의 법문을 설하도록 하라.

또 어떤 사람이 지심으로 부처님의 사리(舍利)를 구하는 것과 같이 대승경전의 법문을 구하여 지심으로 수지하면, 그 사람은 다시 다른 사도(邪道)의 경전을 구하려는 뜻을 갖지 않고, 전혀 외도(外道)의 경전을 구하려는 생각도 하지 않게 되니 이와 같은 사람에게 이 경전의 법문을 설하도록 하라.'

부처님이 사리불에게 말했다.

'여래는 이와 같이 불도(佛道) 구하는 구도자들의 특성을 미래 겁이 다하여도 설명할 수 없다.

이와 같이 보살도의 원력을 세운 사람들은 스스로 신해(信解)할 것이니 그대는 반드시 그들에게 묘법연화경(妙法蓮華經)의 법문을 설하도록 하라.'"

* 시상(是相) : 구도자들의 다양한 모습과 특성.
* 신해(信解) : 대승불법의 신심과 이해(信解). 『대승기신론』에는 신해행증(信解行證)으로 정리한다.

제4 신해품(信解品)

* 신해품은 장자(長者) 아버지와 어릴 때 집을 떠난 빈궁자(貧窮者) 아들(窮子)이 50년 동안 여러 곳을 떠돌아다니다가 아버지의 집으로 되돌아와 아버지의 많은 재산과 가문을 상속받는 이야기를 비유 법문으로 설한다.

사대성문(四大聲聞)의 깨달음

爾時 慧命須菩提 摩訶迦旃延 摩訶迦葉 摩訶目揵連 從佛所聞未曾有法.

世尊 授舍利弗 阿耨多羅三藐三菩提記 發希有心 歡喜踊躍 卽從座起 整衣服 偏袒右肩 右膝著地 一心合掌 曲躬恭敬 瞻仰尊顔. 而白佛言 年幷朽邁 自謂已得涅槃 無所堪任 不復進求阿耨多羅三藐三菩提.

世尊往昔 說法旣久 我時在座 身體疲懈 但念空 無相 無作, 於菩薩法 遊戲神通 淨佛國土 成就衆生 心不喜樂.

所以者何 世尊令我等 出於三界 得涅槃證. 又今我等 年已朽邁 於佛敎化菩薩 阿耨多羅三藐三菩提 不生一念好樂之心. 我等今於佛前 聞授聲聞阿耨多羅三藐三菩提記 心甚歡喜 得未曾有. 不謂於今 忽然得聞希有之法 深自慶幸 獲大善利, 無量珍寶 不求自得

그때 혜명(慧命) 수보리와 마하가전연과 마하가섭과 마하목건련이 부처님으로부터 일찍이 들어볼 수 없었던 법문을 듣게 되었다.

또 세존이 사리불에게 최상의 깨달음을 이루리라고 수기하는 법문을 청법하고, 희유한 마음으로 한없이 기뻐서 곧 자리에서 일어나 의복을 단정히 하고 오른쪽 어깨를 드러냈다. 오른쪽 무릎을 땅에 대고 일심으로 합장하여 허리를 굽혀 공손하게 세존의 얼굴(尊顔)을 우러러보았다.

그리고 부처님께 말했다.

"저희들은 대중들 가운데 상수제자(上首弟子)로서 나이도 많고 늙었지만 스스로 자신에게 '나는 이미 열반의 경지를 체득했으며 더 이상 수행하고 깨달음을 이룰 일이 없다'고 생각하며, 더 이상 최상의 깨달음을 구하려고 발심하지 않았습니다.

세존께서 이미 오래전부터 이 대승법을 설했는데, 우리들은 그때부터 그 법석에 있었습니다. 신체는 피로하고 게을러 공(空)과 무상(無相), 무작(無作)의 3해탈문만 생각하였습니다.

보살이 불법을 깨달아 체득한 신통한 지혜로 유희하고 불국토를 청정하게 하는 일과, 중생들이 불도를 깨달아 성취하는 일도 마음으로 기뻐하지 않았습니다.

왜나하면 세존께서는 저희들로 하여금 삼계에서 벗어나 열반의 경지를 증득하게 하였습니다. 또 지금 저희들은 이미 늙었으며 부처님이 보살들을 교화하는 최상의 깨달음에 대하여 조금도 좋아하는 마음을 일으키지 않았습니다.

저희들이 오늘 부처님 앞에서 성문들에게 최상의 깨달음에 대한 수기를 내리는 말씀을 듣고 마음이 매우 환희하여 미증유의 경지를 체득했습니다. 지금까지 생각하지도 못했던 일이었는데 뜻밖의 희유한 법문을 듣고, 다행스럽게 스스로 깊이 큰 선근공덕을 이루는 해탈의 이익을 체득했습니다. 이것은 마치 구하지도 않은 한량없는 보물을 저절로 얻게 된 것과 같습니다.

* 혜명 수보리는 『금강경』(21)에서도 언급한다.

* 공(空), 무상(無相), 무작(無作)은 삼삼매(三三昧), 삼해탈문(三解脫門)이라고 한다. 무작(無作)은 무원(無願)이라고도 하며 해탈, 열반, 부처의 경지를 추구하지 않는다는 뜻이다.

궁자(窮子)의 비유

世尊 我等今者 樂說譬喩 以明斯義. 譬若有人 年旣幼稚 捨父逃逝 久住他國 或十二十 至五十歲 年旣長大 加復窮困 馳騁四方 以求衣食 漸漸遊行 遇向本國.
其父先來 求子不得 中止一城. 其家大富 財寶無量 金銀 瑠璃 珊瑚 琥珀 玻瓈珠 等 其諸倉庫 悉皆盈溢.
多有僮僕 臣佐吏民 象馬車乘 牛羊無數 出入息利 乃徧他國 商估賈客 亦甚衆多.

세존이시여! 저희들이 이제 비유를 들어서 이 법문의 뜻을 밝히겠습니다.

비유컨대 어떤 사람이 어린 시절에 아버지를 버리고 집을 떠나 다른 지방에서 십 년, 이십 년 내지 오십 년을 살았습니다. 나이 들고 늙어 곤궁하기가 막심하여 사방을 헤매면서 의식(衣食)을 구하러 여기저기 돌아다니다가 우연히 고향으로 향했습니다.

그의 아버지는 일찍이 아들을 찾아다녔지만 만나지 못하고 중도에 어느 도시에 머물러 살았습니다. 그 집은 부유하여 재물이 한량없고 금과 은, 유리, 산호, 호박, 파리, 진주 등의 보배가 창고마다 가득 차서 넘쳤습니다.

그 집에는 많은 노비와 시종, 재산을 관리하는 사람들이 많았습니다. 코끼리, 말, 수레, 소, 양이 무수히 많고, 돈을 빌려주고 이자를 받아들이는 일이 다른 지방에까지 널리 퍼져서 이 집에는 장사하는 사람들과 상거래를 주선하는 사업가들도 매우 많았습니다.

時貧窮子 遊諸聚落 經歷國邑 遂到其父 所止之城.
父每念子 與子離別 五十餘年 而未曾向人 說如此事. 但自思惟 心懷悔恨 自念老朽 多有財物 金銀珍寶 倉庫盈溢 無有子息 一旦終沒 財物散失 無所委付 是以慇懃 每憶其子. 復作是念 我若得子 委付財物 坦然快樂 無復憂慮

그때 빈궁한 아들이 이 마을 저 마을 두루 돌아다니면서 이곳저곳을 지나다가 마침내 아버지가 살고 있는 도시에 이르렀습니다.

아버지는 언제나 아들을 생각했습니다. '아들과 이별한 지 벌써 오십 년이 되었으나 아직 다른 이에게는 이러한 사실을 한 번도 말하지 않았다. 마음속으로 스스로 한탄하고 뉘우치며, 나는 이제 늙고 재산은 많아 금, 은, 진귀한 보석이 창고에 넘쳐나는데 자식이 없으니 어느 때 갑자기 죽게 되면 재산은 모두 흩어져서 전해 줄 데가 없겠구나!' 하고 아들을 은근히 기다렸습니다.

또 '내가 만약 아들을 만나서 재산을 전해 준다면 무한히 즐겁고 다시는 근심 걱정이 없으리라'고 생각했습니다.

부자(父子)가 서로 만나다

世尊 爾時窮子 傭賃展轉 遇到父舍 住立門側. 遙見其父 踞師子牀 寶几承足 諸婆羅門 剎利居士 皆恭敬圍繞 以眞珠瓔珞 價値千萬莊嚴其身 吏民僮僕 手執白拂 侍立左右 覆以寶帳 垂諸華幡 香水灑地 散衆名華 羅列寶物 出內取與 有如是等種種嚴

飾 威德特尊 窮子見父有大力勢 卽懷恐怖 悔來至此 竊作是念 此或是王 或是王等 非我傭力得物之處 不如往至貧里 肆力有地 衣食易得 若久住此 或見逼迫 强使我作 作是念已 疾走而去.

세존이시여! 이때 빈궁한 아들은 품팔이 하면서 여기저기 돌아다니다가 우연히 아버지가 사는 집 대문 옆에 서서 멀찌감치 바라보니, 그 아버지는 사자좌(獅子座)에 앉아서 보배로 만든 책상(几)에 발을 올려놓고 많은 바라문(司祭)과 찰제리(王族 및 武士)와 거사들이 공경히 모시고 있었습니다.

천만 냥이나 되는 값진 진주와 영락으로 몸을 장엄하였고, 시종과 하인들이 흰털로 만든 불자를 들고 좌우에 공손히 서 있었습니다. 보배 휘장을 치고 꽃을 새긴 깃대(旛)를 드리웠으며, 향수를 땅에 뿌리고 여러 가지 아름다운 꽃들로 장엄했습니다. 진열한 많은 보물들을 내주고 받아들이며 주고받았습니다.

이와 같이 여러 가지 장식으로 장엄 되어 위덕이 높고 훌륭해 보였습니다. 빈궁한 아들은 아버지가 큰 세력(勢力)이 있는 사람으로 보고, 곧 두려운 생각을 품고 여기 온 것을 후회하면서 이렇게 생각했습니다.

'저분은 아마 왕이거나 혹은 왕족일 터이니 내가 품을 팔고 삯을 받을 곳이 아니다. 다른 가난한 마을을 찾아가면 힘들겠지만 일할 곳이 있을 것이다. 거기 가서 품을 팔아 의식(衣食)을 구하는 일이 오히려 쉽겠다. 만일 여기에 오래 있으면 나를 붙들어 강제로 일을 시킬지도 모른다'라고 생각하고 재빨리 그곳을 떠났습니다.

時富長者 於師子座 見子便識 心大歡喜 卽作是念. 我財物庫藏 今有所付 我常思念此子 無由見之, 而忽自來 甚適我願 我雖年朽 猶故貪惜. 卽遣傍人 急追將還.

爾時使者 疾走往捉 窮子驚愕 稱怨大喚 我不相犯 何爲見捉 使

者執之逾急 强牽將還 于時窮子 自念無罪 而被囚執 此必定死 轉更惶怖 悶絶躄地.
父遙見之 而語使言 不須此人 勿强將來 以冷水灑面 令得醒寤 莫復與語. 所以者何 父知其子 志意下劣 自知豪貴 爲子所難 審知是子 而以方便 不語他人 云是我子 使者語之 我今放汝 隨意所趣 窮子歡喜 得未曾有 從地而起 往至貧里 以求衣食.

그때 부호인 장자는 사자좌에서 아들을 알아보고 크게 기뻐서 이렇게 생각했습니다. '나의 창고에 가득 찬 재산을 이제 물려줄 사람이 있구나. 내가 항상 아들을 생각하면서도 그 아들을 만날 수가 없었는데 지금 갑자기 스스로 찾아왔으니 나의 소원이 이루어진 것 같다. 내가 비록 나이는 많고 늙었으나 재산을 아끼는 마음은 여전히 변함이 없다.'

그래서 곧 곁에 있는 사람을 급히 보내서 거지 아들을 데려오게 했습니다. 그때 데리러 갔던 사람이 빨리 따라가서 붙잡으니 빈궁한 아들은 크게 놀라 '나는 아무 잘못이 없는데 왜 붙잡아 가려고 하는가?'라고 고함쳤습니다.

심부름꾼은 더욱 단단히 그 아들을 붙잡아 강제로 끌고 가려고 했습니다. 그때 빈궁한 아들은 스스로 생각하기를 '죄도 없이 붙잡혀 가게 되었으니 반드시 죽게 될 것이다'라고 생각하고, 더욱 놀라서 기절하여 땅에 쓰러지고 말았습니다.

아버지가 멀리서 이 광경을 보고 심부름꾼에게 말했습니다. '그 사람은 필요 없으니 억지로 데려오지 말라. 찬물을 얼굴에 뿌려서 다시 소생하게 하고 더이상 그 사람에게 말하지 말라.' 아버지는 아들의 마음이 용렬(庸劣)한 줄 알았고, 자신의 호화스러운 부귀가 자식에게는 받아들이기 어려운 일이라는 사실을 알았기 때문입니다.

아버지는 자신의 아들이라는 사실을 분명히 알았지만, 일종의 방편으로 다른 사람들에게는 그가 자기 아들이라는 말을 아무에게도 하지 않았습니다. 그리고 심부름꾼을 시켜서 그 아들에게 '이제 내가 너를 놓아줄 터이니 마음대로 가라!'고 말하도록 지시했습니다.

빈궁한 아들은 좋아하고 기뻐하면서 어쩔 줄 몰라 땅에서 일어나 가난한 마을을 찾아가 일하면서 의식(衣食)을 해결했습니다.

爾時長者 將欲誘引其子 而設方便. 密遣二人 形色憔悴 無威德者. 汝可詣彼 徐語窮子 此有作處 倍與汝直. 窮子若許 將來使作. 若言欲何所作 便可語之 雇汝除糞 我等二人 亦共汝作 時二使人 卽求窮子 旣已得之 具陣上事. 爾時窮子 先取其價 尋與除糞. 其父見子 愍而怪之.

그때 장자는 그 아들을 유인하여 데려오려고 한 가지 방편을 시설하였습니다. 즉 형색이 초라하고 보잘것없이 생긴 두 사람을 아무도 모르게 보내면서 이렇게 말했습니다. '너희들은 저 빈궁한 거지한테 가서 그에게 넌지시 저기 품 팔 곳이 있는데 품삯은 두 배를 준다고 말해라. 그래서 그 빈궁한 거지가 듣고 만약 가겠다고 하거든 데리고 와서 일을 시키도록 하라. 무슨 일을 할 것이냐고 묻거든 똥과 거름을 치우는 일인데, 우리들도 너와 함께 일할 것이라고 말하라!'

그때 두 사람은 빈궁한 아들을 찾아가서 앞서 장자가 지시한 말을 그대로 자세히 설명했습니다. 그 이후로 빈궁한 아들은 장자의 집에 가서 품삯부터 먼저 받고 똥과 거름 치우는 일을 하게 되었습니다.

아버지는 아들이 일하는 모습을 보고, 한편 가엾기도 하고 한편 어이가 없다는 생각을 하기도 했습니다.

以他日於窓牖中 遙見子身 羸瘦憔悴 糞土塵坌 污穢不淨 卽脫

瓔珞 細輭上服 嚴飾之具. 更著麤弊垢膩之衣. 塵土坌身 右手執持除糞之器 狀有所畏 語諸作人. 汝等勤作 勿得懈息. 以方便故 得近其子. 後復告言 咄男子 汝常此作 勿復餘去 當加汝價 諸有所須 盆器米麪鹽醋之屬 莫自疑難. 亦有老弊使人 須者相給 好自安意 我如汝父 勿復憂慮. 所以者何 我年老大 而汝少壯 汝常作時 無有欺怠瞋恨怨言 都不見汝 有此諸惡 如餘作人 自今已後 如所生子 卽時長者 更與作字 名之爲兒. 爾時窮子 雖欣此遇 猶故自謂客作賤人 由是之故 於二十年中 常令除糞 過是已後 心相體信 入出無難 然其所止 猶在本處.

장자가 어느 날 창문 틈으로 아들이 일하는 모습을 보니, 아들의 몸은 야위어 바짝 마르고 먼지와 거름이 몸에 묻어 더럽기 짝이 없었습니다. 장자도 자신의 몸을 장식한 영락 구슬과 화려한 의복과 장신구를 모두 벗고 때 묻고 허름한 작업복으로 갈아입었습니다. 또 흙과 먼지를 몸에 묻히고 오른손에 똥과 거름 치는 도구를 들고 근엄한 표정으로 일꾼들이 있는 곳으로 가서 '그대들은 부지런히 일하고 게으름 피우지 말라!'고 하면서 방편으로 그 아들에게 가까이 다가가서 말했습니다.

'안타깝다. 이 사람아! 그대는 항상 이곳에서만 일하고 다른 곳으로 가지 말라. 품삯도 차츰 더 많이 올려 줄 것이다. 그리고 생활에 필요한 그릇이나 쌀, 밀가루, 소금, 간장 등 무엇이라도 걱정하지 말고 말하라. 또한 늙은 일꾼이 있어 그대가 필요한 물건은 충분히 제공해 줄 것이니 안심하고 있어라. 나는 마치 너의 아버지와 같지 않느냐. 그러니 근심 걱정하지 말고 여기서 편안하게 잘 지내도록 하라. 왜냐하면 나는 이미 나이가 든 늙은이요, 그대는 아직 젊었다. 그대는 항상 일을 할 때 남을 속이거나 게을리 하거나 성내고 원망하는 말이 없으니 다른 일꾼들과는 달리 여러 가지 나쁜 점이 없구나. 이제부터는 너를 내가 낳은

친아들과 같이 생각할 것이다'라고 말하면서 장자는 그 아들에게 이름을 다시 지어주고, 자신의 아들이라고 했습니다.

그때 빈궁한 아들은 이런 귀여움을 받는 것이 기뻤으나 여전히 스스로 머슴살이하는 천한 사람이라 생각하고, 이십 년 동안을 항상 똥과 거름 치우는 일만 했습니다.

그 이후 점차로 장자와 그 아들은 마음이 맞고 서로 믿고 뜻이 통하여, 장자의 집안을 허물없이 출입하였습니다. 그러나 그가 숙식하고 생활하는 곳은 여전히 본래 머슴으로 살던 곳이었습니다.

* 장자가 몸에 장식된 영락 구슬과 모든 장신구를 벗어놓고 방편으로 머슴과 같은 복장과 도구로 똥과 거름 치우는 머슴들에게 근엄하게 한 행동은, 자신의 부귀 영화와 지혜 광명을 감추고 중생과 함께하는 대승보살도의 동사섭(同事攝)이며 화광동진(和光同塵)이다.

世尊 爾時長者有疾 自知將死不久 語窮子言 我今多有金銀珍寶 倉庫盈溢 其中多少 所應取與 汝悉知之 我心如是 當體此意. 所以者何 今我與汝 便爲不異 宜加用心 無令漏失.

爾時窮子 卽受敎勅 領知衆物 金銀珍寶 及諸庫藏 而無希取一餐之意 然其所止 故在本處 下劣之心 亦未能捨. 復經少時 父知子意 漸已通泰 成就大志 自鄙先心.

세존이시여! 어느 때 장자가 병이 났습니다. 죽을 때가 멀지 않은 줄을 알고 빈궁한 아들에게 '나는 지금 금, 은, 보배가 많아서 창고마다 넘쳐나고 있으니 그 창고 속에 얼마나 많은 보물이 있는지를 알고 물건을 받고 줄 때도 모두 그대가 맡아서 처리하도록 하라. 나의 마음이 이러하니 그대는 내 뜻을 받들어라.

왜냐하면, 이제 나와 그대는 다름이 없으니(不異) 더욱 조심해서 소홀하거나 실수하지 말라!'고 말했습니다.

이때 빈궁한 아들은 그 명령을 받고 여러 가지 금, 은, 보배가 가득 찬 창고를 맡았으나 밥 한술 그냥 먹을 생각도 없었고, 거처하는 데는 본래 있던 곳이었으며 용렬한 마음은 아직도 버리지 않았습니다.

또 얼마 후에 아버지는 아들의 마음이 점점 나아져서 점차로 서로 뜻이 잘 소통되어 큰 뜻을 성취하게 되고, 이전의 못났던 생각을 스스로 뉘우치게 되었습니다.

* 큰 뜻을 성취하게 되고 이전의 못났던 생각을 스스로 뉘우치게 되었습니다(成就大志 自鄙先心). 대승 일심의 법문을 깨닫고, 성문(聲聞)의 증상만(增上慢)으로 대승의 원력과 발심 수행을 하지 않고, 편견과 고정관념 등의 잘못된 사고를 뉘우치고 자각할 수 있게 된 것이다.

아버지가 가업을 물려주다

臨欲終時 而命其子 幷會親族 國王大臣 刹利居士 皆悉已集 卽自宣言. 諸君當知 此是我子 我之所生 於某城中 捨吾逃走 跉跰辛苦 五十餘年. 其本字某 我名某甲 昔在本城 懷憂推覓 忽於此間 遇會得之 此實我子 我實其父 今我所有 一切財物 皆是子有 先所出內 是子所知. 世尊 是時窮子 聞父此言 卽大歡喜 得未曾有 而作是念. 我本無心 有所希求 今此寶藏 自然而至.

장자인 부친이 죽을 때가 되어 아들을 시켜 친척과 국왕(國王), 대신(大臣)과 찰제리와 거사(居士)들을 모두 모아놓고 이렇게 선언했습니다.

'여러분 잘 들으시오. 이 아이는 내 아들이오, 내가 낳아서 길렀는데 어느 곳에서 나를 버리고 도망가서 여러 곳을 돌아다니며 고생하기가 오십여 년이 되었소. 그 아들의 본명은 아무개이고, 내 이름은 아무개요. 그 옛날 고향에서 찾느라고 근심하고 애를 썼는데 뜻밖에 여기서 만나게 되었소. 이 아이는 참으로 내 아들이고 나는 이 아이의 아버지요. 이제는 내가 가졌던 모든 재산(財産)은 모두 이 아이의 소유이며, 예전부터 출납(出納)하던 것도 이 아이가 알아서 할 것이오'라고 말했습니다.

세존이시여! 이때 빈궁한 아들은 아버지의 말을 듣고 크게 환희하여 뜻밖의 일이라면서 '나는 본래 무심하여 이 재산에 대해서는 아무런 욕심과 바람도 없었는데 지금 이 보배 창고가 저절로 굴러들어 왔다!'라고 생각했습니다.

* "나는 본래 무심하여 이 재산에 대해서는 아무런 욕심과 바람도 없었는데 지금 이 보배 창고가 저절로 굴러들어 왔다(我本無心 有所希求 今此寶藏自然而至)"라는 말은, 자아의식을 텅 비운 공(空)의 경지(진여본심)에 무진장의 지혜와 자비의 공덕이 자연스럽게 실행된다는 진공묘유의 법문과 같다. 선에서는 무일물중무진장(無一物中無盡藏)이라고 설한다.

궁자 비유의 의미

世尊 大富長者 則是如來 我等皆似佛子. 如來常說我等爲子. 世尊 我等 以三苦故 於生死中 受諸熱惱 迷惑無知 樂著小法. 今日世尊 令我等 思惟蠲除諸法戲論之糞. 我等於中 勤加精進 得至涅槃一日之價 旣得此已 心大歡喜 自以爲足, 便自謂言, 於佛法中 勤精進故 所得弘多. 然世尊 先知我等 心著弊欲 樂於小法 便見縱捨, 不爲分別. 汝等當有如來知見 寶藏之分.

세존이시여! 큰 부자인 장자는 곧 여래이고, 우리들은 모두 불자(佛子)와 같습니다. 여래는 항상 우리들을 아들이라고 설했습니다.

세존이시여! 우리들은 세 가지 고통(三苦)으로 인하여 생사(生死) 윤회하는 가운데서 여러 가지 뜨거운 고통을 받으면서도 미혹하고 무지하여 소승법(小乘法)만을 탐착했습니다.

세존께서 오늘 우리들로 하여금 제법의 희론(戱論)을 똥, 거름 치우는 일에 불과한 것으로 사유하도록 해 주셨습니다. 우리들이 그 가운데서 부지런히 정진하여 열반이라는 하루의 품삯(價値)을 얻고서는 마음으로 크게 환희하여 스스로 '불법 수행을 통해서 부지런히 정진하여 깨달아 체득한 소득이 매우 많다'라고 생각했습니다.

그러나 세존께서는 우리들의 마음이 부질없는 욕심에 집착하여 소승법에 탐착하는 것을 미리 알면서 내버려 두고, '너희들도 여래 지견(知見)인 보배 창고를 구족한 본분이 있다'는 사실을 자세하게 방편 법문으로 설해 주지 않았습니다.

* 세 가지 고통(三苦) : 중생은 일체가 고통이라는 고고(苦苦), 즐거움(樂)이 소멸하는 괴고(壞苦), 제행무상(諸行無常)이라는 행고(行苦)를 말한다. 중생심의 번뇌 망념이 모두 고통(苦)이라는 일체개고(一切皆苦)를 세 가지로 구분하여 설한 것이다.

* "너희들도 여래 지견(知見)인 보배 창고를 구족한 본분이 있다(汝等當有如來知見 寶藏之分)"라는 말은, 일체 중생이 모두 여래의 지견과 지혜와 자비의 공덕을 실행할 수 있는 진여자성을 구족하고 있다는 사실이다. 보장(寶藏)은 제불법장(諸佛法藏), 비밀지장(秘密之藏)과 같다. 『여래장경』에는 일체 중생이 여래장(如來藏)을 구족하고 있고, 『열반경』에서는 "일체중생이 모두 불성을 구족하고 있다"고 설한다. 『화엄경』 제35권에서는 "불자여!

여래 지혜, 무상의 지혜, 무애자재한 지혜를 중생의 몸에 구족하고 있다(佛子. 如來智慧, 無相智慧, 無碍智慧 具足在於衆生身中)”라고 설한다.

世尊 以方便力 說如來智慧. 我等從佛 得涅槃一日之價 以爲大得 於此大乘 無有志求. 我等 又因如來智慧 爲諸菩薩 開示演說 而自於此 無有志願. 所以者何 佛知我等 心樂小法 以方便力 隨我等說 而我等不知眞是佛子. 今我等 方知世尊 於佛智慧 無所悋惜. 所以者何 我等昔來 眞是佛子 而但樂小法. 若我等有樂大之心 佛則爲我 說大乘法. 於此經中 唯說一乘. 而昔於菩薩前 毁呰聲聞 樂小法者 然 佛實以大乘敎化. 是故我等 說本無心有所希求 今法王大寶 自然而至. 如佛子 所應得者 皆已得之.

세존께서는 방편 법문으로 여래 지혜를 설법했습니다. 그러나 우리들은 부처님으로부터 열반이라는 하루 품삯의 가치인 아라한의 경지를 깨달아 체득하고는 큰 소득이라 여기고 이 대승의 법을 구하려는 원력의 뜻이 없었습니다.

그리고 우리들은 또 여래의 지혜를 모든 보살들에게 개시(開示)하고 연설하는 것을 알았으나 우리들은 대승법에 원력의 뜻을 세우지 않았습니다.

왜냐하면 부처님께서 우리들이 소승법에 탐착하는 것을 알고 방편으로 우리들의 근기(根機)에 맞추어 설법해 주셨지만, 우리들은 스스로 진정한 불자(佛子)인 줄을 알지 못했습니다. 이제 우리들은 세존께서 부처의 방편지혜를 베푸는 일에 인색함이 없다는 사실을 알았습니다.

왜냐하면 우리들이 본래부터 진정한 불자이지만, 단지 소승법에 탐착했기 때문입니다. 만일 우리들이 대승법을 구하는 마음이 있었다면 부처님은 우리들에게도 대승의 법문(大乘法)을 설했을 것입니다.

이 법화경(經)의 법문은 오직 일승(一乘)의 법문만을 설합니다. 예전에 보살들 앞에서 성문들은 소승법에 탐착한다고 꾸짖었지만, 부처님은 진실로 대승의 법문으로 보살들을 교화했습니다.

이러한 까닭으로 우리들은 '본래부터 마음으로 희망하고 구(希求)한 것이 없었는데 이제 법왕(法王)의 큰 보배가 저절로 구족되어 불자로서 반드시 얻을 수 있는 것을 이미 모두 다 얻게 되었다'고 말합니다."

게송으로 거듭 설하다

爾時摩訶迦葉 欲重宣此義 而說偈言

我等今日　聞佛音教　歡喜踊躍　得未曾有
佛說聲聞　當得作佛　無上寶聚　不求自得

그때 마하가섭이 이 법문의 뜻을 거듭 자세하게 게송으로 말했다.

"우리들이 오늘 부처님이 설한 법문의 가르침을 청법하고, 기쁜 환희심으로 미증유(未曾有)의 깨달음을 체득했습니다.

부처님의 설법에 성문들도 반드시 성불(成佛)한다고 하시니 최상의 보배덩어리를 구하지도 않았는데 저절로 얻게 되었습니다.

* "부처님이 설한 법문의 가르침을 청법했다(聞佛音教)"라는 말은 여시아문(如是我聞)과 같은 뜻이다. 제불의 설법은 방편 법문을 음성으로 설하고, 청법도 제불여래가 설법한 음성을 청법하는 것이다. 제불여래가 설한 법문은 진여일심의 지혜로 설한 음성이며, 출세간의 지혜를 체득하도록 설한 방편 법문이다. 자아의 주관적인 사고나 중생심의 이원(二元的)적인 분별심으로 말하는 것이 아니라, 진여일심의 지혜로 불법을 깨달아 체득

하는 불이법문이다. 문법(聞法), 문도(聞道), 문성오도(聞聲悟道), 언하대오(言下大悟)와 같은 뜻이다.

譬如童子 幼稚無識 捨父逃逝 遠到他土
周流諸國 五十餘年 其父憂念 四方推求
求之旣疲 頓止一城 造立舍宅 五欲自娛
其家巨富 多諸金銀 硨磲瑪瑙 眞珠琉璃
象馬牛羊 輦輿車乘 田業僮僕 人民衆多
出入息利 乃徧他國 商估賈人 無處不有
千萬億衆 圍繞恭敬 常爲王者 之所愛念
群臣豪族 皆共宗重 以諸緣故 往來者衆
豪富如是 有大力勢 而年朽邁 益憂念子
夙夜惟念 死時將至 癡子捨我 五十餘年
庫藏諸物 當如之何

비유하자면 어린 동자가 유치하고 무지하여 아버지를 버리고 다른 지방으로 멀리 도망가서 여러 나라를 떠돌아다닌 지가 오십여 년이 되었습니다.
그 아버지는 걱정이 되어 사방으로 수소문하고 아들을 찾아다니다가 지쳐, 어떤 도시에 머물면서 큰집을 짓고 모든 욕망을 누리며 스스로 즐겁게 살았습니다.
그 집은 큰 부잣집으로 금, 은, 자거, 마노, 진주, 유리 등의 보석도 한량없이 많았습니다.
코끼리, 말, 소, 양, 연(輦)과 수레들도 역시 많고, 논과 밭, 집안일을 하는 하인들과 관리인들도 많았습니다.
재산을 거래하고 이자를 증식하는 일은 타국에까지 연결되었고, 상인과 중매인, 구매자가 일체의 모든 나라에 두루했습니다.

그 장자는 천만 억 사람들이 에워싸서 공경하였으며, 항상 왕족들도 사랑하고 보호했습니다.

나라의 관료들과 명문 호족들이 모두 장자를 존중했기 때문에, 이러한 인연으로 오고 가는 손님이 많았습니다.

장자는 부유(富裕)하고 진귀(貴)한 재물이 이와 같이 많고 큰 재력을 갖추었으나, 나이 들어 점점 늙으니 점차로 아들 생각이 더욱 간절했습니다.

아침저녁으로 자나 깨나 생각하는 일이 '죽을 때가 되었는데 어리석은 아들이 나를 버리고 떠난 지 오십여 년이나 되었다. 창고마다 가득 찬 이 많은 재산을 어떻게 해야 할까?'

爾時窮子　求索衣食　從邑至邑　從國至國
或有所得　或無所得　飢餓羸瘦　體生瘡癬
漸次經歷　到父住城　傭賃展轉　遂至父舍
爾時長者　於其門內　施大寶帳　處師子座
眷屬圍繞　諸人侍衛　或有計算　金銀寶物
出內財產　注記券疏　窮子見父　豪貴尊嚴
謂是國王　若國王等　驚怖自怪　何故至此
覆自念言　我若久住　或見逼迫　强驅使作
思惟是已　馳走而去　借問貧里　欲往傭作
長者是時　在師子座　遙見其子　黙而識之

그때 빈궁한 아들은 입을 옷과 먹을 음식을 구하려고 이 마을 저 마을, 이 지방 저 지방을 떠돌아다녔습니다.

어느 때는 옷과 밥을 구한 적도 있지만, 어떤 때는 구하지 못해서 배는 굶주리고 몸은 야위어 몸에는 피부병과 부스럼이 가득했습니다.

점차로 이곳저곳 여기저기 돌아다니다가 아버지가 사는 도시에 와서 품을 팔고 먹을 것을 구하다가 아버지가 사는 집에 도착했습니다.

그때 장자는 자기 집안에서 보배로 된 큰 휘장을 둘러치고 사자좌에 앉아 있었는데, 그 장자의 주위에는 권속들이 둘러싸고 시중들이 호위하고 있었습니다.

어떤 사람은 금과 은 등의 보물을 헤아리며 정리하고, 재산이 들어오고 나가는 것을 문서에 기록하고 있었습니다.

빈궁한 아들은 아버지의 부유하고 존귀하고 존엄한 모습을 바라보고 저분은 국왕이거나 혹은 왕족일 것이라고 생각하여, 놀랍고 두렵고 부끄러워 내가 왜 여기에 왔는지 이상하게 생각했습니다.

또다시 생각하기를 내가 만약 여기에 오래 머물다가는 저 사람들에게 붙잡혀서 핍박을 당할 수 있고, 힘든 노동을 강제로 시킬 것이라는 생각을 했습니다.

그래서 빨리 그곳에서 도망쳐 나와 가난한 마을로 가서 품팔이를 하려고 했습니다.

이때 장자는 사자좌에 앉아 멀리서 그 궁자를 쳐다보고 말없이 그가 자기의 아들인 줄 알았습니다.

卽勅使者　追捉將來　窮子驚喚　迷悶躄地
是人執我　必當見殺　何用衣食　使我至此
長者知子　愚癡狹劣　不信我言　不信是父
卽以方便　更遣餘人　眇目矬陋　無威德者
汝可語之　云當相雇　除諸糞穢　倍與汝價

장자는 즉시 심부름꾼을 시켜 그를 데려오게 하니, 빈궁한 아들은 크게 놀라

소리 지르며 기절하고 땅에 쓰러졌습니다.

'이 사람이 나를 붙잡으니 반드시 죽일 것이다. 옷이나 음식을 구하려고 내가 어찌하여 여기까지 왔단 말인가'라고 생각했습니다.

장자는 아들이 어리석고 용렬하여 나의 말을 믿지 않고 아버지라는 사실도 믿지 않을 것을 알았습니다.

그래서 곧 방편으로 다른 심부름꾼을 보냈습니다. 그 심부름꾼은 애꾸눈에 난쟁이로 누추하고 못난 사람이었습니다.

장자는 그 심부름꾼에게 저 빈궁한 사람에게 다음과 같이 말하라고 지시했습니다.

'그대를 고용해서 일할 곳이 있으니 똥이나 거름이나 치워 주면 품삯은 다른 데보다 배로 줄 것이다.'

* 장자가 보낸 심부름꾼이 "애꾸눈에 난쟁이로 누추하고 못난 사람(眇目矬陋 無威德者)"이었다고 표현한 것은, 거지 아들과 비슷한 신분과 모습을 지닌 사람을 파견해서 거부감 없도록 보살도의 동사섭(同事攝)을 방편으로 실행한 것이다.

窮子聞之　歡喜隨來　爲除糞穢　淨諸房舍
長者於牖　常見其子　念子愚劣　樂爲鄙事
於是長者　著弊垢衣　執除糞器　往到子所
方便附近　語令勤作　旣益汝價　幷塗足油
飮食充足　薦席厚暖　如是苦言　汝當勤作
又以輭語　若如我子

빈궁한 아들이 그 말을 듣고 기뻐하며 따라와서 똥과 거름 치우는 일도 하고 방과 마루 청소도 했습니다.

장자가 문틈으로 항상 아들을 바라보면서 생각했습니다.

'저 아들이 어리석고 용렬하여 미천한 일만 하기를 좋아하는구나.'

그때 장자가 허름한 작업복으로 바꿔 입고 거름 치는 도구를 손에 들고, 아들 가까이 가서 방편으로 말했습니다.

'그대가 부지런히 일을 잘하면 품삯도 올려 주고, 손과 발에 바를 기름도 제공해 줄 것이다. 또 먹을 것도 넉넉하게 주고 침대에 깔고 덮을 두터운 이불도 주고 따뜻하게 지낼 수 있도록 할 것이다.'

또 '너는 부지런히 일을 잘해야 한다'라고 꾸짖기도 하고, 또 '너는 내 아들과 같다'라고 부드러운 말을 했습니다.

長者有智　漸令入出　經二十年　執作家事
示其金銀　眞珠玻瓈　諸物出入　皆使令知
猶處門外　止宿草庵　自念貧事　我無此物
父知子心　漸已曠大　欲與財物　卽聚親族
國王大臣　刹利居士　於此大衆　說是我子
捨我他行　經五十歲　自見子來　已二十年
昔於某城　而失是子　周行求索　遂來至此
凡我所有　舍宅人民　悉已付之　恣其所用
子念昔貧　志意下劣　今於父所　大獲珍寶
幷及舍宅　一切財物　甚大歡喜　得未曾有

장자는 방편 지혜(智慧)가 있어 점차로 집 안팎을 출입하면서 이십 년 동안 집안의 모든 일을 책임지고 맡아서 관리하도록 했습니다.

집안의 창고에 있는 금과 은, 진주, 파리 등 보물이 있는 곳을 알게 하고, 모든 재물을 빌려주고 받아들이는 살림을 맡겼습니다.
그러나 그 아들은 여전히 문간방의 초막집에 거처하면서 나는 가난한 사람으로 본래 이런 보물이 없다고 생각했습니다.
아버지는 아들의 마음 씀이 점차로 커지는 것을 알고, 재산을 물려주려고 친족들과 국왕과 대신들, 찰제리와 거사들을 불러 모았습니다.
장자는 모든 대중들에게 말했습니다.
'여러분들 나의 말을 들으십시오. 이 사람은 내 아들입니다. 나를 버리고 멀리 다른 곳으로 가서 오십 년을 지냈는데, 아들을 만난 지 어느덧 이십 년이 다 되었습니다.
옛날 어떤 지역에서 이 아들을 잃고 나서 두루 돌아다니며 찾다가 여기까지 오게 된 것입니다. 이제 내가 소유한 모든 집과 하인들을 모두 다 이 아들에게 물려주어 마음대로 사용하도록 하겠습니다.'
아들은 다음과 같이 생각했습니다.
'나는 옛날에 가난하고 마음마저 용렬했는데, 지금 아버지의 처소에 와서 진기한 보물과 큰집과 일체의 모든 재물을 획득하게 되어 매우 크게 환희하며 미증유의 경지를 체득하게 되었습니다.'

佛亦如是　知我樂小　未曾說言　汝等作佛
而說我等　得諸無漏　成就小乘　聲聞弟子
佛勅我等　說最上道　修習此者　當得成佛
我承佛教　爲大菩薩　以諸因緣　種種譬喩
若干言辭　說無上道　諸佛子等　從我聞法
日夜思惟　精勤修習　是時諸佛　卽授其記
汝於來世　當得作佛　一切諸佛　秘藏之法
但爲菩薩　演其實事　而不爲我　說斯眞要

부처님도 또한 이와 같습니다.

우리 성문들이 소승법에 탐착하는 줄 알고, 일찍이 그대들은 성불(成佛)할 것이라고 설하지 않았습니다.

우리들 성문들은 여러 가지 무루법(無漏法)을 깨달아 체득하여 소승(小乘)법을 성취한 성문(聲聞) 제자라고 말했습니다.

부처님은 또다시 우리 성문들에게 지시하기를,

'최상의 불도를 설하여 이 법문을 수습하는 자는 반드시 성불한다'고 했습니다.

우리들은 부처님의 가르침을 청법하고 수지하여 큰 보살들이 되었습니다. 따라서 여러 가지 인연 법문과 다양한 비유 법문과 약간의 방편 법문으로 무상(無上)의 불도(佛道)를 설합니다.

이에 모든 불자들은 여래를 따라서 법문을 청법하고, 밤낮으로 사유하여 부지런히 불도를 수습(修習)합니다.

이때 제불은 그 보살들에게 수기(授記)하기를,

"그대들은 내세(來世)에 반드시 성불한다"고 설합니다.

일체 제불(諸佛)은 신비한 지혜창고(秘藏)의 불법을 다만 보살들에게 그 진실한 본분사의 일을 연설하고, 저희 성문 제자들에게 대승의 진실하고 요긴한 법문을 설하지 않았습니다.

如彼窮子　得近其父　雖知諸物　心不希取
我等雖說　佛法寶藏　自無志願　亦復如是
我等內滅　自謂爲足　唯了此事　更無餘事
我等若聞　淨佛國土　教化衆生　都無欣樂
所以者何　一切諸法　皆悉空寂　無生無滅
無大無小　無漏無爲　如是思惟　不生喜樂

그것은 마치 저 빈궁한 아들이 그 부친을 친근하고 모든 재물을 얻었으나 그 재물을 갖고자 하는 마음이 없듯이, 저희들도 부처님이 불법의 보배 창고(寶藏)를 설했지만 스스로 구도의 뜻과 원력이 없는 것이 또한 이와 같습니다. 우리 성문들이 마음의 번뇌 끊는 일(內滅)에 스스로 만족하여 마음의 번뇌를 끊는 일만을 해결하려고 수행하고, 대승법 구하는 수행은 하지 않았습니다. 우리 성문들은 '불국토를 청정하게 하고, 중생들을 교화한다'라는 대승의 법문을 듣고서도 기쁜 마음이 전혀 없었습니다.

그 까닭은, '일체의 모든 법은 모두 텅 비어 공적하며, 번뇌 망념이 생멸(生滅)하는 차별도 없고 대소(大小)의 차별심도 모두 없고, 무루(無漏)와 무위(作爲)도 없기 때문입니다.'

이와 같이 사유하고 법희선열(法喜禪悅)의 법락(法樂)을 이루고자 발심하지 않았습니다.

我等長夜　於佛智慧　無貪無著　無復志願
而自於法　謂是究竟　我等長夜　修習空法
得脫三界　苦惱之患　住最後身　有餘涅槃
佛所教化　得道不虛　則爲已得　報佛之恩
我等雖爲　諸佛子等　說菩薩法　以求佛道
而於是法　永無願樂　導師見捨　觀我心故
初不勸進　說有實利

우리 성문들은 오랫동안 불지혜를 구하는 일에 탐착하지도 않고, 또한 원력의 뜻을 세우지도 않고 자신이 체득한 법만이 열반의 구경법이라고 생각했습니다.

저희 성문들이 긴 밤의 무지, 무명에서 번뇌 망념을 텅 비우는 공(空)의 법문을 수습하여 삼계(三界)의 고뇌와 우환(憂患)에서 해탈(解脫)하고, 최후의 몸(아라한)으로 유여열반(有餘涅槃)에 안주했습니다.

부처님의 가르침을 받고 불도를 체득하여 허망하지 않으니, 이러한 깨달음이 부처님 은혜에 보답한 것이라고 생각했습니다.

저희 성문들은 부처님이 모든 불자들과 보살에게 대승법을 연설하여 불도를 구하도록 설법했지만, 저희들은 대승법을 구하는 마음이 없었습니다.

도사(세존)께서 우리 성문들의 마음을 관찰하시고 내버려 두었습니다.

대승법의 진실한 깨달음의 이익이 되는 법문을 처음부터 성문들에게 설하지도 않았고, 권하지도 않았습니다.

* 최후신(最後身)은 아라한(阿羅漢)이며, 유여열반(有餘涅槃)은 아라한이 마음속의 번뇌 망념을 소멸시켜(內滅) 망념의 도적을 죽인 경지(殺賊)이다. 자아의식의 번뇌 망념은 소멸시켰지만(我空), 의식의 대상경계(法)를 소멸시키지 못했기 때문에 진정한 열반이 아니다(非眞滅).

대승은 자아의식(我空)과 의식의 대상경계를 모두 텅 비운(法空), 자성청정한 진여본성을 깨달아 체득한 본래열반이다. 즉 진여본심의 지혜는 신구의(身口意) 삼업(三業)이 청정하여 일체의 업장을 소멸하고, 자취나 흔적도 없는 무여열반(無餘涅槃)이기에 진정한 열반(眞滅)이라고 한다.

如富長者　知子志劣　以方便力　柔伏其心
然後乃付　一切財物　佛亦如是　現希有事
知樂小者　以方便力　調伏其心　乃教大智
我等今日　得未曾有　非先所望　而今自得
如彼窮子 得無量寶

마치 부자인 장자가 아들의 뜻이 용렬함을 이미 알고 방편의 힘으로 유연하게 아들의 마음을 조복(調伏)시킨 후에 일체 재물을 물려준 것과 같습니다.
부처님도 이와 같이 희유한 대승의 방편 법문을 설하여 소승법에 탐착하는 사람에게 방편지혜의 힘으로 그들의 마음을 조복한 후에 대승의 큰 지혜를 가르치니 저희 성문들도 오늘에야 미증유의 깨달음을 체득했습니다.
이전에 전혀 바라지도 않았던 일을 지금 저절로 얻게 된 것입니다.
마치 빈궁한 아들이 뜻밖의 무량의 보배를 획득하게 된 것과 같습니다.

世尊我今　得道得果　於無漏法　得淸淨眼
我等長夜　持佛淨戒　始於今日　得其果報
法王法中　久修梵行　今得無漏　無上大果
我等今者　眞是聲聞　以佛道聲　令一切聞
我等今者　眞阿羅漢　於諸世間　天人魔梵
普於其中　應受供養

세존이시여! 우리들이 지금 불도(道)의 깨달음을 체득하고, 대승 무루법(無漏法)의 청정한 안목을 이루었습니다.
우리들이 긴 밤의 무지, 무명에서 부처의 청정한 계법(戒律)을 수지하다가 비로소 오늘 대승 열반의 깨달음을 이루었습니다.
법왕의 정법(法王法)에서 오랫동안 청정한 범행(梵行)을 닦아 이제 무루법(無漏法)인 무상의 위대한 깨달음을 체득했습니다.
저희들이 오늘에야 진정한 성문(聲聞)이 되어 불도(佛道)의 음성(音聲)을 모든 중생들이 듣고 깨닫도록 하겠습니다.
저희들이 오늘에야 진정한 아라한(阿羅漢)이 되어 모든 중생세간의 천인(天人)과 마구니와 범천들과 널리 중생세간 가운데서 공양을 받게 되었습니다.

世尊大恩　以希有事　憐愍教化　利益我等
無量億劫　誰能報者　手足供給　頭頂禮敬
一切供養　皆不能報　若以頂戴　兩肩荷負
於恒沙劫　盡心恭敬　又以美膳　無量寶衣
及諸臥具　種種湯藥　牛頭栴檀　及諸珍寶
以起塔廟　寶衣布地　如斯等事　以用供養
於恒沙劫　亦不能報

세존의 크신 은혜는 희유한 일이며, 중생을 불쌍히 여기고 교화하여 우리들에게 깨달음의 이익을 주신 은혜를 무량억겁에 누가 능히 불은(佛恩)에 보답할 수 있겠습니까?
손과 발(手足)로 시봉하고 머리 숙여 예경(禮敬)하며, 온갖 물건으로 공양할지라도 보답할 길이 없습니다.
부처님을 머리에 이고 받들며, 두 어깨에 업고 다니기를 항하사 겁 동안 정성을 다해 공경하고, 훌륭한 음식이며 한량없는 보배 의복과 여러 가지 침구와 이부자리, 갖가지 탕약으로 받들어 공양하며, 우두산(牛頭山)의 전단향(栴檀香)과 여러 가지 진귀한 보배로 높은 탑을 세워 놓고 보배의 옷을 땅에 깔며 이와 같이 여러 가지 일을 항하사 겁 동안 공양할지라도 부처님의 은혜에 능히 다 보답할 수 없습니다.

* '누가 능히 불은(佛恩)에 보답할 수 있겠는가?(誰能報者)'라는 말에 대하여, 『수능엄경』 제3권에는 "원하건대 지금 깨달음을 체득하여 보왕(寶王)을 이루고 이와 같이 항하사의 중생을 제도하며, 이러한 깊은 마음으로 진찰(塵刹)을 받드는 일, 이것이 불은에 보답하는 것입니다(願今得果成寶王 還度如是恒沙衆, 將此深心奉塵刹 是則名爲報佛恩)"라고 설한다.

"티끌과 같이 수많은 마음작용을 다 계산해서 알고 큰 바닷물을 다 마실 수가 있고, 허공을 다 측량해서 알고 바람을 묶을 수 있는 능력이 있다고 할지라도 부처님의 공덕은 능히 다 설할 수가 없다(刹塵心念可數知 大海中水可飮盡 虛空可量風可繫 無能盡說佛功德)"고 불공덕을 칭송한다.

* 우두전단향 : 우두산(牛頭山; 摩羅耶山)에서 생산되는 전단향(栴檀香)

諸佛希有　無量無邊　不可思議　大神通力
無漏無爲　諸法之王　能爲下劣　忍于斯事
取相凡夫　隨宜而說　諸佛於法　得最自在
知諸衆生　種種欲樂　及其志力　隨所堪任
以無量喩　而爲說法　隨諸衆生　宿世善根
又知成熟　未成熟者　種種籌量　分別知已
於一乘道　隨宜說三

제불의 공덕은 희유하고 무량무변하며, 불가사의한 대신통의 지혜는 무루(無漏), 무위(無爲)로써 제법의 근본(王)입니다.
스스로 하열한 중생들에게 설법하는 이 일을 감당하시며, 아상(相)에 집착한 중생들의 근기에 맞게 방편 법문으로 설합니다.
제불은 일체법(法)에 자유자재하며, 중생들의 모든 욕망과 탐착을 자세하게 알고 중생들의 의지와 근기에 맞는 방편지혜와 한량없는 비유 법문을 설합니다.
여러 중생들이 과거세에 선근(善根)을 심은 것에 따라서 성숙(成熟)하고 미숙(未熟)함을 낱낱이 알아서 여러 가지로 사유하고, 방편의 지혜로 분별하여 알고 일불승(一佛乘)의 법문을 나누어 삼승의 방편으로 설합니다."

* 무루무위(無漏無爲) 제법지왕(諸法之王) : 진여일심이 제법의 근본이며 중심이라는 뜻이다. 경전에서 법왕, 심왕, 왕삼매(王三昧)라고 설하고, 불법은 심법(心法)이며 일체유심조(一切唯心造), 유심(唯心)의 사상이다.

* 취상범부(取相凡夫) : 자아의식(我相)과 의식의 대상경계(法相)에 집착하는 범부로 여기서는 성문, 연각의 이승 수행자를 지칭한다.
『법화경』의 법문으로 진정한 성문(聲聞), 진정한 아라한이 되었기 때문이다.

제5 약초유품(藥草喩品)

* 약초비유품에서는 삼초 이목(三草 二木)의 비유 법문을 설한다.
대지에 비가 똑같이 내리지만, 풀의 상중하(上中下), 나무의 대소(大小)에 따라 빗물을 받아들이는 정도는 각각 다르다. 제불여래의 설법은 일우(一雨)의 감로법문이지만 인천(人天)과 성문, 연각, 보살들이 수용하는 것은 각각 다르다고 설한 비유 법문이다.
『법성게』에 “감로의 비가 허공에 가득 내리지만, 중생은 받아들이는 그릇(근기)에 따라서 이익을 얻는다(雨寶益生滿虛空, 衆生隨器得利益)”라고 설한다. 『화엄경』 제36권에 설산의 선현약왕(善見藥王)을 보거나 듣거나 냄새 맡거나 맛보거나 접촉하면 몸이 청정하게 되고, 약초가 심어진 땅의 흙을 가지면 모든 병이 낫고 쾌락하게 된다고 설한다. 『열반경』 제2권에는 “마치 땅과 모든 산의 약초가 중생들을 위하여 사용하듯, 나의 법문도 그와 같이 미묘하여 감로의 법미(法味)로써 중생들의 다양한 번뇌의 병을 치료하는 약이 된다”라고 설한다. 『벽암록』 제87칙에 문수(文殊)가 선재(善財)에게 약이 되지 않는 풀을 구해오라고 지시하자, 선재는 두루 찾아다닌 뒤에 “약이 되지 않는 풀은 없습니다”라고 말했다.

여래의 무량무변 공덕(功德)

爾時世尊 告摩訶迦葉 及諸大弟子. 善哉善哉 迦葉. 善說如來

眞實功德 誠如所言. 如來 復有無量無邊阿僧祇功德. 汝等 若於無量億劫 說不能盡.

迦葉當知. 如來是諸法之王 若有所說 皆不虛也. 於一切法 以智方便 而演說之. 其所說法 皆悉到於一切智地. 如來觀知一切諸法之所歸趣. 亦知一切衆生 深心所行 通達無礙. 又於諸法究盡明了 示諸衆生 一切智慧.

그때 세존께서 마하가섭과 여러 대제자들에게 말했다.

"훌륭하고 훌륭하다, 가섭이여! 여래의 진실한 공덕(功德)을 설했으니 진실로 그대가 말한 것과 같다. 여래는 또 한량없고 끝이 없는 아승지의 공덕을 구족했으니, 그대들이 만약 무량억겁에 여래의 공덕을 설한다고 해도 다 설할 수 없다.

가섭이여! 반드시 잘 알아야 한다. 여래는 제법의 근본(王)이기에 여래의 설법은 허망하지 않다. 여래는 일체법(一切法)을 방편지혜로 설법하고, 여래가 설한 방편 법문은 모든 중생들을 일체지(一切智)의 미묘한 경지에 도달하게 한다.

여래는 일체 제법이 근본으로 귀결하는 곳을 관찰하여 알며, 또 일체 중생의 깊은 마음작용(心行)을 다 알고 통달하여 걸림이 없다. 또 일체 제법의 근본을 분명하게 요달하여 모든 중생들에게 일체의 지혜를 깨닫도록 개시(開示)한다.

* 여래는 제법의 근본(王)이기에 여래의 설법은 허망하지 않다. 일체법(一切法)에 대하여 진여일심으로 방편지혜의 법문을 설한다.

『금강경』에 "여래는 제법이 여여하게 지혜로 작용하는 뜻(諸法如義)"이라고 설한 것처럼, 진여일심의 지혜(여래)는 일체 제법의 근본이며 여여(如如), 여법(如法), 불이(不二) 일체(一體)이다. 『원각경』에는 '여래인지법행(如來因地法行)'이라고 설하고, 제불여래가 불지견(佛知見)을 구족하여 일체법(세간법, 출세간법)을 통달한 방편지혜로 중생들에게 설법하는 일이 일대사 인연이다.

약초(藥草)의 비유

迦葉 譬如三千大千世界 山川谿谷 土地所生 卉木叢林 及諸藥草 種類若干 名色各異. 密雲彌布 徧覆三千大千世界 一時等澍 其澤普洽 卉木叢林 及諸藥草 小根小莖 小枝小葉 中根中莖 中枝中葉 大根大莖 大枝大葉 諸樹大小 隨上中下 各有所受. 一雲所雨 稱其種性 而得生長 華果敷實. 雖一地所生 一雨所潤 而諸草木 各有差別.

가섭이여! 비유하면 삼천대천세계의 산과 강, 계곡과 평지에서 자라는 초목과 숲, 모든 약초들의 종류도 다양하고 이름과 형색, 특성도 각각 다르다.

어두운 먹구름이 삼천대천세계를 두루 덮고 일시에 큰비가 고루고루 흡족히 내리면 모든 초목과 숲과 온갖 약초들의 작은 뿌리, 작은 줄기, 작은 가지, 작은 잎사귀, 중간 뿌리, 중간 줄기, 중간 가지, 중간 잎사귀와 큰 뿌리, 큰 줄기, 큰 가지, 큰 잎사귀와 크고 작은 나무들이 상, 중, 하에 따라서 제각기 비를 받아들인다. 비는 한 구름에서 내리지만, 그 초목의 종류와 특성에 따라 싹이 트고 성장하며 꽃이 피고 열매를 맺는다.

비록 똑같은 땅에서 생겨나고 똑같이 하나의 비로 적셔 주지만, 모든 초목은 각각 모양과 형색, 특성의 차별이 있다.

* 삼초(三草) 이목(二木)의 비유 법문이다.
* "똑같은 땅에서 생겨나고 똑같이 하나의 비로 적셔 주지만, 모든 초목은 각각 모양과 형색, 특성의 차별이 있다(一地所生 一雨所潤 而諸草木 各有差

別)"라는 말은 제법실상법(諸法實相法)을 설한 것이다. 『금강경』에 "일체 현성은 진여일심(無爲法)으로 다양한 방편지혜의 법문(差別)을 설한다"고 했다.

迦葉當知 如來亦復如是 出現於世 如大雲起 以大音聲 普徧世界 天人阿修羅 如彼大雲 徧覆三千大千國土.
於大衆中 而唱是言, 我是如來 應供 正徧知 明行足 善逝 世間解 無上士 調御丈夫 天人師 佛 世尊. 未度者令度, 未解者令解, 未安者令安, 未涅槃者 令得涅槃.
今世後世 如實知之 我是一切知者, 一切見者. 知道者 開道者 說道者. 汝等天人阿修羅衆 皆應到此 爲聽法故.
爾時 無數千萬億種衆生 來至佛所 而聽法. 如來于時 觀是衆生 諸根利鈍 精進懈怠 隨其所堪 而爲說法 種種無量 皆令歡喜 快得善利.
是諸衆生 聞是法已 現世安隱 後生善處 以道受樂 亦得聞法 旣聞法已 離諸障礙 於諸法中 任力所能 漸得入道. 如彼大雲 雨於一切草木叢林 及諸藥草 如其種性 具足蒙潤 各得生長.

가섭이여! 반드시 잘 알아야 한다. 여래도 또한 이와 같이 사바세계에 출현(出現)하는 것은 큰 구름이 일어나는 것과 같고, 큰 음성으로 널리 온 세계에 두루 하는 천인들과 아수라에게 설법하는 것은 마치 저 큰 구름이 삼천대천세계를 두루 덮는 것과 같다.

중생세간에서 이와 같이 제창한다. 나(眞我)는 곧 여래(如來)이며, 응공(應供), 정변지(正徧知), 명행족(明行足), 선서(善逝), 세간해(世間解), 무상사(無上士), 조어장부(調御丈夫), 천인사(天人師), 불(佛), 세존(世尊)이다. 아직 제도(濟度)하지 못한 중생들을 제도하고, 불법을 이해하지 못한 중생들을 이해하게 하고, 편안하지 못한 사람들을 편안하게 하고, 열반의 경지를 체득하지 못한 사람들에게 열반의 경지를 체득하게 한다.

금세(지금)와 후세(미래)를 여실하게 모두 다 안다. 여래는 일체 제법을 여법하게 깨달아 알고 일체의 제법을 여실하게 볼 수 있는 불지견이 있으며, 불도(道)의 진실한 도리를 여실하게 깨달아 알고 불도를 시절 인연의 본분사로 건립(창조)하며, 불도를 일체 중생에게 여시 설법한다.

그대들 천인, 아수라 대중들이여! 그대들은 모두 다 여기 와서 법문을 청법하도록 하라!

그때 무수하게 많은 천만 억 종류의 중생들이 부처님의 처소에 와서 법문을 청법했다.

여래는 이때 이 중생들의 근기가 영리하고 우둔하며, 수행 정진하는 자와 게으른 자를 관찰하고 그들이 감당할 수 있는 능력대로 설법하여 여러 종류로 한량없는 중생들을 모두 환희하게 하며, 통쾌하게 선법으로 생사윤회를 해탈하는 이익을 체득하도록 하였다.

이 모든 중생들이 이 법문을 들으면, 현세(現世)에는 편안하고 후세에는 선법을 이룬 곳(善處)에 왕생(往生)하여 불도의 법락(法樂)을 이루며, 또한 법문을 청법하고 불도를 깨달아 체득한다. 이미 법문을 청법한 사람은 모든 장애를 여의고 일상의 제법 가운데서 그가 감당할 수 있는 능력에 따라 점차로 불도를 깨달아 체득하게 된다.

마치 저 큰 구름이 모든 초목과 숲과 모든 약초에 비를 내리면, 그 종류와 성품에 맞게 똑같은 비의 윤택함을 받아들여서 각기 만물이 싹이 트고 성장하는 것과 같다.

* 아직 제도(濟度)하지 못한 중생들을 제도하고, 불법을 이해하지 못하는

중생들을 이해하게 하고, 편안하지 못한 사람들을 편안하게 하고, 열반의 경지를 체득하지 못한 사람들에게 열반의 경지를 체득하도록 한다(未度者令度, 未解者令解, 未安者令安, 未涅槃者 令得涅槃). 이 일단은 중국 천태종의 천태지의(天台智顗)가 『석선바라밀차제법문(釋禪波羅蜜次第法門)』 권1의 상(上)에서 『법화경』의 구절을 다음과 같이 해석하고 처음으로 사홍서원이라고 호칭했다.

"보살이 진여일심의 지혜로 제법의 실상을 관찰하며, 일체 중생을 연민하는 대비심을 일으키고, 사홍서원을 발원해야 한다.
사홍서원이란 첫째, 아직 제도하지 못한 중생을 제도하도록 한다. 다시 말하면 중생이 무변이지만 맹세코 제도한다는 것이다. 둘째, 불법을 이해하지 못한 중생이 이해하도록 한다. 다시 말해 번뇌가 무수히 많지만 맹세코 끊도록 하는 것이다. 셋째, 평안을 얻지 못한 중생이 평안을 얻도록 한다. 다시 말해 법문이 다함없지만 맹세코 불법을 알도록 하는 것이다. 넷째, 아직 열반을 체득하지 못한 중생은 열반을 체득하도록 한다. 다시 말해 무상의 불도를 맹세코 이루도록 한다는 것이다.(所謂發菩提心. 菩提心者 卽是菩薩以中道 正觀以諸法實相, 憐愍一切 起大悲心 發四弘誓願. 發四弘誓願者, 一未度者令度 亦云 衆生無邊誓願度, 二未解者令解, 亦云. 煩惱無數誓願斷. 三未安者令安, 亦云. 法門無盡誓願知. 四未得涅槃 令得涅槃, 亦云. 無上佛道誓願成.)(『대정장』 제46권 476中)"

* "여래는 일체법의 실상을 여법하게 알고, 여실하게 보고, 불도를 깨달아 알고, 불도를 건립하고, 불도를 설한다(我是一切知者, 一切見者. 知道者 開道者 說道者)"고 했다. 즉, 제불여래는 일체 중생이 본래 진여본성을 구족한 진여법을 발견하고 깨달아 불지견(佛知見)을 구족했기 때문에 일체법(세간법과 출세간법)을 여법하고 여실하게 잘 안다. 따라서 정법의 안목으로 불

도의 지혜로운 삶을 건립하며, 세간의 중생들에게 불도를 개시(開示)하고 방편 법문으로 설법하여 일체 중생들을 제도한다.

『금강경』에서는 "여래 실지 실견(如來悉知悉見)" 혹은 "여시지 여시견 여시신해(如是知, 如是見, 如是信解)"라고 설한다. 지도(知道)란 진여법, 제법 실상법이 공(空)과 불공(不空)으로 여법하게 진공묘유(眞空妙有)의 지혜로 작용하는 도리를 깨달아 체득한 것이다. 『금강경』에 "여래소득법 무실무허(如來所得法 無實無虛)"라고 설하며, "이 진여법은 평등하여 높고 낮음의 차별이 없다(是法平等 無有高下)"고 설한다.

즉 중생심의 번뇌 망념을 텅 비운(空) 진여일심의 지혜(不空)로 지금 여기, 시절 인연에 따른 자기 본분사의 일을 방편지혜로 건립하는 것이 개도자(開道者)이다.

『유마경』에는 "일체의 대상경계에 걸림 없는 진여일심의 지혜로 일체법을 건립한다(無住本上 立一切法)"고 설한다.

설도자(說道者)는 불지견으로 일체 중생들에게 진여법을 방편 법문으로 개시(開示)하고 여시설법(如是說法)하는 제불여래의 본분사이다.

여래의 설법은 일상일미(一相一味)

如來說法 一相一味. 所謂解脫相, 離相, 滅相, 究竟至於一切種智. 其有衆生 聞如來法 若持讀誦 如說修行 所得功德 不自覺知.

所以者何. 唯有如來 知此衆生 種相體性. 念何事 思何事 修何事, 云何念 云何思 云何修, 以何法念 以何法思 以何法修, 以何法 得何法 衆生 住於種種之地 唯有如來 如實見之 明了無礙. 如彼卉木叢林 諸藥草等 而不自知上中下性.

如來 知是一相一味之法. 所謂解脫相 離相滅相 究竟涅槃 常寂滅相 終歸於空. 佛知是已 觀衆生心欲 而將護之. 是故不卽爲說一切種智.
汝等迦葉 甚爲希有 能知如來 隨宜說法 能信能受. 所以者何 諸佛世尊 隨宜說法 難解難知.

여래의 설법은 일상(一相)이며, 일미(一味)이다. 말하자면 여래의 설법은 해탈상(解脫相)이며, 자아의식과 의식의 대상(法相)을 여읜 경지(離相)이며, 중생심의 번뇌 망념을 소멸하고 구경에 일체의 다양한 방편지혜(一切種智)를 이룬다.

그 중생이 여래의 법문을 청법하고 만약 수지 독송하여 설법한 그대로 여법하게 수행하면, 그가 깨달아 체득한 공덕을 그는 스스로 의식의 대상으로 알지(覺知) 못한다.

왜냐하면 오직 여래의 지혜로서만이 이 중생들의 종류(種)와 특성(相)과 본체(體)와 성품(性)을 여실하게 잘 알기 때문이다.

즉 중생들이 무슨 일을 자각하고 무슨 일을 사유하고 무슨 일을 수행하는지, 어떻게 자각하고 어떻게 사유하고 어떻게 수행하는지, 어떤 법을 자각하고 어떤 법을 사유하며 어떤 법을 수행하는지, 어떤 법을 수행하여 어떤 법을 깨달아 체득하는지는 여래의 지혜로만 알 수 있다.

이와 같이 중생들이 여러 가지 다양한 경지에서 집착하고 있는 것은, 오직 여래의 지혜로 여실하게 보고 분명하게 깨달아 알기에 걸림이 없다.

마치 저 초목과 총림에 여러 종류의 다양한 약초들이 스스로 상근, 중근, 하근의 특성이라는 사실을 알지 못하는 것과 같다.

여래의 지혜가 일상(一相)이며 일미(一味)의 불이법(不二法)이라는 사실을 알 수 있다. 말하자면 여래의 지혜는 해탈의 실상(解脫相)이며, 중생심의 자아의식(我相)을 여의고(離相) 생사의 번뇌 망념이 소멸되었으며, 구경의 열반에서 항상 적멸상(寂滅相)이니 마침내 일체가 본래의 공(空)으로 되돌아간 경지이다.

부처님은 이러한 사실을 여법하게 잘 알고, 중생들이 하고 싶은 마음작용(心行)과 욕망을 관찰하여 그 중생들을 인도하고 보호하기 때문에 곧바로 대승의 일체 다양한 방편지혜의 법문(一切種智)을 설하지 않았다.

가섭이여! 그대들은 심히 희유하다. 그대들은 여래가 중생의 근기에 맞추어 설법한다는 사실을 잘 알고, 스스로 확신하여 스스로 수용하고 있다.

왜냐하면 제불세존이 중생의 근기에 맞게 설법하는 일은 이해하기 어렵고, 알기 어렵기 때문이다."

* 여래 설법이 일상일미(一相一味)라는 말은, 진여일심의 지혜로 설한 불이법문(不二法門)이라는 뜻이다. 여래의 설법을 법음(法音), 일음연설(一音演說), 원음(圓音), 묘음설법(妙音說法), 해조음(海潮音)이라고 하며, 일미(一味)는 해성일미(海性一味), 해수일미(海水一味), 해탈미(解脫味), 일미도(一味道), 일미지법(一味之法)을 말한다.

* 진여본성은 본래 중생심의 자아의식과 번뇌 망념의 생멸심, 생사심을 여윈 경지이기 때문에 번뇌 망념에서 해탈한 해탈상(解脫相), 열반상(涅槃相)이다. 이상(離相)은 생사윤회의 업장(業障)을 여윈 경지, 멸상(滅相)은 중생의 생멸심, 생사심을 초월한 경지로서 혹(惑), 업(業), 고(苦)를 벗어난 一實相이다.

『유마경』 관중생품에 "언설 문자가 모두 해탈상이다. 왜냐하면 해탈은 안도 아니고 밖도 아니며, 내외(內外)의 그 중간도 아니기 때문이다. 문자 역시 안도 아니고 밖도 아니며, 내외의 그 중간도 아니기 때문이다. 그래서 사리불이여, 문자를 여의고 해탈을 설하는 것이 아니다. 왜냐하면 일체의 제법은 바로 해탈상이기 때문이다(言說文字 皆解脫相. 所以者何 解脫者 不內不外 不在兩間. 文字亦 不內 不外, 不在兩間. 是故 舍利弗 無離文字 說解脫也.

所以者何 一切諸法 是解脫相)"라고 설한다.

진여일심의 지혜로 여시설법하는 것이 해탈상이다. 진여본성은 본래 여여하게 상주(常住)하는 본래열반, 진여무념(眞如無念), 진여자연(眞如自然), 제법실상(諸法實相)의 세계이다. 『금강경』에 "여래자즉제법여의(如來者卽諸法如義)"라고 하며, 『대승기신론』(15)에 "진여일심이 항상 지혜로 상주하는 것이 구경각이다(心卽常住 名究竟覺)"라고 설한다.

* 부처님은 이러한 사실을 여법하게 잘 알고, 중생들이 하고 싶은 마음작용(心行)과 욕망을 관찰하여 그 중생들을 인도하고 보호한다. 그래서 곧바로 일체 다양한 방편지혜(一切種智) 법문을 설하지 않았다(佛知是已 觀衆生心欲 而將護之. 是故不卽爲說 一切種智).

『법화경』은 대승 보살들에게 설한 법문이며, 근기가 익지 않은 범부나 성문, 연각의 수행자들에게는 대승 일승법문을 곧바로 설하지 않았다. 신심과 근기가 익지 않은 사람이 대승 일승법을 중생심으로 수용하여 오해하고 착각하면, 사견(邪見)과 사법(邪法)에서 영원히 벗어나기 어렵기 때문에 대승불법을 수용할 수 있는 원력과 신심, 근기가 익은 보살들에게 설한다.

방편과 진실

爾時世尊 欲重宣此義 而說偈言

破有法王 出現世間 隨衆生欲 種種說法
如來尊重 智慧深遠 久默斯要 不務速說
有智若聞 則能信解 無智疑悔 則爲永失
是故迦葉 隨力爲說 以種種緣 令得正見

그때 세존께서 이 법문의 뜻을 거듭 자세히 게송으로 말했다.

"중생들의 번뇌 망념을 타파하는 법왕(法王)이 중생세간에 출현하여 중생의 욕망에 따라 여러 가지 방편으로 설법한다.

여래는 존귀하며 지혜가 깊고 넓어 오랫동안 침묵하면서 이 일승법의 요지(要旨)를 신속히 설하지 않았다.

지혜 있는 사람이 만약 이 법문을 청법하면 곧 스스로 신심으로 이해하지만, 지혜 없는 사람은 의심하여 곧 영원히 일승법을 상실하기 때문이다.

그러므로 가섭이여! 여래는 중생들의 능력에 맞게 설법하여 다양한 방편인연으로 정법의 안목(正見)을 체득하도록 한다.

* 파유(破有) : 중생심의 번뇌 망념과 의식의 대상경계에 집착하는 것(有結)을 타파하는 것을 말한다. 중생은 자기 존재와 의식의 대상경계로 부처나 해탈 열반 등이 있다고 생각한다(知有). 파유는 아상(我相), 인상(人相), 중생상(衆生相), 수자상(壽者相)과 일체의 언설상(言說相), 명자상(名字相), 심연상(心緣相)을 텅 비운다(空)는 뜻이다.
* 세존이 오래 침묵하고 신속하게 대승의 일승법을 설하지 않은 것은(久默斯要 不務速說), 대승보살의 원력과 신심으로 대승법을 수용할 수 있는 인연이 도래할 때 설법한 것이다.

迦葉當知　譬如大雲　起於世間　徧覆一切
慧雲含潤　電光晃曜　雷聲遠震　令衆悅豫
日光掩蔽　地上清凉　靉靆垂布　如可承攬
其雨普等　四方俱下　流澍無量　率土充洽
山川險谷　幽邃所生　卉木藥草　大小諸樹
百穀苗稼　甘蔗葡萄　雨之所潤　無不豐足

乾地普洽　藥木並茂　其雲所出　一味之水
草木叢林　隨分受潤　一切諸樹　上中下等
稱其大小　各得生長　根莖枝葉　華果光色
一雨所及　皆得鮮澤　如其體相　性分大小
所潤是一　而各滋茂

가섭이여! 반드시 잘 알아라. 비유하면 큰 구름이 중생세간에 일어나서 일체 세간을 두루 덮으니 지혜의 구름은 비를 머금고, 번갯불은 밝은 빛을 비추며, 우렛소리는 멀리 진동하여 중생들을 모두 기쁘게 한다.
태양의 빛을 가려서 지상은 서늘해지고, 뭉게구름은 내려앉아 두 손으로 잡힐 듯하며, 단비는 사방에 모두 똑같이 골고루 내린다.
그 비는 온 국토를 충분히 적셔 윤택하게 하니 산과 들, 깊은 계곡이나 낮은 곳에 자라는 초목과 숲, 여러 가지 약초와 크고 작은 나무들과 온갖 곡식의 싹들과 사탕수수(甘蔗), 포도까지 단비의 윤택함에 모두가 풍족하게 자란다.
메마른 땅을 고루 적셔 약초와 나무가 함께 무성하다. 저 구름에서 내리는 일미(一味)의 빗물을 받아들여 풀과 나무와 숲들이 각기 분수에 따라 윤택하게 수용한다.
일체의 모든 나무와 큰 풀, 중간 풀, 작은 풀이 크고 작은 모양대로 제각기 본분에 맞게 성장할 때 뿌리, 줄기, 가지, 잎사귀, 꽃, 열매의 빛깔과 형색이 같은 비(一雨)에 모두 다 신선하고 윤택해진다.
마치 모든 초목의 본체(體)와 특성(相), 성품(性)과 본분(分), 크고 작은 모양대로 같은 비를 적시지만, 만물은 각각 다양하고 무성하게 성장한다.

* 『법성게』에 "감로의 비는 보배가 되어 중생들에게 이익 되는 일이 허공에 가득하니, 중생들은 그릇에 따라서 그 해탈 이익을 이룬다. 그래서 수행자

가 자기의 근본으로 되돌아가니 망상을 쉬지 않고서는 이러한 경지를 이룰 수가 없으며, 본래의 집으로 돌아가서 본분사에 따라 지혜생명의 양식으로 삼는다(雨寶益生滿虛空 衆生隨器得利益, 是故行者還本際 叵息妄想必不得 歸家隨分得資糧)"라고 읊었다.

* 만물의 본체(體)와 특성(相), 성품(性)과 본분(分), 크고(大) 작은(小) 모양은 자연법이(自然法爾)의 제법실상을 말한다.

佛亦如是　出現於世　譬如大雲　普覆一切
旣出于世　爲諸衆生　分別演說　諸法之實
大聖世尊　於諸天人　一切衆中　而宣是言
我爲如來　兩足之尊　出于世間　猶如大雲
充潤一切　枯槁衆生　皆令離苦　得安隱樂
世間之樂　及涅槃樂　諸天人衆　一心善聽
皆應到此　覲無上尊　我爲世尊　無能及者
安隱衆生　故現於世　爲大衆說　甘露淨法
其法一味　解脫涅槃　以一妙音　演暢斯義
常爲大乘　而作因緣

부처님이 이와 같이 중생세간에 출현하는 것을 비유하면, 큰 구름이 일체 세간을 덮는 것과 같다.
제불세존이 세간에 출현하여 모든 중생들에게 제법의 실상법(實相法)을 방편법문으로 설한다.
대성(大聖) 세존이 모든 천신과 사람들, 모든 중생들에게 이 말을 널리 알린다.
'나는 곧 여래이며 지혜와 자비를 구족한 세존이다. 이 중생의 사바세계에 출현한 것은, 마치 큰 구름이 비를 내려 일체의 초목을 윤택하게 하는 것과 같다. 지혜의 생명수가 없어 고목처럼 메마른 중생들이 모두 생사윤회의 고통을 여의고 안락한 경지를 체득하며, 세간에서도 안락하고 열반의 법락을 이루도록 한다. 모든 천신과 사람들이 일심으로 법문을 청법하면 모두가 반드시 열반의 법락에 도달하고 무상존(無上尊)을 친견하도록 한다.'

여래는 곧 세존이니, 이와 같은 깨달음에 이른 자가 없다.

중생들을 편안하게 하고자 이 중생세간에 출현하여 여러 중생들에게 감로의 청정법을 설하니, 그 청정법은 일미(一味)로 해탈이며 열반이다.

일심의 묘음(一妙音)으로 대승법의 대의(法義)를 연창하니, 항상 대승(大乘法)의 법문을 설하는 일대사 인연이 된다.

* 제불여래는 중생의 생사윤회를 초월하고 출세간의 지혜를 깨달아 체득하도록 제법실상법(진여법)을 방편 법문으로 설한다. 따라서 중생이 대승법을 청법하고 수지하면, 생사윤회의 고통을 여의고 안락을 체득하며 세간에서도 안락하고 열반의 법락을 이룬다(皆令離苦 得安隱樂, 世間之樂 及涅槃樂)고 이고득락(離苦得樂)을 설했다.

  안은락(安隱樂)은 생사윤회를 해탈하고 본래의 집으로 되돌아간 평안한 안락이며, 세간의 낙(樂)은 현실의 중생세간에 살면서도 중생의 욕망세계에 타락하지 않고 항상 청정한 지혜로 보살도의 삶을 사는 처염상정(處染常淨)이며, 열반락(涅槃樂)은 법희선열락(法喜禪悅樂), 법락(法樂)의 경지이다.
* "여래는 곧 세존이니, 이와 같은 깨달음에 이른 자가 없다(我爲世尊 無能及者)"라는 말은, 진여일심의 지혜(여래)는 절대 평등하고 무상각(無上覺), 무상존(無上尊), 무비(無比)라고 설한 법문이며, 천상천하 유아독존(天上天下 唯我獨尊)이라는 말과 같다.
* 감로정법(甘露淨法) : 감로법우와 같이 일체 만물과 중생들에게 지혜의 생명수를 제공하는 것이다. 감로는 범어 아마르따(amarta)로서 불사(不死),

혹은 천상의 감로수(天酒) 등으로 번역하고, 중생심의 생사윤회에 타락하지 않는 불사의 감로법우(妙法)이다.

我觀一切　普皆平等　無有彼此　愛憎之心
我無貪著　亦無限礙　恒爲一切　平等說法
如爲一人　衆多亦然　常演說法　曾無他事
去來坐立　終不疲厭　充足世間　如雨普潤
貴賤上下　持戒毁戒　威儀具足　及不具足
正見邪見　利根鈍根　等雨法雨　而無懈倦

여래는 일체법을 두루 평등하게 관찰하니, 피차(彼此)와 증애(憎愛)를 차별하는 망심이 없다.
여래는 일체법을 탐착하지도 않고, 또한 대상경계에 걸림도 없다.
항상 일체 중생들에게 평등하게 설법하며, 마치 한 사람에게 설한 것과 같이 많은 대중들에게도 역시 그러하다.
여래는 항상 본분사로 설법하기에 다른 일(他事)은 없으며, 가고 오고 앉고 서고 언제라도 피곤하거나 싫어하지 않는다. 세간의 중생들이 지혜와 자비가 충족하기를 마치 비가 만물을 두루 윤택하게 하는 것과 같다.
신분의 귀천(貴賤)과 상하(上下), 지계(持戒)와 파계(破戒), 위의(威儀)를 갖춘 이나 갖추지 못한 이, 바른 소견이나 삿된 소견, 총명하고 우둔한 이에게도 평등하게 감로법우 내리는 일에 게으름과 권태가 없다.

* "여래는 항상 본분사로 설법하기에 다른 일(他事)은 없다(常演說法 曾無他事)"라는 말은, 제불세존이 중생들에게 대승법(일승법)을 설하는 일이 사바세계에 출세한 일대사인연이라는 뜻이다. 여기서 다른 일이 없다(無他

事)라는 말은, 어떤 목적이나 대상을 두고 설법한 것이 아니라 자아의식을 텅 비우고 무심하게 진여일심의 지혜로 의식의 대상경계도 없이 무사(無事)하게 본분사의 일로 설법한다는 뜻이다. 그래서 여래는 자신의 주장과 목적, 대상경계 없이 설법했기에 49년 동안 한 글자도 설하지 않았다(一字不說)고 한다.

一切衆生　聞我法者　隨力所受　住於諸地
或處人天　轉輪聖王　釋梵諸王　是小藥草
知無漏法　能得涅槃　起六神通　及得三明
獨處山林　常行禪定　得緣覺證　是中藥草
求世尊處　我當作佛　行精進定　是上藥草
又諸佛子　專心佛道　常行慈悲　自知作佛
決定無疑　是名小樹　安住神通　轉不退輪
度無量億　百千衆生　如是菩薩　名爲大樹
佛平等說　如一味雨　隨衆生性　所受不同
如彼草木　所稟各異　佛以此喩　方便開示
種種言辭　演說一法　於佛智慧　如海一滴

일체 중생이 여래의 법문을 청법하고, 각자의 지위에서 법문을 수지하여 각자의 지위에서 자기 본분사의 지혜로운 삶을 산다.
혹은 인천(人天), 전륜성왕(轉輪聖王), 제석천왕, 범천왕 등으로 살게 되니 이것은 작은 약초이다.
무루법(無漏法)을 깨달아 열반의 경지를 증득하여 여섯 가지 신통과 세 가지 지혜(三明)를 체득하고, 홀로 산림 속에서 항상 선정을 수행하는 연각의 경지를 증득한 사람들은 중간 약초이다.

제불세존의 경지를 발원하고, 나도 반드시 부처의 지혜를 이루는 원력을 세우고 수행 정진하는 사람은 상품 약초이다.
또 여러 불자들이 불도 수행에 전심하여 항상 자비심을 실천하고, 스스로 성불할 수 있는 사실을 알아 의심 없이 결정적인 신심을 이루면 작은 나무(小樹)라고 한다.
신통한 방편지혜로 살며 불퇴전의 법륜(法輪)을 굴리고 한량없는 백 천 억 중생들을 제도하는 이 보살들은 큰 나무(大樹)라고 한다.
제불의 평등한 설법은 마치 일미(一味)의 법우(法雨)와 같다.
중생이 성품에 따라서 법우를 수용하는 일이 같지 않은 것은 마치 저 초목들이 각각 다르게 비를 받아들이는 것과 같다.
부처님은 이러한 비유와 방편 법문을 개시(開示)하여 여러 가지 언어로 일승법(一法)을 설하지만, 부처의 지혜법문은 마치 큰 바다의 물 한 방울과 같다.

* 일적(一滴) : 해수일미(海水一味)와 같이 불이법문이며 평등법, 일체법, 진여법, 불법을 방편 법문으로 설하지만, 방편 법문은 임시로 언설을 빌렸기 때문에 실체가 없다. 마치 바다에 한 방울의 물이 일체 바닷물과 똑같이 해수일미인 것처럼 시절인연의 본분사의 일로 설한 것이다.

我雨法雨　充滿世間　一味之法　隨力修行
如彼叢林　藥草諸樹　隨其大小　漸增茂好
諸佛之法　常以一味　令諸世間　普得具足
漸次修行　皆得道果　聲聞緣覺　處於山林
住最後身　聞法得果　是名藥草　各得增長
若諸菩薩　智慧堅固　了達三界　求最上乘
是名小樹　而得增長　復有住禪　得神通力

聞諸法空　心大歡喜　放無數光　度諸衆生
是名大樹　而得增長

여래는 법우(法雨)를 내려 중생세간을 충만하게 한다. 일미(一味)의 불법을 각자 능력에 따라 수행하는 것이 마치 저 숲에 약초와 모든 나무가 크고 작음에 따라 점차로 자라 무성해지는 것과 같다.
제불이 설한 법문은 항상 일미(一味)인데, 모든 세간 중생들에게 널리 구족하게 하고 점차로 수행하여 불도(道)의 깨달음을 체득하게 한다.
성문이나 연각들이 산림 속에서 수행하며 최후신(아라한)에 안주하여 법문을 청법하고 깨달음을 체득하니 이것은 약초들이 각각 더욱 성장하는 것과 같다.
만일 모든 보살들이 지혜가 견고하여 삼계(三界)를 분명히 깨닫고, 최상승(最上乘)을 구한다면 이것은 작은 나무가 점차로 증장하는 것과 같다.
또 어떤 사람이 선정의 경지에서 신통한 지혜의 힘을 체득하여 제법의 공(空)한 법문을 청법하고, 마음으로 크게 환희하여 무수한 지혜광명을 놓아 여러 중생들을 제도하면 이것은 큰 나무가 점차로 증장하는 것과 같다.

如是迦葉　佛所說法　譬如大雲　以一味雨
潤於人華　各得成實　迦葉當知　以諸因緣
種種譬喩　開示佛道　是我方便　諸佛亦然
今爲汝等　說最實事　諸聲聞衆　皆非滅度
汝等所行　是菩薩道　漸漸修學　悉當成佛

이와 같이 가섭이여! 제불여래가 설법하는 것은 마치 큰 구름이 일미(一味)의 법우(法雨)를 내려 사람과 꽃(人華)이 윤택하여 결실을 이루도록 하는 것과 같다.

가섭이여! 반드시 잘 알도록 하라. 모든 인연법문과 갖가지 비유법문으로써 불도(佛道)를 개시(開示)한 것이니 이것이 여래의 방편 법문이며, 제불도 또한 그러하다.

지금 그대들에게 최상의 진실한 사실을 설하니 모든 성문 대중은 진정한 열반(滅度)의 경지가 아니다.

그대들이 수행해야 할 것은 바로 대승 보살도이니 점차로 수학하면 모두 다 반드시 성불(成佛)할 것이다."

* 모든 성문 대중은 진정한 열반(滅度)의 경지가 아니다(諸聲聞衆 皆非滅度). 소승수행자들이 깨달은 열반은 진정한 열반의 경지가 아니다. 대승의 진정한 열반(眞滅)과 소승의 열반을 비진멸(非眞滅), 혹은 비멸도(非滅度)라고 비판했다. 소승의 열반은 번뇌 망념을 죽이고 아라한의 경지를 체득한 것이며, 대승의 열반은 본래열반, 진여무념, 진여본성을 회복하고 진여일심의 지혜로 설법하는 본분사이다.

『법화경』 방편품에 "諸法從本來 常自寂滅相, 佛子行道已 來世得作佛"이라고 설하고, 선에서는 돈오견성(頓悟見性), 견성성불(見性成佛), 즉심시불(卽心是佛)이라고 설한다.

제6 수기품(授記品)

* 『금강경』에 선혜(善慧; sumati)라는 사람이 연등불(燃燈佛), 즉 정광여래(定光如來; 定光佛)를 만나 발심 수행할 때 연등불이 "그대는 미래세에 석가모니불이 될 것이다"라고 수기설법을 하고 있다.

『법화경』에는 "일체 중생은 모두 성불한다(一切皆成)"라고 설하고, 부처님이 성문제자들에게 반드시 불도를 깨달아 성불할 것이라고 예언한 수기(授記)설법으로 유명하다.
방편품에서는 부처님이 사리불에게 수기 설법하였고, 여기 수기품에서는 대가섭, 대목건련, 수보리, 가전연에게 수기한다.
오백제자수기품에서는 부루나와 천이백 아라한, 오백 아라한들에게 수기하고, 수학무학인기품에서는 아난, 라후라와 이천 아라한들에게 수기한다.
권지품에서는 비구니들에게 수기하는데, 불 이모(佛姨母)인 마하파사파제 비구니와 유학(有學), 무학(無學) 비구니 육천 인(人), 그리고 교담미(憍曇彌) 비구니, 라후라의 어머니 야수다라 비구니 등에게 수기 설법한다.

가섭 수기장(授記章)

爾時 世尊 說是偈已 告諸大衆 唱如是言.
我此弟子 摩訶迦葉 於未來世 當得奉覲三百萬億諸佛世尊 供養

恭敬 尊重讚歎 廣宣諸佛 無量大法 於最後身 得成爲佛. 名曰光明如來 應供 正徧知 明行足 善逝 世間解 無上士 調御丈夫 天人師 佛 世尊.
國名光德, 劫名大莊嚴. 佛壽十二小劫 正法住世 二十小劫, 像法亦住二十小劫. 國界嚴飾 無諸穢惡 瓦礫荊棘 便利不淨 其土平正 無有高下 坑坎堆阜 瑠璃爲地 寶樹行列 黃金爲繩 以界道側 散諸寶華 周徧清淨.
其國菩薩 無量千億 諸聲聞衆 亦復無數 無有魔事, 雖有魔及魔民 皆護佛法.

그때 세존께서 이렇게 게송으로 설하고 여러 대중에게 이와 같이 말했다.

"여래의 제자인 마하가섭은 미래의 세상에서 삼백만 억 제불 세존을 받들어 섬기며 공양 공경, 존중 찬탄하면서 제불의 무량한 대법(大法)을 널리 펴다가 최후신(最後身)으로 성불할 것이다. 그 부처의 명호는 광명(光明)여래, 응공, 정변지, 명행족, 선서, 세간해, 무상사, 조어장부, 천인사, 불, 세존이다.

그 광명여래 부처님이 중생을 교화하는 국토는 광덕(光德)이요, 교화하는 시간(劫)은 대장엄(大莊嚴)이다.

그 광명여래 부처님의 수명은 십이(十二) 소겁(小劫)이요, 정법(正法)은 이십 소겁이요, 상법(像法)도 또한 이십 소겁 동안 세상에 상주한다. 그 광명여래 부처님이 상주하는 국토는 장엄하게 꾸며져 있고, 온갖 더럽고 나쁜 것, 기와 조각이나 잔돌, 가시덤불, 똥오줌 등의 오염이 없다. 그 국토는 평평하여 높은 곳, 낮은 곳, 구렁이나 언덕이 없고 땅은 청정한 유리로 되었으며, 보배 나무들이 줄 지어 있었다. 황금의 줄로 길의 경계를 장엄하고 보배 꽃을 흩어서 가는 곳마다 두루 청정하다.

그 나라 보살들의 숫자는 무량(無量)하여 천억이나 되고, 성문들도 또한 무수

(無數)히 많다. 악마의 나쁜 일이 없으며 비록 마왕과 마왕의 백성이 있지만 모두 불법(佛法)을 옹호한다."

爾時世尊 欲重宣此義 而說偈言

告諸比丘 我以佛眼 見是迦葉 於未來世
過無數劫 當得作佛 而於來世 供養奉覲
三百萬億 諸佛世尊 爲佛智慧 淨修梵行
供養最上 二足尊已 修習一切 無上之慧
於最後身 得成爲佛 其土淸淨 瑠璃爲地
多諸寶樹 行列道側
金繩界道 見者歡喜 常出好香 散衆名華
種種奇妙 以爲莊嚴 其地平正 無有丘坑
諸菩薩衆 不可稱計 其心調柔 逮大神通
奉持諸佛 大乘經典 諸聲聞衆 無漏後身
法王之子 亦不可計 乃以天眼 不能數知
其佛當壽 十二小劫 正法住世 二十小劫
像法亦住 二十小劫 光明世尊 其事如是

그때 세존은 이 뜻을 거듭 펴려고 게송으로 말했다.

"모든 비구들에게 말하노라. 여래가 불안(佛眼)으로 가섭의 미래 세계를 살펴보니, 미래세상 무수한 시간(겁)을 지나서 반드시 불도를 체득하고 성불한다. 그는 미래세(來世)에 삼백만 억 제불세존을 공양하고 받들어 섬기며 부처의 지혜를 체득하고자 청정한 범행(梵行)을 닦으며, 최상의 지혜와 복덕을 구족한 세존께 공양하고 일체 무상(無上)의 지혜를 수행하고 익혀 보살의 최후신으로 성불하여 부처가 될 것이다.

그 국토는 청정한 유리로 땅이 되었고 여러 가지 보배 나무가 가로수로 줄지어 섰으며, 황금의 줄로 길의 경계를 장엄하니 보는 사람마다 기뻐한다.
항상 좋은 향기를 뿜고 수많은 꽃을 흩으니 여러 가지 기이한 것으로 나라를 장엄하고, 나라의 땅은 반듯하여 언덕이나 구렁이 없다.
여러 보살 대중들은 많아 헤아릴 수가 없으며, 그들의 마음은 부드럽고 화평하여 크나큰 신통을 얻고, 제불의 대승경전(大乘經典)을 받들어 수지한다.
모든 성문대중으로서 무루(無漏)의 최후신(最後身)을 이루며, 법왕(法王)의 아들 또한 이루 헤아릴 수 없어 천안(天眼)을 가지고도 그 숫자를 다 셀 수 없다.
그 부처의 수명은 십이(十二) 소겁(小劫)이요, 정법(正法)이 세상에 상주하는 시간도 이십(二十) 소겁(小劫)이며, 상법(像法)의 시간도 또한 이십 소겁이다.
광명세존의 본분사는 이와 같다."

대목건련, 수보리, 마하가전연의 수기

爾時 大目犍連，須菩提，摩訶迦旃延等 皆悉悚慄
一心合掌 瞻仰尊顔 目不暫捨 卽共同聲 而說偈言，
大雄猛世尊　諸釋之法王　哀愍我等故　而賜佛音聲
若知我深心　見爲授記者　如以甘露灑　除熱得淸凉
如從飢國來　忽遇大王饍　心猶懷疑懼　未敢卽便食
若復得王敎　然後乃敢食　我等亦如是　每惟小乘過
不知當云何　得佛無上慧　雖聞佛音聲　言我等作佛
心尙懷憂懼　如未敢便食　若蒙佛授記　爾乃快安樂
大雄猛世尊　常欲安世間　願賜我等記　如飢須敎食

그때 대목건련과 수보리와 마하가전연이 송구스러워하면서 일심으로 합장하고 부처님의 존안(尊顔)을 우러러보고 잠시도 눈을 떼지 않고 함께 소리 내어 게송으로 읊었다.

"위대한 영웅(大雄)이신 석가세존(世尊) 법왕께서 저희들을 불쌍히 여기시어 제불의 음성으로 설법해 주십시오.

만약 우리의 깊은 마음을 알고 수기를 주시면, 마치 감로수(甘露水)를 뿌려 열기를 식히고 시원(淸凉)한 열반의 경지를 체득하게 합니다.

마치 굶주린 사람이 갑자기 임금이 주는 음식을 받고도 마음에 의구심이 있으면 감히 먹을 수 없다가 임금의 명령을 받고 비로소 음식을 먹을 수 있는 것과 같습니다.

저희들 또한 그와 같아서 늘 소승의 과오(허물)만 생각하고, 제불여래 무상(無上)의 지혜를 체득하는 법을 알지 못했습니다.

비록 제불여래의 음성으로 우리들도 성불(成佛)하리라는 말을 들었으나, 송구스럽고 염려된 의구심으로 감히 임금님의 음식을 먹지 못한 것과 같습니다.

만일 부처님이 수기를 주시면 우리들은 환희하며 안락하게 될 것입니다.

위대한 영웅(大雄)이신 석가세존은 항상 세간의 중생들을 평안하게 하시니, 원컨대 우리들에게 수기를 주신다면 굶주린 사람에게 왕이 음식을 먹게 한 것과 같습니다."

* "마치 굶주린 사람이 갑자기 임금이 주는 음식을 받고 의구심이 있으면, 감히 그 음식을 먹을 수가 없다(如從飢國來 忽遇大王饍 心猶懷疑懼 未敢卽便食)"라는 법문에 의거한다. 『증도가(證道歌)』에 "굶주릴 때 왕이 음식을 주어도 먹을 수가 없고, 병이 난 뒤에 의왕을 만난다고 해도 어찌 고칠 수가 있겠는가(飢逢王膳不能餐, 病遇醫王爭得差)?"라고 읊고 있다.

爾時 世尊 知諸大弟子 心之所念 告諸比丘. 是須菩提 於當來

世 奉覲三百萬億那由他佛 供養恭敬 尊重讚歎 常修梵行 具菩薩道 於最後身 得成爲佛.
號曰名相如來 應供 正徧知 明行足 善逝 世間解 無上士 調御丈夫 天人師 佛 世尊. 劫名有寶, 國名寶生.
其土平正 玻瓈爲地. 寶樹莊嚴 無諸丘坑 沙礫荊棘 便利之穢 寶華覆地 周徧清淨. 其土人民 皆處寶臺 珍妙樓閣. 聲聞弟子 無量無邊 算數譬喩 所不能知. 諸菩薩衆 無數千萬億那由他. 佛壽十二小劫 正法住世二十小劫 像法亦住二十小劫. 其佛常處虛空 爲衆說法 度脫無量菩薩 及聲聞衆.

그때 세존께서 여러 큰 제자들이 마음속에 생각하는 것을 알고 여러 비구들에게 말했다.

"여기 수보리는 반드시 내세(來世)에 삼백만 억 나유타 부처님을 받들어 섬기고 공양 공경하며 존중 찬탄하고, 항상 범행을 닦아 보살도를 구족하고 최후신으로 불도를 체득하고 성불할 것이다.

그 부처의 명호는 명상(名相)여래, 응공, 정변지, 명행족, 선서, 세간해, 무상사, 조어장부, 천인사, 불, 세존이다. 부처가 중생을 교화하는 시간(劫)은 유보(有寶)이고, 그 불국토의 명칭은 보생(寶生)이다.

그 불국토는 반듯하여 파리(玻璃)로 땅이 되고 보배 나무로 장엄하였으며, 둔덕과 구렁, 모래와 기와 조각, 가시덤불과 똥오줌 등의 오염이 없다. 보배 꽃이 땅을 덮어 곳곳이 모두 청정하며, 그 나라의 백성들은 모두 보배로 축대를 쌓고 아름다운 누각(樓閣)에 거주한다.

성문 제자의 숫자는 한량이 없어 계산(算數)하거나 비유로도 설명할 수 없고, 여러 보살 대중들도 무수한 천만 억 나유타이다.

부처의 수명은 십이 소겁이요, 정법(正法)도 이십 소겁이요, 상법(像法)도 이

십 소겁 동안 세간에 상주할 것이다.

그 명상여래 부처는 항상 허공에 거주하면서 대중들에게 설법하며, 한량없는 보살과 성문들을 제도하여 해탈케 한다."

爾時世尊 欲重宣此義 而說偈言

諸比丘衆　今告汝等　皆當一心　聽我所說
我大弟子　須菩提者　當得作佛　號曰名相
當供無數　萬億諸佛　隨佛所行　漸具大道
最後身得　三十二相　端正殊妙　猶如寶山

그때 세존께서 이 뜻을 거듭 펴려고 게송으로 설했다.

"여러 비구들이여! 이제 그대들에게 말하노니 모두 일심으로 여래가 설한 법문을 청법하라.

여래의 큰 제자 수보리는 반드시 불도를 깨닫고 성불하여 명호를 명상여래라고 할 것이다.

수보리는 무수한 만억(萬億)의 제불을 공양하고, 제불이 행한 정법을 점차로 수행하여 대도를 성취하고, 최후신으로 부처의 삼십이상(三十二相)을 구족하여 단정하고 미묘한 것이 마치 보배산과 같다.

其佛國土　嚴淨第一　衆生見者　無不愛樂
佛於其中　度無量衆　其佛法中　多諸菩薩
皆悉利根　轉不退輪　彼國常以　菩薩莊嚴
諸聲聞衆　不可稱數　皆得三明　具六神通
住八解脫　有大威德　其佛說法　現於無量
神通變化　不可思議　諸天人民　數如恒沙

皆共合掌　聽受佛語　其佛當壽　十二小劫
正法住世　二十小劫　像法亦住　二十小劫

그 명상불의 국토는 청정하게 장엄하여 제일이니, 중생들이 그 국토를 볼 때마다 모두 환희하여 법락을 이루며 명상불은 그 국토에서 무량한 중생들을 제도한다.
그 명상불의 법문을 청법한 수많은 여러 보살들은 모두 근기가 총명하여 불퇴전의 법륜을 굴린다.
그 명상불의 국토는 언제나 보살이 장엄하고, 여러 성문 대중들도 이루 다 셀 수 없으며 모두 삼명(三明)과 여섯 가지 신통(六神通)을 구족하고, 여덟 가지 해탈(八解脫)의 경지에 안주하며 큰 위덕(威德)이 있다.
그 명상여래 부처가 설하는 법문은 무량한 신통과 방편 지혜로 변화하여 설법하는 일이 불가사의하다.
여러 천신들과 사람들의 수효가 갠지스강의 모래와 같이 많으니 다 함께 합장하고 부처님의 말씀을 청법할 것이다.
그 명상불의 수명은 십이 소겁이며, 정법(正法)이 세상에 상주하는 시간도 이십 소겁이고, 상법(像法)도 그와 같이 이십 소겁 상주하게 될 것이다."

가전연의 수기

爾時 世尊 復告諸比丘衆 我今語汝. 是大迦旃延 於當來世 以諸供具 供養奉事八千億佛 恭敬尊重. 諸佛滅後 各起塔廟 高千由旬 縱廣正等五百由旬 以金銀 琉璃 硨磲 瑪瑙 眞珠 玫瑰 七寶合成 衆華瓔珞 塗香 抹香 燒香 繒蓋幢幡 供養塔廟 過是已後 當復供養二萬億佛 亦復如是 供養是諸佛已 具菩薩道 當得作

佛. 號曰閻浮那提金光如來 應供 正徧知 明行足 善逝 世間解 無上士 調御丈夫 天人師 佛 世尊.

其土平正 玻瓈爲地 寶樹莊嚴 黃金爲繩 以界道側 妙華覆地 周徧清淨 見者歡喜. 無四惡道 地獄 餓鬼 畜生 阿脩羅道. 多有天人 諸聲聞衆 及諸菩薩 無量萬億 莊嚴其國. 佛壽十二小劫 正法住世二十小劫 像法亦住二十小劫.

그때 세존께서 또 여러 비구들에게 말했다.

"여래가 지금 그대들에게 말한다. 여기 대가전연은 미래 세상에서 모든 공양구로 팔천 억 부처님께 공양하고 받들어 섬기며 공경하고 존중한다. 제불이 열반한 뒤 각각 탑을 세웠으니 그 탑의 높이가 일천 유순이요, 가로와 세로가 오백 유순이다. 금과 은, 유리, 자거, 마노, 진주, 매괴 등의 칠보를 모아서 만들고, 꽃과 영락과 바르는 향, 가루 향, 사르는 향, 일산과 당기, 번기 등으로 탑에 공양한다.

그런 뒤에 또 다시 이만 억 제불을 그와 같이 공양하며, 이 모든 제불을 공양한 연후에 보살도를 구족하여 반드시 불도를 체득하고 성불할 것이다.

그 부처의 명호는 염부나제금광(閻浮那提金光)여래, 응공, 정변지, 명행족, 선서, 세간해, 무상사, 조어장부, 천인사, 불, 세존이다.

그 국토는 반듯하고 평평하여 땅은 파리로 되었고, 보배 나무로 장엄하였으며, 황금 줄로 도로의 경계를 만들고 아름다운 꽃으로 땅을 덮어 주변이 모두 청정하므로 불국토를 보는 사람은 모두 환희심을 일으킨다.

그 국토에는 지옥, 아귀, 축생, 아수라 등 사악도(四惡道)가 없고, 천신과 사람들이 많다.

성문들과 보살들이 무량(無量)하여 만억(萬億)이니 그 불국토를 장엄한다.

그 부처님의 수명은 십이 소겁이요, 정법(正法)은 이십 소겁 동안 세상에 상주하고, 상법(像法)도 이십 소겁 상주할 것이다."

爾時世尊 欲重宣此義 而說偈言

諸比丘衆　皆一心聽　如我所說　眞實無異
是迦旃延　當以種種　妙好供具　供養諸佛
諸佛滅後　起七寶塔　亦以華香　供養舍利
其最後身　得佛智慧　成等正覺　國土淸淨
度脫無量　萬億衆生　皆爲十方　之所供養
佛之光明　無能勝者　其佛號曰　閻浮金光
菩薩聲聞　斷一切有　無量無數　莊嚴其國

그때 세존께서 이 뜻을 거듭 펴고자 게송으로 설했다.

"여러 비구들이여! 모두 일심으로 들어라.

여래가 설한 법문은 진실하여 사실과 다르지 않다.

가전연은 반드시 여러 가지 미묘하고 훌륭한 공양물을 구족하여 제불을 공양하고, 제불이 열반한 뒤에는 칠보로 장엄한 탑을 건립하여 역시 꽃과 향으로 사리(舍利)를 공양하다가 그 최후신으로 부처의 지혜를 체득하여 등정각(等正覺)을 이룬다.

국토는 청정하며 무량한 만억 중생들을 제도하고 모두 시방으로부터 공양을 받고, 부처의 지혜광명은 수승하여 능가할 자가 없으니 그 부처의 명호는 염부금광여래이다.

보살과 성문들이 일체의 유위법(有爲法)을 차단하고 무량(無量), 무수(無數)한 지혜로 그 국토를 장엄한다."

목건련 수기

爾時 世尊 復告大衆 我今語汝. 是大目犍連 當以種種供具 供養八千諸佛 恭敬尊重. 諸佛滅後 各起塔廟 高千由旬 縱廣正等 五百由旬 以金銀 琉璃 硨磲 瑪瑙 眞珠 玫瑰 七寶合成 衆華瓔珞 塗香 抹香 燒香 繒蓋幢幡 以用供養 過是已後 當復供養二百萬億諸佛 亦復如是 當得成佛.
號曰 多摩羅跋栴檀香如來 應供 正徧知 明行足 善逝 世間解 無上士 調御丈夫 天人師 佛 世尊. 劫名喜滿, 國名意樂. 其土平正 玻瓈爲地 寶樹莊嚴 散眞珠華 周徧淸淨 見者歡喜.
多諸天人 菩薩 聲聞 其數無量. 佛壽二十四小劫, 正法住世 四十小劫, 像法亦住四十小劫.

그때 세존께서 다시 대중에게 말했다.

"여래는 이제 그대들에게 말한다. 여기 대목건련(大目犍連)은 반드시 여러 가지 공양구(供養具)를 갖추어 팔천 제불을 공양 공경하고 존중하며, 제불이 열반한 뒤에 각각 탑을 세우니 그 탑의 높이는 일천 유순이요, 가로와 세로가 다 같이 오백 유순이다. 금과 은, 유리, 자거, 마노, 진주, 매괴 등의 일곱 가지 보배로 건립하고, 여러 가지 꽃과 영락과 바르는 향, 가루 향, 사르는 향과 비단, 일산과 당기, 번기 등으로 공양한다. 그 뒤에도 또 이백만 억 제불을 이와 같이 공양한 뒤에 반드시 불도를 체득하고 성불할 것이다.

그 부처의 명호는 다마라발전단향(多摩羅跋栴檀香)여래, 응공, 정변지, 명행족, 선서, 세간해, 무상사, 조어장부, 천인사, 불, 세존이다.

중생을 교화하는 시간(劫)의 이름은 희만(喜滿)이요, 국토의 이름은 의락(意樂)이다. 그 국토가 반듯하고 평평하여 파리로 땅이 되고 보배나무로 장엄하며,

진주로 된 꽃을 흩어 곳곳이 모두 청정하니 보는 사람마다 환희심을 일으킨다.

많은 천신과 사람, 보살과 성문들은 그 수효가 한량이 없고, 그 부처의 수명은 이십사(二十四) 소겁(小劫)이요, 정법(正法)이 사십 소겁 동안 세상에 상주하고, 상법(像法)도 역시 사십 소겁 동안 세상에 상주한다."

爾時世尊 欲重宣此義 而說偈言

我此弟子 大目犍連 捨是身已 得見八千
二百萬億 諸佛世尊 爲佛道故 供養恭敬
於諸佛所 常修梵行 於無量劫 奉持佛法
諸佛滅後 起七寶塔 長表金刹 華香伎樂
而以供養 諸佛塔廟 漸漸具足 菩薩道已
於意樂國 而得作佛 號多摩羅 栴檀之香
其佛壽命 二十四劫 常爲天人 演說佛道
聲聞無量 如恒河沙 三明六通 有大威德
菩薩無數 志固精進 於佛智慧 皆不退轉
佛滅度後 正法當住 四十小劫 像法亦爾
我諸弟子 威德具足 其數五百 皆當授記
於未來世 咸得成佛 我及汝等 宿世因緣
吾今當說 汝等善聽

그때 세존께서 이 뜻을 거듭 펴려고 게송으로 설했다.

"여래의 제자 대목건련은 성문의 몸을 버린 후 보살이 되어 팔천이백만 억 제불세존을 친견하고, 불도(佛道)를 수행하고자 제불을 공양 공경하며, 제불의 처소에서 항상 청정한 범행(梵行)을 닦고 무량(無量)의 시간(겁)에 불법을 받들어 수지할 것이다.

제불이 열반한 뒤에 칠보로 탑을 건립하고, 황금 찰간(刹竿)을 높게 세우고 꽃과 향과 악기로 연주하며, 제불의 탑에 공양하고 점차로 보살도의 수행을 구족하여, 의락국(意樂國)에서 불도를 이루고 성불할 것이다.

부처의 명호는 다마라발전단향여래이며, 부처의 수명은 이십사 소겁이고, 항상 천신과 인간에게 불도를 연설한다.

성문대중이 무량(無量)하여 갠지스강의 모래 수와 같으니,

삼명(三明), 육신통(六神通)과 훌륭한 위덕을 갖추었다.

무수히 많은 보살 대중도 견고한 수행 정진으로 모두가 불지혜에서 퇴보하지 않는다.

그 부처가 열반한 뒤 정법이 세상에 상주하는 것이 사십 소겁이고, 상법도 또한 그와 같다.

여래의 모든 제자로서 위덕(威德)을 구족한 이들의 숫자가 오백 명(五百名)인데, 모두에게 수기를 주니 미래의 세상에 모두 다 성불할 것이다.

여래와 그대들은 지난 숙세(宿世) 인연이니, 내가 이제 대승불법을 설하니 그대들은 잘 청법하도록 하라.”

제7 화성유품(化城喩品)

대통지승불(大通智勝佛)

佛告諸比丘 乃往過去無量無邊 不可思議 阿僧祇劫. 爾時 有佛名大通智勝如來 應供 正徧知 明行足 善逝 世間解 無上士 調御丈夫 天人師 佛 世尊. 其國名好城, 劫名大相.
諸比丘 彼佛滅度已來 甚大久遠. 譬如三千大千世界 所有地種. 假使有人 磨以爲墨 過於東方千國土, 乃下一點 大如微塵. 又過千國土 復下一點, 如是展轉 盡地種墨. 於汝等意云何 是諸國土 若算師, 若算師弟子, 能得邊際 知其數不. 不也 世尊. 諸比丘 是人所經國土, 若點不點 盡抹爲塵 一塵一劫.
彼佛滅度已來 復過是數 無量無邊 百千萬億 阿僧祇劫. 我以如來知見力故 觀彼久遠 猶若今日.

부처님이 여러 비구들에게 말했다.

"지나간 과거 한량없고 끝이 없는 불가사의한 아승지겁, 그때 한 부처님이 계셨는데, 그 부처님의 이름은 대통지승(大通智勝)여래, 응공, 정변지, 명행족, 선서, 세간해, 무상사, 조어장부, 천인사, 불, 세존이다.

그 대통지승불이 교화하는 국토 이름은 호성(好城)이며, 교화하는 시대(劫)의 이름은 대상(大相)이었다.

비구들이여! 그 대통지승불은 열반하신 지가 매우 오래되었다. 비유하면 삼천대천세계에 있는 모든 대지와 물질(地種)을 갈아서 어떤 사람이 먹물을 만들어 동방(東方)으로 일천 국토를 지나가면서 티끌만한 먹물 한 점을 찍고 또 다시 일 천 국토를 지나면서 먹물 한 점을 찍고, 이와 같이 두루 나아가면서 모든 대지와 물질(地種)을 갈아서 만든 그 먹물이 모두 다 없어졌다면 그대들은 이에 대하여 어떻게 생각하겠는가?

이렇게 먹물로 찍은 모든 국토에 대하여 수학을 잘하는 사람과 그의 제자들이 모여서 그 국토가 끝나는 숫자를 모두 계산한다면 그 숫자를 알 수 있겠는가?"

"알 수 없습니다. 세존이시여!"

"여러 비구들이여! 이 사람이 지나간 모든 국토에 그 먹물 한 점을 찍었거나, 찍지 않은 모든 국토를 모아서 티끌로 만들고, 그 티끌 하나로 한 겁(劫)의 시간으로 간주해도 그 대통지승불이 열반(涅槃)한 것은 이렇게 찍은 티끌의 숫자보다 더 오래된 한량없고 끝이 없는 백 천만 억 아승지겁이다. 나는 여래 지견(知見)의 힘으로 오랜 과거 구원(久遠)의 옛일을 마치 오늘(今日)의 일처럼 여실하게 관찰한다."

* 무량아승지겁(無量阿僧祇劫)의 비유로 진점겁(塵點劫), 삼천진점겁(三千塵點劫)을 설한다. 겁은 범어 깔빠(kalpa)로 겁파(劫波), 광겁(曠劫), 영겁(永劫)이라고도 하며 무량(無量), 무한의 긴 시간(長時)이다.

『대지도론』 제5권에는 개자겁(芥子劫)과 반석겁(盤石劫)을 비유로 설한다. 개자겁은 사방 40리의 성(城) 안에 개자를 가득 채우고 백 년마다 개자 한 알을 집어내어 그 개자가 모두 다 없어져도 겁은 다하지 않는다고 설한다. 반석겁은 사방 40리 되는 바위를 백 년에 한 번 얇은 옷으로 스쳐서 그 바위가 다 닳아 없어져도 겁은 다하지 않는다. 무한 무량의 긴 시간이다.

爾時世尊 欲重宣此義 而說偈言

我念過去世　無量無邊劫　有佛兩足尊　名大通智勝
如人以力磨　三千大千土　盡此諸地種　皆悉以爲墨
過於千國土　乃下一塵點　如是展轉點　盡此諸塵墨
如是諸國土　點與不點等　復盡抹爲塵　一塵爲一劫
此諸微塵數　其劫復過是　彼佛滅度來　如是無量劫
如來無礙智　知彼佛滅度　及聲聞菩薩　如見今滅度
諸比丘當知　佛智淨微妙　無漏無所礙　通達無量劫

그때 세존께서 이 뜻을 거듭 자세히 설명하고자 게송으로 설했다.

“여래가 기억해보니 과거 세상 한량없고 끝이 없는 시간(劫)에 부처님이 출현했으니 지혜와 자비를 구족한 대통지승불이다.

마치 어떤 힘센 사람이 삼천대천세계에 있는 모든 국토를 다 갈아서 전부 먹물로 만들었다고 하자.

그 먹물로 일천 국토를 지나가면서 미세한 먹물 한 점을 찍고, 이와 같이 점차로 먹물을 한 점씩 찍어 그 먹물이 모두 다 없어진 뒤에 먹물이 찍혔거나 찍히지 않았거나 그 모든 국토들을 모두 모아 다시 갈아서 티끌로 만들어 그 티끌 하나를 한 겁(劫)으로 간주하자.

이 모든 미진수의 티끌 숫자의 시간(劫)보다도 대통지승불이 열반한 것은 훨씬 더 오래 전의 일이다.

대통지승불의 열반은 이와 같이 무량겁(無量劫) 이전의 일인데, 여래는 걸림없는 지혜로 그 부처님의 열반하신 일과 성문대중들과 보살제자들에 대해서 잘 알고 있는 것이 마치 지금 열반하신 것을 보는 것과 같다.

여러 비구들이여! 반드시 잘 알아야 한다.

부처의 지혜는 청정하고 미묘해서 번뇌 망념의 물이 새지 않고 장애가 없어 무량겁(無量劫)의 시간을 통달한다."

대통지승불의 성도(成道)

佛告諸比丘. 大通智勝佛壽. 五百四十萬億那由他劫. 其佛本坐道場. 破魔軍已 垂得阿耨多羅三藐三菩提. 而諸佛法 不現在前. 如是一小劫 乃至十小劫. 結跏趺坐 身心不動. 而諸佛法猶不在前. 爾時 忉利諸天 先爲彼佛 於菩提樹下 敷師子座 高一由旬. 佛於此坐 當得阿耨多羅三藐三菩提.
適坐此座 時諸梵天王 雨衆天華 面百由旬 香風時來 吹去萎華更雨新者. 如是不絶 滿十小劫 供養於佛. 乃至滅度 常雨此華. 四王諸天 爲供養佛 常擊天鼓. 其餘諸天 作天伎樂. 滿十小劫至于滅度 亦復如是. 諸比丘 大通智勝佛 過十小劫, 諸佛之法乃現在前, 成阿耨多羅三藐三菩提.

부처님이 여러 비구들에게 말했다.

"대통지승불의 지혜수명(壽命)은 오백사십만 억 나유타 겁(劫)이다. 대통지승불은 본분사로 좌도량(坐道場)하여 마군(魔軍)의 대중을 타파하고 최상의 깨달음을 체득하였다. 그러나 모든 불법(佛法)을 드러내어 실행하지(現前) 않고, 이와 같이 일 소겁(一小劫) 내지 십 소겁(十小劫)의 시간 동안 결가부좌하고, 몸과 마음을 분별하는 망심이 없으며(身心不動) 모든 불법을 여전히 드러내어 실행하지도(現前) 않았다.

그때 도리천의 천신들이 먼저 그 대통지승불에게 보리수 아래에 사자좌(獅子座)를 시설했는데, 그 사자좌의 높이가 일 유순(一由旬)이었다. 대통지승불은 이 사자좌에서 반드시 최상의 깨달음을 체득하게 된다.

마침 대통지승불이 사자좌에 앉으니 그때 모든 범천왕들이 천화의 꽃비를 내렸는데, 그 넓이가 일백 유순(一百由旬)이다. 향기로운 바람이 때때로 불어와서 시든 꽃을 날려 보내면 다시 신선한 꽃비를 내렸다.

이와 같이 끊임없이 십 소겁의 오랜 시간 동안 쉬지 않고 부처님께 공양하였으며, 열반할 때까지 항상 이렇게 신선한 천화의 꽃비를 내렸다.

여러 사천왕들은 부처님께 항상 천상의 북(天鼓)을 쳐서 공양하고, 그 외 다른 제천에서도 천상의 악기로 연주하여 십 소겁 동안 부처님이 열반할 때까지 이와 같이 공양했다.

여러 비구들이여! 대통지승불께서는 십 소겁이 지나고 나서 제불의 정법을 여실하게 실행하여(現前) 최상의 깨달음을 이루었다."

* 나유타(那由他) : 범어 나유따(nayuta)로 일천 억(一千億; 一兆)이다.
* 대통지승불은 본분사로 좌도량(坐道場)하여 마군(魔軍)의 대중을 타파하고 최상의 깨달음을 체득하였지만 모든 불법(佛法)을 실행하지(現前) 않았다. 그리고 결가부좌(結跏趺坐)하고 몸과 마음을 분별하는 망심을 움직이지 않았다(身心不動). 이 일단은 게송에서 "대통지승불은 십겁동안 본분사의 일에 좌도량하며, 불법을 펼치려고도 하지 않고 불도를 이루려고도 하지 않는다(大通智勝佛 十劫坐道場 佛法不現前 不得成佛道)"라고 읊고 있다. 좌도량이나 결가부좌, 신심부동(身心不動)은 신체를 말하는 것이 아니라, 제불여래가 진여본심의 지혜로 자기 본분사를 실행하고 있는 선정(禪定)을 말한다. 경전에서 "중생심으로 몸과 목숨을 아끼거나 의식하지 않는다(不惜身命)"라고 설한 것처럼 좌도량(坐道場), 정좌(靜坐), 안좌(安坐), 연좌(宴坐), 결가부좌, 신심부동도 진여본심의 선정(禪定)이다.

십육 왕자(十六王子)의 찬탄

其佛未出家時 有十六子. 其第一者 名曰智積. 諸子 各有種種珍異 玩好之具. 聞父得成阿耨多羅三藐三菩提. 皆捨所珍 往詣佛所. 諸母涕泣 而隨送之.
其祖 轉輪聖王 與一百大臣 及餘百千萬億人民 皆共圍繞 隨至道場. 咸欲親近大通智勝如來 供養恭敬 尊重讚歎. 到已頭面禮足 繞佛畢已. 一心合掌 瞻仰世尊. 以偈頌曰,

大威德世尊　爲度衆生故　於無量億歲　爾乃得成佛
諸願已具足　善哉吉無上　世尊甚希有　一坐十小劫
身體及手足　靜然安不動　其心常澹泊　未曾有散亂
究竟永寂滅　安住無漏法　今者見世尊　安隱成佛道
我等得善利　稱慶大歡喜　衆生常苦惱　盲暝無導師
不識苦盡道　不知求解脫　長夜增惡趣　減損諸天衆
從冥入於冥　永不聞佛名　今佛得最上　安隱無漏道
我等及天人　爲得最大利　是故咸稽首　歸命無上尊

그 대통지승불이 출가(出家)하기 전에 십육 명의 왕자가 있었다. 첫째 아들의 이름은 지적(智積)이며, 십육 명의 왕자들은 각기 여러 가지 진기한 장난감을 가지고 놀았다.

그들은 아버지가 최상의 깨달음을 체득했다는 소문을 듣고 모두 진기한 장난감을 버리고 대통지승불이 계신 곳으로 나아가 예를 올리자, 그 모든 어머니들이 눈물을 흘리면서 전송하였다.

그의 조부인 전륜성왕이 일백여 명의 대신과 백 천만 억의 인민들과 함께 옹위하여 깨달음을 이룬 도량(道場)에 나아가 모든 사람들이 대통지승여래를 가까이 모시고, 공양 공경하며 존중 찬탄하고자 머리 숙여 발아래 예배하고 부처님의 주위를 여러 번 돌고, 일심으로 합장하고 세존을 우러러보고 게송으로 말했다.

"큰 위덕을 구족하신 세존께서 중생들을 제도하고자 무량억겁을 지나 이제야 비로소 성불하셨네.

모든 원력 이미 구족하고, 훌륭한 길상(吉祥)이 최상입니다. 세존은 매우 희유하여 일좌(一坐)에 십 소겁을 지내니, 신체와 손과 발이 고요하고 평안하여 움직이지 않고 마음도 항상 담박하여 조금도 산란(散亂)하지 않고, 구경의 영원한 적멸(열반)의 경지에서 무루법(無漏法)의 지혜로 안주하시네.

오늘 세존께서 편안하게 불도 이룬 것을 보니, 우리들은 선근의 이익을 체득하여 경사스러워 크게 환희합니다.

중생들은 항상 괴로워하고 눈은 어두운데 인도해 줄 사람이 없으니, 고통을 끊는 불도를 알지 못하고 해탈을 구하는 법도 알지 못합니다.

무명의 긴 밤에 삼악도로 향하는 일은 많고, 제천의 대중들은 줄어들고, 어두운 곳에서 어두운 곳으로 들어가니 영원히 부처의 명호를 들을 수가 없습니다.

오늘 부처님은 최상의 편안함과 무루(無漏)의 도를 체득했으니, 우리들과 천상과 인간에서는 최상의 큰 이익을 얻게 되었습니다.

그러므로 우리 모두 머리 숙여 무상존(無上尊)에 귀명(歸命)합니다."

* 무상존(無上尊)에 귀명(歸命)한다는 말은, 대통지승불이나 대상의 부처님께 귀명하는 것이 아니라, 보살 각자의 무상존(無上尊)인 진여법신의 여래에 귀명한다는 말이다. 귀의, 귀명, 귀가는 진여본성의 지혜(여래)로 되돌아간다는 뜻이다.

『금강경』에 "만약 형색으로 진여여래를 친견하려고 하거나 음성으로 진여여래를 구하면 이 사람은 사도를 행하는 것이니 진여여래를 친견할 수 가 없다(若以色見我 以音聲求我 是人行邪道 不能見如來)"라고 설한 법문처럼, 여래나 무상존은 의식의 대상경계에서 찾아볼 수 없다.

십육 왕자가 법문을 청하다

爾時十六王子 偈讚佛已 勸請世尊 轉於法輪 咸作是言 世尊說法 多所安隱 憐愍饒益諸天人民 重說偈言

世雄無等倫　百福自莊嚴　得無上智慧　願爲世間說
度脫於我等　及諸衆生類　爲分別顯示　令得是智慧
若我等得佛　衆生亦復然　世尊知衆生　深心之所念
亦知所行道　又知智慧力　欲樂及修福　宿命所行業
世尊悉知已　當轉無上輪

그때 십육 왕자는 게송으로 부처님을 찬탄하고 세존께 법륜 굴리기를 청하면서 다 같이 이렇게 말했다. "세존께서 설하는 법문은 매우 편안하고 제천과 인민들을 불쌍히 여기며 깨달음을 체득하여 이익 되게 합니다."

그리고 거듭 게송으로 말했다.

"세상의 영웅이며 비교하여 견줄 사람이 없으니 많은 복덕을 스스로 장엄하고 무상의 지혜를 체득했으니 원하건대 세간의 중생들에게 설법해 주십시오.

저희들과 모든 중생들을 제도하여 해탈할 수 있도록 삼승의 방편으로 제시하고, 일승의 지혜를 체득할 수 있도록 설해 주십시오.

만약 저희들이 성불한다면 다른 중생들 모두 성불할 수 있습니다.

세존은 중생들이 깊은 마음으로 염원하는 것을 알고, 또 중생이 수행해야 할 불도를 알고, 방편지혜의 힘을 알고, 중생의 욕망과 낙(樂)과 닦은 복과 전생에 행한 업을 세존은 모두 다 여실하게 알고 있으니, 반드시 중생의 근기에 맞게 무상의 법륜을 설해 주십시오."

시방의 범천왕(梵天王)이 법을 청하다

佛告諸比丘. 大通智勝佛 得阿耨多羅三藐三菩提時 十方 各五百萬億 諸佛世界 六種震動. 其國中間 幽冥之處 日月威光 所不能照 而皆大明, 其中衆生 各得相見 咸作是言, 此中云何忽生衆生. 又其國界 諸天宮殿 乃至梵宮 六種震動 大光普照 徧滿世界 勝諸天光.

부처님이 여러 비구들에게 말했다.

"대통지승불이 최상의 깨달음을 체득했을 때, 시방으로 각각 오백만 억 제불 세계가 여섯 가지로 진동하였다. 그 세계의 중간에 해와 달의 빛이 비치지 않아 캄캄한 곳이 모두 밝아져서 그곳에 있던 중생들이 서로서로 얼굴을 쳐다보며 '이곳에 어떻게 갑자기 중생이 생겼는가?'라고 말했다. 또, 그 세계의 하늘 궁전과 범천의 궁전에 이르기까지 여섯 가지로 진동하며 큰 광명이 두루 비치어 세계에 가득하니 다른 여러 천상의 광명보다도 더 훌륭했다."

* 제불의 지혜광명은 해와 달의 빛이 비출 수가 없는 중생심의 무지(無知), 무명(無明)을 밝게 비춘다. "중생이 살고 있는 이곳에 어떻게 갑자기 중생이 생겼는가?(此中云何忽生衆生)"라고 말한 것은, 무지, 무명의 중생으로 깜깜한 중생세계(幽冥之處)에서 자기 존재에만 집착하여 살았기 때문에 주위의 중생을 볼 수가 없었다. 제불의 지혜광명으로 삼계에 윤회하며 고통 받는 불쌍한 중생을 볼 수가 있게 된 것이다.

『금강경』(14)에 "만약 보살이 사물(法)에 집착하는 마음으로 보시하면, 마치 사람이 암흑 속에 들어가 아무 것도 볼 수 없는 것과 같다. 만약 보살이 사물(法)에 집착하지 않고 본심으로 보시하면, 사람이 태양의 밝은 광명이 여러 가지 사물의 형색을 분명하게 비추어 볼 수 있는 것과 같다"라고 설한다.

동방(東方)의 범천왕이 법을 청하다

爾時東方 五百萬億 諸國土中 梵天宮殿 光明照曜 倍於常明. 諸梵天王 各作是念 今者宮殿光明 昔所未有 以何因緣 而現此相. 是時諸梵天王 卽各相詣 共議此事. 時彼衆中 有一大梵天王 名救一切 爲諸梵衆 而說偈言

我等諸宮殿 光明昔未有 此是何因緣 宜各共求之
爲大德天生 爲佛出世間 而此大光明 徧照於十方

그때 동방의 오백만 억 국토 중에 있는 범천왕 궁전에 비치는 광명이 평소보다 두 배나 밝았다.

모든 범천왕들은 각기 이렇게 생각했다. '지금 궁전에 비치고 있는 광명은 이전에 없었던 일이니, 무슨 인연으로 이러한 밝은 광명이 비추게 된 것인가?'

그때 모든 범천왕은 곧 서로서로 찾아가서 함께 광명이 밝게 비친 일을 논의했는데, 범천왕 대중 가운데 구일체(救一切)라는 대범천왕이 있다가 모든 범천의 대중들에게 게송으로 말했다.

"우리들의 모든 궁전에 밝은 광명은 이전에 없었던 일이니 이것이 어떠한 인연인지 우리는 함께 그 까닭을 찾아보자.

대덕천(大德天)이 출현하려는가? 부처가 세간에 출현하려고 하는가?

이러한 큰 광명이 시방세계에 두루 비치고 있다."

* 대덕천(大德天) : 제천에 큰 위덕을 구족한 자가 장차 출현할 때 상(祥)스러운 빛의 조짐이 나타난다고 한다. 제불여래의 지혜광명이 법계에 두루 비추기에 변조(徧照), 혹은 변조(遍照), 보조(普照)라고 한다.

爾時五百萬億國土 諸梵天王 與宮殿俱 各以衣裓 盛諸天華 共詣西方 推尋是相 見大通智勝如來 處于道場菩提樹下 坐師子座. 諸天龍王 乾闥婆緊那羅 摩睺羅伽 人 非人等 恭敬圍繞 及見十六王子 請佛轉法輪.

그때 오백만 억 국토의 범천왕들이 궁전에 모여 각각 꽃바구니에 여러 가지 하늘의 꽃을 가득 담아 함께 서쪽으로 가서 그 상서(祥瑞)를 찾았다.

대통지승여래가 깨달음의 도량인 보리수 아래 사자좌에 앉아 있고, 여러 천신, 용왕, 건달바, 긴나라, 마후라가, 사람, 사람 아닌 중생들이 공경하며 주위를 에워싸고 있으며, 또 십육 왕자가 부처님께 법문을 설해주실 것을 간청하고 있는 모습을 보았다.

卽時諸梵天王 頭面禮佛 繞百千匝 卽以天華 而散佛上. 其所散華 如須彌山 幷以供養佛菩提樹 其菩提樹 高十由旬 華供養已 各以宮殿 奉上彼佛 而作是言, 唯見哀愍 饒益我等 所獻宮殿 願垂納處.

時諸梵天王 卽於佛前 一心同聲 以偈頌曰

世尊甚希有　難可得値遇　具無量功德　能救護一切
天人之大師　哀愍於世間　十方諸衆生　普皆蒙饒益

我等所從來　五百萬億國　捨深禪定樂　爲供養佛故
我等先世福　宮殿甚嚴飾　今以奉世尊　唯願哀納受

그때 여러 범천왕들이 머리를 숙이고 부처님께 예배하며 백 천 번을 돌고 천상의 꽃을 부처님 위에 뿌렸다. 그때 뿌린 꽃이 수미산과 같이 높이 쌓였고, 아울러 부처님이 계신 보리수에까지 공양하니 보리수의 높이가 십 유순이었다. 천상의 꽃으로 공양한 이후에 각각 궁전을 대통지승불께 받들어 올리고 말했다.

"오직 저희들을 불쌍히 여기시어 깨달음을 이루고 해탈의 이익이 될 수 있도록 궁전을 헌상하오니 원하건대 이 궁전을 받아주십시오." 이때 모든 범천왕들이 곧 부처님 앞에서 같은 마음, 같은 소리로 다음과 같이 게송으로 말했다.

"세존은 매우 희유하여 만나기 어렵고, 무량의 공덕을 구족하여 능히 일체 중생들을 구제하고 보호합니다.

천인(天人)의 큰 스승으로서 중생세간을 불쌍히 여기고 시방의 모든 중생들이 모두 다 해탈의 이익을 체득했습니다.

우리들이 온 곳은 오백만 억의 국토이니, 깊은 선정의 법락(樂)을 버린 것은 부처님께 공양하기 위한 것입니다.

저희들은 과거에 복이 있어서 이렇게 궁전을 훌륭하게 장엄하여 지금 세존께 받들어 올리오니 원컨대 가엾이 여기시어 받아 주십시오."

* 깊은 선정의 법락(樂)을 버렸다는 것은, 여러 범천왕이 초선천(初禪天)에 있기에 비상비비상처(非想非非想處)나 무소유처(無所有處)의 선정의 즐거움을 버린 것을 말한다,『유마경』문수사리문질품에 "선미(禪味)에 탐착하는 것은 보살의 속박이며, 방편으로 지혜로운 삶을 사는 것이 보살의 해탈이다(貪着禪味是菩薩縛, 以方便生是菩薩解)"라고 설한다.

여러 범천왕이 전생에 많은 복을 지어 천상에 태어나 범천의 궁전을 아름답게 장엄하였는데, 이 궁전을 부처님께 헌상한다는 것은 제불여래가 설법하여 일체 중생을 구제하는 인연처로 공양한다는 의미이다.

爾時諸梵天王 偈讚佛已 各作是言 唯願世尊 轉於法輪 度脫衆生 開涅槃道 時諸梵天王 一心同聲 而說偈言

世雄兩足尊　唯願演說法　以大慈悲力　度苦惱衆生

爾時　大通智勝如來　黙然許之.

그때 모든 범천왕들이 게송으로 부처님을 찬탄하고 각각 "원하옵건대 세존께서 법륜을 굴리어 중생들을 제도하고, 열반(涅槃)의 불도(道)를 개시(開示)하소서"라고 말했다.

다시 모든 범천왕이 한결같은 마음과 같은 음성으로 게송으로 말했다.

"세상의 영웅 양족존이여, 오직 원하건대 정법을 연설하시고, 훌륭한 자비의 힘으로 고뇌의 중생들을 제도해 주십시오."

그때 대통지승여래는 묵묵히 설법을 허락하셨다.

동남방(東南方)의 범천왕이 법을 청하다

又諸比丘 東南方五百萬億國土 諸大梵王 各自見宮殿 光明照耀 昔所未有 歡喜踊躍 生希有心 卽各相詣 共議此事. 時彼衆中 有一大梵天王 名曰大悲 爲諸梵衆 而說偈言

是事何因緣　而現如此相　我等諸宮殿　光明昔未有
爲大德天生　爲佛出世間　未曾見此相　當共一心求
過千萬億土　尋光共推之　多是佛出世　度脫苦衆生

또 비구들이여! 동남방의 오백만 억 국토에 있는 대범천왕들이 각각 자기 궁전에 비치는 광명이 이전에 없었던 것을 보고 뛸 듯이 기뻐하며 희유한 마음이 일어나서 서로 찾아가서 함께 이 일을 논의했다.

그때 그 대중 가운데 대비(大悲)라는 이름의 대범천왕이 있었는데, 그는 모든 범천의 대중들에게 게송으로 말했다.

"이 광명이 비치는 일은 무슨 인연(因緣)으로 이러한 상서가 나타난 것인가?
우리들의 모든 궁전에 비치는 광명은 예전에 없었던 일이니, 대덕천(大德天)이 출현하려는 것인가? 부처님이 세간에 출세하려는 것인가?
이러한 상서를 본 적이 없으니 반드시 일심(一心)으로 함께 천만 억 국토를 지나더라도 광명이 비치는 곳을 찾아보자. 아마도 부처님이 출세하여 고뇌의 중생들을 제도하려는 것이 아닐까?"

爾時 五百萬億 諸梵天王 與宮殿俱 各以衣祴 盛諸天華 共詣西北方 推尋是相.
見大通智勝如來 處于道場菩提樹下 坐師子座. 諸天 龍王 乾闥婆 緊那羅 摩睺羅伽 人 非人等 恭敬圍繞 及見十六王子 請佛轉法輪.
時諸梵天王 頭面禮佛 繞百千帀 卽以天華 而散佛上. 所散之華如須彌山. 竝以供養佛菩提樹 華供養已 各以宮殿 奉上彼佛. 而作是言 唯見哀愍 饒益我等 所獻宮殿 願垂納受.
爾時諸梵天王 卽於佛前 一心同聲 以偈頌曰

聖主天中天　迦陵頻伽聲　哀愍衆生者　我等今敬禮
世尊甚希有　久遠乃一現　一百八十劫　空過無有佛
三惡道充滿　諸天衆減少　今佛出於世　爲衆生作眼
世間所歸趣　救護於一切　爲衆生之父　哀愍饒益者
我等宿福慶　今得値世尊

그때 오백만 억 범천왕들이 궁전과 함께 각각 꽃바구니에 천상의 꽃을 가득 담아 서북쪽으로 함께 가서 이러한 상서를 찾았는데, 대통지승여래가 깨달음의 도량인 보리수 아래 사자좌에 앉은 모습을 보았다.

그곳에는 제천과 용왕, 건달바, 긴나라, 마후라가, 사람, 사람 아닌 귀신 등이 공경하는 마음으로 부처님을 에워싸고 있었다. 또 십육 왕자도 부처님께 법문 설해줄 것을 간청하는 모습을 보았다.

그때 모든 범천왕들이 머리 숙여 부처님께 예배하며 백 천 번을 돌고 천상의 꽃을 부처님 위에 흩었다. 그때 흩은 꽃이 마치 수미산과 같이 많았으며, 불 보리수에도 공양하고 천상의 꽃으로 공양하고 나서 각각 그 궁전을 부처님께 받들어 헌상하며 말했다.

"저희들을 불쌍히 여기시고 깨달음의 이익이 되도록 하시며, 원컨대 저희들이 헌상하는 이 궁전을 받아 주십시오."

그때 범천왕들이 부처님께 일심 동성(同聲)으로 게송을 올렸다.

"성주(聖主)이신 천중천(天中天)이며 가릉빈가(迦陵頻伽)의 음성(聲)으로 중생들을 어여삐 여기는 분이니 저희들이 지금 공경하고 예배합니다.
세존께서 매우 희유하시어 오랜 세월에 한 번 출현하십니다.
일백팔십 겁 동안 허망한 시간이 흐르도록 부처님이 상주하지 않아 삼악도(三惡道)는 충만하고, 제천의 대중은 감소하였습니다.
지금 부처님이 세간에 출세하여 중생의 눈이 되었습니다.
중생세간의 귀의처가 되고, 일체의 중생들을 구제하고 보호하니 중생들의 어버이가 되어 어여삐 여기시며 중생들을 이익 되게 합니다.
우리들은 숙세(宿世)의 복이 있어 지금 세존을 친견하게 되었습니다."

* 성주(聖主)이신 천중천(天中天)은 세존에 대한 경칭이며, 가릉빈가(迦陵頻伽)의 음성(聲)은 세존의 설법하는 음성을 히말라야에 사는 미묘한 소리

(好聲)를 내는 가릉빈가(kalavinka) 새에 비유한 것이다.

가릉빈가는 미음(美音), 묘성(妙聲), 호성(好聲)이라고 번역하는데 부처님이 설법하는 음성(音聲)으로 비유한다.

爾時 諸梵天王 偈讚佛已. 各作是言 唯願世尊 哀愍一切 轉於法輪 度脫衆生. 時諸梵天王 一心同聲 而說偈言,

大聖轉法輪　顯示諸法相　度苦惱衆生　令得大歡喜
衆生聞此法　得度若生天　諸惡道減少　忍善者增益
爾時 大通智勝如來黙然許之

그때 범천왕들이 부처님을 게송으로 찬탄하고 각각 말했다.

"원하옵건대 세존께서는 모든 중생들을 불쌍히 여기고 법문을 설하시어 중생들을 제도하소서."

그때 모든 범천왕들이 일심 동성(同聲)으로 게송을 올렸다.

"대성께서 법문을 설하시어 제법의 법상을 나타내 보이시고,
고뇌의 중생들을 제도하여 크게 기쁨을 이루게 하소서.
중생들이 이 대승의 법문을 듣고 깨달음을 체득하여 천상에 태어나면, 모든 악도(三惡道)는 줄어들고 선법을 수행하는 사람은 늘어날 것입니다."

그때 대통지승여래는 묵묵히 허락했다.

* 인선자(忍善者) : 선법을 수행하고 불도를 깨달아 체득하는 수행자를 말한다. 중생의 사바세계를 인토(忍土)라고 하며 인욕행(忍辱行), 인욕바라밀은 불도 수행의 근본이다. 『금강경』에는 인욕선인 이야기를 설하며, 『법화경』의 상불경보살도 법화행자로서 인욕행을 실천하고 있다.

『대지도론』 제14권에 인(忍)은 중생인(衆生忍)과 법인(法忍)이 있다. 중생

인은 중생심의 치욕과 망념을 텅 비우는 인욕바라밀행이며, 법인은 무생법인으로 제법실상을 깨닫고 반야의 지혜를 체득하는 수행이다.

남방(南方)의 범천왕이 법을 청하다

又諸比丘 南方五百萬億國土 諸大梵王 各自見宮殿 光明照耀 昔所未有 歡喜踊躍 生希有心 卽各相詣 共議此事. 以何因緣 我等宮殿 有此光曜 而彼衆中 有一大梵天王 名曰妙法 爲諸梵衆 而說偈言.

我等諸宮殿　光明甚威耀　此非無因緣　是相宜求之
過於百千劫　未曾見是相　爲大德天生　爲佛出世間

또 여러 비구들이여! 남방의 오백만 억 국토에 있는 모든 대범천왕은 각자 자기 궁전에 이전에 없던 광명이 비치는 것을 보고 매우 기뻐하며 희유한 마음으로 나아가서 서로 이 일을 함께 의논하였다.

"어떠한 인연으로 우리 궁전에 이러한 광명이 비치는가?" 그 대중 가운데 묘법(妙法)이라는 대범천왕이 범천의 대중들에게 게송으로 말했다.

"우리 궁전에 광명이 밝게 비치는 것은 특별한 인연이 있는 것이니 이러한 상서를 찾아보리라.
과거 백 천 겁 동안 일찍이 이러한 상서를 본 일이 없었으니, 대덕천이 출현하려는가? 부처가 중생세간에 출세하려는가?"

爾時 五百萬億 諸梵天王 與宮殿俱 各以衣裓 盛諸天華 共詣北方 推尋是相. 見大通智勝如來 處于道場菩提樹下 坐師子座. 諸天 龍王 乾闥婆 緊那羅 摩睺羅伽 人 非人 等 恭敬圍繞. 及

見十六王子 請佛轉法輪.
時諸梵天王 頭面禮佛 繞百千帀 卽以天華 而散佛上 所散之華 如須彌山. 幷以供養佛菩提樹. 華供養已 各以宮殿 奉上彼佛. 而作是言 唯見哀愍 饒益我等 所獻宮殿 願垂納受.
爾時諸梵天王 卽於佛前 一心同聲 以偈頌曰,

世尊甚難見　破諸煩惱者　過百三十劫　今乃得一見
諸飢渴衆生　以法雨充滿　昔所未曾見　無量智慧者
如優曇鉢華　今日乃値遇　我等諸宮殿　蒙光故嚴飾
世尊大慈愍　唯願垂納受

그때 오백만 억의 모든 범천왕들이 궁전과 함께 각자의 꽃바구니에 여러 가지 천상의 꽃을 가득 담아서 함께 북방으로 가서 이러한 상서를 찾으니, 대통지승 여래가 깨달음의 도량인 보리수 아래 사자좌에 앉아 있고, 제천, 용왕, 건달바, 긴나라, 마후라가, 사람, 사람 아닌 귀신 등이 공경하게 에워싸고 있는 모습을 보았다. 아울러 십육 왕자가 부처님께 법문 설해 주실 것을 간청하는 것도 보았다.

그때 범천왕들이 머리를 숙여 부처님께 예배하며 백 천 번을 돌고 천상의 꽃을 부처님 위에 흩었다. 그 흩은 꽃은 마치 수미산과 같이 많고, 부처님과 보리수나무까지 공양했다. 꽃 공양을 마치고, 각자 그 궁전을 대통지승불께 받들어 올리고 말했다.

"오로지 저희들을 불쌍히 보시고, 해탈의 이익이 되도록 이 궁전을 헌상하오니 받아 주십시오."

그때 모든 범천왕들이 부처님 앞에서 일심 동성으로 게송을 말했다.

"세존은 친견하기가 매우 어려우니, 모든 번뇌를 타파한 분이라 일백 삼십 겁을 지나 지금 한번 친견합니다.

굶주리고 목마른 모든 중생들을 법우(法雨)로써 충만하게 하소서.

옛적에 친견할 수 없었고 무량한 지혜를 구족했으니, 마치 우담발화(優曇鉢華)와 같아서 오늘에야 비로소 친견합니다.

저희들의 모든 궁전이 광명을 받고 장엄되었습니다.

세존이시여! 크게 어여삐 여기시고 원하건대 저희들의 궁전을 받아주십시오."

* 우담발화(優曇鉢華) : 범어 udumbara의 음사(音寫)로서 우담화(優曇華), 우담발화(優曇鉢花)라고 하며, 서응(瑞應), 영서(靈瑞), 상서(祥瑞) 등으로 번역한다. 남방의 따뜻한 지역에 자라는 활엽수의 은화(隱花) 식물로서 꽃은 사람들의 눈에 보이지 않는다. 무화과(無花果)와 같은 것인데, 경전에는 삼천 년(三千年)에 한 번 피는 꽃이라고 하며 부처님의 출세에 비유한다.

爾時 諸梵天王 偈讚佛已 各作是言. 唯願世尊 轉於法輪 令一切世間 諸天魔梵 沙門婆羅門 皆獲安隱 而得度脫.

時諸梵天王 一心同聲 以偈頌曰

唯願天人尊　轉無上法輪　擊于大法鼓　而吹大法螺
普雨大法雨　度無量衆生　我等咸歸請　當演深遠音

爾時大通智勝如來　黙然許之　西南方　乃至下方　亦復如是.

그때 여러 범천왕이 부처님께 게송으로 찬탄하고 나서 각각 말하기를 "원하옵건대 세존께서 법륜을 굴리어 모든 세간의 천신, 마왕, 범천, 사문, 바라문들이 편안함을 얻고, 해탈을 이루도록 설법해 주소서."

다시 여러 범천왕이 일심 동성으로 게송을 말했다.

"원하옵건대 천인존(天人尊)이시여!

무상의 법문을 설하시고, 큰 법고(法鼓)를 울리고, 큰 법의 고동을 불며, 널리 큰 법우(法雨)를 내리어 무량의 중생을 제도하소서.

우리들이 모두 다 함께 귀의하고 법문을 청하오니, 심원(深遠)한 음성으로 연설해 주소서."

그때 대통지승여래께서 묵묵히 허락하였다. 서남방(西南方)과 내지 하방(下方)세계에서도 모두 이와 같이 대통지승불에게 법문을 청했다.

상방(上方)의 범천왕이 법을 청하다

爾時上方五百萬億國土 諸大梵王 皆悉自覩所止宮殿 光明威耀 昔所未有 歡喜踊躍 生希有心 卽各相詣 共議此事 以何因緣 我等宮殿 有斯光明 時彼衆中 有一大梵天王 名曰尸棄 爲諸梵衆 而說偈言

今以何因緣　我等諸宮殿　威德光明曜　嚴飾未曾有
如是之妙相　昔所未聞見　爲大德天生　爲佛出世間

그때 상방(上方)의 오백만 억 국토에 있는 대범천왕들이 모두 자기가 있는 궁전에 찬란한 광명이 비치는 것을 보고, 예전에 볼 수 없던 일이라 환희하며 희유한 마음을 내고, 각각 서로 나아가서 이 일을 논의했다.

"무슨 인연(因緣)으로 우리 궁전에 이런 광명이 비치고 있는가?"

그 대중 가운데 시기(尸棄)라는 대범천왕이 모든 범천의 대중들에게 게송으로 말했다.

"지금 무슨 인연으로 우리들의 여러 궁전에 위덕의 광명이 비치니 그 장엄함이 일찍이 없었던 일이다.
이와 같이 미묘한 상서는 예전에 보고 들은 적이 없는데, 이것은 대덕천이 출생하려고 하는가? 부처님이 세간에 출세하려는 것인가?"

爾時 五百萬億 諸梵天王 與宮殿俱 各以衣裓 盛諸天華 共詣下方 推尋是相. 見大通智勝如來 處于道場菩提樹下 坐師子座. 諸天 龍王 乾闥婆 緊那羅 摩睺羅伽 人 非人 等 恭敬圍繞. 及見十六王子 請佛轉法輪.

時諸梵天王 頭面禮佛 繞百千匝 卽以天華 而散佛上 所散之華 如須彌山. 幷以供養佛菩提樹. 華供養已 各以宮殿 奉上彼佛 而作是言 唯見哀愍 饒益我等 所獻宮殿 願垂納處.

時諸梵天王 卽於佛前 一心同聲 以偈頌曰

善哉見諸佛　救世之聖尊　能於三界獄　勉出諸衆生
普智天人尊　哀愍群萌類　能開甘露門　廣度於一切
於昔無量劫　空過無有佛　世尊未出時　十方常闇暝
三惡道增長　阿修羅亦盛　諸天衆轉減　死多墮惡道
不從佛聞法　常行不善事　色力及智慧　斯等皆減少
罪業因緣故　失樂及樂想　住於邪見法　不識善儀則
不蒙佛所化　常墮於惡道　佛爲世間眼　久遠時乃出
哀愍諸衆生　故現於世間　超出成正覺　我等甚欣慶
及餘一切衆　喜歎未曾有　我等諸宮殿　蒙光故嚴飾
今以奉世尊　唯垂哀納受　願以此功德　普及於一切
我等與衆生　皆共成佛道

그때 오백만 억의 모든 범천왕들이 궁전과 함께 각자의 꽃바구니에 여러 천화(天華)를 가득 담고 하방으로 가서 이 상서를 찾았는데, 대통지승여래는 깨달음의 도량 보리수 아래 사자좌에 앉아 있었다. 제천과 용왕, 건달바, 긴나라, 마후라가, 사람, 사람 아닌 귀신 등이 공경히 에워싸고, 아울러 십육 왕자가 부처님께 법문 설해 주실 것을 간청하는 것을 보았다.

그때 모든 범천왕들이 머리 숙여 부처님께 예배하며 백 천 번을 돌고, 천상의 꽃을 부처님 위에 흩었는데 그 꽃이 마치 수미산과 같았다. 아울러 부처님과 보리수에도 공양하였다. 꽃 공양을 마치고 각자 궁전을 가지고 대통지승불께 올리고 이렇게 말했다.

"저희들을 불쌍히 여기시어 해탈의 이익이 되도록 해주시고, 원하건대 이 궁전을 받아 주십시오."

그때 여러 범천왕들이 부처님 앞에서 일심 동성으로 게송을 말했다.

"훌륭합니다. 제불여래시여! 세간의 중생을 제도하는 성존을 친견하니 제불세존은 능히 삼계(三界)의 지옥에서 모든 중생들을 구제하십니다.

넓은 지혜는 천인(天人)이 존경하고, 모든 중생들을 가엾이 여겨 능히 감로(甘露)의 문을 열고 널리 일체 중생들을 제도하십니다.

옛적 한량없이 오랜 세월 헛되이 부처님이 없었으니, 세존이 출세하기 전에 시방 세계는 항상 암흑처럼 캄캄했습니다.

삼악도(三惡道)는 증장하고 아수라(阿修羅) 역시 번성하며, 제천의 훌륭한 대중은 더욱 줄어들고 지혜 없는 중생은 삼악도에 타락했으며, 부처의 지혜법문 청법하지도 못하고 항상 악행(惡行)만을 실행하여 육신의 힘과 지혜의 힘이 모두 함께 감소되었습니다.

죄업을 지은 인연으로 즐거운 일과 즐거운 생각까지 없어지고, 삿된 소견에 안주하여 선법(善法)을 본받을 만한 위의를 알지 못했습니다.

부처의 지혜로 교화 받지 못하고, 중생은 항상 삼악도에 타락합니다.

부처는 중생세간의 눈이 되어 오랜 시간 지나 이제야 출세하셨네.

모든 중생들을 가엾이 여기는 까닭에 중생세간에 출현하여 세간을 초월하여 정각을 이루니, 우리들은 한없이 기쁘고 경사스럽습니다.

그 외의 일체 중생들도 기뻐하며 미증유의 일로 찬탄합니다.

저희들의 모든 궁전이 부처의 광명을 받아 아름답게 장식되어 지금 세존께 받들어 올리니 바라옵건대 받아 주소서.
원컨대 이 공덕이 일체 중생들에게 보급되어 우리들과 일체 중생이 다 함께 불도를 이루어지기 바랍니다."

* 보지천인존(普智天人尊)은 부처님에 대한 존칭인데, 부처는 불지견(佛知見)을 구족하여 세간법, 출세간법을 두루 아는 일체지자(一切智者)로서 천상계, 인간계의 세존이라고 칭송한 것이다. 모든 중생들을 가엾이 여긴다(哀愍群萌類)는 말은, 새싹과 같이 신심이 연약한 중생들을 자비심으로 불쌍하게 여긴다는 뜻이다.
* 즐거운 일과 즐거운 생각(樂及樂想) : 중생이 눈으로 대상을 보고 즐거워하는 일과, 의식의 대상을 즐겁게 상상하는 일을 말한다.
* "원하건대 이 공덕이 널리 일체중생들과 함께하여 나와 일체중생들이 모두 함께 불도를 이루기 원합니다(願以此功德 普及於一切 我等與衆生 皆共成佛道)" 이 게송은 대승불교의 회향게(廻向偈)이다. 회향이란 향상의 상구보리와 향화의 하화중생으로 불도의 수행을 원만하게 실행하여 자취나 흔적도 남기지 않는 보살행(了義經)이다. 한국불교에서는 "반드시 극락국에 왕생하고 모두 같이 무량수여래를 친견하기 바랍니다(當生極樂國 同見無量壽)"를 첨가하여 독송하는데, 천수경과 관음기도, 정토왕생의 기원에 의거한 것이다.

爾時 五百萬億 諸梵天王 偈讚佛已. 各白佛言 唯願世尊 轉於法輪 多所安隱 多所度脫 時諸梵天王 而說偈言

世尊轉法輪　擊甘露法鼓　度苦惱衆生　開示涅槃道
唯願受我請　以大微妙音　哀愍而敷演　無量劫習法

그때 오백만 억 범천왕들이 게송(偈頌)으로 부처님을 찬탄하고 말씀 드렸다. "바라옵건대 세존이시여! 법륜을 굴리시어 모두 편안하게 해 주시고 해탈하게 하소서."

그때 또 범천왕들이 게송으로 말했다.

"세존이시여! 법문을 설하시어 감로의 법고를 울리시고, 고뇌의 중생들을 제도하시어 열반의 도를 개시(開示)하소서.

원하건대 저희들의 요청을 들어주시고 중생들을 불쌍히 여기시어,

훌륭하고 미묘한 음성으로 무량겁에 수행한 법문을 연설해 주소서."

대통지승불이 십이인연법(十二因緣法)을 설하다

爾時 大通智勝如來 受十方諸梵天王 及十六王子請. 卽時 三轉十二行法輪. 若沙門婆羅門, 若天魔梵 及餘世間 所不能轉. 謂是苦 是苦集 是苦滅 是苦滅道. 及廣說十二因緣法. 無明緣行 行緣識 識緣名色 名色緣六入 六入緣觸 觸緣受 受緣愛 愛緣取 取緣有 有緣生 生緣老死憂悲苦惱 無明滅則行滅 行滅則識滅 識滅則名色滅 名色滅則六入滅 六入滅則觸滅 觸滅則受滅 受滅則愛滅 愛滅則取滅 取滅則有滅 有滅則生滅 生滅則老死憂悲苦惱滅.

그때 대통지승여래는 시방의 모든 범천왕들과 십육 명 왕자의 간청을 받아들여 즉시에 사성제(四聖諦)의 법문을 제시하여 권하고, 이 법문을 깨달아 증득하도록 거듭 법륜을 굴리고(三轉), 십이행상(十二行相)으로 설법했다.

사문이나 바라문, 천신, 마왕, 범천이나 그 외의 다른 세상 사람들은 이러한 사성제의 법륜을 설하고 굴릴 수 없다. 말하자면 이것은 괴로움이며, 이것은 괴

로움의 원인이며, 이것은 괴로움을 소멸한 열반의 경지이며, 이것은 괴로움을 소멸하는 실천도이다.

또 십이인연(十二因緣)의 법문을 널리 설하였다. 중생은 불법을 알지 못한 무지(無知) 무명(無明)으로 중생심행(心行)을 반연하고, 중생심행은 의식(識)을 반연하고, 의식은 명칭과 형색(名色)을 반연하고, 명칭과 형색은 육입(六入)을 반연하고, 육입은 대상경계의 접촉(觸)을 반연하고, 접촉은 감수(受)작용을 반연하고, 감수는 애욕(愛)을 반연하고, 애욕은 대상경계 취(取)하는 일을 반연하고, 취(取)는 소유(有)를 반연하고, 소유는 번뇌 망념이 일어나는 것(生)을 반연하고, 번뇌 망념이 일어남(生)은 늙고(老), 병들고(病), 죽고(死) 근심, 걱정과 많은 고뇌(老死憂悲苦惱)를 반연한다.

불법을 알지 못한 무지(無知)와 무명(無明)이 소멸(滅)하면 중생심행이 소멸하고, 중생심행이 소멸하면 의식이 소멸하고, 의식이 소멸하면 명칭과 형색이 소멸하고, 명칭과 형색이 소멸하면 육입이 소멸하고, 육입이 소멸하면 촉감이 소멸하고, 촉감이 소멸하면 감수작용이 소멸하고, 감수작용이 소멸하면 애욕이 소멸하고, 애욕이 소멸하면 대상을 취하는 일이 소멸하고, 취하는 일이 소멸하면 존재의 소유(有)가 소멸하고, 소유(有)가 소멸하면 번뇌 망념이 일어나는 일(生)이 없고, 망념이 일어나는 일(生)이 없으면 늙고, 죽고, 근심, 비애, 고뇌 등이 모두 소멸하게 된다.

* 삼전(三轉) 십이행상(十二行相) 법륜(法輪)은 사성제(四聖諦) 법문 하나하나를 제시(示)하여 권(勸)하고 깨달음을 증득(證)하도록 세 번에 걸쳐서 거듭 설법한 법문이기 때문에 十二行相이라고 한다.

삼전(三轉)은 시전(示轉), 권전(勸轉), 증전(證轉)이다.

1) 시전(示轉)은 석가세존이 처음 교진여 등 오비구들에게 '이것은 고(苦)이며, 이것은 고의 원인(集)이며, 이것은 고의 소멸인 열반(滅)이며, 이

것은 고를 소멸하고 열반의 경지를 이루는 실천도(道)' 라고 사성제(四聖諦)의 법문을 설한 것이다.

2) 권전(勸轉)은 세존이 처음 오비구(五比丘)들에게 사성제 법문을 권하여 실천 수행하게 권한 것이다. 즉 일체는 고(苦)라는 사실을 잘 알아 고(苦)의 원인(集)을 반드시 끊어야 하고, 열반(滅)의 경지를 증득해야 하고, 불도(道)를 반드시 수행해야 한다는 법문이다.

3) 증전(證轉)이란 일체가 고(苦)라는 사실을 나는 증득했고, 고(苦)의 원인(集)을 나는 이미 끊고 열반(滅)의 경지를 나는 이미 증득했으며, 팔정도의 수행으로 불도를 수행하여 사성제의 법문을 증득했다고 설한 법문이다.

佛於天人大衆之中 說是法時 六百萬億那由他人 以不受一切法故 而於諸漏 心得解脫 皆得深妙禪定 三明六通 具八解脫. 第二 第三, 第四說法時 千萬億恒河沙那由他等衆生 亦以不受一切法故 而於諸漏 心得解脫. 從是已後 諸聲聞衆 無量無邊 不可稱數.

부처님이 천신과 인간 대중들 가운데서 이 사성제(四聖諦)의 법문을 설할 때, 육백만 억 나유타 사람들이 일체법의 대상경계를 받아들이지 않기 때문에 모든 번뇌 망념에서 일심으로 해탈하여, 깊고 미묘한 선정과 세 가지 밝은 지혜(三明)와 여섯 가지 신통(六神通)을 체득하였고 여덟 가지 해탈(八解脫)의 경지를 구족하게 되었다.

두 번째, 세 번째, 네 번째 거듭 사성제(四聖諦)의 법문을 설할 때도 천만억 항하사 나유타 중생들이 또한 일체법의 대상경계를 받아들이지 않기 때문에 모든 번뇌 망념에서 일심으로 해탈하였다.

그 이후 무량무변하여 그 숫자를 이루 다 셀 수 없는 모든 성문의 대중들이 일심으로 해탈 열반의 경지를 이루었다.

십육 왕자가 출가하여 사미(沙彌)가 되다

爾時十六王子 皆以童子出家 而爲沙彌 諸根通利 智慧明了. 已曾供養百千萬億諸佛 淨修梵行 求阿耨多羅三藐三菩提 俱白佛言. 世尊 是諸無量千萬億大德聲聞 皆已成就 世尊亦當爲我等說阿耨多羅三藐三菩提法. 我等聞已 皆共修學. 世尊 我等志願如來知見 深心所念 佛自證知. 爾時 轉輪聖王 所將衆中 八萬億人 見十六王子出家 亦求出家 王卽聽許.

그때 십육 왕자들이 모두 동자로 출가(出家)하여 사미가 되었다. 육근(六根)이 통달하여 영리하고 지혜가 총명하며 이미 백 천만 억 제불에 공양하고, 청정한 범행(梵行)을 수행하여 최상의 깨달음을 구하고 모두 함께 대통지승불께 말했다.

"세존이시여! 이 한량없는 천만 억 대덕(大德) 성문들이 모두 이미 깨달음(아라한의 경지)을 성취했습니다. 세존께서는 또 저희들을 위하여 최상의 깨달음을 이루는 법문을 설해 주십시오. 저희들도 법문을 듣고, 다 함께 불도를 수학하도록 하겠습니다. 세존이시여! 저희들도 여래의 지견(知見)을 깨달아 체득하기를 원합니다. 저희들이 마음 깊이 염원하는 것을 부처님께서는 잘 아실 것입니다."

그때 전륜성왕이 데리고 온 대중 가운데 팔만 억 사람들이 십육 왕자가 출가하는 것을 보고 자기들도 출가하고자 하니, 전륜성왕이 그들의 출가를 허락했다.

爾時 彼佛 受沙彌請 過二萬劫已 乃於四衆之中 說是大乘經. 名妙法蓮華, 教菩薩法, 佛所護念. 說是經已 十六沙彌 爲阿耨多羅三藐三菩提故 皆共受持 諷誦通利.
說是經時 十六菩薩沙彌 皆悉信受. 聲聞衆中 亦有信解. 其餘衆生 千萬億種 皆生疑惑. 佛說是經 於八千劫 未曾休廢. 說此經已 卽入靜室 住於禪定 八萬四千劫.

그때 대통지승불이 십육 사미들의 요청을 받고 이만 겁의 시간이 지난 이후에 사부대중 가운데서 이 대승경의 법문을 설했다. 그 경전의 이름은 묘법연화경(妙法蓮華經)이고 보살들에게 가르치는 법문이며, 부처의 지혜로 중생이 생사망념에 타락하지 않도록 잘 보호하는 법문이다.

이 대승경을 설하니 십육 사미들이 최상의 깨달음을 이루고자 모두 함께 경전의 법문을 수지하고 독송(諷誦)하여 불법을 통달하였다. 이 대승경을 설할 때 십육 보살사미는 모두 경전의 법문을 신수(信受)하였으며, 성문대중 가운데서 신해(信解)하는 사람도 있었다. 그 외 천만 억 종류의 중생들은 모두 의심을 일으켰다.

대통지승불은 팔천 겁 동안 이 대승경을 설법하며 잠깐도 쉬지 않았으며, 이 경을 설한 뒤에 정실(靜室)로 들어가 팔만사천 겁 동안 선정의 본분사에 안주하였다.

십육 사미가 법화경을 설하다

是時 十六菩薩沙彌 知佛入室 寂然禪定 各陞法座 亦於八萬四千劫. 爲四部衆 廣說分別 妙法華經 一一皆度六百萬億那由他恒河沙等衆生 示教利喜 令發阿耨多羅三藐三菩提心. 大通智

勝佛 過八萬四千劫已 從三昧起 往詣法座 安詳而坐 普告大衆. 是十六菩薩沙彌 甚爲希有 諸根通利 智慧明了 已曾供養無量千萬億數諸佛 於諸佛所 常修梵行 受持佛智 開示衆生 令入其中. 汝等皆當數數親近 而供養之. 所以者何 若聲聞辟支佛 及諸菩薩 能信是十六菩薩所說經法 受持不毁者 是人皆當得阿耨多羅三藐三菩提 如來之慧.

그때 십육 보살사미들은 대통지승불이 정실(靜室)로 들어가 조용히 선정의 본분사에 안주하신 줄 알고, 각자 법상에 올라 팔만사천 겁 동안 사부대중들에게 널리 묘법연화경을 방편의 지혜로 설법했다.

십육 보살 한 사람, 한 사람이 육백만 억 나유타 항하사와 같은 중생들에게 정법을 개시하여 가르치고, 해탈의 이익이 되고 깨달음의 법락(法樂)을 이루게 하였으며, 최상의 깨달음을 체득하는 발심을 하도록 했다.

대통지승불이 팔만사천 겁이 지난 뒤에 삼매(三昧)의 상태에서 일어나 법상(法床)에 나아가 편안히 앉아서 대중들에게 말했다.

"여기 십육 보살사미들은 매우 훌륭한 수행자로서, 육근이 청정하고 융통하여 영리하고 지혜가 총명하며 이미 한량없는 천만 억 숫자의 제불께 공양하였다. 제불의 처소에서 항상 청정한 범행을 닦았으며, 부처의 지혜를 수지(受持)하고 중생들에게 정법을 개시(開示)하여 최상의 불도를 깨달아 증득하도록 하였다. 그대들은 반드시 십육 보살사미를 친근하며 공양하도록 하라. 왜냐하면 만일 성문이나 벽지불, 보살들이 십육 보살이 설하는 경전의 법문(經法)을 능히 스스로 수지(受持)하고 훼손하지 않는 사람은 반드시 최상의 깨달음과 여래의 지혜를 체득하게 될 것이다."

* 시교이희(示敎利喜) : 시(示)는 중생들에게 불법의 대의를 개시하는 것이

고, 교(教)는 수행법을 가르치고 생사윤회를 해탈하는 이익을 획득하게 하며, 열반의 경지를 깨달아 체득하는 법락(涅槃樂)을 이루도록 설법하는 것이다. 방편품에서 설한 개시오입(開示悟入)과 같은 뜻이고,『법화경』오백제자수기품, 수희공덕품, 묘장엄왕본사품, 촉루품에도 설한다.『대지도론』제54권,『대승기신론』에도 언급하고 있다.

* 중생들에게 정법을 개시(開示)하여 최상의 불도를 깨달아 증득하도록 하였다(開示衆生 令入其中)는 말은, 앞에서 "示教利喜 令發阿耨多羅三藐三菩提心"과 같은 내용이다.

佛告諸比丘 是十六菩薩 常樂說是妙法蓮華經 一一菩薩所化 六百萬億那由他 恒河沙等衆生 世世所生 與菩薩俱 從其聞法 悉皆信解. 以此因緣 得値四萬億 諸佛世尊 于今不盡.

대통지승불이 여러 비구들에게 말했다. "이 십육 보살은 항상 묘법연화경 설법을 법락(法樂)으로 삼았다. 십육 보살 한 사람, 한 사람이 교화한 육백만 억 나유타 항하사와 같은 중생들은, 세세생생에 보살과 함께 태어나서 그의 법문을 듣고 모두가 신심으로 이해하였다. 이러한 인연으로 사만 억의 제불세존을 친견하는 인연이 지금까지 끝나지 않고 이어지고 있다.

십육 사미의 고금인연을 밝히다

諸比丘 我今語汝. 彼佛弟子十六沙彌 今皆得阿耨多羅三藐三菩提. 於十方國土 現在說法. 有無量百千萬億菩薩 聲聞 以爲眷屬. 其二沙彌 東方作佛 一名 阿閦 在歡喜國. 二名 須彌頂. 東南方二佛 一名 師子音. 二名 師子相. 南方二佛 一名 虛空

住. 二名 常滅. 西南方二佛 一名 帝相. 二名 梵相. 西方二佛 一名 阿彌陀. 二名 度一切世間苦惱. 西北方二佛 一名 多摩羅跋栴檀香神通. 二名 須彌相. 北方二佛 一名 雲自在. 二名 雲自在王. 東北方佛名 壞一切世間怖畏. 第十六 我釋迦牟尼佛. 於娑婆國土 成阿耨多羅三藐三菩提.

여러 비구들이여! 여래가 이제 그대들에게 설한다.

저 대통지승불의 제자 십육 사미들이 지금 모두 최상의 깨달음을 체득하고 시방의 국토에서 현재 설법을 하고 있으며, 한량없는 백 천만 억 보살들과 성문들의 권속이 있다.

그 가운데 두 명의 사미는 동방에서 성불하였는데 한 분은 아촉불(阿閦佛)로 환희국(歡喜國)에 거주하고, 한 분은 수미정불(須彌頂佛)이다. 동남방에 두 부처님이 있으니 한 분은 사자음불(師子音佛)이요, 한 분은 사자상불(師子相佛)이다. 남방에 두 부처님이 있으니 한 분은 허공주불(虛空住佛)이요, 한 분은 상멸불(常滅佛)이다. 서남방에 두 부처님이 있으니 한 분은 제상불(帝相佛)이요, 한 분은 범상불(梵相佛)이다.

서방에 두 부처님이 있으니 한 분은 아미타불(阿彌陀佛)이요, 한 분은 도일체세간고뇌불(度一切世間苦惱佛)이다. 서북방에 두 부처님이 있으니 한 분은 다마라발전단향신통불(多摩羅跋栴檀香神通佛)이요, 한 분은 수미상불(須彌相佛)이다. 북방에 두 부처님이 있으니 한 분은 운자재불(雲自在佛)이요, 한 분은 운자재왕불(雲自在王佛)이다.

동북방의 부처님 이름은 괴일체세간포외불(壞一切世間怖畏佛)이며, 그 열여섯 번째는 나 석가모니불이니 사바국토에서 최상의 깨달음을 이루었다.

* 『아미타경』에는 "아미타불(阿彌陀佛) 현재설법(現在說法)"이라고 하며, 『관

무량수경』에는 "아미타불은 지금 여기에서 멀리 있지 않다(阿彌陀佛 去此不遠)"라고 설한다. 제불여래는 법계에 상주(常住)하기에 현재설법(現在說法)이다. 『아미타경』에 시방세계의 육방(六方)에 상주하는 제불의 명호(名號)를 설하는 것처럼, 대승불교는 시방세계에 무량무변의 다불(多佛)이 상주한다.

제자들의 고금인연을 밝히다

諸比丘 我等爲沙彌時 各各教化無量百千萬億 恒河沙等衆生 從我聞法 爲阿耨多羅三藐三菩提. 此諸衆生 于今有住聲聞地者. 我常教化阿耨多羅三藐三菩提. 是諸人等 應以是法 漸入佛道. 所以者何 如來智慧 難信難解.
爾時 所化無量恒河沙等衆生者 汝等諸比丘 及我滅度後 未來世中 聲聞弟子是也.

여러 비구들이여! 우리들이 십육 사미로 수행할 때 각각 한량없는 백 천만 억 항하사와 같은 중생들을 교화하였으며, 그 중생들은 여래(석가여래)의 법문을 청법하고 최상의 깨달음을 이루었다.

여기의 모든 중생들은 지금 성문의 지위에 있는 사람들이니, 여래는 항상 최상의 깨달음을 체득하는 법문으로 교화하였다. 이 사람들은 대승법을 수행하여 점차적으로 불도(佛道)를 깨달아 체득(得入)하게 될 것이다. 무슨 까닭이냐 하면, 여래의 지혜는 확신하기 어렵고 이해하기 어렵기 때문이다. 그때 교화한 항하사와 같이 한량없이 많은 중생들은, 그대들 모든 비구들과 여래가 열반(滅度)한 후 미래 세상에서 수행하는 성문 제자들이다.

我滅度後 復有弟子 不聞是經 不知不覺菩薩所行 自於所得功德 生滅度想 當入涅槃 我於餘國作佛 更有異名. 是人雖生滅度之想 入於涅槃 而於彼土 求佛智慧 得聞是經. 唯以佛乘 而得滅度 更無餘乘. 除諸如來 方便說法.

여래가 열반(滅度)한 뒤 또 어떤 제자가 있으니, 그는 이 법화경의 법문을 청법하지 못해 보살도의 수행을 알지도 못하고 깨닫지도 못하면서, 스스로 자신이 체득한 공덕으로 열반(滅度)의 경지를 이루었다고 생각하고 반드시 열반의 경지를 깨달아 체득(得入)했다고 말한다.

여래가 다른 나라에서 부처가 되어 다른 부처의 명칭(名稱)으로 출세할 때, 이 사람(제자)이 비록 열반(滅度)을 이루었다는 생각을 하고 열반의 경지를 체득했다고 말할지라도, 그가 저 국토에서 부처의 지혜를 구하며, 이 경전(법화경)의 법문을 청법하게 될 것이다.

오직 일불승(一佛乘)의 법문을 깨달아야 대승의 열반(滅度)을 체득하는 것이요, 다른 이승(二乘)과 삼승(三乘)의 법문(乘)은 없다. 다만 모든 여래가 방편으로 설법하는 열반의 법문은 제외한다.

열반에 이르러 법화경을 설하다

諸比丘 若如來 自知涅槃時到 衆又清淨 信解堅固 了達空法 深入禪定 便集諸菩薩 及聲聞衆 爲說是經. 世間無有二乘 而得滅度. 唯一佛乘 得滅度耳.

比丘當知 如來方便 深入衆生之性 知其志樂小法 深著五欲 爲是等故 說於涅槃, 是人若聞 則便信受.

여러 비구들이여! 만약 여래가 스스로 열반할 시기에 이르러 대중들도 청정하고, 일승법을 신해(信解)함이 견고하여 공(空)의 법문(空法)을 요달하고 깊이 선정에 든 경지를 알 수 있다면, 곧 여러 보살들과 성문들을 모집하여 이 법화경의 법문을 설한다.

중생세간에서 이승(二乘)의 법문으로는 열반(滅度)의 경지를 체득할 수 없다. 오직 일불승(一佛乘)의 법문으로만 열반의 경지를 깨달아 체득할 수가 있다.

비구들이여! 반드시 잘 알아라. 여래는 방편의 지혜로써 중생의 본성을 깊이 깨달아 그 중생들이 소승법(小乘法)에 뜻을 두고 탐착하며, 깊이 다섯 가지 욕망에 애착하고 있다는 사실을 알고 그들에게 대승열반의 법문을 설하는 것이다. 이 사람들이 만약 대승열반의 법문을 청법한다면 곧 신심으로 수지(信受)하게 된다.

* 공(空)의 법문(空法)을 요달하여 깊이 선정에 들 수 있다(了達空法 深入禪定)라는 말은, 불지견으로 자아의식의 중생심과 의식의 대상경계를 자각하여 텅 비우는 아공(我空), 법공(法空)의 법문을 실행하면, 진여본심을 회복하여 깊이 선정의 경지를 이룰 수 있다는 뜻이다.
이승(二乘)의 열반은 번뇌 망념을 죽이고(殺賊) 아라한의 경지를 체득하는 것이고, 대승의 열반과 선정은 환화(幻化)와 같은 중생심의 번뇌 망념(一切有爲法)을 텅 비우는 공의 법문으로 본래 청정한 진여본심을 회복하는 본래열반이다. 『화엄경』에서 설하는 "初發心時 便成正覺"과 같다.

화성(化城)의 비유

譬如五百由旬 險難惡道 曠絶無人怖畏之處. 若有多衆 欲過此道 至珍寶處.

有一導師 聰慧明達 善知險道 通塞之相. 將導衆人 欲過此難. 所將人衆 中路懈退 白導師言 我等疲極 而復怖畏 不能復進 前路猶遠 今欲退還. 導師多諸方便 而作是念. 此等可愍 云何捨大珍寶 而欲退還 作是念已 以方便力 於險道中 過三百由旬 化作一城 告衆人言, 汝等勿怖 莫得退還 今此大城 可於中止 隨意所作. 若入是城 快得安隱. 若能前至寶所 亦可得去.
是時疲極之衆 心大歡喜 歎未曾有. 我等今者 免斯惡道 快得安隱. 於是衆人 前入化城 生已度想 生安隱想. 爾時導師 知此人衆 旣得止息 無復疲倦 卽滅化城. 語衆人言 汝等去來 寶處在近 向者大城 我所化作 爲止息耳.

비유하면 마치 오백 유순(五百由旬)이나 되는 험난하고 나쁜 길은 황량하여 사람의 자취마저 끊어져 무서운 곳인데, 많은 사람들이 이 길을 지나 진귀한 보물(寶物)이 있는 곳으로 가려고 한다.

그때 길을 안내하는 한 사람의 도사(導師)가 있었다. 그는 총명한 지혜로 이 험난한 길을 분명하게 통달하여 길이 통하고 막혀 있는 상태를 잘 알기 때문에 그가 많은 사람들에게 길을 인도하여 이 험난한 길을 지나가려고 했다. 함께 길을 가던 사람들이 도중에서 피곤하고 게으른 마음이 생겨 길을 인도하는 도사에게 말했다.

'우리들은 극도로 피곤하고 무서워서 다시 더 앞으로 나아갈 수 없다. 앞으로 가야 할 길은 아직도 매우 멀고 아득하니 이제 그만 돌아갈까 합니다.'

길을 인도하는 도사는 다양한 방편의 지혜로 사유하면서, '이 사람들은 참으로 불쌍하구나! 어찌하여 훌륭하고 진귀한 보물을 버리고 되돌아가려고 하는가?' 라고 생각하고 방편의 힘으로 험난한 길 삼백 유순을 지난 도중에 환화(幻化)로 하나의 성(城)을 만들고 여러 사람들에게 말했다.

'그대들은 두려워하지도 말고 되돌아가지도 말라. 지금 이곳에 큰 성(城)이 있으니 그 성안에 머물면서 그대들 마음대로 할 수가 있다. 만약 저 성에 들어가면 쾌락하고 편안함을 얻을 것이다. 앞으로 더 나아가면 보배가 있는 곳에 도달할 수 있고, 또한 보배도 얻을 수 있다.'

그때 극심하게 피곤한 대중들이 마음으로 크게 기뻐하면서 처음 경험하는 일이라고 찬탄했다. '우리들은 지금 이 험하고 나쁜 길을 벗어나서 쾌락하고 편안함을 얻었다.' 이 많은 대중들은 환화로 만든 성(化城)에 들어가서 이미 열반의 경지를 이루었다는 생각을 하고 평안한 마음을 갖게 되었다. 그때 길을 인도하는 도사는 이 여러 사람들이 이미 잘 쉬어서 더이상 피로하지 않은 줄을 알고, 환화(幻化)로 만든 성(城)을 없애버리고 여러 사람들에게 말했다.

'그대들은 길을 떠나 앞으로 나아가자. 보배가 있는 곳은 여기서 멀지 않다. 앞에서 본 큰 성(城)은 내가 환화(幻化)로 만들어 잠시 쉬어가도록 한 것이다.'

* 험난악도(險難惡道) : 중생의 사바세계와 삼악도(三惡道)를 비유하고, 진보처(珍寶處)는 불국토(佛國土), 대승열반을 비유한 것이다.
환화(幻化)의 성(城)은 임시방편으로 설한 이승(二乘)의 열반이며, 일체의 언설로 설한 방편 법문이다.
『반야경』 제8권에 "만약 어떤 법이 있어 열반의 경지보다 더 수승하다고 할지라도 여래는 역시 환화와 같고 꿈과 같다고 설하리라(若當有法 勝於涅槃者 我說亦復 如幻如夢)"고 설한다.

비유에서 법을 밝히다

諸比丘 如來亦復如是. 今爲汝等 作大導師. 知諸生死 煩惱惡道 險難長遠 應去 應度.

若衆生 但聞一佛乘者, 則不欲見佛 不欲親近. 便作是念 佛道長遠 久受勤苦 乃可得成. 佛知是心 怯弱下劣 以方便力 而於中道 爲止息故 說二涅槃. 若衆生 住於二地 如來爾時 卽便爲說, 汝等所作未辦 汝所住地 近於佛慧 當觀察籌量. 所得涅槃非眞實也. 但是如來 方便之力 於一佛乘 分別說三.

如彼導師 爲止息故 化作大城 旣知息已. 而告之言 寶處在近 此城非實 我化作耳.

여러 비구들이여! 여래도 또한 이와 같다. 여래는 지금 그대들이 갈 길을 인도하는 훌륭한 도사(導師)이다. 생사에 윤회하는 악도(惡道)는 멀고 험난하지만, 훌륭한 도사는 중생이 갈 수 있는 길과 건널 수 있는 길을 잘 알고 인도한다.

만약 중생들이 다만 일불승(一佛乘)의 법문만 들으면 부처를 친견하려고도 하지 않고, 친근(親近)하려고 발심하지도 않는다. 그래서 곧 사유하기를 '불도를 이루는 길은 멀고멀어서 오래오래 부지런히 고행하고 수행해야 이룰 수 있다'라고 방편 법문을 설한 것이다.

제불여래는 중생들의 마음이 겁약하고 용렬한 줄 알기 때문에 방편의 지혜로 도중(中道)에 잠시 쉬어 가도록 유여열반(有餘涅槃)과 무여열반(無餘涅槃), 두 가지 열반(二涅槃)을 설한다. 만약 중생들이 성문, 연각의 두 경지(二地)에 안주하면 그때 여래는 곧 이렇게 설한다.

'그대들은 수행해야 할 일을 아직 다하지 못했다. 그대들이 지금 거주하는 곳은 부처의 지혜와 가까운 곳일 뿐이다. 반드시 정법으로 잘 관찰하고 사유해 보라. 그대들이 깨달아 체득한 경지는 진실한 열반이 아니다. 다만 이것은 여래가 방편의 지혜로 일불승(一佛乘)의 진실을 삼승(三乘)으로 나누어 설한 방편 법문이다.'

마치 저 험난한 길을 인도하는 도사가 잠시 쉬어 가도록 환화(幻化)로 만든 큰 성(城)과 같다. 길을 안내하는 도사가 대중들이 이미 충분히 휴식한 줄 알고 다시 대중들에게 '보물이 있는 곳은 가까이 있다. 이 성(城)은 사실 실재하는 것이 아니라, 내가 환화(幻化)로 만든 것이다'라고 말한 것과 같다."

* 길을 가는 도중에 잠시 쉬어 가도록 유여열반(有餘涅槃)과 무여열반(無餘涅槃), 두 가지 열반(二涅槃)을 방편법문으로 설했다. 유여열반(有餘涅槃)은 아공(我空)만 체득한 이승(二乘) 수행자가 자아의식의 번뇌 망념을 죽이고(殺賊) 아라한의 경지를 이룬 것이고, 아라한이 번뇌 망념을 모두 죽이고 열반을 증득했다는 주장(有得有證)은 증상만(增上慢)이다.
대승의 열반은 자아의식과 의식의 대상경계를 모두 텅 비운 아공(我空), 법공(法空)으로 자취나 흔적도 없이 자성이 청정한 본래열반의 경지, 즉 진여본심의 지혜로 지금 여기, 자기 본분사의 일을 여여하고 여법하게 실행하는 것이다. 그래서 대승의 열반은 "진실한 열반(眞滅)", 소승의 열반은 "진정한 열반이 아니다(非眞滅)"라고 설한다.

대통지승불의 성도

爾時世尊 欲重宣此義 而說偈言

大通智勝佛　十劫坐道場　佛法不現前　不得成佛道
諸天神龍王　阿修羅衆等　常雨於天華　以供養彼佛
諸天擊天鼓　幷作衆伎樂　香風吹萎華　更雨新好者
過十小劫已　乃得成佛道　諸天及世人　心皆懷踊躍
彼佛十六子　皆與其眷屬　千萬億圍繞　俱行至佛所
頭面禮佛足　而請轉法輪　聖師子法雨　充我及一切
世尊甚難値　久遠時一現　爲覺悟羣生　震動於一切

그때 세존께서 이 뜻을 거듭 자세히 설하고자 게송으로 설했다.

“대통지승불이 십 겁(十劫)의 긴 시간 좌도량(坐道場)하니 불법을 실행(現前)하지도 않고, 불도를 이루려고도 하지 않는다.

모든 천신과 용왕, 아수라 대중 등이 천상의 꽃을 항상 꽃비로 내려 저 대통지승불께 공양하고, 제천은 천고를 울리고 대중은 악기로 음악을 연주하며, 향기로운 바람은 시든 꽃을 불어버리고 다시 새롭고 신선한 꽃비를 내린다. 십 소겁을 지난 뒤에 비로소 불도를 이루니, 제천과 세상 사람들이 마음으로 기뻐서 환희하며 뛰었다.

저 대통지승불의 십육 왕자는 그의 모든 권속들과 함께 천만 억 대중에게 둘러싸여 대통지승불의 처소에 도달하여, 머리 숙여 부처님 발에 예배하고 법문 설해 주실 것을 요청했다.

‘성스러운 사자후 법문을 설하시는 세존이시여! 감로법우를 내려 우리와 일체 중생들을 충족하게 하소서. 세존 만나기 지극히 어려워 오랜 세월에 한 번 출현하니, 모든 중생들을 깨우치게 하고자 일체 만물들을 진동시켜 지혜의 생명이 되도록 한다.

* 대통지승불이 십 겁(十劫)의 긴 시간 좌도량(坐道場)하니, 불법을 실행(現前)하지도 않고 불도를 이루려고도 하지 않는다(大通智勝佛 十劫坐道場 佛法不現前 不得成佛道). 이 게송은 『임제어록』 등 선어록에 참선수행의 화두로 제시하는데, 십 겁(十劫)의 긴 시간은 영원한 지금이다. 대통지승불은 항상 진여본심의 지혜로 지금, 여기, 자기 본분사(일대사)의 일을 한다. 그래서 중생을 구제하고 누구에게 설법하려는 조작심과 대상경계도 없고, 또다시 성불하려는 목적의식도 없이 시절인연에 따른 자기 본분사(일대사)의 일을 할 뿐이라고 설한다. 방편품에 제불세존의 일대사인연으로 출세한다고 설한 법문과 같이 삼세여래는 모두 동일하다(三世如來一切同)

* 좌도량(坐道場) : 정좌(靜坐), 안좌(安坐), 연좌(宴坐), 보리좌(菩提坐)와 같은 뜻으로 제불여래의 본분사(일대사)이다. 『법화경』 서품에 "제불은 지금 여기, 자기 본분사의 일에 좌도량하여 깨달아 체득한 미묘한 정법을 설하고 수기 법문을 한다(佛坐道場 所得妙法 爲欲說此 爲當授記)"라고 설하며, 여래신력품에도 "제불은 지금 여기, 자기 본분사에 좌도량하여 비밀스러운 미묘한 정법을 깨달아 체득한다(諸佛坐道場 所得秘要法)"라고 설한다.

시방 범천이 법을 청하다

東方諸世界　五百萬億國　梵宮殿光曜　昔所未曾有
諸梵見此相　尋來至佛所　散華以供養　幷奉上宮殿
請佛轉法輪　以偈而讚歎　佛知時未至　受請默然坐
三方及四維　上下亦復爾　散華奉宮殿　請佛轉法輪
世尊甚難値　願以本慈悲　廣開甘露門　轉無上法輪

동방 모든 세계 오백만 억 국토 범천의 궁전에 광명이 비치니 이전에 일찍이 없었던 일이다.
모든 범천들이 이 상서를 보고, 대통지승불이 계신 곳을 찾아가 천상의 꽃을 흩어 공양하고 궁전까지 받들어 보시하였다.
대통지승불께 법문 설해 줄 것을 간청하고 게송을 읊어 찬탄하니, 대통지승불은 일승법을 설할 시기가 아직 도래하지 않은 줄 알고, 청법의 요청을 받고도 묵묵히 앉아 있었다.
남, 서, 북방의 네 간방(間方)과 上방, 下방에서도 모두 그렇게 꽃을 뿌려 공양하고 궁전을 받들어 보시하고, 대통지승불께 법문 설해 줄 것을 간청하였다.

세존을 친견하기 지극히 어려우니 원하건대 본분의 자비로 널리 감로(甘露)의 문을 열고, 무상(無上)의 법륜을 굴려주소서.

이승(二乘)의 법문을 설하다

無量慧世尊　受彼衆人請　爲宣種種法　四諦十二緣
無明至老死　皆從生緣有　如是衆過患　汝等應當知
宣暢是法時　六百萬億(女+亥)　得盡諸苦際　皆成阿羅漢
第二說法時　千萬恒沙衆　於諸法不受　亦得阿羅漢
從是後得道　其數無有量　萬億劫算數　不能得其邊

무량의 지혜를 구족한 세존께서 대중들의 요청으로 여러 가지 법문과 사성제와 십이인연의 법문을 설하시니, 무명(無明)에서 노사(老死)에 이르기까지 모두가 망념의 인연으로 생긴 것이라 이와 같이 많은 중생심의 과오와 우환을 그대들은 반드시 잘 알아야 한다.
이 대승법을 널리 연설할 때 육백만 억 나유타 중생들이 모든 괴로움에서 벗어나 아라한의 경지를 이루었다.
사성제의 법문을 두 번 설할 때, 천만 항하사와 같이 많은 중생이 일체의 대상경계를 차단하고 아라한의 경지를 이루었다.
이로부터 아라한의 도(道)를 이룬 사람의 숫자가 한량이 없어 만억 겁을 헤아려도 도를 이룬 사람들의 숫자를 다 셀 수가 없다.

* 육백만 억 나유타(女+亥)라고 설하는 해(女+亥)는 나유타(nauta)로, 천억(千億), 만억(萬億)의 대수명(大數名)이다. 『법화현찬(法華玄贊)』 제8권에 "십천(十千)을 만(萬)이라 하고, 십만(十萬)을 억(億)이라 하고, 십억(十億)

을 조(兆)라고 하고, 십조(十兆)를 경(京)이라 하고, 십경(十京)을 해(女+亥)라고 한다"고 해석한다.

대승 법화경을 설하다

時十六王子　出家作沙彌　皆共請彼佛　演說大乘法
我等及營從　皆當成佛道　願得如世尊　慧眼第一淨
佛知童子心　宿世之所行　以無量因緣　種種諸譬喩
說六波羅蜜　及諸神通事　分別眞實法　菩薩所行道
說是法華經　如恒河沙偈　彼佛說經已　靜室入禪定
一心一處坐　八萬四千劫

그때 십육 왕자들이 출가(出家)하여 사미가 되어 다 같이 저 대통지승불께 대승법을 설해 주실 것을 간청했다.
'저희들과 여러 시중들이 모두 다 불도를 이루어 세존과 같이 제일 청정한 지혜의 눈을 구족하기 원합니다.'
대통지승불은 동자(童子)들의 마음과 과거 숙세에 수행한 일을 알고, 한량없는 인연과 여러 가지 비유로 여섯 가지 바라밀과 그 밖의 신통한 일을 설법했다. 진실한 불법과 보살이 수행하는 불도를 방편의 지혜로 분별하여 이 법화경을 항하사와 같이 많은 게송으로 설했다.
대통지승불이 법화경을 설하신 뒤, 조용한 방에서 선정(禪定)에 들어 일심으로 한 곳에 정좌하니 팔만사천 겁이다.

* 혜안제일정(慧眼第一淨) : 제불여래와 같이 지혜의 안목(佛知見)을 구족하여 일체제법이 공(空)한 도리를 여법하고 여실하게 판단할 수 있는 능력

을 갖추는 것이다.

십육 사미의 인연

是諸沙彌等　知佛禪未出　爲無量億衆　說佛無上慧
各各坐法座　說是大乘經　於佛宴寂後　宣揚助法化
一一沙彌等　所度諸衆生　有六百萬億　恒河沙等衆
彼佛滅度後　是諸聞法者　在在諸佛土　常與師俱生
是十六沙彌　具足行佛道　今現在十方　各得成正覺
爾時聞法者　各在諸佛所　其有住聲聞　漸教以佛道
我在十六數　曾亦爲汝說　是故以方便　引汝趣佛慧
爾時本因緣　今說法華經　令汝入佛道　愼勿懷驚懼

이 모든 사미들은 대통지승불이 선정에서 깨어나지 않음을 알고, 무량한 만억 중생들에게 부처의 무상한 지혜법문을 설했다.

이 사미들은 각각 법좌(法座)에 앉아서 이 대승경을 설하고, 대통지승불이 열반에 든 이후에 대승법을 선양하여 정법으로 교화해서 도왔다.

그 한 사람, 한 사람 사미들이 제도한 중생들의 숫자는, 육백만 억 항하사의 모래 숫자와 같이 많았다.

그 대통지승불이 열반한 이후에 대승의 법문을 청법한 사람들은 가는 곳마다 제불의 국토에서 항상 스승과 함께 왕생할 것이다.

이 십육 사미들은 지혜를 구족하여 불도를 수행하고, 지금 현재 시방에서 각자 정각을 이루었다.

그때 법문 들은 사람들은, 각각 제불의 처소에서 성문의 경지에 안주하고 있는 사람들에게 점차로 교화하여 불도를 깨닫도록 했다.

나도(석가여래) 십육 왕자의 한 사람으로 일찍이 그대들에게 설법했으니 이러한 방편으로 그대들을 인도하여 부처의 지혜로 나아가게 한 것이다.
그때 이 근본의 인연으로 지금 법화경을 설하여, 그대들이 불도를 깨달아 체득하도록 하니 삼가 놀라고 두려워하지 말라.

화성의 비유

譬如險惡道　逈絕多毒獸　又復無水草　人所怖畏處
無數千萬衆　欲過此險道　其路甚廣遠　經五百由旬
時有一導師　强識有智慧　明了心決定　在險濟衆難
衆人皆疲倦　而白導師言　我等今頓乏　於此欲退還
導師作是念　此輩甚可愍　如何欲退還　而失大珍寶
尋時思方便　當設神通力　化作大城郭　莊嚴諸舍宅
周匝有園林　渠流及浴池　重門高樓閣　男女皆充滿
卽作是化已　慰衆言勿懼　汝等入此城　各可隨所樂
諸人旣入城　心皆大歡喜　皆生安隱想　自謂已得度
導師知息已　集衆而告言　汝等當前進　此是化城耳
我見汝疲極　中路欲退還　故以方便力　權化作此城
汝今勤精進　當共至寶所

비유컨대 위험하고 나쁜 길에는 인가와 멀리 떨어져 독한 짐승이 많고, 또한 물과 풀이 없어 사람이 겁내고 두려워하는 곳이다.
무수한 천만 대중이 험하고 나쁜 길을 빨리 지나고자 했으나,
그 험난한 길은 매우 넓고 멀어서 오백 유순을 지나야 한다.
그때 길을 안내하는 한 사람의 도사가 있으니, 많은 지식과 지혜가 있어 확실

한 깨달음으로 험난한 길을 가는 도중에 많은 중생들을 온갖 어려움에서 구했다. 많은 사람들은 모두 피곤하여 도사에게 말했다.

“우리들은 지금 지극히 피곤하여 그만 되돌아가려고 합니다.”

도사가 생각하기를 ‘이 무리들은 진실로 불쌍하구나. 어떻게 여기까지 와서 진귀한 보물들을 버리고 되돌아가려고 하는가.’

그때 훌륭한 방편과 신통력을 제시할 것을 사유하고, 환화(幻化)로 큰 성(城)을 만들어 그 성 가운데 여러 사택(舍宅)을 장엄하였다.

주변에는 정원과 숲, 흐르는 시냇물과 목욕하는 연못도 있고, 이중으로 된 대문과 높은 누각에는 남자와 여자들이 모두 가득했다.

이와 같이 환화의 성을 만들고 대중들을 위로하면서 이렇게 말했다.

‘두려워하지 말고, 그대들이 이 성에 들어가면 각자 자기 뜻에 따라 즐겁게 편히 쉴 수 있을 것이다.’

모든 사람들은 그 성에 들어가 환희심을 일으키고 편안하다는 생각을 하면서 스스로 이미 득도했다고 말했다.

도사는 모든 사람들이 이미 휴식한 것을 알고, 대중들에게 말했다.

‘그대들은 반드시 앞으로 나아가야 한다. 이것은 환화로 만든 성(城)일 뿐이다. 나는 그대들이 지극히 피곤하여 중도에서 되돌아가려고 하는 것을 보고, 방편의 힘으로 임시 환화(幻化)로 이 성을 만들었다.

그대들은 지금 부지런히 정진하여 반드시 함께 보배가 있는 곳에 도달하도록 해야 한다.’

비유해서 대승법을 밝히다

我亦復如是　爲一切導師　見諸求道者　中路而懈廢
不能度生死　煩惱諸險道　故以方便力　爲息說涅槃

言汝等苦滅　所作皆已辦　旣知到涅槃　皆得阿羅漢
爾乃集大衆　爲說眞實法　諸佛方便力　分別說三乘
唯有一佛乘　息處故說二　今爲汝說實　汝所得非滅
爲佛一切智　當發大精進　汝證一切智　十力等佛法
具三十二相　乃是眞實滅　諸佛之導師　爲息說涅槃
旣知是息已　引入於佛慧

여래 또한 이와 같으니 일체 중생들의 도사가 되어, 모든 구도자들이 수행 도중에 게을러져서 생사윤회의 고해와 번뇌 망념의 위험한 길을 건너지 못하는 것을 보고 방편 지혜의 힘으로 잠시 쉬어가게 하려고 이승(二乘)의 수행자들에게 열반의 법문을 설했다.
그대들은 괴로움(苦)을 소멸하고 수행하는 일을 모두 다 마치고 이미 열반에 도달하여 아라한의 경지를 체득한 줄 알고 있다. 그래서 여래는 곧 대중을 모집하여 진실한 대승의 불법을 설한다.
제불은 방편 지혜의 힘으로 삼승(三乘)으로 분별하여 설하지만, 오직 일불승(一佛乘)의 진실만이 있을 뿐이다.
중간에 잠시 쉬어 가게 하려고 두 가지 열반을 설했지만, 지금 그대들에게 대승의 진실한 본래 열반의 법문을 설한다.
그대들이 깨달아 체득한 것은 진실한 열반이 아니다.
부처의 일체지를 체득하고자 한다면 반드시 크게 정진하는 발심을 해야 한다.
그대들이 일체 지혜와 부처의 십력(十力) 등의 불법을 증득하고, 삼십이상(三十二相)을 구족해야 진실한 열반을 체득한 것이다.
제불은 길을 안내하는 도사(導師)이니, 잠시 휴식하기 위해 열반의 법문을 설했다.
이미 충분히 휴식한 줄 알고 도사는 제불의 지혜를 깨달아 체득하도록 대승열반

의 법문을 설했다.”

* 일체지(一切智)와 부처의 십력(十力)과 삼십이상(三十二相)을 구족해야 진실한 열반의 경지이다. 일체지는 일체종지(一切種智)로서 세간법과 출세간법을 모두 깨달아 체득한 제불여래의 다양한 방편지혜이며, 십력(十力)은 제불여래가 구족한 방편지혜의 능력이며, 삼십이상(三十二相)은 제불여래의 지혜와 덕상에 구족된 특성이다.

제8 오백제자수기품(五百弟子授記品)

부루나 수기장(授記章)

爾時富樓那彌多羅尼子 從佛聞是智慧方便隨宜說法. 又聞授諸大弟子 阿耨多羅三藐三菩提記. 復聞宿世因緣之事. 復聞諸佛有大自在神通之力. 得未曾有 心淨踊躍. 卽從座起 到於佛前頭面禮足 却住一面 瞻仰尊顔 目不暫捨.
而作是念. 世尊 甚奇特 所爲希有. 隨順世間若干種性 以方便知見 而爲說法 拔出衆生 處處貪著. 我等於佛功德 言不能宣. 唯佛世尊 能知我等 深心本願.

그때 부루나미다라니자는 부처님이 지혜와 방편으로 근기(根機)에 따라 중생들에게 여법하게 설법하는 법문을 들었다.

그리고 또 부처님이 사리불과 마하가섭, 목건련 등의 여러 큰 제자들에게 최상의 깨달음을 이룬다는 수기법문을 청법했다.

그리고 화성유품에 대통지승불이 지난 숙세(宿世)에 성불하여『법화경』을 설하고, 십육왕자가 출가한 인연 등에 대하여 설하는 법문을 청법하고, 또 제불이 크고 자유자재한 신통의 힘을 구족한 사실을 알았다.

부루나는 이전에 체험할 수 없었던 깨달음(未曾有)을 체득하고 마음이 깨끗하여 매우 기뻤다. 그는 곧 자리에서 일어나 부처님 앞에 나아가 머리 숙여 발에 예배하고 물러가 한쪽에 앉아서 부처님의 존안(尊顔)을 우러러보면서 잠시도 눈을 떠지 않고 이렇게 사유했다.

'세존은 매우 기이하고 특별하여 매사에 하는 일이 희유(希有)하여 세간의 여러 중생들의 성품에 따라 방편의 지혜와 불지견으로 설법하여 중생들이 곳곳에 탐욕하고 집착하는 일에서 구제한다. 우리 성문들은 부처님의 지혜공덕을 이루 다 설할 수가 없다. 오직 제불 세존만이 우리 성문들의 깊은 마음의 본원(本願)을 능히 알 수가 있다.'

* 부루나미다라니자(富樓那彌多羅尼子)는 Purnamaitrayaniputra로서 만원자(滿願子), 만자자(滿慈子)라고 번역하며, 부처님의 십대제자 가운데 설법제일(說法第一)이다.

* 부처님이 지혜와 방편으로 근기(根機)에 따라 여법하게 설법했다는 말은, 방편품과 비유품의 설법을 말하며, 제자들에게 수기한 법문은 앞의 비유품에서 사리불에게, 수기품에서 마하가섭, 수보리, 가전연, 대목건련에게 수기 설법한 것을 말한다.

  과거 숙세의 인연은 화성유품에서 대통지승불의 출현과 십육왕자가 출가한 인연을 말한다.

* "오직 제불 세존만이 우리 성문들의 깊은 마음의 본원(本願)을 능히 알 수가 있다(唯佛世尊 能知我等 深心本願)" 즉, 제불여래는 일체 중생이 본래 구족한 진여본성(불성)에 제불의 지혜광명과 본원(本願)을 구족하고 있다는 사실을 여법하게 알고 있다.

  제불여래는 불지견(佛知見)을 구족한 지도자(知道者), 개도자(開道者), 설도자(說道者)로서 중생들에게 정법을 개시(開示)하여, 일체 중생이 진여본성(정법)을 깨달아 제불여래의 지혜광명과 본원(本願)을 실행하도록 설법한다.

爾時佛告諸比丘. 汝等見是富樓那彌多羅尼子不 我常稱其於說法人中 最爲第一. 亦常歎其種種功德 精勤護持. 助宣我法 能於四衆 示教利喜具足 解釋佛之正法 而大饒益同梵行者. 自捨如來 無能盡其言論之辯.

그때 부처님께서 모든 비구들에게 말했다.

"그대들은 이 부루나미다라니자를 보았는가? 여래는 항상 그를 칭찬하여 설법하는 사람 가운데 가장 뛰어나 제일이라고 했다. 또 역시 그는 여러 가지 제불의 공덕을 칭찬하고 부지런히 정진하여 정법을 호지(護持)하고 여래의 설법을 도와서 설했다. 스스로 사부대중에게 정법을 개시하여 가르치고 깨달아 해탈의 이익을 체득하고 법락을 구족하게 했으며, 부처의 정법을 해석하고 대중들과 함께 청정한 범행(梵行)을 닦는 이들에게 큰 이익이 되도록 했다. 실로 여래를 제외하고, 능히 부루나의 언론과 변재(辯才)를 능가할 사람이 없다.

부루나의 과거인연

汝等 勿謂富樓那 但能護持助宣我法. 亦於過去九十億諸佛所護持助宣佛之正法 於彼說法人中 亦最第一.

又於諸佛所說空法 明了通達 得四無礙智. 常能審諦 清淨說法無有疑惑 具足菩薩神通之力 隨其壽命 常修梵行. 彼佛世人 咸皆謂之實是聲聞.

而富樓那 以斯方便 饒益無量百千衆生. 又化無量阿僧祇人 令立阿耨多羅三藐三菩提 爲淨佛土故 常作佛事 教化衆生.

그대들은 부루나가 다만 스스로 나의 정법만을 호지(護持)하고 도와주며 선전한다고 말하지 말라. 지난 과거 세상에 구십 억 제불의 처소(處所)에서 제불여래의 정법을 호지하고 널리 전하였으며, 그 제불의 회상에서도 설법하는 사람 가운데 제일이었다.

또 제불이 설한 공(空)의 법문을 명료하게 통달하여, 네 가지 걸림이 없는 지혜를 깨달아 체득했다. 항상 스스로 정법을 관찰하고 훌륭한 설법으로 중생심의 의혹(疑惑)이 없으며, 보살의 신통한 지혜의 힘을 구족하고 그의 목숨(壽命)이 다하도록 항상 청정한 범행을 닦았다.

저 과거 대통지승불과 사람들은 모두 부루나를 진정한 성문이라고 칭찬했다. 부루나는 이러한 방편으로 한량없는 백 천 중생들을 이롭게 하였다. 또 한량없는 아승지의 사람들을 교화하여 최상의 깨달음을 체득하게 하고, 불국토를 청정하게 하도록 항상 불사(佛事)를 실행하면서 중생을 교화(敎化)하였다.

* 제불이 설한 공법(空法)은, 중생심의 자아의식과 의식의 대상경계를 텅 비우는 아공(我空), 법공(法空)으로 진여본성을 회복하고 반야의 지혜를 체득하는 대승불법의 근본이다.
* 사무애지(四無碍智) : 사무애변(四無碍辯), 혹은 사무애해(四無碍解)라고도 하며, 진여일심법(정법)을 깨달아 체득한 법무애지(法無碍智), 진여일심법이 여법하게 지혜로 작용하는 뜻(義)을 깨달은 의무애지(義無碍智), 방편언설을 자유자재로 설하는 사무애지(辭無碍智), 이상의 세 가지 지혜로 중생들에게 법락을 이루도록 자유자재로 설법하는 요설무애지(樂說無碍智)이다.
* 불국토를 청정하게 했다는 말은, 진여일심으로 불국토를 청정하게 건립한 것을 말한다. 앞의 신해품에도 정불국토(淨佛國土)라고 설하며, 『유마경』 불국품에 "만약 보살이 정토를 이루고자 한다면 반드시 그 마음을 청정하게 해야 한다. 그 마음이 청정하면 곧 불토(佛土)가 청정하다(若菩薩 欲得淨土 當淨其心, 隨其心淨 則佛土淨)"고 설한다.

* 항상 불사(佛事)를 실행하고 중생을 교화한다는 말은, 제불여래의 본분사(일대사)를 지혜와 자비의 공덕행으로 회향하는 것이다. 불사(佛事)는 진여일심(여래)의 지혜로 설법하는 일대사의 일인데, 상구보리의 향상사(向上事)와 하화중생의 향하사(向下事)를 지금 여기, 자기 본분사의 일로 실행하는 것이다.

諸比丘 富樓那 亦於七佛說法人中 而得第一. 今於我所說法人中 亦爲第一. 於賢劫中 當來諸佛說法人中 亦復第一. 而皆護持助宣佛法. 亦於未來 護持助宣無量無邊諸佛之法, 敎化饒益無量衆生, 令立阿耨多羅三藐三菩提. 爲淨佛土故 常勤精進 敎化衆生.

여러 비구들이여! 부루나는 또한 과거칠불(七佛)의 시대에 설법하는 사람 가운데 제일이었고, 지금 나(석가여래)의 처소에서도 설법하는 사람 가운데 제일이며, 이 현겁(賢劫) 중에서나 미래의 제불의 시대에 설법하는 사람들 가운데서도 또한 제일이 될 것이다. 그때마다 불법을 호지(護持)하고 정법을 널리 전할 것이다.

또한 미래 세상에도 무량무변의 제불의 정법을 호지하고 설법하며, 한량없는 중생들을 교화하고 이익되게 하여 최상의 깨달음을 이루게 할 것이다. 불국토가 청정하도록 항상 부지런히 정진하고 중생들을 교화할 것이다.

* 과거칠불(七佛)은 석가불 이전에 출현한 과거 七佛로서 비바시불(毘婆尸佛), 시기불(尸棄佛), 비사부불(毘舍浮佛), 구류손불(拘留孫佛), 구나함모니불(拘那含牟尼佛), 가섭불(迦葉佛), 석가모니불(釋迦牟尼佛)이다.
* 현겁(賢劫) : 現在의 주겁(住劫)으로 석가모니불과 같은 성자와 賢人이 출세하는 시대(劫)이다.

부루나는 법명(法明)여래가 되리라

漸漸具足菩薩之道 過無量阿僧祇劫 當於此土 得阿耨多羅三藐三菩提. 號曰 法明如來 應供 正徧知 明行足 善逝 世間解 無上士 調御丈夫 天人師 佛 世尊. 其佛以恒河沙等三千大千世界爲一佛土 七寶爲地 地平如掌 無有山陵谿澗溝壑 七寶臺觀 充滿其中. 諸天宮殿 近處虛空 人天交接 兩得相見. 無諸惡道 亦無女人 一切衆生 皆以化生 無有婬欲 得大神通 身出光明 飛行自在 志念堅固 精進智慧 普皆金色 三十二相 而自莊嚴.

부루나는 점차로 대승 보살도를 구족하고 한량없는 아승지겁을 지난 후에 이(사바)국토에서 최상의 깨달음을 체득하여 부처가 될 것이니 그 부처의 명호는 법명(法明)여래, 응공, 정변지, 명행족, 선서, 세간해, 무상사, 조어장부, 천인사, 불, 세존이다.

그 법명여래 부처는 갠지스강의 모래와 같이 많은 삼천대천세계를 하나의 불국토(佛國土)로 하여, 그 불국토는 칠보(七寶)가 땅이 되고 그 땅은 평평하기가 손바닥 같아서 산의 언덕과 계곡과 골짜기가 없고, 칠보로 만든 누대와 누각이 그 국토 안에 가득하리라. 하늘의 궁전이 가까운 허공에 있어 인간과 천신들이 서로서로 볼 수 있다.

또한 여러 가지 중생의 삼악도(三惡道)도 없고 여인(女人)도 없으며, 일체 중생들은 모두 화생(化生)으로 태어나며 음욕(淫慾)이 없다.

큰 신통을 얻어 몸에서는 지혜광명이 비치고 자유자재하게 날아다닌다. 의지가 견고하여 정진과 지혜가 있고 온몸이 모두 금색이며 삼십이상(三十二相)이 저절로 장엄된다.

* 인천교접(人天交接) 양득상견(兩得相見) : 『正法華經』에 "천상에서 인간을 보고 세간에서 천상을 볼 수 있으며 천인과 세인이 왕래하고 교류한다(天上視世間, 世間得見天上, 天人世人 往來交接)"라고 번역한다.
* 불국토나 정토에 往生하는 것은 화생(化生)이다. 비유품에 "금일 곧 진정한 佛子는 부처의 설법에 따라서 태어나고, 정법에 따라서 화생하고 불법의 지혜를 실행할 수 있는 본분을 체득했다(從佛口生, 從法化生, 得佛法分)"라고 설한다. 業의 과보를 받는 업생신(業生身)이 아니기 때문에 지옥, 아귀, 축생과 같은 삼악도(三惡道)가 없고, 원력과 깨달음의 지혜로 이루어지는 정토이기 때문에 원생신(願生身)이다.
불국토나 정토는 청정한 사람들이 왕생하는 세계이기 때문에 女人이 없다. 약왕보살본사품에 "만약 어떤 여인이 이 법문을 듣고 능히 수지하면 이 여신(女身)이 다하면 다시 女身을 받지 않으리라"고 설한다. 『법화경』 제바달다품에 사리불이 女人은 오장신(五障身)으로 제석, 범천, 마왕, 전륜성왕, 불신이 될 수가 없다고 설한다. 그러나 8세 용녀(龍女)가 찰나의 일념(一念)에 남자의 몸으로 변하여 성불(變成男子成佛)하는 이야기를 전한다. 『대무량수경』 상권, 제35원에 영원히 女身을 여의는 원(永離女身願)으로 "가령 내가 부처의 지혜를 체득하여 시방의 무량한 불가사의 제불세계에 있을 때, 어떤 여인이 나의 이름을 듣고 환희하여 신심의 법락으로 보리심을 발하고, 여신(女身)을 싫어하는 구도심으로 번뇌 망심의 수명이 끝난 이후 또 다시 여인상(女人像)에 대한 분별의식이 남아 있다면 정각을 취하지 않겠습니다(設我得佛 十方無量不可思議諸佛世界, 其有女人 聞我名字 歡喜信樂 發菩提心, 厭惡女身壽終之後, 復爲女像者 不取正覺) (《대정장》 제12권 268쪽 下)"라고 설한다.
女人은 비본래의 중생심이기 때문에 본래의 진여본성(佛性), 남자신(男子身, 32상을 구족한 丈夫相이 되어야 한다는 법문이다. 여인성불에 대한 자세한 점은 제바달다품을 참조.

其國衆生 常以二食 一者法喜食 二者禪悅食. 有無量阿僧祇 千萬億那由他 諸菩薩衆 得大神通 四無礙智 善能敎化衆生之類. 其聲聞衆 算數校計 所不能知. 皆得具足六通三明 及八解脫. 其佛國土 有如是等無量功德 莊嚴成就. 劫名寶明 國名善淨. 其佛壽命 無量阿僧祇劫. 法住甚久 佛滅度後 起七寶塔 徧滿其國.

그 불국토의 중생은 항상 두 가지 음식으로 살고 있는데, 첫 번째는 법희식(法喜食)이요, 두 번째는 선열식(禪悅食)이다.

한량없는 아승지 천만 억 나유타 모든 보살대중이 훌륭한 신통과 네 가지 무애 자재한 지혜(四無碍智)를 구족하고 여러 종류의 중생들을 잘 교화한다. 성문대중들은 산수로 계산해도 계산할 수 없이 많으며, 모두가 육신통(六神通)과 세 가지 지혜(三明)와 여덟 가지 해탈(八解脫)을 구족했다.

그 불국토는 이와 같이 한량없는 공덕으로 장엄되었으며, 그 법명(法明)부처의 수명은 한량없는 아승지겁이다.

정법이 매우 오래 주지하고, 법명(法明)여래 부처님이 열반한 이후에는 칠보로 탑을 만들어 온 국토 안에 가득할 것이다."

* 법희식(法喜食)과 선열식(禪悅食) : 『화엄경』, 『유마경』 등 대승경전에서 한결같이 설하는 법문이다. 법희식은 제불여래의 설법을 청법하고 환희심으로 법락(法樂)을 이루는 것이며, 선열식은 진여본심의 지혜로 열반적정의 선열(禪悅)을 이룬 것이다.

안으로는 보살 밖으로는 성문(內秘菩薩 外現聲聞)

爾時世尊 欲重宣此義 而說偈言

諸比丘諦聽　佛子所行道　善學方便故　不可得思議
知衆樂小法　而畏於大智　是故諸菩薩　作聲聞緣覺
以無數方便　化諸衆生類　自說是聲聞　去佛道甚遠
度脫無量衆　皆悉得成就　雖小欲懈怠　漸當令作佛
內秘菩薩行　外現是聲聞　少欲厭生死　實自淨佛土
示衆有三毒　又現邪見相　我弟子如是　方便度衆生
若我具足說　種種現化事　衆生聞是者　心則懷疑惑

그때 세존께서 이 뜻을 거듭 펴시려고 게송으로 설했다.
"여러 비구들이여! 잘 듣도록 하라!
불자들이 수행하는 불도는 훌륭한 방편 법문을 수학하기에 중생심으로 사의(思議)할 수 없다.
중생들이 소승법에 탐착하고 대승의 지혜법문을 두려워한다. 이러한 사실을 아는 모든 보살들이 성문과 연각이 되어 무수한 방편을 써서 모든 중생들을 교화하며 스스로 말하기를 '성문이라서 불도에 이르기가 매우 멀다'고 말한다.
한량없는 중생들을 제도하여 모두 다 성취케 하며, 비록 욕망이 적고 게으른 사람이라도 점점 닦아서 미래에 부처가 되게 한다.
마음속으로는 보살행을 감추고, 겉으로는 성문의 수행을 나타내서 욕망도 없고 생사를 싫어하지만 진실로 스스로 불국토를 청정하게 한다.
중생들에게는 삼독(三毒)을 나타내 보이고, 또 사견의 모습도 나타낸다.
여래의 제자들은 모두 이렇게 방편으로 중생들을 제도하고, 그들의 교화하는 여러 가지 방편을 여래가 자세히 말하면 중생들이 이 말을 듣고 마음에 의혹을 품을 것이다.

* 보살이 성문 연각의 모습으로 나투어 자기 존재를 감추고 중생들과 함께 하며 보살도의 동사섭(同事攝)을 실행하는 것이다. 선에서는 화광동진(和光同塵)이라고 한다.『십우도』10번째 그림에 포대화상은 중생들과 똑같은 형색으로 저잣거리에 나아가 중생들에게 필요한 물건을 나누어 주며 설법한다.

부루나의 과거인연

今此富樓那　於昔千億佛　勤修所行道　宣護諸佛法
爲求無上慧　而於諸佛所　現居弟子上　多聞有智慧
所說無所畏　能令衆歡喜　未曾有疲倦　而以助佛事
已度大神通　具四無礙智　知諸根利鈍　常說清淨法
演暢如是義　教諸千億衆　令住大乘法　而自淨佛土
未來亦供養　無量無數佛　護助宣正法　亦自淨佛土
常以諸方便　說法無所畏　度不可計衆　成就一切智

지금 이 부루나는 옛날 백 천 억 부처님의 처소에서 부지런히 불도를 수행하여 제불의 불법을 선전하고 호지(護持)하였다.
무상의 지혜를 구하고자 제불의 처소에서 제자들의 상수로 출현하여 많은 법문을 청법하고, 지혜를 갖추었다.
법을 설함에 걸림이 없고 대중들에게 환희심을 일으키게 하며, 조금도 피로한 줄 모르고 부처님이 교화(教化)하는 불사를 도왔다.
큰 신통을 이미 체득했고 걸림 없는 네 가지 지혜를 갖추어 중생들의 근기가 영리하고 둔함을 알고 항상 청정한 정법을 설했다.
이와 같이 정법의 뜻을 연창(演暢)하고, 여러 천만 억 중생들을 교화하여 대승법(大乘法)의 지혜로 살게 하며 스스로 불국토를 청정하게 했다.
미래 세상에도 또한 한량없이 많은 제불세존께 공양하고, 정법을 호지하고 설법하면서 스스로 불국토를 청정하게 했다.
언제나 여러 가지 방편으로 설법하여 걸림이 없으며, 셀 수 없이 많은 중생들을 제도하여 일체의 지혜를 성취하게 한다.

부루나는 법명여래가 되리라

供養諸如來　護持法寶藏　其後得成佛　號名曰法明
其國名善淨　七寶所合成　劫名爲寶明　菩薩衆甚多
其數無量億　皆度大神通　威德力具足　充滿其國土
聲聞亦無數　三明八解脫　得四無礙智　以是等爲僧
其國諸衆生　婬欲皆已斷　純一變化生　具相莊嚴身
法喜禪悅食　更無餘食想　無有諸女人　亦無諸惡道
富樓那比丘　功德悉成滿　當得斯淨土　賢聖衆甚多
如是無量事　我今但略說

제불 여래에게 공양하고 법보장(法寶藏)을 호지(護持)하며, 그 뒤에 성불하니 명호를 법명여래라고 한다.
그 국토의 이름은 선정(善淨)이고 칠보로 이루어졌으며, 교화하는 시간(劫)의 이름은 보명이다. 보살 대중들도 매우 많아서 그 숫자는 한량없는 천만 억이며 모두 다 큰 신통을 갖추었다.
위덕력을 구족한 이들이 그 국토에 충만하고 성문대중도 또한 무수히 많은데,

세 가지 지혜(三明)와 여덟 가지 해탈(八解脫)과 네 가지 걸림 없는 지혜(四無碍智)를 갖추었으니 이런 이들이 승보(僧寶)가 되었다.

그 국토의 모든 중생은 음욕이 이미 끊어졌고, 청정하고 순일한 일심의 방편지혜로 화생(化生)하며 삼십이 상호를 구족하여 법신을 장엄했다.

법희(法喜) 선열식(禪悅食)으로 법락(法樂)을 이루고, 다시 다른 음식에 대한 상상은 없다.

그 국토에는 모든 여인(女人)에 대한 중생심이 없으며, 또한 모든 지옥, 아귀, 축생의 삼악도(惡道)도 없다.

부루나 비구는 지혜와 자비의 공덕을 원만히 성취하여 이 정토(淨土)에는 현인(賢人)과 성인(聖人)의 대중이 실로 많다.

이와 같은 한량없는 불사(佛事)를 여래는 지금 간략하게 설할 뿐이다."

* 법보장(法寶藏) : 여래장, 진여법성, 불성을 말하고, 무일물중무진장(無一物中無盡藏)이라고 설한 법문처럼, 진여법신의 무진장 많은 방편지혜로 제불여래가 일대사(一大事), 본분사(本分事), 불사(佛事)를 실행할 수 있다.

천이백 아라한과 오백 아라한의 수기

爾時 千二百阿羅漢 心自在者 作是念, 我等歡喜 得未曾有. 若世尊 各見授記 如餘大弟子者 不亦快乎.

佛知此等心之所念, 告摩訶迦葉. 是千二百阿羅漢 我今當現前次第與授阿耨多羅三藐三菩提記.

於此衆中 我大弟子 憍陣如比丘 當供養六萬二千億佛 然後 得成爲佛. 號曰 普明如來 應供 正徧知 明行足 善逝 世間解 無上士 調御丈夫 天人師 佛 世尊.

其五百阿羅漢 優樓頻螺迦葉，伽耶迦葉，那提迦葉，迦留陀夷，優陀夷，阿㝹樓馱，離婆多，劫賓那，薄拘羅，周陀，莎伽陀等 皆當得阿耨多羅三藐三菩提．盡同一號 名曰普明．

그때 일천 이백 아라한들도 마음에 자재한 경지를 체득하고, 이렇게 생각했다. '우리들도 환희심으로 미증유(未曾有)의 경지를 체득했으니, 만약 세존께서 사리불과 수보리, 가섭, 목건련, 부루나 등 십대 제자들께 수기를 주신 것처럼 우리들에게도 수기를 주신다면 유쾌하지 않겠는가.'

부처님은 천이 백 아라한 대중들이 이렇게 생각한 것을 알고 마하가섭에게 다음과 같이 말했다.

"여기 일천 이백 아라한들에게 내가 지금 여기서 차례차례로 최상의 깨달음을 체득하게 될 것이라는 수기(授記)를 줄 것이다. 이 대중 가운데 나의 큰 제자인 교진여 비구는 반드시 육만 이천 억 부처님을 공양하고 그 연후에 불도를 체득하고 성불할 것이다. 그때 부처의 명호는 보명(普明)여래, 응공, 정변지, 명행족, 선서, 세간해, 무상사, 조어장부, 천인사, 불, 세존이라고 하리라.

그리고 오백 명의 아라한, 우루빈나가섭, 가야가섭, 나제가섭, 가류타이, 우타이, 아누루타, 이바다, 겁빈나, 박구라, 주리반득카, 사가타 등도 모두 반드시 최상의 깨달음을 체득하게 될 것이다. 이들은 모두 동일한 부처의 명호로 보명(普明)여래이다."

爾時世尊 欲重宣此義 而說偈言

憍陳如比丘　當見無量佛　過阿僧祇劫　乃成等正覺
常放大光明　具足諸神通　名聞徧十方　一切之所敬
常說無上道　故號爲普明　其國土淸淨　菩薩皆勇猛
咸昇妙樓閣　遊諸十方國　以無上供具　奉獻於諸佛

作是供養已　心懷大歡喜　須臾還本國　有如是神力
佛壽六萬劫　正法住倍壽　像法復倍是　法滅天人憂
其五百比丘　次第當作佛　同號曰普明　轉次而授記
我滅度之後　某甲當作佛　其所化世間　亦如我今日
國土之嚴淨　及諸神通力　菩薩聲聞衆　正法及像法
壽命劫多少　皆如上所說　迦葉汝已知　五百自在者
餘諸聲聞衆　亦當復如是　其不在此會　汝當爲宣說

그때 수기법문의 뜻을 거듭 자세히 게송으로 설했다.
"교진여 비구는 앞으로 한량없는 제불을 친견하고, 아승지겁을 지나서 최상의 정각을 이루게 되리라.
그는 항상 큰 지혜광명을 놓고 모든 신통(神通)을 구족하여 명성(名聲)이 시방에 두루하고 일체 중생의 공경을 받을 것이다.
항상 무상의 불도를 설하여 명호를 보명여래라 하며,
그 국토는 청정하고 보살들도 모두 용맹스럽다.
모두 아름다운 누각에 올라 시방의 국토에 유희하며,
무상의 공양 도구로서 제불에게 봉헌한다.
이러한 공양을 마치면 마음에 큰 환희심을 가지고, 찰나에 본국(本國)으로 돌아오는 이와 같은 신통력이 있다.
보명여래의 수명은 육만 겁이며 정법(正法)이 상주하는 시간은 십이만 겁이 되고, 상법(像法)이 상주하는 시간은 이십사만 겁이 된다.
정법이 소멸하면 천인(天人)이 근심한다."
그 오백 비구들은 차례차례로 성불하여 똑같이 부처의 명호를 보명여래라고 할 것이니, 차례차례로 부처가 될 것을 수기하였다.
"여래가 멸도한 이후에 아무개(某甲) 아라한이 성불(成佛)하리라. 성불한 그 부처가 세간의 중생을 교화하는 것은 오늘날 여래가 사바세계에서 중생을 교화하는 것과 같고, 불국토의 청정한 장엄과 여러 가지 신통의 힘과 보살, 성문 대중이나 정법과 상법이 상주하는 시간, 부처의 수명이 상주하는 시간이 얼마나 되는지는 모두 위에서 설한 것과 같다."

"가섭이여! 그대가 마음이 자유자재한 오백 명의 아라한들을 아는 것처럼, 나머지 모든 성문들도 역시 모두 이와 같다.

이 법회(會上)에 함께 동참하지 못한 성문대중들에게도 그대는 반드시 이와 같이 일러 주도록 해야 한다."

* 천 이백 아라한과 오백 아라한이 同一한 보명(普明)여래라는 명호로 차례차례로 성불한다고 수기하고 있다. 석가세존이 천 이백 아라한과 오백 아라한 제자들에게 직접 수기하지 않고 마하가섭에게 알리고 있다. 그리고 이 법회에 동참하지 못한 성문대중들에게는 가섭이 대신 수기 설법하도록 부촉하고 있다. 앞의 방편품에서 세존이 『법화경』의 대승법문을 설할 때, 5000명의 성문대중이 세존께 인사하고 자리를 떠난 비구, 비구니 사부대중들을 말한다. 선불교에서 가섭존자가 석가모니불의 정법안장을 부촉받은 전등조사로 추앙하게 된 것도 이 『법화경』의 법문과 『법화경』을 계승한 『열반경』의 설법에 의거한 것이다.

의주(衣珠)의 비유

爾時 五百阿羅漢 於佛前 得授記已 歡喜踊躍. 卽從座起 到於佛前 頭面禮足 悔過自責.

世尊. 我等常作是念. 自謂已得究竟滅度 今乃知之 如無智者. 所以者何 我等應得如來智慧 而便自以小智爲足.

그때 오백 아라한이 부처님 앞에서 수기를 받고 뛸 듯이 기뻐하며, 자리에서 일어나 부처님 앞에 나아가 머리 숙여 발에 예배하고, 그 동안의 허물을 뉘우치면서 스스로 자신을 책망했습니다.

"세존이시여! 저희들은 항상 이미 구경(究竟) 열반의 경지를 깨달아 체득했다고 말했습니다. 그런데 지금에 와서야 지혜가 없는 사람과 같다는 사실을 알았습니다. 왜냐하면 저희들도 응당히 여래의 지혜를 깨달아 체득할 수 있지만, 스스로 작은 지혜를 체득한 것으로 만족하고 있었습니다.

世尊 譬如有人 至親友家 醉酒而臥 是時親友 官事當行. 以無價寶珠 繫其衣裏 與之而去. 其人醉臥 都不覺知. 起已遊行 到於他國. 爲衣食故 勤力求索 甚大艱難. 若少有所得 便以爲足. 於後親友 會遇見之, 而作是言. 咄哉丈夫 何爲衣食 乃至如是 我昔欲令汝得安樂 五欲自恣 於某年日月 以無價寶珠 繫汝衣裏 今故現在 而汝不知 勤苦憂惱 以求自活 甚爲癡也. 汝今可以此寶 貿易所須 常可如意 無所乏短.

세존이시여! 비유하면 어떤 사람이 친구 집에 갔다가 술에 취해 잠이 들었습니다. 그때 친구는 관청(官廳)의 일로 외출하면서 가격을 정할 수 없는 귀중한 보배를 친구의 옷 속에 꿰매어두고 떠났습니다. 그 친구는 술에 취해 잠자고 있어서 그러한 사실을 전혀 알지 못했습니다. 잠에서 깨어난 뒤 길을 떠나 다른 지방으로 두루 다니면서 의식(衣食)을 해결하기 위해 필요한 돈을 벌려고 온갖 고생을 하였지만 실로 많은 어려움이 있었습니다. 만약 약간의 소득(所得)이 있으면 그것으로 곧 만족하며 살았습니다.

그 이후에 친구가 그를 다시 만나 이렇게 말했습니다. '애석하네, 이 사람아! 어찌하여 의식을 해결하려고 이와 같이 고생을 하고 있는가? 옛날에 내가 그대에게 편안하고 안락하게 살면서 오욕락(五慾樂)을 누리도록 그 해 어느 날 값을 매길 수 없는 보배 구슬을 그대 옷 속에 꿰매어주지 않았던가? 지금도 그대로 있는데 그대가 알지 못하고 이렇게 고생하고 근심하면서 궁색한 생활을 하고 있으니 매우 어리석구나. 그대는 이제라도 이 보배 구슬을 팔아 필요한 물품을 사면, 언제나 그대 마음대로 만족하게 살 수 있고 조금도 부족함이 없을 것이네.'

佛亦如是 爲菩薩時 敎化我等 令發一切智心 而尋廢忘 不知不覺. 旣得阿羅漢道 自謂滅度. 資生艱難 得少爲足. 一切智願 猶在不失. 今者世尊 覺悟我等 作如是言 諸比丘 汝等所得 非究竟滅. 我久令汝等 種佛善根 以方便故 示涅槃相 而汝 謂爲實得滅度.
世尊 我今 乃知實是菩薩, 得受阿耨多羅三藐三菩提記. 以是因緣 甚大歡喜 得未曾有.

부처님도 이와 같이 보살로 수행할 때, 우리들을 교화하여 일체 지혜의 마음을 발원하도록 하였으나 곧 잊어버리고 알지도 못하고 깨닫지도 못했습니다. 우리들은 이미 아라한의 도를 체득하여 스스로 열반을 이루었다고 말했습니다. 살림은 가난하지만, 적은 것을 얻고 만족하였으니, 일체 지혜를 깨달아 체득하려는 원력은 아직도 여전히 상실하지 않았습니다.

지금 세존께서 저희들을 깨우치게 하려고 이렇게 말했습니다.

'여러 비구들이여! 그대들이 깨달아 체득한 경지는 구경(究竟)의 열반이 아니다. 내가 오래 전부터 그대들로 하여금 부처의 지혜를 이루는 선근(善根)을 심도록 임시방편으로 열반의 실상을 제시했지만, 그대들은 스스로 열반의 경지를 체득했다고 말했다.'

세존이시여! 저희들이 이제야 진정한 보살로서 최상의 깨달음을 체득하는 수기(授記)를 받게 된 사실을 알았습니다. 이러한 인연으로 매우 크게 환희하며 이전에 경험할 수 없었던 깨달음을 체득했습니다."

* 일체의 지혜와 원력은 아직도 여전히 상실하지 않았습니다(一切智願 猶在不失)라는 말과 같은 뜻으로 『화엄경』에 신기하고 신기하다. 일체 중생이 모두 여래의 지혜를 구족하고 있다고 설한다.
『열반경』에도 일체 중생이 모두 불성(佛性)을 구족하고 있다고 설한 것처럼, 일체 중생은 본래 구족하고 있는 제불여래의 지혜광명과 제불의 본원력을 회복하고자 진여일심법이 구도심으로 작용한다.
『대승기신론』의 정법훈습에, 수행자는 번뇌 망념과 생사윤회의 고통을 싫어하는 구도심으로 본래 청정한 열반의 안락을 구하는 발심 수행을 한다(厭生死苦 樂求涅槃)고 설한다. 일체 중생이 불도를 수행해서 제불여래의 지혜와 열반의 경지를 체득할 수 있다.

爾時阿若憍陳如等 欲重宣此義 而說偈言

我等聞無上　安隱授記聲　歡喜未曾有　禮無量智佛
今於世尊前　自悔諸過咎　於無量佛寶　得少涅槃分
如無智愚人　便自以爲足　譬如貧窮人　往至親友家
其家甚大富　具設諸肴饍　以無價寶珠　繫著內衣裏
默與而捨去　時臥不覺知　是人旣已起　遊行詣他國
求衣食自濟　資生甚艱難　得少便爲足　更不願好者
不覺內衣裏　有無價寶珠　與珠之親友　後見此貧人
苦切責之已　示以所繫珠　貧人見此珠　其心大歡喜
富有諸財物　五欲而自姿　我等亦如是　世尊於長夜

常愍見教化　令種無上願　我等無智故　不覺亦不知
得少涅槃分　自足不求餘　今佛覺悟我　言非實滅度
得佛無上慧　爾乃爲眞滅　我今從佛聞　授記莊嚴事
及轉次受決　身心徧歡喜

그때 아약교진여 등이 이 뜻을 거듭 펴려고 게송으로 말했다.
"저희들은 최상이며 편안한 경지를 이루는 수기의 음성을 듣고 환희하여 미증유의 경지를 이루고, 무량한 지혜를 구족한 부처님께 예배합니다.
지금 세존 앞에서 스스로 모든 과오와 허물을 참회합니다.
한량없는 불보(佛寶)께 적은 열반의 일부분을 체득하고는, 무지하고 어리석은 사람처럼 스스로 자신에게 만족하며 살았습니다.
비유하면 가난한 사람이 친구의 집을 찾아갔는데 그 집은 매우 부유(富裕)하여 성대하게 차린 음식을 대접했습니다.
그리고 값을 정할 수 없는 보배구슬을 옷 속에 꿰매어주고 아무 말 없이 자신의 일을 하러 떠났는데 술에 취해 잠든 친구는 그러한 사실을 알지 못했습니다.
빈궁(貧窮)한 사람은 잠에서 깨어나 의식을 구하러 여러 곳을 돌아다니며 스스로 살아가는데 살림살이가 매우 가난했습니다.
조금만 얻어도 곧 만족해하고 더 좋은 것은 원하지 않으며, 옷 속에 무가보(無價寶)의 보배구슬이 있는 줄은 알지 못했습니다.
보배를 준 친구가 뒤에 그 가난한 친구를 보고 심하게 책망하고는 옷 속의 구슬을 제시했습니다.
그 가난한 사람은 구슬을 보고 마음이 크게 환희하여 부유하게 많은 재물을 마련해 놓고 다섯 가지 욕망을 마음껏 누렸습니다.
저희들 성문도 역시 이와 같습니다.

세존은 길고 긴 어두운 밤에 있는 저희들을 항상 불쌍히 여기고 교화하시어 무상의 원력을 심게 하였습니다.
그러나 저희들은 지혜가 없어 깨닫지도 못하고 알지도 못해 적은 열반의 일부분만 체득하고 스스로 만족하여 대승법의 열반을 구하지 않았습니다.
이제 부처님께서 우리들을 깨우치고, 그것은 참된 열반이 아니니 부처의 가장 높은 지혜를 체득해야 그것이 참다운 열반이라고 말했습니다.
우리들은 지금 부처님의 수기법문과 삼십이상을 장엄하는 일과 우리들이 또 차례대로 결정적인 수기를 받고 성불하리라는 설법을 듣고 몸과 마음에 환희의 기쁨이 가득합니다."

* 수결(受決)의 결(決)은 범어 vyakarana로서 기별(記莂)인데, 결정적인 성불의 수기(授記)이다. 수학무학인기품에 "이와 같이 결정적인 수기를 받았다(得如是決)"고 설한다.

제9 수학무학인기품(授學無學人記品)

* 이 품은 아난과 라후라, 유학(有學), 무학(無學)의 성문제자 2000여 명에게 수기를 설한다.

학(學)은 범어 saiksa로 끊어야 할 번뇌가 있기 때문에 불법을 수학하는 수다원(須陀洹, 預流果; 지적인 장애를 극복하고 성도의 부류에 들어가는 예비 후보자), 사다함(斯陀含, 一來果; 욕계의 미혹(思惑)을 끊고, 다시 욕계에서 깨달음을 체득하는 수행자), 아나함(阿那含, 不還果; 욕계의 미혹(思惑)을 끊고 다시 욕계에 되돌아오지 않는 수행자) 성문제자들이다.

무학(無學)은 범어 asaiksa로 견혹(見惑), 사혹(思惑)을 모두 끊고, 삼학(三學)의 수행을 모두 끝낸 성자 阿羅漢이다. 그래서 아라한을 번뇌의 도적을 모두 죽인 살적(殺賊)이라고 한다.

삼학은 수행자가 계학(戒學), 정학(定學), 혜학(慧學)으로 불법의 가르침을 실천하는 요체이다. 유학(有學)은 계정혜 삼학을 수학해야 하는 수행자이며, 무학(無學)은 계정혜 삼학의 수행을 완성한 성자이다.

* 『증도가』에 "絶學無爲閑道人"의 절학(絶學)은 무학(無學)과 같은 말이다.

아난과 라후라가 수기를 청하다

爾時 阿難 羅睺羅 而作是念. 我等每自思惟 說得授記 不亦快乎. 卽從座起 到於佛前 頭面禮足 俱白佛言.

世尊 我等於此 亦應有分. 唯有如來 我等所歸. 又我等 爲一切

世間天人阿修羅 所見知識 阿難常爲侍者 護持法藏. 羅睺羅是佛之子. 若佛見授阿耨多羅三藐三菩提記者. 我願旣滿 衆望亦足. 爾時 學 無學 聲聞弟子二千人 皆從座起 偏袒右肩 到於佛前 一心合掌 瞻仰世尊 如阿難羅睺羅所願 住立一面.

그때 아난과 라후라가 이렇게 사유했다.

'우리들은 언제나 스스로 사유하기를, 만약 우리들도 부처님의 수기(授記)를 받게 된다면 유쾌하지 않겠는가.' 그리고 곧 자리에서 일어나 부처님 앞에 나아가 머리 숙여 발에 예배하고 아난과 라후라가 함께 부처님께 말씀드렸다.

"세존이시여! 저희들도 역시 수기를 받을 수 있는 본분이 있습니다. 오직 여래만이 저희들의 귀의처(歸依處)입니다. 또 저희들에 대해서는 모든 세간의 천신, 사람, 아수라들이 보고 알고 있습니다. 아난은 항상 시자(侍者)가 되어 법장(法藏)을 호지(護持)하고, 라후라는 부처님의 아들입니다.

만일 부처님께서 최상의 깨달음을 이루는 수기를 주신다면 저희들의 원력이 이미 원만하고 대중들의 희망 또한 만족할 것입니다."

그때 불법을 수학하는 유학 무학의 성문제자 이천 명이 자리에서 일어나 오른쪽 어깨를 드러내어 진심으로 공경하는 예의를 표하고 부처님 앞에 나아가 일심으로 합장하였습니다.

세존(世尊)을 우러러보면서 자신들도 아난과 라후라의 소원과 같다고 말하고, 한쪽 곁에 머물러 서 있었습니다.

* 저희들도 역시 수기를 받을 수 있는 본분이 있습니다. 오직 여래만이 저희들의 귀의처(歸依處)입니다(我等於此 亦應有分. 唯有如來 我等所歸)라는 말은, 아난과 라후라가 앞에서 사리불, 가섭, 목건련 등 대제자들이 성불의 수기를 받은 것처럼 우리들도 수기를 받을 본분이 있다고 말한 것이다.

여기서 분(分)은 범어 깔라(kala)로 한몫이라는 뜻으로 불성을 구족하고 있다는 의미이다.

『금강경』(16)에 "백분불급일(百分不及一)", 『법화경』 비유품에 "불법을 깨달아 체득한 본분(得佛法分)"이라고 설한다. 여래만이 저희들의 귀의처라고 설한 것처럼, 진여본심의 지혜(여래)를 깨달아 부처가 되는 수기를 받을 수 있는 본분이 있다고 건의한 말이다. 『법화경』에 "일체 중생이 성불할 수 있다(一切皆成)"는 말과 같은 뜻이다.

* 아난이 법장을 호지(護持法藏)했다는 말은, 부처님의 설법을 많이 청법하고 기억한 다문제일(多聞第一)이라는 말이다. 法藏은 불법의 무궁무진한 지혜법문을 소장한 것을 말한다.

아난 수기장(授記章)

爾時 佛告阿難 汝於來世 當得作佛. 號山海慧自在通王如來 應供 正徧知 明行足 善逝 世間解 無上士 調御丈夫 天人師 佛 世尊. 當供養六十二億諸佛 護持法藏 然後 得阿耨多羅三藐三菩提. 教化二十千萬億 恒河沙 諸菩薩等 令成阿耨多羅三藐三菩提. 國名 常立勝幡 其土清淨 瑠璃爲地. 劫名 妙音徧滿. 其佛壽命 無量千萬億阿僧祇劫. 若人 於千萬億無量阿僧祇劫中 算數校計 不能得知. 正法住世 倍於壽命. 像法住世 復倍正法. 阿難 是山海慧自在通王佛 爲十方無量千萬億 恒河沙等 諸佛如來 所共讚歎 稱其功德.

그때 부처님이 아난에게 말했다.

"그대는 미래의 세상에 마땅히 성불하여 이름을 산해혜자재통왕(山海慧自在通

王)여래, 응공, 정변지, 명행족, 선서, 세간해, 무상사, 조어장부, 천인사, 불, 세존이라 하리라. 반드시 육십이 억 제불께 공양하며 법장(法藏)을 호지(護持)한 이후에 최상의 깨달음을 체득하고, 이십 천만 억 항하사와 같이 많은 보살들을 교화하고 최상의 깨달음을 이룰 것이다.

그 부처님이 교화하는 국토의 명칭은 상립승번(常立勝幡)이며, 그 국토는 청정하여 유리로 땅이 되었다. 교화 시간(劫)의 명칭은 묘음변만(妙音徧滿)이며, 그 부처님의 수명은 한량없는 천만 억 아승지 겁이다. 만일 어떤 사람이 천만 억 무량 아승지 겁 동안 산수로 계산해도 다 알지 못할 것이다. 정법(正法)이 세상에 상주하는 기간은 부처님의 수명에 곱절이요, 상법(像法)은 정법의 곱절이 된다.

아난이여! 이 산해혜자재통왕불은 시방의 한량없는 천만 억 항하사의 모래숫자와 같은 제불 여래들이 함께 찬탄하며 그 공덕을 칭찬할 것이다."

爾時世尊 欲重宣此義 而說偈言

我今僧中說　阿難持法者　當供養諸佛　然後成正覺
號曰山海慧　自在通王佛　其國土清淨　名常立勝幡
教化諸菩薩　其數如恒沙　佛有大威德　名聞滿十方
壽命無有量　以愍衆生故　正法倍壽命　像法復倍是
如恒河沙等　無數諸衆生　於此佛法中　種佛道因緣

그때 세존께서 이 뜻을 거듭 펴시려고 게송으로 말했다.

"여래가 이제 대중들에게 말하노라. 법장(法藏)을 호지하는 아난이 제불에 공양하고 그런 뒤에 정각을 이루리라.

그 부처의 명호는 산해혜자재통왕불이며, 그 국토는 청정하며 명칭은 상립승번이다.

교화한 보살의 숫자는 갠지스강의 모래 수와 같고, 부처의 크신 위덕(威德)과 명성은 시방에 떨치리라.
부처의 수명은 한량이 없고, 중생들을 가엾이 여기는 까닭에 정법이 세상에 상주하는 기간은 수명의 곱절이 되고, 상법은 또 정법의 곱절이 되리라.
갠지스강의 모래 수와 같이 많은 무수한 중생들이 산해혜자재통왕불의 법문으로 불도의 인연을 심으리라."

팔천 보살이 의심하다

爾時 會中 新發意菩薩八千人 咸作是念. 我等 尙不聞諸大菩薩得如是記 有何因緣 而諸聲聞 得如是決.
爾時 世尊 知諸菩薩 心之所念. 而告之曰 諸善男子 我與阿難等 於空王佛所 同時發阿耨多羅三藐三菩提心. 阿難 常樂多聞 我常勤精進. 是故 我已得成阿耨多羅三藐三菩提. 而阿難 護持我法. 亦護將來諸佛法藏 敎化成就諸菩薩衆 其本願如是 故獲斯記.

그때 법회 중에 있던 새로 발심(發心)한 팔천 보살들이 다 같이 이렇게 사유했다. '우리들은 여러 대보살들이 이와 같이 성불의 수기를 받았다는 소문을 듣지 못했는데, 어떠한 인연으로 모든 성문들은 이와 같이 결정적인 수기를 받는가?'
그때 세존께서 여러 보살들이 마음으로 그렇게 사유하는 것을 알고 보살들에게 말했다.
"여러 선남자들이여! 내가 아난과 함께 공왕(空王)부처님의 처소에서 동시에 최상의 깨달음을 이루는 발심을 하였다. 아난은 항상 법문을 청법하기 좋아했고, 나는 항상 부지런히 수행 정진(精進)하였다. 그래서 나는 이미 최상의 깨달음을 이루었고, 아난은 여래의 법문을 호지(護持)하였다. 그는 장래에 제불의 법장을 호지하며 여러 보살들을 교화하여 깨달음을 성취하게 하리라. 그 아난의 본원(本願)이 이와 같기 때문에 이러한 수기를 받게 된 것이다."

* 이와 같은 결정적인 수기가 여시결(如是決)이며, 오백제자수기품에서는 수결(受決)이라고 했다.

아난이 환희하다

阿難 面於佛前 自聞授記 及國土莊嚴. 所願具足 心大歡喜 得未曾有 卽時 憶念過去無量千萬億諸佛法藏 通達無礙 如今所聞. 亦識本願 爾時阿難 而說偈言,

世尊甚希有　令我念過去　無量諸佛法　如今日所聞
我今無復疑　安住於佛道　方便爲侍者　護持諸佛法

아난은 부처님 앞에서 자신의 수기와 그 불국토를 장엄하는 법문을 친히 들었습니다. 원력도 만족하고 마음으로 크게 환희하여 미증유의 경지를 체득했습니다. 즉시에 과거 세상의 한량없는 천만 억 제불의 법장을 기억해 보니 모두 다 통달하여 막힘없는 것이 지금 법문을 듣는 듯합니다. 또 제불의 본원도 알게 되었습니다.

이때 아난이 게송으로 말했다.

"세존께서는 매우 희유하여 저로 하여금 지난 세상의 한량없는 제불의 법문을 오늘 듣는 것처럼 기억하게 합니다.

나는 이제 의심 없이 불도의 삶에 안주하였으니 방편으로 부처님의 시자(侍

者)가 되어 제불의 법문을 호지하겠습니다."

* 아난이 '나는 지금 의심 없이 불도에 안주한다(安住於佛道)'라고 한 말은, 중생심의 의심과 미혹에서 해탈하여 진여본심의 지혜로 평안하게 지금 여기, 자기 본분사를 실행한다는 뜻이다.
『금강경』에, "진여본심의 지혜로 본분사의 삶을 산다(如是住) 혹은, 보살도의 보시행을 한다(如是布施)"고 설한다. 안주(安住)는 대상경계에 정착한 것이 아니라, 시절인연에 따라서 자기 본분사의 삶을 제불보살의 지혜로 여실하게 살고 있는 것이다. 선에서는 몸과 마음이 평안한 가운데 지금 여기, 자기 본분사를 건립(창조)하는 삶(安身立命)이라고 한다.

라후라 수기장(授記章)

爾時 佛告羅睺羅. 汝於來世 當得作佛. 號蹈七寶華如來 應供 正徧知 明行足 善逝 世間解 無上士 調御丈夫 天人師 佛 世尊. 當供養十世界微塵等數 諸佛如來, 常爲諸佛 而作長子 猶如今也. 是蹈七寶華佛 國土莊嚴. 壽命劫數 所化弟子 正法像法 亦如山海慧自在通王如來無異. 亦爲此佛 而作長子 過是已後 當得阿耨多羅三藐三菩提.

그때 부처님께서 라후라에게 말했다.
"그대는 미래세에 반드시 불도를 체득하고 부처가 되어 그 명호를 도칠보화(蹈七寶華)여래, 응공, 정변지, 명행족, 선서, 세간해, 무상사, 조어장부, 천인사, 불, 세존이라고 하리라. 반드시 시방세계의 미세한 티끌 수와 같이 많은 제불여래께 공양하면서 항상 제불의 장자(長子)가 되리니 마치 지금과 같으리라. 이

도칠보화불의 불국토 장엄과 수명의 겁수와 교화하는 제자, 정법과 상법은 산해혜자재통왕여래와 같다. 또 그 산해혜자재통왕여래의 장자(長子)가 될 것이며, 그러한 이후에 최상의 깨달음을 체득하게 될 것이다."

爾時世尊 欲重宣此義 而說偈言

我爲太子時　羅睺爲長子　我今成佛道　受法爲法子
於未來世中　見無量億佛　皆爲其長子　一心求佛道
羅睺羅密行　唯我能知之　現爲我長子　以示諸衆生
無量億千萬　功德不可數　安住於佛法　以求無上道

그때 세존께서 이 뜻을 거듭 펴시려고 게송으로 설했다.

"내가 태자로 있을 때 라후라가 장자가 되었다. 내가 이제 불도를 이루니 그는 정법을 수지하고 法子가 되었다.

미래의 세상에도 무량 억불을 친견하고, 모두 그 부처의 장자가 되어 일심으로 불도(佛道)를 구하리라.

라후라의 밀행(密行)은 오직 여래가 능히 알 수 있을 뿐이니, 현세에 나의 장자가 된 것을 모든 중생들에게 나타내 보인 것이다.

한량없는 천만 억 공덕을 이루 다 헤아릴 수 없지만, 불법에 안주하여 최상의 도를 구할 것이다."

* 라후라 : 부처님 제자 가운데 밀행(密行) 제일이다. 밀행은 계정혜(戒定慧) 삼학(三學)과 신구의(身口意) 삼업(三業)을 청정하게 하는 출가수행자의 자기 본분사 일이기 때문에 밖으로 드러내지 않는 두타행이다.

이천 아라한 수기장(授記章)

爾時 世尊 見學無學二千人 其意柔軟 寂然淸淨 一心觀佛. 佛告阿難 汝見是學無學二千人不. 唯然已見.

阿難 是諸人等 當供養五十世界微塵數諸佛如來 恭敬尊重 護持法藏 末後同時於十方國 各得成佛. 皆同一號 名曰 寶相如來 應供 正徧知 明行足 善逝 世間解 無上士 調御丈夫 天人師 佛 世尊. 壽命一劫. 國土莊嚴. 聲聞菩薩 正法像法 皆悉同等.

그때 세존께서 유학의 성문 제자와 무학의 아라한 이천 명의 뜻이 유연하고 적연히 청정하며 일심으로 부처를 관찰하는 것을 보고 아난에게 말했다.

"그대가 이들 유학(有學)과 무학(無學) 이천 명을 보았는가?"

아난이 "예, 이미 보았습니다"라고 대답했다.

"아난이여! 이 사람들이 오십(五十) 세계의 미세한 티끌 수와 같은 제불여래를 공양, 공경, 존중하고 법장(法藏)을 호지(護持)하다가 마침내 시방세계에서 모두 함께 불도를 체득하고 성불(成佛)할 것이다.

부처의 명호는 모두 같이 보상(寶相)여래, 응공, 정변지, 명행족, 선서, 세간해, 무상사, 조어장부, 천인사, 불, 세존이라고 하고, 부처의 수명은 일 겁이요, 불국토의 장엄, 성문과 보살, 정법과 상법도 모두 다 동등하다."

爾時世尊 欲重宣此義 而說偈言

是二千聲聞　今於我前住　悉皆與授記　未來當成佛
所供養諸佛　如上說塵數　護持其法藏　後當成正覺
各於十方國　悉同一名號　俱時坐道場　以證無上慧
皆名爲寶相　國土及弟子　正法與像法　悉等無有異

咸以諸神通　度十方衆生　名聞普周徧　漸入於涅槃
爾時　學　無學二千人　聞佛授記　歡喜踊躍　而說偈言.
世尊慧燈明　我聞授記音　心歡喜充滿　如甘露見灌

그때 세존께서 이 뜻을 거듭 펴려고 게송으로 설했다.

"지금 여래 앞에 모여 있는 이천 성문(聲聞)들은 미래 세상에 반드시 성불하리라고 그들에게 모두 수기를 주노라.

성문들이 공양할 제불은 위에서 말한 것처럼 티끌 수와 같이 많으며, 그 부처님의 법장을 호지하고 이후에 반드시 정각을 이룰 것이다.

각각 시방의 국토에서 모두 다 똑같은 부처의 명호로 동시에 좌도량(坐道場)하여 무상의 지혜를 증득하리라.

그 부처의 모든 명호는 보상이요, 국토와 제자들, 정법과 상법이 모두 다 같다. 모두가 여러 신통으로 시방의 중생들을 제도하니 명성이 널리 법계에 두루하여 차례차례로 열반에 들 것이다."

그때 유학(有學)과 무학(無學)의 제자 이천 명은 부처님의 수기(授記)설법을 듣고 뛸 듯이 기뻐하며 게송으로 말했다.

"세존의 지혜는 밝은 등불이니, 우리들은 수기하는 법음을 듣고 환희심이 충만하여 마치 감로수(甘露水)를 마신 듯합니다."

* 관(灌) : 관정(灌頂)과 관욕(灌浴) 의식과 같이 몸과 마음을 감로수로 깨끗이 씻어 청정하게 된 상태를 말한다.

제10 법사품(法師品)

* 『법화경』 법사품에서 안락행품(安樂行品)까지 5품은, 앞의 방편품에서 제9 수학무학인기품(授學無學人記品)까지 8품에서 설한 내용을 유통시키는 부분이다. 특히 법사품은 세존 스스로 이 경전의 법문을 홍포하는 공덕이 깊고 귀중한 사실을 설하여 세간에 널리 유포할 것을 권한다.
『법화경』에서 설한 법문을 여법하게 수지(受持)하고, 깨달아 정법의 안목으로 읽고 암송(讀誦)하고, 정념(正念) 사유하며 해설(解說), 서사(書寫)하는 오종(五種) 방편 법문을 수행하는 법사(法師)이다. 법화행자(法華行者)와 같은 뜻이다.

인천(人天)의 스승이 되는 법사가 아니라, 자성의 중생을 제도하는 본분사(일대사)의 법사이다.
또 『법화경』의 법문을 널리 홍포하는 홍경(弘經)의 세 가지 법규(三軌)로 여래의 방(如來室), 여래의 옷(如來衣), 여래의 법좌(如來座)를 제시한다.
법사(法師)의 법(法)은 묘법(妙法)으로 『법화경』에서 설한 정법의 법문을 말하고, 정법의 지혜를 구족한 법사(法師)이기 때문에 法法師라고 한다.
또는 법화의 묘법을 일체 중생들에게 홍포하는 법사이기 때문에 人法師라고 하는 해설도 있다. (*天台智顗의 『法華文句』 上卷 및 『法華玄贊』 제8권)

법화경 한 구절(一句)의 법문으로 수기를 받다

爾時世尊 因藥王菩薩 告八萬大士. 藥王 汝見是大衆中 無量諸天 龍王 夜叉 乾闥婆 阿脩羅 迦樓羅 緊那羅 摩睺羅伽 人與非人 及比丘 比丘尼 優婆塞 優婆夷.
求聲聞者 求辟支佛者 求佛道者. 如是等類 咸於佛前 聞妙法華經 一偈一句, 乃至一念隨喜者 我皆與授記 當得阿耨多羅三藐三菩提. 佛告藥王 又如來滅度之後 若有人 聞妙法華經 乃至一偈一句 一念隨喜者. 我亦與授阿耨多羅三藐三菩提記.

그때 세존께서 약왕(藥王)보살을 인연으로 하여 팔만여 명의 보살(大士)들에게 말했다.

"약왕보살이여! 그대가 이 대중 가운데 있는 한량없는 천신, 용왕, 야차, 건달바, 아수라, 가루라, 긴나라, 마후라가, 사람과 사람 아닌 귀신들과 비구, 비구니, 우바새, 우바이들을 보라! 성문(聲聞)의 경지를 구하는 수행자, 벽지불(辟支佛)의 경지를 구하는 수행자, 불도(佛道)를 구하는 수행자들이다.

이와 같은 수행자들이 모두 부처님 앞에서 『묘법연화경』에서 설한 하나의 게송이나 한 구절의 법문을 청법하거나 내지 찰나의 일념(一念)에 수희 동참하는 수행자들에게 여래는 그대들 모두가 반드시 최상의 불도를 깨닫게 될 것을 수기(授記)한다."

부처님이 약왕보살에게 말했다.

"또 여래의 지혜가 소멸하고 중생심이 된 어떤 사람이 이 『묘법연화경』에서 설한 하나의 게송이나 한 구절의 법문을 청법하고, 찰나의 일념에 수희동참한 자에게 여래 역시 그들이 최상의 불도를 깨닫게 될 것을 수기한다.

* 『법화경』의 법문을 수지, 독송하면 곧 여래가 되고 부처의 지혜를 구족한 불지견(佛知見)으로 제불여래의 공덕행을 본분사(일대사)의 일로 실행할 수 있기 때문에 부처님은 모든 보살수행자들에게 수기했다. 『화엄경』에 "초발심으로 정각을 이룬다"는 법문과 같다.
『금강경』에도 "선남자 선여인이 경전의 법문을 수지 독송하면 곧 여래가 되어(卽爲如來) 부처의 지혜로 여실하게 이 사람(중생)을 알고, 여실하게 이 사람(중생)을 볼 수 있어 생사윤회에 타락하지 않고 깨달아 무량무변의 공덕을 성취한다"고 설하며, 또 "여래는 모든 보살 수행자들을 번뇌 망념에 타락하지 않도록 여래의 불지견으로 잘 보호한다(如來善護念諸菩薩)"고 설한다.
* 일념수희(一念隨喜)는 경전의 법문을 청법하고, 찰나의 일념(一念)에 발심 수행하여 수희 동참하는 구법의 원력을 말한다.
* 여래멸도지후(如來滅度之後) : 여래멸후(如來滅後), 불멸후(佛滅後)와 같은 말로 여래의 지혜가 소멸하고 중생심이 된 상태이다. 여래재세(如來在世), 불재세(佛在世), 불출세(佛出世)는 진여본심의 지혜(여래)를 구족한 경지이며, 중생이 발심 수행하여 경전의 법문을 수지, 독송하면 곧 진여본심의 지혜(여래)를 체득하게 된다.

법화경의 법문을 수지한 공덕

若復有人 受持讀誦, 解說書寫 妙法華經 乃至一偈. 於此經卷 敬視如佛, 種種供養華香瓔珞, 抹香塗香燒香, 繒蓋幢幡 衣服伎樂 乃至合掌恭敬. 藥王當知 是諸人等 已曾供養十萬億佛, 於諸佛所 成就大願 愍衆生故 生此人間.
藥王 若有人 問何等衆生 於未來世 當得作佛 應示是諸人等 於

未來世 必得作佛.
何以故 若善男子善女人 於法華經 乃至一句 受持讀誦 解說書寫 種種供養經卷 華香瓔珞 抹香塗香燒香 繒蓋幢幡 衣服伎樂 合掌恭敬. 是人 一切世間 所應瞻奉 應以如來供養 而供養之. 當知此人 是大菩薩 成就阿耨多羅三藐三菩提, 哀愍衆生 願生此間 廣演分別 妙法華經. 何況盡能受持 種種供養者.
藥王當知. 是人 自捨淸淨業報, 於我滅度後 愍衆生故 生於惡世 廣演此經.
若是善男子 善女人 我滅度後 能竊爲一人 說法華經 乃至一句. 當知是人 則如來使, 如來所遣, 行如來事. 何況於大衆中 廣爲人說.

만약 또 어떤 사람이 『묘법연화경』의 법문 한 게송이라도 수지, 독송, 해설, 사경하며 이 경전의 법문 공경하기를 부처님과 같이 하고, 여러 가지 꽃과 향, 영락, 가루향, 바르는 향, 사르는 향, 일산, 당기, 번기, 의복, 악기를 연주하며 공양하거나 내지 합장공경하면, 약왕이여, 반드시 잘 알도록 하라! 이 사람들은 이미 십만 억 부처님을 공양하고 제불의 처소에서 큰 원력(大願)을 성취하여 중생들을 불쌍하게 여긴 인연으로 이 인간 세상에 출생하게 된 것임을 알아야 한다.

약왕이여! 만약 어떤 사람이 '어떠한 중생이 미래 세상에 부처의 지혜를 이룰 것인가?'라고 물으면, '『법화경』을 수지 독송하는 사람들은 미래의 세상에 반드시 성불하게 된다'라고 대답하라.

왜냐하면, 만약 선남자나 선여인이 이 『묘법연화경』 한 구절의 법문이라도 수지, 독송, 해설, 사경하며, 여러 가지로 다양하게 이 경전의 법문에 공양하고 꽃과 향, 영락, 가루향, 바르는 향, 사르는 향, 일산, 당기, 번기, 의복, 풍악으로 공양하거나 합장하고 공경한다면, 일체 세간 사람들이 응당 우러러 받들게 될 것이다. 이러한 사람은 반드시 여래가 공양 받는 것과 같이 공양 받게 될 것이다. 반드시 잘 알아라. 이 사람은 대보살로서 최상의 깨달음을 성취하고, 중생들을 가엾게 여기어 이 인간 세상에 태어나기를 발원하고, 『묘법연화경』의 법문을 널리 펴서 연설하고 방편의 지혜로 설법할 것이다.

그런데 하물며 『법화경』의 법문을 스스로 수지(受持)하여 여러 가지 지혜로 법공양하는 사람은 더 말할 나위가 있겠는가?

약왕이여! 반드시 잘 알도록 하라. 이 사람은 스스로 청정(淸淨)한 공덕을 받는 수행의 보상(業報)을 스스로 내버리고, 여래가 열반한 뒤에 중생들을 불쌍히 여겨 중생의 오탁악세(惡世)에 보살의 원생신(願生身)으로 출현하여 이 경전의 법문을 설한 것임을 알아야 한다.

만약 이 선남자, 선여인이 여래가 열반한 이후에 스스로 은밀하게 한 사람에게 이 『묘법연화경』의 법문을 설하거나, 내지 한 구절의 법문만이라도 설한다면 그대는 반드시 잘 알아야 한다. 이 사람은 여래의 심부름꾼(如來使)이며 여래가 파견한 사람이며, 여래의 본분사 일을 실행하는 사람인 줄을 알아야 한다. 그런데 하물며 대중들 가운데서 많은 사람에게 널리 경전의 법문을 연설하는 사람이야 더 말할 필요가 있겠는가?

* 불법을 수행하고 성불할 수 있는 인연은 인간의 몸을 받아야 하기 때문에 육도(六道) 윤회하는 가운데 사람 몸(人身) 받기가 어렵다고 설한 것이다. 인간 세상에 태어나서 발심 수행하는 보살이 되고, 부처의 지혜를 이루게 되는 인연을 설한 것이다.
* 이 사람은 스스로 청정(淸淨)한 공덕을 받는 수행의 보상(業報)을 스스로 내버렸다(是人 自捨淸淨業報)는 말은, 보살이 수행하여 깨달음을 체득한 법신(法身), 보신(報身)의 청정한 공덕의 과보와 정토왕생의 보상을 버리

고, 다시 중생의 사바세계에 원생신(願生身)으로 화생(化生)하여 보살도의 이타행(利他行)과 동사섭(同事攝)을 본분사로 실행한다는 뜻이다.
『열반경』에 "자신을 제도하기 전에 먼저 중생을 제도한다(自未得度先度他)"라고 설하는데, 여기의 중생(他)도 대상경계로 보이는 인천(人天)의 중생이 아니라 자성의 중생이다.

* 생어악세(生於惡世) : 보살이 원력행으로 중생의 오탁악세(五濁惡世)에 몸을 나툰 원생신(願生身)으로 중생을 구제하는 同事攝이며, 화광동진(和光同塵)이다.
  중생의 오탁악세(五濁惡世)는 겁탁(劫濁; 시대의 혼탁) 견탁(見濁; 견해의 혼탁. 무지와 무명), 번뇌탁(煩惱濁; 자기 욕망에 따른 번뇌 망념으로 혼탁), 중생탁(衆生濁; 자아의식의 사고로 몸과 마음이 혼탁하여 지혜와 복이 없는 것), 명탁(命濁; 부처의 지혜 수명이 짧은 것)이다.
* 여래사(如來使), 여래소견(如來所遣), 행여래사(行如來事) : 여래의 지혜로 원력행과 시절인연의 자기 본분사를 보살도의 지혜로 실행하는 법화행자(法華行者)이다. 진여일심(여래)의 지혜로 여법하게 수행하고 설법하는 여래인지법행(如來因地法行)과 같다. 『금강경』에 "여래의 지혜로 모든 보살이 생사윤회에 타락하지 않도록 잘 보호하고, 보살들이 부처의 지혜를 구족하도록 부촉한다(如來善護念諸菩薩, 善付囑諸菩薩)"고 설한 법문과 같다.

법화경을 비방한 죄

藥王 若有惡人 以不善心 於一劫中 現於佛前 常毁罵佛 其罪尚輕. 若人 以一惡言 毁呰在家出家 讀誦法華經者 其罪甚重.
藥王 其有讀誦法華經者 當知是人 以佛莊嚴 而自莊嚴 則爲如來 肩所荷擔. 其所至方 應隨向禮. 一心合掌 恭敬供養 尊重讚

歎. 華香瓔珞 抹香塗香燒香 繒蓋幢幡 衣服(食+肴)饌 作諸伎樂. 人中上供 而供養之 應持天寶 而以散之 天上寶聚 應以奉獻. 所以者何 是人歡喜說法 須臾聞之, 卽得究竟阿耨多羅三藐三菩提故.

약왕이여! 만약 어떤 악한 사람이 나쁜 마음으로 한 겁 동안을 부처님 앞에 나타나서 부처님을 항상 비방하고 욕되게 할지라도 그 죄는 오히려 가볍다고 하겠다.

만약 어떤 사람이 한마디의 나쁜 말로, 『묘법연화경』의 법문을 독송하는 재가인(在家人)이나 출가 수행자를 비방한다면 그 죄는 실로 매우 무거운 중죄(重罪)가 된다.

약왕이여! 『묘법연화경』 독송하는 이가 있다면 반드시 잘 알도록 하라. 이 사람은 부처의 지혜로 스스로를 장엄(莊嚴)하는 사람이며, 곧 여래가 되어 여래의 지혜와 자비의 공덕을 어깨에 짊어지고 있는 사람이다.

그가 거주하는 곳에는 반드시 향을 사르고 예배해야 하며, 일심으로 합장, 공경, 공양하며, 존중하고 찬탄해야 한다. 그리고 꽃과 향, 영락, 가루향, 바르는 향, 사르는 향, 비단, 일산, 당기, 번기, 의복, 좋은 음식과 악기로 연주하도록 하라. 인간 세상에 있는 최상의 상품(上品)으로 그를 공양해야 하며, 천상(天上)의 보배 물건을 모아서 그에게 헌상해야 한다. 반드시 천상의 보배로 그가 있는 곳에 흩어 공양해야 한다. 그 까닭은 이 사람이 환희로써 기쁘게 설하는 법문을 잠깐이라도 들으면 곧 최상의 깨달음을 체득할 수 있기 때문이다."

* "약왕이여! 『묘법연화경』 독송하는 이가 있다면 반드시 잘 알도록 하라. 이 사람은 부처의 지혜로 스스로를 장엄(莊嚴)하는 사람이며, 곧 여래가 되어 여래의 지혜와 자비의 공덕을 어깨에 짊어지고 있는 사람이다(讀誦

法華經者 當知是人 以佛莊嚴 而自莊嚴 則爲如來 肩所荷擔)"라는 일단은, 『금강경』(14-1)에 "만약 선남자, 선여인이 이 경전의 법문을 수지 독송한다면, 곧 여래가 되어 부처의 지혜로 이 사람의 망심을 여실하게 알고 이 사람의 망념을 여실하게 볼 수가 있어 무량무변의 공덕을 성취하게 된다"라고 설한 일단과 같다.
어깨에 짊어지다(荷擔)라는 말은, 『금강경』(15)에 "이와 같은 사람은 여래의 지혜인 최상의 깨달음(아뇩다라삼먁삼보리)을 짊어지게 된 것이다"라고 설한다. 짊어지다(荷擔)는 여래의 지혜를 감당(堪當)한 경지, 여래가 된 것(卽爲如來)과 같은 뜻으로 여래의 지혜와 불이일체(不二一體)가 된 경지이다.

게송으로 거듭 설하다

爾時世尊 欲重宣此義 而說偈言

若欲住佛道　成就自然智　常當勤供養　受持法華者
其有欲疾得　一切種智慧　當受持是經　幷供養持者
若有能受持　妙法華經者　當知佛所使　愍念諸衆生
諸有能受持　妙法華經者　捨於淸淨土　愍衆故生此
當知如是人　自在所欲生　能於此惡世　廣說無上法
應以天華香　及天寶衣服　天上妙寶聚　供養說法者
吾滅後惡世　能持是經者　當合掌禮敬　如供養世尊
上饌衆甘美　及種種衣服　供養是佛子　冀得須臾聞
若能於後世　受持是經者　我遣在人中　行於如來事

그때 세존께서 이 경전의 뜻을 거듭 펴려고 게송으로 설했다.
"만약 불도에 상주하고 진여일심의 지혜를 성취하려면 반드시 『법화경』의 법문을 수지한 사람을 부지런히 공양하도록 하라.

만약 어떤 사람이 일체의 지혜(一切智慧)를 신속히 체득하려면, 이 경전의 법문을 수지하고 또 수지한 사람을 공양하도록 하라.

만약 어떤 사람이 『묘법연화경』의 법문을 수지하는 이가 있으면 반드시 잘 알도록 하라.

그는 부처의 심부름꾼으로서 중생들을 불쌍하게 여기는 사람이다.

이 『묘법연화경』을 수지하는 모든 사람들은 청정한 불국토에 왕생하는 보신의 공덕을 떨쳐버리고, 중생들을 가엾게 여겨 이 사바세계에 출현한 것이다. 반드시 잘 알도록 하라.

이 사람은 출세하고 싶은 곳에 마음대로 원력의 몸을 나투어 이 중생의 악세(惡世)에서 최상의 불법을 널리 연설한다.

응당히 천상의 꽃과 향과 천상의 보배 의복과 천상의 미묘한 보배를 모아서 법을 설하는 사람에게 공양한다.

여래의 지혜가 없는 중생의 세상에서 스스로 이 경전을 수지한 사람에게 반드시 합장하고 예경(禮敬)하기를 세존께 공양하듯이 해야 한다.

훌륭한 반찬과 맛있는 진수와 갖가지 의복으로 경전을 수지한 불자에게 공양하고 잠깐이라도 그의 법문을 듣도록 하라.

만약 미래 세상에 이 경전의 법문을 수지하는 사람은 여래가 그를 중생세계에 파견하여 사람들 가운데서 여래의 본분사를 실행하게 한다.

* 불도의 경지에 거주한다는 것은, 『금강경』의 "응여시주(應如是住)"와 같은 말로, 부처(여래)의 지혜로 여법하고 여실하게 지금 여기, 자기 본분사를 실행하는 것이다.
* 자연지(自然智) : 본래 진여본성, 진여자성에 구족된 지혜로 본래지(本來智), 무사지(無師智), 근본지(根本智)이다.

* 일체종지(一切種智) : 제불여래가 구족한 다양한 방편지혜로써, 일체 중생의 심병(心病)을 치료 하고 제도할 수 있는 무진장의 방편 법문이다.

법화경을 비방한 죄

若於一劫中　常懷不善心　作色而罵佛　獲無量重罪
其有讀誦持　是法華經者　須臾加惡言　其罪復過彼
有人求佛道　而於一劫中　合掌在我前　以無數偈讚
由是讚佛故　得無量功德　歎美持經者　其福復過彼
於八十億劫　以最妙色聲　及與香味觸　供養持經者
如是供養已　若得須臾聞　則應自欣慶　我今獲大利
藥王今告汝　我所說諸經　而於此經中　法華最第一

만일 한 겁의 세월 동안 항상 나쁜 마음을 품고, 성낸 얼굴로 부처님을 비방하면 한량없는 무거운 죄를 받는다.
이 『법화경』을 수지 독송하는 사람에게 잠시 나쁜 말을 하면, 그 죄는 부처님을 비방한 죄보다 크다.
어떤 사람이 불도(佛道)를 구하려고 한 겁 동안 합장하고 여래 앞에 서서 무수한 게송으로 찬탄하면 부처님을 찬탄한 인연으로 한량없는 공덕을 얻지만, 이 경전을 수지한 사람을 찬탄한다면 그 복은 부처님을 찬탄한 복보다 크다.
팔십 억 겁 동안에 최상의 미묘한 형색(色)과 소리(聲), 향기와 맛, 촉감으로 이 경전의 법문을 수지한 사람을 공양하고, 이와 같이 공양한 이후에 잠깐이라도 법문(法門)을 청법하고 곧 '나는 지금 큰 해탈이익을 체득했다'라고 하면 스스로 기쁘고 경사스럽게 될 것이다.
약왕이여! 여래가 이제 그대에게 말하노라.

여래가 설한 많은 대승경전 가운데 이 『법화경』의 법문이 가장 근본(第一)이 된다."

* 『법화경』은 제법실상법(諸法實相法), 진여법(眞如法)을 설한 최상의 법문으로 대승 불법의 근본이다.
『금강경』에도 "최상제일(最上第一) 희유지법(稀有之法)" 이라고 설한 것처럼, 대승의 법문은 일승묘법(一乘妙法)의 진여법(眞如法), 여래법신의 지혜를 이루는 최상의 법문이기 때문이다.

제불의 비밀하고 중요한 법장

爾時佛 復告藥王菩薩摩訶薩. 我所說經典 無量千萬億 已說今說當說. 而於其中 此法華經 最爲難信難解. 藥王 此經是諸佛秘要之藏, 不可分布 妄授與人. 諸佛世尊之所守護. 從昔已來未曾顯說. 而此經者 如來現在 猶多怨嫉 況滅度後. 藥王當知如來滅後 其能書持讀誦供養 爲他人說者 如來卽爲以衣覆之. 又爲他方現在諸佛之所護念. 是人有大信力 及志願力 諸善根力. 當知是人 與如來共宿 則爲如來手摩其頭.

그때 부처님이 다시 약왕보살마하살에게 말했다.

"여래가 설한 대승경전의 법문은 한량이 없고 천만 억이나 된다. 과거에 이미 설했고, 지금도 설하고 있으며 미래에도 설할 것이다.

그 경전의 법문 가운데 이 『법화경』의 법문이 가장 확신하기 어렵고(難信) 이해하기 어렵다(難解).

약왕이여! 이 경전의 법문은 제불의 신비하고 긴요한 법장(秘要之法藏)이니,

함부로 선포하여 사람들에게 전수하지 말라. 제불세존이 지혜로 수호하는 법이니, 옛적부터 일찍이 밖으로 드러내어 설하지 않았다.

이 경전의 법문은 여래의 지혜가 현재 실행하고 있을 때도 여전히 원망과 질투가 많았는데, 하물며 여래가 소멸한 중생심 이후의 일은 말해서 무엇 하겠는가? (많은 사람들이 비난하고 시기하며 방해할 것이다.)

약왕이여! 반드시 잘 알아야 한다. 여래의 지혜가 소멸한 후 중생이 되었을 때, 어떤 사람이 스스로 이 경전의 법문을 사경, 수지, 독송, 지혜로 법공양하고 다른 사람(중생)에게 설법한다면, 그는 여래의 지혜로 곧 그에게 옷을 덮어 주는 것이다. 또 다른 세계에 있는 제불의 지혜로 생사윤회에 타락하지 않도록 보호한다. 이 사람은 신심의 힘, 원력의 뜻을 실행한 지혜의 힘과 선근(善根) 인연을 심는 지혜의 힘이 있다.

반드시 잘 알아야 한다. 이 사람은 여래와 함께 지혜로운 생활을 하는 사람이며, 여래가 되어 여래의 손으로 그의 머리를 쓰다듬을 것이다.

* 『법화경』 방편품에 "그만두고 그만두라, 함부로 설하지 말라. 내가 설한 법문은 미묘하여 중생심으로 사량 분별해서 알기 어렵다. 모든 증상만의 수행자들은 이 법문을 듣고 반드시 신심을 일으키지 않는다(止止不須說 我法妙難思, 諸增上慢者 聞必不敬信)"라고 설하며, "부처가 성취한 제일 희유한 난해지법(難解之法)은 오직 부처의 지혜로만이 능히 제법실상을 모두 완전하게 알 수가 있다"라고 설한다.

중생심의 사량 분별과 이승의 수행자는 대승 일승법(一乘法), 진여법(眞如法), 제법실상법(諸法實相法)을 확신도 하지 않고 이해하기도 어렵다.

여기의 신(信)은 신심(信心)으로 진여자성(불성)의 지혜를 확신하는 것이며, 해(解)는 진여법, 대승일승법의 법문을 여법하게 이해하고 깨닫는 것이다. 『대승기신론』에서는 신성취(信成就)발심, 해행(解行)발심, 증(證)발심으로 설한다.

* 제불비요지장(諸佛秘要之藏) : 『법화경』 방편품에는 "제불지비요(諸佛之秘要)"라고 하며, 안락행품, 제바달다품과 『유마경』 관중생품에도 똑같이 설하고 『화엄경』의 "여래성기사상(如來性起思想)"과 함께 대승불교의 여래장(如來藏), 불성(佛性)사상의 원류이다.
이후 여래장계통의 『열반경』, 『여래장경』, 『승만경』, 『대승기신론』 권수이익분에 "마하연(摩訶衍) 제불비장(諸佛秘藏)"이라고 설한 것처럼 진여, 여래장 사상으로 제시하고, 선에서는 정법안장(正法眼藏), 무일물중무진장(無一物中無盡藏)이라고 설한다.

* 여래의 지혜로 그에게 옷을 덮어 주는 것(如來卽爲以衣覆之)은, 곧 여래의 지혜를 이룬 사람(卽爲如來)이 되어 여래의 지혜로 함께 살고 있다(共宿)는 말이다. 제불의 호념이나 여래 선호념도 같은 뜻이다.
『금강경』에도 "선남자 선여인이 경전의 법문을 수지 독송하면 곧 여래가 된다(則爲如來)"고 설한다.

藥王 在在處處 若說若讀 若誦若書, 若經卷所住之處, 皆應起七寶塔, 極令高廣嚴飾 不須復安舍利. 所以者何 此中已有如來全身. 此塔應以 一切華香 瓔珞 繒蓋幢幡 伎樂歌頌 供養恭敬尊重讚歎. 若有人 得見此塔 禮拜供養. 當知是等 皆近阿耨多羅三藐三菩提.

약왕이여! 언제 어디서나 이 경전의 법문을 설하고, 독송, 암송, 사경하며, 또 이 경전의 법문을 설하는 곳에는 모두 다 칠보탑(七寶塔)이 건립되며, 지극히 높고 넓게 장엄될 것이기 때문에 반드시 사리(舍利)를 봉안(奉安)할 필요가 없다. 왜냐하면, 이 경전 설하는 곳에는 이미 여래의 지혜법신(全身)이 두루하기 때문이다.

이 칠보탑에는 반드시 일체의 꽃과 향, 영락, 비단, 일산, 당기, 번기, 악기로 음악을 연주하며 노래로 공양, 공경하고 존중 찬탄한다.

만일 어떤 사람이 이 칠보탑을 친견하고 예배, 공양한다면 반드시 잘 알아야 한다. 이 사람들은 벌써 최상의 깨달음의 경지를 이룬 사람이다.

* 차중이유여래전신(此中已有如來全身) : 여기서 차중(此中)은 곧 여래의 지혜를 이룬 경지(卽爲如來)로서 여래전신이 곧 제불출신처(諸佛出身處), 성도장소(成道場所), 보리좌(菩提坐), 전법륜처(轉法輪處), 입열반처(入涅槃處)이기 때문에 이미 법계에 두루하는 칠보탑(불탑)이 건립된 것이다. 진여본심의 지혜(如來法身)로 경전의 법문을 설하는 당처(生處)에 곧 칠보탑이 건립된 것이다. 『유마경』에 "무주의 근본에서 일체법을 건립한다"는 법문과 같다. 『法華論』 상권에 "일체 제불의 지혜가 견고(堅固)하여 파괴되지 않는 것을 사리라고 하는 것은, 곧 여래 진실 법신은 파괴되지 않기 때문"이라고 해설한다. 『유마경』에도 여래법신은 금강불괴신(金剛不壞身) 이라고 설하며, 여래법신은 상주불변(常住不變)이기에 여여부동(如如不動)이다.

藥王 多有人在家出家 行菩薩道. 若不能得見聞 讀誦 書持 供養是法華經者. 當知是人 未善行菩薩道. 若有得聞 是經典者 乃能善行菩薩之道.

其有衆生 求佛道者. 若見若聞是法華經 聞已信解受持者. 當知是人 得近阿耨多羅三藐三菩提.

藥王 譬如有人 渴乏須水 於彼高原 穿鑿求之 猶見乾土 知水尙遠 施功不已 轉見濕土 遂漸至泥 其心決定知水必近.

약왕이여! 많은 사람들이 재가에서나 출가해서나 보살도를 수행하고 있다. 만약 이 『법화경』의 법문을 보고 듣고, 독송, 사경, 수지, 공양하지 않는 자는 반드시 잘 알아야 한다. 이 사람은 보살도를 여법하게 수행하지 못한 것이다. 이 경전의 법문을 여법하게 청법하고, 깨달아 체득한 사람이라야 능히 선법의 보살도를 수행하는 것이다.

만약 어떤 중생이 불도(佛道)를 구하는 사람으로서 이 묘법연화경의 법문을 친견하거나, 청법하고, 신심으로 이해하고 수지(受持)한 사람이라면 반드시 잘 알아야 한다. 이 사람은 최상의 깨달음의 경지를 이룬 사람이다.

약왕이여! 비유하면 마치 어떤 사람이 목이 말라 물을 구하려고 저 높은 언덕에서 우물을 팔 때, 마른 흙이 나오면 물이 아직 먼 곳에 있는지를 알아 땅 파는 일을 멈추지 않고 계속하여 마침내 습기에 젖은 흙을 보게 되고, 점점 깊게 파서 진흙이 나오면 그의 마음으로 물이 가까이 있다는 사실을 확신하게 된다.

* 심결정(心決定) : 의심 없는 결정적인 신심(無疑決定信)으로 철저한 신심과 확신을 갖는 것이다. 경전의 언설을 말하는 것이 아니라, 경전에서 설한 진여법, 제법실상법을 마음으로 확신하는 신심이다.

菩薩 亦復如是. 若未聞未解 未能修習是法華經. 當知是人 去阿耨多羅三藐三菩提尚遠. 若得聞解 思惟修習 必知得近阿耨多羅三藐三菩提.

所以者何 一切菩薩阿耨多羅三藐三菩提 皆屬此經. 此經開方便門 示眞實相. 是法華經藏 深固幽遠 無人能到, 今佛教化成就菩薩 而爲開示.

藥王 若有菩薩 聞是法華經 驚疑怖畏. 當知是爲新發意菩薩. 若聲聞人 聞是經 驚疑怖畏. 當知是爲增上慢者.

보살도 또한 그와 같다. 만약 이 『법화경』의 법문을 듣지도 못하고 이해하지도 못하고 수습하지도 못한다면 반드시 잘 알아야 한다. 이 사람은 최상의 깨달음에 도달하는 일이 아직 멀다. 만약 경전의 법문을 청법하고 이해하며 여법하게 사유하고 수행하면, 반드시 최상의 깨달음을 이룬 사실을 알 수 있다.

왜냐하면, 일체의 모든 보살들이 최상의 깨달음을 체득하는 것은 모두 다 이 경전의 법문에 의거하기 때문이다. 이 경전에서는 방편 법문을 열어 제법의 진실상을 개시(開示)한다.

이 『법화경』의 법장(法藏)은 깊고 견고하며, 그윽하고 심원(深遠)하여 자기 스스로 그러한 경지에 도달하는 사람이 없다. 그래서 지금 이제 부처님이 보살들을 교화하고 깨달음을 성취하도록 그 비밀 법장(法藏)을 방편 법문으로 열어 개시한 것이다.

약왕이여! 어떤 보살이 이 『법화경』의 법문을 듣고 놀라서 의심하고 두려워한다면 반드시 잘 알아야 한다. 이 사람은 처음 발심(發心)한 보살이다.

만약 성문(聲聞)이 이 경전의 법문을 듣고 놀라서 의심하고 두려워한다면 반드시 잘 알아야 한다. 이 사람은 증상만인(增上慢人)이다.

법화경의 법문을 설하는 기준

藥王. 若有善男子善女人. 如來滅後 欲爲四衆 說是法華經者. 云何應說. 是善男子善女人 入如來室 着如來衣, 坐如來座. 爾乃應爲四衆 廣說斯經.

如來室者 一切衆生中 大慈悲心是. 如來衣者 柔和忍辱心是. 如來座者 一切法空是. 安住是中然後 以不懈怠心, 爲諸菩薩及四衆 廣說是法華經.

약왕이여! 만약 선남자, 선여인이 여래의 지혜가 없는 비구, 비구니, 우바새, 우바이 등 사부대중에게 이 『법화경』의 법문을 어떻게 설해야 할까?

이 선남자, 선여인은 여래의 방에 들어가서 여래의 옷을 입고 여래의 법좌에 앉아서 사부대중에게 널리 방편지혜로 이 경전의 법문을 설해야 한다.

여래의 방이란, 일체 중생에게 대자비심(大慈悲心)을 실행하는 진여일심(여래)의 청정한 마음이요, 여래의 옷이란 부드럽고 온화하게 인욕(忍辱)하는 진여일심(여래)의 청정한 마음이요, 여래법좌란 일체 제법(法)이 공(空)한 경지에서 반야의 지혜를 실행하는 진여일심(여래)의 청정한 마음이다.

이러한 진여일심(여래)의 지혜로 본분사에 안주(安住)하면서 조금도 해태심을 일으키지 않고, 자비심으로 여러 보살과 사부대중에게 널리 이 『법화경』의 법문을 설해야 한다.

* 여래실(如來室), 여래의(如來衣), 여래좌(如來座) : 『법화경』 약초유품에 "如來는 일체지자(一切知者), 일체견자(一切見者), 지도자(知道者), 개도자(開道者), 설도자(說道者)"라고 설한 법문과 같이, 불지견(佛知見)을 구족해서 진여일심의 지혜(여래)로 여법하게 방편 법문을 설해야 한다.

藥王 我於餘國遣化人 爲其集聽法衆 亦遣化比丘比丘尼 優婆塞優婆夷 聽其說法. 是諸化人 聞法信受 隨順不逆. 若說法者 在空閑處 我時廣遣天龍鬼神 乾闥婆阿修羅等 聽其說法. 我雖在異國 時時令說法者 得見我身. 若於此經 忘失句逗 我還爲說令得具足.

약왕이여! 여래가 다른 국토에 분신(分身)의 화인(化人)을 보내어 그 化人이 설하는 법문 들을 사람들을 모으고, 또 化人의 비구, 비구니, 우바새, 우바이들을 보내어 그 化人의 법문을 듣도록 하리라.

이 모든 분신의 化人이 법문을 청법하고 신심으로 수지하여 여법하게 수순하고 거역하지 않으리라. 만약 이 경전의 법문 설하는 이가 한적하고 쓸쓸한 곳에 있다면 내가 천신, 용왕, 귀신, 건달바, 아수라들을 보내어 그 化人의 법문을 청법하도록 하리라.

여래가 비록 다른 나라에 있더라도 이 법문 설하는 이로 하여금 때때로 여래 법신을 깨달아 친견하게 할 것이다. 만약 이 경전에서 설한 법문의 구절을 기억하지 못한다면 여래가 다시 그에게 설법하여 여법하고 여실하게 불법의 지혜를 구족하도록 하리라.

* 화인(化人) : 부처의 분신(分身)인 화신(化身), 응신(應身)을 말한다. 법신은 설법을 할 수 없으므로 화신, 응신이 신심을 구족하여 시절인연에 따라 중생의 근기에 맞추어 설법한다. 설법자도 청법자도 모두 화신이다. 『유마경』에 요술사(幻師)가 환인(幻人)에게 설법하는 것과 같이 설해야 한다고 하며, 『금강경』에도 "설법은 진여일심의 지혜로 설법해야 한다(說法者卽 無法可說)"고 설한다.

爾時世尊 欲重宣此義 而說偈言

欲捨諸懈怠　應當聽此經　是經難得聞　信受者亦難
如人渴須水　穿鑿於高原　猶見乾燥土　知去水尚遠
漸見濕土泥　決定知近水　藥王汝當知　如是諸人等
不聞法華經　去佛智甚遠　若聞是深經　決了聲聞法
是諸經之王　聞已諦思惟　當知此人等　近於佛智慧
若人說此經　應入如來室　著於如來衣　而坐如來座
處衆無所畏　廣爲分別說　大慈悲爲室　柔和忍辱衣

諸法空爲座　處此爲說法　若說此經時　有人惡口罵
加刀杖瓦石　念佛故應忍

그때 세존께서 이 뜻을 거듭 펴시려고 게송으로 말했다.
“게으른 마음을 버리려면 반드시 이 경전의 법문을 청법해야 한다.
이 경전의 법문은 듣기도 어렵고, 신심으로 수지하기 또한 어렵다.
마치 어떤 사람이 목이 말라서 물을 구하려고 고원에서 우물을 팔 때, 마른 흙이 나오면 물이 아직 멀리 있는 줄을 안다.
점점 깊게 파서 진흙이 나오면 물이 결정코 가까이 있다는 사실을 안다.
약왕이여! 그대는 반드시 잘 알아야 한다.
이와 같이 많은 사람들이 『법화경』의 법문을 청법하지 못하면, 부처의 지혜와 멀리 떨어진 사람이다.
만약 깊이 경전(經典)의 법문을 청법하면, 반드시 불도를 깨달을 것이다.
이 경전의 법문은 모든 경전의 근본(王)이니, 법문을 듣고 진실하게 사유하면 이 사람들은 부처의 지혜를 깨닫게 된 것임을 잘 알아야 한다.
만약 어떤 사람이 이 경전의 법문을 설하려면, 반드시 여래의 방에 들어가서 여래의 옷을 입고 여래의 법좌에 앉아서 대중들에게 걸림 없이 널리 방편의 지혜로 설법해야 한다.
큰 자비심은 여래지혜의 방이 되고, 유연하고 온화하게 인욕하는 것은 여래의 옷이 되고, 제법이 텅 비어 空한 경지는 여래의 법좌가 되니, 이와 같은 진여 본심(여래)의 지혜로 설법하라.
만약 이 경전의 법문을 설할 때, 어떤 이가 욕설을 하거나 칼을 휘두르고 막대기로 치고 돌을 던질지라도 부처의 지혜로 자각하며 반드시 인욕행을 해야 한다.

* 인욕행 : 인욕바라밀로 자아의식과 의식의 대상경계를 텅 비운 아공(我空), 법공(法空), 일체개공의 경지이다. 불지(佛智)를 깨닫는 일이 인욕바라밀이다. 『돈오요문』에 "인욕이 불도 수행의 근본이니 먼저 아상과 인상을 비워야 한다. 무슨 일이 닥쳐도 받아들이지 않으면 곧 진실한 깨달음을 체득한다(忍辱第一道 先須除我人 事來無所受 卽眞菩提身)"라고 읊었다.

我千萬億土　現淨堅固身　於無量億劫　爲衆生說法
若我滅度後　能說此經者　我遣化四衆　比丘比丘尼
及清信士女　供養於法師　引導諸衆生　集之令聽法
若人欲加惡　刀杖及瓦石　則遣變化人　爲之作衛護
若說法之人　獨在空閑處　寂寞無人聲　讀誦此經典
我爾時爲現　清淨光明身　若忘失章句　爲說令通利
若人具是德　或爲四衆說　空處讀誦經　皆得見我身
若人在空閑　我遣天龍王　夜叉鬼神等　爲作聽法衆
是人樂說法　分別無罣礙　諸佛護念故　能令大衆喜
若親近法師　速得菩薩道　隨順是師學　得見恒沙佛

여래는 천만 억 국토에서 깨끗하고 견고한 지혜의 몸을 나투어 무량 억 겁 동안 중생들에게 설법하였다.
만약 여래가 열반한 이후에 스스로 이 경전의 법문을 설하는 사람에게 여래는 환화로 만든 비구, 비구니들과 청신사, 청신녀들을 보내 법사(法師)에게 공양하게 하고, 여러 중생들을 인도하고 그들을 모아 놓고 법문을 듣게 하리라.
만약 어떤 사람이 나쁜 생각으로 칼과 막대기, 돌멩이 등으로 해치려고 하면, 변화인(變化人)을 보내어 법사를 호위(護衛)할 것이다.
만약 법문하는 사람이 사람 소리도 없는 공한처에서 홀로 적막하게 이 『법화경』을 독송하면, 여래는 그때 청정(淸淨)한 지혜광명(光明)으로 몸을 나툴 것이다.

만약 경전의 구절을 상실하면 그에게 설해 주어 통달하게 하리라.

만약 어떤 사람이 이러한 공덕을 구족하여 사부대중들에게 법을 설하거나 자아의식을 텅 비운 경지에서 이 경전을 독송하면, 모두 여래의 법신을 친견하게 될 것이다.

만약 어떤 사람이 외딴 곳에 있으면, 내가 천신과 용왕과 야차와 귀신들을 보내어 법문을 청법하는 대중이 되도록 할 것이다.

이 사람이 설법(說法)하기를 좋아하여 방편지혜로 걸림 없이 설하면, 제불이 지혜로 보호하고 능히 스스로 대중들을 환희케 하리라.

만약 이 법사를 친근(親近)하는 사람은 속히 보살도를 체득할 것이며, 이 법사의 불법수행에 여법하게 수순하면 항하강의 모래처럼 많은 제불의 지혜를 친견(親見)하게 될 것이다.

* 자아의식과 의식의 대상경계를 텅 비운 아공(我空), 법공(法空)의 경지, 즉 진여일심의 지혜로 경전의 법문을 수지, 독송하면 여래법신의 지혜를 깨달아 체득하게 된다(空處讀誦經 皆得見我身). 곧 여래가 된다.

제11 견보탑품(見寶塔品)

* 견보탑(見寶塔)이란, 다보여래의 보탑이 땅(地)에서 솟아오르는(涌出) 것을 대중이 본다는 뜻이다. 『법화경』 종지용출품(從地涌出品)에, 땅(地)은 중생심의 차별세계를 말하며, 사바세계에서 여래법신(如來法身)인 **七寶塔**이 텅 빈 허공(空)으로 솟아오른 것을 비유한다.

과거에 입적한 *多寶如來*가 『법화경』의 설법이 틀림없이 제법의 진실을 설한다는 사실을 증명하려고 탑 안에 상주하면서, 땅(地中)에서 공중(空中)으로 솟아올라 석가불은 그 탑의 문을 열고 탑 안에 들어가 두 부처가 나란히 자리를 나누어(半座) 결가부좌했다. 그리고 석가불은 다보여래가 과거 오래 전에 열반에 들었지만 누군가 이 사바세계에서 『법화경』을 설하고자 하는 자가 없는가라고 말했다.

견보탑품은 법사품에서 방편을 열어 진실을 개시(開示)한다고 설한 법문이 진실하여 허망하지 않다는 사실을 다보여래가 증명하는 것이다.

그러면 왜 다보여래가 석가불이 『법화경』의 설법을 증명하는가? 『대지도론』 제7권에 『법화경』의 다보여래는 사람들이 『법화경』의 법문 설해 줄 것을 요청하는 인연이 없었기 때문에 곧 열반에 들었고, 뒤에 불신(佛身)은 칠보탑(七寶塔)이 되어 『법화경』의 법문을 증명하려고 일시(一時) 출현한 것이라고 해설하고 있다.(『대정장』 제25권 109쪽 中)

과거에 다보여래가 전혀 설법하지 않았다는 뜻이 아니라 삼승(三乘)의 법문을 설했지만, 일승(一乘)의 진실을 설하려고 해도 청법하려는 원력을 세운 사람(보살)들과 청법할 능력 있는 사람(보살)들이 없었기 때문에 『법화경』의 법문을 설하지 못하고 열반에 들었다. 그래서 사바세계에 석가불이 『법화경』의 법문 설하는 곳에 출현하여 일승묘법을 설하는 인연에 수희동참하고 증명하려는 서원을 세운 것이다. 제불의 서원과 제불보살의 서원은 다름이 없다.

칠보탑의 출현과 장엄

爾時佛前 有七寶塔 高五百由旬 縱廣二百五十由旬 從地涌出. 住在空中 種種寶物 而莊校之 五千欄楯. 龕室千萬 無數幢幡 以爲嚴飾 垂寶瓔珞, 寶鈴萬億 而懸其上 四面皆出多摩羅跋栴檀之香, 充遍世界. 其諸幡蓋 以金銀 琉璃 硨磲 瑪瑙 眞珠 玫瑰 七寶合成, 高至四天王宮. 三十三天 雨天曼陀羅華 供養寶塔. 餘諸天龍 夜叉 乾闥婆 阿修羅 迦樓羅 緊那羅 摩睺羅伽 人非人等 千萬億衆, 以一切華香 瓔珞 幡蓋 伎樂 供養寶塔, 恭敬尊重讚歎.

그때 석가모니불 앞에 칠보탑(七寶塔)이 나타났으니 그 탑의 높이가 오백 유순이요, 가로와 세로의 너비는 이백 오십 유순이었다. 그 칠보탑이 땅(地)에서 솟아올라 허공에 머물렀다.

그 칠보탑은 여러 가지 보물로 장엄되었으며, 탑의 난간이 오천이고 감실(龕室)은 천만이다. 무수하게 많은 깃발(幢幡)로 장엄하였으며, 보배로 된 영락을 드리우고 보배의 풍령(風鈴) 만 억 개가 그 위에 달려 있었다.

사면에는 모두 청정한 다마라발전단향의 향기(法香)가 온 세상에 두루하였다. 수많은 깃발로 덮고, 금, 은, 유리, 자거, 마노, 진주, 매괴 등의 칠보로 만들어졌으며, 높이는 사천왕(四天王)의 궁전에까지 이르렀다.

삼십삼천에서는 천상의 만다라 꽃비를 내려서 보배탑에 공양하였다. 그 밖에 여러 제천과 천룡, 야차, 건달바, 아수라, 가루라, 긴나라, 마후라가, 사람과 사람 아닌 귀신들 천만 억 대중들이 온갖 꽃과 향, 영락, 번기, 일산과 악기로 음악을 연주하며 보배탑에 공양하고 공경히 존중 찬탄하였다.

다보여래(多寶如來)의 찬탄

爾時寶塔中 出大音聲 歎言 善哉善哉. 釋迦牟尼世尊 能以平等大慧 教菩薩法, 佛所護念, 妙法華經 爲大衆說. 如是如是 釋迦牟尼世尊 如所說者 皆是眞實.
爾時四衆 見大寶塔 住在空中. 又聞塔中 所出音聲 皆得法喜 怪未曾有 從座而起 恭敬合掌 却住一面.

그때 칠보탑 안에서 큰 음성으로 찬탄했다. '훌륭하고, 훌륭합니다. 석가모니 세존(世尊)은 평등한 큰 지혜로 보살도의 법문을 교시하며, 부처의 지혜로 호념(護念)하는 미묘한 『법화경』의 법문을 대중들에게 설했습니다. 그러하고 그러합니다. 석가모니 세존의 설법은 모두 진실(眞實)한 법문입니다.'

그때 사부대중은 큰 보탑이 공중에 머물러 있는 것을 보았으며, 또 보탑 속에서 나온 큰 음성을 듣고는 모두 법희(法喜) 선열(禪悅)의 법락을 이루었다. 이전에 일찍이 경험하지 못한 특이한 일이라 모두 자리에서 일어나 공경 합장하고 한쪽 옆에 물러서 있었다.

대요설(大樂說) 보살의 질문

爾時 有菩薩摩訶薩 名大樂說. 知一切世間 天人 阿修羅等心之所疑, 而白佛言. 世尊 以何因緣 有此寶塔 從地涌出. 又於其

中 發是音聲.
爾時佛告大樂說菩薩 此寶塔中 有如來全身. 乃往過去 東方無量千萬億阿僧祇世界 國名寶淨. 彼中有佛 號曰多寶. 其佛行菩薩道時 作大誓願. 若我成佛滅度之後 於十方國土 有說法華經處. 我之塔廟 爲聽是經故 涌現其前 爲作證明. 讚言善哉.
彼佛成道已 臨滅度時, 於天人大衆中 告諸比丘 我滅度後 欲供養我全身者, 應起一大塔. 其佛以神通願力 十方世界在在處處. 若有說法華經者 彼之寶塔 皆涌出其前 全身, 在於塔中, 讚言善哉善哉. 大樂說 今多寶如來塔 聞說法華經故 從地涌出, 讚言善哉善哉.

그때 한 보살마하살이 있는데, 그의 이름은 대요설(大樂說)이었다. 모든 세간의 천신과 인간과 아수라들이 마음속으로 의심하는 것을 알고 부처님께 말씀드렸다.

'세존이시여! 무슨 인연(因緣)으로 이 보탑이 땅에서 솟아올랐으며, 또 그 보탑 속에서 이러한 음성이 나오는 것입니까?'

이때 부처님이 대요설보살에게 말했다.

'이 보탑 중에 여래전신(如來全身)이 있다. 지나간 옛적에 동방으로 한량없는 천만 억 아승지 세계 밖에 한 나라가 있었으니 그 국토의 이름은 보정(寶淨)이요, 그 나라에 한 부처님이 계셨으니 명호가 다보(多寶)여래이다.'

그 다보여래 부처님이 보살도를 수행할 때 큰 서원(誓願) 세우기를 '내가 성불하고 열반에 든 이후 시방의 국토 중에 『묘법연화경』을 설하는 곳이 있으면, 나는 그 경전의 법문을 청법하고자 그 설법하는 곳에 탑으로 용출하여 법문을 증명하면서 훌륭하고 훌륭하다고 찬탄하리라'고 했다.

다보여래 부처님이 성불하고 열반할 때, 천신과 인간 대중 가운데서 모든 비구들에게 말했다.

'내가 열반한 이후에 여래의 전신에 공양하는 사람은 반드시 큰 탑 하나를 세우도록 하라.'

다보여래 부처님의 신통(神通)과 원력으로 시방세계 가는 곳마다 만약 『묘법연화경』의 법문을 설하는 사람이 있으면, 보탑이 설법하는 곳에 나타나 그 탑 가운데 여래전신(如來全身)이 상주하여 훌륭하고 훌륭하다고 찬탄한 것이다.

대요설이여! 지금 다보여래(多寶如來)의 보탑이 설하는 『묘법연화경』의 법문을 청법하고자 땅에서 솟아올라 훌륭하고 훌륭하다고 찬탄하는 것이다.

* 이 일단은 다보여래의 서원과 석가세존이 『법화경』의 법문을 청법하고, 대승의 일승법문을 증명하고자 출현한 것(爲作證明)이다.

다보불의 친견

是時大樂說菩薩 以如來神力故 白佛言. 世尊 我等願欲見此佛身. 佛告 大樂說菩薩摩訶薩 是多寶佛 有深重願. 若我寶塔 爲聽法華經故 出於諸佛前時 其有欲以我身 示四衆者 彼佛分身諸佛在於十方世界說法 盡還集一處然後 我身乃出現耳.

大樂說 我分身諸佛 在於十方世界說法者 今應當集.

大樂說 白佛言, 世尊 我等亦願欲見世尊 分身諸佛 禮拜供養.

그때 대요설보살이 여래의 불가사의한 지혜의 힘(神力)으로 부처님께 말했다.

'세존이시여! 저희들이 그 다보여래 불신(佛身)을 친견하기 원합니다.'

부처님이 대요설보살 마하살에게 말했다.

'이 다보불(多寶佛)은 깊고도 중대한 원력(願)이 있었다. 만약 나의 보탑이

『법화경』의 법문을 청법하고자 제불 앞에 나아가 다보여래의 전신(全身)을 사부대중에게 드러낼 때, 석가여래의 분신(分身)으로 시방세계에서 설법하는 분신제불을 한 곳에 모두 소집한 연후에 다보여래의 전신을 나타낸다. 대요설이여! 석가여래는 시방세계에서 설법하고 있는 석가여래의 분신 제불을 지금 당장 소집하도록 할 것이다.'

대요설보살이 부처님께 말했다.

'세존이시여! 저희들도 세존의 분신 제불을 친견하고 예배하며 공양하고자 합니다.'

* 석가불의 분신(分身)인 제불(諸佛)은 천백억화신(千百億化身)이며, 다보여래의 전신(全身)은 법신(法身)이다. 다보여래의 법신불을 친견하는 일은 화신불인 석가불과 분신의 제불과 불이일체가 되도록 하는 일이다. 원래 법신(法身), 보신(報身), 화신(化身)은 일체(一體)이다. 불국사의 다보탑과 석가탑 은 『법화경』에 의거한 불국도량이다.

석가불이 광명을 놓아 분신 제불을 모집하다

爾時 佛放白毫一光 卽見東方 五百萬億那由他 恒河沙等 國土諸佛. 彼諸國土 皆以玻瓈爲地 寶樹寶衣 以爲莊嚴. 無數千萬億菩薩 充滿其中, 徧張寶幔 寶網羅上.

彼國諸佛 以大妙音 而說諸法 及見無量千萬億菩薩 徧滿諸國 爲衆說法. 南西北方四維上下, 白毫相光 所照之處 亦復如是.

爾時十方諸佛 各告衆菩薩言, 善男子 我今應往娑婆世界 釋迦牟尼佛所, 幷供養多寶如來寶塔.

그때 석가모니 부처님이 미간(眉間)의 백호상(白毫相)에서 하나의 광명을 놓으니 동방으로 오백만 억 나유타 항하사의 모래수와 같이 수많은 국토의 제불을 친견할 수 있게 되었다. 그 모든 국토의 땅은 모두 파리보배로 되었고, 보배나무와 보배 옷으로 장엄되었다. 무수한 천만 억 보살들이 그 국토 가운데 가득하였으며, 보배휘장을 둘러치고 보배그물을 그 위에 덮었다.

그 국토의 제불은 위대한 묘음(妙音)으로 법문을 설했다. 또 한량없는 천만 억 보살들이 그 여러 국토에 두루 가득하여 중생들에게 설법하는 것을 볼 수 있었다. 남방, 서방, 북방과 네 간방(四維)과 상방, 하방에도 백호상의 광명이 비치는 곳은 모두 그와 같았다.

그때 시방의 제불이 각각 여러 보살대중에게 말했다.

'선남자여! 내가 이제 사바세계 석가모니부처님이 계신 곳으로 갈 것이며, 아울러 다보여래의 보탑에 공양할 것이다.'

* 국토를 세 번 변화시키는 법문이 이어지는데, 이하 세 번은 심청정(心淸淨), 국토를 청정하게 변화시키는 삼변토정(三變土淨)의 법문을 말한다. 석가세존의 분신(分身) 제불을 모집하고, 처음 사바세계와 제이(第二), 제삼회(第三回) 각기 팔방(八方)의 이백만억나유타(二百萬億那由他) 국토를 청정하게 한 것이다.

時娑婆世界 卽變淸淨 瑠璃爲地 寶樹莊嚴 黃金爲繩 以界八道 無諸聚落 村營城邑 大海江河 山川林藪 燒大寶香 曼陀羅華 徧布其地 以寶網幔 羅覆其上 懸諸寶鈴 唯留此會衆 移諸天人 置於他土.

是時諸佛 各將一大菩薩 以爲侍者 至娑婆世界 各到寶樹下 一一寶樹 高五百由旬 枝葉華果 次第莊嚴 諸寶樹下 皆有師子之

座 高五由旬 亦以大寶 而校飾之.
爾時諸佛 各於此座 結跏趺坐 如是展轉 徧滿三千大千世界 而於釋迦牟尼佛 一方所分之身 猶故未盡.

그때 사바세계(娑婆世界)가 변하여 청정하게 되었다. 땅은 유리로 되었고 보배나무로 장엄하였으며, 황금의 노끈으로 여덟 갈래 길에 경계를 표시했다. 여러 마을과 부락과 성읍, 바다, 강과 산, 내와 숲에는 덤불이 없다.

큰 보배향을 사르며 만다라 꽃을 그 땅 위에 두루 깔고, 보배그물과 보배휘장을 그 위에 덮어 여러 보배의 풍령을 달았다. 이 회상(會上)의 대중만은 그냥 남겨두고 여러 천신(天神)과 인간들을 옮겨서 다른 국토로 보냈다.

그때 분신의 제불이 각각 한 사람의 대보살을 시자(侍者)로 삼고 사바세계에 이르러 각자 보배나무 밑에 도착했다. 그 하나하나의 보배나무는 높이가 오백 유순이요, 가지와 잎, 꽃과 열매가 차례차례로 장엄되었다.

모든 보배 나무 밑에는 각기 사자좌가 있으니 높이가 오 유순이며, 또한 많은 보배로 그 사자좌를 아름답게 장식했다.

그때 제불이 각각 이 사자좌에 가부좌(跏趺坐)하고 앉았다. 이와 같이 석가불의 분신 제불이 점차로 사자좌에 앉으니 삼천대천세계에 두루 가득 찼으나, 한쪽 지역에 있는 석가모니 분신 제불은 아직도 자리에 앉지 못했다.

時釋迦牟尼佛 欲容受所 分身諸佛故 八方各更變 二百萬億那由他國 皆令淸淨 無有地獄 餓鬼 畜生 及阿脩羅. 又移諸天人 置於他土. 所化之國, 亦以琉璃爲地 寶樹莊嚴. 樹高五百由旬 枝葉華果 次第嚴飾. 樹下皆有寶師子座 高五由旬. 種種諸寶 以爲莊校.
亦無大海江河, 及目眞隣陀山, 摩訶目眞隣陀山, 鐵圍山, 大鐵圍山, 須彌山等諸山王 通爲一佛國土, 寶地平正 寶交露幔 徧覆其上 懸諸幡蓋 燒大寶香 諸天寶華 徧布其地.

그때 석가모니불이 여러 분신의 제불을 수용하여 앉게 하려고 팔방(八方)으로 각각 또다시 이백만 억 나유타 세계를 변화시켜 모두 청정케 하였다. 지옥과 아귀, 축생과 아수라는 없고, 천신과 인간들을 옮겨 다른 국토로 보냈다.

그 청정하게 변화한 국토의 땅은 유리로 되었고 보배나무로 장엄하였으며, 그 나무는 높이가 오백 유순이고 가지와 잎, 꽃과 열매가 차례로 장엄되었다. 여러 보배나무 밑에는 모두 보배로 된 사자좌가 놓여 있는데, 그 높이는 오 유순이고 여러 종류의 다양한 보배로 장엄되어 있었다.

또한 큰 바다와 강물과 목진린타산, 마하목진린타산, 철위산, 대철위산, 수미산 등 모든 산왕이 없으며, 전체를 통합하여 하나의 불국토(佛國土)가 되었다. 보배로 된 땅은 평평하고 반듯하며 보배의 실로 엮어서 만든 휘장을 그 위에 덮었다. 그리고 여러 가지 번기와 일산을 달고 큰 보배향을 사르고, 제천(諸天)의 보배꽃들을 땅에 두루 펼쳐놓았다.

釋迦牟尼佛 爲諸佛當來坐故 復於八方 各更變二百萬億那由他國. 皆令清淨 無有地獄 餓鬼畜生 及阿脩羅. 又移諸天人 置於他土. 所化之國 亦以瑠璃爲地 寶樹莊嚴 樹高五百由旬, 枝葉華果 次第莊嚴. 樹下皆有寶師子座 高五由旬 亦以大寶 以校飾之. 亦無大海江河 及目眞隣陀山 摩訶目眞隣陀山 鐵圍山 大鐵圍山 須彌山等諸山王. 通爲一佛國土 寶地平正 寶交露幔 徧覆其上 懸諸幡蓋 燒大寶香 諸天寶華 徧布其地.

爾時東方 釋迦牟尼所分之身, 百千萬億那由他 恒河沙等國土中諸佛 各各說法 來集於此. 如是次第 十方諸佛 皆悉來集 坐於八方. 爾時 一一方 四百萬億那由他國土 諸佛如來 徧滿其中.

석가모니불은 여러 분신 제불이 와서 앉도록 또다시 팔방으로 각각 이백만 억 나유타 세계를 변화하여 모두 청정하게 했다.

지옥, 아귀, 축생, 아수라는 없고, 천신과 인간들을 옮겨서 다른 국토로 보냈다. 그 청정하게 변화한 국토의 땅은 유리로 되었고 보배나무로 장엄하였다. 보배나무는 높이가 오백 유순이요, 가지와 잎, 꽃과 열매가 차례로 장엄되었다. 그 보배나무 밑에는 모두 보배로 된 사자좌가 놓여 있는데 그 높이는 오 유순이고, 많은 보물로 장엄되었다.

또한 큰 바다와 강물과 목진린타산, 마하목진린타산, 철위산, 대철위산, 수미산 등 모든 산왕이 없으며, 전체를 통합하여 하나의 불국토(佛國土)가 되었다.

보배로 된 땅이 평평하고 반듯하여 보배로 엮어 만든 휘장을 그 위에 덮고 여러 가지 번기와 일산을 달았다. 큰 보배의 향을 사르고, 제천의 보배꽃들을 땅에 두루 펼쳐 놓았다.

그때 동방 석가모니불의 분신인 백 천만 억 나유타 항하사 모래알 같이 많은 제불이 각각 설법하고 이곳에 모였다. 이와 같이 차례차례로 시방의 분신 제불이 모두 모여 팔방(八方)에 앉았다.

그때 하나하나 방위(方位)의 사백만 억 나유타 국토에 제불여래가 그 국토 가운데 가득 차게 되었다.

보탑을 열다

是時諸佛 各在寶樹下 坐師子座 皆遣侍者. 問訊釋迦牟尼佛 各齎寶華 滿掬而告之言, 善男子. 汝往詣耆闍崛山 釋迦牟尼佛所 如我辭曰 少病少惱 氣力安樂 及菩薩聲聞衆 悉安隱不. 以此寶

華 散佛供養 而作是言，彼某甲佛 與欲開此寶塔 諸佛遣使 亦復如是．爾時 釋迦牟尼佛 見所分身佛 悉已來集，各各坐於師子之座．皆聞諸佛 與欲同開寶塔 卽從座起 住虛空中 一切四衆起立合掌 一心觀佛．

그때 분신 제불이 각각 보배나무 아래 사자좌에 앉아서 각각 시자를 보내 석가모니불께 문안(問安) 올리게 하고, 각자가 보배꽃을 한 아름씩 가지고 가게 하며 말했다.

'선남자여! 그대가 기사굴산(耆闍崛山) 석가모니불의 처소에 가서 내 말대로 문안하도록 하라. 무병무사하고 기력은 안락하며, 보살과 성문 대중들도 다 편안하십니까 라고 말하고, 이 보배꽃을 부처님께 흩어 공양하고 이렇게 말하라. 저(某甲) 부처님께서 함께 이 보탑을 열고자 합니다라고 말하라.'

석가모니 분신 제불이 시자들을 보내어 이와 같이 지시했다.

그때 석가모니불은 분신 제불이 모두 다 모여서 각각 사자좌에 앉아 있는 것을 보고, 분신 제불이 다 함께 보탑 열어주실 것을 간청하는 말을 듣고 자리에서 일어나 허공 가운데 거주하니, 일체의 사부대중이 일어서서 합장하고 일심으로 부처님을 우러러보았다.

於是 釋迦牟尼佛 以右指開七寶塔戶，出大音聲．如却關鑰 開大城門．卽時一切衆會 皆見多寶如來．於寶塔中 坐師子座 全身不散 如入禪定．又聞其言 善哉 善哉，釋迦牟尼佛 快說是法華經．我爲聽是經故 而來至此．
爾時四衆等 見過去無量千萬億劫滅度佛 說如是言，歎未曾有以天寶華聚 散多寶佛 及釋迦牟尼佛上．

그때 석가모니불이 오른쪽 손가락으로 칠보탑(七寶塔)의 문을 열자, 큰 소리 나는 것이 마치 잠겨 있는 대문의 빗장을 제거하고 큰 성문을 여는 것과 같았다.

그때 회상(會上)에 있는 대중들이 다보여래(多寶如來)를 친견하니 보탑 안의 사자좌에 앉았는데, 전신(全身)이 흩어지지 아니하고 마치 선정(禪定)에 든 것과 같았다.

또 다보여래가 '훌륭하고 훌륭하십니다. 석가모니불이 이 묘법연화경을 훌륭하게 설법하기에 내가 이 경전의 법문을 청법하고자 여기에 왔습니다'라고 말하는 소리를 들었다.

그때 사부대중은 과거의 한량없는 천만 억 겁 이전에 열반하신 부처님이 이렇게 말하는 것을 듣고, 처음 보는 일이라 찬탄하고 천상의 보배꽃을 모아서 다보불과 석가모니불께 공양했다.

석가모니가 다보불탑에 들어가다

爾時 多寶佛 於寶塔中 分半座 與釋迦牟尼佛. 而作是言, 釋迦牟尼佛 可就此座. 卽時釋迦牟尼佛 入其塔中 坐其半座 結跏趺坐. 爾時大衆 見二如來 在七寶塔中師子座上 結跏趺坐. 各作是念. 佛座高遠 唯願如來 以神通力. 令我等輩 俱處虛空. 卽時釋迦牟尼佛 以神通力 接諸大衆 皆在虛空.

以大音聲 普告四衆 誰能於此娑婆國土 廣說妙法華經 今正是時. 如來不久 當入涅槃. 佛欲以此妙法華經 付囑有在.

그때 다보불이 보탑 안에서 앉은자리의 반을 나누어 석가모니불께 제시하며 이렇게 말했다.

'석가모니불이여! 이 자리에 앉으시오.'

곧 석가모니불이 탑 속으로 들어가 그 다보불이 나누어준 반자리에 결가부좌하고 앉았다.

그때 대중들은 두 여래께서 칠보탑 속 사자좌에 결가부좌한 모습을 보고 이렇게 사유했다.

'부처님의 사자좌가 너무 높고 멉니다. 바라건대 여래께서는 신통한 힘으로 우리들도 함께 허공에 있도록 해 주십시오.'

그때 즉시에 석가모니불이 신통력으로 모든 대중들을 인도하여 허공에 거주하게 하고, 큰 음성으로 사부대중(四部大衆)에게 말했다.

'누가 능히 이 사바세계에서 『묘법연화경(妙法蓮華經)』의 법문을 널리 설할 수 있겠는가? 지금이 바로 이 경전의 법문을 설할 시기이다. 여래는 오래지 않아 열반에 들것이니, 부처님은 이 『묘법연화경』의 법문을 부촉(咐囑)하고자 하는 것이다.'

* 분반좌(分半座) : 법신불인 다보여래와 화신불인 석가여래가 자리를 반으로 나누어 함께 앉은 것은 불병좌(佛竝坐)로서 불이일체가 된 것을 말한다. 과거무량겁 이전에 입적한 다보여래의 칠보탑은 여래전신(如來全身)이며 법신(法身)이며, 현재의 석가불은 화신불이다. 그래서 분신(分身; 化身)의 제불을 모두 모집하도록 설하고 있다.
  『법화경』에 구원실성불(久遠實成佛)은 진여법신이며, 석가불은 화신이다. 법신과 화신은 제법의 진실한 진여법에서 불이일체라는 사실을 다보여래와 석가여래의 인연으로 설한다. 삼세여래일체동(三世如來一體同)의 입장이다. 『잡아함경』 제41권 등에 석가불과 가섭존자와의 전법인연으로 다자탑전(多子塔前) 반분좌(半分座)의 이야기를 전한다. 다자탑은 천자탑(千子塔)으로 인도 비사리(毘舍離; vesari)의 서북쪽에 세워진 탑이다.
* 이 일단은 『법화경』의 법문이 석가모니불이 입멸하기 전에 남긴 최후설법이라는 뜻이다.

게송으로 거듭 설하다

爾時世尊 欲重宣此義 而說偈言

聖主世尊 雖久滅度 在寶塔中 尚爲法來
諸人云何 不勤爲法 此佛滅度 無央數劫
處處聽法 以難遇故 彼佛本願 我滅度後
在在所往 常爲聽法
又我分身 無量諸佛 如恒沙等 來欲聽法
及見滅度 多寶如來 各捨妙土 及弟子衆
天人龍神 諸供養事 令法久住 故來至此
爲坐諸佛 以神通力 移無量衆 令國淸淨
諸佛各各 詣寶樹下 如淸淨池 蓮華莊嚴
其寶樹下 諸師子座 佛坐其上 光明嚴飾
如夜暗中 然大炬火 身出妙香 徧十方國
衆生蒙薰 喜不自勝 譬如大風 吹小樹枝
以是方便 令法久住

그때 세존께서 이 뜻을 거듭 펴시려고 게송을 말했다.

"성주세존(聖主世尊; 다보불)이 비록 오래전에 열반에 들었으나 보탑중에 상주하며, 『법화경』 법문을 청법하러 오셨는데 모든 사람들은 어찌 구법수행에 힘쓰지 않는가?

다보여래가 열반한 지 한량없는 시간(겁)이 지났지만, 가는 곳마다 법화경 청법의 인연을 만나기 어렵기 때문이다.

다보불의 본원(本願)은 여래(我)가 멸도한 후, 중생들이 언제 어디서나 항상 법화경의 법문을 청법하는 일이다.

또 석가불의 분신(分身)으로 갠지스강의 모래알같이 한량없는 제불이 와서 청법하고, 오래전에 열반하신 다보여래를 친견하고자 각기 미묘한 국토와 제자 대중들과 천신, 인간, 용왕, 귀신들의 모든 공양을 떨쳐 버리고 불법이 오래 상주하도록 여기에 왔다.

제불이 본분사에서 신통한 지혜의 힘으로, 무량한 중생들을 옮겨놓고 국토를 청정하게 하였다.

제불이 모두 각각 보배나무 아래 참례하니, 청정한 연못 속에 연꽃으로 장엄한 것 같았다.

그 보배나무 아래 모든 사자좌에 다보불이 그 위에 앉아 지혜광명으로 장엄하니, 마치 캄캄한 그믐밤에 큰 횃불을 밝힌 것과 같다.

몸에서 나는 미묘한 향기는 시방 세계에 두루하고, 중생들은 그 향기를 맡고 환희심을 감당할 수가 없었다.

마치 큰바람이 세게 불어 작은 가지들을 눕히듯이, 이와 같은 방편 법문으로 정법(正法)이 오래 상주하게 되었다.

석가세존이 부촉하다

告諸大衆　我滅度後　誰能護持　讀說斯經
今於佛前　自說誓言　其多寶佛　雖久滅度
以大誓願　而師子吼　多寶如來　及與我身
所集化佛　當知此意　諸佛子等　誰能護法
當發大願　令得久住　其有能護　此經法者
則爲供養　我及多寶　此多寶佛　處於寶塔
常遊十方　爲是經故　亦復供養　諸來化佛

莊嚴光飾　諸世界者　若說此經　則爲見我
多寶如來　及諸化佛

대중들에게 알린다. 여래의 지혜가 없는 중생심의 시대에 누가 이 경전의 법문을 호지(護持)하고 독송하겠는가?
지금 여기 불전(佛前)에서 스스로 경전의 법문을 호지하는 맹세를 하고원력을 세워라.
다보불이 열반한 지 비록 오래되었지만, 큰 원력을 세우고 사자후의 법문을 설하니, 다보여래와 석가여래의 화신(化身)과 소집한 분신(分身)은 반드시 이 뜻을 잘 알리라.
여러 불자들이여! 누가 능히 이 정법을 호지하겠는가?
반드시 큰 원력을 발원하여 오래도록 정법이 상주하도록 하라.
누구라도 능히 이 경전의 법문을 호지하는 사람은, 나(석가여래)와 다보여래에게 법공양하는 것과 같다.
다보여래불이 보탑 속에 상주하며, 항상 시방 세계에 유행함은 이 경전을 유통하기 위함이고, 또한 여기 모인 분신의 화신불에 공양하는 것이며, 시방의 모든 세계를 지혜광명으로 장엄하는 것이다.
만약 이 경전의 법문을 설한다면, 곧 석가여래와 다보여래, 모든 분신(分身)의 화신불을 친견하는 것이다.

* 여기서 이 뜻이란, 이 법회에 동참한 모든 대중들이 『법화경』의 법문을 청법하고, 수지하여 오랫동안 제불여래의 지혜로 본분사를 잘 실행할 수 있게 될 것(令法久住)을 당부하는 말이다. 『금강경』에서 설하는 "應如是住"와 같은 뜻이다.

諸善男子　各諦思惟　此爲難事　宜發大願
諸餘經典　數如恒沙　雖說此等　未足爲難
若接須彌　擲置他方　無數佛土　亦未爲難
若以足指　動大千界　遠擲他國　亦未爲難
若立有頂　爲衆演說　無量餘經　亦未爲難
若佛滅後　於惡世中　能說此經　是則爲難

여러 선남자들이여! 각자 여법하게 사유하라.
이 일은 가장 어려운 일이니 큰 서원을 발원해야 한다.
여러 다른 경전의 법문이 갠지스강의 모래알과 같이 많지만, 이와 같이 많은 경전의 법문 설하는 일은 어려운 일이 아니다.
만약 수미산을 들어 타방의 무수한 불국토에 던진다 하더라도 어려운 일이라고 할 수 없다.
만약 발가락을 사용하여 대천세계를 들어 다른 세계에 멀리 던지는 일도 어려운 일이라고 할 수 없다.
만약 유정천(有頂天) 위에 서서 한량없이 많은 경전을 대중들에게 연설하는 것도 어려운 일이 아니다.
부처의 지혜가 없는 중생 세계(惡世)에서 이 『법화경』의 법문 설하는 일(說經)이 가장 어려운 일이다.

* 유정천(有頂天) : 무색계(無色界)의 최고 상천이므로 중생세계(有)의 꼭대기(頂) 천상이라고 하는데, 비상비비상천(非想非非想天)이라고도 한다.

* 『법화경』에 "佛法은 난신지법(難信之法)"이라고 설하며, 여섯 가지로 어려운 일을 사례로 제시하여 부처의 지혜가 없는 중생 세계에서 법화경의 법문을 홍포할 것을 권한다.

첫째 如是 說經의 어려움을 설하고, 둘째 서지(書持; 書寫受持), 셋째 잠독(暫讀), 넷째 지설(持說), 다섯째 청수(聽受), 여섯째 봉지(奉持)의 어려움을 설한다.

* 惡世中 : 정법이 없는 末世의 중생세계로 번뇌 망념으로 혼탁한 시대(劫濁), 정법의 안목이 없는 중생(見濁), 번뇌 망념으로 혼탁한 중생(煩惱濁), 중생심으로 혼탁한 세계(衆生濁), 지혜의 생명이 없는 중생(命濁)을 말한다.

假使有人　手把虛空　而以遊行　亦未爲難
於我滅後　若自書持　若使人書　是則爲難
若以大地　置足甲上　昇於梵天　亦未爲難
佛滅度後　於惡世中　暫讀此經　是則爲難
假使劫燒　擔負乾草　入中不燒　亦未爲難
我滅度後　若持此經　爲一人說　是則爲難
若持八萬　四千法藏　十二部經　爲人演說
令諸聽者　得六神通　雖能如是　亦未爲難
於我滅後　聽受此經　問其義趣　是則爲難
若人說法　令千萬億　無量無數　恒沙衆生
得阿羅漢　具六神通　雖有是益　亦未爲難
於我滅後　若能奉持　如斯經典　是則爲難
我爲佛道　於無量土　從始至今　廣說諸經
而於其中　此經第一　若有能持　則持佛身

가령 어떤 사람이 맨손으로 허공을 휘어잡고 자유롭게 다니는 일은 어려운 일이 아니다.

여래의 지혜가 소멸한 후에 중생이 『법화경』을 손수 사경하거나, 남을 시켜 사경(寫經)하는 일은 가장 어려운 일이다.

만약 누가 대지를 발톱 위에 올려놓고 범천(梵天)까지 올라가는 것은 어려운 일이 아니지만, 부처의 지혜가 없는 중생의 오탁(五濁) 악세(惡世)에서 이 경전의 법문을 잠시 독송(暫讀)하는 일은 가장 어려운 일이다.

가령 겁화(劫火)가 활활 탈 때 마른풀을 등에 지고 불 속에 들어가 타지 않도록 하는 것은 어려운 일이 아니지만,

여래의 지혜가 없는 중생이 이 『법화경』의 법문을 수지하고 한 사람에게 설법하는 일(持說)은 가장 어려운 일이다.

어떤 사람이 팔만 사천의 많은 법장(法藏)과 십이부경(十二部經)을 모두 수지하여 사람들에게 연설하며, 이 경전의 법문을 청법하는 사람들에게 여섯 가지 신통을 체득하도록 하는 일도 어려운 일이 아니지만, 여래의 지혜가 없는 중생이 청법(聽法)하고 수지(聽受)하여 그 법문의 뜻을 질문하는 것은 가장 어려운 일이다.

만약 어떤 사람이 설법하여 백 천만 억 무량 무수 갠지스강의 모래알 같이 많은 중생들이 아라한의 경지를 깨닫고, 여섯 가지 신통을 구족하게 하며 이와 같은 해탈의 이익을 갖게 하는 일은 어려운 일이 아니다.

여래의 지혜가 없는 중생이 이 경전의 법문을 능히 받들어 수지하는 일이 가장 어려운 일이다.

여래가 불도(佛道)를 깨닫도록 한량없는 국토에서 무시이래로 지금까지 여러 경전을 널리 설법했다.

그 많은 경전 가운데 이 『법화경』의 법문이 제일 근본이니, 만약 어떤 사람이 스스로 경전의 법문을 수지한다면, 불신(佛身)을 구족하게 된다.

* 겁화(劫火) : 성주괴공(成住壞空)의 사겁(四劫)으로 세계가 멸망하고 파괴될 때 큰 화재가 일어나 세계를 불태우고 소멸시킨다. 겁화(劫火)의 큰

불길(劫火洞然)에 대천(大千)이 모두 파괴(俱壞)된다고 설한다.

* 十二部經 : 불교 경전의 설법형식과 내용을 12종류로 구분한 것이다. 수다라(契經)는 여법하게 불법을 깨닫도록 설한 방편 법문이고, 운문 게송 설법(重頌), 풍송(諷頌) 설법, 인연 설법, 불제자와의 과거 인연 설법(本事), 부처의 과거 본생담(本生), 未曾有 설법, 비유설법, 응송(應頌; 산문설법을 다시 게송으로 읊은 설법), 논의(論議; 교설문답), 자설(自說; 스스로 설하는 법문), 方廣廣大 수기(授記) 설법.
* 능지(能持) : 受持, 總持, 法持, 住持, 護持, 行持와 같은 말로『법화경』의 법문을 스스로 수지하게 되면 곧 여래가 되고(則爲如來), 불신(佛身)을 구족하게 된다. 부처의 지혜로 본분사를 실행할 수 있다(如是住).

諸善男子　於我滅後　誰能受持　讀誦此經
今於佛前　自說誓言　此經難持　若暫持者
我則歡喜　諸佛亦然　如是之人　諸佛所歎
是則勇猛　是則精進　是名持戒　行頭陀者
則爲疾得　無上佛道　能於來世　讀持此經
是眞佛子　住淳善地　佛滅度後　能解其義
是諸天人　世間之眼　於恐畏世　能須臾說
一切天人　皆應供養

여러 선남자들이여! 여래의 지혜가 없는 사람, 그 누가 스스로 이 경전을 수지(受持)하고 독송(讀誦)할 수 있겠는가?
지금 불전(佛前)에서 경전을 수지, 독송할 것을 서원(願)해야 한다.
이 경전의 법문은 수지하기 어려우니 만약 잠시라도 수지, 독송한다면, 여래가 곧 환희하고 기뻐하며 제불도 또한 그러하다.

이와 같이 스스로 경전을 수지하는 사람은, 제불이 찬탄(讚嘆)한다. 이것이 곧 보살의 용맹(勇猛)이고 정진(精進)이다.

이것이 계법(戒法)을 수지하는 것이요, 두타행(頭陀行)을 하는 것이니 무상(無上)의 불도를 하루 빨리 깨달아 체득하는 것이다.

어떤 사람이 스스로 미래의 세상에 이 경전을 독송하고 수지한다면, 이 사람은 진정한 불자(佛子)이며 순수한 선지(善地)에 안주한다.

중생이 스스로 발심하여 이 경전의 법문과 뜻(法義)을 해설하면, 이와 같은 사람들은 천상과 인간세상에서 지혜의 눈이 된다.

두려움과 근심 많은 이 사바세계에서 잠깐 동안 경전을 설법해도 일체 천신과 인간들이 모두 와서 공양한다.

* 『법화경』의 법문을 청법, 수지, 독송, 사경하고 타인에게 설법하는 인연으로, 『법화경』의 법문이 오래 상주(令法久住)하게 되는 원력행을 설하고 있다.
* 佛滅後, 如來滅後, 我滅後는 모두 부처와 여래의 지혜가 없는 중생심을 말한다. 중생이 경전의 법문을 청법하고, 수지독송하며 간경 발심하는 것이다. 정법(正法)은 부처나 여래의 지혜를 구족한 입장이며, 如來滅後나 말후(末後), 말세(末世), 말법(末法), 악세(惡世) 등은 여래의 지혜가 없는 무지(無知), 무명(無明)의 중생심을 말한다.

『유마경』에 "불속에서 연꽃을 피우는 일은 희유한 일이다. 중생심의 욕망 가운데서 불도를 수행하는 일 역시 희유한 일이다(火中生蓮華 是可謂希有, 在欲而行禪 希有亦如是)"라고 설한다.

제12 제바달다품(提婆達多品)

* 제바달다(Devadatta)는 천수(天授)라고 번역하며, 부처님의 종형(從兄)으로 석존의 청년 시절부터 경쟁자였다. 후에 출가하여 불제자가 되었지만, 부처님을 대신하여 승단을 지도하려고 500여 명의 제자를 데리고 가야산(gaya)에 거주하며 엄격한 오계(五戒)를 제정하였다.

아사세 태자를 유혹하여 부친인 빈비사라왕을 죽이도록 하였고, 큰 돌을 굴려 부처님의 발에 상처가 나도록 하고, 연화색 비구니를 죽이고 스스로 열 손가락의 손톱에 독약을 발라 부처님을 죽이려고 했지만, 실패하고 산 채로 지옥에 떨어졌다고 한다.

제바달다품은 이상과 같이 악행을 한 제바달다와 다섯 가지 장애(五障)가 있는 용녀(龍女)가 『법화경』을 수지한 공덕으로 성불한 사실을 설한다(五障은 梵天, 魔王, 帝釋, 轉輪聖王, 佛身을 이루지 못하는 여인의 장애를 말한다).

『正法華經』에는 제바달다품을 梵志品이라고 하고, 『첨품법화경』에는 梵本처럼 견보탑품 뒤에 수록하고 있다. 구마라집이 번역한 『법화경』에는 제바달다품이 없는데, 후대에 전래되었기 때문에 수록한 것이라고 한다. 권지품에 부처님의 生母인 마하파사파제 비구니와 야수다라에게 성불할 수 있는 수기를 하고 있는데, 여인성불 문제와 접속하고 있다.

제바달다와 석가세존의 과거 인연

爾時 佛告諸菩薩 及天人四衆. 吾於過去無量劫中 求法華經 無有懈倦 於多劫中 常作國王 發願求於無上菩提 心不退轉. 爲欲滿足六波羅蜜 勤行布施 心無悋惜 象馬七珍 國城妻子 奴婢僕從 頭目髓腦 身肉手足 不惜軀命.
時世人民 壽命無量 爲於法故 捐捨國位 委政太子, 擊鼓宣令 四方求法 誰能爲我 說大乘者 吾當終身 供給走使.
時有仙人 來白王言 我有大乘 名妙法華經. 若不違我 當爲宣說. 王聞仙言 歡喜踊躍 卽隨仙人 供給所須. 採菓汲水 拾薪設食. 乃至以身 而爲床座 身心無倦 于時奉事. 經於千歲 爲於法故 精勤給侍 令無所乏.

그때 부처님이 모든 보살과 천신과 인간 사부대중에게 말했다.

"여래가 지난 옛적 한량없는 시간(겁) 동안에 『법화경』의 법문 구하기를 게을리 하지 않았으며, 여러 겁 동안 항상 국왕(國王)이 되어 무상의 깨달음(보리)을 구하려고 발원하는 구도심이 퇴보하지 않았다.

여섯 가지 바라밀의 수행을 원만하게 하고자 부지런히 보시행을 실천하였으며, 마음으로 코끼리, 말, 칠보, 나라, 도성, 처자, 노비, 심부름꾼, 머리, 눈, 골수, 몸, 살, 손과 발을 아끼지 아니 하였고, 자신의 몸과 생명까지도 의식하지 않았다.

그때 세상 사람들의 수명이 한량없었지만, 정법을 수행하고자 국왕의 자리를 태자에게 위임하고 북을 쳐서 명령을 내리고 사방으로 정법 구하며 '누구든지 나에게 대승법을 설해 주는 사람이 있으면 내가 반드시 종신토록 받들어 모시고 시중할 것이다'라고 말했다.

그때 한 선인이 와서 왕에게 말하기를, '나는 대승의 경전을 수지하고 있으니, 그 경의 이름은 『묘법연화경』이요, 만일 나의 뜻에 따른다면 올바르게 잘 설해 주리라'라고 했다.

왕은 그 선인의 말을 듣고 기뻐 뛰면서 곧 선인을 따라가서 모든 일을 시봉하였다. 과일을 따고 물을 긷고, 땔나무를 하고 음식을 장만하였다. 자신의 몸을 선인이 앉을 수 있는 평상으로 하고, 몸과 마음을 게을리하지 않고 받들어 섬겼다. 정법을 깨닫고자 지성으로 일천 년 동안 선인을 받들어 섬기고 지성으로 시봉하였으며, 조금도 부족함이 없도록 했다.

* 몸과 목숨까지 의식하지 않았다(不惜軀命)는 말은, 경전에 불석신명(不惜身命), 소신공양(燒身供養), 혹은 온 몸과 골수까지 아끼지 않고 보시했다는 구법 이야기로 전한다. 육체나 목숨을 아끼지 않았다는 것은, 자아의식과 의식의 대상인 몸과 목숨까지 텅 비운 我空, 法空을 말한다. 몸을 태워서 공양하는 소신공양(燒身供養)도 마찬가지이며, 선에서는 살인도(殺人刀) 활인검(活人劍)이라고 한다.

* "나는 대승경전을 지니고 있으니 그 이름이 묘법연화경이다(我有大乘 名妙法華經)"라고 한 말은 "나는 한 권의 경을 지니고 있으니 종이와 먹으로 쓴 것이 아니요, 펼치면 한 글자도 없지만 항상 대 광명을 비춘다(我有一卷經 不因紙墨成 展開無一字 常放大光明)"라고 설한 말과 같다.

爾時世尊 欲重宣此義 而說偈言

我念過去劫 爲求大法故 雖作世國王 不貪五欲樂
椎鐘告四方 誰有大法者 若爲我解說 身當爲奴僕
時有阿私仙 來白於大王 我有微妙法 世間所希有
若能修行者 吾當爲汝說 時王聞仙言 心生大喜悅

卽便隨仙人　供給於所須　採薪及菓蓏　隨時恭敬與
情存妙法故　身心無懈倦　普爲諸衆生　勤求於大法
亦不爲己身　及以五欲樂　故爲大國王　勤求獲此法
遂致得成佛　今故爲汝說

그때 세존께서 이 뜻을 거듭 펴려고 게송으로 말했다.

"내가 과거의 시간(겁)에 대승법(大乘法)을 구하려고, 나라의 왕이 되었지만 다섯 가지 욕망을 탐하지 않았다.

종을 치고 천하에 두루 고하기를 '누가 대승법을 수지했는가? 만약 나에게 대승법을 설해 주면 이 몸은 반드시 그의 종이 되어 섬길 것이다.'

그때 아시타 선인이 대왕에게 와서 말하기를, '나는 미묘한 대승법을 수지하고 있는데 세간에서는 구할 수가 없다. 만약 이 대승법을 수행할 사람이 있다면, 나는 반드시 그에게 대승법을 설할 것이다'라고 했다.

그때 대왕은 선인의 말을 듣고 대단히 기쁜 마음을 일으켜 즉시에 선인을 따라가 필요한 물건을 공급하고 시봉하였다.

땔나무도 하고 나물도 캐면서 시절인연에 따라서 공경한 마음으로 받들었다.

심중에 묘법을 구하는 뜻이 있어 몸과 마음은 피로한지 몰랐다.

널리 여러 중생들을 위하여 부지런히 대승법 구하니, 자기 몸을 위해 다섯 가지 욕망도 취하지 않았다.

큰 나라의 왕으로서 부지런히 구법하여 정법을 구했으니, 드디어 성불(成佛)하게 된 사실을 지금 그대들에게 설한다."

* 아시타(Asita) 선인(仙人) : 무비(無比), 단정(端正) 등으로 번역한다.

제바달다의 공덕

佛告諸比丘. 爾時王者 則我身是. 時仙人者 今提婆達多是. 由提婆達多善知識故 令我具足六波羅蜜, 慈悲喜捨, 三十二相 八十種好 紫磨金色. 十力 四無所畏 四攝法, 十八不共神通道力, 成等正覺 廣度衆生. 皆因提婆達多善知識故.

부처님이 여러 비구들에게 말했다.

"그때의 왕은 바로 이 몸이요, 그때의 아시타 선인은 지금의 제바달다이다. 이 제바달다 선지식의 가르침은 나로 하여금 여섯 가지 바라밀다와 자비희사(慈悲喜捨)와 32상 80종류의 좋은 모습, 붉은 금빛의 색신과 열 가지 지혜의 힘과 네 가지 무애자재한 설법, 네 가지 보살도의 실천법, 열여덟 가지 중생과 함께하지 않는 부처의 신통한 법력과 신통과 도력을 구족하고, 최상의 평등한 정각(等正覺)을 이루어 중생들을 널리 제도하게 되었다.

이것이 모두 제바달다 선지식(善知識)을 만나게 된 인연이 있었기 때문이다.

* 32相 80種好 : 제불여래의 원만한 지혜에 구족된 훌륭한 상호와 덕상의 장엄이다.
* 十力 : 부처가 구족한 열 가지 지혜의 능력으로, 불법의 도리를 여법하게 아는 지혜의 힘, 인과업보를 여실하게 아는 지혜의 힘, 선정 해탈과 깨달음의 깊이와 얕음을 아는 지혜의 힘, 중생 근기의 상하(上下)를 아는 지혜의 힘, 중생심을 판단하는 지혜의 힘, 중생의 다양한 행위를 아는 지혜의 힘, 인간, 천상계에서 받는 과보를 아는 지혜의 힘, 전생의 모든 일을 아는 지혜의 힘, 생사 망념을 여실하게 파악하는 지혜의 힘, 번뇌 망념에 대하여 방편지혜를 제시하는 능력이다.

* 사무소외(四無所畏) : 제불 보살의 설법에 걸림 없는 네 가지 능력으로, 정정각의 경지, 번뇌 망념의 소멸, 설법에 장애가 없는 능력, 깨달음을 이루고 불도를 설하는 능력이다.
* 사섭법(四攝法) : 보시행, 애어(愛語), 이타행(利他行), 동사섭(同事攝)으로 중생과 함께하는 보살행이다.
* 십팔불공법(十八不共法) : 성문과 연각에게는 없고, 오직 부처의 지혜에만 구족된 18종류의 공덕행이다.

제바달다 수기장(授記章)

告諸四衆 提婆達多 却後過無量劫 當得成佛. 號曰 天王如來 應供 正徧知 明行足 善逝 世間解 無上士 調御丈夫 天人師 佛 世尊. 世界名天道. 時天王佛住世 二十中劫. 廣爲衆生 說於妙法. 恒河沙衆生 得阿羅漢果. 無量衆生 發緣覺心. 恒河沙衆生 發無上道心 得無生忍 至不退轉.
時天王佛 般涅槃後 正法住世 二十中劫. 全身舍利 起七寶塔. 高六十由旬 縱廣四十由旬. 諸天人民 悉以雜華 抹香 燒香 塗香, 衣服 瓔珞 幢幡 寶蓋 伎樂歌頌, 禮拜供養 七寶妙塔. 無量衆生 得阿羅漢果. 無量衆生 悟辟支佛. 不可思議衆生 發菩提心 至不退轉.

여러 사부대중들에게 알린다. 제바달다는 미래세 한량없는 시간이 지난 이후에 성불하게 될 것이다. 그 부처의 이름은 천왕(天王)여래, 응공, 정변지, 명행족, 선서, 세간해, 무상사, 조어장부, 천인사, 불, 세존이다. 그 부처가 거주하는 세계의 이름은 천도(天道)라고 한다.

천왕불(天王佛)이 세상에 거주하는 시간은 이십 중겁(中劫)이며, 널리 중생들에게 묘법(妙法)을 설한다. 항하사와 같이 많은 중생들이 아라한과(果)를 체득하고, 한량없는 중생들은 연각(緣覺)의 경지를 체득하는 발심을 하고, 항하사와 같이 많은 중생들은 최상의 불도를 깨닫고자 발심하여 무생법인(無生法忍)을 체득하고, 불퇴전의 지위에 도달한다.

천왕불이 열반에 든 이후에 정법(正法)은 이십 중겁 동안 세상에 상주하게 된다. 전신(全身) 사리로 칠보탑을 세우니 그 높이는 육십 유순이며, 가로와 세로는 사십 유순이다.

여러 천신들과 사람들이 여러 가지 꽃과 가루향, 사르는 향, 바르는 향과 의복과 영락, 깃발과 일산으로 장엄하며, 악기를 연주하고 노래를 부르면서 칠보탑에 예배하고 공양한다.

한량없는 중생들이 아라한과를 깨달아 체득하고, 한량없는 중생들이 벽지불(辟支佛)의 경지를 깨닫고, 불가사의한 중생들이 보리심(菩提心)을 일으켜 불퇴전의 경지를 이루리라."

* 전신사리(全身舍利)는 여래법신으로 法界一相이다. 견보탑품에 多寶如來全身을 寶塔이라고 설한 것처럼, 법계가 全身舍利인 여래법신을 봉안한 寶塔이다. 여래전신을 선에서는 身心一如의 경지로서 혼신(渾身), 通身이라고 한다.

제바달다품을 권하다

佛告 諸比丘 未來世中. 若有善男子 善女人. 聞妙法華經提婆達多品 淨心信敬 不生疑惑者. 不墮地獄餓鬼畜生 生十方佛前 所生之處 常聞此經. 若生人天中 受勝妙樂. 若在佛前 蓮華化生.

부처님이 모든 비구들에게 말했다.

"미래의 세상에 선남자나 선여인이 이 『묘법화경』의 제바달다품의 법문을 듣고, 청정한 마음으로 확신하고 공경하여 의혹을 일으키지 않는 사람은 지옥이나 아귀, 축생 등 삼악도에 타락하지 않고, 시방세계의 부처님 전에 화생(化生)하며 화생하는 곳마다 항상 이 경전의 법문을 청법한다.

만약 인간의 세계나 천상의 세계에 화생하면 가장 수승하고 미묘한 법락을 수지하게 되고, 만약 부처의 지혜를 실행(佛前)하면 연꽃에 화생(化生)한다."

* 만약 부처의 지혜를 실행하면 연꽃에 화생한다(若在佛前 蓮華化生)는 말은, 아미타불의 정토에 왕생하게 된다는 의미이다. 화생(化生)과 往生은 보살도의 서원과 수행으로 이루어진 원생신(願生身)이다. 처렴상정(處染常淨)의 경지로 사바세계에 있으면서 如來地, 佛地, 佛境界를 이룬다는 法華이다.

지적보살과 문수보살

於時 下方多寶世尊 所從菩薩 名曰智積. 白多寶佛 當還本土. 釋迦牟尼佛 告智積曰 善男子 且待須臾. 此有菩薩 名文殊師利. 可與相見 論說妙法 可還本土.

그때 하방(下方)세계에서 다보(多寶)여래 세존을 따라온 보살들이 있었는데, 그의 이름은 지적(智積)이다. 그는 다보불에게 "본토(本土)로 돌아가야 합니다"라고 말했다.

석가모니불이 지적보살에게 말했다.

"선남자여! 잠깐만 기다리도록 하라. 여기에도 한 보살이 있으니 그의 이름은 문수사리(文殊師利)인데, 그대는 문수사리와 만나서 미묘한 불법을 논의하고 本

土로 돌아가도록 하라!"

爾時 文殊師利 坐千葉蓮華 大如車輪 俱來菩薩. 亦坐寶蓮華 從於大海 娑竭羅龍宮 自然涌出 住虛空中. 詣靈鷲山 從蓮華下. 至於佛所 頭面敬禮 二世尊足. 修敬已畢 往智積所, 共相慰問 却坐一面. 智積菩薩 問文殊師利 仁往龍宮 所化衆生 其數幾何.
文殊師利言 其數無量 不可稱計. 非口所宣 非心所測. 且待須臾 自當證知. 所言未竟 無數菩薩 坐寶蓮華 從海涌出. 詣靈鷲山 住在虛空. 此諸菩薩 皆是文殊師利之所化度. 具菩薩行 皆共論說六波羅蜜. 本聲聞人 在虛空中 說聲聞行. 今皆修行大乘空義. 文殊師利 謂智積曰 於海教化 其事如是.
爾時智積菩薩 以偈讚曰

大智德勇健 化度無量衆　今此諸大會 及我皆已見
演暢實相義 開闡一乘法　廣導諸衆生 令速成菩提

그때 문수사리 보살이 수레바퀴와 같이 큰 천 개의 잎이 있는 연꽃 위에 앉았고, 함께 오는 보살들도 다 보배 연꽃에 앉아서 큰 바다 속 사가라 용궁(龍宮)으로부터 저절로 솟아올라 허공중에 머물러 영축산(靈鷲山)에 참례했다. 다시 연꽃에서 내려와 부처님 처소에 이르러 머리 숙여 석가세존과 다보세존의 발에 예경하고, 지적보살의 처소에 가서 서로 인사하고 한쪽에 앉았다.

지적보살이 문수사리보살에게 질문했다.

"보살님이 용궁에 가서 교화(敎化)한 중생은 얼마나 됩니까?"

문수보살이 말했다.

"그 수효가 한량없어 계산할 수가 없고, 입으로도 설명할 수 없고 마음으로 측량할 수가 없습니다. 잠깐만 기다리면 저절로 깨달아 알게 될 것입니다."

문수보살의 말이 다 끝나기도 전에 무수(無數)한 보살들이 보배 연꽃에 앉아 바다로부터 솟아 올라와 영축산에 나아가 부처님께 참예하고 허공중에 머물렀다. 이 보살들은 모두 문수사리가 교화한 사람들로서 보살행(菩薩行)을 구족하고, 모두 함께 육바라밀의 법문을 설했다. 본래 성문수행인으로 허공중에서 성문의 수행(聲聞行)을 설했고, 지금은 모두 대승(大乘)불법이 공(空)한 뜻을 수행합니다.

문수사리가 지적보살에게 말했다. "바다에서 보살들을 교화한 일이 바로 이와 같습니다."

그때 지적보살이 게송으로 찬탄하였다.

"큰 지혜와 위덕의 용맹으로 한량없는 중생들을 교화하고, 지금 여기 이루어진 모든 대법회를 나는 이미 다 보았다.

제법실상(實相)의 뜻을 연창하고 일승의 법문(一乘法)을 개시하니, 널리 여러 중생들을 인도하여 속히 깨달음을 이루도록 하였습니다."

팔세 용녀(八世龍女)의 성불(成佛)

文殊師利言 我於海中 唯常宣說妙法華經. 智積 問文殊師利言, 此經甚深微妙 諸經中寶 世所希有 頗有衆生 勤加精進 修行此經 速得佛不.

文殊師利言, 有娑竭羅龍王女 年始八歲, 智慧利根 善知衆生諸根行業. 得陀羅尼 諸佛所說甚深秘藏 悉能受持. 深入禪定了達諸法. 於刹那頃 發菩提心 得不退轉. 辯才無礙 慈念衆生猶如赤子 功德具足. 心念口演 微妙廣大 慈悲仁讓 志意和雅能至菩提.

문수사리가 "나는 바다 가운데서 오직 항상 『묘법연화경』만 설했습니다"라고 말했다.

지적보살이 문수사리에게 질문했다.

"이 경전의 법문은 매우 깊고 미묘하여 여러 경전(經典) 중에 보배이며, 세상에 희유한 가르침이라고 합니다. 중생들이 부지런히 정진하여 이 경전의 법문을 수행하면 신속하게 부처의 지혜를 체득할 수 있습니까?"

문수사리가 말했다.

"사가라 용왕의 딸의 나이는 여덟 살인데, 지혜가 있고 총명하며 중생들의 여러 근성(根性)과 수행의 도업(道業)을 잘 알고 있습니다. 불법의 총지(대의)를 체득하여 제불이 설한 깊고도 심오하며, 비밀스러운 법장(法藏)을 모두 다 수지하였습니다. 진여일심의 선정(禪定)에서 제법의 실상을 분명히 알고, 찰나의 순간에 발심(보리심)하여 불퇴전의 경지를 체득했습니다. 그는 변재(辯才)에 걸림이 없고, 중생들을 자비심으로 보살피기를 마치 어린아이 돌보듯 합니다.

지혜와 자비의 공덕을 구족하여 마음으로 사유하고, 입으로 연설함이 미묘하고 광대합니다. 자비의 인덕이 어질고 겸양(謙讓)하고, 마음이 화평(和平)하여 능히 스스로 깨달음의 경지에 도달했습니다."

* 이 일단은 8세 용녀가 불지견(佛知見)을 구족하여 여러 중생의 근성과 행업을 여실하게 알고, 초발심으로 최상의 깨달음을 체득한 사실을 설한다. 『화엄경』에서 설한 "初發心時 便成正覺"과 같다.
* 제불이 설한 깊고 미묘한 여래의 비밀장(秘藏)을 법사품에서 "이 경은 제불여래의 비요지장(秘要之藏)"이라고 설한다. 『유마경』에 "제불비요법장(諸佛秘要法藏)" 혹은 "제불비장(諸佛秘藏)"이라고 설하는 것처럼, 일체 중생이 구족한 진여불성, 여래장의 비밀스럽고 불가사의한 지혜작용을 말한다. 『묘법연화경』은 제불의 비밀법장을 설한 법문이다.

智積菩薩言 我見釋迦如來 於無量劫 難行苦行 積功累德 求菩提道 未曾止息. 觀三千大千世界 乃至無有如芥子許 非是菩薩捨身命處 爲衆生故 然後乃得成菩提道 不信此女 於須臾頃 便成正覺

지적보살이 말했다.

"나는 석가여래(釋迦如來)께서 한량없는 겁 동안 고행(苦行)하며 공덕을 쌓아 불도(菩提道)를 구할 때 잠시라도 쉬지 않았다는 말을 들었습니다. 삼천대천세계에서 겨자씨만큼 작은 땅일지라도 이 보살이 몸과 목숨(身命)을 의식하지 않고 수행하지 않는 곳이 없었습니다. 이것은 모두다 중생을 구제하고자 하는 일이었으며, 그러한 연후에 불도(보리도)를 성취하였습니다. 그런데 이 용녀(龍女)가 일념의 찰나에 정각(正覺)을 이루었다는 말은 믿을 수 없습니다."

* 『보살지지경(菩薩地持經)』 제9권에 "보살이 보살도의 지혜를 구족하는 데는 삼아승지겁을 수행해야 한다(然後具足彼一切住, 經三阿僧祇劫)"(『대정장』 제30권 952쪽 中)고 하며, 『대지도론』 제27권에도 "보살은 이미 삼아승지겁을 원만히 수행하였다(菩薩已滿 三阿僧祇劫)"라고 설한다.
  보살이 발심하여 3아승지 겁을 수행해야 성불할 수 있다고 『대승기신론』에도 인용하는데, 용녀가 일념의 찰나에 성불했다는 것은 신뢰할 수 없다고 의문을 제시했다.

용녀의 출현

言論未訖 時龍王女 忽現於前 頭面禮敬 却住一面 以偈讚曰

深達罪福相 偏照於十方 微妙淨法身 具相三十二

以八十種好 用莊嚴法身　天人所戴仰 龍神咸恭敬
一切衆生類 無不宗奉者　又聞成菩提 唯佛當證知
我闡大乘敎 度脫苦衆生

지적보살이 말을 마치기도 전에 용녀(龍女)가 곧바로 문수보살과 지적보살의 눈앞에 출현하여 머리 숙여 예경하고 한쪽에 물러가 앉아서 게송으로 찬탄했다.

"죄와 복의 실상을 깊이 통달하여 시방세계에 두루 지혜광명을 비추며, 미묘하고 청정한 법신(法身)의 지혜는 삼십이상을 구족했습니다.
팔십 가지 좋은 상호로 법신을 장엄하니, 천상과 인간이 함께 우러러 받들고 용과 신들이 모두 공경하며, 일체 중생의 무리들이 받들지 않는 자가 없습니다.
또 법문을 청법하고 깨달음을 성취함은 오직 부처의 지혜로 증득해서 알 뿐입니다.
여래는 대승의 교법(敎法)을 천명(闡明)하여 고통 받는 중생들을 제도하여 해탈하게 합니다."

* 『법성게』에 "깨달아 증득한 지혜로만이 알 수 있는 경지일 뿐, 다른 이승과 범부의 경지에서는 알 수가 없다(證智所知非餘境)"라고 설하며, 『법화경』 등 대승경전에서 오직 부처의 지혜로써만이 알 수 있는 경지(唯佛能知)를 佛知見, 如來悉知悉見이라고 설한다.

사리불의 의심

時舍利弗 語龍女言, 汝謂不久 得無上道 是事難信. 所以者何 女身垢穢 非是法器, 云何能得無上菩提. 佛道懸曠 經無量劫

勤苦積行 具修諸度然後乃成. 又女人身 猶有五障. 一者 不得作梵天王. 二者 帝釋. 三者 魔王. 四者 轉輪聖王. 五者 佛身. 云何女身 速得成佛.
爾時龍女 有一寶珠 價值三千大千世界 持以上佛. 佛卽受之. 龍女 謂智積菩薩 尊者舍利弗言, 我獻寶珠 世尊納受 是事疾不. 答言 甚疾. 女言, 以汝神力 觀我成佛 復速於此.
當時衆會 皆見龍女 忽然之間 變成男子 具菩薩行. 卽往南方無垢世界 坐寶蓮華 成等正覺 三十二相 八十種好 普爲十方一切衆生 演說妙法.

그때 사리불이 용녀에게 말했다.

"그대가 오랜 시간을 수행하지도 않고 무상의 불도(道)를 깨달아 체득했다고 하지만, 이 일은 신뢰하기 어렵다. 왜냐하면, 여인의 몸은 청정하지 못하고 오염되어 불법(法)을 체득할 수 있는 법기(法器)가 아닌데 어떻게 능히 스스로 무상의 깨달음(보리)을 체득할 수가 있겠는가? 불도(佛道)를 체득하는 길은 아득히 멀어서 한량없는 시간(겁)이 지나도록 부지런히 고행을 쌓아 여러 가지 바라밀의 수행을 구족한 연 후에 비로소 성불할 수 있다.

또 여인의 몸은 다섯 가지 장애가 있다. 첫째 범천왕(梵天王)이 될 수 없고, 둘째 제석천왕(帝釋天王)이 될 수 없고, 셋째 마왕(魔王)이 될 수 없고, 넷째 전륜성왕(轉輪聖王)이 될 수 없고, 다섯째 불신(佛身)이 될 수 없는데 어떻게 여자의 몸(女身)으로 신속하게 성불할 수 있다고 하겠는가?"

그때 용녀(龍女)에게 한 보배 구슬이 있었는데, 그 가치가 삼천대천세계와 같았다. 그 보배구슬을 부처님께 헌상하니 부처님은 곧 그 보배구슬을 받았다.

용녀가 지적보살과 존자 사리불에게 말했다.

"내가 헌상한 보배구슬을 세존께서 곧바로 받았는데, 이 일은 신속한 것입니까?"

지적보살과 사리불이 "매우 신속한 일"이라고 대답했다.

용녀가 말했다. "그대들(지적보살과 사리불)의 신통한 지혜의 힘으로 내가 성불(成佛)하는 것을 관찰해 보십시오. 세존이 구슬을 받는 그 일보다 더 신속하게 여기에서 성불할 것입니다."

그때 이 법회에 모인 여러 대중들이 보니 용녀가 순식간에 남자(男子)로 변하여 보살행을 구족하고, 곧 남방(南方)의 청정한 무구세계(無垢世界)에 가서 보배의 연화좌에 앉아 무상의 평등한 정각(等正覺)을 이루었다. 삼십이상(三十二相)과 팔십 종류의 상호를 갖추고, 널리 시방의 일체 중생들에게 미묘한 불법을 연설했다.

* 여신(女身)이 오장신(五障身)이라는 설법은 『증일아함경』 제38권에 長老 비구들에게는 보장(寶藏)여래가 성불하는 수기를 주었지만, 왕녀(王女)에게 여인신(女人身)은 전륜성왕, 제석(帝釋), 범천(梵天), 마왕(魔王), 여래(如來)가 될 수 없기 때문에 수기를 주지 않았다고 설하며, 『대지도론』 제2권, 9권, 25권 등에도 여인 五障身을 설하며 여신(女身)은 불신(佛身)이 될 수가 없다고 설한다.

『대보적경(大寶積經)』 제38권에는 女人은 어릴 때는 부모(親)를 따르고, 시집가서는 남편(夫)을 따르고, 늙어서는 아들을 따르는 삼종(三從)의 반연된 인연에 속박되어 자유스럽지 못하기 때문에 성불이 어렵다고 설한다. 그래서 여인 출가도 허락하지 않았다.

즉 전륜성왕과 불신(佛身)이 32상 80종호를 구족한다고 설한 것은, 남자의 신체를 중심으로 설한 법문이다. 남자, 여자를 분별하는 것이 아니라 32상 80종호를 구족한 장부상(丈夫相)은 남자의 신체상을 설한 本來面目의 입장이다.

따라서 여인의 몸은, 청정하지 못하고 번뇌 망념으로 오염되어 생사에 윤회하는 업장이 많은 중생이다. 비본래(非本來)의 여신(女身)을 본래 청정한 32상을 구족한 男子身인 丈夫相으로 전환해야 32상 80종호를 구족한 불신(佛身)이 된다는 말이다. 이 법문의 의미는 비본래의 중생심을 본래 청정한 진여본심의 지혜로 전환하는 발심 수행으로 정각을 이루는 見性成佛과 똑같은 법문이다.

* 용녀가 세존께 구슬을 헌상하고 세존이 그 구슬을 받는 일보다 용녀가 남자의 몸으로 바꾸어 성불하는 일이 더 신속하다. 즉 타인으로부터 보배 구슬을 받는 일보다 정법의 안목을 구족한 불지견(佛知見)으로 진여본성(불성)을 깨달아 성불하는 일이 더 신속한 일이다.

  견성성불은 입지성불(立地成佛), 즉신성불(卽身成佛), 즉득왕생(卽得往生), 初發心時 便成正覺, 一念成佛, 돈오견성(頓悟見性)과 같이 찰나의 일념에 발심 수행으로 제불여래의 지혜를 이루는 정각이다. 불지견으로 번뇌 망념을 자각하고 진여본성을 깨달아 여래의 지혜를 이루기 때문이다.

  『법화경』에 8세 용녀가 변성남자로 성불하고 『유마경』에 천녀(天女)가 사리불에게 설법하며, 『승만경』에는 승만부인이 설법하고, 『불설암제차사자후요의경(佛說菴提遮獅子吼了義經)』에는 문수사리보살의 질문에 암제차녀(菴提遮女)가 설법하고 있다.

* 『법화경』 약왕보살본사품에 "저 일월정명덕(日月淨明德)여래의 국토에는 女人과 지옥, 아귀, 축생, 아수라 등이 없다"고 하며, 특히 극락정토에는 女人이 없다고 설한다.

아미타불의 정토는 사바세계의 중생들이 자아의식으로 사량 분별하는 중생심의 번뇌 망념도 없고, 삼악도(三惡道)도 없기 때문에 생사에 윤회하는 중생의 고통도 없어 안락정토라고 한다.

『법화경』 약왕보살본사품에 다음과 같이 설한다.

만약 여래의 지혜가 없는 말세의 시대에 어떤 여인(女人)이, 이 『법화경』의 설법을 듣고, 경전의 법문과 같이 여법수행하면 그는 중생심의 생명이 다 끝난 뒤에 다시 여신(女身)을 받지 않는다.
또 여래의 지혜가 없는 말세에 만약 어떤 여인(女人)이, 이 경전의 설법을 듣고 경전의 법문과 같이 수행하면, 그는 중생심의 생명이 끝난 뒤(命終)에 곧 안락세계(安樂世界) 아미타불(阿彌陀佛)과 대보살의 대중들이 거주하는 곳에 둘러싸여 연꽃 중의 보배자리(寶座) 위에 왕생하게 된다.

중생의 사바세계에서 한 여인이 원력을 세우고 경전의 법문을 듣고 정법의 안목을 구족하여 발심 수행하는 이야기이다. 그런데 『법화경』에서는 왜 女人에게만 한정하여 이러한 설법을 하고 있을까?

* 변성남자(變成男子)에 대한 설법은 『道行般若經』에 여신(女身)이 내세에 남자로 변하여 아촉불의 정토(妙喜世界)에 왕생한다고 설하며, 『불설칠녀경(佛說七女經)』, 『대보적경(大寶積經)』 제106권에도 여인신(女人身)이 남자상(男子相)이 되어 사람들의 존경을 받는다고 설한다.
32相 80種好는 남자 신체의 특징을 중심으로 丈夫相을 설한 것이다.
여신(女身)이 남자로 변하여 성불했다는 말을 글자대로 번역하면, 육체적인 변화가 있어야 성불할 수 있다는 말인데, 이것은 유심(唯心)의 불법사상에 위배된다. 『금강경』에 "만약 형색으로 여래를 친견하려고 하거나, 음성으로 여래를 구하려고 한다면 이 사람은 사도(邪道)를 행하는 자이니 여래를 친견할 수 없다(若以色見我 以音聲求我 是人行邪道 不能見如來)"라고 설하지 않는가.
『법화경』 약왕보살본사품에 몸을 불태워 공양한다는 소신공양(燒身供養)도 글자대로 번역하면 사도(邪道), 외도(外道)가 된다.
『대무량수경』 상권, 제35원에 영원히 여신(女身)을 여의는 원(永離女身願)

을 다음과 같이 설한다.

가령 내가 부처의 지혜를 체득하여 시방의 무량한 불가사의 제불세계에 있을 때, 어떤 여인이 나의 이름을 듣고 환희하여 신심의 법락으로 보리심을 발하며, 여신(女身)을 싫어하는 번뇌 망심의 생명(의식)이 끝난 이후 또 다시 여인상(女人像)에 대한 분별의식이 남아 있다면 정각을 취하지 않겠습니다.(設我得佛 十方無量不可思議諸佛世界, 其有女人 聞我名字 歡喜信樂 發菩提心, 厭惡女身壽終之後, 復爲女像者 不取正覺)(《대정장》 제12권 268쪽 下)

이 법문을 『정토론(淨土論)』에서는 "女人과 신근(信根)이 결여된 이승(二乘)은 대승의 종자가 발생하지 못한다(女人及根缺 二乘種不生)"라고 해설한다. 일체 중생과 女人, 이승(二乘)의 수행자는 본래 청정한 진여본성(불성)을 구족하고 있다는 신심(信心)과 발심 수행하는 부처의 종자(佛種. 如來種)가 없기 때문이다.
『대반열반경』 제9권 보살품에 女人은 나쁜 업장이 많은 곳이라고 다음과 같이 설법한다.

또 선남자여! 만약 선남자, 선여인들이 남자신(男子身)을 구하지 않는 자가 없다. 왜냐하면 일체의 女人은 모두 나쁜 업장이 많은 곳(衆惡之所住處)이기 때문이다. ---(略)--- 선남자여! 이런 뜻으로 모든 선남자, 선여인들은 이 대승열반경의 법문을 청법하고, 항상 女人의 형상(相)을 꾸짖고 男子가 될 것을 求해야 한다. 왜냐하면 이 대승경전은 丈夫相을 구족하고 있다. 말하자면 佛性이다. 만약 어떤 사람이 불성을 구족한 사실을 알지 못하면 곧 男子相이 없는 것이다. 왜냐하면 자신이 스스로 佛性을 구족한 사실을 깨달아 알지 못했기 때문이다. 만약 스스로 불성을 깨달아 알지 못한 것을 여래는 이들의 이름을 女人이라고 설한다. 만약 스스로 佛性을 깨달으면 여래는 이 사람을 丈夫相이 되었다고 설한다. 만약 어떤 女人이 스스로 자기 몸에 佛性을 구족한 사실을 확정했다면 이들은 곧 男子가 된 것임을 알아야 한다(若有女人 能知自身 定有佛性 當知是等 卽爲男子) (《대정장》 12권 422쪽 上)

고대 인도에서는 여인을 부모와 남편, 아들을 따르는 연약한 존재로 보기 때문에 많은 나쁜 업장(業障)의 인연이 모인 존재로 본다. 따라서 대승경전의 법문을 청법하고, 남자신(男子身), 丈夫相을 구하고, 불성(佛性)을 깨달아 체득하는 구법행을 실천해야 한다.

대승경전에서 설하는 여인오장신(女人五障身)은 제석, 범천, 마왕, 전륜성왕, 불신(佛身)이 될 수 있는 제불여래의 지혜를 구족하지 못한 중생신이기 때문에 男子相, 丈夫相, 佛性을 깨달아 체득하지 못해 생사에 윤회하는 업장(業障)이 많다고 설한 법문이다. 32상은 남자 육체 신체상(身體相)을 32종류의 특성으로 설한 것인데, 불성을 깨달아 구족한 지혜를 남자상(男子相), 장부상(丈夫相), 조어장부(調御丈夫)라고 설한다.

말하자면 男子相은 丈夫相으로 대승경전에서 설하는 大丈夫相, 32大人相, 具三十二大丈夫相, 具三十二相, 具足色身, 具足相, 具足諸相으로 설하는 제불여래상이다.

많은 업장을 지닌 비본래의 女人이 본래의 佛性을 깨달아 本來面目의 男子相, 丈夫相을 구족하면 성불할 수 있다는 법문이 변성남자 성불이다. 중생심에서 발심 수행하여 정각을 이루는 見性成佛과 같다.

『관무량수경』에 "제불여래는 법계신(法界身)이니 일체 중생의 심상(心想)에서 깨닫는다. 그대들이 중생심의 번뇌 망심(心想)을 깨달아 부처의 지혜를 이룰 때, 이 一心의 지혜에 32상 80종의 상호가 따른다. 이 一心의 지혜가 부처를 이루며(是心作佛), 이 一心의 지혜가 바로 부처(是心是佛)이다. 제불의 정변지(正徧知)의 바다(海)는 중생심의 번뇌 망심(心想)에서 이루어진다"고 설한다.

대승경전에 여신(女身)이 남자의 몸으로 변하여 성불한다는 말은, 육체적인 변화를 의미하는 것이 아니다. 경전의 법문을 언어 문자로 해석하면 육체적인 변화로 보일 수 있지만, 불법은 심법(心法)으로 유심(唯心)의 사상을 설한 법문이기 때문에 男女에 대한 차별심과 분별심을 가지면 중생이 되며, 성불할 수가 없다.

『유마경』 불도품에 "고원의 육지에는 연꽃이 피지 않고 진흙땅에서 연꽃이 핀다"는 처염상정(處染常淨)은 중생심의 사바세계에서 부처의 지혜를 이루는 것이다.

정토에 왕생하는 일은, 중생의 사바세계에서 발심 수행, 염불 수행하여 깨달음을 이루기 때문에, 중생의 사바세계에서 염불 수행, 발심 수행하여 진여본심의 아미타불을 친견하고, 자성청정심의 정토에 왕생하는 일은 진흙땅에서 연꽃이 피는 일과 같다.

『유마경』 불도품에 "불 속에서 연꽃이 피는 일은 진실로 희유한 일이다. 중생의 욕망세계에서 참선 수행하는 일 역시 희유한 일이다(火中生蓮華 是可謂希有 在欲而行禪 希有亦如是)"라고 했다.

불 속은 사바세계의 삼계화택(三界火宅)을 비유하며, 행선(行禪)은 『법화경』 방편품에서 설한 '불자의 행도(行道)'와 같이 발심 수행, 참선 수행하여 불도를 깨달아 불가사의하고 희유(希有)한 부처의 지혜를 이루는 일이다.

『유마경』 관중생품에 다음과 같이 설한다.

사리불이 천녀에게 말했다. "그대는 어찌하여 여신(女身)을 남자의 몸으로 바꾸지 않습니까?" 天女가 말했다. "나는 12년 동안 女人의 형상(女人相)을 찾아보았으나 결국 찾아볼 수가 없었습니다. 어떻게 여신(女身)을 남자의 몸으로 바꾸는 것입니까? 비유하면 요술사(幻師)가 환화(幻化)의 여자아이 인형(幻女)으로 바꾸는 것과 같습니다. 만약 어떤 사람이 그 환화의 여자아이 인형에게 '어찌 여신(女身)을 남자의 몸으로 바꾸지 않습니까?'라고 질문한다면, 이것은 정당한 질문이라고 할 수 있겠습니까?"
사리불이 말했다. "그렇지 않습니다. 환화(幻)의 인형은 고정된 형상(相)이 없으니 반드시 어떻게 바꾼다고 할 수 있겠습니까?"
天女가 말했다. "일체 제법도 또한 이와 같아서 정해진 형상이 없는데, 어떻게 여신(女身)을 남자의 몸으로 바꾸지 않는가라고 질문할 수가 있습니까?"
그때 天女는 신통력(神通力)으로 남자의 몸인 사리불을 바꾸어 天女와 같이 하고, 天女는 스스로 몸을 바꾸어 사리불과 같이 한 뒤에 사리불에게 질문했다. "그대는 어찌하여 여신(女身)을 남자의 몸으로 바꾸지 않습니까?"
사리불이 天女의 모습으로 대답했다. "나는 지금 무엇이 어떻게 바뀌었는지 알지 못하겠으나, 내 몸이 여신(女身)으로 바뀌었습니다."
천녀가 말했다. "사리불이여! 만약 스스로 女身을 남자의 몸으로 바꿀 수 있다면 곧 일체 여인도 또한 반드시 女身을 남자의 몸으로 바꿀 수 있습니다. 사리불께서는 女人이 아니면서 女身으로 나타나듯이 일체 여인도 이와 같습니다. 비록 女人이 女身으로 나타나지만 고정된 형상의 女人은 아닙니다.
이러한 까닭에 부처님은 일체 제법은 남자도 아니고, 여자도 아니다(非男非女)라고 설했습니다."
즉시에 천녀가 갑자기 신통력(神力)을 거두자, 여신으로 바뀐 사리불의 몸은 다시 본래 사리불의 모습으로 환원되었다.
천녀가 사리불에게 질문했다. "女身의 형색과 특성(色相)은 지금 어느 곳에 있습니까?"
사리불이 말했다. "女身의 형색과 특성은 고정된 형체로 존재하는 것도 아니고, 존재하지 않는 것도 아닙니다(女身色相 無在無不在)."
천녀가 말했다. "일체 제법도 또한 이와 같아서 존재하는 것도 아니고, 존재하지 않는 것도 아닙니다. 대개 일체의 모든 제법은 고정된 형체로 존재하는 것도 아니고, 존재하지 않는 것도 아니라고 제불은 설법했습니다."

* 『유마경』 관중생품에 사리불이 천녀(天女)에게 "그대는 어찌 여자의 몸(女身)을 남자의 몸으로 바꾸지 않는가?"라고 말하자, 천녀는 "'나는 12년 동안 여인의 모습(女人相)을 찾아보았지만 찾을 수가 없었다(我從十二年來求女人相 了不可得)"라고 대답했다.
사리불은 남자 여자의 차별심으로 천녀를 보지만, 천녀는 여여부동한 진여본심에서 남녀의 분별과 차별심이 없는 사실을 밝히고 있다.
『금강경』에 "이 진여법은 평등하여 높고 낮음이 없다(是法平等 無有高下)"라고 설한 것처럼, 자아의식으로 의식의 대상경계를 분별, 차별하고 집착하는 중생심의 세계에서는 남녀(男女), 선악(善惡), 자타(自他), 시비(是非) 등의 분별심이 있지만, 진여본심의 평등심에는 남녀, 자타, 시비를 분별하는 중생심의 번뇌 망념이 없다.
『법성게』에도 '無名無相絶一切'라고 설한 것처럼, 일체제법의 실상(實相)은 고정된 실체의 형색으로 존재하지 않는다(無有定法). 일체제법은 각자의 형상과 특성으로 시절인연과 상황에 맞는 생명활동을 하고 있기 때문이다. 그래서 자성을 고수하지 않고 시절인연 따라 자기 본분사의 지혜로운 삶을 살고 있다(不守自性隨緣成)고 설한다. 남자는 남자의 모습, 여자는 여자의 특성으로, 새는 허공을 날고, 물고기는 물속에 살며, 학의 다리는 길고, 오리의 다리는 짧은 것처럼, 각자 진여본성의 특성과 형상에 맞추어 살고 있다.

爾時 娑婆世界 菩薩 聲聞 天龍八部 人與非人 皆遙見彼龍女成佛. 普爲時會 人天說法 心大歡喜 悉遙敬禮. 無量衆生 聞法解

悟 得不退轉. 無量衆生 得授道記. 無垢世界 六反震動. 娑婆世界 三千衆生 住不退地. 三千衆生 發菩提心 而得授記. 智積菩薩 及舍利弗 一切衆會 黙然信受.

그때 사바세계의 보살과 성문, 천룡팔부와 사람과 사람 아닌 귀신들이 용녀가 성불(成佛)하여 널리 시회대중(時會大衆)과 천신과 인간들에게 묘법 설하는 것을 멀리서 보고 환희하며 모두가 예경하였다.

한량없는 중생들은 법문을 듣고 깨달아 불퇴전의 경지를 체득하였다.

또 한량없는 중생들은 불도(道)를 이루는 수기를 받았다.

청정한 무구세계는 여섯 가지로 진동하고, 사바세계의 삼천(三千) 중생들은 불퇴전의 경지에 안주하였으며, 삼천 중생들은 보리심(菩提心)을 일으키고 미래세에 부처가 되는 수기를 받았다.

지적보살과 사리불, 그리고 법회에 모인 일체 대중들은 묵묵히 신심으로 이 법문을 수지하였다.

제13 권지품(勸持品)

약왕(藥王) 보살의 서원(誓願)

爾時 藥王菩薩摩訶薩 及大樂說菩薩摩訶薩 與二萬菩薩眷屬俱 皆於佛前 作是誓言. 唯願世尊, 不以爲慮. 我等 於佛滅後, 當奉持讀誦 說此經典. 後惡世衆生 善根轉少 多增上慢 貪利供養 增不善根 遠離解脫 雖難可敎化 我等當起大忍力 讀誦此經 持說書寫 種種供養 不惜身命.

그때 약왕(藥王)보살마하살과 대요설(大樂說)보살마하살이 이만(二萬)여 명의 보살 권속과 함께 부처님 앞에서 서원(誓願)하였다.

"바라옵건대 세존이시여! 염려하지 마십시오. 우리들은 부처의 지혜가 소멸하고 중생이 될 때, 반드시 이 경전의 법문을 받들어 수지하고 독송하며 설법하겠습니다. 후세의 오탁악세에서 중생들은 선근의 인연이 점점 약해지고 스스로 깨달음을 체득했다고 주장하는 증상만들은 많아져, 명리와 공양에 탐착하고 올바르지 못한 선근 인연을 증장시키고, 해탈 열반의 경지를 깨달아 체득하는 수행과 멀어졌기 때문에 교화하기 어렵습니다. 우리들은 반드시 크게 인욕하는 지혜의 힘으로 발심하여 이 경전의 법문을 수지 독송하고 사경하며 여러 가지로 공양하는 일에 몸과 목숨을 아끼지 않겠습니다."

* 약왕보살은 법사품에 나오는 보살이고, 대요설보살은 견보탑품에 등장한다. 보살이 경전의 법문을 신심(信心)으로 사경(書寫), 수지(受持), 독(讀), 송(誦)하는 5종(五種)의 방편 수행을 실천할 것을 맹세하고 있다.
  불멸후는 여래 멸후와 같이 부처의 지혜가 소멸하여 중생심이 된 상태를 말한다.
  자신의 몸과 목숨을 아끼지 않는다(不惜身命)는 말은, 자아의식의 중생심으로 자신의 몸과 목숨을 의식하지 않고 수행하는 본분사의 일에 충실한다는 뜻이다.
* 탐리공양(貪利供養) : 『십지경론』 제3권에 수행자가 의복과 와구를 탐하는 것을 말한다.

오백 아라한과 팔천 성문의 서원

爾時 衆中五百阿羅漢 得受記者 白佛言. 世尊 我等 亦自誓願 於異國土 廣說此經. 復有學 無學八千人 得受記者 從座而起 合掌向佛 作是誓言. 世尊 我等亦當於他國土 廣說此經. 所以者何 是娑婆國中 人多弊惡 懷增上慢 功德淺薄 瞋濁諂曲 心不實故.

그때 대중 가운데 있던 오백 명의 아라한으로서 수기(授記) 받은 이들이 스스로 부처님께 말했다.

"세존이시여! 저희들도 맹세코 (사바세계가 아닌) 다른 국토에서 이 경전의 법문을 널리 설하겠습니다."

또 불법을 수행하는 소승의 수행자(有學)와 아라한의 경지(無學)를 이루어 부처님으로부터 수기를 받은 팔천여 명이 스스로 자리에서 일어나 합장하고 부처님을 향하여 이렇게 서원하였다.

"세존이시여! 저희들도 반드시 (사바세계가 아닌) 다른 국토에서 이 경전의 법문을 널리 연설하겠습니다. 왜냐하면, 이 사바국토에 있는 사람은 패악함이 많고, 증상만을 품어서 공덕이 천박하고, 성냄과 혼탁한 마음으로 아첨하여 마음이 진실하지 못하기 때문입니다."

교담미와 육천 비구니 수기장

爾時 佛姨母 摩訶波闍波提比丘尼 與學無學比丘尼六千人，俱從座而起 一心合掌，瞻仰尊顏，目不暫捨．於時世尊 告憍曇彌．何故憂色 而視如來．汝心 將無謂我不說汝名 授阿耨多羅三藐三菩提記耶．

憍曇彌 我先總說一切聲聞 皆已授記．今汝欲知記者．將來之世當於六萬八千億諸佛法中 爲大法師 及六千學無學比丘尼 俱爲法師．汝如是漸漸具菩薩道 當得作佛．號一切衆生喜見如來 應供 正徧知 明行足 善逝 世間解 無上士 調御丈夫 天人師 佛 世尊．憍曇彌．是一切衆生喜見佛 及六千菩薩 轉次授記 得阿耨多羅三藐三菩提．

그때 부처님의 이모인 마하파사파제 비구니가 불법을 수학하는 수행자들과 아라한의 경지를 이룬(無學) 육천 비구니와 함께 자리에서 일어나 일심(一心)으로 합장하고 부처님을 우러러보며 잠깐도 눈을 떼지 않았다.

이때 세존께서 교담미(憍曇彌)에게 말했다.

"어찌하여 근심하는 얼굴로 여래를 쳐다보는가? 그대는 마음속으로 내가 그대의 이름을 불러서 최상의 깨달음의 수기(授記)를 주지 않는다고 생각하고 있는가?

교담미여! 내가 앞서 일체의 모든 성문(聲聞)들에게 수기법문을 설했다. 지금 그대가 수기의 내용을 알고자 한다면, 미래의 세상에 육만 팔천 억 제불이 설법하는 가운데 대법사(大法師)가 되고, 육천 명의 수행자(有學)와 아라한의 경지를 이룬(無學) 비구니들은 모두 법사가 될 것이다.

그대는 이와 같이 점차로 대승 보살도의 수행을 갖추어 반드시 부처가 될 것이며, 그때 부처의 이름은 일체중생희견(一切衆生喜見)여래, 응공, 정변지, 명행족, 선서, 세간해, 무상사, 조어장부, 천인사, 불, 세존이라고 할 것이다.

교담미여! 이 일체중생희견불과 육천 명의 보살들에게 차례차례로 수기를 하니 모두가 최상의 깨달음을 체득할 것이다."

* 석존이 출가하기 전의 이모(佛姨母)인 마하파사파제(摩訶波闍波提; Mahaprarajapati)는 양모(養母)로서 불교 교단 최초의 비구니이다. 교담미(憍曇彌; Gautami)라고 하며 석가족의 여인이라는 뜻이다.

야수다라의 수기

爾時 羅睺羅母 耶輸陀羅比丘尼 作是念. 世尊於授記中 獨不說我名. 佛告耶輸陀羅. 汝於來世 百千萬億諸佛法中 修菩薩行. 爲大法師 漸具佛道 於善國中 當得作佛. 號具足千萬光相如來 應供 正徧知 明行足 善逝 世間解 無上士 調御丈夫 天人師 佛 世尊. 佛壽無量阿僧祇劫.

그때 라후라(羅睺羅)의 모친인 야수다라(耶輸陀羅) 비구니가 이러한 생각을 했다.

'세존께서 많은 비구니에게 수기를 주는 가운데 홀로 내 이름만을 말하지 않는구나.'

부처님이 야수다라에게 말했다. "그대는 오는 미래세상에서 백 천만 억 제불이 설법하는 가운데 대승 보살도를 수행하여 대법사(大法師)가 될 것이며, 점차로 불도의 지혜를 구족하여 좋은 인연국토에서 반드시 부처가 될 것이다. 그 부처의 명호는 구족천만광상(具足千萬光相)여래, 응공, 정변지, 명행족, 선서, 세간해, 무상사, 조어장부, 천인사, 불, 세존이라고 한다. 그 부처의 수명은 무량 아승지 겁이다."

* 야수다라(耶輸陀羅; Yasodhara) : 석존이 출가하기 전의 부인이며, 라후라의 모친이다.

비구니들의 환희와 서원

爾時 摩訶波闍波提比丘尼 及耶輸陀羅比丘尼 幷其眷屬 皆大歡喜. 得未曾有 卽於佛前 而說偈言,

世尊導師 安隱天人 我等聞記 心安具足

諸比丘尼 說是偈已 白佛言 世尊 我等亦能於他方國土 廣宣此經

그때 마하파사파제 비구니 및 야수다라 비구니가 그들의 권속들과 함께 환희심으로 미증유(未曾有)의 깨달음을 체득하고 부처님 앞에서 게송으로 말했다.

"세존이신 도사께서 천신과 인간들을 편안케 하시니,
저희들이 수기(授記)의 법문을 듣고 마음이 편안하여 만족합니다."

비구니들이 이 게송을 말하고 나서 부처님께 말씀드렸다.

"세존이시여! 저희들도 다른 국토에서 이 경전의 법문을 널리 선전하겠습니다."

팔십만 억 보살의 서원

爾時 世尊 視八十萬億那由他 諸菩薩摩訶薩. 是諸菩薩 皆是阿毘跋致 轉不退法輪, 得諸陀羅尼. 卽從座起 至於佛前 一心合掌 而作是念. 若世尊 告勅我等 持說此經者 當如佛敎 廣宣斯法. 復作是念 佛今黙然 不見告勅 我當云何. 時諸菩薩 敬順佛意 幷欲自滿本願 便於佛前 作師子吼 而發誓言.

世尊 我等於如來滅後 周旋往返十方世界 能令衆生 書寫此經 受持讀誦 解說其義 如法修行 正憶念 皆是佛之威力. 唯願世尊 在於他方 遙見守護.

그때 세존께서 팔십만 억 나유타 보살마하살들을 지켜보았다. 이 보살들은 모두 불퇴전의 경지를 체득하는 불법을 설하며, 큰 지혜(다라니)를 구족한 보살들이다. 그 보살들은 곧 자리에서 일어나 부처님 앞에 나아가 일심으로 합장하고 이렇게 생각했다.

'만일 세존께서 우리들에게 지시하여 이 경전의 법문을 수지하고 연설하라고 하시면 반드시 부처님의 가르침과 같이 이 경전의 법문을 널리 선전할 것이다.'

또 그들은 '부처님이 지금 묵묵히 계시고 분부가 없으시니 우리는 어떻게 해야 할까?'라고 생각했다.

그때 여러 보살들이 부처님의 뜻을 공경하고 따르며, 아울러 스스로 자신들도 제불의 본원을 구족하려고 부처님 앞에서 큰 소리(사자후)로 서원(誓願)을 말했다.

"세존이시여! 우리들도 여래의 지혜가 소멸한 이후 중생이 될 때, 시방세계를 두루 다니면서 중생들이 스스로 이 경전의 법문을 사경하고 수지, 독송하며 그 법문의 뜻을 해설하며, 여법하게 수행하고 바른 사유를 하도록 지도하겠습니다. 이것이 모두 부처의 지혜로 발휘되는 위신력(威神力)이오니, 바라옵건대 세존께서는 다른 지방에 계시면서도 멀리 살펴보시고 수호해 주십시오."

* 방편품에 "諸佛本誓願, 我所行佛道, 普欲令衆生, 亦同得此道"라고 읊고 있으며, 회향게로 잘 알려진 "願以此功德 普及於一切 我等與衆生 皆共成佛道"의 게송과 같은 뜻이다.
  제불의 본원을 구족하고 만족하는 일이 보살도의 수행이며, 제불의 지혜인 위신력이다. 경전의 법문을 여법 수행하는 보살행이 원력행임과 동시에 제불의 본분사, 일대사의 일이다.
  『법화경』에서는 법화행자, 법화수행자라고 한다.

인욕의 옷을 입고 법을 설함

* 이 일단은 권지품 20行의 게송인데, 앞의 법사품에서 경전의 법문을 널리 홍보(弘經)하는 세 가지 규범(三軌), 즉 "여래의 방(室)에서 여래의 옷(衣)을 입고, 여래의 법좌(座)에서 여법하게 법화경의 법문을 설하라."고 교시한 법문에 의거하여 법화행자가 맹세한 것이다.

卽時諸菩薩 俱同發聲 而說偈言

唯願不爲慮　於佛滅度後　恐怖惡世中　我等當廣說
有諸無智人　惡口罵詈等　及加刀杖者　我等皆當忍

惡世中比丘　邪智心諂曲　未得謂爲得　我慢心充滿
或有阿練若　納衣在空閑　自謂行眞道　輕賤人間者
貪著利養故　與白衣說法　爲世所恭敬　如六通羅漢
是人懷惡心　常念世俗事　假名阿練若　好出我等過
而作如是言　此諸比丘等　爲貪利養故　說外道論義
自作此經典　誑惑世間人　爲求名聞故　分別於是經
常在大衆中　欲毁我等故　向國王大臣　婆羅門居士
及餘比丘衆　誹謗說我惡　謂是邪見人　說外道論議

그때 여러 보살들이 함께 소리 내어 게송으로 말했다.

"오직 바라건대 염려하지 마십시오.
부처의 지혜가 소멸한 이후, 중생들이 두려워하는 공포의 악세(惡世)에 우리들은 널리 법화경을 설하겠습니다.
여러 무지한 사람들이 욕하고 꾸짖거나 칼과 막대기로 때리더라도 우리들은 인욕하겠습니다.
오탁악세(惡世)의 비구들은 삿된 지혜로 마음은 왜곡되고, 깨닫지도 못하고 깨달았다고 하며 아만심이 충만합니다.
혹은 산중의 암자(아란야)에서 누더기를 입고 한가히 앉아, 스스로 자신이 진실한 불도를 수행한다면서 사람들을 가벼이 여기고 업신여기는 사람이 공양과 명리를 탐착합니다.
재가인들에게 법문을 설하며, 세상 사람들의 공경을 받으려고 육신통을 체득한 아라한과 같이 합니다.
이런 사람들은 나쁜 마음으로 세속의 일만 생각하면서, 산중의 암자(아란야) 이름을 빌려 우리들의 허물 들추기를 좋아하며 이렇게 말합니다.
'저 모든 비구들은 공양과 이익을 탐내고 외도의 주장을 설하고, 스스로 경전의 법문을 조작하여 세상 사람들을 속이고 명예를 추구하려고 이 경전을 해설한다'고 말할 것입니다.

항상 대중 가운데서 우리들을 비방하면서 국왕과 대신, 바라문이나 거사, 다른 여러 비구들을 향해 우리들이 나쁘다고 비방하기를, '이 삿된 견해를 가진 나쁜 사람이 외도들의 주장을 설한다'고 할 것입니다.

* 여기서 아등(我等)이나 차비구등(此比丘等)은 법화수행자를 말한다. 이러한 법화행자를 비방하고 욕하는 사람들은 법화경의 법문을 널리 홍보하는 법화행자의 강적(强敵)으로 세 종류로 나눈다.

첫째 무지인이 악구(惡口)로 욕하는 것, 둘째 오탁악세의 비구들이 삿된 지혜와 비뚤어진 마음으로 깨달았다고 주장하는 아만심을 가진 것. 셋째 산중의 암자(아란야)에 한가하게 좌선수행하면서, 자신만이 진실하게 불도(眞道)를 수행한다고 주장하며 공양의 이익에 탐착하고, 세속인들에게 설법하고 존경받으려고 하는 사람들이다.

인욕의 옷을 입는 까닭

我等敬佛故　悉忍是諸惡　爲斯所輕言　汝等皆是佛
如此輕慢言　皆當忍受之　濁劫惡世中　多有諸恐怖
惡鬼入其身　罵詈毁辱我　我等敬信佛　當著忍辱鎧
爲說是經故　忍此諸難事　我不愛身命　但惜無上道
我等於來世　護持佛所囑　世尊自當知　濁世惡比丘
不知佛方便　隨宜所說法　惡口而嚬蹙　數數見擯出
遠離於塔寺　如是等衆惡　念佛告勅故　皆當忍是事
諸聚落城邑　其有求法者　我皆到其所　說佛所囑法

我是世尊使　處衆無所畏　我當善說法　願佛安隱住
我於世尊前　諸來十方佛　發如是誓言　佛自知我心

우리는 부처님의 지혜를 공경하기에 이러한 모든 악행을 참고 인욕합니다.
그들이 비웃으며 말하기를, '그대들이 바로 부처다'라고 하더라도 이와 같이 교만하고 업신여긴 증상만의 말을 모두 참고 수용할 것입니다.
중생의 오탁악세(五濁惡世)에서 여러 가지 두려운 일이 많고, 나쁜 악귀가 그들의 몸에 씌어 우리를 욕하고 훼방하여도 우리들은 부처님의 지혜를 확신하며 반드시 인욕의 갑옷을 입을 것입니다.
이 법화경의 법문을 설하기 위해서는 이러한 어려운 일을 참아야 하니, 우리는 몸과 목숨도 아끼지 않고 단지 최상의 불도를 보호합니다.
우리들은 미래 세상에서 부처님의 부촉을 호지(護持)하겠습니다.
세존께서 살피소서! 오탁악세(五濁惡世)의 나쁜 비구들은 부처님이 방편 법문으로 설한 법문의 뜻도 모르면서 욕설과 비방을 하고, 때로는 종종 쫓아내어 사찰에서 멀리 떠나게 하더라도, 이와 같이 여러 가지 나쁜 일들을 부처님이 부촉한 법문으로 기억하며 이 모든 일을 참고 인욕 하겠습니다.
여러 마을과 도시에서 불법을 구하는 사람이 있으면, 우리들은 모두 그의 처소에 가서 부처님이 부촉하신 법문을 설하겠습니다. 우리들은 세존의 심부름꾼(使者)이니, 대중 속에 있어도 두려움이 없습니다.
우리들은 반드시 선법을 여법하게 설하니, 원하건대 부처님은 편안히 거주하시기 바랍니다.
우리들은 세존과 시방에서 오신 제불 앞에서 이와 같은 서원을 말씀드리니, 부처님은 스스로 우리의 마음을 아실 것입니다."

* 빈출(擯出) : 산문출송(山門出送)과 같은 말로 계율을 범한 비구들은 교단

에서 추방되기 때문에 청정한 승가의 대중과 함께 거주할 수가 없다. 법화행자의 신심과 원력과 발원은 자기 본분사의 일로서 오직 부처의 지혜로써만이 능히 알 수 있는 경지이다(唯佛與佛, 唯佛能知).

제14 안락행품(安樂行品)

* 안락행품은 처음 발심한 보살이 어떻게 법화경의 방편 법문을 여법하게 수행하고 홍포하는가를 설한다.

앞의 권지품에서는 오탁악세(五濁惡世)에 경전의 법문을 널리 홍보하는 일에 어려움이 많다는 설법을 듣고 초심 보살은 겁약(怯弱)한 마음을 갖지만, 오탁악세의 중생세계일지라도 신구의(身口意) 삼업을 청정하게 수행하는 서원을 세우고, 네 가지 안락행을 실천한다면 열반의 법락을 이룬다고 설한다.

안락행이란 몸으로 위험한 일이 없고, 마음으로 근심 걱정 없이 불도를 여법하게 실행하여 법락을 이루는 일이다.

네 가지 안락행(四安樂行) - 신구의(身口意)의 안락과 서원(誓願)

爾時 文殊師利法王子菩薩摩訶薩 白佛言. 世尊 是諸菩薩 甚爲難有 敬順佛故 發大誓願 於後惡世 護持讀說 是法華經. 世尊 菩薩摩訶薩 於後惡世 云何能說是經.

佛告文殊師利. 若菩薩摩訶薩 於後惡世 欲說是經 當安住四法. 一者, 安住菩薩行處 及親近處. 能爲衆生 演說是經. 文殊師利 云何名菩薩摩訶薩行處. 若菩薩摩訶薩 住忍辱地 柔和善順 而不卒暴 心亦不驚. 又復於法 無所行 而觀諸法如實相. 亦不行不分別 是名菩薩摩訶薩行處.

그때 문수사리 법왕자(法王子) 보살마하살이 부처님께 말했다.

"세존이시여! 이 모든 보살들은 매우 희유(稀有)하여 부처님의 가르침에 수순하고 공경하는 까닭에 큰 서원(誓願)을 일으키고, 미래의 오탁악세에 이 법화경의 법문을 호지(護持)하여 독송하고 설법하려고 합니다. 세존이시여! 보살마하살이 미래의 오탁악세에서 어떻게 수지하면 이 법화경을 설할 수 있겠습니까?"

부처님이 문수사리에게 말했다.

"만일 보살마하살이 미래의 오탁악세에서 이 법화경을 설하고자 한다면 네 가지 안락한 법에 안주해야 한다.

첫째, 보살이 여법하게 몸과 마음이 안정되는 수행(行處)과 여실하게 진여일심의 지혜로 친근하는 수행(親近處)을 해야 능히 중생들에게 이 법화경의 법문을 설할 수 있다.

문수사리여! 무엇이 보살마하살이 수행해야 할 일(行處)인가?

만약 보살마하살이 인욕행을 실행해야 할 때는, 부드러운 마음으로 화합하여 여법하게 만법과 순응하면서 졸렬하고 난폭(卒暴)하지 않아야 하며, 마음으로 놀라는 일이 없어야 한다.

또한 일체의 모든 존재나 사물(法)에 대하여 대상경계로 추구하는 일이 없고(無所行), 제법의 여실한 진실상(實相)을 관찰하며 또한 중생심행으로 사량하지 말고 대상경계도 분별하지 말아야 한다. 이것이 보살마하살이 마음으로 수행해야 할 일(行處)이다.

* 여기서 제보살(諸菩薩)은 권지품에서 오탁악세의 법화행을 수행한 보살들이다. 사법(四法)은 신구의(身口意)와 誓願의 네 가지 안락행을 말하는데, 첫째로 신안락행(身安樂行)이다.

* 菩薩行處 : 보살이 진여일심의 지혜로 여법하게 수행해야 할 심행처(心行處)이다. 친근처(親近處)는 진여일심의 지혜로 친밀하게 여법 수행하는 일

인데, 자아의식과 대상경계를 초월한 眞如三昧가 되도록 해야 한다. 여기서 말하는 처(處)는 도리나 법칙을 말한다.

* 법(法) : 일체의 모든 대상경계나 사물(法)을 말하는데, 자아의식으로 대상경계를 추구하거나 소유하려는 분별심이 없도록 하는 것이 무소행(無所行), 무소구행(無所求行), 무소유(無所有)이며 공(空)의 실천이다.
* 관제법여실상(觀諸法如實相) : 『법화경』의 기본 사상으로 제법실상을 여실하게 관찰하는 관법(觀法) 수행이다. 즉 진여법은 아공(我空), 법공(法空), 일체개공의 경지라는 사실을 여법하고 여실하게 관찰하고, 반야의 지혜를 깨달아 체득하는 수행이다. 그 구체적인 내용이 "亦不行 亦不分別"인데, 不行은 자아의 주관적인 중생심의 망념으로 사량 분별하는 심행(心行)이며, 불분별(不分別)은 의식의 대상경계에 대하여 사량 분별하고 사견과 망념으로 집착하지 않는 것이다. 즉 我空, 法空의 수행을 해야 한다는 말이다.

보살의 원리처(遠離處)

云何 名菩薩摩訶薩親近處. 菩薩摩訶薩 不親近國王王子, 大臣官長, 不親近諸外道, 梵志, 尼犍子等. 及造世俗文筆 讚詠外書. 及路伽耶陀 逆路伽耶陀者. 亦不親近諸有兇戲 相扠相撲及那羅等 種種變現之戲. 又不親近旃陀羅 及畜猪羊雞狗 畋獵漁捕 諸惡律儀. 如是人等 或時來者 則爲說法 無所希望.
又不親近 求聲聞比丘 比丘尼 優婆塞 優婆夷 亦不問訊. 若於房中, 若經行處, 若在講堂中 不共住止. 或時來者 隨宜說法無所希求.

무엇을 보살마하살이 친근할 곳이라 하는가?

보살마하살은 국왕이나 왕자, 대신이나 관료들을 친근하지 말아야 한다. 또 모든 외도(外道)인 바라문(梵志)이나 자이나교도(尼犍子)들과 세속의 문필가나 외도의 서적을 찬탄하는 사람들이나, 순세 외도의 유물론자(路伽耶陀)와 좌파 순세 외도 유물론자들과 친근하지 말아야 한다.

또 여러 가지 흉악한 놀이와 도박하는 사람, 서로 치고 때리며 싸움하는 사람, 힘을 과시하는 역사(力士; 那羅延) 등 여러 종류의 환술가나 요술쟁이들을 친근하지 말아야 한다.

도살자(旃陀羅)와 돼지, 양, 닭, 개를 키우며 짐승들을 사냥하고 고기 잡는 여러 가지 악업을 짓는 사람들과 친근하지 말아야 한다. 만약 이러한 사람들이 찾아오거든 그들에게 정법(法)을 설하고, 바라거나 희망하는 일도 없어야 한다.

또한 성문승(聲聞乘)의 깨달음을 추구하는 비구, 비구니, 우바새, 우바이들과 친근하지도 말고, 문안하지도 말아야 한다. 성문승들과는 방안에서나 경행을 할 때나 강당에서도 함께 거주하지 말아야 한다. 혹시 그들이 찾아오면 훌륭한 방편 법문으로 설법을 하지만, 대가를 요구하는 일이 없어야 한다.

* 친근처(親近處) : 불법의 진실을 아직 깨닫지는 못했지만, 친히 수습하여 직접 체득하도록 수행하는 일이다. 행처(行處)나 심행처(心行處), 무유시처(無有是處)라고 설하는 처(處)는 실상진여(實相眞如)의 理法이나 도리(道理)를 지칭하기도 하고, 당연하게 실행해야 할 일을 말한다.
* 범지(梵志) : 바라문의 생활 四期(梵行, 家住, 林棲, 遊行) 중에 스승을 따라 수학하는 학생시기(梵行)의 독신자를 말한다.
* 니건자(尼犍子) : 육사(六師) 외도(外道) 가운데 한 사람으로 자이나교의 창시자이다. 베다를 부정하고 불살생 등 계율에 철저하며 고행을 권한다.
* 로가야타(路伽耶陀) : 육사(六師) 외도 가운데 순세외도(順世外道)로서 唯物

論者이다. 인간의 목적은 이익과 애욕뿐, 과거나 미래도 없고 선악의 과보도 없다고 주장한다.

* 역로가야타(逆路伽耶陀) : 좌파(左派)의 순세 외도이다.
* 나라(那羅) : 나라연(那羅延)으로 몸에 여러 가지 색칠을 하고 힘을 쓰는 차력사로서 마술 같은 다양한 신체의 변화와 기술을 보여주는 사람이다.
* 전타라(旃陀羅) : 범어 candala로 집악(執惡)이라고 번역하며, 도살자를 말한다.

文殊師利 又菩薩摩訶薩 不應於女人身 取能生欲想相 而爲說法 亦不樂見. 若入他家 不與少女 處女 寡女等共語, 亦復不近五種不男之人, 以爲親厚 不獨入他家. 若有因緣 須獨入時 但一心念佛.

若爲女人說法 不露齒笑, 不現胸臆, 乃至爲法 猶不親厚, 況復餘事. 不樂畜年少弟子 沙彌小兒 亦不樂與同師.

문수사리여! 또 보살마하살이 여인(女人)의 몸에 대하여 스스로 욕망을 일으킬 만한 형상으로 설법하지 말아야 하며, 여인의 몸을 보는 것을 좋아하지도 말아야 한다. 만약 남의 집안에 들어가더라도 소녀, 처녀, 과부들과 함께 말하지 말아야 한다. 또한 다섯 종류 사내가 아닌 남자(不男)를 가까이 하거나 친구로 삼지 말아야 한다. 혼자서 다른 사람의 집에 들어가지 말아야 한다. 만약 특별한 일이 있어 혼자 남의 집안에 들어가게 될 때는 오직 일심(一心)으로 자각하는 염불(念佛) 수행을 해야 한다.

만약 여인에게 설법하게 될 때는 치아를 드러내고 웃지도 말고, 가슴을 드러내지도 말아야 한다. 구법을 위해서라도 여인과 친근하지 말아야 하는데, 어찌 하물며 다른 일이야 더 말할 필요가 있겠는가?

나이 어린 제자나 사미, 어린아이 양육하는 것을 좋아하지 말고, 그들과 함께 한 스승 모시는 일을 즐거워하지도 말아야 한다.

* 다섯 종류 사내가 아닌 남자(五種不男) : 『십송율장(十誦律藏)』 제21권에 설하는 오종남근(五種男根) 不具者를 말한다.
* 일심염불(一心念佛) : 진여일심으로 부처의 지혜를 자각하는 수행이다. 경전의 방편 법문을 수지(受持) 독송(讀誦)하고, 진여일심으로 사유하며 자각하는 방편 수행이다. 혹은 '나무아미타불'이나 '관세음보살'의 명호를 칭명하는 방편 수행도 있다.

보살이 친근해야 할 일(親近處)

常好坐禪 在於閑處 修攝其心. 文殊師利 是名初親近處.
復次菩薩摩訶薩 觀一切法空如實相, 不顚倒 不動 不退 不轉 如虛空 無所有性 一切語言道斷 不生不出不起. 無名無相 實無所有 無量無邊 無礙無障. 但以因緣有 從顚倒生故說 常樂觀如是法相 是名菩薩摩訶薩 第二親近處.

대승보살은 항상 좌선수행을 즐기며, 한적한 공간에서 중생심의 망심을 수습하는 선정수행을 해야 한다.

문수사리여! 이것이 첫째로 친근해야 할 수행의 일이다. 또 보살마하살이 일체법이 본래 공(空)한 여실한 진실상(實相)을 관찰하여 마음이 전도(顚倒)되지 않고, 동요되지 않고, 생사윤회에 퇴보하지 않고, 망심으로 전향하지 않도록 해야 한다. 마치 허공과 같이 하여 진여본성에 소유하는 일이 없어야 한다. 일체의 언설의 길이 차단되고, 번뇌 망심이 드러나지도 않고, 나타나지도 않고, 일어나지도 않도록 해야 한다.

또한 일체의 명칭도 없고 형상도 없이 진실로 무소유의 경지에서 한량없이 끝이 없고, 걸림도 없고 장애되는 일도 없도록 해야 한다. 다만 인연(因緣)으로 잠시 존재하는 것인데, 자아의식의 전도된 착각으로 존재하는 것이라고 주장하고 있다.

항상 이와 같이 제법의 진실상을 여실하게 열반의 법락(法樂)으로 관찰해야 한다. 이것을 보살마하살이 두 번째로 친근해야 할 일이다."

* "좌선(坐禪) 수행은 조용한 장소에서 중생심의 망심을 수습해야 한다(坐禪在於閑處 修攝其心)"라는 일절은 『좌선의(坐禪儀)』에도 인용하고 있다. 중생심의 망심을 수습하는 것은, 자아의식의 중생심을 텅 비우고 진여본심을 회복하는 일이다.

게송으로 거듭 설하다

爾時世尊 欲重宣此義 而說偈言

若有菩薩　於後惡世　無怖畏心　欲說是經
應入行處　及親近處　常離國王　及國王子
大臣官長　兇險戲者　及栴陀羅　外道梵志
亦不親近　增上慢人　貪著小乘　三藏學者
破戒比丘　名字羅漢　及比丘尼　好戲笑者
深着五欲　求現滅度　諸優婆夷　皆勿親近

그때 세존이 이 법문의 뜻을 거듭 펴기 위해 게송으로 설했다.

"만일 보살들이 미래의 오탁악세에서 두려운 마음 없이 이 경전의 법문을 설하려면, 반드시 수행할 것과 친근해야 할 일을 알아야 한다.

항상 국왕과 국왕의 아들, 대신과 관료들을 멀리 여의도록 해야 한다.
흉악하고 위험한 도박꾼이나 도살자(전타라)와 외도의 바라문(범지)들을 항상 멀리해야 한다.
또한 자만심의 증상만인이나 소승(小乘) 삼장(三藏)의 학문에 탐착하는 이들도 친근하지 말아야 한다.
파계(破戒)한 비구와 이름뿐인 나한과 비구니, 남을 희롱하고 웃기는 사람들을 멀리해야 한다.
세상의 오욕락(五慾樂)에 깊이 탐착하고, 현재의 몸(現身)으로 열반을 구하려는 사람과 모든 우바이(여신도)들을 친근하지 말아야 한다.

* 현재의 몸으로 열반을 구하려는 사람은 세간의 오욕락에 탐착하여 신심(身心)의 고통을 싫어하며, 사견(邪見)과 환상(幻想), 착각으로 安樂을 추구하는 外道이다.

若是人等　以好心來　到菩薩所　爲聞佛道
菩薩則以　無所畏心　不懷希望　而爲說法
寡女處女　及諸不男　皆勿親近　以爲親厚
亦莫親近　屠兒魁膾　畋獵漁捕　爲利殺害
販肉自活　衒賣女色　如是之人　皆勿親近
兇險相撲　種種嬉戲　諸婬女等　盡勿親近
莫獨屛處　爲女說法　若說法時　無得戲笑
入里乞食　將一比丘　若無比丘　一心念佛
是則名爲　行處近處　以此二處　能安樂說

만약 이런 사람들이 좋은 마음으로 보살의 처소에 와서 불도(佛道)의 법문을 청법하려고 하면,

보살은 두려움 없는 마음과 바라는 마음을 품지 말고 그들에게 설법해야 한다.
과부나 처녀나 오종(五種)의 남자 아닌 사람(不男)을 모두 가까이 하거나 친밀하게 하지 말라.
도살자나 고기를 잡아 파는 자, 사냥하고 물고기 잡고, 이익을 위해 짐승을 죽이는 사람들을 가까이하지 말라.
어육(魚肉)을 팔아 생활하고 여색을 파는 사람들을 친근하지 말라.
험상궂게 서로 치고 다투는 사람, 여러 가지 오락과 장난꾼과 모든 음란한 여자들을 친근하지 말라.
홀로 외딴 곳에서 여인에게 설법하지 말고, 만약 설법하려면 희롱하고 웃지 말라.
마을에 가서 걸식(乞食)할 때는 다른 비구와 함께 가며, 만약 다른 비구가 없을 때는 일심으로 염불(念佛)하라.
이것이 곧 보살이 수행해야 할 일과 친근해야 할 일이니, 이와 같은 수행처와 친근처 두 곳을 안락처라고 설한다.

진실은 원근(遠近)이 없다

又復不行　上中下法　有爲無爲　實不實法
亦不分別　是男是女　不得諸法　不知不見
是則名爲　菩薩行處　一切諸法　空無所有
無有常住　亦無起滅　是名智者　所親近處
顚倒分別　諸法有無　是實非實　是生非生
在於閑處　修攝其心　安住不動　如須彌山
觀一切法　皆無所有　猶如虛空　無有堅固
不生不出　不動不退　常住一相　是名近處

또 상품, 중품, 하품의 가르침과 유위(有爲) 무위(無爲)와 진실과 진실 아닌 차별심으로 수행하지 않는다.

또한 남자와 여자를 분별하지 않고, 제법을 의식의 대상경계에 두지 않고 분별하여 알지도 말고 보지도 말아야 한다. 이것이 곧 보살이 수행해야 할 일이다.

일체의 제법은 공(空)하여 소유할 것이 없고, 항상 상주하는 것도 없으니 번뇌 망념이 일어나거나 소멸하지도 않는다. 이것이 지혜 있는 사람이 친근해야 할 일이다.

중생은 전도(顚倒)된 망상으로 모든 법이 있다(有), 없다(無)라고 분별하고, 진실과 비진실, 생(生)과 불생(不生)을 분별한다.

한적한 곳에서 중생심의 망심을 수습하여 선정을 닦고, 평안히 진여본심에 안주하여 마음이 부동(不動)하기를 수미산과 같이 해야 한다.

일체법이 모두 공(空)하여 소유할 것이 없고, 마치 허공과 같이 텅 비어 견고한 실체로 존재하는 것도 없으며, 망념이 생기지도 않고(不生不出), 동요하거나 퇴보하는 일도 없고, 항상 진여일심(眞如一相)의 지혜로 안주하는 것을 관찰해야 한다. 이것이 보살이 친근해야 할 일이다.

* 한적한 곳에서 중생심의 망심을 수습하여 선정을 닦고, 평안히 진여본심에 안주(安住)하여 마음이 부동(不動)하기를 수미산과 같도록 해야 한다(在於閑處 修攝其心 安住不動 如須彌山)라는 일단은, 중국 선불교의 『좌선의』에도 인용하여 좌선 수행의 요체로 제시한다.

안주부동(安住不動)은 진여일심의 지혜가 여여부동(如如不動)한 경지이며, 진여일상(眞如一相)은 眞如三昧, 禪定三昧, 一行三昧의 경지이다.

若有比丘　於我滅後　入是行處　及親近處
說斯經時　無有劫弱　菩薩有時　入於靜室

以正憶念　隨義觀法　從禪定起　爲諸國王
王子臣民　婆羅門等　開化演暢　說斯經典
其心安隱　無有怯弱　文殊師利　是名菩薩
安住初法　能於後世　說法華經

만약 어떤 비구가 여래의 지혜가 소멸한 이후 중생이 되었을 때, 이와 같이 수행해야 할 것과 친근해야 할 것을 깨달으면 이 경전의 법문을 설할 때 겁약(怯弱)하는 일이 없다.
보살은 시절인연에 따라서 조용한 선실에서 정념으로 경전의 법문을 사유하고, 그 뜻을 여법하게 관찰해야 한다.
선정(禪定)의 수행에서 일어나 여러 국왕과 왕자, 신하와 백성과 바라문들에게 법문으로 교화하고 연창하여 이 경전의 법문을 설하면, 그의 마음은 편안하여 겁약할 일이 없다.
문수사리보살이여!
이것이 보살들이 첫 번째 몸(身)을 평안하게 하는 수행으로, 능히 후세에 법화경의 법문을 설할 수 있다.”

* 정억념(正憶念) 수의관법(隨義觀法) : 경전의 법문을 수지, 독송하고 정념으로 사유하여 법문의 뜻을 관찰하는 방편 수행이다. 正憶念은 정념(正念)으로, 진여일심의 지혜로 경전의 법문을 여법하게 기억하고 정법으로 사유하는 것이다. 진여일심법이 지혜로 작용하는 뜻(義)을 여법하게 관찰하는 관법수행이다.
* 여기서 말한 초법(初法)은 보살의 첫 번째 몸(身)을 평안하게 하는 수행으로 신안락행법(身安樂行法)이다.

입 안락행법(口安樂行法) - 설법 안락행

又文殊師利 如來滅後 於末法中 欲說是經 應住安樂行. 若口宣說, 若讀經時 不樂說人及經典過. 亦不輕慢諸餘法師. 不說他人好惡長短. 於聲聞人 亦不稱名 說其過惡. 亦不稱名 讚歎其美. 又亦不生怨嫌之心.
善修如是安樂心故 諸有聽者 不逆其意 有所難問 不以小乘法答 但以大乘 而爲解說 令得一切種智.

또 문수사리여! 여래의 지혜가 없는 중생의 말법(末法) 시대에 이 경전의 법문을 설하고자 할 때는 반드시 구업(口業)이 청정한 안락(安樂)의 경지에서 여시 설법할 수 있어야 한다.

만약 입으로 법문을 연설하거나 경전을 독송할 때는 사람들과 경전의 법문의 허물을 말하지 말라. 또한 다른 법사들을 경솔하게 여기거나 업신여기지 말고, 다른 사람의 좋은 점과 나쁜 점, 장단점을 말하지 말아야 한다.

또한 어떤 성문의 이름을 지칭해서 그의 허물과 나쁜 점을 말하지 말고, 또한 이름을 지칭해서 칭찬도 하지 말라. 또 원망하고 싫어하는 망심도 일으키지 말아야 한다.

이와 같이 안락한 마음을 수행하려면 모든 법문을 듣는 이들의 뜻을 어기지도 말며, 어려운 질문이 있으면 소승법(小乘法)으로 대답하지 말고, 대승법(大乘法)으로 해설하여 그들이 일체종지(一切種智)를 깨달아 체득하도록 해야 한다."

* 어려운 질문이 있으면 소승법으로 대답하지 말고, 대승법으로 해설하여 일체종지(一切種智)를 깨달아 체득하도록 설했다.

『법화경』에서 소승법은 진정한 열반이 아니며(非眞滅), 대승법은 진정한 열반(眞滅)이라고 설한 법문과 같다. 즉 자아의식과 의식의 대상경계를 텅 비운 아공(我空), 법공(法空)의 경지에서 진여일심의 지혜와 자비로 공덕행을 회향하는 대승의 열반이다.

* 일체종지(一切種智) : 일체제법의 진실한 도리를 여법하게 관찰하여 방편의 지혜를 제시하는 것이다. 『대승기신론』에는 "중생심의 무지와 무명(無明)을 단번에 소멸하는 것을 일체종지"라고 설한다.

게송으로 거듭 설하다

爾時世尊 欲重宣此義 而說偈言

菩薩常樂　安隱說法　於淸淨地　爾時牀座
以油塗身　澡浴塵穢　著新淨衣　內外俱淨
安處法座　隨問爲說　若有比丘　及比丘尼
諸優婆塞　及優婆夷　國王王子　羣臣士民
以微妙義　和顔爲說　若有難問　隨義而答
因緣譬喩　敷演分別　以是方便　皆使發心
漸漸增益　入於佛道　除懶惰意　及懈怠想
離諸憂惱　慈心說法　晝夜常說　無上道敎
以諸因緣　無量譬喩　開示衆生　咸令歡喜
衣服臥具　飮食醫藥　而於其中　無所希望
但一心念　說法因緣　願成佛道　令衆亦爾
是則大利　安樂供養

그때 세존께서 이 뜻을 거듭 펴시려고 게송으로 말했다.

"보살은 항상 편안하게 청정한 도량에서 설법(說法)해야 한다.

그때 법상(法床)에서는 몸에 향유(香油)를 바르고 육진(六塵)으로 오염된 때를 씻고, 깨끗한 옷을 입고 심신의 안과 밖을 모두 깨끗이 하고 법좌에 편안히 앉아 질문에 따라 설법해야 한다.

비구 비구니, 우바새 우바이, 국왕이나 왕자, 신하들과 백성들에게 미묘한 불법의 뜻을 웃는 얼굴로 설법해야 한다.

만약 어려운 질문을 하면 불법의 뜻에 맞게 대답하고, 인연과 비유, 방편 법문으로 분별하여 연설해야 한다.

이와 같은 방편 법문으로 모두들 발심(發心)하게 하여, 점차로 해탈 이익이 증장하고 불도(道)를 깨달아 체득하도록 해야 한다.

게으르고 나태한 생각을 모두 텅 비우고(空), 모든 근심 걱정을 다 여의도록 자비심으로 설법하며, 밤낮으로 항상 무상의 불도(道)를 설해야 한다.

여러 가지 인연과 한량없는 비유로써 중생들에게 정법을 개시하여 모두가 환희심을 일으키도록 해야 한다.

의복과 이부자리, 음식과 의약들, 그 가운데 하나라도 바라는 마음이 없도록 하고, 단지 일심으로 설법인연을 사유하고 불도를 이루고자 중생들이 모두 이와 같이 원력을 이루도록 해야 한다.

이것이 곧 큰 해탈의 이익이요, 입을 안락(安樂)하게 하는 공양이다.

* 웃는 얼굴로 설법하라(和顔爲說)는 말은, 『무량수경』의 "웃는 얼굴과 사랑스러운 말씀(和顔愛語)"이라는 법문과 같다.
* "불도를 깨닫도록(入於佛道) 설법하라." 여기서 입(入)은 들어간다는 뜻이 아니고, 중생심의 마음을 불심의 지혜로 바꾸는(入) 것이며 유심(唯心)의 실천이다.
* 사사(四事) 공양(供養) : 의식주와 의약을 말한다.

我滅度後　若有比丘　能演說斯　妙法華經
心無嫉恚　諸惱障礙　亦無憂愁　及罵詈者
又無怖畏　加刀杖等　亦無擯出　安住忍故
智者如是　善修其心　能住安樂　如我上說
其人功德　千萬億劫　算數譬喩　說不能盡

여래의 지혜가 소멸한 중생의 말세에, 만약 어떤 비구가 스스로 이 『묘법화경』을 연설한다면, 마음에 성내고 질투하고 고뇌하고 장애되는 일이 없다. 또한 근심 걱정하는 일과 꾸중하는 사람도 없고, 칼이나 막대기로 맞을 두려움도 없고, 쫓겨나는 일도 없으니 반야의 지혜(法忍)에 안주(安住)한 것이다. 지혜로운 사람은 이와 같이 선법으로 마음을 수행하고, 스스로 안락(安樂)의 경지에 안주하는 것이 여래가 위에서 설한 것처럼, 그 사람의 공덕은 천만 억겁을 두고 산수의 비유로도 능히 다 설할 수가 없다."

심안락행법(心安樂行法)

又文殊師利 菩薩摩訶薩 於後末世法欲滅時 受持 讀誦 斯經典者 無懷嫉妬諂誑之心. 亦勿輕罵 學佛道者 求其長短.
若比丘 比丘尼 優婆塞 優婆夷 求聲聞者, 求辟支佛者, 求菩薩道者, 無得惱之 令其疑悔 語其人言, 汝等去道甚遠 終不能得一切種智. 所以者何. 汝是放逸之人 於道懈怠故. 又亦不應戲論諸法 有所諍競.
當於一切衆生 起大悲想. 於諸如來 起慈父想. 於諸菩薩 起大師想. 於十方諸大菩薩 常應深心 恭敬禮拜. 於一切衆生 平等說法 以順法故 不多不少. 乃至深愛法者 亦不爲多說.

文殊師利 是菩薩摩訶薩 於後末世法欲滅時 有成就是第三安樂行者 說是法時 無能惱亂. 得好同學 共讀誦是經. 亦得大衆 而來聽受. 聽已能持 持已能誦 誦已能說 說已能書. 若使人書 供養經卷 恭敬尊重讚歎.

"또 문수사리여! 보살마하살이 후대의 말세에 정법이 소멸하려고 할 때, 이 경전의 법문을 수지하고 독송하는 사람은 남을 질투하고 속이려는 마음을 품지 말아야 한다.

또 불도를 배우고 수학하는 사람을 가벼이 업신여기고 그의 장점과 단점을 찾아내려고 하지 말아야 한다.

만약 비구, 비구니, 우바새, 우바이로서 성문(聲聞)의 도를 구하는 사람, 벽지불(辟支佛)의 경지를 구하는 사람, 보살(菩薩)의 도를 구하는 사람들을 고뇌하게 해서는 안 된다.

불법을 수행하는 구도자에게 회의심을 갖게 하려고 그들에게 '그대들이 불도(道)를 이룬다는 것은 너무나 멀고 힘든 일이기 때문에 결코 일체 종지의 지혜를 깨달아 체득하지 못할 것이다. 왜냐하면, 그대들은 게으른(放逸) 사람이며, 불도 수행에 해태심이 있기 때문이다'라는 말을 하지 말아야 한다.

또한 반드시 모든 제법에 대하여 희론(戱論)하거나 논쟁하고 다투는 일이 없어야 한다.

반드시 일체 중생들에게는 대비심을 일으키고, 모든 여래에게는 인자한 아버지라는 마음을 일으키고, 모든 보살들에게는 위대한 스승이라는 마음을 갖도록 해야 한다.

시방의 모든 위대한 보살들에게는 항상 깊고 간절한 마음으로 공경하고 예배하도록 하라. 일체의 중생들에게는 평등하게 설법을 하고, 정법에 순응하여 너무 많이 말하지도 말고 너무 적게 말하지도 말라. 깊이 불법을 사랑하는 사람에게라도 역시 너무 많은 설법을 하지 말아야 한다.

문수사리여! 이 보살마하살이 미래의 말세(末世)에 정법이 소멸하려 할 때, 이 세 번째 심안락행(心安樂行)을 성취한 사람이 불법을 설할 때 괴롭히고 시끄럽게 하는 사람이 없을 것이다.

훌륭한 동학(同學)을 만나서 함께 이 경전을 독송하고, 또 많은 대중들이 찾아와서 법문을 청법하게 될 것이다. 법문을 청법하고는 수지하고, 수지하고는 독송하고, 독송하고는 연설하고, 연설하고는 사경하며, 혹 다른 사람들에게도 사경하게 하여 경전의 법문을 공양하고 공경, 존중, 찬탄할 것이다."

게송으로 거듭 설하다

爾時世尊 欲重宣此義 而說偈言

若欲說是經　當捨嫉恚慢　諂誑邪僞心　常修質直行
不輕蔑於人　亦不戲論法　不令他疑悔　云汝不得佛
是佛子說法　常柔和能忍　慈悲於一切　不生懈怠心
十方大菩薩　愍衆故行道　應生恭敬心　是則我大師
於諸佛世尊　生無上父想　破於憍慢心　說法無障礙
第三法如是　智者應守護　一心安樂行　無量衆所敬

그때 세존께서 이 뜻을 거듭 펴시려고 게송으로 설했다.

"이 경전의 법문을 설하는 사람은, 질투하고 성내고 교만하고 속이는 거짓 마음을 버리고 항상 직심으로 수행하여, 사람들을 멸시하고 가벼이 하지 말고 불법의 가르침을 희론(戲論)하지 말아야 한다.

설법으로 다른 사람들을 의심하게 하지 말며, 너는 성불할 수 없다고 말하지 말라.

이 불자(佛子)가 설법할 때, 항상 부드러운 마음으로 능히 인욕행을 하며, 일체 중생을 자비심으로 대하고 게으른 마음을 일으키지 말아야 한다.

시방의 대보살들은 중생들을 불쌍히 여기고 불도를 수행하니, 응당히 공경하는 마음을 일으켜 이들을 나의 큰 스승으로 섬겨야 한다.

제불세존은 최상의 위대한 자부라는 마음을 일으키고, 교만심을 타파하면 설법함에 장애가 없다.

세 번째 심안락행법의 수행법이 이와 같으니 지혜 있는 사람은 잘 수호하여 일심으로 심안락행을 수행하면 한량없는 중생들이 공경할 것이다."

서원(誓願) 안락행의 수행법

又文殊師利 菩薩摩訶薩 於後末世法欲滅時 有持是法華經者. 於在家出家人中 生大慈心. 於非菩薩人中 生大悲心 應作是念. 如是之人 則爲大失 如來方便 隨宜說法 不聞不知 不覺不問 不信不解. 其人 雖不問不信 不解是經 我得阿耨多羅三藐三菩提時 隨在何地 以神通力 智慧力 引之令得住是法中.

"또 문수사리여! 보살마하살이 미래의 말세에 정법이 소멸하려 할 때, 이 법화경의 법문을 수지하고자 하는 사람은 재가인이나 출가(出家)인이나 큰 자비심을 일으켜야 한다.

불도를 수행하는 보살이 아닌 사람(범부나 이승의 수행자)들에게는 대비심을 일으키고, 반드시 이와 같이 사유해야 한다.

'이와 같은 사람은 지혜와 자비심을 상실한 사람들이다. 여래의 방편지혜로 올바르게 설법한 법문을 듣지 못하고 알지 못하고, 깨닫지 못하고 묻지도 않고,

확신하지도 않고 이해하지도 못하는구나. 이와 같은 사람들이 비록 이 경전의 법문을 묻지도 않고, 확신하지도 않고, 이해하지 못할지라도 내가 최상의 깨달음을 체득할 때, 언제 어디에 있을지라도 신통의 힘과 방편지혜의 힘으로 그들을 인도하여 불법을 깨달아 지혜로운 삶이 되도록 해야 한다.'

* 대실(大失) : 자아의식의 중생심으로 살고 있는 중생이 본래 진여본성에 구족된 큰 지혜와 자비심을 상실한 것이다. 발심 수행하여 중생심에서 본래의 진여본성으로 되돌아가 진여의 지혜를 회복하도록 원력과 서원을 세우는 것이다. 발심 수행은 본래의 진여본성을 깨닫는 것, 본래면목을 회복하는 일이다.
* 영득주시법중(令得住是法中) : 불법을 깨달아 여래의 지혜로 본분사의 삶을 살 수 있도록 서원하는 것이다. 『법화경』 약초비유품에 '제도 받지 못한 사람을 제도 하게 하고, 불법을 이해하지 못한 사람을 이해하게 하고, 안락하지 못한 사람을 안락하게 하고, 열반의 경지를 이루지 못한 사람을 열반의 경지를 체득하게 한다.(未度者令度, 未解者令解, 未安者令安, 未涅槃者 令得涅槃)' 라는 법문과 같다. 중국의 천태지의(天台智顗)는 이 법문을 사홍서원(四弘誓願)으로 해석하고 정리했다.

네 번째 서원의 안락행법의 성취

文殊師利 是菩薩摩訶薩 於如來滅後 有成就此第四法者 說是法時 無有過失. 常爲比丘 比丘尼 優婆塞 優婆夷 國王王子 大臣人民 婆羅門居士等 供養恭敬 尊重讚歎, 虛空諸天 爲聽法故 亦常隨侍. 若在聚落城邑 空閑林中 有人來欲難問者 諸天晝夜常爲法故 而衛護之. 能令聽者 皆得歡喜. 所以者何 此經是一

切過去 未來 現在 諸佛 神力所護故.

문수사리여! 여래의 지혜가 소멸한 말세에 이 네 번째 서원의 안락행법을 성취한 보살마하살은 이 법화경의 법문을 설할 때, 과실(過失)이 없다.

항상 비구, 비구니, 우바새, 우바이, 국왕, 왕자, 대신, 인민, 바라문, 거사 등이 공양하고 공경하며, 존중하고 찬탄하게 될 것이다. 허공의 모든 제천들이 법문을 청법하고자 항상 따라다니며 시봉할 것이다.

만약 마을이나 성읍(城邑), 조용한 숲(山林)속에 있을 때 어떤 사람이 찾아와 어려운 질문을 하는 자가 있다면, 모든 천신들이 밤낮으로 정법을 위하여 그 수행자(법화행자)를 호위하고, 법문을 청법하는 사람들은 모두 환희심을 얻게 될 것이다.

왜냐하면 이 경전의 법문은 일체 과거, 미래, 현재 제불이 신통력(神力)으로 보호(所護)하고 있기 때문이다.

법화경의 공덕 – 계명주(髻明珠)의 비유

文殊師利. 是法華經. 於無量國中 乃至名字 不可得聞 何況得見 受持讀誦. 文殊師利. 譬如强力轉輪聖王 欲以威勢 降伏諸國 而諸小王 不順其命. 時轉輪王 起種種兵 而往討伐.
王見兵衆 戰有功者 卽大歡喜 隨功賞賜. 或與田宅聚落城邑. 或與衣服嚴身之具. 或與種種珍寶 金銀 瑠璃 硨磲 瑪瑙 珊瑚 琥珀 象馬車乘 奴婢人民. 唯髻中明珠 不以與之. 所以者何 獨王頂上 有此一珠 若以與之 王諸眷屬 必大驚怪.

문수사리여! 이 『법화경』의 법문은 한량없는 국토 가운데서 경전의 명칭도 듣기 어려운 일인데, 어찌 하물며 경전의 법문을 친견하여 깨닫고 수지하여 독송할 수 있는 일이 있을 수 있겠는가?

문수사리여! 비유하자면 마치 강력한 힘을 지닌 전륜성왕(轉輪聖王)이 군사의 위력으로 여러 나라를 항복 받으려고 할 때, 여러 작은 나라 왕들이 그 전륜성왕의 명령을 따르지 않으면 전륜성왕은 여러 가지 군대의 병사들을 보내서 그 나라들을 토벌하게 된다.

전륜성왕이 군사들 가운데 전쟁에서 공(功)이 있는 자를 보고 크게 기뻐하며 그 군사들의 공에 따라 상을 준다. 어떤 군사에게는 전답과 집과 마을과 고을을 주기도 하고, 어떤 군사들에게는 의복과 몸을 장엄할 수 있는 장신구를 주기도 한다. 또 어떤 군사들에게는 가지가지의 보물인 금, 은, 유리, 자거, 마노, 산호, 호박, 코끼리, 말, 수레, 노비, 인민 등을 주기도 한다.

그러나 오직 상투에 꽂아 놓은 밝은 보배구슬(髻明珠)은 주지 않는다. 왜냐하면 홀로 전륜성왕의 정수리에만 있는 이 하나의 밝은 보배구슬인데, 만일 이 보배구슬을 주면 반드시 왕의 모든 권속들이 반드시 크게 놀라고 괴이하게 생각하게 되기 때문이다.

* 轉輪聖王 : 천하를 통치하는 왕이며, 四軍은 코끼리부대(象), 전차부대(戰車), 기마부대(騎馬隊), 보병부대(步兵隊)이다.

비유 법문의 의미

文殊師利. 如來亦復如是. 以禪定智慧力 得法國土 王於三界 而諸魔王 不肯順伏 如來賢聖諸將 與之共戰. 其有功者 心亦歡喜. 於四衆中 爲說諸經 令其心悅 賜以禪定解脫 無漏根力 諸法之財. 又復賜與涅槃之城 言得滅度 引導其心 令皆歡喜 以不

爲說是法華經.

문수사리여! 여래의 지혜도 역시 이와 같다. 선정과 지혜의 힘으로 정법의 국토를 체득하고, 삼계(三界)의 법왕이 된다. 마왕(魔王)들이 순종하여 항복하지 않으면 여래와 현성의 장군(聖賢將軍)들이 그 마왕들과 함께 싸운다.

그리고 지혜의 공덕이 있으면 마음으로 환희하게 된다. 사부대중 가운데서 여러 가지 경전의 법문을 설하여 마음을 기쁘게 하고, 선정과 해탈, 번뇌 망념이 없는 무루(無漏)의 경지와 오근(五根)과 오력(五力) 등 모든 정법의 방편지혜(法財)를 하사하기도 한다.

또 열반의 성(城)을 하사하면 열반(滅度)의 경지를 깨달아 체득했다고 하며, 그 중생심의 마음을 인도(引導)하여 모두를 기쁘게 하지만 이 법화경(法華經)의 법문은 설하지 않는다.

* 무루(無漏), 오근(五根), 오력(五力)은 37助道品 가운데 설하는 신(信), 근(根), 념(念), 정(定), 혜(慧)를 말한다. 『법화경』의 법문은 대승 일심의 미묘한 출세간의 지혜법문이다. 연꽃이 진흙탕에 오염되지 않는 것처럼(處染常淨) 진여일심의 지혜로 중생세간에서 상구보리, 하화중생의 보살도를 실행하는 법문이다.

계명주를 받는 사람

文殊師利 如轉輪王 見諸兵衆 有大功者 心甚歡喜 以此難信之珠 久在髻中 不妄與人 而今與之.
如來 亦復如是 於三界中 爲大法王. 以法敎化一切衆生. 見賢聖軍 與五陰魔 煩惱魔 死魔共戰. 有大功勳 滅三毒出三界 破

魔網.

爾時 如來 亦大歡喜. 此法華經 能令衆生 至一切智. 一切世間 多怨難信 先所未說 而今說之.

문수사리여! 마치 전륜성왕이 여러 군사들 가운데 큰 공을 세운 사람을 보고 매우 기뻐서, 오랫동안 상투 속에 보관하고 남에게 주지 않았던 믿기 어려운 밝은 보배구슬(明珠)을 지금 큰 공을 세운 사람에게 주는 것과 같다.

여래의 지혜도 역시 이와 같다. 삼계의 대법왕(大法王)으로서 정법으로 일체 중생을 교화하다가 현자(三賢)와 성자(十聖)의 군사가 오온의 마구니(五陰魔), 번뇌의 마구니(煩惱魔), 죽음의 마구니(死魔)와 싸워서 큰 공을 세워 탐진치 삼독심을 소멸하고, 삼계를 벗어나 마구니(魔)들의 그물을 타파하면, 그때 여래도 크게 환희한다.

이 『법화경』의 법문은 능히 중생들로 하여금 일체지(一切智)에 도달하도록 하는 가르침이며, 일체 중생의 세간에서 원망도 많고 신뢰하지도 않기 때문에 여태까지 설법하지 않았던 경전의 법문을 지금 비로소 설하는 것이다.

* 난신지주(難信之珠) : 『법화경』에서 설하는 난신지법(難信之法)을 비유한 말이다. 명주(明珠)는 마니보주(摩尼寶珠)라고 하며, 일체 중생이 본래 구족하는 진여일심, 불성, 여래장을 말한다. 중생들은 진여일심을 불신(不信)하고 무지(無知), 무명(無明), 불각(不覺)으로 살고 있다. 진여일심을 깨달아 확신하는 신심수행, 발심수행과 경전의 법문을 청법하고, 방편수행으로 여래의 지혜를 깨달아 체득하도록 한다.

법화경은 여래의 제일설법

文殊師利 此法華經 是諸如來 第一之說. 於諸說中 最爲甚深 末後賜與. 如彼强力之王 久護明珠 今乃與之.
文殊師利 此法華經 諸佛如來 秘密之藏. 於諸經中 最在其上. 長夜守護 不妄宣說 始於今日 乃與汝等 而敷演之.

문수사리여! 이 『법화경』의 법문은 모든 여래의 지혜를 실행하는 제일 근본이 되는 훌륭한 가르침이다. 여러 가지 설법 가운데 가장 깊고 최후에 궁극적으로 설법하여 부여하는 법문이다.

마치 저 강력한 전륜성왕이 오랫동안 보호하던 밝은 보배구슬(明珠)을 지금에야 공이 있는 사람에게 선물로 주는 것과 같다.

문수사리여! 이 『법화경』의 법문은 제불여래의 비밀스러운 법장(秘密法藏)으로, 모든 경전 가운데 최상의 법문이다. 긴긴밤 동안 수호하고 헛되이 설법하지 않았던 법문을 오늘에야 비로소 그대들에게 『법화경』의 법문을 설한다."

* 제불여래의 비밀스러운 법장(秘密法藏) : 일체 중생이 본래 구족하고 있는 眞如自性, 여래장, 불성을 말한다. 『법화경』 법사품에도 "이 경은 바로 제불여래의 비밀스러운 법장(此經是諸佛秘密之藏)"이라고 설한다. 『법화경』의 미묘한 법문은 일체 중생이 본래 구족한 진여자성을 깨닫고, 제불여래의 처염상정(處染常淨)한 지혜를 실행하도록 설한다.
『법성게』에 "증지소지비여경(證智所知非餘境)" 이라고 설한 것처럼 발심 수행, 신심 수행, 방편 수행으로 수행자 각자가 깨달아 체득해야 한다.

게송으로 거듭 설하다

爾時世尊 欲重宣此義 而說偈言

常行忍辱 哀愍一切 乃能演說 佛所讚經
後末世時 持此經者 於家出家 及非菩薩
應生慈悲 斯等不聞 不信是經 則爲大失
我得佛道 以諸方便 爲說此法 令住其中
譬如强力 轉輪之王 兵戰有功 賞賜諸物
象馬車乘 嚴身之具 及諸田宅 聚落城邑
或與衣服 種種珍寶 奴婢財物 歡喜賜與
如有勇健 能爲難事 王解髻中 明珠賜之

그때 세존께서 이 뜻을 거듭 펴려고 게송으로 말했다.
"항상 인욕행을 하고 일체 중생들을 불쌍히 여겨야
부처님이 찬탄한 이 경전의 법문을 연설할 수 있다.
미래의 중생시대(末世)에서 이 경전의 법문을 수지하는 사람은, 재가나 출가나 보살이 아닌 사람도 반드시 자비심을 발휘해야 한다.
말세 중생들은 이 경전의 법문을 청법하지도 않고, 신심이 없으면 큰 지혜와 자비의 공덕을 상실하게 된다.
여래가 불도(佛道)를 깨달아 체득하여 여러 가지 방편 법문으로 이 『법화경』의 미묘한 법문을 설하는 것은, 일체 중생들이 네 가지 안락행의 삶을 살 수 있게 하는 것이다.
비유하면 강력한 전륜성왕이 전쟁에서 공이 있는 사람에게 여러 물건을 상으로 주는데,
코끼리, 말, 수레와 몸을 장엄하는 도구와 좋은 저택과 전답, 마을과 도성을

주기도 한다.

혹은 입을 옷도 주고 갖가지 진귀한 보배들과 노비와 재물을 주어 기쁘게 한다.

용맹하고 건장한 군사가 스스로 어려운 일에 공을 세우면 전륜성왕의 상투 속에 있는 명주(明珠)를 그에게 상으로 준다.

如來亦爾　爲諸法王　忍辱大力　智慧寶藏
以大慈悲　如法化世　見一切人　受諸苦惱
欲求解脫　與諸魔戰　爲是衆生　說種種法
以大方便　說此諸經　旣知衆生　得其力已
末後乃爲　說是法華　如王解髻　明珠與之
此經爲尊　衆經中上　我常守護　不妄開示
今正是時　爲汝等說

여래도 또한 그와 같이 제법의 王이 되어, 인욕과 큰 방편의 힘과 지혜의 보물 창고와 대자비(大慈悲)로써 여법(如法)하게 세간의 중생을 교화한다.

일체의 모든 사람들이 여러 가지 번뇌 망념의 고뇌에 시달려 해탈(解脫)의 구법행으로 여러 마군(魔群)들과 싸우는 것을 보고 이러한 중생들에게 다양한 법문으로 설법한다. 훌륭한 방편 법문으로 다양한 대승경전을 설하니, 이미 중생들이 보살로서 경전의 방편 법문의 지혜를 체득한 줄 알고, 최후에는 그들에게 이 법화경의 법문을 설한다.

마치 전륜성왕이 상투 속에 있는 명주를 상으로 주는 것과 같다.

이 경전의 법문은 존귀하여 모든 경전 가운데 최상이며, 여래가 항상 수호하고 허망하게 개시(開示)하지 않았으나 지금이 바로 설법할 때이기에 그대들에게 설법한다.

* 이승의 수행자들에게 이제 일승의 『법화경』 법문을 설한다는 내용이다. 견보탑품에서 설법, 청법 인연이 되어야 설한다고 한 것처럼, 석가여래가 이 『법화경』 법문을 수호(守護)하고 함부로 설하지 않았지만, 이제 시절인연이 도래되었다.

안락행의 과보

我滅度後　求佛道者　欲得安隱　演說斯經
應當親近　如是四法　讀是經者　常無憂惱
又無病痛　顔色鮮白　不生貧窮　卑賤醜陋
衆生樂見　如慕賢聖　天諸童子　以爲給使
刀杖不加　毒不能害　若人惡罵　口則閉塞
遊行無畏　如師子王　智慧光明　如日之照
若於夢中　但見妙事　見諸如來　坐師子座
諸比丘衆　圍繞說法　又見龍神　阿修羅等
數如恒沙　恭敬合掌　自見其身　而爲說法

여래의 지혜가 없는 중생의 시대에 불도(佛道)를 구하고 편안하게 이 경전의 법문을 연설하려면, 반드시 네 가지 안락행에 친근(親近)해야 한다.
이 『법화경』을 독송하는 사람은 항상 근심 걱정과 다른 병과 통증도 없고, 안색은 선명하고 깨끗하며 빈궁하고 하천(下賤)하고 추한 곳에 태어나지 않는다.
중생들이 성현(聖賢)들을 친견하고 공경하듯이 천신과 모든 동자들이 시중을 들며 따를 것이다.
몽둥이나 칼로 가해하지 못하고, 독약으로도 해치지 못한다.

만약 어떤 사람이 욕설을 하면 그 입이 닫히고, 두루 돌아다녀도 사자처럼 걸림이 없고 지혜의 밝은 광명이 해와 같이 비추니, 마치 꿈속에서 미묘한 일을 친견하는 것과 같다.
제불여래가 모든 비구대중들에게 둘러싸인 사자좌에서 설법하는 것을 친견한다.
또 갠지스강의 모래 수만큼 많은 용왕과 신장들과 아수라 등이 공경하고 합장하면, 스스로 자신이 그 몸으로 설법하는 것을 친견한다.

* 『법화경』 권지품에 경전의 법문을 널리 홍포하는 일에 3가지 나쁜 적은, 무지한 사람이 나쁜 말로 매도하고 나무막대기로 때리고 설법을 방해하는 것과, 세속의 증상만인(俗中增上慢)과 출가인으로서 증상만인(道門增上慢), 성자의 이름을 가차하는 증상만인(借僧增上慢) 등을 언급하고 있다.

又見諸佛　身相金色　放無量光　照於一切
以梵音聲　演說諸法　佛爲四衆　說無上法
見身處中　合掌讚佛　聞法歡喜　而爲供養
得陀羅尼　證不退智　佛知其心　深入佛道
卽爲授記　成最正覺　汝善男子　當於來世
得無量智　佛之大道　國土嚴淨　廣大無比
亦有四衆　合掌聽法　又見自身　在山林中
修習善法　證諸實相　深入禪定　見十方佛

제불법신이 황금빛으로 빛나는 것을 친견하니, 한량없는 광명을 놓아 일체 세간을 비추며 여법한 법음(法音)으로 제법을 연설한다.
부처님이 사부대중에게 무상의 정법을 연설하니, 자신의 몸이 그 속에서 합장하고 찬탄하는 것을 보고, 법문을 청법하고 환희하며 법공양을 하게 된다. 불법의 대의(다라니; 總持)를 체득하여 불퇴전의 지혜를 증득(證得)하니, 부처님은 그들이 마음에 불도를 깊이 깨달은 것을 알고, 최상의 정각(正覺)을 이룬다고 수기(授記)를 내린다.

그대 선남자들이여! 장차 미래의 세상에서 한량없는 지혜를 체득하여 불법의 대도를 이루니, 그 국토는 장엄하고 청정하며 광대하여 비교할 것이 없고, 사부대중은 모여 앉아 합장하고 법문을 청법할 것이다.

또 자신이 숲(山林)속에 앉아 있는 모습을 보고, 선법을 수습하여 제법의 실상(實相)을 증득하여 깊이 선정(禪定)에 들어 시방의 제불을 친견한다.

諸佛身金色　百福相莊嚴　聞法爲人說　常有是好夢
又夢作國王　捨宮殿眷屬　及上妙五欲　行詣於道場
在菩提樹下　而處師子座　求道過七日　得諸佛之智
成無上道已　起而轉法輪　爲四衆說法　經千萬億劫
說無漏妙法　度無量衆生　後當入涅槃　如煙盡燈滅
若後惡世中　說是第一法　是人得大利　如上諸功德

제불의 법신은 황금색이요 백복상(百福相)으로 장엄하였으며, 법문을 청법하고 다른 사람에게 설법하니 항상 이와 같이 좋은 꿈을 꾸게 된다.

어떤 때는 꿈에 국왕이 되어 궁전과 권속들을 다 버리고, 세속의 다섯 가지 욕망도 마다하고 청정한 도량에 나아가 보리수나무 아래 사자좌에 앉아 좌선한다.

불도를 구하기 칠일이 지나 제불의 지혜를 체득하고, 무상의 불도를 성취한 이후에 자리에서 일어나 법륜을 굴리며, 사부대중에게 천만 억겁 동안 법문(法門)을 설한다. 무루(無漏)의 미묘법을 연설하여 한량없는 중생들을 제도하고, 이후에 열반에 드니 연기가 없어지고 등불이 꺼지는 듯하다.
만약 미래에 중생의 오탁악세(五濁惡世)에서 이 제일의 불법을 연설하여, 이 사람이 해탈의 큰 이익을 체득한 것은 위에서 설한 모든 지혜의 공덕(功德)과 같다."

* 백복장엄상(百福莊嚴相) : 제불여래의 지혜가 32相 80種好로 장엄된 것.
* 연기도 없고, 등불도 소멸한다(煙盡燈滅)는 말은, 자취나 흔적도 없는 무여무루열반(無餘 無漏涅槃)의 경지이다.

제15 종지용출품(從地涌出品)

* 『법화경』 28품 가운데 앞에서 설한 14품을 적문(迹門), 이후의 14품을 본문(本門)이라고 구분한다.
  迹門은 『법화경』의 법문을 석가모니 화신불이 방편, 비유, 인연 법문으로 설법하여 중생들을 구제한 자취와 흔적을 언어 문자로 남긴 것이다.
  本門은 제불여래가 本來성불, 구원실성(久遠實成)한 것으로 본래불, 제불의 本地, 진여본성을 말한다. 본적(本迹)이라는 말은, 승조(僧肇)의 『조론(肇論)』에서 사용했는데 천태지의(天台智顗)가 이 말을 차용하여 『법화경』에 의거한 천태의 교학을 정립하고, 중국불교에 널리 유포되었다.
  석가모니불이 역사상 가야성에서 19세에 출가하여 5년 유행 구도와 6년 고행, 30세에 성도하여 40년간 어떻게 이 많은 중생들을 교화할 수가 있었겠는가? 이러한 의문점에 대한 해답이 如來壽量品인데, 40여 년(49년)이란 설법을 기술하며, 『법화경』을 설한 것은 만년(晩年)으로 판단했다.
  이것은 천태교학의 오시교판(五時敎判)의 근거가 된다. 즉, 녹야시(鹿野時)는 아함경을 12년간 설한 것이고, 방등시(方等時)는 『유마경』, 『승만경』, 『사익경』 등을 8년간 설한 것이고, 반야시(般若時)는 반야경을 21년간 설한 것이고, 법화 열반시(法華 涅槃時)는 『법화경』, 『열반경』 등 여래비장(如來秘藏)의 법문을 8년간 설한 석가세존 최후의 설법이라는 뜻이다.

종지용출장(從地涌出章)

爾時 他方國土 諸來菩薩摩訶薩. 過八恒河沙數. 於大衆中起

合掌作禮 而白佛言. 世尊 若聽我等 於佛滅後 在此娑婆世界 勤加精進. 護持 讀誦 書寫 供養 是經典者 當於此土 而廣說之. 爾時 佛告諸菩薩摩訶薩衆. 止. 善男子. 不須汝等 護持此經. 所以者何 我娑婆世界 自有六萬恒河沙等 菩薩摩訶薩 一一菩薩 各有六萬恒河沙眷屬. 是諸人等 能於我滅後 護持讀誦 廣說此經.

그때 타방국토에서 온 보살마하살들이 여덟 갠지스강의 모래 수보다 많았다. 이들이 대중 가운데서 일어나 합장 예배하고 부처님께 말씀드렸다.

"세존께서 만약 저희들이 부처의 지혜가 없는(佛滅後) 중생의 사바세계에서 더 한층 수행 정진하여, 이 경전의 법문을 수호(守護), 독송, 사경하며 지혜로 공양하는 일을 허락하시면, 반드시 이 사바국토에서 『법화경』의 법문을 널리 설하겠습니다."

그때 부처님이 보살마하살들에게 말했다.

"그만두게 선남자여! 그대들이 이 경전을 호지 않아도 된다. 왜냐하면, 이 사바세계는 육만 항하사의 보살마하살들이 있고, 그 한 사람, 한 사람의 보살마다 각각 육만 항하사의 권속들이 있다. 이 모든 사람들이 여래의 지혜가 없는 중생의 시대에 능히 이 경전의 법문을 수호하여 수지, 독송하고 널리 이 경전의 법문을 설할 것이다."

* 부처님이 견보탑품에서 다보여래불을 친견하고자 타방국토에서 온 보살들에게 '그만두게(止)'라고 설한 것은, 『법화경』의 법문이 사바세계 중생들에게 설한 법문이기 때문이다. 사바세계의 보살들은 각기 원력, 발심 수행하여 자기 본분사, 일대사의 일로 실행해야 한다. 또한 타방국토에서 온 보살들도 각자 자기 국토에서 시절인연에 따른 본분사, 일대사의 일이 있기 때문이다. 그들은 사바세계와 인연과 원력이 약하고, 下方세계의 보

살들을 소집하여 적문(迹門)을 타파하고 본문(本門)을 나타내려고 하는 뜻이 있다고 해설한다. (『법화문구(法華文句)』 제9권 上)

세계가 진열(震裂)하고 보살들이 용출함

佛說是時 娑婆世界三千大千國土 地皆震裂. 而於其中 有無量千萬億菩薩摩訶薩 同時涌出. 是諸菩薩 身皆金色 三十二相 無量光明. 先盡在此娑婆世界之下 此界虛空中住 是諸菩薩 聞釋迦牟尼佛 所說音聲 從下發來.

一一菩薩 皆是大衆唱導之首. 各將六萬恒河沙眷屬. 況將五萬四萬 三萬二萬 一萬恒河沙等眷屬者. 況復乃至一恒河沙 半恒河沙 四分之一. 乃至千萬億那由他分之一 況復千萬億那由他眷屬. 況復億萬眷屬. 況復千萬百萬 乃至一萬. 況復一千一百乃至一十. 況復將五四三二一 弟子者. 況復單己 樂遠離行. 如是等比 無量無邊 算數譬喩 所不能知.

부처님이 이렇게 설법할 때, 사바세계인 삼천대천세계의 땅이 모두 진동하고 갈라지면서 그 가운데 있던 한량없는 천만 억 보살마하살이 한꺼번에 지하세계에서 솟아올랐다.

이 모든 보살들의 몸은 모두 금빛이요, 삼십이상(三十二相)을 갖추고 한량없는 광명으로 빛났다. 그들은 모두 이전부터 이 사바세계의 지하 허공 중에 상주했다. 이 모든 보살들은 석가모니 부처님이 설법하는 음성을 듣고 지하 세계로부터 발심하여 온 것이다.

그 한 사람, 한 사람의 보살들은 모두 대중들을 인도하는 지도자로서 각각 육만 항하사의 권속들을 거느리고 있었다. 뿐만 아니라 오만 항하사 권속, 사만 항하사 권속, 삼만 항하사 권속, 이만 항하사 권속, 일만 항하사 권속들을 거느리는 보살들이었다.

또 한 항하사의 권속, 반 항하사의 권속, 사분의 일 항하사의 권속과 내지 천만 억 나유타 분의 일 항하사의 권속을 거느린 보살도 있었다.

또 천만 억 나유타 권속, 억만 권속, 천만 권속, 백만 권속을 거느린 보살도 있었다.

또 일만 권속, 일천 권속, 일백 권속, 열 명의 권속과 내지 다섯 명의 제자, 네 명의 제자, 세 명의 제자, 두 명의 제자, 한 명의 제자만을 거느린 보살도 있었다.

또 홀로 단신(單身)으로 망념을 멀리 여의는 수행(行)을 좋아하는 보살들이 한량없고 그지없이 많아 산수계산이나 비유로도 그 숫자를 모두 다 헤아릴 수 없다.

두 세존께 예경(禮敬) 찬탄(讚歎)하다

是諸菩薩 從地出已. 各詣虛空七寶妙塔 多寶如來. 釋迦牟尼佛所到已. 向二世尊 頭面禮足. 及至諸寶樹下 師子座上佛所 亦皆作禮. 右繞三帀 合掌恭敬. 以諸菩薩 種種讚法 而以讚歎 住在一面. 欣樂瞻仰於二世尊.

是諸菩薩摩訶薩 從地涌出 以諸菩薩 種種讚法 而讚於佛, 如是時間 經五十小劫.

是時釋迦牟尼佛 黙然而坐. 及諸四衆 亦皆黙然 五十小劫 佛神力故 令諸大衆 謂如半日. 爾時四衆 亦以佛神力故 見諸菩薩 徧滿無量百千萬億國土虛空.

이 모든 보살들이 지하에서 솟아올라 각각 허공으로 나아가 칠보묘탑의 다보여래(多寶如來)와 석가모니불의 처소에 이르러 두 세존(世尊)께 머리 숙여 발에 예배하였다. 또 모든 보배나무 아래 사자좌 위 제불의 처소에 이르러 제불에게 예배하고, 오른쪽으로 세 번 돌고 합장 공경했다. 그리고 모든 보살들이 여러 가지 다양한 법문을 찬탄하고, 한쪽 측면에 서서 기쁜 마음으로 두 세존을 우러러보았다.

이 모든 여러 보살마하살들이 지하에서 솟아올라와 여러 가지 다양한 법문을 찬탄하고, 제불여래를 찬탄하는 시간이 오십 소겁이나 되었다.

그때 석가모니불이 침묵하고 앉아 있으니 모든 사부대중들도 역시 침묵했다. 그 오십 소겁의 시간이 부처님의 신통한 지혜의 힘으로 모든 대중에게는 한나절 같았다.

그때 사부대중들 역시 부처님의 신통한 지혜의 힘을 입어, 모든 보살들이 한량없는 백 천만 억 국토의 허공에 가득한 것을 친견했다.

네 명 보살(四導師)의 문안

是菩薩衆中 有四導師 一名 上行. 二名 無邊行. 三名 淨行. 四名 安立行. 是四菩薩 於其衆中 最爲上首唱導之師.

在大衆前 各共合掌 觀釋迦牟尼佛 而問訊言. 世尊 少病少惱 安樂行不 所應度者 受教易不 不令世尊 生疲勞耶. 爾時四大菩薩 而說偈言.

世尊安樂 少病少惱 教化衆生 得無疲倦
又諸衆生 受化易不 不令世尊 生疲勞耶

이 보살대중들 가운데 네 명의 도사(導師)가 있었다. 첫 번째 보살 이름은 상행(上行)이요, 두 번째 보살은 무변행(無邊行)이요, 세 번째 보살은 정행(淨行)이요, 네 번째 보살은 안립행(安立行)이었다.

이 네 보살들이 그 대중들 가운데서 가장 으뜸으로 인도하는 도사(導師)가 되었다. 그들은 대중들 앞에서 각각 합장하고 석가모니불을 뵈옵고 문안하며 말했다. "세존이시여! 병도 없고, 괴로움도 없이 안락행을 하십니까? 제도(濟度)를 받을 사람들은 교화를 잘 받아들입니까? 세존을 피곤하게 하지는 않습니까?"

그때 네 보살들이 게송으로 설했다.

"세존께서는 안락하고 병도 없고 괴로움도 없습니까?
중생들을 교화하는 일에 피곤하지 않으십니까?
또 모든 중생들은 교화(敎化)를 쉽게 받아들입니까?
세존을 피곤하게 하지는 않습니까?"

* 사도사(四導師)의 보살을 『正法華經』에는 종종행(種種行)보살, 무량행(無量行)보살, 이청정행(以淸淨行)보살, 건립행(建立行)보살이라고 한다.

세존의 답변

爾時 世尊 於菩薩大衆中 而作是言, 如是如是. 諸善男子 如來安樂 少病少惱 諸衆生等 易可化度 無有疲勞. 所以者何 是諸衆生 世世已來 常受我化 亦於過去諸佛 恭敬尊重 種諸善根. 此諸衆生 始見我身 聞我所說 卽皆信受 入如來慧. 除先修習學小乘者. 如是之人 我今亦令得聞是經 入於佛慧.

그때 세존은 보살대중 가운데서 이렇게 말했다.

"그러하고, 그러하다. 여러 선남자들이여! 여래는 안락(安樂)하여 병이 없고,

괴로운 일도 없다. 중생들 제도하기도 쉽고 피로하지 않다.

왜냐하면, 이 모든 중생들은 세세생생 이래로 항상 나의 교화를 받았고, 과거의 제불도 공양하고 존중하며 모든 선근(善根)을 심었다. 이 모든 중생들이 처음에 내 몸을 보고 내가 설한 법문을 듣고는 곧 모두가 신수(信受)하였으며, 여래의 지혜를 깨달아 체득했다.

다만 이전부터 소승(小乘)의 법문을 배우고 익힌 사람들만 제외한다. 이와 같은 소승 수행자들도 내가 이제 그들로 하여금 이 경전의 법문을 듣고 부처의 지혜를 깨달아 체득하도록 할 것이다."

* 여래안락(如來安樂) : 법희선열(法喜禪悅)의 법락(法樂)이며, 상락아정(常樂我淨)의 열반락(涅槃樂)이다.

보살들의 수희(隨喜)

爾時諸大菩薩 而說偈言

善哉善哉 大雄世尊 諸衆生等 易可化度

能問諸佛 甚深智慧 聞已信行 我等隨喜

於時世尊 讚歎上首 諸大菩薩

善哉善哉 善男子 汝等能於如來 發隨喜心

그때 모든 대보살들이 게송으로 설했다.

"훌륭하고 훌륭하십니다. 대웅(大雄) 세존이시여!

여러 중생들을 쉽게 교화하고 제도하십니다. 제불의 깊고 깊은 지혜를 스스로 묻고, 법문을 청법하고 신행하시니 저희들도 기쁩니다."

그때 세존께서 여러 상수(上首) 보살들을 찬탄했다.

"훌륭하고 훌륭하다. 선남자들이여! 그대들이 스스로 여래의 지혜에 수희 동참하는 발심을 하는구나."

* 대웅세존(大雄世尊) : 대웅전이라는 명칭이 붙게 된 근거자료이다. 『정왕경(頂王經)』에 대각세존(大覺世尊)이라는 말이 있다.(『대정장경』 제14권 588쪽 中)

차토 보살들의 의문

爾時 彌勒菩薩 及八千恒河沙諸菩薩衆 皆作是念. 我等 從昔已來 不見不聞如是大菩薩摩訶薩衆 從地涌出. 住世尊前 合掌供養 問訊如來. 時彌勒菩薩摩訶薩 知八千恒河沙諸菩薩等 心之所念 幷欲自決所疑.
合掌向佛 以偈問曰,

無量千萬億　大衆諸菩薩　昔所未曾見　願兩足尊說
是從何所來　以何因緣集　巨身大神通　智慧叵思議
其志念堅固　有大忍辱力　衆生所樂見　爲從何所來

그때 미륵보살과 팔천 항하사 보살들이 모두 이렇게 사유했다.

'우리들이 옛적부터 지금까지 이러한 대보살 마하살들이 지하에서 솟아 올라와 세존 앞에 거주하며, 합장 공양하고 여래께 문안하는 것을 지금까지 보지도 못했고 듣지도 못했다.'

그때 미륵보살마하살이 팔천 갠지스강의 모래 수와 같이 많은 보살들이 마음으로 생각하는 것을 알았으며, 아울러 자신의 의심도 해결하고자 했다.

미륵보살이 합장하고 부처님을 향해 게송으로 질문했다.

"한량없는 천만 억 여러 보살대중들은 예전에 일찍이 보지 못했으니, 원하건대 지혜와 자비를 구족한 세존(兩足尊)께서 설해 주십시오.
그 보살들은 어디로부터 왔으며, 무슨 인연(因緣)으로 모였습니까?
큰 몸과 큰 신통과 지혜도 불가사의합니다.
원력의 뜻이 견고하고 크게 인욕(忍辱)하는 지혜의 힘이 있어서 중생들이 친견하기 바라니, 그 보살들은 어디에서 왔습니까?

* 큰 몸(巨身) : 『금강경』(10)에서 설하는 대신(大身)과 같은 뜻인데, 『대승기신론』에는 일체 세간의 최고대신(最高大身)이라고 설한다. 보살이 수행을 완성한 증명은, 색구경천(色究竟天)처에서 색신을 나투는 것이다. 선에서는 대신(大身), 통신(通身), 혼신(渾身)이라고 한다.
* 지혜파사의(智慧叵思議) : 여래의 지혜가 불가사의한 것을 말한다. 파사의는 부사의(不思議), 불가사의(不可思議)와 같은 말이다. 『법성게』에 "번뇌 망상을 쉬지 않고는 깨달아 체득할 수가 없다(叵息妄想必不得)"라고 설한다.

一一諸菩薩　所將諸眷屬　其數無有量　如恒河沙等
或有大菩薩　將六萬恒沙　如是諸大衆　一心求佛道
是諸大師等　六萬恒河沙　俱來供養佛　及護持是經
將五萬恒沙　其數過於是　四萬及三萬　二萬至一萬
一千一百等　乃至一恒沙　半及三四分　億萬分之一
千萬那由他　萬億諸弟子　乃至於半億　其數復過上
百萬至一萬　一千及一百　五十與一十　乃至三二一
單己無眷屬　樂於獨處者　俱來至佛所　其數轉過上
如是諸大衆　若人行籌數　過於恒沙劫　猶不能盡知

하나하나의 보살들이 데리고 온 권속들의 수효가 한량이 없어, 갠지스강의 모래숫자와 같이 많습니다.

어떤 대보살의 권속은 육만 갠지스강의 모래숫자와 같이 많은데, 이 많은 대중들이 일심으로 불도(佛道)를 구합니다.

육만 갠지스강의 모래숫자와 같이 많은 큰 보살대중들이 함께 와서 부처님께 공양하고 이 경전의 법문을 호지(護持)합니다.

오만 갠지스강의 모래숫자와 같이 많은 권속을 거느린 보살은, 그 숫자가 이보다 더 많으며, 사만 갠지스강의 모래숫자와 같이 많은 권속을 거느린 보살, 삼만 갠지스강의 모래숫자, 이만, 내지 일만 갠지스강의 모래숫자, 일천 갠지스강의 모래숫자, 일백 갠지스강의 모래숫자, 내지 일 갠지스강의 모래숫자와 같이 많은 권속을 거느린 보살도 있습니다.

반 갠지스강의 모래숫자, 삼분의 일 갠지스강의 모래숫자, 사분의 일 갠지스강의 모래숫자, 내지 억만 분의 일 갠지스강의 모래숫자, 천만 나유타 권속과 만억 제자들을 거느린 보살들도 있습니다.

또 반 억의 권속을 거느린 보살들은 그 숫자가 이 보살들보다 더 많고, 백만 권속, 내지 일만 권속, 일천 권속, 일백 권속이며, 오십, 열, 내지 셋, 둘, 한 권속을 거느린 보살들도 있습니다.

권속은 없고 자기 자신만 혼자 있기를 좋아하는 보살들까지 모두 부처님의 처소에 함께 왔습니다만, 그 권속들의 숫자는 위에서 설한 보살들의 숫자보다도 더욱 더 많습니다.

이와 같이 많은 모든 대중들을 만약 어떤 사람이 산수로 계산하려 하면, 항하사 겁이 지나도록 산수로 계산해도 다할 수 없습니다.

是諸大威德　精進菩薩衆　誰爲其說法　教化而成就
從誰初發心　稱揚何佛法　受持行誰經　修習何佛道

如是諸菩薩　神通大智力　四方地震裂　皆從中涌出
世尊我昔來　未曾見是事　願說其所從　國土之名號
我常遊諸國　未曾見是衆　我於此衆中　乃不識一人
忽然從地出　願說其因緣　今此之大會　無量百千億
是諸菩薩等　皆欲知此事　是諸菩薩衆　本末之因緣
無量德世尊　惟願決衆疑

이렇게 큰 위덕(威德)을 갖추고 정진하는 보살대중들은 누가 그들에게 법을 설하여 교화하고 불도를 성취하도록 하였습니까?
그들은 누구를 따라서 처음 발심(發心)하고, 어떠한 불법을 깨달았으며, 어떤 경전의 법문을 수지하고 어떠한 불도를 수행(修習)했습니까?
이와 같은 모든 보살들의 신통과 큰 지혜의 힘으로, 사방의 땅이 진동하고 갈라지면서 그 지하에서 솟아올랐습니다.
세존이시여! 나(미륵)는 예전에 이런 일을 본 적이 없습니다. 원하건대 그 보살들이 떠나온 국토의 이름을 말씀해 주십시오.
우리는 항상 여러 국토를 유행했지만 이러한 대중은 일찍이 본 적 없습니다.
우리는 이 여러 대중 가운데 한 사람도 알지 못하는데, 갑자기 지하에서 솟아나온 그 인연을 설해 줄 것을 원합니다.
지금 이 법회 가운데(會衆) 있는 한량없는 백 천억의 이 모든 보살 대중들도 이 일을 알고자 합니다.
이 모든 보살 대중들이 발심 수행과 깨달음을 이룬 이 인연에 대하여 무량한 공덕(德)을 구족하신 세존께서 오직 원하건대 대중의 의심을 해결해 주십시오."

* 차사(此事) : 사바세계의 지하에서 수많은 보살들이 용출하게 된 일이다.
* 본말지인연(本末之因緣) : 보살이 진여일심으로 발심(因)한 것이 근본(本)

이고, 정각의 깨달음(末)을 체득한 것이 인연(緣)이다. 보살이 진여본심으로 여법하게 발심하여 정각을 이룬 인연을 본말(本末)로 제시했는데, 『방편품』 十如是 법문을 설한 곳에 "진여일심으로 발심 수행하고 정각을 이루며, 구경에는 발심 수행과 정각이 진여일심으로 평등한 것(如是本末究竟等)"이라고 설하고, 『參同契』에도 "진여일심으로 발심 수행하고 정각의 깨달음을 체득하는 일은, 반드시 진여일심의 근본 종지로 귀결되는 것(本末須歸宗)"이라고 설한다. 『화엄경』에 "初發心時 便成正覺"의 법문과 같다.

타방국토 보살들의 의문

爾時 釋迦牟尼佛 分身諸佛 從無量千萬億他方國土來者 在於八方諸寶樹下 師子座上 結跏趺坐. 其佛侍者 各各見是菩薩大衆 於三千大千世界四方 從地湧出 住於虛空. 各白其佛言, 世尊 此諸無量無邊阿僧祇菩薩大衆 從何所來.
爾時諸佛 各告侍者 諸善男子 且待須臾 有菩薩摩訶薩 名曰彌勒 釋迦牟尼佛之所授記 次後作佛 已問斯事 佛今答之 汝等 自當因是得聞

그때 석가모니불의 분신(分身)인 제불도, 한량없는 천만 억이나 되는 다른 국토에서 온 석가모니 분신 제불도 팔방(八方)의 보배나무 아래 사자좌에서 결가부좌하고 있었다. 그 분신제불의 시자(侍者)들도 각각 이 보살대중이 삼천대천세계 사방의 지하에서 솟아올라 허공에 상주하고 있는 것을 보고, 각각 그들의 부처님께 말했다.

"세존이시여! 이 한량없고 그지없는 아승지 보살대중들은 어디에서 왔습니까?"

그때 제불이 각각 그 시자들에게 말했다.

"모든 선남자들이여! 잠깐만 기다리도록 하라! 여기에 보살마하살이 있으니 이름은 미륵(彌勒)이다. 석가모니불의 수기(授記)를 받아 이후에 부처가 될 보살인데, 그가 이 일(斯事)을 질문하였으니 석가모니불이 지금 곧 대답할 것이다. 그대들도 스스로 이 인연의 법문을 청법하게 될 것이다."

* 이 일(斯事) : 여기 사바세계 지하의 땅에서 많은 보살들이 솟아올라 오게 된 인연이다.
* 아일다(阿逸多; Ajita) : 무능승(無能勝)이라고 번역하며 미륵보살(Maitreya)을 지칭하는데, 미륵보살은 천상의 도솔천 가운데 최고의 지혜자(勝慧者)이며, 일생보처(一生補處)로서 56억 7천만 년 이후에 부처가 될 것이라는 수기를 받았다.
* 여기서 사사(斯事)와 차사(此事)는 세존이 40여 년(49년)의 세월에 어떻게 이 많은 보살들을 교화할 수가 있었는가? 라는 의문점에 대하여 여래의 수명(如來壽命)이 구원(久遠; 불생불멸)이라는 사실을 설한 것이다.

제불의 삼력(三力)

爾時 釋迦牟尼佛 告彌勒菩薩 善哉善哉. 阿逸多. 乃能問佛如是大事 汝等當共一心 被精進鎧 發堅固意. 如來今欲顯發宣示諸佛智慧, 諸佛自在神通之力, 諸佛師子奮迅之力, 諸佛威猛大勢之力.

爾時世尊 欲重宣此義 而說偈言

當精進一心　我欲說此事　勿得有疑悔　佛智叵思議
汝今出信力　住於忍善中　昔所未聞法　今皆當得聞

我今安慰汝　勿得懷疑懼　佛無不實語　智慧不可量
所得第一法　甚深叵分別　如是今當說　汝等一心聽

그때 석가모니 부처님이 미륵보살에게 말했다.

"훌륭하고 훌륭하다. 아일다여! 그대가 능히 부처님의 이와 같은 一大事를 질문하는구나. 그대들은 다 같이 일심으로 정진(精進)의 갑옷을 입고, 견고한 원력의 뜻을 발원하라. 여래가 지금 제불의 지혜와 제불의 자유자재한 신통의 힘과 제불의 사자가 격분하는 삼매의 힘과, 제불의 위엄(威嚴)있고 용맹하고 크신 지혜의 힘을 개시(開示)하여 설하고자 한다."

그때 세존께서 이 뜻을 거듭 펴시려고 게송으로 말했다.

"그대들은 반드시 일심으로 정진하라. 여래가 이제 이 일을 설하고자 한다.
의심하거나 후회하지 말라. 부처의 지혜는 불가사의하다.
그대들이 지금 신심의 힘을 내어 반야의 지혜로 선법을 실행하면 예전에 듣지 못한 법문을 이제 모두 청법하게 될 것이다.
여래는 이제 그대들을 평안하게 위로(安慰)하노니, 의심하거나 두려운 마음을 갖지 말라.
부처님은 진실한 말을 설하고, 방편의 지혜도 한량이 없다. 진여일심의 지혜(第一義)는 깊고 깊어 중생심의 사량 분별이 없다.
이와 같은 불법을 지금 설하니, 그대들은 일심(一心)으로 청법하라."

* 사자분신지력(師子奮迅之力) : 사자가 위엄을 떨치며 일어서는 자세로 그 기세가 대단하고 왕성하다. 사자가 분신할 때 모든 감각 기관이 팽창하고 온 몸의 털이 서며 위세를 떨치고 사자후하는 모습은 다른 짐승들을 굴복시킨다. 분신(奮迅)은 번뇌 망념을 떨쳐버리고 온몸을 쭉 펴는 것처럼 걸림 없는 무외(無畏)를 표현한다.

* 불무불실어(佛無不實語) 지혜불가량(智慧不可量) : 『금강경』에 "여래는 眞語者 實語者 如語者 不異語者 不誑語者" 라고 설한 법문과 같이 제불여래는 정법의 안목으로 무량의 방편지혜를 설한다.
* 심심파분별(甚深叵分別)에서 심심(甚深)은 무상심심(無上甚深) 미묘법의 지혜로 정법의 안목을 구족한 것이며, 파분별(叵分別)은 무분별(無分別)과 같이 진여일심의 불가사의한 방편지혜를 말한다.

중생 본래성불

爾時 世尊 說此偈已. 告彌勒菩薩 我今於此大衆 宣告汝等 阿逸多 是諸大菩薩摩訶薩 無量無數阿僧祇 從地涌出. 汝等昔所未見者 我於是娑婆世界 得阿耨多羅三藐三菩提已 教化示導是諸菩薩 調伏其心 令發道意. 此諸菩薩 皆於是娑婆世界之下 此界虛空中住. 於諸經典 讀誦通利 思惟分別正憶念.
阿逸多 是諸善男子等 不樂在衆 多有所說 常樂靜處 勤行精進 未曾休息 亦不依止人天而住 常樂深智 無有障礙 亦常樂於諸佛之法 一心精進 求無上慧.

그때 세존께서 이 게송을 설하고 미륵보살에게 말했다.

"여래가 이제 이 대중들 가운데서 그대들에게 알리노라. 아일다여! 이 한량없이 무수하게 많은 아승지와 같은 대보살들이 지하에서 솟아 올라온 것을 그대들은 이전에 보지 못했다고 하는구나. 여래가 이 사바세계에서 최상의 깨달음을 체득한 이후부터 이 보살들을 교화(敎化)하고 지도하여 그 보살들의 마음을 조복(調伏)하고 구법의 뜻을 발심하게 하였다. 모든 보살들이 다 사바세계의 지하 허공 가운데 상주하면서 여러 경전을 독송하고 통달하여, 사유(思惟)하고 지혜로 판단하여 정법을 깨달았다.

아일다여! 이 모든 선남자들은 대중들 가운데서 많이 말하는 것도 좋아하지 않고, 항상 조용한 곳에서 부지런히 정진하기를 좋아하며 잠깐도 쉬지 아니 하였다. 또한 인간계나 천상계의 중생세계에 안주하지 않고, 항상 깊은 지혜의 법락에 장애되는 일이 없었다. 항상 제불의 정법을 깨닫는 법락에 일심으로 정진하며 최상의 지혜를 구했다."

* 조복기심 영발도의(調伏其心 令發道意) : 調伏其心은 항복기심(降伏其心), 수섭기심(修攝其心)과 같은 말로, 발심 수행하여 중생심의 번뇌 망념을 소멸시키고 진여일심의 지혜를 발휘하게 하는 것이다. 즉 불지견으로 중생심의 번뇌 망념을 자각발심하여 진여본심으로 전향하는 수행이다. 『금강경』에서 설하는 "如來善護念"도 같은 뜻이다.

* 一心精進 求無上慧 : 진여일심으로 발심 수행하여 향상의 상구보리와 방편지혜를 수행하는 일이다. 향상의 발심 수행을 하지 않으면 곧 중생심으로 타락하여 생사윤회하게 된다.

爾時世尊 欲重宣此義 而說偈言

阿逸汝當知 是諸大菩薩 從無數劫來 修習佛智慧
悉是我所化 令發大道心 此等是我子 依止是世界
常行頭陀事 志樂於靜處 捨大衆憒鬧 不樂多所說
如是諸子等 學習我道法 晝夜常精進 爲求佛道故
在娑婆世界 下方空中住 志念力堅固 常勤求智慧
說種種妙法 其心無所畏
我於伽耶城 菩提樹下坐 得成最正覺 轉無上法輪
爾乃教化之 令初發道心 今皆住不退 悉當得成佛
我今說實語 汝等一心信 我從久遠來 教化是等衆

그때 세존께서는 여래의 수명이 무량하다는 법문의 뜻을 거듭 자세히 밝히려고 다음과 같이 게송으로 설했다.

"아일다여! 그대는 반드시 잘 알도록 하라.

이 모든 대보살들은 무수겁이래로 부처의 지혜를 수습했으니, 이것은 모두 여래가 교화하여 대도를 발심하도록 한 것이다.

이들은 다 여래의 아들로서 이 사바세계에 의지하여 항상 두타(頭陀)수행을 하고, 조용한 곳에서 법락을 구했다.

시끄러운 중생세간을 멀리하고, 말이 많은 것을 좋아하지 않았다.

이와 같이 모든 제자들이 여래의 도법(道法)을 수습하여 밤낮으로 항상 정진하고 불도의 깨달음을 구했기 때문에 이 사바세계의 하방(下方)에서 허공중에 거주했었다.

원력의 뜻과 염력(念力)이 견고하여 부지런히 불도의 지혜를 구하고, 여러 종류의 다양하고 미묘한 불법을 설하기에 그들의 마음에는 걸림이 없다.

여래가 가야성(伽倻城)의 보리수 아래 좌도량하여 최상의 정각을 깨달아 체득하고 무상의 법륜을 굴렸다.

그때 이 보살들을 교화하여 처음으로 불도에 발심하도록 하고, 지금 모두 불퇴전의 지위에 거주하니 모두가 반드시 성불할 것이다.

여래는 지금 진실한 말을 설하니, 그대들은 일심으로 확신하라.

여래가 오랜 옛적(久遠)부터 이 보살대중들을 교화(敎化)했다."

보살들의 의문

爾時 彌勒菩薩摩訶薩 及無數諸菩薩等 心生疑惑 怪未曾有 而作是念. 云何世尊 於少時間 敎化如是 無量無邊 阿僧祇諸大菩薩 令住阿耨多羅三藐三菩提.

卽白佛言，世尊 如來爲太子時 出於釋宮 去伽耶城不遠 坐於道場 得成阿耨多羅三藐三菩提 從是已來 始過四十餘年. 世尊云何 於此少時 大作佛事 以佛勢力 以佛功德 敎化如是無量大菩薩衆 當成阿耨多羅三藐三菩提.
世尊 此大菩薩衆 假使有人 於千萬億劫 數不能盡 不得其邊 斯等久遠已來 於無量無邊諸佛所 植諸善根 成就菩薩道 常修梵行.
世尊 如此之事 世所難信.

그때 미륵보살 마하살과 무수히 많은 모든 보살들이 마음에 의혹을 일으키고, 처음 보고 듣는 일이라 괴이하게 여기며 이러한 생각을 했다.

'세존은 어떻게 이 짧은 시간에 이렇게 한량없고 그지없는 아승지와 같이 많은 모든 대보살들을 교화(敎化)하여 최상의 깨달음의 경지에 상주하도록 했는가?'

그래서 곧 부처님께 말씀드렸다.

"세존이시여! 여래께서 태자(太子)로 있을 때 석가씨(釋迦氏)의 궁궐에서 나와 가야성(伽倻城)에서 멀지 않은 도량에 앉아 최상의 깨달음을 이루었습니다. 그때부터 지금까지 사십여 년(四十餘年)의 시간이 지났습니다.

세존께서 어떻게 이 40여 년의 짧은 시간에 대작불사(大作佛事)를 하였으며, 불지혜의 힘과 공덕으로 이와 같이 한량없는 대보살들을 교화하여 최상의 깨달음을 이루도록 하였습니까?

세존이시여! 이 대보살 대중들은 가령 어떤 사람이 천만 억 겁의 오랜 시간 동안을 두고 헤아려도 그 숫자를 모두 다 헤아릴 수 없고, 그 끝을 파악할 수도 없습니다. 이 보살대중들이 오랜 세월부터 지금까지 한량없고 그지없는 제불의 처소에서 여러 가지 모든 선근(善根)을 심고, 보살도를 성취하며 항상 청정한 범행(梵行)을 수행했다고 했습니다.

세존이시여! 이와 같은 사실은 세상 사람들이 신뢰하기 어려운 일입니다.

부소자로(父少子老)의 비유

譬如有人 色美髮黑 年二十五 指百歲人 言是我子. 其百歲人 亦指年少 言是我父 生育 我等 是事難信.
佛亦如是 得道已來 其實未久 而此大衆諸菩薩等 已於無量千萬億劫 爲佛道故 勤行精進 善入出住無量百千萬億三昧 得大神通 久修梵行 善能次第 習諸善法 巧於問答 人中之寶 一切世間 甚爲希有. 今日世尊 方云得佛道時 初令發心 敎化示導 令向阿耨多羅三藐三菩提. 世尊 得佛未久 乃能作此大功德事 我等 雖復信佛隨宜所說 佛所出言 未曾虛妄 佛所知者 皆悉通達 然 諸新發意菩薩 於佛滅後 若聞是語 或不信受 而起破法罪業因緣 唯然世尊 願爲解說 除我等疑 及未來世 諸善男子 聞此事已 亦不生疑.

비유하면 마치 검은 머리카락을 가진 25살(二十五歲)쯤 되는 젊은 미남자가 100살 된 늙은 노인을 가리켜 내 아들이라 하고, 100살 된 늙은 노인도 그 젊은 사람을 가리켜 이분은 나의 아버지로서 나를 낳아 길렀다고 말한다면, 우리들이 이 일을 신뢰할 수 없는 것과 같습니다.

부처님도 또한 이와 같이 득도한 지 그렇게 오래되지 않았고, 여기의 대중과 모든 보살대중들은 이미 한량없는 천만 억 겁부터 불도(佛道)의 수행에 부지런히 정진했습니다. 한량없는 백 천만 억 삼매에 자유자재로 출입(出入)하고 거주(住)하며, 큰 신통을 체득하고 오래도록 청정한 범행(梵行)을 닦았으며, 스스로 선한 일을 차례차례로 닦고 모든 선법을 수습하였습니다. 따라서 문답(問答)에도 뛰어나 사람들 가운데 보배이며, 일체 세간에서도 매우 희유(稀有)한 일입니다.

오늘 세존께서 설하기를 '불도(佛道)를 체득했을 때 처음 발심하게 하고 교화하며, 지도를 개시하여 최상의 깨달음을 향(向)하도록 하였다'고 말했습니다.

세존께서 성불한 지 오래되지 않았는데 이러한 큰 공덕의 불사를 스스로 실행할 수가 있습니까?

우리들은 비록 부처님이 시절인연에 따라 여법하게 설법한 말씀을 확신하였으며, 부처님의 말씀이 일찍이 허망하지 않았습니다. 부처의 지혜로 아는 것을 모두 다 통달했습니다만, 만약 처음 발심(發心)한 보살들이 부처님이 열반하신 뒤에 이러한 말을 들으면 혹시 신수(信受)하지 않고, 정법을 파괴하는 죄업(罪業)의 인연을 일으킬 수 있을 것입니다.

세존이시여! 오직 바라건대 자세히 해설하여 우리들의 의심을 제거해 주시고, 미래 세상의 모든 선남자들이 이 일(此事)에 대한 법문을 듣고도 의심을 일으키지 않도록 설해 주십시오."

* 선입출주(善入出住) : 출입(出入)과 거주(住)로서 여래의 지혜(진여일심)로 행주좌와(行住坐臥) 出入과 방편지혜로 거주하는 일에 자유자재한 경지이다. 『증도가』에 "행주좌와 어묵동정에 진여본체는 항상 편안하다(行亦禪 坐亦禪 語默動靜 體安然)"고 설하며, 선에서는 행주좌와 어묵동정이 모두 진여일심의 지혜작용(行住坐臥 語默動靜 總是禪)이라고 설한다.

* 아비(父)는 젊고, 아들(子)은 늙었다. 眞如 일심(一心)이 여여부동(如如不動)하고 불변(不變)인 眞如法身(不生不滅. 眞常)이 상주(眞常)하는 법성(法性)을 젊은 아비(父)로, 늙은 아들(子)은 시절인연(隨緣)에 따라서 다양하게 방편지혜를 제시하는 변화신(變化身), 千百億化身으로 비유한 것이다.
『조당집』 제20권 동산의 게송에 "도는 사람에 합하려는 마음이 없어야 하며, 사람은 도에 합하려는 마음이 없어야 한다. 이 가운데 뜻을 알고자

한다면, 한 사람은 늙고 한 사람은 늙지 않았다(道無心合人, 人無心合道, 欲知此中意, 一老一不老)"라고 설한다. 일로(一老)는 늙은 아들(人), 일불로(一不老)는 젊은 아비(道)이다. 도는 늙은 아들로서 진여일심의 무심한 방편지혜이고, 사람은 늙지 않고 본래 여여 부동한 진여본성, 법성이다.
무심(無心)과 무사(無事)는 我空, 法空으로 조산(曹山)선사는 "우물이 당나귀를 쳐다보는 것과 같다(如井覰驢)"고 설한다.

爾時彌勒菩薩 欲重宣此義 而說偈言

佛昔從釋種　出家近伽耶　坐於菩提樹　爾來尙未久
此諸佛子等　其數不可量　久已行佛道　住於神通力
善學菩薩道　不染世間法　如蓮華在水　從地而涌出
皆起恭敬心　住於世尊前　是事難思議　云何而可信
佛得道甚近　所成就甚多　願爲除衆疑　如實分別說

그때 미륵보살이 이 일의 뜻을 거듭 펴려고 게송으로 설했다.
"부처님이 옛날 석가씨의 궁전에서 출가하여 가야성 근처의 보리수 아래 정좌한 이래로 지금까지 오랜 시간이 지나지 않았는데, 이와 같이 모든 불자들의 숫자는 무량하여 셀 수 없으며, 오래 전부터 불도를 수행하여 신통의 지혜를 구족하고 있습니다.
선법의 보살도를 수학하고, 세간법에 오염되지 않는 것이 마치 연꽃이 진흙탕에 살지만, 진흙탕에 오염되지 않는 것과 같이 사바세계의 지하에서 솟아올라와 모든 보살들이 공경심을 일으키고 세존 앞에 상주합니다.
이 일은 불가사의하니 어떻게 신뢰할 수 있습니까?
부처님이 불도를 깨달은 지 오래되지 않았지만, 무량한 보살들을 교화 성취한 일은 매우 많습니다.

원하건대 대중들의 의심을 없애도록 여실하게 방편 법문으로 설해 주십시오.

* 善學菩薩道 不染世間法 如蓮華在水 從地而涌出 : 미묘한 법화의 법문이다. 제불여래는 중생세간에 함께하면서도 출세간의 지혜로 세간법에 오염되지 않는 법문을 여법하게 설한다. 『화엄경』 보현행원품에도 "모든 중생의 미혹과 마구니의 경계, 중생세간 도중에서 해탈을 체득하는 일은 마치 연꽃이 진흙탕에 물들지 않는 것과 같고, 또한 태양과 달이 허공에 집착하지 않는 것과 같다(於諸惑業及魔境, 世間道中得解脫, 猶如蓮華不着水 亦如日月不住空)"고 설한다.
* 是事難思議 : 세존이 40여 년 동안 방편 법문으로 설법해서 무량한 보살들을 교화한 일(迹門)과 오랜 이전부터(久遠) 많은 보살들을 지도하고 교화한 일(本門)을 말한다.

譬如少壯人　年始二十五　示人百歲子　髮白而面皺
是等我所生　子亦說是父　父少而子老　擧世所不信
世尊亦如是　得道來甚近　是諸菩薩等　志固無怯弱
從無量劫來　而行菩薩道　巧於難問答　其心無所畏
忍辱心決定　端正有威德　十方佛所讚　善能分別說
不樂在人衆　常好在禪定　爲求佛道故　於下空中住
我等從佛聞　於此事無疑　願佛爲未來　演說令開解
若有於此經　生疑不信者　卽當墮惡道　願今爲解說
是無量菩薩　云何於少時　敎化令發心　而住不退地

비유하면 나이가 젊은 25살 된 사람이, 머리가 희고 얼굴에 주름살이 많은 100세 된 사람을 가리키면서 이 사람을 내가 낳았다 하고, 아들도 젊은 사람을 아버지라고 부르며, 아버지는 젊고 아들은 늙었으니 온 세상 사람들이 신뢰하지 않는 것과 같습니다.

세존도 또한 그와 같이 득도한 지 오래 되지 않았는데, 이 많은 보살들은 원력의 뜻이 견고하고 수행에 겁약(怯弱)하지 않습니다. 무량겁으로부터 보살도를 수행하여 어려운 문제에 대답도 잘하고 그들의 마음에는 걸림도 없습니다. 결정적인 인욕심과 단정한 위덕을 갖추었으며 시방 제불의 칭찬을 받고 방편의 지혜로 설법도 잘합니다.

많은 사람이 모인 곳을 좋아하지 않고, 항상 선정에 있으면서 불도를 구하고자 이 사바세계 지하의 허공에 상주합니다.

저희들은 부처님의 설법을 듣고 이 일에 의심하지 않지만, 원하건대 부처님은 미래의 중생들을 위해 이 법문을 연설하고 해설해 주십시오.

만약 어떤 사람이 경의 법문을 듣고 의심하여 신뢰하지 않는다면, 곧 그는 삼악도에 타락하게 되니 바라옵건대 지금 이 일을 해설해 주십시오.

이렇게 한량없는 보살들을 어찌하여 짧은 시간에 교화(敎化)하고 발심(發心)하게 하여 불퇴전의 지위에 거주하도록 했습니까?"

제16 여래수량품(如來壽量品)

* 여래수량품은 『법화경』의 정종분(正宗分)으로 석가불이 본래(久遠) 성불한 본불(本佛)이라는 사실을 설한다.
방편품 등에서 설한 석가불의 출가, 성도, 열반은 방편으로 설한 것이며, 제불여래는 불지견(佛知見)으로 진여법을 설하고, "나는 젊은 시절 출가하여 성도(成道)했다"라고 했지만 사실은 여래는 구원성불(久遠成佛)한 입장이다.
구원은 구원실성(久遠實成)으로 무시이래(無始以來), 본래부터와 같은 뜻이다. 여래법신은 상주불멸(常住不滅), 불생불멸(不生不滅), 불변(不變), 여여부동(如如不動)으로 본래성불을 말한다. 진여자성이 청정하며 本來無念, 本來涅槃, 本來自然이기에 『법화경』 방편품에서도 "諸法從本來 常自寂滅相"이라고 설한다.
『법화경』 화성유품에 "여래는 여래의 지견력으로 저 오랜(久遠) 이전의 일을 관찰하는 것이 마치 금일의 일을 관찰하는 것과 같다(我以如來知見力故 觀彼久遠 猶若今日)", 종지용출품에 "여래는 오랜 이전부터 지금까지 이 보살 대중들을 교화했다(我從久遠來 敎化是等衆)", 여래수량품에는 "이와 같이 여래가 성불한 일은 너무나 오랜 이전의 일(如是我成佛已來 甚大久遠)"이라고 설한다.
즉, 시절인연과 함께 생멸하는 化身佛의 근본인 本佛(여래법신; 眞我)은 생멸을 초월(不生不滅)한 지혜와 자비의 본원불(本願佛), 법신불이며 시간과 공간을 초월한 입장이다.

방편품에는 "과거 미래 제불과 현재 시방의 제불이 동등한 것"이라고 설하고, 화성유품에는 과거 대통지승불과 현재 八方의 16불(佛)을 부자관계로 제시하며, 견보탑품에는 과거 다보불과 현재의 화신불인 석가모니불과 시방불(十方佛)이 나란히 병좌(竝坐)하고, 시방분신불이 집합하고 있다. 그리고 수량품에는 과거, 현재, 시방의 일체제불을 본불(本佛)이라고 설한다. 즉 시방삼세에서 천백억화신의 제불이 출현한다고 해도 여래의 근본불(本佛)을 여윈 것은 아니다. 연등불 또한 그 근본불은 석가모니불이라고 설한다. 연등불, 미륵불 등 일체 제불이 모두 출세(出世), 성도(成道), 입적(入寂)을 방편으로 제시했지만 모두 根本佛인 진여법신이 방편으로 나타낸 화신(化身)이다.

『법화경』 여래수량품에 "선남자여! 어떤 중생이 나에게 오면 나는 불안(佛眼)으로 그의 신심(信心)과 근기의 이둔(利鈍)을 관찰한다. 제도할 수 있는 곳에 따라 여러 곳에서 이름이 같지 않고(名字不同), 나이가 많고 적은(大小) 것을 설하고, 열반을 나타내기도 한다"고 설한다.

여래수량품에는 여래가 오랜 옛적(本來)에 이미 성불한 구원실성(久遠實成)의 취지를 잘 알도록 독약을 먹고 발광하는 아들을 의사인 아버지가 치료하고, 나아가 자발적으로 치료약을 복용하는 원력을 세우도록 비유법문으로 설한다.

신해(信解)를 당부하다

爾時 佛告諸菩薩 及一切大衆. 諸善男子. 汝等當信解如來誠諦之語. 復告大衆. 汝等當信解如來誠諦之語. 又復告諸大衆. 汝等當信解如來誠諦之語.

是時 菩薩大衆 彌勒爲首 合掌白佛言. 世尊 唯願說之 我等當

信受佛語. 如是三白已. 復言唯願說之 我等當信受佛語.
爾時世尊 知諸菩薩 三請不止 而告之言.
汝等諦聽 如來秘密神通之力. 一切世間 天人及阿修羅 皆謂今釋迦牟尼佛 出釋氏宮 去伽耶城不遠 坐於道場. 得阿耨多羅三藐三菩提.

그때 부처님이 여러 보살들과 모든 대중들에게 말했다.

"여러 선남자들이여! 그대들은 여래의 진실(眞實)한 법문을 반드시 신해(信解)하도록 하라."

또 대중들에게 말했다.

"그대들은 여래의 진실한 법문을 반드시 신해하도록 하라."

또 다시 대중들에게 말했다.

"그대들은 여래의 진실한 법문을 반드시 신해하도록 하라."

이때 보살대중 가운데 미륵보살이 상수(上首)가 되어 합장하고 부처님께 말씀드렸다.

"세존이시여! 원컨대 여래의 진실한 법문을 설해 주십시오. 우리들은 반드시 부처님의 법문을 신수(信受)하겠습니다."

이렇게 세 번 말씀 드리고 다시 말했다. "원컨대 설해 주십시오. 저희들이 반드시 부처님의 말씀을 신수하겠습니다."

이때 세존께서 보살들이 세 번이나 간청하여 그치지 않는 것을 알고 말했다.

"그대들은 여래의 비밀신통(秘密神通)한 지혜의 힘을 자세히 청법하도록 하라. 모든 세간에서 천신들과 사람들과 아수라들이 모두 말하기를 '지금 석가모니불은 석가씨(釋迦氏)의 궁전에서 나와 가야성(伽倻城)에서 멀지 않은 도량(道場)에 정좌하여 최상의 깨달음을 체득했다'라고 말했다.

* 如來誠諦之語 : 여래가 여시 설법한 진실한 방편 법문을 말한다.『금강경』에 "여래는 眞語者, 實語者, 如語者, 不異語者, 不誑語者"라고 설한 말과 같은 뜻이다.

* 대중이 세 번 요청하고 부처님이 세 번 훈계(訓誡)하는 설법(三請三誡)으로, 방편품에서 설한 "三止三請"과 같다(止止不須說 我法妙難思. 諸增上慢者 聞必不敬信).

* 如來秘密神通之力 : 如來秘密之藏, 諸佛秘要法藏과 같은 뜻으로 일체 중생이 구족하는 여래장, 여래법신의 지혜를 말한다.『대승기신론』에 진여 자체의 특성(眞如自體相)에 일체 중생이 구족한 진여자성은 일체의 공덕이 구족되어 있으며, 大智慧光明과 지혜광명이 법계에 두루 변조(遍照)하며, 진실식지(眞實識知)의 뜻과 自性이 청정한 뜻과, 常樂我淨을 구족한 뜻과, 청량불변자재(淸凉不變自在)한 뜻이 있으며, 如來藏, 如來法身이라고 설한다.

여래수량의 무량무변

然善男子 我實成佛已來 無量無邊 百千萬億那由他劫. 譬如五百千萬億那由他 阿僧祇三千大千世界. 假使有人 抹爲微塵 過於東方 五百千萬億那由他 阿僧祇國 乃下一塵, 如是東行 盡是微塵. 諸善男子 於意云何. 是諸世界 可得思惟校計 知其數不.
彌勒菩薩等 俱白佛言. 世尊 是諸世界 無量無邊 非算數所知. 亦非無量無邊心力所及 一切聲聞辟支佛 以無漏智 不能思惟 知其限數. 我等 住阿鞞跋致地 於是事中 亦所不達. 世尊 如是諸世界 無量無邊.
爾時 佛告大菩薩衆 諸善男子. 今當分明宣語汝等. 是諸世界

若着微塵 及不着者 盡以爲塵 一塵一劫. 我成佛已來 復過於此 百千萬億那由他 阿僧祇劫.

그러나 선남자들이여! 여래가 성불(成佛)한 것은 한량없고 끝이 없는 백 천만 억 나유타 겁 이전이다.

비유하면 마치 오백 천만 억 나유타 아승지 삼천대천세계를 어떤 사람이 부수어 아주 작은 티끌(微塵)로 만들고, 동방으로 오백 천만 억 나유타 아승지 국토를 지나서 하나의 티끌을 놓고, 이렇게 동쪽으로 가면서 이 작은 티끌이 모두 다 없어졌다고 하자.

여러 선남자들이여! 그대들은 어떻게 생각하는가? 이 모든 세계의 국토를 사유하고 계산해서 그 티끌이 다 없어진 국토의 숫자를 모두 다 계산해서 알 수가 있겠는가?"

미륵보살 등이 모두 함께 부처님께 말씀 드렸다.

"세존이시여! 이 모든 국토의 숫자는 무량(無量), 무변(無邊)하여 계산해서 그 국토의 숫자를 다 알 수 없으며, 역시 무량무변의 심력(心力)으로도 미칠 수 없습니다. 일체 성문이나 벽지불이 무루(無漏)의 지혜로 사유해도 그 무량, 무변한 국토의 숫자를 다 알 수 없습니다. 불퇴전(不退轉)의 지위에 거주하는 우리 보살들도 국토를 숫자로 계산하여 알 수가 없습니다.

세존이여! 이와 같이 많은 모든 국토의 세계는 한량이 없고 그지없어 그 숫자를 계산해서 알 수가 없습니다."

그때 부처님이 대보살들에게 말했다.

"여러 선남자들이여! 이제 분명히 그대들에게 말하노라. 이 모든 세계에서 미세한 티끌을 붙였거나 붙이지 않은 국토를 모두 다시 미세한 티끌로 만들어 하나의 미세한 티끌을 한 겁(劫)으로 삼을지라도 여래가 성불한 것은 이것보다도 더 이전의 시간(劫)에 이루어진 것으로 백 천만 억 나유타 아승지 겁이다.

* 아(我) : 여래로 久遠實成의 본래 古佛(本門)과 現在의 화신불(迹門)을 통칭한 것이다.
* 五百千萬億塵點劫 : 無量無邊한 구원(久遠)의 시간(劫)을 비유한 것이다. 『화성유품』에는 三千塵點劫으로 비유하였는데, 여기서는 그보다도 훨씬 더 큰 수량을 비유로 설하고 있다. 경전에서는 무량무변의 긴 시간(劫)을 磐石劫, 芥子劫으로 비유한다.

중생들에게 설한 방편 법문

自從是來 我常在此娑婆世界 說法敎化. 亦於餘處 百千萬億那由他阿僧祇國 導利衆生. 諸善男子 於是中間 我說燃燈佛等. 又復言其入於涅槃 如是皆以方便分別.
諸善男子. 若有衆生 來至我所 我以佛眼 觀其信等諸根利鈍, 隨所應度 處處自說名字不同 年紀大小. 亦復現言當入涅槃. 又以種種方便 說微妙法 能令衆生 發歡喜心.
諸善男子 如來見諸衆生 樂於小法 德薄垢重者 爲是人說 我少出家 得阿耨多羅三藐三菩提. 然 我實成佛已來 久遠若斯. 但以方便 敎化衆生 令入佛道 作如是說.
諸善男子 如來所演經典 皆爲度脫衆生. 或說己身, 或說他身, 或示己身, 或示他身, 或示己事, 或示他事, 諸所言說 皆實不虛.

오랜 과거에 성불한 이래로 여래는 항상 이 사바세계에서 설법하며 중생을 교화하였고, 또 다른 시방세계의 백 천만 억 나유타 아승지 국토에서도 중생들을 지도하여 해탈의 이익을 체득하도록 인도하였다.

선남자들이여! 이렇게 설법하는 도중에 여래는 연등불(燃燈佛)의 처소에서 불법을 깨달아 미래에 부처가 된다는 수기를 받았다고 했고, 또 구시나가라에서 열반에 들었다고 설법했는데, 이러한 일은 모두 다 방편으로 설한 법문이었다.

여러 선남자들이여! 만약 어떤 중생이 여래의 처소에 찾아오면 내가 부처의 눈(佛眼)으로 그의 신심(信心)이나 근성(根性), 총명하고 둔함을 관찰한다. 그 중생을 제도할 만한 사람인가에 따라서 곳곳(處處)에서 스스로 말하는 (부처의) 명호가 같지도 않고, 나이가 많기도 하고 혹은 적기도 하다. 또 반드시 열반에 든다고 설하기도 하고, 또 다양한 방편(方便)으로 미묘한 법문을 설하여 중생들로 하여금 환희심(歡喜心)을 일으키게 한다.

여러 선남자들이여! 여래는 많은 중생들이 소승법에 탐닉하여 박덕(薄德)하고 업장이 두터운 사람들에게 '내가 젊어서 출가(出家)하여 최상의 깨달음을 체득했다'라고 방편으로 설했다.

그러나 여래가 진실로 성불한 것은 이미 오랜 이전의 일이다. 다만 방편으로 중생들을 교화하여 불도(佛道)를 깨달아 체득하도록 이와 같은 방편 법문으로 설한 것이다.

여러 선남자들이여! 여래가 설한 경전은 모두 중생들을 제도하여 해탈하도록 설한 것이다. 어느 때는 여래 자신에 대한 설법을 하기도 하고, 어느 때는 다른 부처님에 대한 설법을 하기도 한다.

또 어느 때는 여래 자신을 제시하기도 하고, 어느 때는 다른 부처님의 몸을 제시하여 설법하기도 한다. 어느 때는 여래 본분사의 일을 제시하기도 하고, 어느 때는 사바세계 중생의 일을 제시하기도 한다.

이렇게 여러 가지로 설한 법문은 진실하여 허망하지 않다.

* 앞의 종지용출품에서 여래가 태자시절에 출가하여 부다가야에서 성도하고, 40여 년간 사바세계의 지하 허공에 있는 무량의 보살대중들을 교화했다고 설법했다.

* 연등불(燃燈佛) : 정광불(定光佛; 錠光)이라고 하며, 석가불이 유동(儒童)으로 꽃 공양을 올리고 머리카락을 진흙땅에 깔아 부처님이 지나가도록 보살행을 했다.

* 여래 자신을 제시하여 설법한 것(說己身)은 여래의 과거 인연 법문을 설한 것이며, 다른 부처의 몸(說他身)은 타불(他佛)로서 아촉불, 연등불, 대통지승불 등의 출세인연에 대하여 설법한 것이다.
  그리고 여래 시기신(示己身)은 석가불의 분신(分身; 化身), 시타신(示他身)은 아축불, 연등불로 시현한 것이며, 시기사(示己事)는 시절인연에 따른 자기 본분사의 일(出家, 成道, 說法, 入寂 등), 시타사(示他事)는 사바세계에서 중생들에게 보살도의 수행과 삼악도, 정토세계 등에 대한 설법이다.

* 중생들의 근기에 따라서 설법을 개시(開示)하는 일은 다르지만(不同), 모두 불법의 진실을 설하는 법문이기에 허망하지 않다(諸所言說 皆實不虛)고 『반야심경』에는 진실불허(眞實不虛)라고 설한다.

所以者何 如來如實知見 三界之相. 無有生死 若退若出. 亦無在世 及滅度者. 非實非虛. 非如非異. 不如三界 見於三界. 如斯之事 如來明見 無有錯謬 以諸衆生 有種種性 種種欲 種種行 種種憶想分別故. 欲令生諸善根 以若干因緣 譬喩言辭 種種說法. 所作佛事 未曾暫廢.

무슨 까닭인가? 여래는 실제(實際)와 같이 삼계(三界)의 실상을 여실하게 알고 여실하게 본다. 여래는 생사(生死)에 윤회하는 망심도 없고, 생사윤회에 퇴보(退)하거나 벗어나는 일도 없고, 중생심의 번뇌 망념으로 살거나 열반의 경지를 체득하는 일도 없으며, 고정된 실체의 존재도 아니며 허망한 존재도 아니며, 여래의 지혜는 중생과 같지도 않지만, 여래의 본성은 또한 다르지도 않다.

여래는 중생의 삼계(三界)에 살지만, 중생이 보는 삼계와 같지도 않고, 삼계를 대상으로 보지 않는다. 이와 같은 여래의 본분사는 여래의 밝은 지혜로 여실하게 알고 보기 때문에 착오가 없다.

여러 중생들은 여러 종류의 성품(性品)과 여러 가지 욕망(慾望)과 여러 종류의 행동과 여러 가지 기억과 생각으로 분별하기 때문에, 그 중생들이 선근(善根)의 마음을 일으키도록 여래는 여러 가지 인연과 비유 법문, 여러 가지 다양한 방편 법문을 설하며, 부처의 지혜를 건립하는 불사(佛事)를 일찍이 잠시도 쉬지 않았다.

* 여래는 여실하게 삼계(三界)의 실상(實相)을 지견(知見)한다는 말은, 제불여래의 실지실견(悉知悉見)이며 佛知見이다. 따라서 사바세계의 중생들과 함께 살지만, 생사에 윤회하는 착오가 없고 생사망념에 타락하는 일도 없다. 그래서 여래는 중생들이 보는 삼계와 차원이 다른 불지견으로 삼계를 본다(不如三界 見於三界)고 설했다. 여래지견과 방편의 지혜로 사바세계의 중생들을 교화하는 일을 본분사로 하고 있다. 마치 연꽃이 진흙탕에서 진흙탕에 물들지 않는 것(如蓮華不着水)과 같다(處染常淨).

여래의 진실

如是 我成佛已來 甚大久遠. 壽命無量阿僧祇劫 常住不滅. 諸善男子 我本行菩薩道 所成壽命 今猶未盡 復倍上數 然今非實滅度 而便唱言當取滅度 如來以是方便 敎化衆生.
所以者何 若佛久住於世 薄德之人 不種善根 貧窮下賤 貪着五欲 入於憶想妄見網中. 若見如來 常在不滅, 便起憍恣 而懷厭怠 不能生於難遭之想 恭敬之心. 是故如來 以方便說.

比丘當知 諸佛出世 難可値遇. 所以者何 諸薄德人 過無量百千萬億劫 或有見佛 或不見者. 以此事故 我作是言. 諸比丘 如來難可得見 斯衆生等 聞如是語 必當生於難遭之想 心懷戀慕 渴仰於佛 便種善根. 是故如來 雖不實滅 而言滅度.
又善男子 諸佛如來 法皆如是 爲度衆生 皆實不虛.

이와 같이 여래가 성불(成佛)한 지 매우 오래되었으며, 여래의 수명이 한량없는 아승지겁 동안 항상 상주하며 소멸(常住不滅)하지 않는다.

선남자들이여! 여래가 본래 보살도를 수행하여 이룬 지혜의 수명은 아직도 다하지 아니 하였으며, 앞에서 설한 여래 수명의 여러 배수가 된다.

지금 진실로 멸도(열반)하는 것이 아니지만, 반드시 멸도(열반)한다고 설하는 것은, 여래가 중생들을 교화(敎化)하는 임시방편의 법문이다.

왜냐하면, 만약 제불여래가 세상에 오래 상주한다고 말하면 박덕(薄德)한 사람들이 선근(善根)의 종자를 심지 않는다. 지혜가 빈궁하고 하천하면서도 오욕(五欲)에 탐착하여 기억하고 생각하는 허망한 사견(邪見)의 그물에 빠져 뒤엉키게 된다.

여래가 항상 상주하고 열반하지 않는다는 것을 보고 곧 교만하고 방자한 생각을 일으키고 게으른 마음을 가진다. 여래를 만나기 어렵다는 생각과 공경하는 마음을 일으키지 않기 때문에 여래가 방편으로 설하는 것이다.

비구들이여! 반드시 잘 알도록 하라. 제불여래가 출세하는 인연을 만나기 어렵다. 왜냐하면, 박덕한 모든 사람들은 한량없는 백 천만 억 겁에 혹 제불여래를 친견하기도 하고, 친견하지 못하기도 한다.

그래서 이 일에 대하여 여래는 '여러 비구들이여! 제불여래를 친견하기는 매우 어렵다'라고 설한다.

이러한 중생들이 내가 설한 법문을 들으면 반드시 제불여래를 친견하기 어렵다는 생각을 일으키고, 연모하는 마음을 품어 제불여래를 갈망하여 선근의 종자를 심게 된다.

그러므로 여래는 진실로 멸도(열반)하는 것이 아니지만, 멸도(열반)한다고 방편으로 설한 것이다.

또 선남자들이여! 제불여래가 설한 법문은 모두 다 이와 같이 중생들을 제도(濟度)하는 방편 법문이기에 모두 진실하여 허망하지 않다.

* 여래수명은 상주하며 소멸하지 않는다(常住不滅). 여래의 성불이 구원실성(久遠實成)이며 여래의 수명은 常住不滅이다. 『금강경』에 "여래는 온 곳도 없고, 가는 곳도 없다(如來者 無所從來 亦無所去)"라고 설하며, "여래는 제법과 같이 여여하게 지혜로 작용하는 뜻이다(如來者諸法如義)"라고 설한 것처럼 여래는 如法, 如如, 不生不滅, 如如不動, 不變의 여래법신으로 金剛不壞身이다.
* 復倍上數 : 여래가 성불한 지혜수명은, 앞에서 설한 무량아승지겁에 上培數가 된다는 뜻이다.
* 교자(憍恣) : 마음으로 존중하지 않는 것이 교(憍)이고, 자아의식으로 오욕(五慾)을 마음대로 탐착하는 것을 자(恣)라고 한다.
* 諸佛如來의 방편 법문은 여시설법(法皆如是)이기에 진실하여 허망하지 않다(眞實不虛). 『금강경』에 "설법은 진여본심(여래)의 지혜로 설해야 한다(說法者 無法可說)"고 설한다.
* 난조지상(難遭之想) : 난신지법(難信之法), 불법난봉(佛法難逢)과 같은 뜻으로 맹구우목(盲龜遇木)에 비유한다.
  "이 중생의 몸으로 발심 수행하여 지금 여기서 제도하지 않으면 다시 어느 생에서 이 중생의 몸을 제도할 수 있겠는가?(此身不向今生度 更待何生度此身)"라고 읊었다.

의사(良醫)의 비유

譬如良醫 智慧聰達 明練方藥 善治衆病.
其人多諸子息 若十二十 乃至百數. 以有事緣 遠至餘國. 諸子於後 飮他毒藥 藥發悶亂. 宛轉于地.
是時其父 還來歸家. 諸子飮毒 或失本心 或不失者. 遙見其父 皆大歡喜 拜跪問訊. 善安隱歸. 我等愚癡 誤服毒藥 願見救療 更賜壽命. 父見子等 苦惱如是 依諸經方 求好藥草 色香美味 皆悉具足 擣篩和合 與子令服 而作是言, 此大良藥·色香美味 皆悉具足 汝等可服 速除苦惱 無復衆患. 其諸子中 不失心者 見此良藥 色香俱好 卽便服之 病盡除愈.

예를 들어 훌륭한 의사(良醫)에 비유하면, 그 훌륭한 의사는 지혜가 있고 총명하여, 약을 잘 처방하여 여러 가지 병을 치료한다.

그 의사에게는 10명, 20명, 100명이나 되는 많은 자식이 있었다. 의사가 볼일이 있어 멀리 다른 나라에 갔을 때, 여러 아들들이 잘못하여 독약(毒藥)을 먹고 독약의 독기가 발작(發作)하여 정신을 잃고 혼미한 상태가 되어 땅위에 뒹굴었다.

그때 아버지가 집에 돌아왔다. 독약을 먹은 아들들이 본심을 상실하기도 하고, 본심을 상실하지 않은 아들도 있었다. 멀리서 아버지가 오는 것을 보고 크게 기뻐하면서 절하고 꿇어앉아 문안인사를 하고 다음과 같이 말했다.

'안녕히 다녀오셨습니까? 저희들이 어리석어서 독약을 먹었습니다. 바라옵건대 치료하여 구제해 주시고 목숨을 살려 주십시오.'

아버지는 아들들이 이렇게 고통스러워하는 것을 보고 약방문에 의거하여 색깔과 향기와 좋은 맛을 구비한 약재(藥材)를 구하여 찧고, 그러한 약재를 화합

조제하여 아들들에게 먹으라고 주면서 말했다

'이 좋은 양약은 색깔과 향기와 아름다운 맛을 모두 갖춘 것이니 너희들이 이 약을 복용하면 속히 독약의 고통을 제거하고 다시는 여러 가지 우환이 없을 것이다.'

그의 아들들 가운데 본심(本心)을 상실하지 않는 아들들은 그 약의 색깔과 향기가 좋은 것을 보고 곧 복용하여 병을 치유했다.

餘失心者 見其父來 雖亦歡喜問訊 求索治病 然 與其藥而不肯服 所以者何 毒氣深入 失本心故 於此好色香藥 而謂不美 父作是念 此子可愍 爲毒所中 心皆顚倒 雖見我喜 求索救療 如是好藥 而不肯服 我今當設方便 令服此藥 卽作是言 汝等當知 我今衰老 死時已至 是好良藥 今留在此 汝可取服 勿憂不差.

본심을 잃은 아들들은 그의 아버지가 온 것을 보고 기뻐서 문안하고 독기를 풀어 달라고 하면서도 주는 약은 먹으려 하지 않았다. 왜냐하면, 독기가 깊이 들어가서 본심을 잃었으므로 그 좋은 색깔과 향기를 갖춘 약이 좋지 않다고 여겼기 때문이다. 그래서 아버지는 이렇게 생각했다. '이 자식들이 가엾구나. 독약에 중독되고 마음이 모두 전도(顚倒)되어 비록 나를 보고 기뻐하며 독기를 풀어 달라고 하면서도 이렇게 좋은 약을 먹지 않으니 내가 방편을 써서 이 약을 먹게 하리라.'

그리고 이렇게 말했다.

'너희들은 분명히 알아라. 내가 지금 늙어서 죽을 때가 가까워졌다. 이 좋은 약을 여기 두니 너희들이 가져다 먹으면 차도가 있을 것이니 걱정하지 말라.'

作是敎已 復至他國 遣使還告 汝父已死 是時諸子 聞父背喪 心

大憂惱 而作是念 若父在者 慈愍我等 能見救護 今者捨我 遠喪他國 自惟孤露 無復恃怙 常懷悲感 心遂醒悟 乃知此藥 色味香美 卽取服之 毒病皆愈. 其父聞子 悉已得差 尋便來歸 咸使見之. 諸善男子 於意云何 頗有人 能說此良醫 虛妄罪不. 不也 世尊. 佛言 我亦如是 成佛已來 無量無邊百千萬億 那由他阿僧祇劫 爲衆生故 以方便力 言當滅度 亦無有能如法說 我虛妄過者.

이렇게 일러두고 다시 다른 나라에 가서 사람을 보내어 '너의 아버지는 벌써 죽었다'라고 말하게 했다. 그때 아들들은 아버지가 죽었다는 말을 듣고 크게 걱정하면서 이렇게 생각하였다.

'아버지가 계셨으면 우리들을 불쌍하게 여겨 구해 주셨을 텐데 이제 우리를 버리고 타국(他國)에서 돌아가셨으니 우리는 외로운 고아(孤兒)로서 의지할 부모가 없다'라고 하면서 항상 비통한 마음(悲感)을 품고 있다가 드디어 정신이 조금 깨어났다. 그래서 이 약이 색깔과 맛과 향기가 좋은 줄 알고는 먹고 중독(中毒)되었던 병이 모두 나았다.

그 아버지는 아들들의 병이 쾌차했다는 말을 듣고, 곧 집으로 돌아와 아들들에게 아버지를 상견하도록 했다.

'여러 선남자들이여! 그대들은 어떻게 생각하는가? 어떤 사람이 이 훌륭한 의사가 거짓말한 죄를 능히 따질 수가 있겠는가?'

'그렇지 않습니다. 세존이시여!'

부처님이 말했다. '여래도 역시 이와 같아서 성불(成佛)한 지가 한량없고 그지없이 백 천만 억 나유타 아승지겁의 오랜 시간이 지났지만, 중생들에게 방편으로 당연히 열반한다고 설법했다. 그러나 그 누구든 여래가 설한 방편 법문이 허망한 과오라고 말할 수 있는 사람은 없다.'"

* 여래가 설한 방편 법문을 허망한 말이라고 비방할 사람은 없다. 즉 비유품의 화택(火宅)과 삼거(三車)의 비유, 신해품에서 설한 장자궁자(長子窮子)의 비유, 화성유품에서 설한 보소화성(寶所化城)의 비유로 설했다. 삼승방편(三乘方便) 일승진실(一乘眞實)(會三歸一)을 허망한 말이라고 비방할 사람은 없다.

여래 수명(自我偈; 久遠偈)

爾時世尊 欲重宣此義 而說偈言

自我得佛來　所經諸劫數　無量百千萬　億載阿僧祇
常說法教化　無數億衆生　令入於佛道　爾來無量劫
爲度衆生故　方便現涅槃　而實不滅度　常住此說法
我常住於此　以諸神通力　令顚倒衆生　雖近而不見
衆見我滅度　廣供養舍利　咸皆懷戀慕　而生渴仰心
衆生旣信伏　質直意柔軟　一心欲見佛　不自惜身命
時我及衆僧　俱出靈鷲山　我時語衆生　常在此不滅
以方便力故　現有滅不滅　餘國有衆生　恭敬信樂者
我復於彼中　爲說無上法　汝等不聞此　但謂我滅度

그때 세존께서 이 법문의 뜻을 거듭하여 자세히 게송으로 설했다.

"여래가 성불한 때부터 지내온 무량겁의 숫자가 한량없는 백 천만 억년의 아승지겁이다.

여래는 항상 설법하고 무수 억의 중생들을 교화하여 불도를 깨달아 체득하게 하였으며, 지금까지 무량겁이 되었다.

중생들을 제도하고자 방편으로 열반을 시현(示現)했지만, 진실로 열반한 것은 아니며 여래는 항상 지금 여기에 상주하며 설법한다.

여래는 항상 상주하며 여러 가지 신통한 방편지혜를 실행하지만, 전도된 중생들은 비록 가까이 있으나 친견하지 못한다.

중생들은 제불여래가 열반한 것을 보고 널리 사리를 공양하면서 모두 여래를 연모하는 마음을 품고, 갈앙하는 마음을 일으킨다.

중생들은 신심으로 조복(信調伏)하여 순박한 마음으로 유연하고, 일심으로 제불여래를 친견하고자 자기 몸과 목숨(身命)을 의식하지 않았다.

그때 여래는 많은 보살 대중들과 함께 영축산(靈鷲山)에 출현하여 중생들에게 설했다.

항상 여기에 상주하며 열반하지 않았지만, 오직 방편의 지혜로 열반(滅)과 불멸(不滅)을 시현(示現)한 것이다.

다른 국토의 중생이 이 법문을 공경하고 신심으로 법락을 이루면, 여래는 또 그 대중들에게 최상의 방편 법문을 설한다.

그대들은 이 대승의 방편 법문을 깨닫지 못하고, 단지 여래가 열반한 것이라고 말하고 있다.

* 여기서 我는 眞我로서 如來, 如如이다. 『금강경』에 "만약 형색으로 여래를 친견하려고 하거나 음성으로 여래를 구하려고 하면 이 사람은 사도를 행하는 것이며, 여래를 친견할 수가 없다(若以色見我, 以音聲求我, 是人行邪道, 不能見如來)"라고 설한 법문과 같다.
* 여래는 항상 여여하게 상주하며 설법(常住說法)한다. 『무량수경』에 "아미타불은 지금 여기서 멀리 있지 않다(去此不遠)", 『아미타경』에는 "아미타불은 現在說法하고 있다"라고 설한다.
* 근(近) : 진여본심의 지혜로 親近, 不遠, 不二, 不異, 親見, 如如, 如是의 입장이다. 항상 진여본성과 함께하고 있지만, 중생은 진여본심을 구족하

고 있다는 사실을 알지 못한 無知, 無明, 不覺으로 살고 있다. 선에서는 "매일같이 잠자고 같이 일상생활을 하고 있다"라고 설하며, 또 "매일 사용하면서도 알지 못하고 있다(日用而不知)"고 설한다.

* 以方便力故 現有滅不滅 : 여래가 방편지혜로 열반(滅)하는 것과 열반하지 않는 불멸(不滅)의 경지를 방편 법문으로 시현한 것이다. 여래가 常住不滅하는 如如不動과 不變의 경지는 진여본성의 본래열반(本來涅槃), 眞如無念, 自性淸淨心이다.

我見諸衆生　沒在於苦惱　故不爲現身　令其生渴仰
因其心戀慕　乃出爲說法　神通力如是　於阿僧祇劫
常在靈鷲山　及餘諸住處　衆生見劫盡　大火所燒時
我此土安隱　天人常充滿　園林諸堂閣　種種寶莊嚴
寶樹多華果　衆生所遊樂　諸天擊天鼓　常作衆伎樂
雨曼陀羅華　散佛及大衆

여래는 여러 중생들이 고뇌(苦惱)에 빠져 있는 것을 보고, 고의로 몸을 나타내지 않는다.
그 중생들이 여래를 갈앙하는 마음을 내게 하고, 연모(戀慕)하는 마음을 일으키게 한 뒤 출세하여 불법을 설했다.
신통한 방편지혜 힘이 이와 같아서 아승지겁 동안 항상 영축산과 여러 모든 곳에서 거주하며 설법한다.
중생들은 대겁(大劫)이 다할 때 큰불에 타는 것을 보지만, 여래의 이 사바국토는 안은(安隱)하여 천인(天人)이 항상 가득하다.
사바국토의 정원과 숲, 강당과 누각은 갖가지 보배로 장엄되었고, 보배나무에는 꽃과 과실들이 많아서 중생들이 즐겁게 유희한다.

여러 천신들은 천상의 북을 치며 항상 여러 가지 악기를 연주하고, 만다라 꽃비를 내려 제불여래와 대중들에게 공양한다.

* 겁화(劫火)는 괴겁(壞劫)의 시대에 큰 화재(劫火)가 일어나 대천세계(大千世界)를 모두 불태운다.

* 상재영축산(常在靈鷲山) : 제불세존이 『법화경』을 설하는 영축산으로, 보토(報土), 적광토(寂光土)로 비유하며 나머지 여러 주처는 방편으로 설하는 여러 국토를 의미한다. 제불여래는 사바세계를 정토로 만들어 신통의 방편지혜로 항상 법계에 두루하며 상주 설법한다. 제불여래는 연꽃이 진흙탕에 오염되지 않는 것처럼, 중생의 사바세계를 청정한 정토로 건립하여 중생들에게 설법한다.

我淨土不毁　而衆見燒盡　憂怖諸苦惱　如是悉充滿
是諸罪衆生　以惡業因緣　過阿僧祇劫　不聞三寶名
諸有修功德　柔和質直者　則皆見我身　在此而說法
或時爲此衆　說佛壽無量　久乃見佛者　爲說佛難値
我智力如是　慧光照無量　壽命無數劫　久修業所得
汝等有智者　勿於此生疑　當斷令永盡　佛語實不虛

여래의 사바정토는 훼손하는 일이 없지만, 중생들은 겁화(劫火)로 다 타버린 것을 보고 근심하고 두려워하는 모든 고뇌가 이와 같이 가득 충만하다.
이 모든 죄업의 중생들은 악업(惡業)의 인연으로 아승지겁을 지내도록 삼보(三寶)의 이름도 듣지 못한다.
사바세계에서 공덕을 닦아 유화(柔和)하고 청정한 마음을 지닌 사람은 모두 여래의 법신이 여기서 설법하는 것을 친견한다.

어느 때는 이 중생들에게 제불여래의 수명이 한량없다고 말하고, 오래 부처님을 가까이 친견한 이승(二乘)의 수행자들에게는 일승불(一乘佛)을 친견하기 어렵다고 설한다.
여래가 설한 방편지혜의 힘은 이와 같으며, 지혜 광명은 무량국토를 비춘다.
여래의 수명은 무수겁(無數劫)이니, 오랫동안 수행하여 깨달아 체득한 것이다. 그대들 지혜 있는 사람들은 이러한 사실을 의심하지 말고, 반드시 중생심의 의심을 끊어서 영원히 없애도록 하라.
제불여래의 말씀은 진실하여 허망하지 않다.

* 일승불(一乘佛) : 대승의 불법을 깨달아 체득한 제불여래의 지혜이다.

如醫善方便　爲治狂子故　實在而言死　無能說虛妄
我亦爲世父　救諸苦患者　爲凡夫顚倒　實在而言滅
以常見我故　而生憍恣心　放逸着五欲　墮於惡道中
我常知衆生　行道不行道　隨所應可度　爲說種種法
每自作是意　以何令衆生　得入無上慧　速成就佛身

명의가 훌륭한 방편으로 중독(中毒)된 아들들의 병을 고치기 위해서 살아 있으면서 죽었다고 말한 방편을 허망(虛妄)하다고 할 수 없다.
여래도 또한 이 중생세간의 아버지로서 모든 고통과 근심을 구제하고, 전도(顚倒)된 범부들에게 사실은 상주하면서 열반했다고 설법했다.
이승의 수행자는 항상 자아를 깨달았기 때문에 교만한 마음을 일으키고, 범부들은 방일하게 오욕락에 집착하여 삼악도(惡道)에 타락한다.
여래는 항상 중생들이 해야 할 일(行道)과 하지 말아야 할 일(不行道)을 알고, 중생의 근기에 따라서 다양한 방편 법문을 설하여 제도한다.

매번 스스로 사유하기를, 어떻게 하면 중생들이 무상의 지혜를 깨달아 체득하고 속히 불신(佛身)을 성취하게 할까 염원한다."

* "매번 스스로 사유하기를 어떻게 하면 중생들이 무상의 지혜를 깨달아 체득하고, 속히 불신(佛身)을 성취하게 할까 염원한다(每自作是意 以何令衆生 得入無上慧 速成就佛身)"라는 이 게송은, 부처의 대자대비 서원과 염원을 나타낸 게송으로 여래가지(如來加持)의 글(文), 혹은 파지옥문(破地獄文)이라고도 한다.

  自는 자수용삼매(自受用三昧)의 보신(報身)으로 발심이며, 의(意)는 念願으로 본각의 지혜가 조용(照用)하여 일념 일념에 중생을 구제하는 보살도가 실행된다. 염념자각(念念自覺), 염념보리심(念念菩提心)이다.

  『법화경』 비유품에 "지금 이 중생의 三界는 모두 여래의 소유이니 그 가운데 중생은 모두 다 여래의 아들이다. 지금 이곳에 모든 환난이 많으니, 오직 여래 한 사람만이 능히 구호할 수가 있다(今次三界 皆是我有, 其中衆生 悉是吾子, 而今此處 多諸患難 唯我一人 能爲救護)"라는 게송 법문과 함께 『법화경』의 二大慈悲心이다.

* 여래는 항상 중생들이 해야 할 일(行道)과 하지 말아야 할 일(不行道)을 알고, 중생의 근기에 따라 다양한 방편 법문을 설하여 제도한다. 행도(行道)는 행선(行禪)과 같이 발심 수행하는 일이다. 불지견을 구족한 제불여래는 중생의 근기와 심병을 진단하고 방편 법문을 설하여 중생을 제도하는 능력이다.

제17 분별공덕품(分別功德品)

* 부처의 지혜수명(佛壽)이 장원(長遠)하다는 법문을 듣고, 사람들 각자가 본분(本分)에 응하여 깨달음과 보살들이 大利益을 체득한 사실과 다양한 공덕을 설한다. 이렇게 부처님이 설법할 때 허공에서 꽃비를 내려 보수(寶樹) 밑 사자좌에 안좌한 제불 위에 뿌리고, 허공중의 다보여래와 석가여래 위에도 뿌렸다.

그 뒤 미륵보살에게 부처(佛)의 지혜수명(壽命)이 무량하며 장원(長遠)한 사실을 청법(聽法)하고, 일념(一心)으로 신해(信解)한 보살의 공덕은 육바라밀을 실천한 수행공덕보다도 수승하다. 이러한 사실을 사람들에게 알리고 경전의 법문을 서사(書寫) 수지(受持)하도록 하는 공덕은 무량무변이며, 信心으로 신해(信解)하는 자는 이미 부처가 영축산(기사굴산)에 상주하고 있음을 친견한 사실을 설한다.

그리고 부처의 지혜가 없는 중생(佛滅後)이 경전의 법문을 듣고, 수희 동참하는 자, 독송 설법하는 자, 육바라밀을 실천하는 자가 있으면 그 곳에 탑을 세워 불탑공양과 같이 공양해야 한다고 설한다.

爾時大會 聞佛說壽命劫數 長遠如是 無量無邊阿僧祇衆生 得大饒益.
於時 世尊 告彌勒菩薩摩訶薩, 阿逸多. 我說是如來壽命長遠時 六百八十萬億那由他恒河沙衆生 得無生法忍.
復有千倍菩薩摩訶薩 得聞持陀羅尼門.
復有一世界微塵數 菩薩摩訶薩 得樂說無礙辯才.

復有一世界微塵數 菩薩摩訶薩 得百千萬億無量旋陀羅尼.
復有三千大千世界微塵數 菩薩摩訶薩 能轉不退法輪.
復有二千中國土微塵數 菩薩摩訶薩 能轉清淨法輪.
復有小千國土微塵數 菩薩摩訶薩 八生 當得阿耨多羅三藐三菩提.
復有四四天下微塵數 菩薩摩訶薩 四生 當得阿耨多羅三藐三菩提.
復有三四天下微塵數 菩薩摩訶薩 三生 當得阿耨多羅三藐三菩提.
復有二四天下微塵數 菩薩摩訶薩 二生 當得阿耨多羅三藐三菩提.
復有一四天下微塵數 菩薩摩訶薩 一生 當得阿耨多羅三藐三菩提.
復有八世界微塵數衆生 皆發阿耨多羅三藐三菩提心.

그때 법회에 모여 있던 대중들은 부처님이 설한 여래의 지혜 수명(壽命)이 무량겁으로 장원(長遠)하다는 설법을 청법하고, 한량없고 그지없이 많은 만억(아승지)의 중생들이 해탈열반의 이익(利益)을 체득했다.

이때 세존께서 미륵보살 마하살에게 말했다.

"아일다여! 내가 여래의 수명이 장원하다는 법문을 설할 때, 육백팔십만 억 나유타 항하사 중생들이 반야의 지혜(無生法忍)를 깨달아 체득했다.

또 그 천 배(倍)의 보살마하살들은 법문을 청법하여 수지하는 문지다라니문(聞持陀羅尼門)을 깨달아 체득했다.

또 한 세계의 미진수와 같이 많은 보살마하살들은 원하는 대로 걸림 없이 무애자재한 변재(辯才)를 체득했다.

또 한 세계의 미진수와 같이 많은 보살마하살들은 백 천만 억 한량없는 선다라니(旋陀羅尼)를 체득했다.

또 삼천대천세계의 미진수와 같이 많은 보살마하살들은 스스로 불퇴전의 법륜(法輪)을 굴렸다.

또 이천중국토(二千中國土) 미진수와 같이 많은 보살마하살들은 스스로 청정한 법륜을 굴렸다.

또 소천국토(小千國土)의 미진수와 같이 많은 보살마하살들은 팔생(八生)에 최상의 깨달음을 체득했다.

또 四 四天下의 미진수와 같이 많은 보살마하살들은 사생(四生)에 최상의 깨달음을 체득했다.

또 三 四天下의 미진수와 같이 많은 보살마하살들은 삼생(三生)에 최상의 깨달음을 체득했다.

또 二 四天下의 미진수와 같이 많은 보살마하살들은 이생(二生)에 최상의 깨달음을 체득했다.

또 一 四天下의 미진수와 같이 많은 보살마하살들은 일생(一生)에 최상의 깨달음을 체득했다.

또 8세계의 미진수와 같이 많은 중생들은 모두 최상의 깨달음을 이루는 발심을 하였다.

* 문지다라니문(聞持陀羅尼門) : 청법한 법문을 수지하여 불법의 대의를 체득하는 반야지혜로 총지(總持)와 같다.
* 선다라니(旋陀羅尼) : 범부중생이 자아의식으로 대상경계를 집착(執着相)하는 망심을 진여본심으로 회전시켜(旋轉) 반야의 지혜를 체득하게 하는 힘(智力)이다. 『법화경』에서 설하는 삼다라니(三陀羅尼) 법문의 하나이다. 천태학에서는 공(空), 가(假), 중(中) 가운데 공관으로 배대한다.
* 일세계(一世界) : 수미산을 중심으로 9山, 8海, 사주(四洲), 사천(四天), 야마천, 도솔천, 화락천, 타화자재천, 색계초선(色界初禪), 범세천(梵世天), 日月인데, 일세계(一世界)가 천 개 모인 것이 소천세계(小千世界), 소천세계가 천 개 모인 것이 중천세계(中千世界), 中千세계가 천 개 모인 것이 삼천대천(三千大千)세계이다.

佛說 是諸菩薩摩訶薩 得大法利時 於虛空中 雨曼陀羅華, 摩訶曼陀羅華, 以散無量百千萬億 寶樹下師子座上諸佛. 幷散七寶塔中師子座上. 釋迦牟尼佛 及久滅度 多寶如來. 亦散一切諸大菩薩 及四部衆.

又雨細抹栴檀 沈水香等 於虛空中 天鼓自鳴 妙聲深遠. 又雨千種天衣 垂諸瓔珞 眞珠瓔珞 摩尼珠瓔珞 如意珠瓔珞 徧於九方 衆寶香爐 燒無價香 自然周至 供養大會 一一佛上 有諸菩薩 執持幡蓋 次第而上 至于梵天 是諸菩薩 以妙音聲 歌無量頌 讚歎諸佛.

부처님이 이 모든 보살마하살들이 대승법(大法)을 깨달아 해탈 열반의 이익을 체득하는 법문을 설할 때, 허공중에서 만다라 꽃과 마하만다라 꽃비가 한량없는 백 천만 억 보배나무 아래 사자좌에 앉아 있는 제불 위에 내렸다. 아울러 칠보탑(七寶塔) 가운데 사자좌에 앉아 있는 석가모니불과 오래전에 열반한 다보여래(多寶如來) 위에도 내렸다. 또 일체의 대보살들과 사부대중에게도 내렸다.

또 전단향과 침수향 등 미세한 향 가루를 비 내리듯 뿌렸다. 허공중에 천고(天鼓)가 저절로 울리니 미묘한 소리가 깊고 멀리 울렸다. 또 일천 가지 종류의 다양한 천상의 옷(天衣)이 비 오듯이 내렸다. 여러 가지 진주 영락과 마니주 영락, 여의주 영락 등이 팔방(八方)의 분신제불과 허공중의 석가불, 다보불의 처소 등 아홉 방향(九方)에 두루했다.

여러 가지 보배향로에는 값도 알 수 없는 좋은 향을 사르니 향기가 저절로 두루 퍼져 이 법회에 모인 대중(會衆)들에게 공양하고, 한 분 한 분의 부처님 위에는 여러 보살들이 번기와 일산을 들고 차례로 올라 범천에까지 도달했다. 이 많은 보살들이 미묘한 음성으로 한량없는 게송을 노래하여 제불을 찬탄(讚歎)했다."

* 구방(九方) : 석가모니불의 분신(分身)인 제불여래가 東西南北과 사유(四維) 등, 八方의 수하(樹下)에 안주하고 상방(上方)인 허공중에 석가불과 다보불이 안주하고 있는 것을 말한다.

불자들의 환희

爾時彌勒菩薩 從座而起 偏袒右肩 合掌向佛 而說偈言

佛說希有法　昔所未曾聞　世尊有大力　壽命不可量
無數諸佛子　聞世尊分別　說得法利者　歡喜充徧身
或住不退地　或得陀羅尼　或無礙樂說　萬億旋總持
或有大千界　微塵數菩薩　各各皆能轉　不退之法輪
復有中千界　微塵數菩薩　各各皆能轉　清淨之法輪
復有小千界　微塵數菩薩　餘各八生在　當得成佛道
復有四三二　如此四天下　微塵數菩薩　隨數生成佛
或一四天下　微塵數菩薩　餘有一生在　當成一切智
如是等衆生　聞佛壽長遠　得無量無漏　清淨之果報
復有八世界　微塵數衆生　聞佛說壽命　皆發無上心
世尊說無量　不可思議法　多有所饒益　如虛空無邊

그때 미륵보살이 자리에서 일어나 오른쪽 어깨를 드러내어 경의를 표하며 합장하고 부처님을 향하여 게송으로 말했다.

"부처님이 희유한 법을 설하니 예전에는 듣지 못했던 일입니다. 세존은 큰 지혜의 위력이 있고 지혜수명도 헤아릴 수 없습니다.

무수히 많은 여러 불자들이 세존이 설한 법문을 청법하고 해탈 이익을 이룬 사람들에 대한 말씀을 들으니 환희심이 온 몸에 충만했습니다.

어떤 사람은 불퇴전의 경지에서 안주하고, 어떤 사람은 총지(다라니)를 체득하기도 하고, 어떤 사람은 걸림 없이 설법을 할 수 있는 변재와 만억의 선(旋) 다라니를 체득했습니다.

또 삼천대천세계의 미진수와 같이 많은 보살들은 각각 모두가 스스로 불퇴전의 법륜을 굴렸습니다.

또 중천세계의 미진수와 같이 많은 보살들은 각각 스스로 청정한 법륜을 굴렸으며, 소천세계의 미진수와 같이 많은 보살들은 각각 남은 팔생(八生)에 반드시 불도(佛道)를 이루었습니다.

또 사사천하, 삼사천하, 이사천하, 이와 같은 사천하의 미진수와 같이 많은 보살들은 그들의 수대로(數生) 성불하고, 또 一四天下의 미진수와 같이 많은 보살들은 남은 일생(一生)에서 반드시 일체지(一切智)를 이룹니다.

이와 같이 많은 중생들이 부처의 수명이 장원(長遠)하다는 법문을 듣고, 한량없는 무루(無漏)의 청정한 과보(果報)를 체득했습니다.

또 팔세계(八世界)의 미진수와 같이 많은 중생들은 부처의 수명을 설한 법문을 듣고, 모두 무상(無上)의 보리심을 발했습니다.

세존이 한량없는 불가사의한 법문을 설하니, 해탈의 이익을 체득한 많은 사람들은 허공과 같이 끝이 없습니다.

雨天曼陀羅　摩訶曼陀羅　釋梵如恒沙　無數佛土來
雨栴檀沈水　繽紛而亂墜　如鳥飛空下　供散於諸佛
天鼓虛空中　自然出妙聲　天衣千萬種　旋轉而來下
衆寶妙香爐　燒無價之香　自然悉周徧　供養諸世尊
其大菩薩衆　執七寶幡蓋　高妙萬億種　次第至梵天
一一諸佛前　寶幢懸勝幡　亦以千萬偈　歌詠諸如來
如是種種事　昔所未曾有　聞佛壽無量　一切皆歡喜
佛名聞十方　廣饒益衆生　一切具善根　以助無上心

세존이 설법할 때는 천상의 만다라 꽃과 마하만다라 꽃비가 내리고 항하사와 같이 많은 제석천왕, 범천왕이 곳곳에서 찾아와 전단향, 침수향 가루를 두루 널리 뿌리는 것이 마치 새가 허공에 나는 것과 같이 제불에 공양합니다.
천상의 북(天鼓)은 허공중에서 저절로 미묘한 소리를 내고, 천만 가지 천상의 옷(天衣)이 허공에서 빙빙 돌면서 내렸습니다.
온갖 보배로 만든 미묘한 향로에는 값을 매길 수 없는 귀한 향을 사르고, 그 향이 저절로 법계에 두루 퍼져 여러 세존께 공양합니다.
큰 보살 대중들은 칠보로 된 높고 미묘한 만억 종류의 번개(幡蓋)를 잡고 차례차례 범천에 도달하여, 하나하나 제불 앞에 있는 보배깃대에 번기를 달고, 천만 가지 게송으로 제불 여래를 칭송합니다.
이와 같은 여러 가지 일들은 이전에는 볼 수 없었던 미증유의 일로서 부처의 수명이 무량하다는 법문을 듣고 일체 중생이 환희합니다.
부처의 이름이 시방에 널리 퍼져 많은 중생들이 해탈의 이익을 이루니, 일체 중생이 선근을 구족하고 최상의 보리심을 발하도록 돕고 있습니다."

네 가지 홍경 공덕(弘經功德)

爾時 佛告彌勒菩薩摩訶薩. 阿逸多, 其有衆生 聞佛壽命長遠如是 乃至能生一念信解 所得功德 無有限量.
若有善男子善女人 爲阿耨多羅三藐三菩提故 於八十萬億那由他劫 行五波羅蜜 檀波羅蜜, 尸羅波羅蜜, 羼提波羅蜜, 毗梨耶波羅蜜, 禪波羅蜜. 除般若波羅蜜. 以是功德 比前功德, 百分千分 百千萬億分 不及其一, 乃至算數譬喩 所不能知.
若善男子善女人 有如是功德 於阿耨多羅三藐三菩提退者 無有是處.

그때 부처님이 미륵보살마하살에게 말했다.

"아일다여! 어떤 중생이 부처의 수명(壽命)이 무량겁으로 장원(長遠)하다는 법문을 청법하고, 일념(一念)으로 신해(信解)하면 그가 깨달아 체득하는 공덕은 한량없다.

만약 선남자, 선여인이 최상의 깨달음을 구하고자 팔십만 억 나유타 겁 동안 보시(布施)바라밀, 지계(持戒)바라밀, 인욕(忍辱)바라밀, 정진(精進)바라밀, 선정(禪定)바라밀 등 다섯 가지 바라밀을 수행하고 반야(般若)바라밀만 제외하니, 이러한 공덕은 앞에서 일념신해의 공덕과 비교하면 백분의 일, 천분의 일, 백천만 억분의 일에도 미치지 못하며, 내지 어떠한 계산과 비유로도 그 일념신해의 공덕의 수승함을 다 알 수가 없다.

만약 선남자 선여인이 이와 같이 일념신해의 공덕을 구족한다면 최상의 깨달음에서 퇴보하는 일은 있을 수 없다."

* 일념신해(一念信解)의 공덕을 설한 법문인데, 여래수량품에도 제불여래의 법문을 신해할 것을 세 번이나 강조한다.

일념신해(一念信解)를 범문(梵文)에서는 일심신해(一心信解)라고 하는데, 천태의 『法華文句』 10의 上에 "의심이 없는 것이 信이고 明了한 것이 해(解), 이것을 신해(信解)라고 한다."(『대정장』 제35권 137쪽 下)라고 하고, 또 "一念信解란, 청법한 법문의 뜻에 따라 훤히 개명(開明)하고 법문의 말에 따라 깨달아 걸림 없는 경지에서 일체법이 모두 불법이라는 사실을 확신하는 것"이라고 해설한다.

『금강경』(31)에 "최상의 깨달음을 발심한 사람은 일체법에 반드시 여시지(如是知)와 여시견(如是見)과 여시신해(如是信解)로서 대상경계의 언설과 명칭(法相)에 분별심을 일으키지 말아야 한다"라고 설한 것처럼, 제불여래의 설법을 진여일심으로 청법(如是我聞)하고 信受奉行하여 여래의 경지가 되는 것이다.

爾時世尊 欲重宣此義 而說偈言

若人求佛慧　於八十萬億　那由他劫數　行五波羅密
於是諸劫中　布施供養佛　及緣覺弟子　幷諸菩薩衆
珍異之飮食　上服與臥具　栴檀立精舍　以園林莊嚴
如是等布施　種種皆微妙　盡此諸劫數　以廻向佛道

그때 세존께서 이 뜻을 거듭 자세히 게송으로 설했다.

“만약 어떤 사람이 부처의 지혜를 구하려고 팔십만 억 나유타겁의 긴 시간에 다섯 가지 바라밀을 수행하고, 이 많은 무량겁 가운데 부처님과 연각(緣覺)의 제자, 모든 보살대중들에게 진기한 음식과 희귀한 의복과 침구들, 전단나무로 절을 짓고, 숲과 정원을 장엄하여 보시하고 공양했다.

이와 같은 보시는 여러 가지로 모두 다 미묘하여 이 모든 무량겁수가 다하도록 불도의 지혜로 회향한 것이다.

* 전단향 나무로 건립한 정사(栴檀立精舍)는 사찰이다. 精舍는 범어 vihara로 거주처(居住處)라는 의미이다.

若復持禁戒　淸淨無缺漏　求於無上道　諸佛之所歎
若復行忍辱　住於調柔地　設衆惡來加　其心不傾動
諸有得法者　懷於增上慢　爲此所輕惱　如是悉能忍
若復勤精進　志念常堅固　於無量億劫　一心不懈息

또 계율을 잘 수지하고 청정하여 결함 없이 무상도를 구하면 제불이 칭찬한다.

만약 인욕행을 수행하여 망념을 조복하고 유연한 본심으로 거주하면, 설사 외부에서 나쁜 일이 많아도 그 마음은 흔들리지 않는다.

삿된 법을 깨달은 이가 증상만(增上慢)의 마음으로 이곳에 와서 시끄럽게 해도 진여일심으로 능히 인욕할 수 있다.

만약 또 부지런히 정진하여 원력의 뜻이 항상 견고하여, 무량 억만 겁을 지나도 일심으로 정진하여 게을리 하지 않는다.

* 조유지(調柔地) : 번뇌 망념을 調伏하고, 청정한 유연심(柔軟心)이 된 경지로, 발심 수행하여 중생심의 번뇌 망심을 텅 비우고 본래 청정한 진여본심을 회복한 것이다.

* 제유득법자(諸有得法者) : 소승 수행자로서 번뇌 망념의 도적을 죽인 아라한의 경지(我空)를 깨달아 체득했지만, 깨달음에 안주(法有)하는 증상만이다. 그래서 아라한을 증상만(懷於增上慢)이라고 한다.

又於無數劫　住於空閑處　若坐若經行　除睡常攝心
爾時因緣故　能生諸禪定　八十億萬劫　安住心不亂
持此一心福　願求無上道　我得一切智　盡諸禪定際
是人於百千　萬億劫數中　行此諸功德　如上之所說

또 무수겁 동안 마음이 고요하고 한적한 경지에 안주하여, 앉고 경행하며 잠잘 때를 제외하고는 마음을 수습한다.

이러한 인연으로 스스로 여러 가지 선정(禪定)을 수행하고, 팔십억 만 겁 동안 마음이 산란하지 않는 경지에 안주한다.

이 일심 선정의 복(福)을 수지하여 무상 불도를 구하며, '나는 일체지를 체득하여 모든 선정의 구경을 다 수행하리라'고 원력을 세운다.

이와 같이 많은 사람이 백 천만 억의 겁수(劫數) 가운데 행한 이 모든 공덕은 위에서 설한 것과 같다.

* 공한처(空閑處) : 정좌처(靜坐處), 좌도량(坐道場)과 같은 말이다. 我空, 法空으로 진여일심이 청정한 경지이며, 선에서는 無心 無事의 경지를 心淸閑, 心自閑이라고 한다.

일념신해(一念信解) 공덕

有善男女等　聞我說壽命　乃至一念信　其福過於彼
若人悉無有　一切諸疑悔　深心須臾信　其福爲如此
其有諸菩薩　無量劫行道　聞我說壽命　是則能信受
如是諸人等　頂受此經典　願我於未來　長壽度衆生
如今日世尊　諸釋中之王　道場師子吼　說法無所畏
我等未來世　一切所尊敬　坐於道場時　說壽亦如是
若有深心者　淸淨而質直　多聞能總持　隨義解佛語
如是之人等　於此無有疑

선남자, 선여인들이 여래가 설한 부처의 수명(壽命)이 무량겁으로 장원(長遠)하다는 법문을 청법하고, 일념으로 신해하면 그 복은 五바라밀을 수행한 복보다 더 많다.
만약 어떤 사람이 중생심으로 일체의 의심과 후회가 없고, 진여일심(深心)으로 잠깐 동안이라도 불법을 신해한다면 그 복은 이와 같이 많다.
많은 보살들이 무량겁에 불도를 수행하다가 여래가 설한 지혜수명(壽命)이 무량겁으로 장원하다는 법문을 청법한다면, 이것은 곧 스스로 이 법화경의 법문을 신수(信受)하는 일이다.

이와 같은 사람들은 이 경전(經典)의 법문을 정수(頂受)하고 다음과 같이 원력을 세운다.

'원하건대, 나도 미래 세상에 오랫동안 중생들을 제도하고, 지금의 세존(世尊)과 같이 석가씨족 가문의 왕으로서 도량에서 사자후로 설법함에 걸림이 없기 바랍니다. 우리들도 미래 세상에 일체 중생들에게 존경 받으며, 좌도량하여 부처의 지혜수명(壽命)이 무량겁에 장원(長遠)하다는 법문을 설할 때도 이와 같이 되기를 바랍니다.'

만약 깊은 신심(深心)있는 사람은 청정한 마음으로 이 법문을 청법하고, 정법의 안목을 구족하여 뜻에 따라 부처의 법문을 신해한다. 이와 같은 사람들은 부처의 지혜수명이 무량겁에 장엄하다는 법문을 청법하고 의심이 없다."

* 『송고승전』 제20권 무착문희전에 문수보살의 화신이 "일념의 정심은 바로 깨달음이니, 항하사와 같이 많은 칠보탑을 조성하는 것보다 더 수승하다. 칠보탑은 결국 파괴되어 티끌이 되지만, 일념의 정심은 정각을 이룬다(一念淨心是菩提, 勝造恒沙七寶塔, 寶塔究盡碎爲塵, 一念淨心成正覺)"라고 설하고, 동자는 "성 내지 않는 얼굴은 공양구요, 성 내지 않는 말은 미묘한 향이다. 성 내지 않는 마음은 진정한 보배요, 번뇌 망념이 없으면 바로 여여한 진여본성이다(面上無瞋供養具 口裏無瞋吐妙香, 心裏無瞋是眞寶 無染無垢是眞常)"라고 설했다.
* 信受나 頂受는 至心으로 (법화경)의 법문을 청법하고 受持하여 여래의 경지를 깨달아 체득하는 것이다. 정대(頂戴)도 같은 뜻이다.
* 의심이 없다는 말은, 제불여래의 설법과 진여일심법에 대하여 중생심으로 사량 분별하는 의심이 없다는 뜻이다. 진여본심으로 信心을 하게 된 것은 여래의 경지인데, 선에서는 무의결정신(無疑決定信)이라고 한다.

방편 법문을 이해한 공덕

又阿逸多．若有聞佛壽命長遠，解其言趣．是人所得功德 無有限量．能起如來無上之慧．
何況廣聞是經 若教人聞，若自持，若教人持，若自書，若教人書，若以華香瓔珞 幢幡繒蓋，香油蘇燈 供養經卷．是人功德無量無邊．能生一切種智．
阿逸多．若善男子 善女人．聞我說壽命長遠 深心信解，則爲見佛常在耆闍崛山 共大菩薩 諸聲聞衆 圍繞說法．
又見此娑婆世界 其地瑠璃 坦然平正．閻浮檀金 以界八道 寶樹行列．諸臺樓觀 皆悉寶成．其菩薩衆 咸處其中．若有能如是觀者 當知是爲深信解相．又復如來滅後 若聞是經 而不毁呰 起隨喜心 當知已爲深信解相．何況 讀誦 受持之者．斯人則爲頂戴如來．

"또 아일다여! 만일 어떤 사람이 부처의 지혜수명(壽命)이 장원(長遠)하다는 법문을 듣고, 그 법문의 뜻을 일념으로 신해(一念信解)하면 이 사람이 깨달아 체득한 공덕은 한량없고 스스로 여래의 무상한 지혜를 체득하게 된다.

그런데 하물며 이 경전의 법문을 널리 청법하거나, 만약 사람들에게 청법하도록 하거나, 스스로 수지하거나, 사람들에게 수지하도록 하거나, 스스로 서사(書寫)하거나, 사람들에게 서사(書寫)하도록 하고, 만약 꽃과 향과 영락과 당기, 번기와 비단, 일산과 향유의 등불로써 경전의 법문을 깨달아 진여일심의 지혜로 법공양한다면, 이 사람의 공덕은 한량없고 끝이 없어 스스로 일체의 방편지혜(一切種智)를 이루게 된다.

아일다여! 만약 선남자 선여인이 여래가 설한 부처의 지혜수명이 무량겁에 장원하다는 법문을 청법하고 깊은 신심으로 신해한다면, 그는 곧 부처님이 항상 영축산(靈鷲山)에서 대보살들과 성문 대중들에게 둘러싸여 설법하는 것을 친견하게 된다.

또 이 사바세계의 땅이 유리와 같이 평탄하고 반듯하며, 염부단금(閻浮檀金)으로 여덟 갈래 길의 경계에 배열하여 보배나무가 줄 지어 있으며, 모든 누각의 전망대(臺)와 누각은 모두 보배로 되어 있고 보살대중들이 그 가운데 상주하고 있음을 친견하게 된다.

만약 스스로 이렇게 관찰하는 사람이 있으면 반드시 잘 알도록 하라. 그는 곧 심심(深心)으로 이 경전의 법문을 신해한 모습이다.

또 여래의 지혜가 소멸하여 중생심이 되었을 때, 이 경전의 법문(여래수량)을 듣고 일념으로 신해하는 마음이 파괴되지 않고 수희동참하는 마음을 일으키면 반드시 잘 알아야 한다. 이 사람은 이미 심심(深心)으로 경전의 법문을 신해한 모습이다. 하물며 이 법화경의 법문을 독송하고 수지하는 사람은 더 말할 필요가 있겠는가? 이 사람은 곧 여래(如來)를 머리에 이고 있는(頂戴) 것이다.

* 향유소등(香油蘇燈) : 유락(乳酪)에 향유(香油)를 섞어서 등불을 켜는 것이다. 『正法華經』에서는 제호등(醍醐燈)이라고 한다.

* 이 사람은 곧 여래(如來)를 정대(頂戴)한 것이다(斯人則爲頂戴如來). 여기서 頂戴란 정수(頂受), 하담(荷擔), 감당(堪當) 등과 같은 뜻이다. 법사품에 "약왕보살이여! 법화경의 법문을 수지 독송하는 사람은 부처의 지혜로 장엄하고 스스로를 지혜로 장엄하여 곧 여래가 되어 어깨에 여래를 짊어지고 있다(則爲如來 肩所荷擔)"라고 설한다.

『금강경』(15)에 "여래 최상의 깨달음을 짊어지고 있다(荷擔如來阿耨多羅三藐三菩提)"라고 설하는 것은, 『금강경』(14)에 "만약 선남자 선여인이 이 경전의 법문을 수지 독송하면 곧 여래가 된다(則爲如來)"라고 설한 법문과 같다.

수지 독송의 공덕

阿逸多. 是善男子 善女人 不須爲我 復起塔寺 及作僧坊. 以四事供養衆僧. 所以者何 是善男子善女人. 受持讀誦是經典者 爲已起塔 造立僧坊. 供養衆僧 則爲以佛舍利 起七寶塔. 高廣漸小 至于梵天 懸諸幡蓋 及衆寶鈴 華香瓔珞 抹香塗香燒香 衆鼓伎樂 簫笛箜篌 種種舞戲 以妙音聲 歌唄讚頌. 則爲於無量千萬億劫 作是供養已.

아일다여! 이러한 선남자 선여인은 여래를 위하여 새롭게 불탑(塔)을 세우고 사찰과, 승방(僧坊)을 짓고, 음식과 의복, 침구와 탕약 같은 네 가지로 보살승들에게 공양하지 않아도 된다.

왜냐하면 이러한 선남자 선여인이 이 경전을 수지 독송하면, 이미 불탑을 건립하고 승방을 짓고 보살승들에게 공양한 것이 된다.

곧 부처의 사리(舍利)로 칠보탑을 건립하고 높이와 넓이가 점점 작아지게 하여 범천(梵天)에까지 도달하고, 여러 가지 번기와 일산과 보배풍령을 달고, 또 꽃과 향과 영락과 가루향, 바르는 향, 불에 태우는 향으로 공양하고, 여러 가지 북과 기악과 퉁소와 공후 등의 악기로 연주하며, 다양한 춤을 추고 유희하며 미묘한 음성으로 노래하고 찬송하니, 그는 곧 한량없는 천만 억 겁에 이와 같이 이미 공양한 사람이다.

서사 해설의 공덕

阿逸多. 若我滅後 聞是經典 有能受持. 若自書 若敎人書 則

爲起立僧坊 以赤栴檀 作諸殿堂三十有二 高八多羅樹 高廣嚴好. 百千比丘 於其中止 園林浴池 經行禪窟 衣服飮食 牀褥湯藥 一切樂具充滿其中 如是僧坊 堂閣若干百千萬億 其數無量.

以此現前 供養於我 及比丘僧. 是故我說如來滅後 若有受持讀誦 爲他人說. 若自書 若敎人書 供養經卷 不須復起塔寺 及造僧坊 供養衆僧.

아일다여! 만약 여래의 지혜가 소멸한 후 중생심이 되었을 때, 이 경전의 법문을 듣고 능히 스스로 수지하거나 스스로 서사(書寫)하거나 남에게 서사(書寫)하도록 한다면, 그것이 곧 승방을 건립하고 붉은 전단향 나무로써 서른두 채의 전당(殿堂)을 짓는 것이다.

그 전당의 높이는 팔 다라수로 넓고 크게 장엄되어 백 천의 비구(比丘)들이 그 전당 안에 거주하며, 동산과 산림과 목욕하는 연못과 경행하는 선원과 의복, 음식, 평상과 침구와 탕약 등 온갖 악기가 그 가운데 가득하다.

이러한 승방과 전당과 누각이 백 천만 억, 무수하고 한량없는 것으로 지금 여기 눈앞에 현전(現前)하여 여래와 비구승들에게 공양한 것이다.

그러므로 여래가 설하기를 '여래의 지혜가 소멸한 이후 중생의 세계에 어떤 사람이 이 경전의 법문을 수지하고 독송하며, 다른 사람에게 설하고 스스로 경전을 서사하거나 남에게 서사하도록 하여 경전을 지혜로 공양한다면, 다시 탑과 절을 건립하거나 승방을 지어 보살승들에게 공양할 필요가 없다'고 했다.

* 다라수(多羅樹) : 범어 tala로 1다라는 75尺 정도라고 한다. 다라수는 종려나무과로 이 나무의 높이가 7 내지 8丈이기 때문에 높이를 재는 척도로 삼았다. 이 나뭇잎이 패엽(貝葉)인데 여기에 경전을 새겼다.

육바라밀을 수행한 공덕

況復有人 能持是經 兼行布施 持戒 忍辱 精進. 一心智慧 其德最勝 無量無邊. 譬如虛空 東西南北四維上下 無量無邊. 是人功德 亦復如是 無量無邊. 疾至一切種智.

若人讀誦受持是經 爲他人說. 若自書 若敎人書 復能起塔 及造僧坊 供養讚歎聲聞衆僧. 亦以百千萬億讚歎之法 讚歎菩薩功德. 又爲他人 種種因緣 隨義解說此法華經. 復能淸淨持戒 與柔和者 而共同止 忍辱無瞋 志念堅固 常貴坐禪 得諸深定 精進勇猛 攝諸善法 利根智慧 善答問難.

다시 또 어떤 사람이 이 경전의 법문을 수지하고, 아울러 보시와 지계, 인욕과 정진, 일심(禪定)으로 방편의 지혜를 실행하면, 그 공덕이 가장 수승(殊勝)하여 한량없고 다함이 없다.

마치 허공의 동, 서, 남, 북 네 방향과 상방과 하방이 한량없고 끝이 없는 것과 같다. 이 사람의 공덕도 허공과 같이 한량없고 끝이 없어서 곧바로 일체종지(一切種智)를 체득하게 된다.

만약 어떤 사람이 이 경전의 법문을 독송하고 수지하여 남에게 설하고, 만약 스스로 서사(書寫)하고, 만약 남에게도 서사하도록 하고, 또 스스로 탑을 건립하고 승방을 조성하며 성문(聲聞)과 보살승들을 공양 찬탄한다.

또 백 천만 억 가지 찬탄하는 법으로 보살의 공덕을 찬탄하고, 또 다른 사람들에게 여러 가지 인연으로 이 법화경의 법문을 정법의 뜻에 따라서 해설한다. 그리고 다시 스스로 계행을 청정하게 수지하며, 유연하고 화합한 마음으로 사람들과 함께 거주하며, 인욕행으로 성내지 않는다.

원력의 뜻이 견고하여 항상 좌선(坐禪) 수행을 귀중히 하며, 여러 가지 깊은 선정의 경지를 체득하여 용맹스럽게 정진한다.

모든 선법을 섭수하여 선근 공덕과 해탈의 이익이 되는 지혜로 어려운 질문도 훌륭하게 방편지혜로 대답한다.

阿逸多. 若我滅後 諸善男子善女人 受持讀誦是經典者. 復有如是諸善功德 當知是人 已趣道場 近阿耨多羅三藐三菩提 坐道樹下. 阿逸多. 是善男子善女人 若坐若立若行處 此中便應起塔. 一切天人 皆應供養 如佛之塔.

아일다여! 여래의 지혜가 소멸한 이후 중생심이 되었을 때, 여러 선남자 선여인들이 이 경전의 법문을 수지 독송하는 자로서 또 이와 같이 모든 선한 공덕이 있다면, 이 사람은 이미 깨달음의 청정한 도량에 나아가 최상의 깨달음과 친근(親近)하여 보리수 아래 좌도량(坐道場)한 것이다.

아일다여! 이러한 선남자 선여인들이 앉거나 서거나 경행하는 곳, 그 가운데 반드시 불탑을 건립해야 한다. 그리고 일체의 천신과 인간들이 모두 불탑에 공양하는 것과 같이 공양해야 한다."

* 若坐若立若行處 此中便應起塔 : 行住坐臥 語默動靜, 일체가 진여일심의 지혜(여래)작용이기 때문에 그 가운데 불탑을 건립하는 것이다. 『금강경』에 "여래는 若來 若去 若坐 若臥"라고 설하고, "여래는 어디에서 온 곳이 없고, 또한 어디로 가는 곳도 없다"라는 법문처럼, 진여일심의 지혜로 行住坐臥 語默動靜하는 일이 여래의 지혜작용이다.

爾時世尊 欲重宣此義 而說偈言

若我滅度後　能奉持此經　斯人福無量　如上之所說

是則爲具足　一切諸供養　以舍利起塔　七寶而莊嚴
表刹甚高廣　漸小至梵天　寶鈴千萬億　風動出妙音
又於無量劫　而供養此塔　華香諸瓔珞　天衣衆伎樂
然香油蘇燈　周帀常照明　惡世法末時　能持是經者
則爲已如上　具足諸供養

그때 세존께서 이 뜻을 거듭 펴시려고 게송으로 말했다.

"만약 여래의 지혜가 없는 중생이 이 경전의 법문을 봉지하면, 이 사람의 복은 무량하여 위에서 설한 법문과 같다. 이것은 곧 일체의 모든 공양을 구족하게 된 것이며, 사리탑을 건립하고 칠보로 장엄한 것이다.

표찰(表刹)은 매우 높고 넓은데 점차로 좁아져서 범천에 이르고, 천만 억 개의 풍령이 바람에 움직여 미묘한 소리가 난다.

또한 무량겁 동안 이 탑에 꽃과 향과 모든 영락과 천의(天衣)와 수많은 악기로 음악을 공양한다.

향유와 소등(酥燈)을 켜서 항상 법계를 두루 밝히며, 오탁악세(五濁惡世)의 말법(末法)시대에 이 경전을 수지하는 이는 이미 이러한 여러 가지 공양을 두루 갖춘 것이다.

* 오탁악세(五濁惡世) : 濁은 범어 kasaya로 중생심의 번뇌 망념으로 혼탁한 것이다. 말세의 중생세계에서 발생하는 번뇌 망념으로 진여본성의 청정한 지혜가 5가지로 혼탁해진 것을 말한다,

겁탁(劫濁)은 말세 중생의 혼탁한 시대. 견탁(見濁)은 번뇌 망념으로 정법의 지혜가 혼탁해진 것(所知障). 번뇌탁(煩惱濁)은 중생심의 번뇌 망념으로 혼탁해진 것. 중생탁(衆生濁)은 유정탁이라고 하며 중생의 번뇌 망념으로 대상에 집착하고 애착하는 분별심. 명탁(命濁)은 수명탁(壽命濁)이라고 하

며, 번뇌 망념으로 진여본심의 지혜 생명이 혼탁해진 것이다.

若能持此經　則如佛現在　以牛頭栴檀　起僧坊供養
堂有三十二　高八多羅樹　上饌妙衣服　牀臥皆具足
百千衆住處　園林諸浴池　經行及禪窟　種種皆嚴好
若有信解心　受持讀誦書　若復敎人書　及供養經卷
散華香抹香　以須曼薝蔔　阿提目多伽　薰油常然之
如是供養者　得無量功德　如虛空無邊　其福亦如是
況復持此經　兼布施持戒　忍辱樂禪定　不瞋不惡口
恭敬於塔廟　謙下諸比丘　遠離自高心　常思惟智慧
有問難不瞋　隨順爲解說　若能行是行　功德不可量

만약 스스로 이 경전의 법문을 수지하면 부처의 지혜가 현재에 실행되며, 우두 전단향으로 승방(僧坊)을 건립하여 공양하며, 승당(僧堂) 서른두 채가 있어 그 높이는 팔 다라수가 된다.
최상의 음식과 훌륭한 의복과 평상, 침구를 구족하여 백천 대중이 거주하고, 동산과 숲, 모든 연못을 경행하거나 선원을 여러 가지로 아름답게 장엄한 것과 같다.
만약 어떤 사람이 일심으로 경전의 법문을 신해하여 수지, 독송, 서사하며, 만약 다른 사람에게 서사(書寫)하게 하고 경전의 법문을 공양하게 하며, 꽃과 향과 가루향을 뿌리고, 수만나 꽃, 첨복화 꽃, 아제목다가를 섞어 짠 기름으로 등불을 항상 밝힌다.
이와 같이 공양한 사람들은 한량없는 공덕을 이루며, 허공 끝이 없듯이 이 사람이 이룬 복과 공덕도 그와 같다.
하물며 이 경전을 수지하고, 아울러 보시, 지계, 인욕, 선정의 법락으로 성내지 않고 나쁜 말도 하지 않는다.
불탑을 공경하고 모든 비구들에게 겸손하며 자만심을 버리고, 항상 지혜로 사유하며 어려운 질문을 해도 성내지 않고 그의 질문에 수순하여 해설한다.
만약 스스로 이와 같이 불도를 수행한다면 그 사람의 공덕은 한량없다.

* 수만(須曼)과 첨복(薝蔔) : 꽃나무의 일종으로 꽃과 향기가 짙어 향료로 사용한다.
* 아제목다가(阿提目多伽) : 범어 atimuktaka로 용지화(龍舐華)라고 번역한다. 초목의 형체는 대마(大麻)와 같고 붉은 꽃과 푸른 잎으로 열매에서 기름과 향을 채취한다고 한다.

若見此法師　成就如是德　應以天華散　天衣覆其身
頭面接足禮　生心如佛想　又應作是念　不久詣道樹
得無漏無爲　廣利諸人天　其所住止處　經行若坐臥
乃至說一偈　是中應起塔　莊嚴令妙好　種種以供養
佛子住此地　則是佛受用　常在於其中　經行及坐臥

만약 이와 같은 법사를 친견하고 이와 같은 공덕을 성취하면, 천상에서 꽃을 흩어 공양하고 천의(天衣)로 그 몸을 덮어 준다.
머리 숙여 발에 예배하며 부처와 같다는 마음을 일으키고 반드시 이와 같이 생각해야 한다.
오래가지 않아 깨달음의 도량에서 무루(無漏) 무위법(無爲法)을 깨달아 체득하여 널리 모든 인천(人天)에 해탈의 이익이 되도록 한다.
그가 머무는 곳이나 경행하며 앉거나 눕는 곳이나, 한 구절의 게송을 설하는 지금 여기에(是中) 반드시 불탑을 건립하고 훌륭하게 장엄하고 여러 가지로 공양하도록 하라.

불자가 이 여래지(此地)에 안주하면 곧 이것이 부처의 지혜를 수용하는 것이니, 항상 그 부처의 지혜 가운데서(其中) 경행(經行)하거나 앉고 누워야 한다."

* 여기서 『법화경』의 법문을 수지, 독송하는 법화행자는 무루법(無漏法), 무위법(無爲法)을 깨달아 여래의 지혜로 사는 불자(佛子)이며 불구화생(佛口化生)이다. 진여一心의 지혜는 제불여래가 중도(中道)의 정토를 건립하는 것이기 때문에 시중(是中), 차지(此地), 기중(其中)이라는 말로 설한다.
* "불자가 이 여래지(此地)에 안주하면 곧 이것이 부처의 지혜를 수용하는 것"이라는 말은 부처의 지혜를 자수용(自受用)하는 것이다.
『능가경』에 여래선(如來禪)을 자각성지(自覺聖智)라고 설한 자내증(自內證)의 법문처럼, 초발심으로 정각을 이루는 향상의 발심 수행으로 증지(證智)를 체득하는 것이다.

제18 수희공덕품(隨喜功德品)

* 수희공덕품은 제불여래의 법문에 수희(隨喜) 동참한 공덕을 설한 법문이다. 수희는 범어 anumodana로 여래의 설법에 수순(隨順)하고 동참하여 여래의 지혜를 이루는 일이다. 즉 제불여래의 如是說法을 如是我聞하고, 信受奉行하며 수희동참하고 法喜禪悅의 법락을 이루는 것이다.
『법화경』 법사품에는 현재, 미래의 제자들에게 경전의 법문을 청법하고 수희 동참하여 수기를 부여하는 것이고, 수희공덕품은 수희 동참한 공덕을 설한다.

미륵보살의 질문

爾時 彌勒菩薩摩訶薩 白佛言, 世尊. 若有善男子 善女人 聞是法華經 隨喜者 得幾所福. 而說偈言,
世尊滅度後 其有聞是經　若能隨喜者 爲得幾所福
爾時 佛告彌勒菩薩摩訶薩 阿逸多. 如來滅後 若比丘 比丘尼 優婆塞 優婆夷 及餘智者. 若長若幼 聞是經隨喜已. 從法會出至於餘處. 若在僧坊, 若空閑地, 若城邑巷陌聚落田里, 如其所聞 爲父母宗親 善友知識 隨力演說. 是諸人等 聞已隨喜 復行轉教 餘人聞已. 亦隨喜轉教 如是展轉 至第五十. 阿逸多. 其第五十 善男子 善女人 隨喜功德. 我今說之 汝當善聽.

그때 미륵보살 마하살이 부처님께 말했다.

"세존이시여! 만약 선남자 선여인이 이 『법화경』의 법문을 청법하고, 수희 동참하는 사람들은 얼마나 많은 복덕을 체득할 수 있습니까?"

또 게송으로 다음과 같이 설했다.

"세존이 입적한 이후 중생의 시대에 이 경전의 법문을 청법하고, 수희 동참하는 사람들은 얼마나 많은 복덕을 체득할 수 있습니까?

그때 부처님이 미륵보살 마하살에게 말했다.

"아일다여! 여래의 지혜가 없는 중생의 시대에 비구, 비구니, 우바새, 우바이 그밖에 지혜가 있는 자로서 늙은이, 젊은이가 이 경전의 법문을 청법하고, 수희 동참하거나 법회가 끝난 후 다른 곳에 가서 승방이나 공적(空寂)한 곳이나, 성이 있는 도시나 시골마을 등의 법회(法會)에서 청법한 법문 그대로 부모나 친척, 친구나 아는 사람들에게 자기 본분의 능력에 따라서 설한다.

또 그 사람이 연설하는 법문을 청법하고 수희 동참한 사람이 다시 또 다른 사람에게 설하고, 또 그 법문을 청법한 사람이 수희 동참하여 또 다른 사람에게 설법하여, 이와 같이 설법하고 또 설법하여 오십(五十) 번째 사람에게 이르게 된다.

아일다여! 그 오십 번째의 법문을 청법한 선남자 선여인이 『법화경』의 법문을 청법하고 수희 동참한 공덕(功德)을 여래가 설할 것이니 그대는 자세히 듣도록 하라.

若四百萬億 阿僧祇世界 六趣 四生衆生，卵生 胎生 濕生 化生．若有形無形，有想無想，非有想 非無想．無足 二足．四足多足．如是等在衆生數者，有人求福，隨其所欲 娛樂之具．皆給與之．一一衆生 與滿閻浮提 金銀瑠璃 硨磲 碼碯 珊瑚 琥珀，諸妙珍寶，及象馬車乘，七寶所成，宮殿樓閣等 是大施主．如

是布施 滿八十年已 而作是念 我已施衆生 娛樂之具 隨意所欲 然此衆生 皆已衰老 年過八十 髮白面皺, 將死不久, 我當以佛法 而訓導之.

卽集此衆生 宣布法化 示教利喜. 一時 皆得須陀洹道, 斯陀含道, 阿那含道, 阿羅漢道, 盡諸有漏 於深禪定 皆得自在 具八解脫. 於汝意云何. 是大施主 所得功德 寧爲多不.

사백만 억 무량 아승지 세계의 육도(六道)에 윤회하는 중생들 가운데 알에서 태어나고, 모태(母胎)에서 태어나고, 습기에서 태어나고, 변화해서 화생하는 네 가지 중생이 있다.

또 형상이 있는 중생, 형상이 없는 중생, 생각이 있는 중생, 생각이 없는 중생, 생각이 있는 것도 아니고 생각이 없는 것도 아닌 중생, 발이 없는 중생, 두 발을 가지고 있는 중생, 네 발을 가지고 있는 중생, 많은 발을 가진 중생도 있다.

이와 같은 여러 종류의 중생들에게 어떤 사람이 복을 구하려고 보시행을 했다. 즉 중생들이 요구하는 오락도구를 제공하면서 하나하나 중생들에게 염부제(閻浮提)에 가득 채울 만큼 많은 금, 은, 유리, 자거, 마노, 산호, 호박 등의 여러 가지 보물과 코끼리와 말이 끄는 수레와 칠보로 지은 궁전과 누각 등을 보시했다.

이 대시주(大施主)가 이렇게 팔십 년 동안 보시하고, 또 다음과 같이 사유했다.

'내가 중생들이 요구하는 오락 도구를 보시했다. 그러나 이 중생들은 이미 늙어 나이 팔십이 넘어 머리카락은 희고 얼굴은 주름살로 찌그러지고, 죽을 때가 가까웠으니 나는 반드시 그들에게 불법을 가르쳐서 인도(引導)하리라.'

그래서 그는 중생들을 소집하고 널리 불법(佛法)을 선포하여 제시하고 가르치며, 깨달음의 이익과 열반의 기쁨을 체득하도록 했다. 일시에 그 중생들을 수다원과, 사다함과, 아나함과, 아라한과를 체득하게 했다.

중생들의 모든 번뇌가 없어지고, 깊은 선정(禪定)에서 자유자재한 경지를 체득하여 여덟 가지 해탈(解脫)을 구족했다면 그대는 어떻게 생각하는가? 이 대시주가 체득한 공덕이 많다고 할 수 있겠는가?”

* 육취(六趣) : 지옥, 아귀, 축생, 인간, 천상, 아수라의 육도(六道)를 말한다. 그리고 유형(有形)은 형상과 형체가 있는 중생, 무형(無形)은 형상이 없는 중생(非人)으로 귀신(鬼神), 유상(有想)은 無色界의 第一 空處와 第二 識處의 중생, 무상(無想)은 無色界의 第三 無所有處 중생, 非有想 非無想은 無色界의 第四 非想非非想處 중생을 말한다.
* 시교이희(示敎利喜) : 오백제자수기품, 화성유품에서 설했다. 『법화경』 방편품에 제불세존이 정법을 개시오입으로 설한 법문과 같은 뜻으로, 불법을 개시(開示)하여 일승의 정법을 가르치고 자리이타의 깨달음을 체득하여 생사윤회를 초월하고 열반의 해탈이익(解脫利益)을 체득하게 한다. 이 말은 『대지도론』 제54권에도 설한다.

彌勒 白佛言 世尊. 是人功德甚多 無量無邊. 若是施主 但施衆生 一切樂具 功德無量. 何況令得阿羅漢果. 佛告彌勒 我今分明語汝. 是人以一切樂具 施於四百萬億 阿僧祇世界 六趣衆生. 又令得阿羅漢果 所得功德 不如是第五十人 聞法華經一偈 隨喜功德 百分千分 百千萬億分 不及其一, 乃至算數譬喩 所不能知. 阿逸多 如是第五十人 展轉聞法華經 隨喜功德 尙無量無邊阿僧祇. 何況最初於會中 聞而隨喜者 其福復勝 無量無邊阿僧祇 不可得比.

미륵보살이 부처님께 말했다.

“세존이시여! 이 사람의 공덕은 실로 많아서 한량없고 끝이 없습니다. 이 시주가 중생들에게 모든 오락의 도구만 보시했다 하더라도 그 공덕이 한량없는데, 하물며 아라한의 경지를 깨달아 체득하게 한 것은 더 말할 나위가 있겠습니까?"

부처님이 미륵보살에게 말했다.

"여래가 이제 분명하게 그대에게 설한다. 이 사람이 모든 오락의 도구를 사백만 억 아승지 세계의 육도에 윤회하는 중생들에게 보시하였고, 또 그들을 아라한과를 깨달아 체득하게 한 공덕은, 이 오십 번째 사람이 『법화경』의 한 게송을 청법하거나 수희 동참한 공덕의 백분의 일, 천분의 일, 백 천만 억분의 일에도 미치지 못하며, 내지 산수와 비유로도 그 공덕을 설명할 수 없다.

아일다여! 이와 같이 『법화경』의 법문이 점차로 전해져 오십 번째 사람이 청법하고 수희 동참한 공덕은 무량, 무변, 아승지와 같다.

하물며 그 법회(會衆)에 참여하여 법문을 청법하고 수희 동참한 사람의 복덕은 더 말할 필요가 있겠는가? 그 사람의 복덕은 또한 수승하고 무량, 무변 아승지와 같이 많아서 그 무엇과 비교해서 설명할 수 없다.

남을 권하여 듣게 한 공덕

又阿逸多. 若人爲是經故 往詣僧坊. 若坐若立 須臾聽受 緣是功德 轉身所生 得好上妙 象馬車乘 珍寶輦輿 及乘天宮.
若復有人 於講法處坐 更有人來 勸令坐聽. 若分座令坐 是人功德 轉身 得帝釋坐處. 若梵王坐處 若轉輪聖王所坐之處.

또 아일다여! 만약 어떤 사람이 이 『법화경』의 법문을 수행하고자 수행승의 처소를 방문하여 앉거나 서거나 잠깐 동안 청법하고 수지한 그 인연 공덕으로, 중생의 몸을 바꾸어 보살의 몸으로 화생(化生)하여 최상으로 미묘하게 장엄된 코끼리나 말의 수레나 진귀한 보배의 가마(輦)를 타고 천궁에 오르게 된다.

만약 또한 법화경의 법문을 강론하는 법좌에 앉아 있을 때, 어떤 사람이 오거든 그 사람을 법좌에 앉아서 청법하도록 하고 자신이 앉은자리를 나누어서 앉게 하면, 이 사람의 공덕은 중생의 몸을 보살의 몸으로 전향하여 다음에는 제석천왕(帝釋天王)의 자리(坐處)나 범천왕(梵天王)의 자리(坐處)나 전륜성왕(轉輪聖王)의 자리(坐處)에 앉게 된다.

* 전신(轉身) : 중생이 발심 수행하여 보살이 되고, 부처의 지혜를 깨달아 체득하는 것이며, 衆生身을 菩薩身, 佛身으로 전향하는 願生身이다. 一切唯心造의 법문과 같다.

阿逸多. 若復有人 語餘人言 有經名法華 可共往聽 卽受其教 乃至須臾間聞. 是人功德 轉身 得與陀羅尼 菩薩共生一處 利根智慧 百千萬世 終不瘖瘂 口氣不臭 舌常無病 口亦無病 齒不垢黑 不黃不疎 亦不缺落 不差不曲 脣不下垂 亦不褰縮 不麤澁 不瘡疹 亦不缺壞 亦不咼斜 不厚不大 亦不黧黑 無諸可惡 鼻不匾 㔸 亦不曲戾 面色不黑 亦不狹長 亦不窊曲 無有一切不可喜相 脣舌牙齒 悉皆嚴好 鼻修高直 面貌圓滿 眉高而長 額廣平正 人相具足 世世所生 見佛聞法 信受教誨.
阿逸多. 汝且觀. 是勸於一人 令往聽法 功德如此 何況一心 聽說讀誦 而於大衆 爲人分別 如說修行.

아일다여! 만약 또 어떤 사람이 다른 사람에게 '저 『법화경』의 법문 설하는 곳이 있으니 함께 가서 듣자'라고 권하여 그 사람이 그 말을 듣고 가서 잠깐 동안 청법한다면, 이 사람의 공덕은 중생의 몸을 바꾸어 불법의 총지(陀羅尼)를 체득한 보살과 함께 한 처소에 왕생하게 되리라. 근성이 총명하고 지혜가 있으며, 백 천만 번 태어나도 벙어리나 말더듬이가 되지 않는다.

입에는 냄새가 나지 않고, 혀에는 병이 없고, 입에도 병이 없으리라. 치아는 때가 묻거나 검지도 누렇지도 않으며, 성글지도 않고 빠지지도 않고 어긋나거나 굽지도 않을 것이다. 입술이 아래로 쳐지지도 않고 위로 말려 올라가지도 않고, 거칠지도 않고 부스럼도 없고, 언청이도 아니고 비뚤어지지도 않고, 두텁지도 크지도 않고 검지도 않고 여러 가지 모든 상호가 나쁜 곳이 없다. 코는 납작하지도 않고 굽어 비뚤어지지도 않고, 얼굴빛은 검고 좁고 길지도 않으며, 쑥 들어가 비뚤어지지도 않고 여러 가지 못생긴 모습이 하나도 없다.

입술과 혀, 치아가 모두 다 잘 생기고, 코는 길고 높고 곧으며, 얼굴은 원만하고 눈썹은 높고 길며, 이마는 넓고 반듯해서 좋은 인상(人相)을 구족한다.

세세생생 부처님을 친견하고 법문을 청법하게 되어 불법의 가르침을 신수(信受)하게 된다.

아일다여! 그대는 또한 잘 관찰해 보라! 이 한 사람에게 권하여 그가 『법화경』 설하는 법회에 참여하여 법문을 청법 하게 한 공덕도 이와 같다. 그런데 하물며 일심으로 법문을 청법하고 독송하며, 대중들에게 방편의 지혜로 설법하며 여실하게 수행(修行)하도록 하는 공덕은 더 말할 필요가 있겠는가?"

* 보살과 같이 한 곳에 왕생한다는 菩薩共生一處는 번뇌 망념의 중생신, 업생신(業生身)을 발심 수행하여 보살의 원생신(願生身)으로 전향하고 진여일심의 지혜로 왕생한다는 뜻이다.

爾時世尊 欲重宣此義 而說偈言

若人於法會　得聞是經典　乃至於一偈　隨喜爲他說
如是展轉敎　至于第五十　最後人獲福　今當分別之
如有大施主　供給無量衆　具滿八十歲　隨意之所欲

見彼衰老相　髮白而面皺　齒疎形枯竭　念其死不久
我今應當教　令得於道果　卽爲方便說　涅槃眞實法
世皆不牢固　如水沫泡燄　汝等咸應當　疾生厭離心
諸人聞是法　皆得阿羅漢　具足六神通　三明八解脫
最後第五十　聞一偈隨喜　是人福勝彼　不可爲譬喩
如是展轉聞　其福尙無量　何況於法會　初聞隨喜者

그때 세존께서 이 뜻을 거듭 펴시려고 게송으로 말했다.
"만약 어떤 사람이 법회(法會)에서 이 『법화경』의 법문을 청법하고, 한 게송으로 깨달아 수희 동참하여 다른 사람에게 설하여, 이와 같이 차례차례로 설법하여 오십 번째 사람에게 이르면, 이 오십 번째 최후로 깨달아 체득한 사람의 공덕을 지금 자세하게 설하리라.
여기 큰 시주가 있어 한량없는 중생들에게 공양물을 보시하되 팔십 년 동안 그들이 요구하는 대로 보시하였고, 그들이 늙어서 머리카락이 희고 얼굴에 주름이 생기고, 이가 빠지고 몸이 여위어 오래 살지 못할 것이라고 다음과 같이 생각했다.
'나는 이제 저 중생들을 교화하여 불도의 깨달음을 체득하게 하리라.'
곧 방편 법문으로 열반의 진실한 정법을 설했다.
중생의 세간은 모두 견고하지 못해 물거품과 같고 화염과 같아 실체가 없으니, 그대들은 모두 다 속히 중생세간을 싫어하는 구도심을 일으키도록 하라.
모든 사람들이 이 법문을 청법하고 모두 아라한의 경지를 체득하여, 여섯 가지 신통과 세 가지 밝은 지혜와 여덟 가지 해탈을 갖추었다.
이렇게 최후의 오십 번째 사람이 한 게송을 청법하고 수희 동참하면, 이 사람이 체득한 복은 저보다 더욱 수승하여 무엇으로 비유하여 설명할 수 없다.
이와 같이 청법자가 전하는 법문을 청법해도 그 복덕이 한량없는데, 하물며

법회에 참여하여 처음 그 법문을 청법하고 수희 동참하는 사람은 더 말할 필요가 있겠는가?

* 속히 중생세간을 싫어하고, 구도심을 일으켜라(疾生厭離心). 신속하게 발심 수행하여 중생심의 번뇌 망념을 벗어나 해탈열반의 경지를 깨달아 체득하라는 법문이다. 『승만경』 자성청정심장에 "만약 여래장이 없는 사람은 중생의 고통을 싫어하고 열반의 법락을 구하는 구법행을 할 수가 없다(若無如來藏者 不得厭苦 樂求涅槃)"고 설한다. 『대승기신론』 정법훈습에 "말하자면 진여일심의 지혜가 있기 때문에 스스로 중생의 무명(無明)에 훈습(熏習)하게 된다. 이러한 진여일심의 지혜가 중생심의 무명(無明)에 훈습하는 인연의 힘이 있기 때문에 구도심을 일으켜 생사의 고통을 싫어하고 열반의 법락을 구하게 된다(所謂 以有眞如法故, 能熏習無明, 以熏習因緣力故, 則令妄心 厭生死苦, 樂求涅槃)"라고 제불의 본원력(本願力)을 구도심으로 설한다. 정토교에서 "삼계의 고통을 싫어하여 벗어나, 환희심으로 정토를 구한다(厭離三界 欣求淨土)"고 설한 법문과 같다.

若有勸一人　將引聽法華　言此經深妙　千萬劫難遇
卽受教往聽　乃至須臾聞　斯人之福報　今當分別說
世世無口患　齒不疎黃黑　脣不厚褰缺　無有可惡相
舌不乾黑短　鼻高修且直　額廣而平正　面目悉端嚴
爲人所喜見　口氣無臭穢　優鉢華之香　常從其口出
若故詣僧坊　欲聽法華經　須臾聞歡喜　今當說其福
後生天人中　得妙象馬車　珍寶之輦輿　及乘天宮殿
若於講法處　勸人坐聽經　是福因緣得　釋梵轉輪座
何況一心聽　解說其義趣　如說而修行　其福不可限

어떤 한 사람에게 권유하여 법화경의 법문을 청법하도록 인도하면서, 이 경전의 법문은 깊고 미묘하여 천만 겁에도 만나기 어렵다고 말했다. 만약 어떤 사람이 이 사람의 가르침을 받고 잠깐 동안이라도 법화경의 법문을 청법한다면, 그가 깨달아 체득한 복덕을 지금 자세하게 분별하여 설하리라.

이 사람은 세세생생 태어날 적마다 입에는 병이 없고, 이는 성글고 누렇거나 검지 않으며, 입술은 두텁지도 않고 언챙이도 아니어서 나쁜 인상이 하나도 없다.

혀는 마르지도 검지도 짧지도 않고 코는 높고 길고 곧으며, 이마는 넓고 반듯하며 얼굴은 단정하고 위엄이 있어 사람들은 모두 그의 얼굴 보기를 좋아한다.

입에는 나쁜 냄새가 나지 않고, 언제나 우발화(優鉢華)의 향기가 그의 입에서 난다.

만약 승방을 방문하여 『법화경』의 법문을 청법하고자 한다면, 잠깐 동안이라도 청법하고 수희 동참한 그 복덕을 여래가 설하리라.

그는 이후에 천상과 인간 세상에 태어나 묘한 코끼리나 말의 수레나 진귀한 보배의 수레를 타고 천상의 궁전에 오르게 될 것이다.

만약 『법화경』을 강설하는 곳에서 사람들에게 그 법문을 청법하도록 권하면, 이 인연의 복덕으로 제석천, 범천, 전륜왕의 자리를 얻게 될 것이다.

일심(一心)으로 청법하고, 그 뜻을 해설하여 설법한 대로 여법하게 수행(修行)하면 그 복덕은 한량이 없다."

* 우발화(優鉢華)는 범어 uppala로서 청련화(靑蓮華)이다.

제19 법사공덕품(法師功德品)

* 법사공덕품은 『법화경』의 법문을 受持, 讀, 誦, 書寫, 解說하는 법사의 五種수행 공덕을 설한다. 『법화경』의 방편 법문을 수지 독송하는 법화행자가 법사이다.
『법화경』 제10 법사품에서 간략하게 현재, 미래 二世의 제자와 법사에게 수기를 부여하는 법문을 서술하였고, 앞의 수희공덕품에서는 널리 그 제자의 공덕을 설했다. 여기 법사공덕품에서는 眼耳鼻舌身意의 六根淸淨의 果德을 설한다. 보살의 十信位 공덕을 內外로 장엄하는 것인데, 五根淸淨을 外莊嚴, 意根 청정을 內莊嚴이라고 한다.
『법화경』의 법문을 수지, 독, 송, 서사, 해설하는 오종 방편 수행으로 六根이 청정한 법사가 된다. 불법의 수행(bhavana)은 본래 청정한 진여본성을 회복시키는 발심 수행이며 제불의 본원력이다.
淸淨은 空과 같은 의미로, 자아의식의 중생심과 번뇌 망념을 자각하고 텅 비워 본래 청정한 진여본심의 지혜로 되돌아가는 수행(歸命)이다. 번뇌 망념으로 오염(汚染)된 진여본심을 본래 청정한 상태가 되도록 환원시키는 방편 수행이다.

육근(六根)의 공덕을 함께 설하다

爾時 佛告常精進菩薩 摩訶薩. 若善男子 善女人 受持是法華經. 若讀 若誦 若解說 若書寫. 是人當得八百眼功德, 千二百耳功德，八百鼻功德，千二百舌功德，八百身功德，千二百意功德，以是功德 莊嚴六根 皆令清淨.

그때 부처님이 상정진(常精進)보살 마하살에게 말했다.

"만약 선남자 선여인이 이 『법화경(法華經)』의 법문을 수지 독송하고, 다른 사람에게 해설하거나 사경(書寫)하게 한다면, 이 사람은 반드시 눈(眼)으로 팔백 공덕과 귀(耳)로써 천이백 공덕과 코(鼻)로써 팔백 공덕과 혀(舌)로써 천이백 공덕과 몸(身)으로 팔백 공덕과 의식(意)으로 천이백 공덕을 체득한다. 이러한 공덕으로 육근(六根)을 진여일심의 지혜로 장엄하며, 모두 청정하게 한다.

안근(眼根)의 공덕

是善男子善女人 父母所生 清淨肉眼 見於三千大千世界 內外所有山林河海 下至阿鼻地獄，上至有頂．亦見其中 一切衆生 及業因緣 果報生處 悉見悉知.

爾時世尊 欲重宣此義 而說偈言

若於大衆中　以無所畏心　說是法華經　汝聽其功德
是人得八百　功德殊勝眼　爾時莊嚴故　其目甚清淨
父母所生眼　悉見三千界　內外彌樓山　須彌及鐵圍
幷諸餘山林　大海江河水　下至阿鼻獄　上至有頂天
其中諸衆生　一切皆悉見　雖未得天眼　肉眼力如是

이 선남자 선여인은 부모가 낳아준 청정한 육안(肉眼)으로 삼천대천세계의 안과 밖에 있는 산과 숲, 강과 바다를 보며, 아래로 아비지옥(阿鼻地獄)과 위로는 무색계(無色界)의 유정천(有頂天)을 볼 수가 있다. 그 가운데 있는 모든 중생들과 중생들의 업장(業)의 인연과 과보로 태어나는 곳을 모두 보고, 모두 다 여실하게 알 수 있다."

그때 세존이 이 뜻을 거듭 펴려고 게송으로 말했다.

"만약 어떤 사람이 대중 가운데서 걸림 없는 마음으로 법화경을 해설한다면 그대는 그 사람의 공덕을 청법하라.

이 사람은 팔백 공덕의 수승한 눈(眼)을 체득하고, 이러한 장엄으로 그의 눈은 매우 청정하다.

부모로부터 받은 육안의 눈으로 삼천대천세계의 안팎에 있는 미루산과 수미산과 철위산을 모두 다 보고, 그밖에 여러 산과 숲, 큰 바다와 강물을 보고 아래로는 아비지옥에 이르고 위로는 유정천에 이르기까지 그 가운데 있는 중생들을 모두 다 볼 수가 있다.

비록 천안통(天眼通)은 체득하지 못했지만 육안의 힘은 이와 같다."

* 內外所有 山林河海 : 의식의 안과 밖으로 대상경계의 산림과 강과 바다를 볼 수 있는 것이다. 내외는 마음 안과 밖이고, 대상경계의 사물을 보는 것은 자아의식(마음)으로 의식의 대상경계를 보는 것이다. 마음이 없으면 봐도 보이지 않는다.

* 미루산(彌樓山) : 범어 Meru로 힌두교 신화에 나오는 산이다. 염부제주의 중심이 되고 황금과 보석으로 이루어진 산으로 高山, 光山이라고 한다. 수미산은 妙高山, 鐵山은 수미산의 제일 끝에 둘러싸인 산이다.

이근의 공덕

復此常精進. 若善男子 善女人 受持此經 若讀若誦 若解說 若書寫 得千二百耳功德. 以是清淨耳 聞三千大千世界 下至阿鼻

地獄 上至有頂 其中內外 種種語言音聲 象聲馬聲 牛聲車聲 啼哭聲 愁歎聲 螺聲 鼓聲 鐘聲 鈴聲 笑聲 語聲 男聲 女聲 童子聲 童女聲 法聲非法聲 苦聲樂聲 凡夫聲聖人聲 喜聲不喜聲 天聲龍聲 夜叉聲乾闥婆聲 阿修羅聲迦樓羅聲 緊那羅聲摩睺羅伽聲 火聲 水聲 風聲 地獄聲 畜生聲 餓鬼聲 比丘聲 比丘尼聲 聲聞聲 辟支佛聲 菩薩聲 佛聲. 以要言之 三千大千世界中一切內外 所有諸聲 雖未得天耳. 以父母所生 淸淨常耳 皆悉聞知. 如是分別 種種音聲 而不壞耳根.

"또 상정진(常精進)보살이여! 선남자 선여인이 이 법화경의 법문을 수지, 독송, 해설하고 서사(書寫)하면 귀의 일천이백 공덕을 체득한다. 이 청정한 귀로 삼천대천세계에서 아래로는 아비지옥, 위로는 유정천에 이르기까지 그 가운데 있는 여러 가지 말소리와 음성을 들을 수 있다.

코끼리 소리, 말소리, 소의 소리, 수레 소리, 우는 소리, 수심하는 소리, 소라 소리, 북소리, 종소리, 방울 소리, 웃는 소리, 말하는 소리, 남자 소리, 여자 소리, 동자 소리, 동녀 소리, 법다운 소리, 법답지 않은 소리, 괴로운 소리, 즐거운 소리 등이다.

또 범부의 소리, 성인의 소리, 기쁜 소리, 기쁘지 않은 소리, 하늘의 소리, 용의 소리, 야차의 소리, 건달바의 소리, 아수라의 소리, 가루라의 소리, 긴나라의 소리, 마후라가의 소리이다.

물소리, 불타는 소리, 바람 소리, 지옥의 소리, 축생의 소리, 아귀의 소리, 비구의 소리, 비구니의 소리, 성문의 소리, 보살의 소리, 제불의 소리를 모두 다 들을 수 있다.

그 요지를 간략하게 말하면, 삼천대천세계 안팎의 여러 가지 소리들을 천이통(天耳通)을 얻지 않고도 부모로부터 받은 청정한 귀로써 모든 소리를 듣고 알 수 있다. 이렇게 여러 가지 음성을 분별해도 이근(耳根)은 파괴되지 않는다."

爾時世尊 欲重宣此義 而說偈言

父母所生耳　清淨無濁穢　以此常耳聞　三千世界聲
象馬車牛聲　鐘鈴螺鼓聲　琴瑟箜篌聲　簫笛之音聲
清淨好歌聲　聽之而不着　無數種人聲　聞悉能解了
又聞諸天聲　微妙之歌音　及聞男女聲　童子童女聲
山川險谷中　迦陵頻伽聲　命命等諸鳥　悉聞其音聲
地獄衆苦痛　種種楚毒聲　餓鬼飢渴逼　求索飲食聲
諸阿修羅等　居在大海邊　自共言語時　出于大音聲
如是說法者　安住於此間　遙聞是衆聲　而不壞耳根

그때 세존께서 이 뜻을 거듭 펴시려고 게송으로 말했다.

"부모로부터 받은 귀는 청정하여 혼탁하고 오염되지 않아 항상 이 청정한 귀로 삼천대천세계의 소리를 듣는다.

코끼리, 말, 수레, 소의 소리와 종, 풍경, 소라, 북 소리와 거문고, 비파, 젓대 소리와 퉁소와 피리에서 나는 소리와 맑고도 좋은 노랫소리를 들으면서도 집착이 없고, 무수한 종류의 사람들의 음성을 듣고 모두 잘 이해한다.

또 제천(諸天)의 소리와 미묘한 노랫소리도 들으며, 남자의 소리, 여자의 소리, 동자, 동녀의 소리도 듣는다.

험한 산천과 골짜기에서 나는 가릉빈가의 소리도 듣고, 공명조(共命鳥) 등 모든 새들의 소리도 듣는다.

또 지옥에서 고통 받는 여러 가지 소리와 가지가지로 독한 형벌을 받는 소리, 아귀가 배고픈 갈증(飢渴)으로 괴로워 음식 찾는 소리도 듣고, 모든 아수라들이 큰 해변에서 함께 큰 음성으로 떠드는 소리도 듣는다.

이와 같이 설법하는 이가 여기에 편안히 거주하면서 그 여러 가지 음성을 들어도 이근(耳根)이 파괴되지 않는다.

* 명명조(命命鳥) : 공명조(共命鳥)로서 하나의 몸(一身)에 머리가 둘(二頭)인 새이며, 생생(生生), 공생(共生)이라고도 한다. 『아미타경』에는 공명지조(共命之鳥)라고 한다. 『열반경』에 재앙을 부르는 흑암녀(黑暗女)와 행운을 주는 공덕천(吉祥天) 자매 이야기처럼 중생의 사바세계에서 善惡, 自他, 凡聖 등 분별하는 것을 비유한다.

十方世界中　禽獸鳴相呼　其說法之人　於此悉聞之
其諸梵天上　光音及徧淨　乃至有頂天　言語之音聲
法師住於此　悉皆得聞之　一切比丘衆　及諸比丘尼
若讀誦經典　若爲他人說　法師住於此　悉皆得聞之
復有諸菩薩　讀誦於經法　若爲他人說　撰集解其義
如是諸音聲　悉皆得聞之　諸佛大聖尊　敎化衆生者
於諸大會中　演說微妙法　持此法華者　悉皆得聞之
三千大千界　內外諸音聲　下至阿鼻獄　上至有頂天
皆聞其音聲　而不壞耳根　其耳聰利故　悉能分別知
持是法華者　雖未得天耳　但用所生耳　功德已如是

시방세계 가운데서 금수(禽獸)가 서로 울부짖고 부르는 소리를 설법하는 사람은 여기서 그 소리를 모두 듣는다.

모든 범천(梵天) 위의 광음천(光音天)과 변정천(徧淨天), 내지 유정천에 이르기까지 말하는 음성을 법사는 여기에 머물며 그 소리를 모두 다 듣는다.

일체의 비구대중과 모든 비구니들이 이 경전을 독송하고 다른 사람에게 설하는 것을 법사는 여기에 머물며 그 소리를 모두 다 듣는다.

또 여러 보살들이 이 법화경을 독송하여 다른 사람에게 해설하거나 경전을 편찬하고 뜻을 해석하는 이와 같은 모든 음성을 다 듣는다.

제불 대성존이 여러 중생들을 교화하며, 대법회 가운데서 미묘법 연설하는 소리를 이 『법화경』을 수지하는 사람은 모두 다 그 소리를 듣는다.

삼천대천세계의 안과 밖에서 나는 모든 음성과 아래로는 아비지옥에서 위로는 유정천(有頂天)까지 그 많은 음성들을 모두 들어도 이근(耳根)은 파괴되지 않는다.

그 이근이 총명하기 때문에 모두 스스로 분별하여 알 수 있다. 이 『법화경』을 수지하는 사람은 비록 천이통(天耳通)을 체득하지 못하지만, 단지 부모로부터 받은 귀로써 이와 같은 공덕을 이룬다."

비근(鼻根)의 공덕

復此常精進. 若善男子 善女人 受持是經. 若讀若誦 若解說若書寫 成就八百鼻功德 以是清淨鼻根 聞於三千大千世界 上下內外 種種諸香. 須曼那華香 闍提華香 末利華香 薝蔔華香 波羅羅華香 赤蓮華香 青蓮華香 白蓮華香 華樹香 菓樹香 栴檀香 沈水香 多摩羅跋香 多伽羅香 及千萬種和香. 若抹 若丸 若塗香. 持是經者 於此間住 悉能分別.

"또 상정진보살이여! 선남자 선여인이 이 경전의 법문을 수지, 독송, 해설하거나 서사(書寫)하는 사람은 팔백 가지 비근(鼻根)의 공덕을 성취한다. 이 청정한 비근(鼻根)으로 삼천대천세계의 위, 아래, 의식의 안과 밖으로 여러 가지 향기를 모두 다 맡을 수 있다.

수만나꽃 향기, 사제화꽃 향기, 말리화꽃 향기, 첨복화꽃 향기, 바라라꽃 향기, 붉은 연꽃 향기, 푸른 연꽃 향기, 흰 연꽃 향기, 화수향, 과수향, 전단향, 침수향, 다마라발향, 다가라향과 천만 가지 꽃가루로 화합한 향, 가루향, 둥글게 만든 향, 바르는 향의 냄새를 이 경전의 법문을 수지한 사람은 여기(此間)에 머물면서 모두 다 스스로 분별해서 알 수 있다.

* 수만나 꽃(須曼那華) : 향기(香)를 묘의(妙意)라 번역하고, 색깔은 황백색으로 향이 짙다고 한다.

又復別知衆生之香, 象香 馬香 牛羊等香, 男香 女香 童子香 童女香, 及草木叢林香. 若近若遠 所有諸香 悉皆得聞 分別不錯. 持是經者 雖住於此.
亦聞天上諸天之香 波利質多羅 拘鞞陀羅樹香, 及曼陀羅華香, 摩訶曼陀羅華香 曼殊沙華香 摩訶曼殊沙華香 栴檀沈水 種種抹香 諸雜華香. 如是等天香 和合所出之香 無不聞知.

또한 특별하게 중생들의 향기(냄새)를 판별하여 안다. 코끼리의 향기, 말의 향기, 소의 향기, 양의 향기, 남자의 향기, 여자의 향기, 동자의 향기, 동녀의 향기와 풀, 나무, 수풀의 향기, 가까이 있고 멀리 있는 향기(냄새)들을 모두 맡아서 분별하지만 착오가 없다.

이 경전의 법문을 수지하는 사람은 여기에 있으면서도 천상에 있는 모든 향기를 맡을 수가 있다. 파리질다라구비타라수 향기, 만다라 꽃향기, 마하만다라 꽃향기, 만수사 꽃향기, 마하만수사 꽃향기, 전단향, 침수향 등 여러 가지 가루향과 여러 가지 꽃향기를 맡을 수 있다. 이러한 천상의 향기와 꽃가루를 화합한 향기를 맡고 판별하지 못하는 일이 없다.

又聞諸天身香. 釋提桓因 在勝殿上 五欲娛樂 嬉戲時香. 若在妙法堂上 爲忉利諸天說法時香. 若於諸園遊戲時香 及餘天等男女身香 皆悉遙聞. 如是展轉 乃至梵世 上至有頂 諸天身香亦皆聞之. 幷聞諸天 所燒之香 及聲聞香辟支佛香, 菩薩香 諸佛身香 亦皆遙聞 知其所在. 雖聞此香 然於鼻根 不壞不錯. 若欲分別 爲他人說 憶念不謬.

또한 여러 천신(天身)들의 향기를 맡을 수 있다. 제석천왕이 매우 훌륭한 궁전에서 오욕락을 즐겨 놀 때의 향기와 도리천의 묘법당(妙法堂) 위에서 모든 도리천에게 설법할 때의 향기, 모든 동산에서 유희하며 놀 때의 향기와 다른 천상 사람들의 남녀 몸에서 나는 향기들을 멀리서도 다 맡고 안다.

이와 같이 점차로 올라가 범천에 이르고, 유정천(有頂天)에 이르는 여러 천신들의 향기를 모두 맡으며, 또 여러 천상에서 사르는 향기를 맡고 안다. 또 성문의 향기, 벽지불의 향기, 보살의 향기, 제불의 향기를 멀리서 맡고서도 그들이 있는 곳을 안다. 비록 이러한 향기들을 맡지만 비근(鼻根)은 파괴되거나 착오도 없다. 만약 그 향기를 잘 분별하여 다른 사람들에게 설할 때에도 그 향기를 기억하는 일에 착오가 없다."

* 도리천의 묘법당(妙法堂) : 도리천희견대성(忉利天喜見大城)의 西北角에 있으며, 33天의 회의장으로서 유리(琉璃)로 이루어졌다고 한다.

爾時世尊 欲重宣此義 而說偈言

是人鼻淸淨　於此世界中　若香若臭物　種種悉聞知
須曼那闍提　多摩羅栴檀　沈水及桂香　種種華果香
及知衆生香　男子女人香　說法者遠住　聞香知所在

大勢轉輪王　小轉輪及子　群臣諸宮人　聞香知所在
身所着珍寶　及地中寶藏　轉輪王寶女　聞香知所在
諸人嚴身具　衣服及瓔珞　種種所塗香　聞香知其身
諸天若行坐　遊戲及神變　持是法華者　聞香悉能知

그때 세존이 이 뜻을 거듭 펴시려고 게송으로 말했다.

“이 사람은 비근(鼻根)이 청정하여 이 세계 가운데 있는 향기나 냄새나는 물건, 여러 가지 종류의 냄새를 맡고 다 안다.

예를 들면 수만나사제향, 다마라발전단향, 침수향, 계수향, 가지가지 꽃과 과실의 향기, 그리고 중생들의 향기, 남자의 향기, 여자의 향기를 안다.

설법하는 사람은 멀리 있어도 향기를 맡고 그가 있는 곳을 잘 안다.

큰 세력을 가진 전륜성왕과 작은 전륜왕과 그의 아들들과 여러 신하와 궁녀들의 향기를 맡고 그가 있는 곳을 안다.

몸에 지닌 보물과 땅속에 매장된 보물과 전륜성왕 옥녀(玉女)의 향기를 맡고 그가 있는 곳을 안다.

모든 사람들의 몸을 장엄하는 의복과 영락 등의 보배, 여러 가지 바르는 향의 냄새를 맡고 그 몸의 신분을 안다.

모든 천신들이 걷고 앉고, 유희하는 신통의 변화를 『법화경』을 수지한 사람들은 그 향기를 맡고 스스로 다 안다.

* 전륜왕보녀(轉輪王寶女) : 전륜왕이 구족한 칠보 가운데 옥녀보(玉女寶; 寶女)를 말한다. 전륜왕의 칠보는 輪寶, 象寶, 馬寶, 珠寶, 女寶, 居士寶(主藏寶), 主兵寶이다.

諸樹華果實　及蘇油香氣　持經者住此　悉知其所在

諸山深嶮處　栴檀樹華敷　衆生在中者　聞香悉能知
鐵圍山大海　地中諸衆生　持經者聞香　悉知其所在
阿修羅男女　及其諸眷屬　鬪諍遊戲時　聞香皆能知
曠野險隘處　師子象虎狼　野牛水牛等　聞香知所在
若有懷姙者　未辨其男女　無根及非人　聞香悉能知
以聞香力故　知其初懷姙　成就不成就　安樂産福子
以聞香力故　知男女所念　染欲癡恚心　亦知修善者
地中衆伏藏　金銀諸珍寶　銅器之所盛　聞香悉能知
種種諸瓔珞　無能識其價　聞香知貴賤　出處及所在

『법화경』을 수지한 사람은 모든 나무의 꽃과 과실의 향기와 수만나 기름의 향기를 여기에 있으면서 그것이 있는 곳을 모두 다 안다.
모든 산의 깊고 험한 곳에 전단나무 꽃이 피고, 중생이 그 가운데 있음을 향기를 맡고 모두 다 안다.
『법화경』을 수지한 사람은 철위산(鐵圍山)과 대해(大海), 지하에 있는 모든 중생들의 향기를 맡고 그들이 있는 곳을 모두 다 안다.
아수라의 남자와 여자, 그들의 모든 권속들이 투쟁하고 유희하는 때를 향기를 맡고 모두 다 안다.
광야의 험하고 좁은 골짜기에 사자, 코끼리, 호랑이, 늑대, 들소, 물소들의 향기를 맡고 그들이 있는 곳을 모두 다 안다.
만약 아이를 가진 사람이 남녀를 판별하지 못하고, 남근이 없는(無根) 남자인지 귀신인지 향기를 맡고 모두 다 안다.
향기를 맡은 힘으로 처음 아기를 가진 사람이 아기의 임신을 성취할지 못할지, 안락하게 복된 아들을 낳을지 모두 다 안다.
향기를 맡은 힘으로 남녀가 생각하는 일과 음욕, 어리석음, 성내는 것과 착한 행실을 닦는지 다 안다.

땅속에 묻혀 있는 금과 은, 온갖 보물들, 구리 그릇에 담겨 있는 것들의 향기를 맡고 모두 다 안다.

갖가지 모든 영락의 값을 아는 사람이 없는데, 비싸고 싼 것과 출산지와 있는 곳을 향기를 맡고 모두 다 안다.

天上諸華等　曼陀曼殊沙　波利質多樹　聞香悉能知
天上諸宮殿　上中下差別　衆寶華莊嚴　聞香悉能知
天園林勝殿　諸觀妙法堂　在中而娛樂　聞香悉能知
諸天若聽法　或受五欲時　來往行坐臥　聞香悉能知
天女所着衣　好華香莊嚴　周旋遊戲時　聞香悉能知
如是展轉上　乃至於梵天　入禪出禪者　聞香悉能知
光音徧淨天　乃至于有頂　初生及退沒　聞香悉能知
諸比丘衆等　於法常精進　若坐若經行　及讀誦經典
或在林樹下　專精而坐禪　持經者聞香　悉知其所在
菩薩志堅固　坐禪若讀誦　或爲人說法　聞香悉能知
在在方世尊　一切所恭敬　愍衆而說法　聞香悉能知
衆生在佛前　聞經皆歡喜　如法而修行　聞香悉能知
雖未得菩薩　無漏法生鼻　而是持經者　先得此鼻相

천상에 있는 여러 가지 꽃과 만다라 꽃, 만수사 꽃, 바리질다 나무들의 향기를 맡고 모두 다 안다.

천상의 모든 궁전의 상, 중, 하의 차별과 온갖 보배 꽃으로 장엄한 것을 향기를 맡고 모두 다 안다.

천상의 정원과 훌륭한 궁전과 모든 전망대와 묘법당(妙法堂), 그 가운데서 즐겨 오락하는 일을 향기를 맡고 모두 다 안다.

모든 천신들이 법문을 청법하거나 오욕락을 누릴 때, 오고 가고 왕래하며, 걸어 다니고 앉고 눕는 것을 향기를 맡고 모두 다 안다.

천녀(天女)들의 옷에 좋은 꽃과 향으로 장엄하고, 여기 저기 다니며 유희하는 것을 향기를 맡고 모두 다 안다.

이와 같이 점차 위로 올라가 범천의 세계에 이르러 선정에 들고, 선정에서 나오는 일도 향기를 맡고 모두 다 안다.

광음천과 변정천, 내지 유정천(색구경천)까지 처음 태어나고 타락(退沒)하는 일을 향기를 맡고 모두 다 안다.

여러 비구 대중들이 불법에 항상 정진하면서 앉고, 혹은 경행하며 경전을 독송한다.

혹은 어떤 이가 나무 아래서 오로지 좌선 수행하는 것과 경전을 수지한 사람의 향기를 맡고 그가 있는 곳을 모두 다 안다.

보살의 원력이 견고하여 좌선하거나 경을 독송하고, 다른 사람에게 설법하는 것을 향기를 맡고 모두 다 안다.

가는 곳마다 세존이 모든 중생들의 공경을 받고, 중생들을 불쌍히 여겨 설법하는 것을 향기를 맡고 능히 다 안다.

대중들에게 법문 설하는 일을 향기를 맡고 모두 다 안다.

중생들이 부처님 앞에서 경전의 법문을 듣고 모두 기뻐하여 여법하게 수행하는 일을 향기를 맡고 모두 다 안다.

비록 보살의 무루법(無漏法)으로 비근(鼻根)원통은 체득하지 못했지만, 이 경의 법문을 수지한 사람은 먼저 이런 비근의 특성을 이룬다."

* 광음변정천(光音徧淨天) : 色界의 光音天과 徧淨天인데, 광음천은 光音으로 語音이 되고, 변정천은 樂을 받고 청정하게 된다고 한다.

* 처음 태어나고 타락(退沒)하는 일은, 선행을 수행한 결과 색계(色界)의 제천(諸天)에 태어나도 천상(天上)에서 쾌락에 탐닉했기 때문에 욕계(欲界)에 타락(退沒)하는 것을 말한다.

* 보살의 무루법(無漏法)으로 이룬 비근(鼻根)이 원통한 경지를 체득하지 못했다는 말은, 비근(鼻根)이 원통한 진여법신의 지혜를 실행할 수 있는 능력을 구족하지 못한 것을 말한다.
『수능엄경』에서 관세음보살의 耳根圓通의 법문과 같다.

설근(舌根)의 공덕

復次 常精進 若善男子 善女人 受持是經. 若讀若誦 若解說若書寫, 得千二百舌功德. 若好若醜 若美不美 及諸苦澁物 在其舌根 皆變成上味 如天甘露 無不美者.
若以舌根 於大衆中 有所演說 出深妙聲 能入其心 皆令歡喜快樂.
又諸天子天女 釋梵諸天 聞是深妙音聲 有所演說 言論次第 皆悉來聽 及諸龍龍女 夜叉夜叉女 乾闥婆乾闥婆女 阿修羅阿修羅女 迦樓羅迦樓羅女 緊那羅緊那羅女 摩睺羅伽 摩睺羅伽女 爲聽法故 皆來親近 恭敬供養.
及比丘比丘尼 優婆塞優婆夷 國王王子 群臣眷屬 小轉輪王 大轉輪王 七寶千子 內外眷屬 乘其宮殿 俱來聽法.
爾時菩薩 善說法故 婆羅門 居士 國內人民 盡其形壽 隨侍供養.
又諸聲聞辟支佛 菩薩諸佛 常樂見之 是人所在方面諸佛 皆向其處說法 悉能受持一切佛法. 又能出於深妙法音.

"또 상정진보살이여! 만약 선남자 선여인이 이 경전의 법문을 수지, 독송, 해설, 서사(書寫)한다면, 혀의 일천 이백 공덕(功德)을 체득한다.

맛이 좋거나 좋지 않거나, 아름답거나 아름답지 못하거나, 쓰고 떫은 물건이 그의 혀(舌根)에 닿으면 최상의 맛으로 변하여 천상의 감로수(甘露水) 같아서 맛없는 것이 없다.

만일 이 혀(舌根)로써 대중 가운데 연설하면 깊고 미묘한 소리가 나와 법문을 듣는 사람은 능히 그 마음으로 깨달아 모두가 환희하고 법락을 이루게 된다.

또 모든 천자(天子)와 천녀(天女), 제석천왕과 대범천왕들은 이 깊고 미묘한 설법의 음성을 듣고 연설하는 언론(言論)들을 순서대로 모두 와서 듣는다.

또 모든 용왕과 용녀, 야차와 야차의 여자, 건달바와 건달바의 여자, 아수라와 아수라의 여자, 가루라와 가루라의 여자, 긴나라와 긴나라의 여자, 마후라가와 마후라가의 여자들이 법을 들으려고 모두 와서 친근하고 공경하며 공양한다.

또 비구, 비구니, 우바새, 우바이, 국왕, 왕자, 신하와 그 권속들, 작은 전륜왕과 큰 전륜왕들의 칠보(七寶)인 일천 아들과 안팎의 권속들이 그들의 궁전을 타고 와서 청법할 것이다.

이 보살이 여법하게 설법을 하기 때문에 바라문과 거사, 나라 안의 사람들이 자신의 몸과 목숨이 다할 때까지 시봉하고 따르며 공양한다. 또 성문과 벽지불과 보살과 제불이 항상 그를 친견하기 좋아하며, 법화경의 법문을 수지한 이 사람이 있는 방면의 제불은, 그 곳을 향하여 법을 설하니 일체의 불법을 스스로 다 수지하며 또 깊고 미묘한 법음(法音)으로 설한다."

* 대전륜왕 칠보천자(大轉輪王 七寶千子) : 전륜성왕이 구족한 보배로 윤보(輪寶; 마차), 상보(象寶; 코끼리), 마보(馬寶; 말), 주보(珠寶; 여의주), 여보(女寶; 玉女), 거사보(居士寶; 主藏寶), 주병보(主兵寶; 보병) 등의 七寶가 있고, 천 명의 아들(千人)이 있다고 한다.

爾時世尊 欲重宣此義 而說偈言

是人舌根淨 終不受惡味 其有所食噉 悉皆成甘露
以深淨妙聲 於大衆說法 以諸因緣喩 引導衆生心
聞者皆歡喜 設諸上供養 諸天龍夜叉 及阿修羅等
皆以恭敬心 而共來聽法 是說法之人 若欲以妙音
徧滿三千界 隨意卽能至 大小轉輪王 及千子眷屬
合掌恭敬心 常來聽受法 諸天龍夜叉 羅刹毗舍闍
亦以歡喜心 常樂來供養 梵天王魔王 自在大自在
如是諸天衆 常來至其所 諸佛及弟子 聞其說法音
常念而守護 或時爲現身

그때 세존께서 이 뜻을 거듭 펴시려고 게송으로 말했다.

"설법자의 혀(舌根)는 청정하여 언제나 나쁜 맛을 받아들이지 않고, 그가 먹고 씹는 음식은 모두 다 감로의 맛을 이룬다.

깊고 깨끗하고 미묘한 음성으로 대중들에게 법을 설하며 이러한 인연과 비유로 중생들의 마음을 인도하면, 그의 법문을 듣는 사람은 모두 환희하여 최상의 공양을 베푼다.

제천의 용왕과 야차, 그리고 아수라가 모두 공경하는 마음으로 찾아와서 청법할 것이다.

법을 설하는 이 사람이 만일 아름다운 음성으로 삼천세계에 두루하려고 하면 뜻에 따라 능히 이루어 질 것이다.

큰 전륜왕과 작은 전륜왕과 그의 일천 아들과 권속들이 합장하고 공경하는 마음으로 항상 와서 청법한다.

제천의 용왕과 야차, 나찰과 비사사(毗舍闍)도 역시 환희심으로 항상 즐겁게 와서 공양하며, 범천왕과 마왕, 자재왕과 대자재왕 등 이와 같은 제천의 대중들도 항상 그 설법하는 곳에 올 것이다.
제불과 그 제자들까지 그가 설법하는 법음을 듣고 항상 호념(護念)하고 수호하며, 어떤 때는 그 몸을 나툰다."

* 나찰(羅刹) : 공중을 빠르게 비행하는 귀신으로 사람의 피를 빨아먹는 난폭한 귀신이며, 비사사(毗舍闍)는 사람의 정기와 혈육을 먹는 악한 귀신(惡鬼)이다.

신근(身根)의 공덕

復次 常精進 若善男子善女人 受持是經 若讀若誦 若解說 若書寫 得八百身功德. 得清淨身 如淨瑠璃 衆生喜見.
其身淨故 三千大千世界衆生 生時死時 上下好醜 生善處惡處 悉於中現. 及鐵圍山 大鐵圍山 彌樓山 摩訶彌樓山等諸山 及其中衆生 悉於中現. 下至阿鼻地獄 上至有頂 所有及衆生 悉於中現. 若聲聞辟支佛 菩薩諸佛說法 皆於身中 現其色象.

"또한 상정진보살이여! 만약 선남자 선여인이 이 경전의 법문을 수지하고 독송하거나 남에게 해설하고 서사(書寫)하면, 몸(身)으로 팔백 공덕을 체득하게 된다.

청정한 몸을 체득하면 마치 깨끗한 유리와 같아서 중생들이 보고 기뻐한다. 그 법화행자의 몸이 청정하므로 삼천대천세계의 중생들이 태어나는 때와 죽는 때, 높고 낮고, 잘생기고 못생기고, 좋은 곳에 태어나고 나쁜 곳에 태어나는 것이 모두 다 그 몸 가운데 나타난다.

철위산과 대철위산, 미루산과 마하미루산 등 모든 산과 그 가운데 있는 중생들이 다 그 몸 가운데 나타난다.

아래로는 아비지옥, 위로는 유정천(有頂天)에 이르기까지 그 가운데 있는 중생들이 모두 그 몸 가운데 나타난다.

성문과 벽지불과 보살과 제불의 설법이 모두 다 그 몸 가운데 색상(色像)을 나타낸다."

* 그 몸 가운데 색상을 나타낸다(身中 現其色像)는 말은, 법화행자의 몸에 중생의 형색과 모습이 여실하게 나타난 것을 말한다. 불지견을 구족한 제불보살의 안목(몸)에 중생들의 실상이 여실하게 드러나는 것이다. 따라서 제불보살은 중생을 구제하는 원력과 방편지혜로 중생들을 구제하는 원생신(願生身)으로 몸을 나툰다. 중생은 자아의식과 의식의 대상경계로 업생신(業生身)의 형상(形色)을 나타낸다.

爾時世尊 欲重宣此義 而說偈言

若持法華者　其身甚清淨　如彼淨瑠璃　衆生皆喜見
又如淨明鏡　悉見諸色像　菩薩於淨身　皆見世所有
唯獨自明了　餘人所不見　三千世界中　一切諸群萌
天人阿修羅　地獄鬼畜生　如是諸色像　皆於身中現
諸天等宮殿　乃至於有頂　鐵圍及彌樓　摩訶彌樓山
諸大海水等　皆於身中現　諸佛及聲聞　佛子菩薩等
若獨若在衆　說法悉皆現　雖未得無漏　法性之妙身
以清淨常體　一切於中現

그때 세존께서 이 뜻을 거듭 펴려고 게송으로 말했다.

"법화경을 수지한 사람은 그 몸이 청정하기를 저 맑은 유리와 같아서 중생들이 모두 보고 기뻐한다.

또 깨끗하고 밝은 거울에 모든 사물의 색상이 보이듯이, 보살의 청정한 몸에서 세상에 있는 것을 다 볼 것이다.

오직 독자적으로 명백히 알고 다른 사람은 보지 못하는 것이니, 삼천대천세계에 있는 일체의 모든 중생(群萌)들과 천신과 사람, 아수라, 지옥, 아귀, 축생 등 이와 같은 모든 색상이 모두 다 그의 몸에 나타난다.

제천의 궁전과 유정천에 이르기까지 철위산과 미루산, 마하미루산과 모든 큰 바다의 물이 모두 그의 몸에 나타난다.

제불과 성문, 불자(佛子)보살 등이 혼자 있거나 대중에 있거나 설법하는 일이 다 나타난다.

비록 무루(無漏) 법성(法性)의 미묘한 법신은 체득하지 못했지만, 항상 몸(身體)이 청정하므로 일체의 모든 법이 그 몸 가운데 나타난다."

* 군맹(群萌) : 군생(群生), 중생과 같은 뜻이다.
* 상체(常體) : 항상 육근이 청정한 보살의 신체를 말한다.

의근(意根)의 공덕

復次 常精進 若善男子善女人 如來滅後 受持是經 若讀若誦 若解說若書寫 得千二百意功德. 以是清淨意根 乃至聞一偈一句 通達無量無邊之義 解是義已 能演說一句一偈 至於一月四月 乃至一歲 諸所說法 隨其義趣 皆與實相 不相違背.

若說俗間經書 治世語言 資生業等 皆順正法 三千大千世界六趣衆生 心之所行 心所動作 心所戲論 皆悉知之.

雖未得無漏智慧 而其意根 清淨如此. 是人有所思惟 籌量言說

皆是佛法 無不眞實 亦是先佛經中所說.

“또한 상정진보살이여! 선남자 선여인이 여래의 지혜가 소멸한 중생심이 되었을 때 이 경전의 법문을 수지하고, 독송하거나 남에게 해설하거나 서사(書寫)하면 의근(意根)으로 일천이백의 공덕을 체득한다.

이 청정한 의근으로 하나의 게송이나 한 구절의 법문을 듣고도 한량없고 끝이 없는 법문의 뜻(義)을 통달하게 된다.

법문의 뜻을 통달하면 능히 스스로 한 구절, 한 게송의 법문 연설하기를 한 달이나 넉 달, 한 해에 이르기까지 할 수 있다. 불법 설한 것은 그 불법의 뜻(義趣)에 따라서 제법의 실상(實相)과 서로 어긋나지 않게 된다.

세속의 경서(經書)와 중생세간을 다스리는 말(법률)과 생업(生業) 등의 살림살이 하는 일이라도 모두 정법에 순응하게 된다.

삼천대천세계에서 육도에 윤회하는 중생들이 망심으로 행하는 일과 마음으로 행동하는 일과 마음으로 희론(戲論)하는 일을 모두 다 안다.

비록 무루(無漏)의 지혜는 체득하지 못했지만, 그의 의근이 이와 같이 청정하기 때문에 이 사람(법화행자)이 사유하고 사량 분별하는 말이 모두 불법과 같아서 진실하지 않는 것이 없다. 이 역시 과거 제불이 설한 경전의 법문이다.”

* 세속의 경서(經書)와 중생세간을 다스리는 말(법률)과 생업(生業) 등의 살림살이 하는 일이라도 모두 정법에 순응하게 된다는 말은, 『법화경』의 법문을 세간에 개시(開示)하여 중생들을 해탈하게 한다는 의미이다. 치세(治世)의 어언(語言), 경세제민(經世濟民)의 정치적인 언설이며, 자생업(資生業)은 중생의 세간에서 생산업(生産業)과 노동 등을 말한다.

『법화경』 보현보살권발품에도 “의복과 침구, 음식, 생활에 필요한 물건(資生之物)을 탐착하지 않는다”고 설하며, 『유마경』 불도품에도 자생(資生)이라는 말이 있다. 『백장청규』에서는 이러한 법문에 의거하여 대중이 노동하는 보청법(普請法)을 제정했다.

爾時世尊 欲重宣此義 而說偈言

是人意清淨 明利無濁穢 以此妙意根 知上中下法
乃至聞一偈 通達無量義 次第如法說 月四月至歲
是世界內外 一切諸衆生 若天龍及人 夜叉鬼神等
其在六趣中 所念若干種 持法華之報 一時皆悉知
十方無數佛 百福莊嚴相 爲衆生說法 悉聞能受持
思惟無量義 說法亦無量 終始不忘錯 以持法華故
悉知諸法相 隨義識次第 達名字語言 如所知演說
此人有所說 皆是先佛法 以演此法故 於衆無所畏
持法華經者 意根淨若斯 雖未得無漏 先有如是相
是人持此經 安住希有地 爲一切衆生 歡喜而愛敬
能以千萬種 善巧之語言 分別而說法 持法華經故

그때 세존께서 이 뜻을 거듭 펴려고 게송으로 말했다.

"이 사람의 의식이 청정하고 밝고 영리하여 흐리고 오염되지 않아서 미묘한 의근으로 상, 중, 하의 모든 법을 다 안다.

한 게송만 듣고도 한량없는 법문의 뜻을 통달하고, 차례차례 여법하게 설하여 한 달, 넉 달, 한 해가 되도록 한다.

이 사바세계의 안과 밖에 있는 일체의 모든 중생, 즉 천신과 용왕, 사람, 야차, 귀신 등 육도에 윤회하는 중생들이 생각하는 여러 가지를 『법화경』의 법문을 수지한 공덕의 과보로 일시에 모두 다 안다.

시방세계의 무수한 부처들이 백 가지 복덕으로 장엄하고, 중생들에게 설하는 법문을 청법하고 스스로 수지하여 무량한 불법의 뜻을 사유하고, 설법 역시 무량하여 시종일관 잊거나 착오가 없으니 이것은 『법화경』을 수지한 공덕이다.

제법의 실상을 모두 다 알고, 뜻에 따라 그 설법의 차례를 알고 이름과 글자와 언어도 통달하여 아는 그대로 모두 다 연설한다.

이 사람이 설하는 법은 모두 과거 제불이 설한 불법이다.

이러한 불법을 연설하기에 대중 앞에서도 걸림이 없다.

『법화경』을 수지한 사람의 의근이 이와 같이 청정하여 비록 무루(無漏)의 지혜를 체득하지 못했지만, 우선 이와 같은 특성이 있다.

이 사람이 『법화경』을 수지하고 희유한 경지에 안주하니, 일체 중생이 환희하고 애경(愛敬)하게 된다.

스스로 천만 가지 훌륭한 방편지혜의 언설로 설법하는 것은 『법화경』의 법문을 수지했기 때문이다."

* 백복장엄상(百福莊嚴相) : 과거 100가지 선행(善行)의 수행으로 체득한 과보(결과)인데, 부처의 지혜로 장엄한 32상 80종호 등을 말한다.
* 이전부터 이와 같은 특성을 구족했다(先有如是相)는 말은, 일체 중생이 본래 진여자성(여래장)을 구족하고 있다는 사실을 말한다. 진여자성(여래장)은 본래열반, 본래무념, 본래면목이다.

제20 상불경보살품(常不輕菩薩品)

* 앞의 법사공덕품에는 『법화경』의 법문을 수지, 독송, 서사 하는 오종의 방편 수행으로 육근(六根)이 청정하게 되는 법문을 설했는데, 상불경보살품에서는 그러한 사실을 실증(實證)한 구체적인 수행자로 상불경보살을 제시한다. 상불경보살은 석존의 과거 보살수행자의 본생(本生)으로 인연과 행적을 설한다. 미래의 중생들에게 『법화경』을 수지하도록 권하는 법문인데, 경전의 법문을 신수봉행(信受奉行)하는 자는 공덕을 이루고, 비방하는 자는 생사윤회에 타락하는 업장을 짓는다.

또 선인(善人)에게는 소승의 교법을 설하고 악인(惡人)에게는 대승(大乘)의 법문을 설하며, 욕하고 비방하는 사람들에게도 미래에 불법의 인연을 연결하여 구제하는 방편을 제시한다.

방편품에는 적은 善行으로 불도를 이루는 법문을 설했지만, 본품에서는 악인(惡人)도 성불하는 인연을 설한다. 일체 중생이 진여자성(불성)을 구족한 사실을 분명하게 설하는데, 세친(世親)은 『법화론(法華論)』에서 "나는 그대를 경만하게 여기지 않으니 그대들은 반드시 성불할 것이다. 중생이 모두 불성이 있다는 사실을 제시하고 있다."(『대정장』 제26권 9쪽 上) 라고 설했다.

즉 법화수행자의 몸(身)은 불경행(不輕行), 공경행(恭敬行)이며, 입(口)은 "나는 그대를 공경합니다"라고 선언하는 구업청정행(口業淸淨行)으로 신구의(身口意) 삼업(三業)을 청정하게 하는 보살도를 실행하는 법문이다.

법화경의 죄와 공덕

爾時 佛告 得大勢菩薩 摩訶薩. 汝今當知 若比丘 比丘尼 優婆塞 優婆夷 持法華經者 若有惡口 罵詈 誹謗 獲大罪報 如前所說. 其所得功德 如向所說 眼耳鼻舌身意清淨.

그때 부처님이 득대세(得大勢)보살 마하살에게 말했다.

"그대는 지금 반드시 잘 알도록 하라. 만약 비구, 비구니, 우바새, 우바이로서 『법화경』의 법문을 수지하는 사람에게 어떤 사람이 나쁜 말로 욕설을 하거나 비방하면 큰 죄를 받는다는 것은 앞의 법사품에서 설한 법문과 같다.

그 『법화경』의 법문을 수지한 사람이 체득하는 공덕은 앞의 법사공덕품에서 설한 것과 같이 눈과 귀, 코와 혀, 몸과 의식이 청정하게 된다.

* 得大勢보살을 『정법화경』에서는 덕대세(德大勢), 대세지(大勢至), 혹은 세지(勢至)보살이라고 하며, 관세음보살은 자비, 대세지보살은 지혜를 관장한다.

앞의 법사품에서 "만약 어떤 사람이 한마디의 악언(惡言)으로 재가인이나 출가인이나 『법화경』을 수지 독송하는 사람을 비방한다면 그 죄업은 실로 깊고 무겁다"라고 설한 것을 말한다.

위음왕여래(威音王如來)

得大勢 乃往古昔 過無量無邊 不可思議 阿僧祇劫 有佛. 名威音王如來 應供 正徧知 明行足 善逝 世間解 無上士 調御丈夫 天人師 佛 世尊. 劫名 離衰, 國名大成.

其威音王佛 於彼世中 爲天人阿修羅說法. 爲求聲聞者 說應四諦法 度生老病死 究竟涅槃. 爲求辟支佛者 說應十二因緣法. 爲諸菩薩 因阿耨多羅三藐三菩提 說應六波羅蜜法 究竟佛慧. 得大勢 是威音王佛 壽四十萬億那由他 恒河沙劫. 正法住世劫數 如一閻浮提微塵. 像法住世劫數 如四天下微塵. 其佛饒益衆生已 然後滅度. 正法像法 滅盡之後 於此國土 復有佛出. 亦號威音王如來 應供 正徧知 明行足 善逝 世間解 無上士 調御丈夫 天人師 佛 世尊. 如是次第 有二萬億佛 皆同一號.

득대세보살이여! 지난 옛적 무량무변, 불가사의 아승지겁 이전에 한 부처님이 있었으니, 그 부처님의 이름이 위음왕(威音王)여래, 응공, 정변지, 명행족, 선서, 세간해, 무상사, 조어장부, 천인사, 불, 세존이었다. 그 위음왕여래가 설법하는 시간(겁)의 이름은 이쇠(離衰)요, 국토의 이름은 대성(大成)이었다.

그 위음왕불이 그 세상에서 천신과 인간, 아수라에게 설법하였다. 성문(聲聞)의 경지를 구하는 사람들에게는 사성제의 법문(四諦法)을 설하여, 생로병사(生老病死)의 생사에 윤회하는 고통에서 구제하여 구경에는 열반의 경지를 체득하도록 했다. 벽지불의 깨달음을 구하는 사람들에게는 십이인연법(十二因緣法)을 설했다. 최상의 깨달음을 발원(因)한 대승의 모든 보살들에게 여섯 가지 바라밀의 법문을 설하여 구경에는 부처의 지혜를 체득하도록 하였다.

득대세보살이여! 이 위음왕불의 지혜 수명은 사십만 억 나유타 항하사 겁(劫)이요, 정법(正法)이 세상에 상주하는 겁의 수효는 한 남섬부주의 작은 티끌 수와 같고, 상법(像法)이 세상에 상주하는 겁의 수효는 사천하의 작은 티끌 수와 같다.

그 위음왕불은 중생들이 생사해탈의 이익을 체득한 이후에 열반했다. 정법과 상법이 다 소멸한 이후에 이 국토에 또 한 부처님이 출세했으니, 그 부처님의 이름 역시 위음왕(威音王)여래, 응공, 정변지, 명행족, 선서, 세간해, 무상사, 조어장부, 천인사, 불, 세존이었다.

이와 같이 차례로 이만 억 부처님이 출현하였는데, 모두 똑같은 명호로 위음왕불이다.

* 위음왕여래(威音王如來)를 『정법화경』에는 적취음왕여래(寂趣音王如來)라고 하며 최초의 부처이다. 최초는 본래 청정한 진여본성으로서 본래부처이며 고불(古佛)이다. 송대 진헐청료(眞歇淸了)와 천동굉지(天童宏智)의 묵조선에서는 본래면목을 위음왕나반(威音王那畔)이라고 한다.

상불경(常不輕) 보살

最初威音王如來 旣已滅度，正法滅後 於像法中 增上慢比丘 有大勢力．爾時 有一菩薩比丘 名常不輕．得大勢．以何因緣 名常不輕．是比丘 凡有所見，若比丘 比丘尼，優婆塞 優婆夷，皆悉禮拜讚歎，而作是言．

我深敬汝等 不敢輕慢．所以者何．汝等 皆行菩薩道 當得作佛．而是比丘 不專讀誦經典 但行禮拜 乃至遠見四衆 亦復故往 禮拜讚歎 而作是言，我不敢輕於汝等．汝等皆當作佛．四衆之中 有生瞋恚 心不淨者．惡口罵詈言，是無智比丘．從何所來 自言我不輕汝 而與我等授記 當得作佛．我等不用 如是虛妄授記．如此經歷多年 常被罵詈，不生瞋恚．常作是言 汝當作佛．說是語時 衆人 或以杖木瓦石 而打擲之．避走遠住 猶高聲唱言，我不敢輕於汝等．汝等 皆當作佛．以其常作是語故 增上慢比丘 比丘尼，優婆塞 優婆夷 號之爲常不輕．

최초의 위음왕여래가 열반하고 정법(正法)이 소멸한 이후, 상법(像法)의 시대에 증상만(增上慢) 비구들이 큰 집단을 이루어 활동하고 있었다. 그때 한 보살비구가 있었으니, 그의 이름은 상불경(常不輕)이었다.

득대세보살이여! 무슨 인연으로 이름을 상불경이라 하였는가? 이 상불경보살 비구는 만약 비구, 비구니, 우바새 우바이를 보면 모두 다 예배(禮拜)하고 찬탄(讚歎)하면서 이렇게 말했다.

'나는 그대들을 깊이 공경하며, 감히 가벼이 여기거나 업신여기지 않습니다. 왜냐하면, 그대들은 모두 보살도를 수행하여 반드시 성불(成佛)할 것이기 때문입니다.'

이 비구는 오로지 경전(經典) 독송에 전념하지 않고, 남을 공경하고 예배하는 수행을 했다. 멀리서 사부대중(四部大衆)을 보면 일부러 따라가서 예배하고 찬탄하기를, '나는 그대들을 깊이 공경하고 감히 가벼이 여기거나 업신여기지 않습니다. 왜냐하면, 그대들은 모두 보살도를 실행하여 반드시 성불(成佛)할 것이기 때문입니다'라고 말했다.

사부대중 가운데 마음이 부정(不淨)한 사람이 화를 내며 나쁜 말로 욕설을 하면서 '이 무지(無智)한 비구야! 그대는 어디서 왔기에 스스로 〈나는 그대들을 경멸하지 않습니다〉라고 말하면서 우리들에게 당연히 성불하리라는 수기(授記)를 주는가? 우리는 그런 허망한 수기는 필요 없다'라고 말했다.

상불경보살은 이렇게 여러 해를 다니면서 항상 남으로부터 욕설과 꾸짖음을 당해도 화를 내지 않고, 그는 항상 '그대들은 미래에 반드시 성불할 것입니다'라고 말했다.

상불경보살이 이러한 말을 할 때, 대중들 가운데 혹은 어떤 사람들이 몽둥이로 때리거나 돌을 던지면, 멀리 피해 달아나면서도 오히려 음성을 높여서 외치기를 '나는 그대들을 감히 가벼이 여기지 않습니다. 그대들은 모두다 반드시 성불할 것이기 때문입니다'라고 말했다.

그가 항상 이렇게 말했기 때문에 증상만(增上慢)의 비구, 비구니, 우바새, 우바이들은 그의 이름을 상불경(常不輕)이라고 불렀다.

* 상불경(常不輕)보살을 『정법화경』에서는 상피경만(常被輕慢)보살로 번역한다.
* "我深敬汝等 不敢輕慢. 所以者何. 汝等 皆行菩薩道 當得作佛." 이 24자는 상불경보살의 예경행(禮敬行)인데, 順緣教化가 아니라 逆緣行으로 보살도를 실행한 것이다. 신구의 삼업이 청정하고 육근 청정한 공덕행을 실행하며, 자신을 비방하는 사부대중들이 상불경보살이 설하는 법문을 듣고 미래에 성불할 수 있는 인연이 되도록 설한 것이다.
  상불경보살의 수행은 『금강경』에서 설하는 경천(輕賤)의 법문과 같다. 중국불교의 신행(信行; 540~594)선사는 상불경보살의 법문에 의거하여 정법(正法), 상법(像法), 말법(末法)의 삼계교(三階教)를 주장하며, 末法의 시대는 일체의 중생을 널리 두루 공경하고, 자신을 죄악인으로 자각하는 보불법(普佛法) 운동을 실행했다.
* 당득작불(當得作佛) : 여래수량품에서 일체 중생이 모두 성불할 수 있다(一切皆成)라는 말과 같은 뜻으로, 일체 중생이 불성(여래장)을 구족하고 있다는 『열반경』의 법문을 미리 설한 것이라고 할 수 있다.

법화경의 공덕

是比丘 臨欲終時 於虛空中 具聞威音王佛 先所說法華經 二十千萬億偈, 悉能受持. 卽得如上眼根清淨, 耳鼻舌身意根清淨. 得是六根清淨已 更增壽命 二百萬億那由他歲, 廣爲人說 是法華經. 於是 增上慢四衆 比丘 比丘尼, 優婆塞 優婆夷. 輕賤是

人 爲作不輕名者 見其得大神通力，樂說辯力，大善寂力，聞其所說 皆信伏隨從.
是菩薩 復化千萬億衆 令住阿耨多羅三藐三菩提，命終之後 得值二千億佛. 皆號日月燈明. 於其法中 說是法華經. 以是因緣 復值二千億佛 同號雲自在燈王.
於此諸佛法中 受持讀誦 爲諸四衆 說此經典故 得是常眼淸淨 耳鼻舌身意諸根淸淨 於四衆中說法 心無所畏. 得大勢 是常不輕菩薩摩訶薩 供養如是若干諸佛 恭敬尊重讚歎 種諸善根. 於後復值千萬億佛 亦於諸佛法中 說是經典 功德成就 當得作佛.

이 상불경보살비구가 증상만의 사부대중들로부터 비난받는 인연으로 중생심의 번뇌 망념이 없어질 때, 허공 가운데서 위음왕불이 이전에 설하신 『법화경』 이십 천만 억 게송을 모두 청법하고 스스로 수지(受持)하게 되었다.

그리고 법사공덕품에서 오종(五種)의 방편 수행으로 육근이 청정하다고 설한 법문과 같이 눈(眼)이 청정하고, 귀와 코, 혀와 몸, 의근이 청정하게 되었다. 육근(六根)이 청정해진 뒤에 다시 지혜의 수명이 증장하여 이백만 억 나유타 세월이 지나도록 널리 여러 사람들에게 이 『법화경』의 법문을 설했다.

그때 증상만 사부대중인 비구, 비구니, 우바새, 우바이들은 이 상불경보살을 경멸하고 천대하며, 상불경(常不輕)이라고 이름을 지었다. 그 증상만 사부대중은 상불경보살이 큰 신통 지혜의 힘과 요설 변재(辯才)의 힘과 훌륭한 선정(禪定)의 힘을 깨달아 체득한 것을 보고는, 상불경보살이 설하는 법문을 청법하고 모두 다 신복(信伏)하고 그를 따르게 되었다.

이 상불경보살은 다시 천만 억 대중들을 교화하여 최상의 깨달음의 경지에 상주하게 하고, 중생심의 망념이 끝난 이후에는 이천 억 부처님을 친견할 수 있었으니 모든 부처님의 명호가 똑같이 일월등명불(日月燈明佛)이었다. 그 일월등명불의 설법 가운데 이 『법화경』을 설했다. 그 인연으로 다시 이천 억 제불을 친견하였으니 부처님의 명호가 똑같이 운자재등왕불(雲自在燈王佛)이었다.

이 모든 제불의 법문을 수지 독송하고, 모든 사부대중에게 이 경전의 법문을 설한 까닭으로 항상 눈이 청정하고, 귀, 코, 혀, 몸, 의근이 청정하여 사부대중에게 불법을 설할 때도 마음에 걸리는 일이 없었다.

득대세보살이여! 이 상불경보살 마하살은 이러한 여러 제불을 공경, 존중, 찬탄하여 여러 가지 선근(善根)을 심었다. 그는 뒤에 또 천만 억 제불을 친견하고, 또 그 제불의 설법 가운데 이 법화경의 법문을 설하여 공덕을 성취하고 성불(成佛)하게 된 것이다.

* 임욕종시(臨欲終時) : 중생심의 번뇌 망념의 목숨(생명)이 끊어지고 소멸한 것을 말한다. 『아미타경』과 정토 경전에 자주 언급하며, 40권본 『화엄경』 보현행원품에 "내가 지금 중생심의 번뇌 망념의 생명이 끝날 때 일체 모든 업장의 장애를 소멸하고 면전에서 저 아미타부처를 친견하며 곧바로 안락정토에 왕생하기 원합니다(願我臨欲命終時 盡除一切諸障碍, 面見彼佛阿彌陀, 卽得往生安樂刹)"라고 읊고 있다.
수명(壽命)은 『아미타경』에서 아미타불을 무량수(無量壽)라고 설한 것처럼, 제불여래의 지혜 수명이다. 오탁악세(五濁惡世)의 명탁(命濁)도 번뇌 망념으로 혼탁하여 지혜의 수명이 짧아진 것을 말한다.

* 대선적력(大善寂力) : 선정(禪定)을 체득하는 능력이 뛰어난 경지이다.

상불경보살은 석가의 전신

得大勢 於意云何. 爾時 常不輕菩薩 豈異人乎. 則我身是. 若我於宿世 不受持讀誦此經 爲他人說者. 不能疾得阿耨多羅三

藐三菩提. 我於先佛所 受持讀誦此經 爲人說故 疾得阿耨多羅三藐三菩提.

득대세보살이여! 그대는 어떻게 생각하는가? 그때의 상불경보살이 어찌 다른 사람이겠는가? 곧 여래의 이 몸이었다. 만약 여래가 과거에 이 경전을 수지 독송하여 다른 사람들에게 설법하지 않았더라면 최상의 깨달음을 신속하게 깨달아 체득하지 못했을 것이다.

여래가 이전 과거불의 처소에서 이 경전의 법문을 수지 독송하고, 다른 사람들에게 설법했기 때문에 신속하게 최상의 깨달음을 체득할 수가 있었다.

역연(逆緣)의 공덕

得大勢. 彼時四衆 比丘 比丘尼, 優婆塞 優婆夷. 以瞋恚意 輕賤我故 二百億劫 常不値佛, 不聞法 不見僧, 千劫 於阿鼻地獄受大苦惱. 畢是罪已 復遇常不輕菩薩 教化阿耨多羅三藐三菩提. 得大勢. 於汝意云何. 爾時四衆 常輕是菩薩者 豈異人乎. 今此會中 跋陀婆羅等五百菩薩 師子月等 五百比丘 尼思弗等五百優婆塞 皆於阿耨多羅三藐三菩提 不退轉者是. 得大勢. 當知 是法華經 大饒益諸菩薩摩訶薩 能令至於阿耨多羅三藐三菩提. 是故諸菩薩摩訶薩 於如來滅後 常應受持讀誦 解說書寫是經.

득대세여! 그때의 사부대중인 비구, 비구니, 우바새, 우바이들은 성내고 질투하는 마음으로 여래를 가벼이 여기고 천대했기 때문에 이백 억 겁 동안 제불을 친견하지 못해 법문을 청법하지도 못하고, 보살승들을 친견하지 못했다.

그들은 천 겁 동안 아비지옥에서 큰 고통을 받았고, 그 죄의 과보가 끝나고 다시 상불경(常不輕)보살을 만나서 최상의 깨달음을 체득할 수 있는 교화를 받았다.

득대세여! 그대는 어떻게 생각하는가? 그때 사부대중으로서 이 상불경보살을 가벼이 여긴 자가 어찌 다른 사람이겠는가? 지금 이 회중(會中)에 있는 발타바라(跋陀婆羅) 등 오백 명의 보살과 사자월(師子月) 등 오백 명의 비구와 니사불(尼思弗) 등 오백 명의 재가수행자들이다. 그들은 모두 최상의 깨달음을 체득하여 불퇴전의 경지를 이룬 사람들이니 바로 그들이다.

득대세보살이여! 반드시 잘 알아라. 이 『법화경』의 법문은 모든 보살마하살들에게 크게 생사해탈의 이익을 제시하며, 스스로 능히 최상의 깨달음의 경지에 도달하게 한다. 그러므로 모든 보살 마하살들은 여래의 지혜가 소멸한 이후 중생심이 되었을 때, 반드시 이 『법화경』의 법문을 항상 수지하고 독송하며 남에게 해설하고, 이 경전의 법문을 서사(書寫)하도록 해야 한다."

* 발타바라(跋陀婆羅) : 선수(善守), 현수(賢守), 현호(賢護)라고 번역하고, 그는 『화수경(華手經)』(『대정장』 제16권 130쪽 中)에 등장한다.

위음왕 여래

爾時世尊 欲重宣此義 而說偈言

過去有佛　號威音王　神智無量　將導一切
天人龍神　所共供養　是佛滅後　法欲盡時
有一菩薩　名常不輕　時諸四衆　計着於法
不輕菩薩　往到其所　而語之言　我不輕汝
汝等行道　皆當作佛　諸人聞已　輕毁罵詈

不輕菩薩　能忍受之　其罪畢已　臨命終時
得聞此經　六根淸淨　神通力故　增益壽命
復爲諸人　廣說是經　諸着法衆　皆蒙菩薩
敎化成就　令住佛道　不輕命終　値無數佛
說是經故　得無量福　漸具功德　疾成佛道

그때 세존께서 이 법문의 뜻을 거듭 펴려고 게송으로 설했다.
"과거에 부처님이 있었으니 명호가 위음왕(威音王)이니,
신통한 방편지혜가 무량하여 일체 중생들을 인도하고, 천인과 용신들의 공양을 받았다.
이 위음왕불이 열반한 뒤 정법이 소멸했을 때, 한 보살이 있었으니 이름이 상불경보살이다.
그때 여러 사부대중들은 불법을 계교(計較)하고 집착했다.
상불경보살은 그들이 있는 처소에 가서, '나는 그대들을 가벼이 여기지 않습니다. 그대들은 불도를 수행하여 모두 다 반드시 성불할 것입니다'라고 말했다.
많은 사람들이 이 말을 듣고 그를 업신여기고 헐뜯고 욕했지만, 상불경보살은 스스로 인욕하며, 그러한 욕설을 잘 수용했다.
그 죄업을 보살도로 수행하고 중생심의 망념이 소멸했을 때, 이 『법화경』의 법문을 청법하고 육근이 청정한 경지를 이루었다.
신통지혜의 힘으로 진여일심의 지혜수명이 더욱 증가하고 또 여러 사람들에게 널리 이 『법화경』의 법문을 설했다.
불법에 집착한 여러 무리들은 보살의 교화를 받고, 지혜의 공덕을 성취하여 불법의 지혜로 살게 하였다.
상불경보살이 망념이 없어질 때 무수한 제불을 친견하고, 이 경전을 설한 인

연으로 무량의 복덕을 체득하고 점차로 공덕을 구족하여 신속히 불도를 성취하였다.

彼時不輕　卽我身是　時四部衆　着法之者
聞不輕言　汝當作佛　以是因緣　値無數佛
此會菩薩　五百之衆　幷及四部　淸信士女
今於我前　聽法者是　我於前世　勸是諸人
聽受斯經　第一之法　開示敎人　令住涅槃
世世受持　如是經典　億億萬劫　至不可議
時乃得聞　是法華經　億億萬劫　至不可議
諸佛世尊　時說是經　是故行者　於佛滅後
聞如是經　勿生疑惑　應當一心　廣說此經
世世値佛　疾成佛道

그때의 상불경보살은 곧 지금 이 여래의 몸이다.
그때의 사부대중으로 불법에 집착하던 증상만들에게 상불경보살이 '그대들은 반드시 성불하리라'라고 말했다.
이 말을 들은 인연으로 무수히 많은 제불을 친견하였으며, 지금 이 법회에 모인 오백 명의 보살대중과 그밖에 사부대중의 청신사, 청신녀로서 지금 내 앞에서 이 법문을 청법하는 사람들이 바로 그들이다.
여래가 과거 전세에 이 모든 사람들에게 권하여 이 『법화경』의 제일 근본이 되는 법문을 청법하도록 하였다.
정법을 개시하고 사람들에게 가르쳐서 열반의 경지에 안주하게 하였으니, 세세생생에 이와 같이 경전의 법문을 수지하게 된 공덕이다.
수억 만겁 동안 헤아릴 수 없는 시간에 시시때때로 이 『법화경』 법문을 항상 청법하고, 수억 만겁 동안 헤아릴 수 없는 시간에 시시때때로 제불세존이 『법화경』의 법문을 설한다.
그러므로 수행자들은 부처의 지혜가 소멸한 중생심의 시대에 여시경(如是經)의 법문을 청법하고 의혹을 일으키지 말라.
반드시 진여일심의 지혜로 널리 이 경전의 법문을 설하면 세세생생에 제불을 친견하고 신속히 불도를 이루리라."

* 제일지법(第一之法) : 『법화경』의 제일 근본이 되는 진여일심법(眞如一心法)으로 『유마경』에서 설하는 제일의제(第一義諦)와 같은 뜻이다.

제21 여래신력품(如來神力品)

* 여래신력품 이하 8품은 『법화경』 본문(本門)의 유통분 가운데 부촉(付囑)과 유통(流通)에 속한다. 이 가운데 신력품(神力品)과 촉루품(囑累品)은 촉루유통(囑累流通)이며, 약왕보살품에서 묘장엄품까지는 화타유통(化他流通)이고, 마지막 보현품은 자행유통(自行流通)이라고 한다.
여래신력품을 특별히 別付囑이라고 하는 것은, 보살들에게 불법의 간요(肝要)를 사구(四句)로 요약하여 수여하고, 지혜신통력을 나투어 이 경전의 법문을 말법 세상에 홍포하기 때문이다.
사구(四句)로 요약한 법문은 "如來 一切所有之法, 如來 一切自在神力, 如來 一切秘要之藏, 如來 一切甚深之事"이며, 사법(四法)이라고 한다. 如來 一切所有之法은 『법화경』의 법문을 개시(開示)한 것이고, 如來 一切自在神力은 신력품에서 설한 여래의 지혜(十神力)이다. 여래(如來) 일체비요지장(一切秘要之藏)은 제법실상의 비요(秘要), 여래의 비밀지장(秘密之藏)이며, 여래(如來) 일체심심지사(一切甚深之事)는 제법실상법(諸法實相法)이 因果로 이루어진 일(事), 본분사, 일대사의 일을 말한다.

홍경(弘經)을 서원함

爾時 千世界微塵等 菩薩摩訶薩 從地涌出者 皆於佛前 一心合掌 瞻仰尊顔. 而白佛言, 世尊. 我等於佛滅後 世尊分身 所在國土，滅度之處 當廣說此經．所以者何．我等 亦自欲得 是眞淨大法 受持讀誦 解說書寫 而供養之．

그때 사바세계 지하에서 솟아올라온 일천 세계의 미세한 티끌 숫자와 같이 많은 보살마하살들이 부처님 앞에서 일심으로 합장하고, 존안(尊顔)을 우러러보며 부처님께 말했다.

"세존이시여! 우리들은 부처님이 열반한 이후 중생의 시대에 세존의 분신(分身)이 있는 국토와 열반(滅度)한 곳에서 반드시 이 경전의 법문을 널리 설하도록 하겠습니다. 왜냐하면 우리들도 또한 이 진실하고 청정한 큰 법을 깨달아 체득하여 수지 독송하며, 남에게 해설하고, 서사(書寫)하여 그 경전의 법문을 지혜로 공양(供養)하고자 합니다."

* 종지용출품에서 설한 것처럼, 지하에서 솟아오른 무량한 보살대중이다.
* 진정대법(眞淨大法) : 『법화경』에서 설한 일승(一乘) 묘법(妙法)으로 진여법신의 청정한 지혜를 실행하는 대승의 법문이다.

여래의 신력(神力)

爾時 世尊 於文殊師利等 無量百千萬億 舊住娑婆世界 菩薩摩訶薩 及諸比丘 比丘尼 優婆塞 優婆夷 天龍 夜叉 乾闥婆 阿修羅 迦樓羅 緊那羅 摩睺羅加 人非人等 一切衆前 現大神力 出廣長舌 上至梵世．

一切毛孔 放於無量無數色光 皆悉徧照十方世界．衆寶樹下師子座上 諸佛亦復如是 出廣長舌 放無量光．釋迦牟尼佛 及寶樹下諸佛 現神力時 滿百千歲然後 還攝舌相 一時謦欬 俱共彈指．

是二音聲 徧至十方諸佛世界 地皆六種震動.

그때 세존이 문수사리(文殊師利)보살 등과 예전부터 사바세계에 상주하는 한량없는 백 천만 억 보살 마하살과 그리고 모든 비구, 비구니, 우바새, 우바이, 천신, 용왕, 야차, 건달바, 아수라, 가루라, 긴나라, 마후라가와 사람과 사람 아닌 귀신 등 일체 대중 앞에서 큰 신통(神通)한 지혜로 널리 설법(廣長舌)하니 위로는 범천(梵天)에 이르렀다.

진실의 법문을 설하니 일체의 모공(毛孔)에서는 무량 무수의 형색과 광명(光明)을 놓아 시방세계를 두루 비추고, 많은 보배나무 아래 사자좌 위에 앉아 있는 제불도 또한 이와 같이 광장설(廣長舌)로 설법하니 무량의 광명을 비추었다.

석가모니불과 보배나무 아래 있는 석가모니불의 분신 제불이 신통력을 나툰 지 백 천 년이 지난 연후에 광장설상(舌相)의 설법을 거두고, 일시에 기침을 하며 모두 함께 손가락을 퉁기는 이 두 소리가 시방 제불 세계에 두루하고, 땅은 모두 여섯 가지 형태로 진동(震動)하였다.

* 부처의 대신력(大神力) : 제불여래의 불가사의한 지혜작용이다. 광장설(廣長舌)은 광장설상(廣長舌相)으로 설법상, 전신(全身)의 지혜광명으로 설법하는 것, 경해(謦欬)는 기침소리, 손가락 퉁기는 소리(彈指之聲), 대지의 육종진동(六種震動) 등이다. 육종진동은 형태(形)로는 움직임(動), 일어남(起), 솟아남(涌), 소리(聲)로는 진동(震), 울음(吼), 부딪치는 소리(擊)이다.

其中衆生 天龍 夜叉 乾闥婆 阿修羅 迦樓羅 緊那羅 摩睺羅伽人非人 等, 以佛神力故. 皆見此娑婆世界 無量無邊 百千萬億衆寶樹下師子座上 諸佛, 及見釋迦牟尼佛 共多寶如來 在寶塔中 坐師子座. 又見無量無邊 百千萬億 菩薩摩訶薩. 及諸四衆

恭敬圍繞 釋迦牟尼佛 旣見是已. 皆大歡喜 得未曾有.

그 가운데 있는 중생은 천룡, 야차, 건달바, 아수라, 가루라, 긴나라, 마후라가와 사람과 사람 아닌 귀신들이 부처님의 신통한 지혜의 힘(神力)에 의해서 이 사바세계의 무량 무수의 백 천만 억 보배나무 아래 사자좌에 앉아 있는 제불을 친견(親見)했다.

또 석가모니불과 다보(多寶)여래가 보탑 가운데서 사자좌에 앉아 계신 모습을 친견했으며, 또 무량 무수의 백 천만 억 보살마하살과 사부대중들이 석가모니불을 공경하며 주위를 둘러 모시고 있는 모습도 보았다.

이미 이러한 사실을 친견하니 모두 다 크게 환희하고 미증유의 경지를 체득했다.

卽時 諸天 於虛空中 高聲唱言, 過此無量無邊 百千萬億 阿僧祇世界 有國名娑婆 是中有佛 名釋迦牟尼. 今爲諸菩薩摩訶薩 說大乘經 名妙法蓮華. 敎菩薩法, 佛所護念. 汝等當深心隨喜. 亦當禮拜供養 釋迦牟尼佛.

그때 제천(諸天)의 천신들이 허공중에서 큰 소리로 외쳤다.

"여기서 무량무변의 백 천만 억 아승지 세계를 지나가면 한 국토가 있으니 그 국토의 이름은 사바세계(娑婆世界)이며, 그 가운데 한 부처님이 계시니 명호가 석가모니(釋迦牟尼)이다. 지금 여러 보살마하살들에게 대승경(大乘經)의 법문을 설하니, 그 경전의 이름이 『묘법연화경(妙法蓮華經)』이다. 이 『법화경』은 보살들에게 설하는 법문이며, 부처의 지혜로 잘 호념하여 중생심의 생사윤회에 타락하지 않는다. 그대들은 반드시 진여일심으로 수희 동참하고, 석가모니불께 예배하고 공양하도록 하라."

* 이 『법화경』은 보살들에게 설하는 법문이며, 부처의 지혜로 잘 호념하여 중생심의 생사윤회에 타락하지 않는다.(說大乘經 名妙法蓮華. 敎菩薩法, 佛所護念)는 말은, 『법화경』의 다른 명칭이다.

彼諸衆生 聞虛空中聲已, 合掌向娑婆世界 作如是言, 南無釋迦牟尼佛 南無釋迦牟尼佛. 以種種華香 瓔珞 幡蓋 及諸嚴身之具 珍寶妙物 皆共遙散娑婆世界. 所散諸物 從十方來. 譬如雲集 變成寶帳 徧覆此間諸佛之上. 于時十方世界 通達無礙 如一佛土.

그 모든 중생들이 허공중에서 나는 소리를 듣고는 합장(合掌)하고 사바세계를 향하여 이렇게 말했다. "나무석가모니불! 나무석가모니불!"

그리고 여러 가지 꽃과 향, 영락과 깃발(幡旗), 일산과 또 몸을 장엄하는 도구와 보배, 아름다운 물건들을 모두 함께 멀리서 사바세계에 흩었다.

그렇게 흩은 물건들이 시방세계로부터 왔으니 비유하면, 마치 구름이 운집한 것과 같았으며 변하여 보배휘장이 되어 여기 있는 제불의 위를 두루 덮었다. 이때 시방 세계가 환히 통달하고 막힘이 없어 마치 하나의 불국토와 같이 되었다.

법화경 유통을 부촉(付囑)하다

爾時 佛告 上行等菩薩大衆. 諸佛神力 如是無量無邊 不可思議. 若我以是神力. 於無量無邊 百千萬億 阿僧祇劫 爲囑累故. 說此經功德 猶不能盡. 以要言之, 如來一切所有之法. 如來一切自在神力. 如來一切秘要之藏. 如來一切甚深之事. 皆於此經 宣示顯說.

그때 부처님이 상행(上行)의 보살대중들에게 설했다.

"제불의 신통한 지혜의 힘이 이렇게 무량무변하여 불가사의한 경지이다. 만약 여래가 이러한 신통의 힘으로써 무량무변의 백 천만 억 아승지 겁 동안에 후대의 사람들에게 부촉(咐囑)하고자 이 경전의 공덕을 설할지라도 여전히 말로써는 다할 수가 없다.

그 중요한 요점만 제시하면, 여래가 지닌 정법과 여래의 일체 자유 자재한 신통의 힘과 여래의 일체 비밀스럽고 요긴한 법장(法藏)과 여래의 일체 깊고 깊은 일대사의 일들을 모두 이 경전의 법문으로 펴서 개시(開示)하고 설한 것이다.

* 이 일단은 제불이 경전의 법문을 설한 요지를 제시한 것으로 특별한 부촉이다. 촉루(囑累)란 범어 parindana로서 의뢰(依賴)한다는 의미이며, 부촉과 같은 뜻이다.
  여래일체(如來一切)는 결론적인 긴요한 부촉으로 사법(四法)인데, 如來一切 所有之法은 여래가 설한 일체 교법의 의미로 불법의 대의이다. 一切法은 불법, 진여일심법으로 묘법연화(妙法蓮花)이다. 여래일체자재신력(如來一切自在神力)은 여래법신의 지혜작용으로 신력품의 여래 신력을 가리킨다. 즉 여래 설법의 廣長舌, 지혜 광명의 放光, 기침(謦欬), 손가락을 퉁기는 것(彈指), 진동 등이다. 여래일체비요지장(如來一切秘要之藏)은 제법실상, 자연법이, 진여법의 여래비밀지장(如來秘密之藏), 여래장이다. 여래일체심심지사(如來一切甚深之事)는 제법실상의 因果, 시절인연의 일, 본분사, 일대사, 수연성(隨緣成)의 일이다.

是故 汝等 於如來滅後 應一心 受持讀誦 解說書寫 如說修行. 所在國土 若有受持讀誦 解說書寫 如說修行. 若經卷所住之處. 若於園中. 若於林中. 若於樹下. 若於僧坊. 若白衣舍. 若在殿

堂. 若山谷曠野. 是中皆應起塔供養. 所以者何 當知是處 卽是道場. 諸佛於此 得阿耨多羅三藐三菩提. 諸佛於此 轉于法輪. 諸佛於此 而般涅槃.

그러므로 그대들은 여래의 지혜가 소멸하여 중생심이 되었을 때 반드시 일심으로 경전의 법문을 수지하고, 독송하며, 남에게 해설하고, 서사(書寫)하여 경전에서 설법한 그대로 여법하게 수행(修行)해야 한다.

어느 국토에서라도 이 경전의 법문을 수지, 독송하고, 남에게 해설하고, 서사(書寫)하며 경전에서 설한 법문 그대로 여법하게 수행하도록 하라.

또 만약 이 경전의 법문이 실행되는 곳이 동산이나 숲속, 나무 아래나 승방(僧坊), 신도(信徒)들의 집이거나 불전(佛殿), 산골짜기나 넓은 들판에는 반드시 모두 다 탑을 건립하여 지혜로 공양하도록 하라.

왜냐하면, 반드시 이러한 사실을 잘 알아야 한다. 이곳은 곧 깨달음의 도량(道場)이며, 제불이 여기서 최상의 깨달음을 체득했고 제불이 여기서 법륜(法輪)을 굴렸으며, 제불이 여기서 열반을 이룬 사실이다."

* 약경권소주지처(若經卷所住之處) : 경전의 법문을 설하는 곳이 곧 제불이 출세하는 곳이며, 제불이 법륜을 굴리고 제불이 열반을 이룬 곳이다. 그리고 탑을 건립하고 지혜로 공양하도록 설한다. 『법화경』 법사품, 분별공덕품, 약왕보살품 등에도 탑을 건립하고 공양할 것을 설하는데, 이것은 형상의 탑이 아니라 진여일심의 지혜로 건립하는 불탑(佛塔)이며, 법공양을 말한다. 『금강경』 지경공덕분에도 같은 법문을 설한다.

爾時世尊 欲重宣此義 而說偈言

諸佛救世者　住於大神通　爲悅衆生故　現無量神力

舌相至梵天　身放無數光　爲求佛道者　現此希有事
諸佛謦欬聲　及彈指之聲　周聞十方國　地皆六種動
以佛滅度後　能持是經故　諸佛皆歡喜　現無量神力
囑累是經故　讚美受持者　於無量劫中　猶故不能盡
是人之功德　無邊無有窮　如十方虛空　不可得邊際
能持是經者　則爲已見我　亦見多寶佛　及諸分身者
又見我今日　教化諸菩薩　能持是經者　令我及分身
滅度多寶佛　一切皆歡喜　十方現在佛　幷過去未來
亦見亦供養　亦令得歡喜　諸佛坐道場　所得秘要法
能持是經者　不久亦當得

그때 세존께서 이 뜻을 자세히 펴고자 게송으로 설했다.

"제불이 중생을 구제하고자 대 신통의 지혜로 상주하며, 중생들이 선열의 법락을 체득하도록 무량한 신통력을 실행했다.

광장설법상이 범천에 이르고, 몸에서 무수한 광명을 놓아 불도(佛道)를 구하는 자들에게 이와 같은 희유한 일을 나투었다. 제불의 기침 소리, 손가락 퉁기는 소리가 시방의 국토에 두루 들리며, 땅이 여섯 가지로 진동했다.

부처의 지혜가 소멸한 후 중생이 스스로 이 경전의 법문을 수지(受持)하니, 제불이 모두 환희하고 무량한 신통을 나투었다.

이 경전의 법문을 부촉하고 수지하는 이를 찬탄하니, 무량한 시간(겁) 동안에도 설해도 다할 수 없다.

이 사람의 공덕이 끝이 없고 다할 수 없는 것이 마치 시방의 허공 끝을 알 수 없는 것과 같다.

이 경전을 수지하는 사람은 이미 여래(眞我)를 친견한 것이며, 또 다보불과 많은 석가불의 분신 제불을 친견하고, 또 오늘 여래가 보살들을 교화하는 것도 볼 수 있다.

이 경전의 법문을 능히 수지하는 사람은, 여래와 여래의 분신과 열반한 다보불과 일체 제불을 다 환희하게 한다.

시방의 현재불과 과거, 미래의 제불을 친견하고 공양하며 또한 환희하게 한다.

제불이 좌도량(坐道場)하여 체득한 비요(秘要)의 정법을 이 경전을 수지하는 사람은 오래지 않아 반드시 체득하게 된다.

能持是經者　於諸法之義　名字及言辭　樂說無窮盡
如風於空中　一切無障碍　於如來滅後　知佛所說經
因緣及次第　隨義如實說　如日月光明　能除諸幽冥
斯人行世間　能滅衆生闇　教無量菩薩　畢竟住一乘
是故有智者　聞此功德利　於我滅度後　應受持斯經
是人於佛道　決定無有疑

스스로 이 경전을 수지하는 사람은 제법의 뜻과 이름, 언사(言辭)와 훌륭한 설법이 무궁무진하여 마치 바람이 공중에서 일체의 장애가 없는 것과 같다.

여래가 멸도한 후, 제불이 설한 경전의 인연법문과 차례를 알아서 법문의 뜻에 따라 여실하게 설해야 한다.

마치 해와 달의 밝은 빛이 모든 어둠을 제거하듯이, 이 사람이 중생을 교화하는 일은 중생의 어두움을 능히 없애고, 무량한 보살들을 교화해서 구경에는 일승(一乘)의 지혜에 상주하게 한다.

그러므로 지혜가 있는 사람은 이러한 공덕과 해탈의 이익을 청법하고, 여래가 멸도한 이후 중생이 반드시 이 경전의 법문을 수지한다면, 이 사람이 불도(佛道) 깨닫는 일은 결정코 의심할 것이 없다."

제22 촉루품(囑累品)

* 촉루품은 촉루유통품으로 『법화경』의 법문을 보살들에게 부촉하는 총부촉(總付囑, 如來摩頂付囑)이라고도 한다. 『유마경』 촉루품에도 석가모니불이 미륵보살에게 『유마경』의 법문을 부촉하고 있다.
제불세존이 제법실상법, 진여일심법을 여시 설법하여, 보살들에게 경전의 유통을 부촉한다. 대승보살들은 제불세존의 방편 법문을 진여일심으로 如是我聞하고, 受持, 讀誦하여 제불여래와 같은 불지견(佛知見)을 구족하여 『법화경』의 법문을 널리 설법하고 유통한다.

여래가 유통을 부촉하다

爾時 釋迦牟尼佛 從法座起 現大神力. 以右手 摩無量菩薩摩訶薩頂 而作是言, 我於無量百千萬億 阿僧祇劫 修習是難得阿耨多羅三藐三菩提法 今以付囑汝等. 汝等應當一心 流布此法 廣令增益.
如是 三摩諸菩薩摩訶薩頂 而作是言, 我於無量百千萬億阿僧祇劫 修習是難得阿耨多羅三藐三菩提法. 今以付囑汝等. 汝等當受持讀誦 廣宣此法 令一切衆生 普得聞知.
所以者何 如來有大慈悲 無諸慳悋. 亦無所畏 能與衆生 佛之智慧, 如來智慧, 自然智慧. 如來 是一切衆生之大施主. 汝等 亦

應隨學如來之法 勿生慳悋.
於未來世 若有善男子 善女人 信如來智慧者. 當爲演說 此法華經 使得聞知 爲令其人 得佛慧故. 若有衆生 不信受者 當於如來餘深妙法中 示教利喜. 汝等若能如是 則爲已報諸佛之恩.

그때 석가모니불이 법상(法床)에서 일어나 여래의 위대한 신력의 힘을 나투고, 오른손으로 무량의 보살마하살들의 이마에 손을 대고 이렇게 말했다.

"여래가 한량없는 백 천만 억 아승지겁 동안 체득하기 어려운 최상의 깨달음의 법문을 수습(修習)한 것을 이제 그대들에게 부촉(咐囑)하노라. 그대들은 반드시 일심으로 이 불법을 유포(流布)하여 중생들이 더 많은 해탈의 이익을 깨달아 체득할 수 있도록 하라."

이와 같이 여러 보살마하살들의 이마에 손을 세 번 대고 이렇게 말했다.

"여래가 한량없는 백 천만 억 아승지겁 동안, 체득하기 어려운 최상의 깨달음의 법문을 수습(修習)한 것을 이제 그대들에게 부촉하노라. 그대들은 이 불법을 수지, 독송하여 널리 선전하고 일체 중생들이 두루 다 청법해서 알 수 있도록 하라.

왜냐하면, 여래는 큰 자비가 있어 모든 것에 아끼고 인색(慳貪)한 일이 없으며 걸림도 없다. 스스로 중생들에게 부처의 지혜, 여래의 지혜, 자연의 지혜를 깨닫도록 제시하였다.

여래는 모든 중생들의 대시주(大施主)이니, 그대들도 응당히 여래의 정법을 따라서 배우고 아끼고 인색(慳悋)한 마음을 일으키지 말라.

미래의 세상에 만약 선남자 선여인이 여래의 지혜를 확신하는 사람이 있으면, 『법화경』의 법문을 연설하여 청법하게 하고 그 뜻을 깨달아 알게 하라. 그 사람들로 하여금 부처의 지혜를 깨달아 체득하도록 하기 위함이다.

만약 어떤 중생이 이 법문을 신수(信受)하지 아니하면, 반드시 여래의 또 다른 깊고 미묘한 불법의 방편 법문을 개시하여 가르쳐서 생사 해탈의 이익을 체득하게 하고 열반의 법락을 이루도록 하라.

그대들이 만약 이와 같이 한다면 제불의 은혜(恩惠)에 보답하는 일이다."

* 여래는 모든 중생들의 대시주(大施主)이다. 제불여래는 중생들에게 진여 일심법을 방편 법문으로 설하여 불법을 깨닫도록 법보시(法布施) 하는 대시주이다. 방편품에서 제불세존이 사바세계에 출세한 본회(本懷)가 불법을 방편 법문으로 開示하여 일체 중생들이 佛知見을 구족하도록 설법하는 일대사 인연이라고 설한다. 示教利喜는 開示悟入과 같은 뜻이다.
* 제불의 은혜에 보답하는 일이 『법화경』의 법문을 수지, 독송하여 불지견을 구족하고, 제불여래와 같이 정법을 설하여 중생을 구제하는 일이다.

보살들이 부촉을 받다

時諸菩薩摩訶薩 聞佛作是說已 皆大歡喜 徧滿其身 益加恭敬 曲躬低頭 合掌向佛 俱發聲言 如世尊勅 當具奉行.
唯然世尊 願不有慮. 諸菩薩摩訶薩衆 如是三反 俱發聲言 如世尊勅 當具奉行. 唯然世尊 願不有慮.
爾時 釋迦牟尼佛 令十方來 諸分身佛 各還本土. 而作是言, 諸佛 各隨所安 多寶佛塔 還可如故. 說是語時 十方無量分身諸佛, 坐寶樹下師子座上者 及多寶佛, 幷上行等無邊阿僧祇菩薩大衆. 舍利弗等 聲聞四衆 及一切世間 天人 阿修羅等 聞佛所說 皆大歡喜

그때 여러 보살마하살들이 이러한 부처님의 설법을 듣고, 모두가 온 몸에 환희심이 가득하여 더욱 공경하게 되었으며, 허리를 굽히고 머리를 숙여 합장하고 부처님을 향하여 함께 말했다.

"세존이 설법한 법문 그대로 여법하게 받들어 실행하겠습니다. 바라옵건대 세존이시여! 염려하지 마십시오."

여러 보살마하살들이 이렇게 세 번이나 반복해서 함께 소리 내어 말했다.

"세존이 설법한 법문 그대로 여법하게 받들어 실행하겠습니다. 바라옵건대 세존이시여! 염려하지 마십시오."

그때 석가모니불은 시방에서 온 모든 석가모니불의 분신(分身) 제불들을 각각 본토로 돌아가게 하고 이렇게 말했다.

"제불은 각각 본래의 편안한 곳에 따르고, 다보(多寶)불탑도 본래와 같이 그대로 여여하게 하소서."

이렇게 설법할 때 시방에서 와서 보배나무 아래 사자좌에 앉았던 석가모니불의 무량한 분신 제불과 다보불, 상행(上行) 등 무량무변의 아승지 보살대중, 사리불 등 성문(聲聞) 수행자 사부대중과 일체 세간의 천인, 아수라 등이 부처님의 법문을 청법하고 모두 크게 환희심을 일으켰다.

제23 약왕보살본사품(藥王菩薩本事品)

* 약왕보살은 권지품에 부처님이 입적한 이후 중생들의 근기는 연약하고 增上慢이 많은 惡世에 身命을 의식하지 않고 『법화경』을 독송, 수지, 서사 수행을 하여 여러 가지 공양을 올리고자 서원을 세운 보살이다. 법사품, 묘음품, 다라니품, 묘장엄본사품 등에도 등장한다.

본사(本事)는 청정한 진여일심의 지혜로 지금 여기 본분사의 일, 일대사의 일을 수행한 본각의 뜻(義)이다. 선에서는 無心 無事라고 한다.

약왕보살본사품은 『법화경』의 법문에 의거하여 어려운 수행(難行)과 고행으로 체득한 제불의 방편지혜로 불법을 홍포하는 법사가 될 것을 권하는 내용이다. 약왕보살은 옛날 희견(喜見)보살로서 중생신과 중생신의 팔을 반야지혜의 불로 태우고, 난행(難行), 고행(苦行)의 수행을 한 사실을 설하고 있다.

약왕보살

爾時 宿王華菩薩 白佛言. 世尊 藥王菩薩 云何遊於娑婆世界. 世尊 是藥王菩薩 有若干百千萬億那由他 難行苦行. 善哉世尊 願少解說. 諸天 龍神 夜叉 乾闥婆 阿修羅 迦樓羅 緊那羅 摩睺羅加 人非人 等. 又他國土 諸來菩薩 及此聲聞衆 聞皆歡喜.

그때 수왕화(宿王華)보살이 부처님께 말했다.

"세존이시여! 약왕(藥王)보살이 어떻게 사바세계에 유희하고 있습니까? 세존이시여! 이 약왕보살이 어떻게 백 천만 억 나유타의 수행하기 어려운 고행(苦行)을 하였습니까? 거룩하신 세존이시여! 원컨대 간략히 해설하여 주십시오. 여러 천신, 용신, 야차, 건달바, 아수라, 가루라, 긴나라, 마후라가와 사람과 사람 아닌 귀신들과 다른 국토에서 온 모든 보살과 성문 대중이 부처님의 설법을 청법하면 모두 환희심을 일으키게 될 것입니다."

* 난행고행(難行苦行) : 사바세계에 역연(逆緣)과 악연(惡緣)에서 고행하는 정법수행자를 말한다. 상불경보살이 역경에서 고행하고 인욕행을 실천한 것과 『금강경』에 천대(賤待), 경천(輕賤), 인욕(忍辱) 등의 수행도 마찬가지이다.

일월정명덕여래

爾時 佛告宿王華菩薩 乃往過去無量恒河沙劫 有佛 號日月淨明德如來 應供 正徧知 明行足 善逝 世間解 無上士 調御丈夫 天人師 佛 世尊. 其佛 有八十億大菩薩摩訶薩 七十二恒河沙 大聲聞.衆 佛壽四萬二千劫. 菩薩壽命亦等.
彼國 無有女人 地獄 餓鬼 畜生 阿修羅 等 及以諸難 地平如掌 瑠璃所成 寶樹莊嚴 寶帳覆上 垂寶華幡 寶瓶香爐 周徧國界 七寶爲臺 一樹一臺, 其樹去臺 盡一箭道. 此諸寶樹 皆有菩薩聲聞 而坐其下. 諸寶臺上 各有百億諸天 作天伎樂 歌歎於佛 以爲供養.

그때 부처님이 수왕화보살에게 말했다. "지나간 옛적 한량없는 항하사 겁 전에 한 부처님이 있었으니 이름이 일월정명덕(日月淨明德)여래, 응공, 정변지, 명행족, 선서, 세간해, 무상사, 조어장부, 천인사, 불, 세존이다. 그 부처님의 시대에 팔십 억 대보살 마하살과 칠십이 항하사와 같은 훌륭한 성문대중들이 있었다. 그 부처님의 지혜 수명(壽命)은 사만 이천 겁이요, 보살의 수명도 역시 그와 같았다.

그 부처님의 국토에는 여인(女人)과 지옥, 아귀, 축생, 아수라 등 중생심으로 분별하는 여러 가지 어려운 일이 없다. 땅은 평평하여 손바닥 같고 유리로 이루어졌으며, 보배나무로 장엄하고 보배휘장을 그 위에 덮었다. 보배의 꽃과 깃발(번기)을 달았고, 보배로 된 병과 향로가 나라 안에 두루 가득했다. 칠보로 된 누각(臺)이 있고 나무 하나에 누각이 하나씩 있는데, 나무에서 누각까지 거리가 한 화살의 사정거리이다.

이 모든 보배나무에는 보살과 성문들이 그 나무 아래에 좌선하고 있고, 보배로 장엄된 누각 위에서는 각각 백 억 천신들이 하늘의 악기를 연주하고, 부처님을 찬탄하는 노래로 공양을 올렸다.

* 일월정명덕여래의 불국토에는 여인이 없다(彼國 無有女人). 자아의식의 중생심으로 사량 분별하는 지옥, 아귀, 축생, 아수라도 없고, 비본래의 중생심인 女人도 없다. 『아미타경』에 아미타불의 극락국토 중생들은 모두 불퇴전의 경지를 체득한 보살로서 사바세계 중생들이 받는 수많은 생사윤회의 고통이 전혀 없고, 단지 여러 가지 법락(法樂)을 수용하고 있다고 설한다.

  『무량수경』 제35원에 영원히 여신(女身)을 여읜 원(永離女身願)이 있으며, 『유마경』 관중생품에는 "천녀가 말했다. 나는 20년간 여인상을 구했지만, 찾아 볼 수가 없었다(天女曰, 我從十二年來 求女人相了不可得)"라고 말한다. 女身, 女人相이 없다는 말은 비본래의 여인, 女身이나 중생심의 망심이 없다는 뜻이다.

『법화경』 제바달다품에는 7세 용녀(龍女)가 본래의 男子로 변성(變成)하여 성불하는 이야기도 설한다.

* 나무에서 누각까지 거리가 한 화살의 사정거리이다(其樹去臺 盡一箭道). 화살의 사정거리는 120보에서 150보 정도라고 한다.

일체중생희견보살의 삼매

爾時 彼佛 爲一切衆生喜見菩薩 及衆菩薩 諸聲聞衆 說法華經. 是一切衆生喜見菩薩 樂習苦行 於日月淨明德佛法中 精進經行 一心求佛 滿萬二千歲已 得現一切色身三昧. 得此三昧已 心大歡喜 卽作念言, 我得現一切色身三昧 皆是得聞法華經力 我今當供養日月淨明德佛 及法華經.

卽時入是三昧 於虛空中 雨曼陀羅華 摩訶曼陀羅華 細抹堅黑栴檀 滿虛空中 如雲而下. 又雨海此岸栴檀之香. 此香六銖 價直娑婆世界 以供養佛.

그때 그 부처님(일월정명덕여래)이 일체중생희견(一切衆生喜見)보살과 여러 보살대중과 모든 성문대중들에게 『법화경』의 법문을 설했다. 이 일체중생희견보살은 고행(苦行)도 즐겁게 수행하여 일월정명덕불의 법문을 청법하고 수행 정진, 경행(經行)하면서 일심으로 불도를 구했으며, 일만 이천 년의 수행을 한 뒤에 현일체색신삼매(現一切色身三昧)를 체득하였다.

이 현일체색신삼매를 체득하고 마음으로 매우 환희하여 이렇게 말했다.

"내가 현일체색신삼매를 체득한 것은 모두 법화경의 법문을 청법하고 깨달아 체득한 지혜의 힘이니, 내 이제 일월정명덕부처님과 법화경의 법문에 공양하리라."

그리고 곧 현일체색신삼매에서 허공 중에 만다라화와 마하만다라화와 미세하고 굳고 검은 전단가루를 비로 내리니 허공에 가득 차서 구름처럼 내려왔고, 또 해차안전단향(海此岸栴檀香)을 비 내리듯 하니, 이 향의 값이 육수(六銖)의 가치로 사바세계와 같이 비싼데 이것을 부처님께 공양하였다.

* 해차안전단지향(海此岸栴檀之香) : 수미산(妙高山) 내부 해안, 염부제주의 남쪽에서 성장한 전단향이라고 한다.
* 육수(六銖) : 무게의 단위로, 일수(一銖)는 일양(一兩)의 24분의 1이다.
* 現一切色身三昧 : 중생의 근기에 따라서 보살의 원생신(願生身)으로 나투어 설법하는 삼매이다. 보살도의 同事攝과 같이 화광동진(和光同塵)이다.

일체중생희견보살의 소신공양

作是供養已 從三昧起 而自念言. 我雖以神力 供養於佛. 不如以身供養 卽服諸香 栴檀薰陸 兜樓婆畢力迦 沈水膠香. 又飮瞻蔔諸華香油 滿千二百歲已 香油塗身 於日月淨明德佛前 以天寶衣 而自纏身 灌諸香油 以神通力願 而自然身 光明 偏照八十億恒河沙世界.

其中諸佛 同時讚言, 善哉善哉. 善男子 是眞精進. 是名眞法供養如來. 若以華香瓔珞 燒香 抹香 塗香. 天繒幡蓋 及海此岸栴檀之香. 如是等種種諸物供養 所不能及. 假使國城妻子布施 亦所不及. 善男子 是名第一之施. 於諸施中 最尊最上 以法供養諸如來故. 作是語已 而各黙然 其身火然千二百歲 過是以後 其身乃盡.

이렇게 공양(供養)하고 삼매에서 일어나 스스로 생각하기를, '내가 비록 지혜의 힘(神力)으로 제불여래께 공양하였으나 온몸으로 공양하는 것만 못하다'라고 말했다.

곧바로 전단향, 훈육향, 도루바향, 필력가향, 침수향, 아교향 등을 먹었다. 또 첨복 등 여러 가지 꽃으로 짠 향유(香油)를 마시고, 일천 이백 년이 되었다. 또 향유를 몸에 바르고 일월정명덕불 앞에서 천상의 보배 옷으로 몸을 감고 향유를 붓고, 신통력(神通力)의 서원(誓願)으로 스스로 자신의 몸을 불태우니, 그 광명(光明)이 팔십 억 항하사 세계를 두루 비추었다. 팔십 억 항하사 세계의 제불이 함께 찬탄하며 말했다.

"훌륭하다. 참으로 훌륭하다. 선남자여! 이것이 진정한 수행 정진(精進)이며, 이것이 진실로 여래께 법공양하는 것이다. 만약 꽃과 향과 영락과 사르는 향, 가루향, 바르는 향과 천상의 비단과 깃발(번기), 일산과 해차안의 전단향이나 이와 같은 여러 가지 물건으로 공양할 지라도 능히 이러한 법공양에 미칠 수 없다. 가령 국토나 성시(城市), 처자(妻子)를 보시하는 것으로도 이러한 법공양에 미칠 수가 없다. 선남자여! 이것이 제일의 보시이며, 모든 보시 가운데 가장 존귀하고 최상이니 제불 여래에 법공양하기 때문이다."

이렇게 말하고는 묵묵히 침묵했다. 그의 몸이 일천 이백 년 동안 불탄 뒤에야 그 중생신의 몸이 다 소멸하였다.

* 불교는 유심(唯心)의 사상으로 설법하는데, 보살이 몸을 불태운 소신공양(燒身供養)은 육체를 불태운 것이 아니다. 일체중생희견보살이 일월정명덕여래가 설한 『법화경』의 방편 법문을 청법하고, 진여일심으로 제불여래의 지혜를 구하고 난행, 고행으로 現一切色身三昧를 체득했다. 이 삼매는 普現色身三昧로서 일체 중생의 요청에 부응하여 방편지혜의 몸(化身)을 자유롭게 나타낼 수 있는 보살의 원생신(願生身)이다.

보살이 신통지혜와 원력으로 스스로 중생신의 몸을 불태우니, 법신의 지혜 광명이 팔십 억 항하사 세계를 널리 비추었다고 설한다. 중생신의 몸을 불태운 것은 공(空)의 실천이며, 법신의 지혜광명을 비춘 것은 불공(不空)의 묘용이다. 보살이 원력과 발심 수행으로 진여일심의 지혜를 실행한 眞空妙有의 법문이다. 그래서 중생신의 몸을 불태운 것을 진정한 수행정진(眞精進)이고, 진정하게 여래에 법공양(眞法供養如來)한 것이라고 찬탄했다. 자아의식의 중생심과 의식의 대상경계를 텅 비운 아공(我空), 법공(法空), 일체개공(一切皆空)의 경지에서 진여법신의 지혜로 중생신을 불태우고, 진여법신의 지혜로 제불여래께 공양하는 일이 소신(燒身)공양이다. 선에서는 살인도(殺人刀), 활인검(活人劍)이라고 한다.

* 법공양(法供養) : 『유마경』 법공양품에 약왕(藥王)여래가 다음과 같이 설한다. "법공양은 일체의 제법을 제불여래가 설법한 그대로 여법하게 수행하는 일이다. 즉 12인연의 법문을 진여일심으로 관찰하며, 모든 중생심의 사견(邪見)을 여의고, 반야의 지혜(無生法忍)를 깨달아 체득하여 결정적인 자아(自我)의 존재가 없고, 중생도 없다는 사실을 확신해야 한다.
일체의 제법이 인연법에 따라서 과보를 받는다는 사실이 조금도 어긋남이 없고 다툼도 없으며, 모든 자아의식과 의식의 대상경계를 여읜 경지이다.
법공양은 진여일심이 여법하게 지혜로 작용하는 뜻(義)에 의거하고, 중생(사람)의 말(언어)에 의거하지 말아야 하며, 깨달음의 지혜(證智)에 의거하고, 중생심의 의식(意識)에 의거하지 말아야 하며, 진여일심의 지혜로 공덕을 회향하는 요의경(了義經)에 의거하고, 중생심의 불요의경(不了義經)에 의거하지 말아야 하며, 진여일심법(法)에 의거하고, 사람(人)의 주장에 의거하지 말아야 한다. 법공양은 제법의 실상(法相)에 수순(隨順)하기에 대상경계를 향해 들어갈 곳도 없고, 되돌아갈 곳도 없다."
60권 『화엄경』 정행품에 "법공양을 실행하고자 원력의 뜻을 불도에 의거한다(爲法供養 志存佛道)"라고 하며, 40권 『화엄경』 보현행원품에는 "선남자여! 모든 공양 가운데 법공양이 최고이다. 말하자면 여설수행(如說修行)하는 供養이며, 중생이 해탈의 이익을 체득하는 공양이며, 중생을 섭수(攝受)하는 공양이며, 중생의 고통을 대신하는 공양이며, 선근을 부지런히 수행하는 공양이며, 보살의 정업(正業)을 버리지 않는 공양이며, 보리심을 여의지 않는 공양이다"라고 설한다.

보살의 화생(化生)

一切衆生喜見菩薩 作如是法供養已, 命終之後. 復生日月淨明德佛國中 於淨德王家 結跏趺坐 忽然化生. 卽爲其父 而說偈言,
大王今當知　我經行彼處　卽時得一切　現諸身三昧
勤行大精進　捨所愛之身　供養於世尊　爲求無上慧
說是偈已 而白父言, 日月淨明德佛 今故現在 我先供養佛已 得解一切衆生語言陀羅尼 復聞是法華經 八百千萬億那由他 甄迦羅　頻婆羅 阿閦婆 等偈.
大王. 我今 當還供養此佛. 白已 卽坐七寶之臺 上昇虛空 高七多羅樹 往到佛所. 頭面禮足 合十指爪 以偈讚佛.
容顔甚奇妙 光明照十方 我適曾供養 今復還親覲.
爾時一切衆生喜見菩薩 說是偈已. 而白佛言. 世尊 世尊猶故在世.

일체중생희견보살이 이와 같이 진여법신의 지혜로 법공양(法供養)하고, 중생심으로 번뇌 망심의 생명이 모두 소멸한 뒤에 부처의 지혜로 다시 일월정명덕부처님의 국토(國土)에 왕생하여, 정덕왕(淨德王)의 가문에 결가부좌하고 홀연히 화생(化生)하였다.

그리고 곧 그 아버지에게 게송으로 말했다.

"'대왕이시여! 지금 반드시 잘 알아야 합니다. 나는 저 일월정명덕불의 국토에서 경행(經行)하면서 온갖 색신(色身)을 나타내는 삼매를 체득했습니다. 크게 발심한 정진으로 부지런히 수행하여 애욕의 중생신을 버리고, 세존께 법공양한 것은 무상의 지혜를 구하는 일입니다."

이렇게 게송으로 설하고 아버지께 말했다.

"일월정명덕부처님이 지금 현재 상주하고 있습니다. 나는 먼저 부처님께 법공양하고, 일체의 모든 중생들의 말을 이해하는 다라니(총지)를 체득했습니다. 그리고 다시 법화경의 팔백 천만 억 나유타의 많은 법문을 열여섯 배나 많이(견가라), 열여덟 배나 많이(빈바라), 20배나 많은(아촉바) 게송의 법문을 청법하고 깨달았습니다. 나는 지금 돌아가 이 일월정명덕부처님께 공양하고자 합니다."

이렇게 말씀 올리고 나서 칠보로 된 누각에 앉아 칠 다라수 높이의 허공으로 올라가 부처님이 계신 곳에 이르러, 머리 숙여 부처님의 발에 예배하고 열 손가락을 모아 합장하고 게송으로 부처님을 찬탄했다.

"세존의 존안은 매우 훌륭하고 지혜광명이 시방세계를 비춥니다. 제가 옛날 일찍이 공양했으며, 이제 또 부처님을 친견(親近)하게 되었습니다."

그때 일체중생희견보살이 게송으로 찬탄하고 부처님께 말씀 올렸다.

"세존이시여! 세존은 아직도 여전히 중생의 세간에 상주하십니다."

* 명종지후(命終之後) : 보살이 발심 수행하여 자아의식의 중생심과 번뇌 망념이 소멸된 것이다. 『대승기신론』에 "중생심의 번뇌 망념이 소멸하면, 진여법신의 지혜가 나타난다"라고 설하는 법문처럼, 초발심으로 정각을 이루는 경지이다.

『화엄경』 보현행원품에도 "원하건대 발심 수행으로 번뇌 망념의 생명이 끝날 때, 일체의 모든 장애를 다 소멸시키고, 면전에서 저 아미타불을 친견하고, 곧바로 안락정토에 왕생하기 바랍니다(願我臨欲命終時 盡除一切

諸障碍 面見彼佛阿彌陀 卽得往生安樂刹)”라고 설한다.

* 화생(化生) : 보살이 원력과 수행으로 이루어진 원생신(願生身)으로 往生과 같다. 제불세존의 천백 억 화신과 보살의 32응신도 중생의 요청에 부응한 화신(化身)이다.
* 모든 중생들의 말을 자유롭게 이해하는 다라니(총지)는 현일체색신삼매와 같다. 진여본심은 하나지만 지혜가 작용하는 측면에서는 다양하다.
* 견가라(甄迦羅)는 16배수, 빈바라(頻婆羅)는 18배수, 아축바(阿閦婆)는 20 배수이다.

여래가 부촉하고 열반에 들다

爾時 日月淨明德佛 告一切衆生喜見菩薩. 善男子. 我涅槃時到 滅盡時至 汝可安施牀座. 我於今夜 當般涅槃.
又勅一切衆生喜見菩薩. 善男子. 我以佛法 囑累於汝. 及諸菩薩大弟子 幷阿耨多羅三藐三菩提法. 亦以三千大千七寶世界 諸寶樹 寶臺 及給侍諸天 悉付於汝. 我滅度後 所有舍利 亦付囑汝. 當令流布 廣設供養 應起若干千塔. 如是日月淨明德佛 勅一切衆生喜見菩薩已 於夜後分 入於涅槃.

그때 일월정명덕불이 일체중생희견보살에게 말했다.

“선남자여! 여래는 열반할 때가 되었고 멸진(滅盡)할 때가 되었으니, 그대는 평상을 설치해 놓도록 하라. 여래는 오늘밤에 열반에 들리라.”

또 다시 일체중생희견보살에게 지시(勅)했다.

“선남자여! 여래가 불법을 그대에게 부촉(咐囑)하노라. 또 모든 보살 대제자들과 최상의 깨달음의 불법과 또 삼천대천의 칠보세계와 여러 보배나무와 보배의 누각과 시중드는 천신들을 모두 그대에게 부촉하노라. 여래가 열반한 이후 사리(舍利)까지도 그대에게 부촉하노라. 반드시 널리 유포하고, 공양을 많이 베풀고 천 개의 탑을 건립하도록 하라!"

일월정명덕부처님이 일체중생희견보살에게 이와 같이 지시하고 늦은 밤에 열반에 들었다.

爾時 一切衆生喜見菩薩 見佛滅度 悲感懊惱 戀慕於佛. 卽以海此岸栴檀爲積 供養佛身 而以燒之. 火滅已後 收取舍利 作八萬四千寶甁. 以起八萬四千塔. 高三世界 表刹莊嚴. 垂諸幡蓋 懸衆寶鈴.
爾時 一切衆生喜見菩薩 復自念言, 我雖作是供養 心猶未足. 我今當更供養舍利. 便語諸菩薩大弟子 及天龍 夜叉 等 一切大衆. 汝等當一心念, 我今供養 日月淨明德佛舍利.
作是語已 卽於八萬四千塔前 然百福莊嚴臂 七萬二千歲 而以供養. 令無數求聲聞衆 無量阿僧祇人 發阿耨多羅三藐三菩提心. 皆使得住現一切色身三昧.

그때 일체중생희견보살은 부처님이 열반에 든 것을 보고 매우 슬퍼하고 안타깝게 여겼다. 부처님을 사모하여 곧 해차안전단나무를 쌓아 불신(佛身)에 공양하여 불로 태웠다. 불이 꺼진 뒤에는 사리(舍利)를 수습하여 팔만 사천 보배의 병에 담아 팔만 사천의 탑을 건립했다. 그 탑의 높이가 삼천대천세계(三世界)요, 표찰을 세워 장엄하고 깃발과 온갖 일산을 드리우며 수많은 보배의 풍경을 달아 장엄했다.

그때 일체중생희견보살이 스스로 사유하며 말했다.

'나는 비록 이렇게 온 몸을 불태워 공양하였으나, 마음은 오히려 흡족하지 못

하다. 나는 이제 다시 불사리(佛舍利)에 공양하리라.'

그리고 모든 보살 대제자들과 천신, 용과 야차 등 일체 대중에게 말했다.

"그대들은 반드시 일심으로 사유하라. 내 이제 일월정명덕불의 사리에 공양하려고 하노라."

이렇게 말하고 나서 곧 팔만사천 탑 앞에서 백 가지 복으로 장엄한 팔을 칠만 이천 년 동안 태워서 공양하였다. 성문의 경지를 구하는 무수한 대중과 한량없이 많은 아승지 사람들이 최상의 깨달음을 이루는 발심을 하도록 하고, 그들 모두가 온갖 색신을 나타내는 현일체색신삼매(現一切色身三昧)를 깨달아 체득한 지혜로 살게 했다.

* 백 가지 복으로 장엄한 팔(百福莊嚴臂) : 32상의 하나로 보살이 발심 수행한 인위(因位)에서 백복(百福)을 쌓는 공덕에 의거하여 불법을 깨달은 과위(果位)에서 이 공덕상을 체득하기 때문에 이러한 명칭이 생겼다.

爾時 諸菩薩 天人 阿修羅 等 見其無臂 憂惱悲哀 而作是言. 此一切衆生喜見菩薩 是我等師 教化我者 而今燒臂 身不具足. 于時 一切衆生喜見菩薩 於大衆中 立此誓言, 我捨兩臂 必當得佛金色之身. 若實不虛 令我兩臂 還復如故. 作是誓已 自然還復. 由斯菩薩 福德智慧 淳厚所致. 當爾之時 三千大千世界 六種震動. 天雨寶華 一切人天 得未曾有.

그때 모든 보살들, 천신, 사람들, 아수라들이 그 일체중생희견보살의 팔이 없어진 것을 보고 근심하고 슬퍼하면서 이렇게 말했다.

"이 일체중생희견보살은 우리의 스승이며, 우리들을 교화(教化)하시는 분이거늘 이제 팔을 불태워서 몸이 불구(不具)가 되었다."

그때 일체중생희견보살이 대중 가운데서 이렇게 서원(誓願)을 했다.

"내가 두 팔을 버렸으니, 반드시 부처의 금색신을 체득할 것이다. 이 말이 진실하고 허망하지 않다면 나의 두 팔이 다시 이전과 같아지도록 하소서."

이렇게 서원을 마치니 저절로 두 팔이 이전과 같아졌다. 이것은 보살의 복덕과 지혜가 순수하고 두텁기 때문이다.

그때 삼천대천세계가 여섯 가지로 진동하며, 하늘에서는 보배의 꽃비를 내려 일체의 천인(天人)들이 미증유(未曾有)의 깨달음을 체험했다.

* 일체중생희견보살이 "내가 두 팔을 버렸으니(空), 반드시 부처의 금색신을 체득할 것이다(不空)"라고 서원한 것은, 보살이 발심 수행하여 중생신의 몸을 불태운 아공(我空), 법공(法空)으로 부처의 지혜를 깨달아 체득한 진공묘유(眞空妙有)의 경지를 밝힌 것이다.

일체중생희견보살과 약왕보살

佛告宿王華菩薩 於汝意云何. 一切衆生喜見菩薩 豈異人乎. 今藥王菩薩是也. 其所捨身布施. 如是無量百千萬億那由他數.
宿王華. 若有發心 欲得阿耨多羅三藐三菩提者. 能然手指 乃至足一指 供養佛塔. 勝以國城妻子 及三千大千國土 山林河池 諸珍寶物 而供養者. 若復有人 以七寶 滿三千大千世界 供養於佛及大菩薩 辟支佛阿羅漢. 是人所得功德 不如受持此法華經 乃至一四句偈. 其福最多.

부처님이 수왕화보살에게 말했다.

"그대는 어떻게 생각하는가? 일체중생희견보살은 다른 사람이 아니라 지금의 약왕(藥王)보살이다. 이처럼 그는 중생신의 몸을 버리고 보시한 것이 한량없는 백 천만 억 나유타이다. 수왕화보살이여! 최상의 깨달음을 체득하고자 발심한 사람들은 능히 스스로 한 손가락이나 한 발가락을 태워서 불탑에 공양하면 국토나 도시, 처자나 삼천대천세계의 토지와 산림과 하천(河川), 온갖 보물로 공양하는 것보다 더욱 수승(殊勝)하다.

만약 어떤 사람이 삼천대천세계에 칠보를 가득 채워서 부처님과 대보살, 벽지불, 아라한들에게 공양한 그 사람의 공덕보다도 이 『법화경』에서 설한 사구 게송(四句偈頌) 하나만을 수지하는 사람의 공덕이 더 많다. 『법화경』의 방편 법문을 수지한 그 복덕(福德)이 가장 수승하다."

* 팔이나 손가락(手指), 발가락(足一指)을 불태우는 것도 육체나 형상의 손가락 발가락이 아니라, 중생신을 텅 비우는 소신공양(燒身供養)이다. 자신의 팔이나 손가락, 발가락을 대상경계로 의식하는 것도 衆生이다. 자아의식으로 자신의 신체나 목숨을 인식하는 중생심을 텅 비우는 수행이 아공(我空), 법공(法空)이다.

대승경전에서 '몸과 목숨을 의식하지 말라(不惜身命)' '중생신을 텅 비우는 불법 수행(捨身求法)' '정법 수행은 자신의 몸을 의식하지 말아야 한다(爲法忘軀)'는 법문은, 자아의식의 중생심을 텅 비우는 발심수행으로 아공(我空), 법공(法空)의 경지를 체득하는 것이다.

대승불도의 발심 수행은 유심(唯心)의 실천 사상이다. 『화엄경』에서 설하는 "일체유심조(一切唯心造)"의 법문은, 공의 실천과 반야의 지혜로 공양하는 것을 말한다. 불탑공양, 제불여래에 공양하는 일은 진여일심의 지혜로 법공양하는 일이며, 『유마경』에서는 법공양품을 설한다. 『금강경』에 "만약 형색(形色)으로 여래를 친견하고자 하거나 음성으로 여래를 친견하고자 한다면, 이 사람은 사도(邪道)를 행하는 것이니 진여법신의 지혜(여래)를 친견할 수가 없다(若以色見我 以音聲求我 是人行邪道 不能見如來)"라고 설한 법문을 깊이 사유해서 대승불법을 깨달아야 한다.

열 가지 비유와 법화경의 수승한 법문

宿王華. 譬如一切川流江河 諸水之中 海爲第一. 此法華經 亦復如是. 於諸如來所說經中 最爲深大.
又如土山 黑山 小鐵圍山 大鐵圍山 及十寶山 衆山之中 須彌山爲第一. 此法華經 亦復如是 於諸經中 最爲其上.
又如衆星之中 月天子 最爲第一. 此法華經 亦復如是. 於千萬億 種諸經法中 最爲照明. 又如日天子 能除諸闇. 此經亦復如是 能破一切不善之闇.
又如諸小王中 轉輪聖王 最爲第一. 此經 亦復如是. 於衆經中 最爲其尊. 又如帝釋 於三十三千中王. 此經亦復如是. 諸經中王.
又如大梵天王 一切衆生之父. 此經 亦復如是. 一切賢聖 學無學 及發菩薩心者之父. 又如一切凡夫人中 須陀洹 斯陀含 阿那含 阿羅漢 辟支佛 爲第一. 此經 亦復如是. 一切如來所說. 若菩薩所說. 若聲聞所說. 諸經法中 最爲第一. 有能受持是經典者 亦復如是. 於一切衆生中 亦爲第一. 一切聲聞 辟支佛中 菩薩爲第一. 此經 亦復如是. 於一切諸經法中 最爲第一. 如佛爲諸法王. 此經 亦復如是 諸經中王.

"수왕화보살이여! 마치 모든 시내와 개천, 강들의 모든 물 가운데 바다가 제일 근본이 되는 것처럼, 이 『법화경』도 이와 같아 모든 여래가 설한 경전 가운데서 가장 깊고 위대하다.

또 토산, 흑산, 소철위산, 대철위산과 열 개의 보산(寶山) 등 모든 산 가운데 수미산(須彌山)이 제일 근본이 되는 것처럼, 『법화경』의 법문도 그와 같다. 모든 대승경전 가운데 최상의 법문이다.

또 수많은 별들 가운데 달(月天子)이 최상의 제일 근본이 되는 것처럼, 이 『법화경』의 법문도 이와 같이 천만 억 종류의 모든 경전 가운데 가장 밝은 지혜 광명을 비춘다.

또 태양(日天子)의 밝음이 능히 모든 암흑의 어둠을 없애는 것과 같다. 이 『법화경』의 법문도 또한 그와 같아 능히 선근공덕이 되지 못한 중생들의 무지, 무명의 어두움(闇)을 능히 타파한다.

또 모든 소왕(小王)들 가운데 전륜성왕(轉輪聖王)이 최상 제일 근본인 것처럼, 『법화경』의 법문도 또한 이와 같이 수많은 경전 가운데 최상이며 존귀한 법문이다.

또 제석천왕(帝釋天王)이 삼십삼천 가운데 근본(王)인 것처럼, 이 『법화경』의 법문 또한 이와 같이 모든 경전 가운데 근본(王)이다.

또 대범천왕이 모든 중생들의 근본인 아버지(父)와 같이 이 『법화경』의 법문 역시 이와 같이 일체 현성, 유학(學)과 무학(無學), 보살도의 원력과 발심을 일으킨 사람들의 근본인 아버지(父)이다.

또 모든 범부(凡夫)들 가운데 수다원, 사다함, 아나함, 아라한, 벽지불이 제일이 되는 것처럼, 이 『법화경』의 법문 또한 이와 같이 일체 여래가 설하고, 또 보살이 설하고, 성문이 설한 모든 경전의 법문(經法) 가운데 최상 제일이다. 또 이 『법화경』의 법문을 능히 수지하는 사람 역시 일체 중생들 가운데 제일이 되는 수행자이다.

모든 성문, 벽지불 가운데 보살이 제일인 것과 같이, 이 『법화경』의 법문도 또한 이와 같이 일체 모든 경전의 법문 가운데 최상 제일이다.

부처가 제법의 왕인 것처럼, 이 『법화경』의 법문 또한 이와 같이 모든 경전의 법문 가운데 근본(王)이다.

* 열 개의 보산(十寶山) : 『화엄경』 제27권에도 설하는데, 설산(雪山)은 약초, 향산(香山)은 일체 향(香), 가리라산(軻梨羅山)은 꽃(花), 선성산(仙聖山)은 오통(五通)의 신선, 유건타라산(由乾陀羅山)은 야차(夜叉), 이산(耳山)은 과실(果實), 니민타라산(尼民陀羅山)은 용(龍), 작가라산(斫迦羅山)은 자재자(自在者), 숙혜산(宿慧山)은 수라(修羅), 수미산(須彌山)은 제천자(諸天子)를 소집한다고 설한다.

법화경의 공덕

宿王華. 此經 能救一切衆生者. 此經 能令一切衆生 離諸苦惱. 此經 能大饒益一切衆生 充滿其願. 如清涼池 能滿一切諸渴乏者. 如寒者得火 如裸者得衣. 如商人得主. 如子得母. 如渡得船. 如病得醫. 如暗得燈. 如貧得寶. 如民得王. 如賈客得海. 如炬除暗. 此法華經 亦復如是. 能令衆生 離一切苦. 一切病通. 能解一切生死之縛.
若人得聞此法華經. 若自書 若使人書 所得功德 以佛智慧 籌量多少 不得其邊. 若書是經卷 華香 瓔珞 燒香 抹香 塗香 幡蓋 衣服 種種之燈 蘇燈油燈 諸香油燈 薝蔔油燈 須曼那油燈 波羅羅油燈 波利師迦油燈 那婆摩利油燈 供養 所得功德 亦復無量.

수왕화여! 이 『법화경』은 능히 일체 중생을 구제하는 방편 법문이며, 이 경전은 일체 중생들로 하여금 모든 괴로움을 여의게 하는 방편 법문이며, 이 경전은 일체 중생들이 생사윤회를 해탈하는 이익을 체득하도록 하며, 그들의 원력을 충족하게 한다.

마치 시원한 연못이 일체 모든 목마른 사람들의 갈증을 해소시켜 만족하게 하는 것과 같다. 추운 사람이 불을 얻은 것과 같고, 헐벗은 이가 옷을 얻은 것과 같으며, 장사하는 사람이 물주를 만난 것과 같으며, 아들이 어머니를 만난 것과 같으며, 물을 건너는 사람이 배를 만난 것과 같으며, 병이 든 사람이 의사를 만나게 된 것과 같다.

어두운 밤에 등불을 얻은 것과 같고, 가난한 이가 보물을 얻은 것과 같고, 백성이 임금을 만난 것과 같다. 상인이 바다에서 배에 보물을 싣고 장사하는 것과 같으며, 횃불이 어두움을 없애는 것과 같다.

이 『법화경』의 법문도 또한 이와 같이 능히 일체 중생들의 모든 고통과 병을 여의도록 하며, 능히 일체 중생들이 생사(生死)에 윤회하는 속박에서 해탈하는 것과 같다.

만약 어떤 사람이 이 『법화경』의 법문을 청법하고 스스로 사경하거나 사람들에게 사경하도록 하면, 그의 공덕은 부처의 지혜로 계산해도 그 모든 것을 다 설명할 수가 없다.

만약 이 경전을 사경하고 꽃, 향, 영락, 사르는 향, 가루향, 바르는 향, 번기, 일산, 의복과 갖가지 등불인 우유등, 기름등, 향유등, 첨복기름등, 수만나기름등, 바라라기름등, 바리사가기름등, 나바마리기름등으로 공양하면 그가 깨달아 체득한 공덕 또한 한량이 없을 것이다.

약왕보살본사품의 공덕

宿王華. 若有人 聞是藥王菩薩本事品者. 亦得無量無邊功德. 若有女人 聞是藥王菩薩本事品. 能受持者 盡是女身 後不復受.

若如來滅後 後五百歲中，若有女人 聞是經典，如說修行 於此命終 卽往安樂世界阿彌陀佛，大菩薩衆 圍繞住處，生蓮華中寶座之上. 不復爲貪欲所惱. 亦復不爲瞋恚愚癡所惱. 亦復不爲憍慢嫉妬諸垢所惱. 得菩薩神通無生法忍. 得是忍已. 眼根淸淨. 以是淸淨眼根. 見七百萬二千億那由他 恒河沙等 諸佛如來.

수왕화여! 만약 어떤 사람이 이 약왕보살본사품(藥王菩薩本事品)의 법문을 청법하면 또한 무량무변의 공덕을 체득하게 될 것이다.

만약 어떤 여인(女人)이 약왕보살본사품의 법문을 청법하고 능히 수지하면, 이 여신(女身)의 몸이 다 마친 이후에는 다시는 여신의 몸(중생신)을 받지 않는다.

만약 여래의 지혜가 소멸한 이후(後) 오백 년 뒤 말세에 중생심이 되었을 때, 어떤 여인이 이 경전의 법문을 청법하고 여래가 설법한 그대로 여법하게 발심수행하면, 중생심의 번뇌 망념(命)이 끝나는 즉시 곧바로 안락세계의 아미타불과 보살대중들에게 둘러싸인 곳에서 연꽃 속에 있는 보좌(寶座) 위에 왕생하게 될 것이다.

다시는 중생심의 탐욕에 의한 괴로움도 없고, 성내고 어리석음의 괴로움도 없고, 교만과 질투 따위의 괴로움도 없을 것이며, 보살의 신통과 반야의 지혜(無生法忍)를 체득한다. 이 반야의 지혜(無生法忍)를 체득하고는 정법의 눈이 청정하게 되어, 칠백만 이천 억 나유타 항하사와 같이 많은 제불여래를 친견하게 될 것이다."

* 女人의 女身 : 본래의 진여본심의 지혜를 상실한 중생심을 말하며, 『법화경』 제바달다품에 女人은 다섯 가지 장애가 있는 몸(五障身)이라고 설한다.

是時諸佛 遙共讚言 善哉善哉, 善男子. 汝能於釋迦牟尼佛法中 受持讀誦 思惟是經, 爲他人說 所得福德 無量無邊. 火不能燒. 水不能漂. 汝之功德 千佛共說 不能令盡. 汝今已能破諸魔賊, 壞生死軍. 諸餘怨敵 皆悉摧滅.
善男子 百千諸佛 以神通力 共守護汝. 於一切世間 天人之中 無如汝者. 唯除如來 其諸聲聞 辟支佛 乃至菩薩 智慧禪定 無有與汝等者.
宿王華. 此菩薩 成就如是功德 智慧之力. 若有人 聞是藥王菩薩本事品 能隨喜讚善者. 是人 現世口中 常出靑蓮華香. 身毛孔中 常出牛頭栴檀之香, 所得功德 如上所說.

그때 제불이 멀리서 함께 칭찬하면서 말했다.

"훌륭하고 훌륭하다. 선남자여! 그대가 능히 석가모니불이 불법(佛法)을 설한 가운데서 이 『법화경』의 법문을 수지, 독송하고 사유하여 다른 사람들에게 해설하였으니, 그 인연으로 깨달아 체득한 복덕은 무량무변이라 불(火)이 능히 그대를 태우지 못하며, 물이 능히 그대를 빠지게 하지 못하리라. 그대의 공덕은 일천 부처님이 말해도 능히 다 설하지 못한다.

그대는 이미 모든 마군중을 능히 타파하였으며, 생사 망념의 군대를 파괴하고 깨달음을 방해하는 모든 원적(怨敵)들을 모두 다 꺾어 버렸다.

선남자여! 백천의 제불이 함께 신통의 힘으로 그대를 수호하니, 일체 모든 세간의 천신과 사람들 가운데 그대와 같은 지혜를 이룬 사람이 없다. 오직 여래를 제외하고 여러 성문, 벽지불, 내지 보살의 지혜와 선정으로 그대와 같은 경지를 이룬 사람이 없다.

수왕화여! 이 보살은 이와 같은 공덕과 지혜의 힘을 성취하였다. 만약 어떤 사람이 이 약왕보살본사품의 법문을 청법하고, 능히 수희 동참하고 찬탄하는 사람이 있으면, 이 사람은 이 현세(現世)에 입(口)에서 항상 청련화(青蓮華)의 향기가 나고 몸에서는 모공(毛孔)마다 항상 우두전단 향기가 날 것이니, 그가 체득한 공덕은 위에서 설한 것과 같다.

* 불이 능히 태우지 못하며(火不能燒), 물이 능히 그대를 빠지게 하지 못하리라(水不能漂). 이와 같은 말은 관세음보살보문품에서도 설한다.
佛知見을 구족한 사람은 방편의 지혜를 구족했기 때문에 외부의 어떠한 힘에 의지하지 않고, 독자적인 방편지혜로 진여자연, 진여무념(眞如無念)의 지혜생명을 실행할 수 있다. 만약 외부(他)의 어떤 힘이 가미된다면 진여자연의 지혜는 상실하게 된다. 진여는 자연법이(自然法爾)이며, 제법실상(諸法實相)의 지혜작용이다.

* 현세구중(現世口中)에서 항상 청련화향을 풍긴다고 했는데, 구업이 청정한 지혜광명으로 발하는 것을 말한다. 진여법신의 지혜인 법신향(法身香)을 비유한 표현이다.

부촉하여 이어가게 하다

是故 宿王華. 以此藥王菩薩本事品 囑累於汝. 我滅度後 後五百歲中 廣宣流布. 於閻浮提 無令斷絶. 惡魔魔民 諸天龍夜叉鳩槃茶等 得其便也.
宿王華. 汝當以神通之力 守護是經. 所以者何. 此經則爲閻浮提人 病之良藥. 若人有病 得聞是經 病卽消滅 不老不死.
宿王華. 汝若見有受持是經者 應以青蓮華 盛滿抹香 供散其上. 散已 作是念言, 此人不久 必當取草 坐於道場. 破諸魔軍 當吹法螺 擊大法鼓. 度脫一切衆生 老病死海. 是故 求佛道者 見有受持是經典人. 應當如是生恭敬心.
說是藥王菩薩本事品時 八萬四千菩薩 得解一切衆生語言陀羅尼. 多寶如來 於寶塔中 讚宿王華菩薩言, 善哉 善哉. 宿王華. 汝成就不可思議功德. 乃能問釋迦牟尼佛 如此之事. 利益無量一切衆生.

그러므로 수왕화여! 이 약왕보살본사품을 그대에게 부촉(咐囑)하노라. 여래가 열반한 후(後) 오백 세(말세)가 되어 중생이 되었을 때, 널리 남섬부주(南贍部洲)에 선포하여 이 법문이 단절되는 일이 없도록 하라. 나쁜 마왕과 마군의 백성과 천신, 용왕, 야차, 구반다들이 그 빈틈에 침입하여 편승하지 못하도록 하라.

수왕화여! 그대는 반드시 신통의 힘으로 이 『법화경』의 법문을 수호해야 한다. 왜냐하면, 이 경전의 법문은 남섬부주 사람들의 병에 좋은 약이 되기 때문이다. 만약 병이 있는 사람이 이 경전의 법문을 들으면 중생의 심병(心病)은 곧 소멸하고, 생로병사의 생사윤회를 해탈하여 불생불멸(不生不滅)의 경지, 늙음과 죽음의 차별세계를 모두 초월하게 될 것이다.

수왕화여! 그대가 만약 이 경전의 법문을 수지하는 사람을 보거든 반드시 푸른 연꽃에 가루향을 가득 담아 그 사람 머리 위에 흩어 공양해야 한다. 향을 흩고는 이와 같이 사유하며 말해야 한다.

'이 사람이 오래지 않아 반드시 길상초(吉祥草)를 깔고 깨달음의 도량(道場)에서 본분사로써 모든 마군들을 물리칠 것이다. 불법의 소라를 불고, 대법(大法)의 북을 치고, 일체 중생이 늙고 병들고 죽는 번뇌 망념의 바다에서 해탈하도록 하리라.'

그러므로 불도를 구하는 이는, 이 경전의 법문을 수지하는 사람을 보면 반드시 이와 같이 공경하는 마음을 일으켜야 한다. 이 약왕보살본사품을 설할 때 팔만사천 보살들이 일체 중생들의 말을 다 이해하는 다라니(多羅尼)를 체득하게 되었다. 다보여래(多寶如來)는 보탑 가운데서 수왕화보살을 다음과 같이 찬탄했다. '훌륭하고 훌륭하다. 수왕화여! 그대는 불가사의한 공덕을 성취하였다. 능히 석가모니부처님께 이와 같은 본분사의 일을 질문하여, 한량없는 일체 중생이 생사윤회에서 해탈하는 이익을 체득하도록 하였다.'"

* 득기편야(得其便也) : 편(便)은 편승한다는 뜻인데, 번뇌 망념이 일어나면 구반다 등 여러 악귀(惡鬼)와 귀신, 마구니가 그 틈에 침투하여 편승하게 된다는 말이다.
* 중생의 심병이 소멸하면(病卽消滅) 진여본심의 지혜가 실현하게 된다. 진여법신의 지혜는 여여부동(如如不動), 불변(不變)으로 불로불사(不老不死), 불생불멸(不生不滅), 불구부정(不垢不淨)이며, 일체 중생심의 차별과 분별을 초월한 경지이다.

제24 묘음보살품(妙音菩薩品)

* 묘음보살품은 앞의 약왕보살품과 같이 난행(難行), 고행(苦行)의 수행으로 『법화경』 유통에 노력하도록 설한다. 특히 묘음보살의 수행과 여러 종류의 삼매를 깨달아 체득하여 34변화신으로 중생의 육도(六道) 세계에 몸을 나투어 중생들을 고난에서 구제하며, 『법화경』의 법문을 설한다.

석가세존의 방광(放光)

爾時 釋迦牟尼佛 放大人相肉髻光明 及放眉間白毫相光 徧照東方 百八萬億 那由他恒河沙 等諸佛世界. 過是數已 有世界 名淨光莊嚴. 其國有佛. 號淨華宿王智如來 應供 正徧知 明行足善逝 世間解 無上士 調御丈夫 天人師 佛 世尊. 爲無量無邊菩薩大衆 恭敬圍繞 而爲說法. 釋迦牟尼佛 白毫光明 徧照其國.

그때 석가모니불이 대인상(大人相)의 육계(肉髻)에서 광명을 놓고, 또 미간백호상(眉間白毫相)에서 광명을 놓아 동방으로 백팔만 억 나유타 항하사와 같이 수많은 제불의 세계를 비추었다.

이렇게 수많은 세계를 지나서 또 한 세계가 있으니, 그 세계의 이름이 정광장엄(淨光莊嚴)이다. 그 정광장엄국토에 한 부처님이 있으니, 그 부처님의 명호가 정화수왕지(淨華宿王智)여래, 응공, 정변지, 명행족, 선서, 세간해, 무상사, 조어장부, 천인사, 불, 세존이다. 그 정화수왕지불은 무량(無量) 무변(無邊)의 수많은 보살대중들에게 공경을 받으며 대중들에게 둘러싸여 설법을 했다.

석가모니불의 미간(眉間) 백호(白毫)에서 나온 광명이 정화수왕불의 정광국토를 두루 밝게 비추었다.

* 대인상(大人相) : 부처의 32상 80종호를 구족한 모습이며, 육계(肉髻)는 정계상(頂髻相), 무견정상(無見頂相)이라고 하고, 백호(白毫)는 미간 백호상(眉間白毫相)이다. 『법성게』에도 "십불보현대인경(十佛普賢大人境)"이라고 설한다. 석가모니불의 지혜광명(방편 법문)으로 정화수왕지불의 정광장엄국토를 두루 비추어 사바세계의 중생들이 알 수 있게 되었다.

묘음보살이 깨달아 체득한 삼매

爾時 一切淨光莊嚴國中 有一菩薩. 名曰 妙音. 久已植衆德本 供養親近無量百千萬億諸佛. 而悉成就甚深智慧. 得妙幢相三昧, 法華三昧, 淨德三昧, 宿王戲三昧, 無緣三昧, 智印三昧, 解一切衆生語言三昧, 集一切功德三昧, 淸淨三昧, 神通遊戲三昧, 慧炬三昧, 莊嚴王三昧, 淨光明三昧, 淨藏三昧, 不共三昧, 日旋三昧, 得如是等百千萬億恒河沙 等諸大三昧.

그때 일체 청정한 지혜광명으로 장엄한 국토(淨光莊嚴國)에 한 보살이 있는데, 그 보살의 이름은 묘음(妙音)이다. 그 묘음보살은 오랜 이전부터 많은 공덕의 근본을 심고, 무량한 백 천만 억의 제불을 공양하고 친근하면서 진여일심(深心)으로 불법의 지혜를 모두 다 성취하였다.

그 묘음보살은 묘당상(妙幢相)삼매와 법화(法華)삼매, 정덕(淨德)삼매, 수왕희

(宿王戲)삼매, 무연(無緣)삼매, 지인(智印)삼매, 해일체 중생어언(解一切衆生語言)삼매, 집일체공덕(集一切功德)삼매, 청정(清淨)삼매, 신통유희(神通遊戲)삼매, 혜거(慧炬)삼매, 장엄왕(莊嚴王)삼매, 정광명(淨光明)삼매, 정장(淨藏)삼매, 불공(不共)삼매, 일선(日旋)삼매 등을 깨달아 체득했다.

그 묘음보살은 이와 같은 백 천만 억 갠지스강의 모래수와 같이 많은 일체의 삼매를 모두 다 깨달아 체득했다.

* 대승불교의 삼매는 진여일심의 지혜를 이루는 眞如三昧, 一行三昧, 海印三昧, 念佛三昧이다.

『법화의소(法華義疏)』 제12권에 의거하여 간략히 설명하면, 묘당상(妙幢相)삼매는 일체 삼매 가운데 군대의 대장이 깃발로 승리를 나타내는 것과 같이 수승한 삼매이다. 법화(法華)삼매는 일체 법을 포섭하여 일진상(一眞相)에 귀입(歸入)하는 삼매(제법실상), 정덕(淨德)삼매와 수왕희(宿王戲)삼매는 법계에 유희하는 자유자재한 삼매. 무연(無緣)삼매는 아공(我空), 법공(法空)의 경지에서 무심(無心), 무사(無事)의 경지가 된 삼매. 지인(智印)삼매는 반야의 지혜와 경계가 일체가 된 적적요요한 삼매이며, 해일체중생어언(解一切衆生語言)삼매, 집일체공덕(集一切功德)삼매, 청정(清淨)삼매, 신통유희(神通遊戲)삼매, 혜거(慧炬)삼매는 지혜의 등불을 환히 비추는 삼매이고, 장엄왕(莊嚴王)삼매, 정광명(淨光明)삼매, 정장(淨藏)삼매, 불공(不共)삼매는 일체의 만법을 초월한 삼매. 일선(日旋)삼매는 태양이 돌면서 여여하게 처음같이 중생의 망념을 비추는 삼매이다.

정화수왕지불과 묘음보살

釋迦牟尼佛 光照其身. 卽白淨華宿王智佛言, 世尊 我當往詣娑

婆世界 禮拜親近 供養釋迦牟尼佛. 及見文殊師利法王子菩薩, 藥王菩薩, 勇施菩薩, 宿王華菩薩, 上行意菩薩, 莊嚴王菩薩, 藥上菩薩.
爾時 淨華宿王智佛 告妙音菩薩. 汝莫輕彼國 生下劣想. 善男子 彼娑婆世界 高下不平 土石諸山 穢惡充滿. 佛身卑小 諸菩薩衆 其形亦小. 而汝身四萬二千由旬 我身六百八十萬由旬. 汝身第一端正 百千萬福光明殊妙. 是故汝往 莫輕彼國 若佛菩薩及國土 生下劣想.
妙音菩薩 白其佛言 世尊, 我今詣娑婆世界 皆是如來之力, 如來神通遊戲, 如來功德智慧莊嚴.

석가모니불의 지혜광명이 그 묘음보살의 몸을 비추니, 묘음보살이 곧 정화수왕지불께 말했다. "세존이시여! 나는 반드시 사바세계에 가서 석가모니불께 예배하고 친근 공양하고, 아울러 문수사리법왕자(文殊師利法王子)보살과 약왕(藥王)보살, 용시(勇施)보살, 수왕화(宿王華)보살, 상행의(上行意)보살, 장엄왕(莊嚴王)보살, 약상(藥上)보살을 친견하고자 합니다."

그때 정화수왕지불이 묘음보살에게 말했다. "그대는 저 사바국토를 가볍게 업신여기고 하열(下劣)하다는 생각을 하지 말라. 선남자여! 저 사바세계는 높고 낮은 차별상이 있어 평등하지 못한 곳이며, 흙산과 돌산 등 모든 산이 티끌과 먼지로 오염되고, 나쁜 악업(惡業)의 인연으로 가득 찬 곳이다. 불신(佛身)은 작고, 여러 보살대중들의 형상도 작다. 그대 보살신(菩薩身)은 사만이천 유순(由旬)이나 되고, 나 여래신(如來身)도 육백팔십만 유순(由旬)이나 된다.

그대 보살신은 제일 근본으로 단정하여 백 천만 종류의 복덕(福德)에 지혜광명이 수승하고 미묘하다. 그러므로 그대가 저 사바세계에 가더라도 그 사바국토를 가벼이 업신여기지 말고, 사바세계의 부처님과 보살들과 국토에 대하여 하열

(下劣)하다는 차별심을 일으키지 말라."

묘음보살이 그 정화수왕지불께 말했다.

"세존이시여! 제가 지금 사바세계를 참예(參詣)할 수 있는 것은 모두 여래 지혜의 힘이며, 여래의 신통한 유희(遊戲)이며, 여래의 공덕과 지혜로 장엄(莊嚴)하는 일입니다."

* 사바세계는 중생심으로 의식의 대상경계의 사물에 대하여 선악(善惡), 고하(高下), 자타(自他), 남녀(男女), 미추(美醜), 부모(父母) 등을 분별하고 차별하며, 시기와 질투, 탐진치 삼독심으로 오염된 곳이기 때문에 평등하지 못하다.

  『금강경』에 "이 진여법(불법)은 평등하여 高下의 차별이 없다(是法平等無有高下)"라고 설하고, 평등은 진여본심, 여래법신의 지혜를 말한다.

* 묘음보살이 "제가 지금 사바세계를 참예(參詣)할 수 있는 것은 모두 여래 지혜의 힘이며, 여래의 신통한 유희(遊戲)이며, 여래의 공덕과 지혜로 장엄(莊嚴)하는 일입니다"라고 말한 것은, 묘음보살이 여래의 지혜를 구족했기 때문에 중생심의 차별심과 분별심을 일으키지 않는 입장을 밝힌 것이다.

於是 妙音菩薩 不起于座 身不動搖 而入三昧. 以三昧力 於耆闍崛山. 去法座不遠 化作八萬四千衆寶蓮華. 閻浮檀金爲莖, 白銀爲葉, 金剛爲鬚, 甄叔迦寶 以爲其臺.

爾時 文殊師利法王子 見是蓮華 而白佛言, 世尊 是何因緣 先現此瑞. 有若干千萬蓮華. 閻浮檀金爲莖, 白銀爲葉, 金剛爲鬚, 甄叔迦寶 以爲其臺.

이에 묘음보살이 자리에서 일어나지 않고, 몸은 동요하지 않은 상태로 삼매에 들었다. 삼매의 힘으로 기사굴산(耆闍崛山; 영축산), 석가모니불이 설법하는 법좌에서 멀지 않은 곳에 팔만 사천 보배 연꽃을 변화하여 만들었으니, 염부단금(閻浮檀金)은 연꽃의 줄기가 되고, 백은(白銀)은 연꽃잎이 되고, 금강(金剛)은 꽃술이 되고, 견숙가(甄叔迦) 보배는 꽃받침이 되었다.

이때 문수사리법왕자가 이 연꽃을 보고, 석가모니불께 말했다.

"세존이시여! 무슨 인연으로 이러한 상서(祥瑞)가 나타났습니까? 수많은 천만 송이의 연꽃이 나타났는데, 염부단금은 연꽃의 줄기가 되고, 백은은 연꽃잎이 되고, 금강은 꽃술이 되고, 견숙가 보배는 꽃받침이 되었습니까?"

* 염부단금(閻浮檀金) : 염부수(閻浮樹) 나무 밑에 흐르는 강물(河水)이 염부단이며, 이 강물에서 나온 금을 연부단금이라고 한다. 견숙가(甄叔迦) 보배는 적색(赤色)의 보배 옥석구슬이다.

爾時 釋迦牟尼佛 告文殊師利. 是妙音菩薩摩訶薩 欲從淨華宿王智佛國 與八萬四千菩薩 圍繞而來 至此娑婆世界 供養親近禮拜於我. 亦欲供養聽法華經.
文殊師利白佛言, 世尊. 是菩薩種何善本 修何功德 而能有是大神通力 行何三昧. 願爲我等 說是三昧名字, 我等亦欲勤修行之, 行此三昧 乃能見是菩薩 色相大小 威儀進止. 唯願世尊 以神通力, 彼菩薩來 令我得見.
爾時 釋迦牟尼佛 告文殊師利. 此久滅度 多寶如來. 當爲汝等而現其相. 時多寶佛 告彼菩薩. 善男子來. 文殊師利法王子 欲見汝身.

그때 석가모니불이 문수사리에게 말했다.

"이러한 상서는 묘음보살마하살이 정화수왕지불의 국토에서 팔만 사천 보살들에게 둘러싸여 이 사바세계에 와서 나(석가여래)에게 공양하고, 친근하고 예배하려는 것이다. 또한 『법화경』에 공양하고 법문을 청법하고자 하는 것이다."

문수사리보살이 부처님께 말했다.

"세존이시여! 그 묘음보살은 어떠한 선근(善根)을 심었으며, 어떠한 공덕을 수행했기에 이러한 큰 신통력이 있으며, 어떠한 삼매를 수행했습니까? 원하건대 우리들에게 이 삼매의 명칭을 설해 주십시오. 우리들도 또한 부지런히 수행하고자 합니다. 이 삼매를 수행하여 이 보살의 형색이 크고 작은 모습(色相)과 가고 오고 안주하는 보살신(菩薩身)의 위의(威儀)를 직접 친견하고자 합니다. 바라건대 세존께서는 신통지혜의 힘으로 그 묘음보살이 사바세계에 오는 실상을 나도 친견할 수 있도록 해 주십시오."

이때 석가모니불이 문수사리에게 말했다.

"이미 오래 전에 열반하신 다보(多寶)여래가 그대들에게 그 묘음보살의 형상을 나투게 할 것이다."

그때 다보불이 묘음보살에게 말했다.

"선남자여! 잘 오셨소! 문수사리법왕자가 그대의 보살신을 친견하고자 하오."

于時 妙音菩薩 於彼國沒，與八萬四千菩薩 俱共發來．所經諸國 六種震動 皆悉雨於七寶蓮華．百千天樂 不鼓自鳴．

是菩薩 目如廣大青蓮華葉 正使和合百千萬月．其面貌端正 復過於此．身眞金色 無量百千功德莊嚴．威德熾盛 光明照曜，諸相具足 如那羅延堅固之身．

入七寶臺 上昇虛空，去地七多羅樹．諸菩薩衆 恭敬圍繞．而來詣此娑婆世界 耆闍堀山．到已下七寶臺．以價直百千瓔珞 持至釋迦牟尼佛所．頭面禮足 奉上瓔珞．而白佛言，

世尊 淨華宿王智佛 問訊世尊. 少病少惱 起居輕利 安樂行不. 四大調和不. 世事可忍不. 衆生易度不. 無多貪欲 瞋恚愚癡 嫉妬慳慢不. 無不孝父母 不敬沙門 邪見不. 善心不. 攝五情不. 世尊. 衆生能降伏 諸魔怨不. 久滅度多寶如來 在七寶塔中 來聽法不. 又問訊多寶如來. 安隱少惱 堪忍久住不. 世尊 我今欲見多寶佛身. 惟願世尊 示我令見. 爾時 釋迦牟尼佛 語多寶佛. 是妙音菩薩 欲得相見. 時多寶佛 告妙音言, 善哉 善哉. 汝能爲供養釋迦牟尼佛 及聽法華經. 幷見文殊師利等 故來至此.

그때 묘음보살이 정화수왕지불의 정광국토에서 사라지고, 팔만사천 보살들과 함께 사바세계로 오는 도중에 경유하는 모든 국토들이 여섯 가지로 진동하고, 모두 칠보로 된 연꽃이 꽃비를 내렸으며 백 천 가지 천상의 음악이 연주되었고 북 치는 사람은 없는데 저절로 북이 울렸다.

묘음보살의 눈은 넓고 큰 푸른 연꽃과 같고, 설사 백 천만 개의 달빛(月)을 합치더라도 묘음보살의 단정한 면모를 능가할 수 없다.

몸은 황금빛이며 한량없는 백 천 공덕으로 장엄하였고, 위덕(威德)이 치성하여 지혜광명은 밝게 비치며, 모든 상호(相好)가 구족한 것은 마치 나라연(那羅延)금강의 견고한 신체와 같았다.

칠보로 장엄된 누각에 들어가 허공에 오르니, 거리는 땅에서 일곱 다라수의 높이이다. 모든 보살대중들에게 둘러싸여 공경을 받으며, 이 사바세계의 기사굴산으로 왔다. 칠보로 된 누각에서 내려와 백천만겁이나 되는 진귀한 보배영락(瓔珞)을 가지고 석가모니불의 처소에 도달하여, 머리 숙여 석가모니불의 발에 예배하고 영락을 받들어 올리고 석가모니불께 말했다.

"세존이시여! 정화수왕지불이 석가세존(世尊)께 문안인사를 올렸습니다.

몸은 건강하시고 편안하시며, 기거하는 데는 어려움 없이 안락하게 지내십니까? 사대(四大)가 조화롭고 화평하십니까? 중생세간의 일에 참으실 수 있습니까? 중생을 쉽게 제도하십니까? 탐욕과 성냄이 많고 어리석고 질투하고, 간탐하고 교만한 사람은 많지 않습니까? 부모에게 불효하고 사문(沙門)을 공경하지 않고, 삿된 소견과 악한 마음을 가진 사람은 없습니까? 다섯 가지 욕망과 감정(五情)을 잘 수습하고 있습니까?

세존이시여! 중생들이 능히 마군과 번뇌 망념의 원수를 잘 항복시키고 있습니까? 오래 전에 열반하신 다보여래께서 칠보탑 속에 계시면서 찾아와서 법문을 청법하십니까?"

또 다보여래께 다음과 같이 문안인사를 올렸다.

"편안하시고 근심 걱정은 없으십니까? 감인(堪忍)하시며 오래 안주하고 있습니까? 세존이시여! 제가 지금 다보불의 몸을 친견하고자 합니다. 원컨대 세존께서 제가 다보불을 친견할 수 있도록 선처해 주십시오."

이때 석가모니불이 다보불께 말했다. "이 묘음보살이 다보불을 친견하고자 합니다."

이때 다보불이 묘음보살에게 말했다. "훌륭하고 훌륭하다. 그대가 석가모니불께 공양하고 『법화경』의 법문을 청법하고, 문수사리보살 등을 친견하고자 이곳에 도달하였구나!"

* 묘음보살의 눈은 넓고 큰 푸른 연꽃과 같았다(目如廣大青蓮華葉). 『유마경』 불국품에 보적이 부처님을 찬탄하는 게송에 "부처님의 눈은 청정하여 넓은 청련과 같고, 진여일심은 청정하여 이미 모든 선정을 이루었다(目淨修廣如青蓮 心淨已度諸禪定)"고 설한다.
* 나라연(那羅延) 금강 : 金剛力士, 구쇄역사(鉤鎖力士)라고도 하며, 뛰어난 큰 힘을 지닌 용맹스러운 용사의 상징이다.

묘음보살의 교화

爾時 華德菩薩 白佛言，世尊．是妙音菩薩 種何善根，修何功德，有是神力．佛告華德菩薩．過去有佛 名雲雷音王 多陀阿伽度 阿羅訶 三藐三佛陀．國名 現一切世間．劫名 喜見．妙音菩薩 於萬二千歲，以十萬種伎樂 供養雲雷音王佛．幷奉上八萬四千七寶鉢．以是因緣果報 今生淨華宿王智佛國，有是神力．華德．於汝意云何．
爾時 雲雷音王佛所 妙音菩薩 伎樂供養 奉上寶器者 豈異人乎．今此妙音菩薩摩訶薩是．華德．是妙音菩薩 已曾供養親近 無量諸佛 久植德本．又値恒河沙等 百千萬億那由他佛．

그때 화덕보살이 석가모니불께 말했다.

"세존이시여! 이 묘음보살이 어떠한 선근(善根)을 심었으며, 어떠한 공덕(功德)을 수행하였기에 이러한 신통력(神力)이 있습니까?"

석가모니불이 화덕보살에게 말했다.

"지난 과거의 세상에 한 부처님(佛)이 있었으니, 그 부처님의 명호가 운뢰음왕(雲雷音王)여래, 응공(應供), 정변지(正遍知)이다. 그 부처님의 국토는 현일체세간(現一切世間)이며, 교화 시기(劫)는 희견(喜見)이라고 했다.

묘음보살이 일만 이천 년 동안을 십만 가지 종류의 음악을 연주하여 운뢰음왕불께 공양하였고, 팔만사천 칠보의 발우(鉢盂)를 받들어 올렸다.

그러한 인연과 수행의 과보로 묘음보살은 지금 정화수왕지불의 국토에 왕생하고, 이러한 신통력(神力)을 갖추게 된 것이다.

화덕이여! 그대는 어떻게 생각하는가? 그때 운뢰음왕불이 상주하는 곳에서 묘음보살이 음악을 연주하여 공양하고, 발우를 받들어 올린 사람이 어찌 다른 사람이겠는가? 지금 여기에 있는 묘음보살마하살이다.

화덕이여! 이 묘음보살이 이미 일찍이 한량없이 많은 제불에 공양하고 친근하여 오래도록 공덕의 근본을 심었고, 또 갠지스 강의 모래 수와 같이 수많은 백천만 억 나유타 제불을 친견하였다.

* 다타아가타 아라하 삼막삼불타(多陀阿伽度 阿羅訶 三藐三佛陀) : 범어 tathagata의 음역인데, 여래의 無上正等正覺을 이룬 應供, 正遍知의 지혜를 말한다.

묘음보살의 34변화신

華德 汝但見妙音菩薩 其身在此 而是菩薩 現種種身 處處爲諸衆生 說是經典.
或現梵王身, 或現帝釋身, 或現自在天身, 或現大自在天身, 或現天大將軍身, 或現毘沙門天王身, 或現轉輪聖王身, 或現諸小王身, 或現長者身, 或現居士身, 或現宰官身, 或現婆羅門身, 或現比丘 比丘尼, 優婆塞 優婆夷身. 或現長者 居士 婦女身. 或現宰官婦女身. 或現婆羅門婦女身. 或現童男童女身. 或現天龍 夜叉 乾闥婆 阿修羅 迦樓羅 緊那羅 摩睺羅伽 人 非人等身. 而說是經 諸有地獄 餓鬼 畜生 及衆難處 皆能救濟. 乃至於王後宮 變爲女身 而說是經.

화덕이여! 그대는 단지 묘음보살의 몸이 여기 있는 것으로 보고 있지만, 이 보살은 다양한 형상으로 몸을 나투어 여러 곳에서 모든 중생들에게 이 경전(經典)의 방편 법문을 설한다.

어떤 때는 범천왕의 몸으로 나투고, 혹은 제석천왕의 몸으로 나투고, 혹은 자재천의 몸으로 나투고, 혹은 대자재천의 몸으로 나투고, 혹은 천대장군의 몸으로 나투고, 혹은 비사문천왕의 몸으로 나툰다.

혹은 전륜성왕의 몸으로 나투고, 혹은 작은 왕의 몸으로 나투고, 혹은 장자의 몸으로 나투고, 혹은 거사의 몸으로 나투고, 혹은 재상의 몸으로 나투고, 혹은 바라문의 몸으로 나투고, 혹은 비구, 비구니, 우바새, 우바이의 몸으로 나툰다.

혹은 장자 부인의 몸으로 나투고, 혹은 거사 부인의 몸으로 나투고, 혹은 재상 부인의 몸으로 나투고, 혹은 바라문 부인의 몸으로 나투고, 혹은 동남, 동녀의 몸으로 나툰다. 혹은 천신, 용왕, 야차, 건달바, 아수라, 가루라, 긴나라, 마후라가나 사람과 사람 아닌 귀신 등의 몸으로 나투어 이 경전의 법문을 설한다.

모든 중생의 세계인 지옥과 아귀, 축생과 같이 수많은 중생들이 불법인연을 만나기 어려운 곳에서도 모두 능히 중생을 구제하고 제도한다. 또는 왕의 후궁에서는 여자의 몸으로 변신하여 이 경전의 법문을 설한다.

* 중난처(衆難處) : 불법 인연 만나기 어려운 곳으로 중생들이 사는 지옥, 아귀, 축생의 삼악도(三惡道)이다.
『법화경』에 불법난봉(佛法難逢)을 맹구우목(盲龜遇木)의 비유로 설한다. 『화엄경』『유마경』 등에서도 팔난처(八難處)를 제시하고, 『법화경』 방편품에서는 사난(四難), 견보탑품에서는 육난(六難)을 제시하는데, 三惡道, 장수천(長壽天), 樂處(유흥가), 맹롱음아(盲聾瘖瘂), 세지변총(世智辨聰), 불전불후(佛前佛後) 등이다.

華德 是妙音菩薩 能救護娑婆世界 諸衆生者. 是妙音菩薩 如是種種變化現身, 在此娑婆國土 爲諸衆生 說是經典. 於神通變化智慧 無所損減. 是菩薩 以若干智慧. 明照娑婆世界. 令一切衆

生 各得所知. 於十方恒河沙世界中 亦復如是.
若應以聲聞形 得度者, 現聲聞形 而爲說法. 應以辟支佛形 得度者 現辟支佛形 而爲說法. 應以菩薩形 得度者 現菩薩形 而爲說法. 應以佛形 得度者 卽現佛形 而爲說法. 如是 種種隨所應度者 而爲現形. 乃至應以滅度 而得度者 示現滅度.
華德 妙音菩薩摩訶薩 成就大神通 智慧之力 其事如是.

화덕이여! 이 묘음보살은 능히 사바세계의 모든 중생들을 구제하고 보호(救護)한다. 이 묘음보살이 이와 같이 여러 가지 종류로 변화하는 몸을 나투어 이 사바세계에 있는 중생들에게 이 경전의 법문을 설하지만, 그 신통변화(神通變化)와 지혜는 조금도 감손(減損)하지 않는다.

이 묘음보살이 다양한 방편지혜로 사바세계를 밝게 비추어 일체 중생들이 각각 불법의 대의를 깨닫도록 했으며, 시방(十方)의 항하사와 같이 많은 세계에서도 역시 그와 같이 보살행을 하였다.

만약 성문(聲聞)의 몸으로 제도해야 할 사람에게는 성문의 몸으로 나투어 설법하고, 벽지불(辟支佛)의 몸으로 제도해야 할 사람에게는 벽지불의 몸으로 나투어 설법한다. 부처의 몸으로 제도해야 할 사람에게는 부처의 몸으로 나투어 설법한다.

이렇게 다양한 중생을 제도해야 할 시절인연에 따라서 형상을 나투며, 또는 반드시 열반(涅槃)하는 모습을 나투어 제도해야 할 사람에게는 열반하는 모습을 나투어 제도한다.

화덕이여! 묘음보살마하살이 큰 신통과 지혜의 힘을 성취한 일이 이와 같다."

* 열반(涅槃)하는 모습을 나툰다는 것은, 석가모니 부처님이 팔상성도상(八相成道相)에서 마지막 열반하는 모습을 시현(入涅槃相)하는 것과 같다.

묘음보살의 현일체색신(現一切色身)삼매

爾時 華德菩薩 白佛言. 世尊. 是妙音菩薩 深種善根. 世尊 是菩薩 住何三昧 而能如是 在所變現 度脫衆生.
佛告 華德菩薩. 善男子. 其三昧 名現一切色身. 妙音菩薩 住是三昧中, 能如是饒益無量衆生. 說是妙音菩薩品時, 與妙音菩薩俱來者 八萬四千人. 皆得現一切色身三昧. 此娑婆世界 無量菩薩. 亦得是三昧 及陀羅尼.

그때 화덕보살이 부처님께 말했다.

"세존이시여! 이 묘음보살은 선근(善根)을 깊이 심었습니다. 세존이시여! 이 보살이 무슨 삼매(三昧)의 경지에 안주하기에 이렇게 가는 곳마다 변화하는 몸으로 나타내어 중생들을 제도합니까?"

부처님이 화덕보살에게 말했다.

"선남자여! 그가 체득한 삼매의 이름은 현일체색신(現一切色身)삼매이다. 묘음보살이 이 삼매에 안주하고 있기 때문에 이와 같이 한량없는 중생들을 해탈하는 이익이 되도록 한다."

이 묘음보살품을 설할 때 묘음보살과 함께 왔던 팔만사천 사람들은 모두가 현일체색신삼매를 깨달아 체득했다.

이 사바세계의 한량없는 보살들도 역시 이 현일체색신(現一切色身)삼매와 반야의 지혜(總持)를 체득했다.

묘음보살이 본토로 돌아가다

爾時 妙音菩薩摩訶薩 供養釋迦牟尼佛 及多寶佛塔已, 還歸本土. 所經諸國 六種震動, 雨寶蓮華, 作百千萬億種種伎樂 旣到本國 與八萬四千菩薩圍繞 至淨華宿王智佛所. 白佛言 世尊. 我到娑婆世界 饒益衆生. 見釋迦牟尼佛 及見多寶佛塔 禮拜供養. 又見文殊師利法王子菩薩 及見藥王菩薩. 得勤精進力菩薩. 勇施菩薩等 亦令是八萬四千菩薩. 得現一切色身三昧.
說是妙音菩薩來往品時 四萬二千天子 得無生法忍. 華德菩薩得法華三昧.

그때 묘음보살마하살이 석가모니불과 다보불의 보탑에 공양하고 정화수왕지불의 정광국토(本國)로 돌아가게 되었는데, 경유하는 국토들이 모두 여섯 가지로 진동하고 보배 연꽃의 비를 내리며 백 천만 억의 온갖 음악을 연주하였다.

정광국토(本國)에 돌아가서는 팔만사천 보살들에게 둘러싸여 정화수왕지불(淨華宿王智佛)의 처소에 이르러 부처님께 말했다.

"세존이시여! 제가 사바세계에 가서 중생들에게 이익이 되도록 했습니다. 석가모니불을 친견하고 다보불의 보탑도 친견하고 예배하며 공양하였습니다. 또 문수사리법왕자보살을 친견했으며, 또한 약왕(藥王)보살과 득근정진력(得勤精進力)보살과 용시(勇施)보살 등을 친견했습니다. 그리고 이 팔만사천 보살들이 모두 현일체색신(現一切色身)삼매를 체득하도록 했습니다."

이 묘음보살래왕품(來往品)의 법문을 설할 때, 사만이천 천자(天子)가 반야지혜(無生法忍)를 체득했고, 화덕보살은 법화삼매(法華三昧)를 깨달아 체득했다.

* 본품은 묘음보살이 중생세간의 차토(此土)와 출세간의 피토(彼土)를 왕래하는 법문을 설하는 품(品)이다. 보살은 원래 불거불래(不去不來), 불생불멸(不生不滅)이기에 주객(主客)의 대상경계가 없어 去來, 往來가 있을 수 없다. 여래는 진여법신의 지혜를 시절인연에 따른 본분사의 일(一大事)로

실행하는 것이다.

경전에는 무생법인(無生法忍)이라고 하며, 我空, 法空, 一切皆空을 반야지혜를 체득하고 정법의 안목을 구족한 것이다.

『대승기신론』에서는 진여삼매라고 하고, 여기서는 처처에 몸을 나타내는 수연성(隨緣成), 수연행(隨緣行)을 보현색신삼매(普現色身三昧)라고 했다. 三乘이 一乘에 開會 歸一하여 染着하는 일이 없는 경지(處染常淨)를 법화삼매(法華三昧)라고 한다.

진여삼매에서 법계에 유희하는 제법의 진실상을 방편법문의 언어와 비유법문으로 설한 것이다.

제25 관세음보살보문품(觀世音菩薩普門品)

* 관세음보살(Avalokitasvara)을 『정법화경 (正法華經)』에서는 광세음(光世音)으로 번역하고, 관자재(觀自在)라는 의미이다.
관(觀)은 능관(能觀)의 智慧, 세음(世音)은 소관(所觀)의 대상경계로서 즉 시방세계의 일체 중생이다. 중생의 많은 어려움을 제불의 지혜와 자비로 생사윤회에 타락하지 않는 지혜의 힘을 설하며, 의업(意業)으로 중생들에게 해탈이익이 되도록 한다.
관(觀)은 보살이 지혜로 대응(應)하는 것이고, 世音은 중생 구업(口業)을 감지(感)하는 것이며, 감응(感應)이 구족하기에 觀世音이라고 한다. 普門의 普는 널리 두루한다(普周), 門은 開通하여 걸림이 없다(無碍)는 뜻이라고 길장(吉藏)의 『법화의소(法華義疏)』 제12권에 설한다.

관세음보살의 인연

爾時 無盡意菩薩 卽從座起 偏袒右肩 合掌向佛 而作是言. 世尊 觀世音菩薩 以何因緣 名觀世音.
佛告 無盡意菩薩. 善男子. 若有無量百千萬億衆生 受諸苦惱. 聞是觀世音菩薩 一心稱名. 觀世音菩薩 卽時觀其音聲 皆得解脫.

그때 무진의(無盡意)보살이 자리에서 일어나 오른쪽 어깨를 드러내어 지극히 공경하는 예를 올리고 합장하여 부처님께 말했다.

"세존이시여! 관세음(觀世音)보살은 어떠한 인연으로 관세음이라고 칭명하게 되었습니까?" 부처님이 무진의보살에게 말했다. "선남자여! 만약 한량없는 백 천 만 억 중생들이 번뇌 망념으로 생사에 윤회하는 고통과 괴로움을 받을 때, '관세음보살!'이라고 일심(一心)으로 칭명하고, '관세음보살!'이라고 칭명하는 자신의 목소리를 듣는 즉시에 그 음성을 진여일심의 지혜로 자각하면 모든 고통과 괴로움에서 해탈할 수 있다.

* 길장(吉藏)의 『법화의소(法華義疏)』 제12권에는 '관세음보살을 첨가해야 한다고 주장하는데 담연(湛然)은 부정한다.(『대정장』 제34권 356쪽 下)

* 구도자인 대승보살이 발심 수행하여 관세음보살이 되는 원력과 발심으로 '관세음보살'의 명호(名號)를 칭명하는 것이 염불수행(念佛修行)이다. 염불수행의 방편으로 '관세음보살'의 명호를 수지(受持)하고 칭명하는 수행인데, 보살수행자가 스스로 '관세음보살' 명호를 칭명하고 스스로 자신이 칭명한 '관세음보살'이라는 자신의 목소리를 듣고, 그 음성을 진여일심의 지혜로 관찰(觀)하는 염불수행을 眞如三昧, 念佛三昧라고 한다.

『대승기신론』 진여자체상(眞如自體相) 훈습을 설한 곳에 "진여자체상 훈습이란, 무시이래로 무루법을 구족하고 있으며 또 불가사의한 지혜로 본각진여를 대상경계로 훈습한다(自體相熏習者 從無始世來 具無漏法, 備有不思議業相, 作境界之性)"라고 설한다.

진여삼매(眞如三昧)를 심일경성(心一境性)이라고 하는데, 진여일심으로 발심하여 '관세음보살!'이라고 칭명하는 자신의 소리를 대상경계의 본각진여가 듣고 자각하여 진여삼매의 경지가 되도록 하는 법문이다. 진여일심으로 '관세음보살'을 칭명하는 염불수행이 시각진여(始覺眞如)이며, '관세음보살'을 칭명하는 소리를 듣고 자각하는 본각진여(本覺眞如)가 대상경계(境界之性)가 되는 수행이다.

『수능엄경』 제6권에는 『법화경』과 『대승기신론』의 법문에 의거하여 관세음보살 이근원통(耳根圓通)을 이루는 수행으로, 반문문자성(反聞聞自性)과 입류망소(入流忘所)로 다음과 같이 설한다.

"대중들과 아난이여! 그대들은 전도된 중생심으로 대상경계의 소리를 듣는 육근의 귀(耳)를 진여자성으로 되돌려(旋), 진여자성의 귀(耳根)가 관세음보살이라고 칭명하는 그 음성을 듣고 자각하는 기관(機關)이 되도록 하고, 중생심의 귀에 들리는 소리를 되돌려서 진여자성의 귀(耳根)로 관세음보살이라고 칭명하는 그 음성을 자각하라(旋汝倒聞機 反聞聞自性). 진여자성(自性)이 그 음성을 듣고 자각(聽覺)하면 진여자성(自性)이 무상(無上)의 불도를 이룬다. 관세음보살의 원통(圓通)은 진실로 이렇게 이루어진다. 이것이 바로 미진수와 같이 많은 제불이 한 길로 열반의 경지를 이루는 문이며, 과거의 제불여래도 이 열반의 문으로 원통을 성취했고, 현재의 모든 보살도 이 열반의 문으로 지금 각자 원명(圓明)한 깨달음을 체득한다. 미래의 수행자도 반드시 이와 같은 정법(法)에 의거하여 여법하게 수행해야 한다. 여래 역시 이 정법으로 깨달음을 증득했으니, 이것은 비단 관세음보살뿐만이 아니다. (《대정장》 제19권 131쪽 中)

중생이 의식의 대상경계로 들리는 소리를 육근(六根)의 귀(耳)로 듣는다면, 대상경계의 소리를 분별하고 차별하는 중생심의 번뇌 망념에서 벗어날 수 없다. 마찬가지로 부처님의 명호를 칭명(稱名)하는 자신의 목소리를 자신의 귀로 듣는다면, 중생심으로 의식의 대상경계를 분별하고 차별하고 집착하는 것이기 때문에 번뇌 망념과 생사윤회에서 벗어날 수 없는 범부의 일상생활이 된다.

그래서 『수능엄경』에 "그대들은 전도된 중생심으로 대상경계의 소리를 듣는 육근의 귀(耳)를 진여자성으로 되돌려(旋), 자성의 귀(耳根)가 듣는 기관이 되도록 하고, 귀로 들리는 소리를 되돌려서 자성이 소리를 듣고 자각하라(旋汝倒聞機 反聞聞自性)"고 설한다.

자신이 부처님의 명호(名號)를 칭명(稱名)하는 소리를 육근의 귀로 대상경계의 소리를 듣지 말고, 진여본심의 지혜(耳根)로 듣고 자각(聽覺)하여 진여삼매, 염불삼매가 되도록 하라는 법문이다.

그래서 육근(六根)의 귀(耳)로 소리를 듣는 기관(機關)을 진여자성의 기관으로 되돌려(旋), 자성(自性)의 귀(耳根)로 칭명하는 염불소리를 듣고 자각하도록 설했다.

『수능엄경』 제6권에는 또 다음과 같이 설한다.

"처음 귀로 들리는 소리의 흐름을 자성으로 바꾸면 들리는 대상경계가 없다(初於聞中 入流亡所)." 대상의 소리를 듣고 받아들이는 일도 이미 없어져, 동정(動靜)의 두 가지 분별심이 요연하게 일어나지 않는다. 이렇게 점차로 나아가 소리를 듣는 주관과 들리는 객관이 없어지고, 듣는 주관도 없어져 안주하지 않으니 깨달음의 주관과 깨닫는 대상도 모두 텅 비워진다. 또한 텅 빈 경지의 깨달음도 지극히 원만하여 공과 공한 경지도 소멸하고, 중생심의 생멸(生滅)이 이미 소멸하니, 적멸(寂滅)의 열반세계가 실행(現前)한다.

"처음 귀로 들리는 소리의 흐름을 자성으로 바꾸면 들리는 대상경계가 없다(初於聞中 入流亡所)"라는 말은, 『수능엄경』 제5권에도 "육근(六根)을 비우고 원통을 택하여 소리의 흐름을 바꾸면 정각을 이룬다(根選擇圓通 入流成正覺)"라는 말과 같은 뜻이다.

여기서 입류(入流)는 『벽암록』 제46칙 경청(鏡淸)화상의 비 오는 소리를 듣는다는 우적성(雨滴聲) 공안에 설두선사가 게송에서 언급하는데, 육근의 귀로 듣는 소리의 흐름을 진여본심의 귀(耳根)가 듣도록 전환한다는 말이다.

『수능엄경』에 '관세음보살'이라고 칭명 염불하는 소리를 진여자성의 귀(耳根)가 그 소리를 듣고 자각하여 염불삼매가 되도록 설한다.

『유마경』 불도품에 문수보살이 유마거사에게 "보살이 어떻게 수행해야 불도(佛道)를 통달합니까?"라고 묻자, 유마거사는 "보살이 비상식적인 도를 실행(非道行)하는 것이 佛道를 통달하는 것입니다"라고 대답했다. 상도(常道)는 일상적인 윤리 도덕을 실행하는 것이고, 비도행(非道行)은 상식을 초월한 진여본심의 지혜로 보살도를 실행하는 것이다. 비사량(非思量), 불가사의(不可思議), 희유(希有)와 뜻이 같다.

『운문광록』에 "중생의 상도를 위반해야 불도에 계합한다(反常合道)"고 설한다. 중생심의 번뇌 망심이 없고 진여본심의 지혜가 되어야 불도에 계합한다(無心合道)고 설하면서 번뇌 망념이 없는 무념(無念)과 무심(無心)의 경지를 깨닫도록 설한다. 『무량수경』 제22원에 "범부의 상도적인 윤리를 초월한다(超出常倫)"라는 구절도 같은 뜻이다.

범부 중생이 정토에 왕생하고자 발원하고 "나무아미타불!" 혹은 "관세음보살!"이라고 칭명(稱名)하는 염불소리를 중생심의 귀로 듣지 말고, 진여자성의 귀(耳根)로 듣고 자각(聽覺)하도록 설한다.

중생심으로 칭명하는 염불은 염불삼매(念佛三昧), 진여삼매(眞如三昧)가 될 수 없어 아미타불을 친견할 수도 없고, 곧바로 정토에 왕생할 수도 없다. 그래서 여법한 염불수행법을 강조한다.

여법한 염불 수행은, 칭명하는 염불 소리를 자성의 귀(耳根)로 또렷하게 듣고 자각(聽覺)해야 부처의 깨달음(念佛)을 이루는 염불삼매가 된다.

칠난(七難)을 구제하다

若有持是觀世音菩薩名者. 說入大火 火不能燒. 由是菩薩 威神力故. 若爲大水所漂 稱其名號 卽得淺處.
若有百千萬億衆生 爲求金銀 瑠璃 硨磲 瑪瑙 珊瑚 琥珀 眞珠等寶 入於大海 假使黑風 吹其船舫 漂墮羅刹鬼國. 其中若有乃至一人 稱觀世音菩薩名者. 是諸人等 皆得解脫 羅刹之難. 以是因緣 名觀世音.

만약 어떤 사람이 이 관세음보살의 명호를 칭명하고 수지하는 사람은 설사 큰불에 들어가도 불이 능히 태우지 못한다. 이것은 관세음보살의 위신력(威神力) 때문이다. 설사 큰물에 떠내려가더라도 그 관세음보살 명호를 칭명하면 곧 얕은 곳으로 나아가게 된다.

만약 백 천만 억 중생이 금, 은, 유리, 자거, 마노, 산호, 호박, 진주 등의 보배를 구하려고 큰 바다에 들어갔을 때 폭풍을 만나 그 배가 나찰 귀신들의 나라에 표착(漂着)하게 되었다. 그때, 만약 그 가운데 한 사람이라도 관세음보살의 명호를 칭명하는 사람이 있으면 여러 사람들이 모두 나찰 귀신들의 재난을 벗어나게 된다. 이러한 인연으로 관세음이라 한다.

* "설사 큰 불에 들어가도 불이 능히 태우지 못한다, 이것은 관세음보살의 위신력 때문이다(說入大火 火不能燒由是菩薩 威神力故)"라는 말은, 약왕보살본사품에도 설한다. 불법의 대의를 깨닫고 여법하게 수행하는 사람은 불지견(佛知見 : 정법안목)과 지혜를 구족하기 때문에 시절인연에 따라서 발생하는 주위의 어떠한 재난과 재앙에도 능히 방편의 지혜로 잘 대응할 수 있다. 이것이 관세음보살의 위신력이다.

『반야심경』에 "관자재보살이 깊은 반야의 지혜를 실천할 때, 의식의 대상 경계인 오온(五蘊)이 모두 공(空)한 사실을 알고 일체의 어려운 고난(苦厄)을 벗어난다"고 설한다.

『금강경』에 "일체 현성은 모두 진여일심(無爲法)으로 시절인연에 따라서 방편의 지혜로 본분사의 삶을 산다"라고 하며, 대승경전에서 "진여일심(無所住)의 방편지혜로 지금 여기서 보살도를 실행한다"라는 법문과 같이 불지견(佛知見)을 구족한 정법의 안목으로 일체의 모든 고통과 고난을 방편의 지혜로 해결할 수가 있다.

참고로 『장자』 추수편에 다음과 같이 전한다.

하백(河伯)이 말했다. "어째서 도(道)를 귀(貴)하게 여깁니까?" 북해약(北海若)이 말했다. "도(道)를 아는 자(知道者)는 반드시 (도의) 이치(理)를 통달한다. 도의 이치를 통달한 자는 반드시 임기응변(權)의 밝은 지혜가 있소. 임기응변의 밝은 지혜가 있는 자는 외부의 사물 때문에 자신을 손상하는 일이 없소. 지극한 덕을 지닌 자는 불(火)도 그를 뜨겁게 할 수가 없고, 추위나 더위도 해를 끼칠 수 없고 짐승(禽獸)도 해칠 수가 없다고 합니다만, 그것은 그가 실제로 물이나 불에 다가갔기 때문에 그렇다는 것이 아니오. 안전과 위험을 잘 살피고, 화(禍)와 복(福)에 대한 마음이 흔들림 없이 편안하며, 행동에 신중하여 그 어떤 무엇도 그를 해칠 수가 없다는 말이오."

『장자』 대종사편에도 "옛 진인(眞人)은 역경을 거역하지 않고, 성공을 자랑하지 않으며 인위(人爲)로 조작하는 일을 꾀하지 않았다. 이러한 진인은 과오도 후회하지 않고 잘한 일도 자랑하지 않으며, 물에 들어가도 빠지지 않고 불에 들어가도 뜨겁게 하지 못한다. 이것은 그의 지혜(知)가 능히 도(道)의 경지에 도달했기 때문이다"라고 전한다.

불법은 唯心의 실천사상이므로, 의식의 대상경계로 나타나는 불과 물의 위험한 일, 두려움과 공포 등이 실체가 없다는 사실을 불지견으로 판단하고, 발심 수행하여 자아의식과 의식의 대상경계를 텅 비운 아공(我空), 법공(法空)과 진여일심의 방편 지혜로 현명하게 지금 여기, 본분사의 일을 실행하는 제불보살(관세음보살)의 능력을 설한 것이다.

若復有人 臨當被害 稱觀世音菩薩名者. 彼所執刀杖 尋段段壞 而得解脫.
若三千大千國土 滿中夜叉羅刹 欲來惱人 聞其稱觀世音菩薩名者 是諸惡鬼 尙不能以惡眼視之. 況復加害.
設復有人 若有罪, 若無罪, 杻械枷鎖 檢繫其身. 稱觀世音菩薩名者 皆悉斷壞 卽得解脫.
若三千大千國土 滿中怨賊 有一商主 將諸商人 齎持重寶 經過嶮路. 其中一人 作是唱言, 諸善男子 勿得恐怖 汝等應當一心稱觀世音菩薩名號. 是菩薩能以無畏施於衆生. 汝等若稱名者 於此怨賊 當得解脫. 衆商人聞 俱發聲言, 南無觀世音菩薩 稱其名故 卽得解脫.
無盡意 觀世音菩薩摩訶薩 威神之力 巍巍如是.

만약 또 어떤 사람이 피해를 당했을 때, '관세음보살!'의 명호를 칭명하면 그들이 가진 칼과 막대기가 조각조각 부서지고 파괴되어 피해를 당하게 되는 일에서 벗어날 수 있다.

만약 삼천대천세계에 가득한 야차(夜叉)와 나찰(羅刹)과 같은 악귀들이 침입해서 사람을 괴롭히려고 할 때, 그 사람이 '관세음보살!'의 명호를 칭명하는 소리를 들으면 이 악귀들은 흉악한 눈으로 그를 볼 수도 없는데, 어찌 하물며 해를 가할 수 있겠는가.

설사 또 어떤 사람이 죄가 있거나 죄가 없거나에 상관없이 수갑과 쇠고랑, 칼과 사슬로 그 사람의 몸을 속박하더라도 '관세음보살!'의 명호를 칭명하면 모든 수갑이 부서지고 끊어져 그 속박에서 벗어나게 된다.

만약 삼천대천세계에 도적이 가득한데 한 사람의 물주가 귀중한 보물을 가진 장사꾼들을 데리고 험난한 길을 지나가면서 그 가운데 한 사람이 말했다. '선남자들이여! 무서워하지 말고 그대들은 일심으로 관세음보살의 명호를 칭명하도록 하라! 관세음보살은 능히 중생들의 두려움을 없애니(無畏施) 그대들이 그 관세음보살의 명호만 칭명하면, 이 도적들의 고난에서 벗어나게 되리라.'

여러 장사꾼들이 듣고 함께 소리를 내어 '나무관세음보살!'이라고 그 명호를 칭명했기 때문에 곧 어려운 일에서 해탈하게 되었다.

무진의여! 관세음보살마하살의 위신력은 이와 같이 높고도 드높다.

* 그들이 가진 칼과 막대기가 조각조각 부서지고 파괴된다(彼所執刀杖 尋段段壞). 안락행품에서도 "身口意와 誓願의 안락행을 이룬 사람은 칼과 막대기로 가해할 수 없고, 독으로도 해칠 수가 없다(刀杖不加 毒不能害)"라고 설한 것처럼, 발심수행, 염불수행으로 자아의식과 의식의 대상경계를 텅 비운 我空, 法空의 경지가 되었기 때문에 대상경계의 사물인 칼이나 나무 막대기, 수갑과 쇠고랑, 칼과 쇠사슬도 해칠 수가 없다. 칼과 수갑, 쇠고랑 등의 고통과 두려움은 대상경계를 분별하는 중생심의 망념이며, 心中의 고통(苦痛)이다.

  '관세음보살'이라고 칭명염불 수행할 때, 대상경계의 사물을 분별하고 두려워하는 일체의 망념이 소멸하고 고통에서 해탈하며, 진여일심의 지혜로 평안하게 정토에 왕생할 수 있다.

* 무외시(無畏施) : 중생들의 근심, 걱정, 두려움과 공포심을 없애주는 보시행이다. 財보시, 法보시, 무외시(無畏施)는 보살도의 보시바라밀이다.

  '관세음보살!'을 칭명하는 염불수행은 중생심의 망념과 두려움, 공포를 초월하고 진여일심을 회복하여 제불여래의 지혜로운 본분사가 된다.

삼독(三毒)을 구제하고 자녀를 구하다

若有衆生 多於婬慾, 常念恭敬觀世音菩薩 便得離慾.
若多瞋恚 常念恭敬觀世音菩薩 便得離瞋.
若多愚癡 常念恭敬觀世音菩薩 便得離癡.
無盡意 觀世音菩薩 有如是等大威神力 多所饒益. 是故衆生 常應心念.
若有女人 設欲求男 禮拜供養觀世音菩薩 便生福德智慧之男. 設欲求女 便生端正有相之女 宿植德本 衆人愛敬.
無盡意 觀世音菩薩 有如是力. 若有衆生 恭敬禮拜觀世音菩薩 福不唐捐.
是故 衆生 皆應受持觀世音菩薩名號.

만약 어떤 중생이 음욕(婬欲)이 많더라도 항상 공경심으로 '관세음보살!'을 칭명하고 자각하면 곧 음욕을 여의게 된다.

만약 화를 많이 내는 사람이라도 항상 공경심으로 '관세음보살!'을 칭명하고 자각하면 곧 성내는 마음을 여의게 된다.

만약 어리석음이 많은 사람이라도 항상 공경심으로 '관세음보살!'을 칭명하고 자각하면 곧 어리석은 마음을 여의게 된다.

무진의여! 관세음보살은 이와 같은 큰 위신력이 있어 중생들에게 많은 해탈의 이익이 되도록 한다. 그러므로 중생들은 항상 일심으로 '관세음보살!'을 칭명하고 자각하도록 해야 한다.

만약 어떤 여인이 아들 낳기를 원하면서 '관세음보살!'의 명호를 칭명하고 예배, 공양하면 곧 복덕이 많고 지혜가 있는 아들을 낳게 된다.

만약 딸을 낳기 원하면 곧 단정하고 예쁜 딸을 낳게 될 것이니, 숙세(宿歲)에 공덕의 근본을 심었기 때문에 많은 사람들이 그를 사랑하고 공경하게 된다.

무진의여! 관세음보살은 이와 같은 방편지혜의 힘이 있다.

만약 어떤 중생이 관세음보살을 칭명, 공경하고 예배하면 그 공덕이 손실되는 일이 없다.

그러므로 중생들은 모두 반드시 '관세음보살'의 명호를 수지하고 염불수행을 해야 한다.

* 당(唐)은 잃어버리다, 공허하다는 뜻이며, 연(捐)은 버리다, 없애다는 뜻이다.

관세음보살의 명호 공덕

無盡意. 若有人 受持六十二億恒河沙 菩薩名字 復盡形, 供養飮食 衣服 臥具 醫藥. 於汝意云何. 是善男子 善女人 功德多不. 無盡意言 甚多 世尊. 佛言 若復有人 受持觀世音菩薩名號 乃至一時 禮拜供養 是二人福 正等無異. 於百千萬億劫 不可窮盡. 無盡意 受持觀世音菩薩名號 得如是無量無邊 福德之利.

무진의여! 만약 어떤 사람이 육십이 억 갠지스강의 모래 수같이 많은 보살의 이름을 수지하고, 또 몸이 다할 때까지 음식과 의복, 침구와 의약으로 공양(供養)한다면 그대는 어떻게 생각하는가? 이 선남자 선여인의 공덕은 많지 않겠는가?"

무진의보살이 말했다. "매우 많습니다. 세존이시여!"

부처님이 말했다. "만일 어떤 사람이 관세음보살의 명호를 수지하고, 잠시 한 때만이라도 예배하고 공양하면, 이 두 사람의 공덕은 똑같이 평등하여 다르지 않고, 백 천만 억 겁이 지나도 다 소멸하지 않는다.

무진의여! 관세음보살의 명호를 수지하면 이와 같이 무량무변의 공덕(福德)과 해탈의 이익을 체득할 수 있다."

* 음식과 의복, 침구와 의약으로 공양하는 것을 사사(四事) 공양이라고 한다.

관세음보살 32응신

無盡意菩薩 白佛言，世尊 觀世音菩薩 云何遊此娑婆世界．云何而爲衆生說法．方便之力 其事云何．
佛告無盡意菩薩．善男子．若有國土衆生 應以佛身得度者．觀世音菩薩 卽現佛身 而爲說法．應以辟支佛身得度者 卽現辟支佛身 而爲說法．應以聲聞身得度者 卽現聲聞身 而爲說法．

무진의보살이 부처님께 말했다.

"세존이시여! 관세음보살이 어떻게 이 사바세계에 유희하며, 어떻게 중생들에게 설법합니까? 방편지혜의 힘으로 그 본분사의 일은 어떻게 실행합니까?"

부처님이 무진의보살에게 말했다.

"선남자여! 만약 불신(佛身)으로 제도(濟度)해야 할 어떤 국토의 중생에게는 관세음보살이 불신(佛身)의 화신(化身)으로 방편 법문을 설한다.

또 벽지불(辟支佛)의 화신(化身)으로 제도할 중생에게는 벽지불의 화신으로 인연법문을 설한다.

또 성문(聲聞)의 화신(化身)으로 제도할 중생에게는 성문의 화신으로 사제(四

諦)의 법문을 설한다.

* 이하 관세음보살은 사바세계에 유행(유희)하며 중생을 구제하는 제불보살의 원력행을 설한다. 佛知見을 구족한 관세음보살이 시절인연과 중생들의 근기에 따라서 32應身으로 化身하여 중생들을 교화하는 원력행은, 제불보살의 願生身으로 중생들의 근기에 맞추어 교화하는 동사섭(同事攝)이다. 앞의 묘음보살품에서도 묘음보살이 34응신으로 설법한다.

應以梵王身得度者, 卽現梵王身 而爲說法.
應以帝釋身得度者, 卽現帝釋身 而爲說法.
應以自在天身得度者, 卽現自在天身 而爲說法.
應以大自在天身得度者, 卽現大自在天身 而爲說法.
應以天大將軍身得度者, 卽現天大將軍身 而爲說法.
應以毗沙門身得度者, 卽現毗沙門身 而爲說法.
應以小王身得度者, 卽現小王身 而爲說法.
應以長者身得度者, 卽現長者身 而爲說法.
應以居士身得度者, 卽現居士身 而爲說法.
應以宰官身得度者, 卽現宰官身 而爲說法.
應以婆羅門身得度者, 卽現婆羅門身 而爲說法.

반드시 범천왕의 화신으로 제도할 중생에게는 범천왕의 화신으로 설법하고, 제석의 화신으로 제도할 중생에게는 제석천의 화신으로 설법한다.

자재천의 화신으로 제도할 중생에게는 자재천의 화신으로 설법하며, 대자재천의 화신으로 제도할 중생에게는 대자재천의 화신으로 설법한다.

천대장군의 화신으로 제도할 중생에게는 천대장군의 화신으로 설법하며, 비사문(毗沙門)의 화신으로 제도할 중생에게는 비사문의 화신으로 설법한다.

소왕(小王)의 화신으로 제도할 중생에게는 소왕의 화신으로 설법한다.

장자(長子)의 화신으로 제도할 중생에게는 장자의 화신으로 설법한다.

거사(居士)의 화신으로 제도할 중생에게는 거사의 화신으로 설법한다.

재상(宰相)의 화신으로 제도할 중생에게는 재상의 화신으로 설법한다.

바라문의 화신으로 제도할 중생에게는 바라문의 화신으로 설법한다.

應以比丘 比丘尼 優婆塞 優婆夷身得度者, 卽現比丘 比丘尼 優婆塞 優婆夷身 而爲說法.
應以長者 居士 宰官 婆羅門 婦女身得度者, 卽現婦女身 而爲說法.
應以童男童女身得度者, 卽現童男童女身 而爲說法.
應以天龍夜叉 乾闥婆 阿修羅 迦樓羅 緊那羅 摩睺羅伽 人 非人等身得度者, 卽皆現之 而爲說法.
應以執金剛神得度者, 卽現執金剛神 而爲說法.
無盡意. 是觀世音菩薩 成就如是功德. 以種種形 遊諸國土 度脫衆生.

비구, 비구니, 우바새, 우바이의 화신으로 제도할 중생에게는 비구, 비구니, 우바새, 우바이의 화신으로 설법한다.

장자, 거사, 재상, 바라문 부인의 화신으로 제도할 중생에게는 바라문 부인의 화신으로 설법한다.

동남, 동녀의 화신으로 제도할 중생에게는 동남, 동녀의 화신으로 설법한다.

천신, 용왕, 야차, 건달바, 아수라, 가루라, 긴나라, 마후라가, 사람과 사람 아닌 귀신 등의 화신으로 제도할 중생에게는 모두 다 그러한 화신으로 설법한다.

집금강신의 화신으로 제도할 중생에게는 집금강신의 화신으로 설법한다.

무진의여! 관세음보살은 이와 같이 방편지혜의 공덕을 성취하고, 여러 가지 다양한 형색(形色)으로 여러 국토를 유행하면서 중생들을 제도하여 해탈하게 한다.

* 집금강신(執金剛神) : 불법을 옹호하는 금강역사인데, 금강방망이(金剛杵)로 외도나 마구니를 쳐부수고 정법을 수호한다.

관세음보살에게 공양하다

是故汝等 應當一心, 供養觀世音菩薩. 是觀世音菩薩摩訶薩, 於怖畏急難之中, 能施無畏. 是故此娑婆世界 皆號之爲施無畏者.
無盡意菩薩. 白佛言, 世尊. 我今當供養觀世音菩薩. 卽解頸衆寶珠瓔珞. 價値百千兩金 而以與之. 作是言, 仁者受此法施 珍寶瓔珞. 時觀世音菩薩 不肯受之.
無盡意. 復白觀世音菩薩言, 仁者愍我等故 受此瓔珞.
爾時 佛告觀世音菩薩 當愍此無盡意菩薩. 及四衆天龍 夜叉 乾闥婆 阿修羅 迦樓羅 緊那羅 摩睺羅伽 人 非人等故 受是瓔珞.
卽時觀世音菩薩 愍諸四衆 及於天龍 人 非人等 受其瓔珞. 分作二分. 一分奉釋迦牟尼佛. 一分奉多寶佛塔.
無盡意 觀世音菩薩 有如是自在神力 遊於娑婆世界.

그러므로 그대들은 반드시 일심으로 관세음보살을 공양해야 한다.

이 관세음보살마하살은 중생들이 공포와 두려움에 무섭고 위급한 재난이 있을 때도 능히 두려움이 없도록 무외시(無畏施)를 베푼다. 그러므로 이 사바세계의 중생들은 모두 관세음보살을 두려움이 없도록 베푸는 보살이라고 시무외자(施無畏者)라고 한다."

무진의보살이 부처님께 말했다.

"세존이시여! 제가 지금 관세음보살께 공양(供養) 올리겠습니다."

그리고 곧 목에 장식으로 걸친 백 천만금의 가치가 되는 보배구슬 영락을 풀어서 드리면서 말했다.

"훌륭하신(仁慈) 분이시여! 이 법보시로 보배구슬 영락을 받아 주십시오."

이때 관세음보살은 그 보배구슬 영락을 받지 않으려고 했다.

무진의가 다시 관세음보살께 말했다.

"훌륭하신(仁慈) 분이시여! 저희들을 어여삐 여기시고 이 보배구슬 영락을 받아 주십시오."

그때 부처님이 관세음보살에게 말했다. "이 무진의보살과 사부대중(四部大衆)과 천신, 용, 야차, 건달바, 아수라, 가루라, 긴나라, 마후라가와 사람과 사람 아닌 귀신들을 어여삐 여기고 이 영락을 받도록 하라."

즉시 관세음보살이 사부대중과 천신, 용왕, 야차, 건달바, 아수라, 가루라, 긴나라, 마후라가와 사람과 사람 아닌 귀신들을 어여삐 여겨 그 영락을 받아 두 몫으로 나누었다. 한 몫은 석가모니불께 공양하고, 또 한 몫은 다보불탑(多寶佛塔)에 공양했다.

"무진의여! 관세음보살은 이렇게 자유자재하고 신통한 지혜의 힘이 있어서 사바세계에 유희한다."

* 법보시(法布施)로 보배구슬 영락을 올리고 있다. 법시(法施)는 법문을 설하는 것인데, 여기서 무진의보살이 보배구슬 영락을 올리는 재시(財施)가 곧 법보시이다. 무진의보살이 관세음보살의 법문을 통해 깨달음을 체득한 은혜로 올린 보배구슬 영락은 법공양으로 眞如實相이기에 법시(法施)와

일체가 된다. 『정법화경』에는 이 부분을 법공(法供)이라고 번역한다.

* 이하의 게송은 구마라집이 번역한 『묘법연화경』과 『正法華經』에는 없다. 달마급다(達摩笈多)가 번역한 『添品 妙法蓮華經』에 의거해서 첨가한 것이라고 한다.

爾時無盡意菩薩 以偈問曰

世尊妙相具　我今重問彼　佛子何因緣　名爲觀世音
具足妙相尊　偈答無盡意　汝聽觀音行　善應諸方所
弘誓深如海　歷劫不思議　侍多千億佛　發大淸淨願
我爲汝略說　聞名及見身　心念不空過　能滅諸有苦
假使興害意　推落大火坑　念彼觀音力　火坑變成池
或漂流巨海　龍魚諸鬼難　念彼觀音力　波浪不能沒
或在須彌峰　爲人所推墮　念彼觀音力　如日虛空住
或被惡人逐　墮落金剛山　念彼觀音力　不能損一毛

그때 무진의보살이 게송으로 질문했다.

"세존은 미묘한 상호를 구족하시니, 내가 지금 관세음보살에 대하여 질문합니다. 불자들은 어떠한 인연으로 관세음보살이라고 합니까?"

미묘한 상호를 구족하신 세존께서 게송으로 무진의에게 대답했다.

"그대는 관음보살의 원력행(行)을 청법하도록 하라. 그 관세음보살은 모든 국토(장소)에서 중생의 요청에 순응한다. 큰 서원(誓願)은 바다같이 깊고, 헤아릴 수 없는 여러 겁 동안 여러 천억의 제불을 시봉하고 청정한 원력을 발원했다.

여래가 그대에게 간략하게 설하리라.

관세음보살의 명호를 듣고 법신의 지혜를 친견하고, 진여일심으로 염불하며 헛되이 세월을 보내지 않는다면, 스스로 중생심의 모든 고통을 소멸할 수 있다.

가령 어떤 사람이 해치려는 생각을 품고 불구덩이에 밀어 떨어뜨려도, 관세음보살을 염불하는 지혜의 힘으로 불구덩이가 변하여 연못이 된다.

혹시 큰 바다에 표류하여 용과 고기와 귀신의 고난을 받을지라도, 관세음보살을 염불하는 지혜의 힘으로 파도가 능히 침몰시키지 못한다.

혹시 수미산 봉우리에서 사람에게 밀려 떨어질지라도, 관세음보살을 염불하는 지혜의 힘으로 해와 같이 허공에 상주하게 된다.

혹시 흉악한 사람에게 쫓기다가 금강산에 떨어질지라도, 관세음보살을 염불하는 지혜의 힘으로 털끝 하나도 손상되지 않는다.

* 세존묘상구(世尊妙相具) : 세존이 32상(相)과 80종호(種好)를 구족한 것을 말한다. 구족묘상존(具足妙相尊)도 같은 뜻이다.

或值怨賊繞　各執刀加害　念彼觀音力　咸卽起慈心
或遭王難苦　臨刑欲壽終　念彼觀音力　刀尋段段壞
或囚禁枷鎖　手足被杻械　念彼觀音力　釋然得解脫
呪詛諸毒藥　所欲害身者　念彼觀音力　還着於本人
或遇惡羅刹　毒龍諸鬼等　念彼觀音力　時悉不敢害
若惡獸圍繞　利牙爪可怖　念彼觀音力　疾走無邊方
蚖蛇及蝮蠍　氣毒烟火燃　念彼觀音力　尋聲自回去
雲雷鼓掣電　降雹澍大雨　念彼觀音力　應時得消散

원수나 도적에게 둘러싸여 제각기 칼을 들고 해치려고 해도, 관세음보살을 염불하는 지혜의 힘으로 모두 곧 자비심을 일으킨다.

간혹 국법(國法)을 위반하여 사형에 집행되어 죽게 될지라도, 관세음보살을 염불하는 지혜의 힘으로 칼날이 조각조각 부서진다.
옥중에 갇혀 큰칼을 쓰는 형벌을 받고 손과 발에 고랑과 족쇄를 채운 고통이 있더라도, 관세음보살을 염불하는 지혜의 힘으로 벗어난다.
저주하며 독한 약으로 나의 몸을 해치려는 가해자가 있을지라도, 관세음보살을 염불하는 지혜의 힘으로 그 가해자에게 돌아가게 된다.
혹시 흉악한 나찰, 악독한 용이나 여러 가지 악귀들을 만날지라도, 관세음보살을 염불하는 지혜의 힘으로 그들이 해치지 못하게 된다.
영악한 짐승들에 둘러싸여 예리한 이빨과 발톱이 무섭더라도, 관세음보살을 염불하는 지혜의 힘으로 신속하게 먼 곳으로 달아나게 된다.
살모사와 독사와 전갈들이 독기를 불꽃처럼 내뿜더라도, 관세음보살을 염불하는 지혜의 힘으로 그 염불 소리를 듣고는 달아난다.
검은 먹구름과 천둥 번개가 치면서 우박과 소나기를 퍼붓더라도, 관세음보살을 염불하는 지혜의 힘으로 즉시에 흩어지고 맑아진다.

衆生被困厄　無量苦逼身　觀音妙智力　能救世間苦
具足神通力　廣修智方便　十方諸國土　無刹不現身
種種諸惡趣　地獄鬼畜生　生老病死苦　以漸悉令滅
眞觀淸淨觀　廣大智慧觀　悲觀及慈觀　常願常瞻仰
無垢淸淨光　慧日破諸闇　能伏災風火　普明照世間
悲體戒雷震　慈意妙大雲　澍甘露法雨　滅除煩惱燄
諍訟經官處　怖畏軍陣中　念彼觀音力　衆怨悉退散
妙音觀世音　梵音海潮音　勝彼世間音　是故須常念
念念勿生疑　觀世音淨聖　於苦惱死厄　能爲作依怙
具一切功德　慈眼視衆生　福聚海無量　是故應頂禮

중생들이 곤액(困厄)과 핍박을 받아 한량없는 괴로움이 닥치더라도, 관세음보살의 미묘한 방편지혜의 힘이 세간의 모든 고통을 구제한다.

관세음보살은 신통하고 미묘한 지혜의 힘을 모두 갖추고, 지혜의 방편까지 널리 닦아서 시방의 모든 중생의 국토에 화신으로 나투지 않는 곳이 없다.

육도에 윤회하는 중생세계와 지옥, 아귀, 축생의 삼악도에서 생로병사의 고통을 점차로 모두 다 소멸시킨다.

진실한 관법(觀法), 청정한 관법(觀法), 넓고 크신 지혜의 관법(觀法)과 중생을 가엾이 여기는 관법, 자비로운 관법과 원력으로 항상 우러러본다.

번뇌 망념의 때가 없는 청정한 광명과 지혜는 밝은 태양과 같이 무명의 어두움을 타파하고, 풍재(風災)와 화재(火災)를 굴복시키고, 두루 밝게 세간을 비춘다.

자비는 본체(體)가 되고 계행(戒行)은 우레가 되어, 인자한 마음은 미묘하게 큰 구름이 되고, 감로(甘露)의 법우(法雨)를 뿌려서 번뇌의 화염을 소멸시킨다.

송사로 다투는 관청이나 무섭고 두려운 군대의 진중에서도, 관세음보살을 자각하는 지혜의 힘으로 원망과 두려움이 모두 흩어진다.

묘음(妙音) 관세음(觀世音), 범음(梵音)과 해조음(海潮音)이니, 저 중생의 세간음(世間音)보다 수승하니, 이러한 까닭으로 항상 관세음보살을 염불하고, 일념 일념에 의심을 일으키지 말라.

관세음은 청정한 성자이니, 중생의 고뇌와 죽음과 재앙에서 스스로 의지가 된다.

일체의 공덕을 다 구족하고 자비의 눈으로 중생을 응시하며, 복덕과 공덕이 쌓여 바다와 같이 한량없다.

그러므로 반드시 지심으로 머리 숙여 정례(頂禮)해야 한다.

* 관세음보살의 미묘한 방편지혜의 힘이 세간의 모든 고통을 구제한다(觀音妙智力 能救世間苦). 『법화경』 약왕보살본사품에 "수왕화(宿王華)여! 이 경의 법문은 일체 중생을 구제할 수 있으며, 이 경의 법문은 일체 중생들의 모든 고뇌를 여읠 수 있게 한다"라고 설한다.
『반야심경』에 "관자재보살이 깊이 반야바라밀다를 수행할 때 오온이 모두 공한 사실을 불지견으로 관찰하고, 일체 중생의 고통과 재앙을 건넌다"라고 설한 법문과 같다.
* 眞觀, 淸淨觀, 廣大智慧觀, 悲觀, 慈觀 : 관세음보살이 불지견으로 진여실상관(眞如實相觀)과 방편지혜관, 자비관을 구족하여 보살도의 원력을 실행하는 본분사를 설한 것이다.
* 자비의 본체(悲體) : 관세음보살을 칭명하고 자각하는 진여법신이며, 방편지혜는 응화신(應化身)으로 나투고, 그릇됨을 방지하고 악업을 중지(防非止惡)하는 계법을 제시하여 우레가 진동하는 것처럼, 일체 중생을 지혜와 자비로 보호한다.
* 묘음(妙音), 범음(梵音), 해조음(海潮音) : 妙音은 空과 有가 교차하는 空智의 소리(音)이며, 觀世音은 空有를 함께 비추는(双照) 中智의 소리(音)이다. 범음(梵音)은 자비희사(慈悲喜捨)의 四觀으로 비추는 청정한 소리(音)이며, 해조음(海潮音)은 바닷물의 조수(潮水) 자연음(音)이다. 시절인연과 함께 작용하며 시기를 상실하지 않는 불가사의하고 미묘한 법음(法音)이다.
* 승피관세음(勝彼觀世音) : 밖으로 소리(音)가 없고, 소리(音) 밖에 달리 지혜(智)가 없는 소리의 경계와 지혜(境智)가 일체 된 명합(冥合)된 경지로, 중생심의 사량 분별을 초월한 진여일심의 법음(法音)이다. '관세음보살'이라고 칭명하는 염불수행이 진여삼매의 法音이며 妙音이고, 梵音이다. 즉 진여자연음(自然音)이다.

관세음보살보문품의 공덕

爾時 持地菩薩 卽從座起 前白佛言, 世尊. 若有衆生 聞是觀世音菩薩品 自在之業, 普門示現 神通力者. 當知是人 功德不少. 佛說是普門品時 衆中八萬四千衆生 皆發無等等阿耨多羅三藐三菩提心.

그때 지지(持地)보살이 자리에서 일어나 부처님 앞에 나아가 말씀 드렸다.

"세존이시여! 만약 어떤 중생이 이 관세음보살품의 자유자재(自在)한 본분사의 일(業)과 넓은 문으로 신통력을 나타낸 법문을 청법한 이가 있다면 이 사람의 공덕이 적지 않음을 알 수 있습니다."

부처님께서 이 보문품(普門品)의 법문을 설하실 때, 법회의 대중 가운데 팔만사천 중생들이 모두 비교할 수 없는 최상의 깨달음을 이루는 발심을 했다.

제26 다라니품(陀羅尼品)

* 다라니(dharani)는 총지(總持)라고 번역하고, 불법의 지혜를 종합한 것으로 불지견을 구족하여 중생심의 번뇌 망념과 악업을 일으키지 않고, 선업(善業)을 수지(受持)하는 것이다. 악업을 방지하고(止惡), 선근 공덕행을 이루는 지혜의 힘(作善)을 지니고 있다.

천태지의(天台智顗)는 『법화문구(法華文句)』 제10권 下에서 다라니는, (1) 오로지 중생의 심병을 치유하는 힘 (2) 오로지 정법을 수호하는 힘 (3) 오로지 죄업, 업장을 소멸하게 하는 힘 (4) 심병을 치유하고 죄업을 소멸하고 정법을 수호하는 힘 (5) 치병(治病), 멸죄(滅罪), 호법(護法)으로 잘못된 것을 자각하고 깨달음을 증득하는 힘이 있다고 설한다.

염불삼매나 진여삼매는 선정을 주로 하는 수행인데, 다라니는 방편의 주문(呪文)으로 자각하는 지혜(念慧)를 주(主)로 하고, 일어(一語)에 많은 뜻(多義)을 내포(內包)하기 때문에 번역하지 않는다.

다라니주(陀羅尼呪)의 呪는 중국어로 비밀(秘密)이라는 뜻이다. 다라니가 비밀의 언어이기 때문에 이 두 말을 함께 표기한 말이다.

『법화경』의 다라니품은 설법자의 어려움(難)을 신주(神呪)로써 수호하도록 설한 것이다. 즉, 중생구제 설법 교화의 비밀문(秘密門)으로 『법화경』을 설하여 유통하도록 한다.

법화경을 수지(受持)한 공덕

爾時 藥王菩薩 卽從座起 偏袒右肩 合掌向佛 而白佛言. 世尊. 若善男子善女人 有能受持法華經者. 若讀誦通利. 若書寫經卷 得幾所福.
佛告 藥王. 若有善男子善女人, 供養八百萬億那由他 恒河沙等 諸佛. 於汝意云何. 其所得福 寧爲多不. 甚多 世尊. 佛言, 若 善男子善女人 能於是經 乃至受持一四句偈 讀誦解義, 如說修行 功德甚多.

그때 약왕(藥王)보살이 자리에서 일어나 오른쪽 어깨를 드러내어 지극히 공경하는 마음으로 부처님을 향하여 합장하고 말했다.

"세존이시여! 만약 어떤 선남자 선여인이 『법화경』을 수지하고, 또 경전을 독송하고 법문의 뜻을 통달하거나, 경전(經典)을 사경(書寫)한다면 얼마나 많은 공덕을 이룰 수 있습니까?"

부처님이 약왕보살에게 말했다.

"만약 어떤 선남자 선여인이 팔백만 억 나유타 항하사와 같이 많은 보살들에게 공양하였다면 그대는 어떻게 생각하는가? 그의 복덕이 실로 많지 않겠는가?"

"매우 많습니다. 세존이시여!"

부처님이 말했다. "만약 어떤 선남자 선여인이 이 경전의 법문을 네 구절로 된 하나의 게송(一四句偈)으로 요약해서 수지하고 독송하여, 그 법문의 뜻을 이해하고 경전에서 설한 법문과 같이 여법하게 수행(修行)한다면 그 공덕은 매우 많다."

약왕보살의 주문(呪文)

爾時 藥王菩薩 白佛言. 世尊. 我今當與說法者 陀羅尼呪 以守護之 卽說呪曰,

安爾一 曼爾二 摩禰三 摩摩禰四 旨隸五 遮梨第六 賒咩羊七 賒履多瑋八 羶帝九 目帝十 目多履十一 娑履十二 阿瑋娑履十三 桑履十四 娑履十五 叉裔十六 阿叉裔十七 阿耆膩十八 羶帝十九 賒履二十 陀羅尼二十一 阿盧伽婆娑簸蔗毗叉膩二十二 禰毗梯二十三 阿便哆邏禰履剃二十四 阿亶哆波隸輸地二十五 漚究隸二十六 牟究隸二十七 阿羅隸二十八 波羅隸二十九 首迦差三十 阿三磨三履三十一 佛陀毗吉利袠帝三十二 達磨波利差帝三十三 僧伽涅瞿沙禰三十四 婆舍婆舍輸地三十五 曼哆邏三十六 曼哆邏叉夜多三十七 郵樓哆三十八 郵樓哆憍舍略三十九 惡叉邏四十 惡叉冶多冶四十一 阿婆盧四十二 阿摩若那多夜四十三

그때 약왕(藥王)보살이 부처님께 말했다.

“세존이시여! 제가 이제 법화경의 법문을 설하는 사람들에게 다라니 주문(呪文)을 제시하여 법화경의 법문을 설하는 그들을 수호하도록 하겠습니다.” 그리고 주문을 설했다.

“안니1 만니2 마네3 마마네4 지례5 자리뎨6 샤마7 샤리다위8 선뎨9 목뎨10 목다리11 사리12 아위사리13 상리14 사리15 사예16 아사예17 아기니18 선뎨19 샤리20 다라니21 아로가바사파자빅사니22 네비뎨23 아변다라네리뎨24 아단다파례수디25 구구례26 모구례27 아라례28 파라례29 수가차30 아삼마삼리31 붓다비기리질뎨32 달마파리차례33 싱가녈구사네34 바사바사수디35 만다라36 만다라사야다37 우루다38 우루다교사랴39 악사라40 악사약사야41 아바로42 아마야나다야43

世尊 是陀羅尼神呪 六十二億恒河沙等 諸佛所說. 若有侵毁 此法師者, 則爲侵毁 是諸佛已.
時釋迦牟尼佛. 讚藥王菩薩言. 善哉 善哉. 藥王. 汝愍念擁護此法師故, 說是陀羅尼 於諸衆生 多所饒益.

"세존이시여! 이 다라니 신주(神呪)는 육십이 억 항하사 제불이 설한 주문입니다. 만약 법화경을 설하는 법사(法師)를 침해(侵害)하고 훼손하는 사람이 있으면, 그것은 곧 제불을 침해하고 훼손하는 일입니다."

그때 석가모니부처님이 약왕보살을 칭찬하며 말했다.

"훌륭하고, 훌륭하다. 약왕이여! 그대가 법사를 애민(哀愍)하게 여기고 옹호(擁護)하도록 이 다라니(神呪)를 설하니, 모든 중생들에게 많은 해탈의 이익이 될 것이다."

용시보살의 주문(呪文)

爾時 勇施菩薩 白佛言. 世尊. 我亦爲擁護 讀誦 受持 法華經者說陀羅尼. 若此法師 得是陀羅尼. 若夜叉 若羅刹 若富單那 若吉蔗 若鳩槃茶 若餓鬼等 伺求其短 無能得便. 卽於佛前 而說呪曰.

痤隷一 摩訶痤隷二 郁枳三 目枳四 阿隷五 阿羅婆第六 涅隷第七 涅隷多婆第八 伊緻柅九 韋緻柅十 旨緻柅十一 涅隷墀柅十二 涅犁墀婆底十三

世尊. 是陀羅尼神呪 恒河沙等 諸佛所說. 亦皆隨喜. 若有侵毁此法師者. 則爲侵毁是諸佛已.

그때 용시(勇施)보살이 부처님께 말했다.

"세존이시여! 저도 역시 『법화경』을 독송하고 수지하는 사람을 옹호하기 위하여 다라니를 설하겠습니다. 만약 이 법사가 이 다라니를 체득하면 야차나 나찰, 부단나, 길자, 구반다, 아귀 등의 귀신들이 그의 결점을 찾아 침해하려 해도 침해할 수가 없을 것입니다."

다음과 같이 부처님 앞에서 주문을 설했다.

"자레1 마하자레2 우기3 목기4 아레5 아라바뎨6 녈례뎨7 녈례다바뎨8 이디니9 위디니10 지디니11 녈례지니12 녈리지바디13

세존이시여! 이 다라니 신주는 갠지스 강의 모래알과 같이 많은 제불이 설한 것이며, 또한 모두가 수희 동참하고 있습니다. 만약 이 법사를 침해하고 훼손하는 자가 있다면 그는 곧 제불을 침해하고 훼손하는 일이 될 것입니다."

비사문천왕의 주문(呪文)

爾時 毗沙門天王護世者. 白佛言. 世尊, 我亦爲愍念衆生 擁護此法師故 說是陀羅尼. 卽說呪曰,

阿梨一 那梨二 㝹那梨三 阿那盧四 那履五 拘那履六

世尊. 以是神呪 擁護法師 我亦自當擁護持是經者 令百由旬內無諸衰患.

그때 중생세간을 보호하는 비사문천왕(毗沙門天王)이 부처님께 말했다.

"세존이시여! 저도 중생을 애민(哀愍)하는 마음으로 『법화경』의 법문을 설하는 법사를 옹호하고자 다라니를 설하겠습니다."

다음과 같이 주문을 설했다.

"아리1 나리2 노나리3 아나로4 나리5 구나리6

세존이시여! 이 신주로써 법사를 옹호(擁護)하고, 저도 이 경전의 법문을 수지하는 사람을 옹호하여 그 백 유순 안에는 모든 근심 걱정이 없도록 하겠습니다."

* 비사문천왕(毗沙門天王) : 사천왕(四天王) 가운데 다문천(多聞天)이라고 하며 호법의 천신이다.

지국천왕의 주문(呪文)

爾時 持國天王. 在此會中 與千萬億那由他 乾闥婆衆 恭敬圍繞. 前詣佛所 合掌白佛言, 世尊. 我亦以陀羅尼神呪 擁護持法華經者. 卽說呪曰,

阿伽禰一 伽禰二 瞿利三 乾陀利四 栴陀利五 摩蹬耆六 常求利七 浮樓莎柅八 頞底九

世尊. 是陀羅尼神呪 四十二億 諸佛所說. 若有侵毁此法師者. 則爲侵毁 是諸佛已.

그때 지국천왕(持國天王)이 법회 가운데 있다가 백 천만 억 나유타 건달바 대중들의 공경과 위요를 받으면서 부처님 앞에 나아가 합장하고 부처님께 말했다.

"세존이시여! 저도 다라니 신주로 『법화경』의 법문을 수지하는 사람을 옹호하겠습니다"라고 하면서 다음과 같이 주문을 설했다.

"아가네1 가네2 구리3 건다리4 전다리5 마등기6 상구리7 부루사니8 알디9

세존이시여! 이 다라니 신주는 사십이 억 제불이 설한 주문입니다. 만약 이 법사를 침해하고 훼손하는 자는 곧 제불을 침해하고 훼손하는 일이 될 것입니다."

* 지국천왕(持國天王) : 사천왕 가운데 수미산 동쪽을 수호하며 동방천왕(東方天王)으로 동주(東洲)를 수호한다.

나찰녀의 주문(呪文)

爾時 有羅刹女等 一名 藍婆, 二名 毗藍婆, 三名 曲齒, 四名 華齒, 五名 黑齒, 六名 多髮, 七名 無厭足, 八名 持瓔絡, 九名 皐帝, 十名 奪一切衆生精氣.
是十羅刹女 與鬼子母. 幷其子及眷屬 俱詣佛所. 同聲 白佛言, 世尊. 我等 亦欲擁護讀誦 受持 法華經者 除其衰患. 若有伺求法師短者 令不得便. 卽於佛前 而說呪曰,

伊提履一 伊提泯二 伊提履三 阿提履四 伊提履五 泥履六 泥履七 泥履八 泥履九 泥履十 樓醯十一 樓醯十二 樓醯十三 樓醯十四 多醯十五 多醯十六 多醯十七 兜醯十八 㝹醯十九

그때 나찰의 여자들이 있었다. 첫째 이름은 람바(藍婆), 둘째 이름은 비람바(毗藍婆), 셋째 이름은 곡치(曲齒), 넷째 이름은 화치(華齒), 다섯째 이름은 흑치(黑齒), 여섯째 이름은 다발(多髮), 일곱째 이름은 무염족(無厭足), 여덟째 이름은 지영락(持瓔絡), 아홉째 이름은 고제(皐帝), 열 번째 이름은 탈일체중생정기(奪一切衆生精氣)였다.

이 나찰 여자 열 명이 아이를 수호하는 신 귀자모(鬼子母)와 그 아들과 권속들과 함께 부처님 계신 곳으로 나아가서 이구동성으로 부처님께 말했다.

"세존이시여! 저희들도 『법화경』을 독송하고 수지하는 사람을 옹호하여 그들의 근심 걱정을 덜어 주겠습니다. 만약 법사의 단점을 엿보는 이가 있으면 법사의 단점을 엿보는 기회를 얻지 못하도록 하겠습니다." 그리고 다음과 같이 부처님 앞에서 주문을 설했다.

"이뎨리1 이뎨민2 이뎨리3 아뎨리4 이뎨리5 니리6 니리7 니리8 니리9 니리10 루혜11 루혜12 루혜13 루혜14 다혜15 다혜16 다혜17 도혜18 노혜19

寧上我頭上 莫惱於法師. 若夜叉, 若羅刹, 若餓鬼, 若富單那, 若吉蔗, 若毗陀羅, 若犍馱, 若烏摩勒伽, 若阿跋摩羅, 若夜叉吉蔗, 若人吉蔗, 若熱病, 若一日, 若二日, 若三日, 若四日, 若至七日, 若常熱病, 若男形, 若女形, 若童男形, 若童女形, 乃至夢中 亦復莫惱, 卽於佛前 而說偈言,

若不順我呪 惱亂說法者 頭破作七分 如阿梨樹枝
如殺父母罪 亦如壓油殃 斗秤欺誑人 調達破僧罪
犯此法師者 當獲如是殃

차라리 내 머리 위에 올라앉을지언정 법사를 괴롭히지 말아야 한다.

야차, 나찰, 아귀, 부단나, 길자, 비타라, 건타, 오마륵가, 아발마라, 야차길자, 사람길자, 열병귀(熱病鬼)로서 하루 열병귀, 이틀 열병귀, 사흘 열병귀, 나흘 열병귀 내지 이레 열병귀, 항상 열병하는 귀신, 남자아이 형상이나 여자아이 형상, 동남(童男)의 형상이나 동녀(童女)의 형상을 하고 있는 귀신들이 꿈속에서라도 괴롭히지 말라."

그리고 부처님 앞에서 게송을 설했다.

"나의 주문을 순종하지 않고 법을 설하는 법사를 괴롭히면 머리를 깨어 일곱 조각내어 아리수 나무 가지처럼 만들겠다.

부모 죽인 죄와 같고 기름 짜는 재앙과 같이하며, 됫박이나 저울, 말로써 사람을 속인 죄와 같고, 조달(調達; 제바달다)이 화합승(和合僧)을 깨뜨린 죄와 같다.

이 법사를 침해하는 자는 조달(調達)과 같이 아비지옥의 재앙을 받으리라."

* 기름 짤 때 속인 죄 : 참기름을 짤 때 참깨를 찧은 뒤에 그냥 두면(썩히면) 벌레가 생기고 벌레와 함께 짜면 기름이 많아진다고 한다. 이것을 순수 참기름으로 팔면 중죄가 된다.

* 조달(調達; 제바달다) : 석존의 사촌 동생인데, 조달이 아사세왕과 결탁하여 화합승가(和合僧伽)를 파괴한 오역죄(五逆罪)로 아비지옥에 떨어진 것처럼 아비지옥, 무간지옥에 떨어진다.

諸羅刹女 說此偈已. 白佛言, 世尊. 我等 亦當身自擁護 受持讀誦 修行是經者. 令得安隱 離諸衰患 消衆毒藥.
佛告 諸羅刹女. 善哉 善哉. 汝等 但能擁護受持法華經名者. 福不可量 何況擁護具足受持 供養經卷. 華香 瓔珞 抹香 塗香 燒香. 幡蓋 伎樂. 燃種種燈, 蘇燈油燈, 諸香油燈, 蘇摩那華油燈, 薝蔔華油燈, 婆師迦華油燈, 優鉢羅華油燈. 如是等百千種 供養者.
皐帝. 汝等及眷屬 應當擁護如是法師. 說是陀羅尼品時 六萬八千人 得無生法忍.

모든 나찰 여인들이 이 게송을 설하고 부처님께 말했다.

"세존이시여! 저희들도 직접 이 경전의 법문을 수지하고 독송하며, 여법하게 수행하는 사람을 옹호하고 항상 편안하게 하며 모든 환란을 여의게 하고 많은 독약(毒藥)을 소멸하도록 하겠습니다."

부처님이 모든 나찰 여인들에게 말했다.

"훌륭하고, 훌륭하다. 그대들이 능히 『법화경』 경전의 이름만 수지하는 사람을 옹호해도 그 공덕이 한량이 없는데, 어찌 하물며 『법화경』의 법문을 구족하고 수지하며 경전(經典)에 꽃, 향, 영락, 가루 향, 바르는 향, 사르는 향, 번기, 일산과 음악으로 공양하고, 또 우유등, 기름등, 향유등, 소마나 꽃 기름등, 첨복화 기름등, 바사가꽃 기름등, 우발라꽃 기름등, 이러한 백 천 가지로 공양하는 이를 옹호하는 것은 더 말할 필요가 없지 않겠는가? 고제(皐帝)여! 그대들과 권속들은 반드시 이러한 법사(法師)를 잘 옹호하도록 하라!"

이 다라니품을 설할 때 육만 팔천 사람이 무생법인(無生法忍)을 체득했다.

제27 묘장엄왕본사품(妙莊嚴王本事品)

* 본문(本門) 유통분 가운데 『법화경』을 수지 독송하는 사람을 보호하는 인연을 설한다.

묘장엄왕본사품에는 정안(淨眼), 정장(淨藏) 두 동자(童子)가 과거에 수승한 불법 수행 공덕력으로 父王(묘장엄왕)의 사견(邪見)을 전향시켜서 발심 수행하게 하고, 사람들에게 『법화경』의 법문을 청법하고 수지하도록 권한다.

묘장엄왕본사품에도 약왕보살이 네 번째로 등장한다.

1) 법사품에는 약왕보살이 사람들에게 경전을 찬탄하고 홍포하는 방법을 제시하고, 2) 약왕보살본사품에는 身命 財寶를 報恩 공양하며 법을 홍포하고, 3) 다라니품에는 경전을 수지하는 공덕을 설하여 법사를 옹호하고, 4) 본품에서는 父王(묘장엄왕)이 外道를 신봉하는 邪見을 전향시켜 불법의 정도(正道)를 깨닫게 한다.

운뢰음수왕화지여래

爾時 佛告諸大衆. 乃往古世 過無量無邊 不可思議 阿僧祇劫 有佛. 名雲雷音宿王華智 多陀阿伽度 阿羅訶 三藐三佛陀. 國名 光明莊嚴, 劫名 喜見.

그때 석가모니불이 대중들에게 설법했다.

"지나간 옛날 무량무변의 불가사의한 아승지 겁 이전에 한 부처님이 있었다. 그 부처님의 명호는 운뢰음수왕화지(雲雷音宿王華智)여래, 응공(應供), 정변지(正遍知)이며, 그 운뢰음수왕화지불이 교화한 국토의 이름은 광명장엄(光明莊嚴)이고, 시간(겁)의 이름은 희견(喜見)이었다.

* 운뢰음수왕화지(雲雷音宿王華智)여래 : 묘음보살품에 운뢰음왕(雲雷音王)여래라고 설한다.
* 다타아가도(多陀阿伽度) : 如來, 아라하(阿羅訶)는 응공(應供), 삼먁삼불타(三藐三佛陀)는 정변지(正遍知)이다.

묘장엄왕과 두 아들

彼佛法中 有王. 名妙莊嚴. 其王夫人 名曰 淨德. 有二子. 一名淨藏, 二名 淨眼. 是二子 有大神力 福德智慧. 久修菩薩所行之道. 所謂檀波羅蜜, 尸羅波羅蜜, 羼提波羅蜜, 毗梨耶波羅蜜, 禪波羅蜜, 般若波羅蜜, 方便波羅蜜, 慈悲喜捨, 乃至 三十七品助道法, 皆悉明了通達.
又得菩薩 淨三昧, 日星宿三昧, 淨光三昧, 淨色三昧, 淨照明三昧, 長莊嚴三昧, 大威德藏三昧, 於此三昧 亦悉通達.

그 운뢰음수왕화지불이 불법을 설하는 국토 가운데 한 사람의 왕이 있었다. 그 왕의 이름이 묘장엄(妙莊嚴)이요, 그 왕의 부인 이름은 정덕(淨德)이다. 그 묘장엄왕은 두 아들이 있었는데, 한 사람은 정장(淨藏)이요, 다른 한 사람은 정안(淨眼)이다.

묘장엄왕의 이 두 아들은 큰 신통의 힘과 공덕의 지혜가 있어, 그들은 오래 전부터 대승보살이 실천하는 불도를 수행했다. 말하자면 보시(布施)바라밀, 지계(持戒)바라밀, 인욕(忍辱)바라밀, 정진(精進)바라밀, 선정(禪定)바라밀, 지혜(智慧)바라밀, 방편(方便)바라밀과 자비희사(慈悲喜捨)의 사무량심(四無量心), 그리고 서른일곱 가지 불도를 체득하는 수행법(三十七品)으로 제시한 실천덕목을 모두 분명하게 깨달아 통달했다.

또 대승보살도의 수행으로 청정(淨)삼매와 일성수(日星宿)삼매, 정광(淨光)삼매, 정색(淨色)삼매, 정조명(淨照明)삼매, 장장엄(長莊嚴)삼매, 대위덕장(大威德藏)삼매를 체득하였으며, 이러한 진여삼매를 모두 깨달아 통달했다."

* 여기 설한 일단은, 대승보살이 수행하는 육바라밀과 십바라밀, 사무량심(四無量心), 사섭법(布施, 愛語, 利他行, 同事攝) 등이다.
* 37조도품 : 37보리분이라고 하는데, 소승불교의 수행법으로 사념처법(四念處法), 사정근(四正勤), 사여의족(四如意足), 오근(五根), 오력(五力), 칠각지(七覺支), 팔정도(八正道) 등이다.

두 아들의 교화방편

爾時 彼佛. 欲引導妙莊嚴王 及愍念衆生故 說是法華經. 時淨藏 淨眼 二子. 到其母所, 合十指爪掌. 白言, 願母往詣雲雷音宿王華智佛所. 我等 亦當侍從親近 供養禮拜. 所以者何. 此佛於一切天人衆中 說法華經 宜應聽受.

母 告子言, 汝父信受外道 深着著婆羅門法. 汝等 應往白父 與共俱去.

淨藏 淨眼 合十指爪掌. 白母 我等 是法王子 而生此邪見家.

母 告子言, 汝等 當憂念汝父 爲現神變. 若得見者 心必清淨. 或聽我等 往至佛所.
於是二子 念其父故 踊在虛空 高七多羅樹 現種種神變. 於虛空中 行住坐臥 身上出水 身下出火 身下出水 身上出火. 或現大身 滿虛空中. 而復現小 小復現大. 於空中滅 忽然在地. 入地如水 履水如地. 現如是等 種種神變 令其父王 心淨信解.

그때 그 운뢰음수왕화지불은 묘장엄왕을 인도(引導)하고, 중생들을 불쌍히 여기는 자비심으로 이 『법화경』의 법문을 설했다.

당시에 정장과 정안 두 아들이 그의 어머니에게 가서 열 손가락과 손바닥을 합하여 합장하고 말했다.

"원하건대 어머니! 운뢰음수왕화지불이 계시는 처소에 같이 가서 참예하도록 합시다. 저희들 역시 부처님을 친근하고 공양 예배하도록 하겠습니다. 왜냐하면, 이 부처님이 모든 천신과 인간 대중들에게 『법화경』의 법문을 설하시니, 반드시 청법하고자 합니다."

그의 어머니가 아들에게 말했다. "너희 아버지가 외도(外道)를 신봉하고, 깊이 바라문이 설하는 가르침(法)에 탐착하고 있다. 너희들은 아버지에게 가서 함께 가자고 말씀드리도록 해라."

정장과 정안이 열 손가락을 모아 합장하고 어머니에게 말했다.

"우리는 법왕자(法王子)로서 이렇게 삿된 견해를 가진 사람의 가문에 태어났습니다."

그 어머니가 아들에게 말했다.

"너희는 아버지를 염려하여 신통(神通) 변화를 보이도록 하라. 아버지가 너희들의 신통 변화를 보면 반드시 마음이 청정해져서 우리들과 함께 부처님의 처소에 가도록 허락할 것이다."

이에 두 아들이 아버지를 생각하여 허공으로 일곱 다라수(패엽나무)쯤 뛰어 올라가서 여러 가지 신통 변화를 나타냈다. 허공에서 걸어가고, 서고, 앉고, 눕기도 하였다. 또 몸 위에서 물을 뿜고 몸 아래서 불을 뿜으며, 몸 아래서 물을 뿜고 몸 위에서 불을 뿜었다.

혹은 큰 몸(大身)을 나투어 허공에 가득하게 하다가 또 작은 몸으로 나투기도 하고, 작은 몸을 다시 큰 몸으로 나투기도 했다. 공중에서 몸이 없어져 땅 위에 서 있기도 하고, 땅속에 들어가기를 물속에 빠지는 것과 같이 했다. 물 위에 걸어 다니는 것을 땅 위에 걸어 다니는 것과 같이 했다.

이렇게 여러 가지 신통 변화를 나타내어 아버지의 마음이 청정하고, 불법을 신해(信解)할 수 있도록 했다.

* 법왕자(法王子) : 부처님을 法王이라고 하고 보살을 법왕자라고 한다. 진여 일심법을 깨닫고 불법의 지혜를 체득하는 왕자가 된 것을 말한다.
* 신변(神變) : 신통변화인데, 보살이 중생을 교화하는 불가사의한 방편지혜의 묘용(妙用)으로 18가지 신통변화(神變)를 나투는 것을 말한다. 삼명 육통(三明 六通)을 구족하여 자유자재로 방편의 지혜를 변화하며 실행하는 보살의 원생신이다. 관세음보살이 32응신을 나투는 것과 같다.

묘장엄왕의 귀의

時父 見子神力如是 心大歡喜 得未曾有. 合掌向子言, 汝等 師爲是誰 誰之弟子. 二子 白言, 大王. 彼雲雷音宿王華智佛. 今在七寶菩提樹下 法座上坐. 於一切世間 天人衆中 廣說法華經, 是我等師, 我是弟子.

父語子言, 我今 亦欲見汝等師 可共俱往.

그때 아버지 묘장엄왕은 아들의 신통(神通)한 방편지혜가 이와 같이 뛰어난 것을 보고 마음으로 크게 환희하여, 일찍이 경험하지 못한 사실을 체험(未曾有)하고 합장하여 아들에게 말했다.

"너희들의 스승이 누구이며, 너희들은 누구의 제자인가?"

두 아들이 말했다. "대왕이여! 저 운뢰음수왕화지불께서 지금 칠보로 장엄된 보리수 아래 법좌(法座)에 앉아서 모든 세간의 천신, 인간 대중들에게 『법화경』의 법문을 설하고 있습니다. 그분이 저희들의 스승이며, 저희는 그분의 제자입니다."

아버지 묘장엄왕이 아들에게 말했다.

"나도 너희들의 스승을 친견하고자 하니 함께 가도록 하자."

두 아들이 출가하다

於是二子 從空中下 到其母所 合掌白母. 父王 今已信解 堪任發阿耨多羅三藐三菩提心. 我等爲父 已作佛事. 願母見聽 於彼佛所 出家修道.

爾時 二子 欲重宣其意 以偈白母.

願母放我等　出家作沙門　諸佛甚難値　我等隨佛學
如優曇鉢華　値佛復難是　脫諸難亦難　願聽我出家

母卽告言 聽汝出家. 所以者何 佛難値故.

이에 두 아들이 허공에서 내려와 어머니 앞에 가서 합장하고 말했다. "부왕(父王)께서는 이미 불법을 신해(信解)하였으니, 반드시 최상의 깨달음을 체득하는 발심을 감당할 수가 있습니다.

저희가 아버지를 위하여 불법의 지혜를 수행하는 불사(佛事)를 실행하도록 했으니, 원하건대 어머니께서는 저희들이 저 운뢰음수왕화지불이 계신 곳에서 출가(出家)하여 불도를 수행하도록 허락해 주십시오."

그때 두 아들은 그들의 뜻을 거듭 밝히려고 게송으로 어머니에게 말했다.

"원하건대, 어머니여! 저희들의 뜻을 허락하고 출가하여 사문이 되도록 해 주십시오. 제불을 친견하기 어려운 일이니, 우리는 부처님을 따라 불법을 배우려고 합니다.

우담바라 꽃을 보기 어려운 것처럼, 부처님을 친견하는 일이 이보다 더 어렵습니다.

중생의 모든 고난을 벗어나기는 더 어려우니, 원하건대 우리의 출가를 허락해 주소서."

그 어머니가 말했다. "너희들의 출가를 허락하노라. 왜냐하면, 부처님 친견하는 인연을 만나기 어렵기 때문이다."

* 최상의 깨달음을 체득하는 발심을 감임할 수 있다(堪任發阿耨多羅三藐三菩提心). 여기서 감임(堪任)은 감당할 수 있는 능력이다. 『유마경』 제자품에 부처님이 우바리존자에게 유마거사의 병문안을 하도록 하자, 우바리존자가 "세존이시여! 나는 유마거사의 병문안을 감임(堪任)할 수가 없습니다(世尊, 我不堪任 詣彼問疾)"라고 말한다. 『대승기신론』에도 "선근이 성숙한 중생들이 대승법을 감임하여 불퇴전의 신심을 구족한다(堪任不退信)"라고 설한다. 堪任은 堪當과 같은 뜻으로, 『법화경』 법사품과 『금강경』에 "최상의 깨달음을 짊어진다(荷擔)"라는 뜻의 하담(荷擔)이라는 말도 있다.

일안지구(一眼之龜), 맹구우목(盲龜遇木)의 비유

於是 二子白父母言, 善哉 父母. 願時往詣雲雷音宿王華智佛所，親近供養．所以者何．佛難得值，如優曇鉢羅華．又如一眼之龜，值浮木孔．而我等宿福深厚 生值佛法．是故父母 當聽我等 令得出家．所以者何．諸佛難值 時亦難遇．

彼時妙莊嚴王後宮 八萬四千人．皆悉堪任受持是法華經．淨眼菩薩 於法華三昧．久已通達．淨藏菩薩 已於無量百千萬億劫通達離諸惡趣三昧．欲令一切衆生 離諸惡趣故．其王夫人 得諸佛集三昧．能知諸佛秘密之藏．二子如是以方便力 善化其父，令心信解 好樂佛法．

於是 妙莊嚴王 與羣臣眷屬俱，淨德夫人 與後宮采女眷屬俱，其王二子 與四萬二千人俱，一時共詣佛所．到已頭面禮足 繞佛三帀 却住一面．爾時 彼佛 爲王說法 示教利喜 王大歡悅．

爾時 妙莊嚴王 及其夫人．解頸眞珠瓔珞，價值百千 以散佛上．於虛空中 化成四柱寶臺，臺中有大寶牀，敷百千萬天衣，其上有佛 結跏趺坐 放大光明．

爾時 妙莊嚴王 作是念，佛身希有 端嚴殊特 成就第一微妙之色．

이에 두 아들이 부모님께 말했다.

"훌륭하십니다. 부모님이여! 원하건대 이제 운뢰음수왕화지불이 계신 곳에 가서 부처님을 친근하고 공양하도록 합시다. 왜냐하면 부처님 만나는 인연이 어려운 것은, 마치 우담바라 꽃을 볼 수 있는 인연을 만나기 어려운 것과 같고, 또 한쪽 눈이 먼 거북이가 바다에 떠돌아다니는 나무의 구멍을 만나는 것과 같이 어려운 일입니다.

우리들은 숙세(宿世)의 복덕이 깊고 두터워서 지금(今生) 불법의 인연을 만나게 된 것입니다. 그러므로 부모님께서 우리들이 출가할 뜻을 허락해 주십시오. 왜냐하면 제불(諸佛)을 만나는 인연이 어렵고, 출가할 수 있는 시절인연을 만나기 어렵기 때문입니다."

그때 묘장엄왕의 후궁(後宮)에는 팔만사천여 명의 사람들이 모두 다 이 『법화경』의 법문을 수지하고 감당할 수 있는 능력을 갖추게 되었다.

정안보살은 법화삼매(法華三昧)를 오래 전부터 통달하였고, 정장보살은 한량없는 백 천만 억 겁 이전부터 중생이 육도에 윤회하는 생사윤회를 해탈하는 삼매를 통달했다. 즉 일체 중생들이 육도에 윤회하는 생사윤회에서 해탈할 수 있도록 원력을 세웠기 때문이다.

그 묘장엄왕의 부인은 제불을 운집하는 삼매를 체득하여 스스로 제불의 비밀법장(法藏)을 깨달았다.

두 아들은 이렇게 방편 지혜의 힘으로 그 아버지를 잘 교화(教化)하여 일심으로 신해(信解)하여 불법(佛法)을 깨달아 열반의 법락을 이루도록 했다. 이에 묘장엄왕이 여러 신하와 권속들을 모두 함께 거느리고, 정덕부인(淨德夫人)은 후궁의 궁녀들을 모두 함께 거느리고, 두 왕자는 사만이천 사람을 데리고 함께 운뢰음수왕화지불이 계신 곳에 갔다. 모두가 머리 숙여 부처님의 발에 예배하고 부처님의 주위를 세 번 돌고, 한쪽에 물러서서 자리에 앉았다.

그때 저 운뢰음수왕화지불은 묘장엄왕에게 설법했다.

『법화경』의 법문을 제시하여 설교하며, 발심 수행으로 해탈의 이익을 체득하여 환희의 법락을 이루게 했다. 왕은 크게 환희하며 법희선열(法喜禪悅)의 법락(法樂)을 이루었다.

그때 묘장엄왕과 그 부인이 목에 걸고 있던 백 천만금의 가치가 되는 진주, 영락의 보배구슬을 풀어 운뢰음수왕화지불 위에 흩어서 공양하니, 그 보배구슬이 허공에서 네 기둥의 보배전망대(臺)로 변화했다. 전망대 안에는 큰 보배로 장엄된 평상이 있었는데 백 천만 가지 천상의 옷을 깔았고, 그 위에 운뢰음수왕화지불이 결가부좌하고 앉아서 큰 광명을 놓았다.

그때 묘장엄왕은 이렇게 사유했다.

'불신(佛身)은 희유하여 단정하고 엄숙하며, 수승하여 특이하니 제일 미묘한 금색상의 장엄을 성취하였다.'

* 한쪽 눈이 먼 거북(一眼之龜)은 눈먼 거북(盲龜)으로 맹구부목(盲龜浮木), 혹은 맹구우목(盲龜遇木)이라고 하는데, 이 비유법문은 『잡아함경』 제15권에 처음 설한다. 『열반경』 제2권, 순타품과 제23권에도 설하며, 『法苑珠林』 제23권, 『조주어록』, 『벽암록』 제19칙의 게송 등에 자주 언급한다.
* 시교리희(示教利喜) : 『법화경』의 법문에 자주 언급하는데, 제불세존이 정법을 개시오입(開示悟入)하는 일대사 인연과 같다.
* 佛身希有 端嚴殊特 成就第一微妙之色 : 부처의 32상 80종호를 구족한 제불여래의 진실상을 표현한 말이다. 佛身은 진여법신으로 金色身, 金剛不壞身, 여래법신 등으로 표현한다. 『대승기신론』의 진여자체상에는 불신(佛身)의 특성을 大智慧光明義, 遍照法界義, 眞實識知義, 自性清淨心義, 常樂我淨義, 清凉不變自在義로 설한다.

묘장엄왕이 수기를 받다

時雲雷音宿王華智佛 告四衆言, 汝等 見是妙莊嚴王 於我前合掌立不. 此王 於我法中 作比丘. 精勤修習 助佛道法, 當得作佛. 號 娑羅樹王. 國名 大光. 劫名 大高王. 其娑羅樹王佛. 有無量菩薩衆 及無量聲聞. 其國平正 功德如是.

그때 운뢰음수왕화지불이 사부대중에게 말했다.

"그대들은 이 묘장엄왕이 여래 앞에서 합장하고 서 있는 모습을 보았는가? 이 묘장엄왕이 여래가 설한 법문을 듣고 비구가 되어 불도를 이루는 정법을 부지런히 수습하고, 당래(當來)에 성불하여 사라수왕불(娑羅樹王佛)이 될 것이다. 그 사라수왕불이 교화하는 국토의 이름은 대광(大光)이요, 시간(겁)의 이름은 대고왕(大高王)이다. 그 사라수왕불은 한량없는 보살대중과 한량없는 성문대중이 있으며, 국토는 평탄하고 반듯하며 공덕도 이와 같이 여여하리라.

묘장엄왕이 출가하다

其王 卽時 以國付弟 與夫人二子 幷諸眷屬 於佛法中 出家修道. 王出家已 於八萬四千歲 常勤精進 修行妙法華經. 過是已後 得一切淨功德莊嚴三昧.
卽昇虛空高七多羅樹 而白佛言. 世尊 此我二子 已作佛事 以神通變化 轉我邪心 令得安住於佛法中 得見世尊.
此二子者 是我善知識 爲欲發起宿世善根, 饒益我故 來生我家.

그 묘장엄왕이 즉시 나라를 통치하는 일을 아우에게 부촉하고, 부인과 두 아들과 모든 권속들과 함께 불법(佛法)에 귀의하여 출가(出家)하고 불도를 수행했다.

묘장엄왕이 출가한 뒤, 팔만사천 년 동안 항상 부지런히 정진하여 『묘법연화경(妙法蓮華經)』의 법문을 수행하였다. 이렇게 수행한 이후 일체청정공덕장엄삼매(一切淸淨功德莊嚴三昧)를 깨달아 체득했다.

그 묘장엄왕은 곧 허공으로 일곱 다라수 높이 솟아올라 운뢰음수왕화지불께 말했다.

"저의 두 아들이 중생을 교화하는 불사(佛事)를 하여 신통 변화로 저의 삿된 중생심을 전향시켜, 불법의 지혜로써 편안히 안주할 수 있도록 하여 세존을 친견하게 되었습니다. 이 두 아들은 나의 선지식(善知識)입니다. 과거 숙세의 선근 공덕을 발휘하여 나를 생사윤회에서 해탈하는 이익을 깨달아 체득하게 하려고, 나의 집에 와서 화생(化生)한 것입니다."

* 래생(來生) : 원력보살이 원생신(願生身)으로 化生, 往生한다는 말과 같다.

선지식은 대인연(大因緣)

爾時 雲雷音宿王華智佛 告妙莊嚴王言, 如是如是. 如汝所言 若善男子 善女人 種善根故, 世世得善知識. 其善知識 能作佛事 示敎利喜 令入阿耨多羅三藐三菩提.
大王 當知 善知識者 是大因緣. 所謂化導 令得見佛 發阿耨多羅三藐三菩提心. 大王 汝見此二子不. 此二子已曾供養六十五百千萬億那由他恒河沙諸佛, 親近恭敬. 於諸佛所 受持法華經 愍念邪見衆生 令住正見.

그때 운뢰음수왕화지불이 묘장엄왕에게 말했다.

"그러하고 그러하다. 그대가 말한 것과 같다. 만약 선남자 선여인이 선근 공덕의 인연을 심었기 때문에 세세(世世) 생생(生生)에 선지식을 친견할 수가 있다. 그 선지식이 스스로 불사(佛事)를 실행하여 불법을 여법하게 개시(開示)하여 불도를 가르치고, 생사윤회에서 해탈하는 이익을 깨달아 법희선열의 법락을 이루며, 최상의 깨달음을 체득하도록 한다.

대왕이여! 잘 알도록 하라. 선지식은 불법을 깨닫게 하는 큰 인연이다. 말하자면, 중생을 교화하고 지도하여 부처의 지혜를 깨달아 친견하고 최상의 깨달음을 이루도록 발심하게 한다.

대왕이여! 그대는 이 두 아들을 보았는가? 이 두 아들은 이미 육십 오백천만 억 나유타 항하사와 같이 수많은 제불을 공양, 친근하고 공경하였으며, 제불의 처소에서 『법화경』의 법문을 수지하고, 삿된 견해를 지닌 중생들을 가엾게 여겨 정견(正見)의 지혜로 여법하게 살도록 한 것이다."

* 선지식은 대인연이다(善知識者 是大因緣) : 여기서 선지식은 善友, 道伴, 朋友로서 불도의 인연, 발심 수행의 인연을 맺어주는 道友인데, 『유마경』에는 불청지우(不請之友)라고 한다. 동산양개(洞山良价)선사는 "나를 낳아 준 사람은 부모요, 나를 성장시키고 부처의 지혜를 이루게 한 사람은 도반이다(生我者父母, 成我者朋友)"라고 했다.

부처님을 찬탄하고 서원을 세우다

妙莊嚴王 卽從虛空中下 而白佛言, 世尊 如來甚希有. 以功德智慧故 頂上肉髻 光明顯照. 其眼長廣 而紺青色. 眉間毫相 白如珂月. 齒白齊密 常有光明. 脣色赤好 如頻婆果.
爾時妙莊嚴王 讚歎佛. 如是等無量百千萬億功德已. 於如來前一心合掌. 復白佛言, 世尊 未曾有也. 如來之法 具足成就不可思議微妙功德 敎戒所行 安隱快善. 我從今日 不復自隨心行, 不生邪見憍慢瞋恚諸惡之心. 說是語已 禮佛而出

묘장엄왕이 허공 가운데서 내려와 운뢰음수왕화지불께 말했다.

"세존이시여! 여래는 매우 희유합니다. 공덕과 지혜를 구족하였기 때문에 정상(頂上)의 육계(肉髻)에서 지혜광명을 환히 비추고, 눈은 길고 넓어 감청색(紺青色)입니다. 미간(眉間)의 백호(白毫)는 달과 같이 희고, 치아는 희고 가지런하여 항상 광명이 있습니다. 입술은 붉고 아름다워 적색의 윤기 나는 빈바(頻婆)

나무의 과실과 같습니다."

그때 묘장엄왕이 운뢰음수왕화지불의 한량없는 백 천만 억 공덕을 찬탄하고는 여래 앞에서 일심으로 합장하고 다시 부처님께 말했다. "세존이시여! 이전에는 경험할 수 없었던 일입니다. 여래의 불법은 불가사의하고 미묘한 공덕을 구족하여, 성취하고 계법을 가르치고 수행하니 안온하고 쾌락합니다. 제가 오늘부터는 자기 스스로의 마음작용에 따르지 않고, 삿된 소견과 교만한 버릇과 성내는 나쁜 마음을 일으키지 않겠습니다."

이와 같이 말하고 부처님께 예배하고 물러갔다.

고금(古今)의 인연

佛告 大衆 於意云何. 妙莊嚴王 豈異人乎. 今華德菩薩是. 其淨德夫人, 今佛前 光照莊嚴相菩薩是. 哀愍妙莊嚴王 及諸眷屬故 於彼中生 其二子者, 今藥王菩薩, 藥上菩薩是. 是藥王 藥上菩薩 成就如此諸大功德已. 於無量百千萬億諸佛所 植衆德本 成就不可思議諸善功德.
若有人 識是二菩薩名字者, 一切世間 諸天人民 亦應禮拜.
佛說是妙莊嚴王本事品時 八萬四千人, 遠塵離垢 於諸法中 得法眼淨.

석가모니불이 대중들에게 말했다.

"그대들은 어떻게 생각하는가? 묘장엄왕은 다른 사람이 아니라 지금의 이 화덕(華德)보살이요, 정덕부인은 지금 부처님 앞에서 광명을 비추는 장엄상(莊嚴相)보살이다.

묘장엄왕과 모든 권속들을 불쌍히 여기는 까닭으로 저 가문에 태어난 두 아들은 지금 여기의 약왕(藥王)보살과 약상(藥上)보살이다. 이 약왕보살과 약상보살이 이러한 큰 공덕을 성취하고, 한량없는 백 천만 억 제불의 처소에서 많은 공덕의 근본이 되는 인연을 심고, 불가사의한 모든 선근 공덕을 성취하였다. 만약 어떤 사람이 이 두 보살의 이름을 아는 사람이 있으면 일체 세간의 천신과 인민들이 반드시 예배할 것이다."

석가모니불이 이 묘장엄왕본사품(妙莊嚴王本事品)을 설할 때, 팔만 사천 사람들이 육진(六塵)의 대상경계를 멀리하고 번뇌 망념의 때를 여의었으며, 일체의 제법 가운데서 법안(法眼)이 청정한 지혜를 체득했다.

* 화덕(華德)보살은 묘음보살품에 등장한다.
* 법안(法眼)이 청정한 지혜는 일체법을 여법하게 볼 수 있는 佛知見으로 正法眼目을 구족한 것이다. 불지견, 정법의 안목이 있어야 正法, 邪法, 外道法을 판단하고 여법하게 발심 수행할 수 있다. 『화엄경』에서 十信位 보살 가운데 七信位 이상의 보살이 체득하는 경지라고 한다.

제28 보현보살권발품(普賢菩薩勸發品)

* 보현보살은 범어 Samantabhadra로 편길(遍吉)이라고 번역한다. 중생들을 교화함에 일체처에 두루하지 않는 곳이 없기에 普(普門)라고 하고, 지극한 聖智에 부합하기 때문에 賢(聖)이라고 칭(稱)한다. 제불여래의 지혜는 문수보살, 행화는 보현보살로 상징한다.

『화엄경』에는 보현보살행원품을 설하고, 『원각경』에도 보현보살이 질문하며, 『법성게』에는 "십불보현대인경(十佛普賢大人境)"이라고 읊고 있다. 보현보살권발품에는 "나는 지금 신통력으로 이 경전을 수호하고, 부처의 지혜가 없는 중생의 시대(佛滅後)에 널리 두루 유포하여 단절되는 일이 없도록 하리라"고 서원하고 있다.

천태지의의 『法華文句』에는 보현보살을 등각(等覺)의 보살로 설하고, 권발(勸發)은 불법을 염원하는 말이라고 했다.

천태지의는 보현의 서원에 의해 중생이 자발적으로 수행(自行)하도록 勸하고, 수호하는 것을 분명히 밝힌 것이기 때문에 신통에 의거한 자행(自行)의 유통이라고 해설했다.

이 보현보살권발품은 타방(他方)에서 온 대중이 본국으로 되돌아가려고 할 때, 보현보살이 동방에서 대중들을 데리고 와서 미래의 악세(惡世)에 '어떻게 『법화경』의 법문을 체득할 것인가?'라고 질문하자, 부처님이 『법화경』의 법의(法義)를 간략하게 설법했다. 따라서 이 품을 다시 『법화경』의 법문을 연설한 것(再演法華), 혹은 거듭 『법화경』의 법문을 설한 것(重演法華)이라고도 한다.

보현보살이 영축산에 오다

爾時 普賢菩薩 以自在神通力 威德 名聞 與大菩薩 無量無邊 不可稱數 從東方來. 所經諸國 普皆震動 雨寶蓮華, 作無量百千萬億種種伎樂. 又與無數 諸天 龍 夜叉 乾闥婆 阿修羅 迦樓羅 緊那羅 摩睺羅伽 人 非人 等 大衆 圍繞, 各現威德神通之力. 到娑婆世界 耆闍崛山中 頭面禮釋迦牟尼佛 右繞七帀.

그때 보현보살이 자유자재(自在)한 신통 지혜의 힘과 위덕(威德)을 구족하여 그 이름이 잘 알려진 무량무변의 헤아릴 수 없이 많은 대보살들과 함께 동방(東方)으로부터 왔다.

보현보살이 지나오는 국토가 모두 다 진동하고 보배연꽃으로 꽃비를 내리며, 한량없이 많은 백 천만 억 여러 종류의 악기로 음악을 연주했다.

또 무수하게 많은 천신과 용왕, 야차, 건달바, 아수라, 가루라, 긴나라, 마후라가와 사람과 사람 아닌 귀신 등 많은 대중들에게 둘러싸여 각각 위덕(威德)과 신통 지혜의 힘을 나투었다.

사바세계의 기사굴산(耆闍崛山)에 도착하여 석가모니불께 머리 숙여 예배하고, 오른쪽으로 일곱 바퀴 돌았다.

* 사바세계의 기사굴산(耆闍崛山) : 영축산으로 석가모니불이 『법화경』의 법문을 설한 도량이다.

법화경의 법문을 청하다

白佛言 世尊. 我於寶威德上王佛國 遙聞此娑婆世界 說法華經

與無量無邊 百千萬億 諸菩薩衆 共來聽受. 唯願世尊 當爲說之. 若善男子 善女人 於如來滅後 云何能得是法華經.
佛告 普賢菩薩. 若善男子 善女人. 成就四法. 於如來滅後 當得是法華經. 一者 爲諸佛護念. 二者 植衆德本. 三者 入正定聚. 四者 發救一切衆生之心.
善男子 善女人. 如是成就四法. 於如來滅後 必得是經.

보현보살이 부처님께 말했다.

"세존이시여! 제가 보위덕상왕불(寶威德上王佛)의 국토에 있으면서 멀리 이 사바세계에서 『법화경(法華經)』 설하는 소문을 듣고, 한량없고 끝이 없는 무량무변의 백 천만 억 대보살 대중들과 함께 와서 청법하고자 합니다.

원하건대 세존께서는 『법화경』의 법문을 설법해 주십시오. 만약 선남자 선여인이 여래의 지혜가 소멸한 중생심이 되었을 때는 어떻게 해야 스스로 이 『법화경』의 법문을 깨달아 체득할 수 있겠습니까?"

석가모니불이 보현보살에게 말했다.

"선남자 선여인이 다음과 같은 네 가지 수행법(四法)을 성취하면, 여래의 지혜가 소멸하여 중생심이 될 때 이 『법화경』의 법문을 깨달아 체득할 수가 있다.

첫째는 제불의 지혜를 구족하여 번뇌 망념에 타락하지 않도록 호념(護念)하는 일이요, 둘째는 많은 선근 공덕의 인연이 되는 근본을 심는 것이요, 셋째는 생사윤회에 타락하지 않는 불퇴전(不退轉)의 경지를 이루는 정정취(正定聚)를 체득하는 일이요, 넷째는 일체 중생들을 구제하는 원력행을 발심하는 일이다.

선남자 선여인이 이와 같은 네 가지 수행법을 성취하면 여래의 지혜가 소멸하여 중생이 되었을 때 반드시 이 경전의 법문을 깨달아 체득할 수 있다."

* 이 일단은 『법화경』에서 설한 법문의 뜻(義理)을 약설(略說)한 것으로

『법화경』의 법문을 다시 연설한 것(再演法華), 혹은 거듭 법화경의 법문을 설한 것(重演法華)이라고 한다.

* 如來滅後 : 대승경전에서 자주 언급하는데, 여래의 지혜가 소멸하여 중생심이 된 경우, 즉 중생이 되었을 때 발심 수행해야 한다는 말이다.
* 諸佛護念 : 『금강경』에서 如來善護念諸菩薩이라고 설한 법문과 같이, 佛知見을 구족하고 제불의 지혜를 체득하여 중생심의 번뇌 망념으로 생사윤회에 타락하지 않도록 자각, 발심, 수행하는 일이다. 선에서는 "망념이 일어나면 망념을 자각하라(念起卽覺)"고 설한다.
* 많은 선근공덕의 인연이 되는 근본을 심는 것(植衆德本)은 『법화경』에서도 자주 설한다. 계법을 호지하고 육바라밀과 사무량심(四無量心), 사섭법(四攝法) 등 보살도의 실천덕목을 여법하게 발심 수행하는 일이다.
* 정정취(正定聚)보살 : 중생심의 생사윤회에 타락하지 않는 불퇴전(不退轉)의 경지인데, 십지(十地) 이상의 지혜를 구족한 보살이다. 참고로 사정취(邪定聚)는 외도, 부정취(不定聚)는 범부중생을 말한다.

외난(外難)을 수호하다

爾時 普賢菩薩 白佛言, 世尊. 於後五百歲 濁惡世中 其有受持是經典者. 我當守護 除其衰患, 令得安隱. 使無伺求得其便者, 若魔 若魔子, 若魔女 若魔民, 若爲魔所着者, 若夜叉 若羅刹, 若鳩槃茶 若毗舍闍, 若吉蔗 若富單那, 若韋陀羅 等諸惱人者 皆不得便.

그때 보현보살이 부처님께 말했다.

"세존이시여! 이후의 오백세(五百歲), 중생의 오탁악세(五濁惡世)에서 이 경전의 법문을 수지하는 사람이 있으면, 저는 반드시 그를 수호하여 중생이 번뇌 망념으로 고뇌(衰亡)하는 근심, 걱정을 제거하고 안온(편안)함을 체득할 수 있도록 하며, 그 중생의 번뇌, 망념에 편승하여 악마가 침입하는 일이 없도록 하겠습니다.

만약 마군(魔群)이거나 마왕의 아들, 마왕의 여자, 마왕의 백성, 마귀가 붙은 자, 야차나 나찰, 구반다, 비사자, 길자, 부단나, 위타라 등 사람을 괴롭히는 모든 마귀들이 중생의 번뇌 망념에 편승하여 침입하지 못하도록 하겠습니다.

* 오탁악세(五濁惡世) : 중생의 사바세계로 시간(劫濁), 견해(見濁), 번뇌(煩惱濁), 중생심(衆生濁)의 번뇌 망념으로 혼탁하여 여래지혜를 상실하고, 지혜의 생명이 짧아진(命濁) 중생세계를 말한다.
* 부득편(不得便) : 중생이 번뇌 망념을 일으키면 그 불안한 망념의 틈에 마구니와 귀신들이 편승한다.

내법(內法)을 수호하다

是人 若行 若立 讀誦此經. 我爾時 乘六牙白象王 與大菩薩衆 俱詣其所. 而自現身 供養守護 安慰其心. 亦爲供養法華經故. 是人若坐 思惟此經. 爾時 我復乘白象王 現其人前. 其人若於法華經 有所忘失一句一偈. 我當敎之 與共讀誦 還令通利.

爾時 受持讀誦法華經者 得見我身 甚大歡喜 轉復精進. 以見我故 卽得三昧 及陀羅尼. 名爲旋陀羅尼 百千萬億旋陀羅尼, 法音方便陀羅尼, 得如是等陀羅尼.

『법화경』의 법문을 수지 독송하는 이 사람이 걸어 다니거나 서 있거나 이 경전을 독송하면, 그때 나는 여섯 개의 상아를 가진 흰 코끼리(六牙白象)를 타고 대보살 대중들과 함께 그의 처소에 가서, 보살의 몸으로 화신하여 공양하고 수호하여 그들의 마음을 평안하게 위로하겠습니다. 역시 『법화경』의 법문에 법공양하는 일입니다.

『법화경』의 법문을 수지 독송하는 이 사람이 만약 앉아서 이 경전의 법문을 사유할 때, 나는 또 흰 코끼리를 타고 그 사람 앞에 나타나겠습니다. 그 사람이 만약 『법화경』의 한 구절, 한 게송을 잊어버리는 일이 있으면 내가 반드시 그 사람에게 한 구절, 한 게송의 법문을 교시하여, 그와 함께 경전을 독송하고 법문의 뜻을 통달하도록 하겠습니다.

그때 『법화경』을 수지하고 독송하는 사람이 자아(보현)의 법신을 친견하고 매우 크게 환희하여 더욱 정진하며, 자아(보현)의 법신 친견한 인연으로 삼매와 다라니를 체득하게 될 것입니다. 그 삼매의 이름이 선다라니(旋陀羅尼)이며, 백천만 억 선다라니와 법음방편(法音方便) 선다라니이니, 이러한 불법의 총지(總持)인 다라니를 깨달아 체득할 것입니다.

* 이 일단은 보현보살의 원력행이다. 보현보살이 육아백상왕(六牙白象王)을 타고 출현한다는 것은, 六根清淨, 六神通, 六波羅蜜을 상징한다. 『觀普賢菩薩行法經』(『대정장』 제9권 389쪽 下. 참조)
* 득견아신(得見我身) : 아신(我身)은 보현보살의 진여법신(眞如法身)이며 여래이다. 『법화경』을 수지 독송하는 이 사람이 보현보살이 되고 보현보살의 진여법신(여래)을 깨달아 체득하게 된 것을 말한다. 진여삼매(여래)의 지혜로 보현보살과 제불여래를 친견하는 것이다. 자아의식의 중생심으로 대상경계의 보현보살을 보게 되면 중생심이 되고 다라니(總持)를 체득할 수가 없다.
* 선다라니(旋陀羅尼) : 범어 avarta-dharani로서 전향(轉向)한다는 뜻이다.

방편 법문을 수행하여 진여일심의 지혜를 깨달아 체득하는 것이다. 이 선다라니를 체득했기 때문에 제불 보살의 법문을 이해하고 수지 독송하며, 법음방편다라니의 힘으로 제불의 방편법문을 깨달아 불법의 안목, 불지견(佛知見)을 체득할 수 있다.

* 百千萬億 旋陀羅尼 : 백 천만 억의 방편법문을 전향하여 지혜를 체득하는 것이고, 法音方便陀羅尼는 일체 法音의 방편을 깨달아 체득하는 지혜이다.

世尊. 若後世 後五百歲 濁惡世中, 比丘 比丘尼 優婆塞 優婆夷, 求索者 受持者 讀誦者 書寫者 欲修習是法華經, 於三七日中 應一心精進.

滿三七日已, 我當乘六牙白象 與無量菩薩 而自圍繞, 以一切衆生 所喜見身 現其人前 而爲說法 示教利喜. 亦復與其陀羅尼呪. 得是陀羅尼故 無有非人 能破壞者. 亦不爲女人之所惑亂. 我身 亦自常護是人.

唯願世尊, 聽我說此陀羅尼呪 卽於佛前 而說呪曰,

阿檀地一 檀陀婆地二 檀陀婆帝三 檀陀鳩舍隷四 檀陀修陀隷五 修陀隷六 修陀羅婆底七 佛馱波羶禰八 薩婆陀羅尼阿婆多尼九 薩婆婆沙阿婆多尼十 修阿婆多尼十一 僧伽婆履叉尼十二 僧伽涅伽陀尼十三 阿僧祇十四 僧伽婆伽地十五 帝隷阿惰僧伽兜略阿羅帝波羅帝十六 薩婆僧伽地三摩地伽蘭地十七 薩婆達磨修波利刹帝十八 薩婆薩埵樓馱憍舍略阿㝹伽地十九 辛阿毗吉利地帝二十

세존이시여! 만약 후세나 이후 오백세(五百歲), 오탁악세(五濁惡世)의 중생세상에서 비구, 비구니, 우바새, 우바이들이 이 경전의 법문을 구법하는 구색자,

수지자, 독송자, 사경하는 서사자로서 이 『법화경』의 법문을 수습(修習)하려면 21일(三七日) 동안 일심으로 수행 정진해야 합니다.

이렇게 21일 동안 一心으로 『법화경』의 법문을 수습(修習)하는 수행이 끝나면, 나(보현보살)는 여섯 개의 상아를 가진 흰 코끼리를 타고 한량없는 보살들에게 둘러싸여, 일체 중생들이 환희심으로 친견하고자 하는 그 사람들 앞에 몸을 나투어, 『법화경』의 법문을 개시하여 가르치고 그들이 해탈의 이익을 이루고, 법희선열의 법락을 체득하도록(示教利喜) 설법하겠습니다.

그리고 또 다시 다라니 신주(神呪)를 제시하겠습니다. 이 다라니 신주의 힘을 체득한다면 사람 아닌 귀신들이 능히 스스로 감히 수행자들의 지혜를 파괴하지 못하며, 또 여인들이 그 수행자를 유혹하지도 못할 것입니다. 나도 역시 이 사람(법화수행자)을 항상 보호하겠습니다. 오직 원하건대, 세존께서는 제가 설하는 이 다라니 신주를 들어 주십시오."

보현보살은 곧 부처님 앞에서 다음과 같이 주문(呪文)을 설했다.

아단디1 단다바디2 단다바뎨3 단다구사례4 단다수다례5 수다례6 수다라바디7 붓다파선녜8 살바다라니아바다니9 살바바사아바다니10 수아바다니11 싱가바리사니12 싱가녈가다니13 아싱기14 싱가파가디15 뎨례아다싱가도랴아라뎨파라뎨16 살바싱가삼마디가란디17 살바달마수파리찰뎨18 살바살타루다교사랴아노가디19 신아비기리디뎨20

보현보살의 위신력

世尊 若有菩薩 得聞是陀羅尼者. 當知普賢神通之力. 若法華經行閻浮提 有受持者 應作此念 皆是普賢威神之力.
若有受持讀誦正憶念 解其義趣 如說修行. 當知是人 行普賢行. 於無量無邊諸佛所 深種善根 爲諸如來 手摩其頭.

"세존이시여! 만약 어떤 보살이 이 다라니를 들으면 반드시 보현의 신통 지혜의 힘인 줄을 알아야 합니다. 만약 『법화경』이 사바세계(閻浮提)에 유통할 때 이 법문을 수지하는 자는, 모두 다 보현보살의 위덕과 신통 지혜의 힘이라는 사실을 자각해야 합니다.

만약 『법화경』의 법문을 수지, 독송하여 올바르게 기억하고 그 법문의 뜻을 이해하여 설법한 법문 그대로 여법하게 수행(修行)하는 사람이 있으면, 이 사람은 보현보살의 원력행으로 무량무변 제불의 처소에서 깊이 선근(善根) 공덕의 인연을 심고, 제불여래가 그의 이마에 손을 대는 마정수기(摩頂手記)라는 사실을 알아야 합니다.

법화행자의 공덕

若但書寫 是人命終 當生忉利天上. 是時 八萬四千天女 作衆伎樂 而來迎之. 其人卽着七寶冠 於采女中 娛樂快樂. 何況受持讀誦正憶念 解其義趣 如說修行.
若有人受持讀誦 解其義趣. 是人命終 爲千佛授手 令不恐怖 不墮惡趣 卽王兜率天上彌勒菩薩所. 彌勒菩薩 有三十二相 大菩薩衆所共圍繞 有百千萬億天女眷屬 而於中生 有如是等 功德利益.
是故智者 應當一心 自書. 若使人書 受持讀誦正憶念 如說修行.

만약 경전을 서사(書寫)만 해도 이 사람의 중생심의 망심이 소멸하고, 반드시 도리천상(忉利天上)에 왕생(化生)할 때 팔만 사천 천녀(天女)들이 음악을 연주하며 그를 영접할 것입니다.

이 사람은 칠보관(七寶冠)을 쓰고 시녀(采女)들 속에서 즐겁게 살 것입니다. 그런데 하물며 이 경전의 법문을 수지 독송하며 바르게 기억하여 그 법문의 뜻을 이해하고, 설법한 그대로 여법하게 수행하는 것은 더 말할 나위가 있겠습니까?

만약 경전의 법문을 수지 독송하여 그 뜻을 이해하면, 이 사람은 중생심의 망심이 소멸할 때 천불이 자비의 손을 내밀어 공포도 없고, 지옥, 아귀 축생의 삼악도(三惡道)에 타락하지 않으며, 곧 도솔천상(兜率天上) 미륵보살의 처소에 왕생(往生)하게 될 것입니다.

미륵보살은 삼십이상(三十二相)을 구족한 대보살들에게 둘러싸여, 백 천만 억 천녀의 권속들이 있는 그 가운데 왕생하며 이와 같은 공덕과 이익이 있습니다.

그러므로 지혜 있는 사람은 반드시 일심으로 스스로 경전을 사경(書寫)하거나 사람들에게 사경(書寫)하도록 권하고, 수지, 독송하며 올바르게 기억하여 설법한 그대로 여법하게 수행해야 합니다.

보현보살의 서원

世尊 我今以神通力故 守護是經. 於如來滅後 閻浮提內 廣令流布 使不斷絶.
爾時 釋迦牟尼佛 讚言 善哉 善哉. 普賢. 汝能護助是經 令多所衆生 安樂利益.
汝已成就不可思議功德. 深大慈悲 從久遠來 發阿耨多羅三藐三菩提意. 而能作是神通之願 守護是經. 我當以神通力 守護能受持普賢菩薩名者.

세존이시여! 저는 신통 지혜의 힘으로 이 경전의 법문을 수호하겠습니다. 여래의 지혜가 소멸한 중생의 사바세계(남섬부주)에 널리 선포하여 단절되는 일이 없도록 하겠습니다.”

그때 석가모니불이 찬탄하였다.

"훌륭하고 훌륭하다. 보현(普賢)이여! 그대가 이 경전의 법문을 보호하고 도와서 많은 곳의 중생들이 안락(安樂)하고 해탈의 이익(利益)을 체득하도록 하였으니, 그대는 이미 불가사의한 공덕을 성취하였다. 그대는 자비심이 깊고 원대하여 오래 전부터 최상의 깨달음을 이루는 뜻을 발심하였기에, 스스로 이와 같은 신통의 원력을 세워서 이 경전을 수호했다.

여래도 반드시 신통한 방편 지혜의 힘으로써 보현보살의 이름을 수지하는 사람들을 수호(守護)하도록 하리라.

법화행자는 곧 세존을 친견한다

普賢 若有受持讀誦正憶念, 修習書寫是法華經者. 當知是人 則見釋迦牟尼佛. 如從佛口 聞此經典. 當知是人 供養釋迦牟尼佛. 當知是人 佛讚善哉. 當知是人 爲釋迦牟尼佛 手摩其頭. 當知是人 爲釋迦牟尼佛 衣之所覆.

如是之人 不復貪着世樂 不好外道經書手筆. 亦復不喜親近其人 及諸惡者. 若屠兒, 若畜猪羊雞狗, 若獵師, 若衒賣女色. 是人 心意質直 有正憶念 有福德力. 是人不爲三毒所惱. 亦不爲嫉妬我慢, 邪慢 增上慢所惱. 是人 少欲知足 能修普賢之行.

보현이여! 만약 이 『법화경(法華經)』의 법문을 수지하고 독송하며, 올바르게 기억하여 수습하고 사경(書寫)하는 사람이 있다면, 이 사람은 석가모니불(釋迦牟尼佛)을 친견하고 부처님이 직접 설법한 이 경전의 법문을 청법한 것인 줄 잘 알아야 한다.

이 사람은 석가모니불을 공양한 사람이라는 사실을 잘 알아야 한다.

이 사람은 제불이 훌륭하다고 찬탄하는 사람이라는 사실을 잘 알아야 한다.

이 사람은 석가모니불이 손으로 그 이마를 어루만져 마정수기를 내린 사람이라는 사실을 잘 알아야 한다.

이 사람은 석가모니불이 여래의 옷을 입혀 준 사람이라는 사실을 잘 알아야 한다.

이와 같이 『법화경』의 법문을 수지 독송하는 사람은 다시는 더 이상 세간의 욕락을 탐착하지 않으며, 외도(外道)의 경서(經書)와 글로 필사한 것을 좋아하지 않는다. 또한 그러한 외도들을 친근하기를 좋아하지 않는다. 아울러 백정이나 돼지, 양, 닭, 개를 기르는 자나 사냥꾼, 여색(女色)을 매춘하는 사람들과도 가까이 하지 않는다.

『법화경』의 법문을 수지 독송하는 사람은, 마음과 뜻이 순박하고 정직하며 경전의 법문을 올바르게 기억하고, 지혜 공덕의 힘이 있기 때문에 탐진치 삼독(三毒)의 고뇌도 없으며, 질투, 아만, 사만(邪慢), 잘난 체하는 증상만들의 괴롭힘도 받지 않는다.

이 사람은 욕심이 적고, 적은 것으로 만족할 줄 알아서 보현보살의 원력행을 능히 스스로 수행할 수 있다.

법화행자는 정각을 성취한다

普賢 若如來滅後 後五百歲. 若有人 見受持讀誦法華經者 應作是念. 此人不久 當詣道場 破諸魔衆 得阿耨多羅三藐三菩提 轉法輪 擊法鼓 吹法螺 雨法雨. 當坐天人大衆中師子法座上.
普賢 若於後世 受持讀誦是經典者 是人 不復貪着衣服 臥具 飮食 資生之物. 所願不虛. 亦於現世 得其福報.

보현보살이여! 만약 여래의 지혜가 소멸한 이후 오백세(五百歲), 중생의 시대에 어떤 사람이 『법화경』의 법문을 수지하고 독송하는 사람이 있으면 반드시 이렇게 사유하고 자각하도록 하라.

'『법화경』의 법문을 수지 독송하는 이 사람은 오래지 않아 깨달음의 도량(道場)에 나아가 마구니의 무리들(魔群)을 타파하고 최상의 깨달음을 체득하며, 지혜의 법륜(法輪)을 굴리고 법고(法鼓)를 쳐서 울리며, 정법의 소라를 불고 감로의 법우(法雨)를 내리며, 반드시 천상과 인간세상의 대중 가운데서 사자좌 위에 앉아 설법하게 될 것이다.'

보현보살이여! 말세의 중생세계에서 이 경전의 법문을 수지하고 독송하는 이 사람은 다시 의복이나 침구, 음식이나 생활에 도움이 되는 물품들을 탐착하지 않는다.

그가 원력을 세우고 발심 수행한 일이 헛되지 않기에 역시 또 이 현세에서 그 공덕의 과보(果報)를 이루게 된다.

비방하지 말고 부처님으로 공경하라

若有人 輕毁之言, 汝狂人耳 空作是行 終無所獲. 如是罪報 當世世無眼. 若有供養讚歎之者 當於今世 得現果報.

若復見受持是經者 出其過惡 若實若不實 此人現世 得白癩病 若輕笑之者 當世世牙齒踈缺 醜脣平鼻 手脚繚戾 眼目角睞 身體臭穢 惡瘡膿血 水服短氣 諸惡重病 是故普賢 若見受持是經典者 當起遠迎 當如敬佛

만약 어떤 사람이 『법화경』의 법문을 수지 독송하는 사람을 가벼이 여기고 헐뜯으며 말하기를, '너는 미친 사람일 뿐이다. 부질없이 이런 수행하는 것은 아무 소득도 없으리라'고 말하면, 그 사람은 이 죄의 과보(罪報)로 세세생생에 지혜의 안목이 없을 것이다.

『법화경』의 법문을 공양하고 찬탄하는 사람은 금세에 좋은 과보를 체득한다.

만약 이 경전의 법문을 수지하는 사람을 보고 그의 과오나 허물을 들추면, 사실이거나 사실이 아니거나 이 사람은 이 세상에서 백라병(白癩病)을 얻을 것이다. 또 경전의 법문을 수행하는 사람을 경멸하고 비웃으면, 세세생생에 이가 성글고 빠지며 입술이 추악하고 코가 납작하고, 손발이 뒤틀리는 과보를 받을 것이다. 혹은 눈이 튀어나오거나 움푹 들어가게 되며, 몸에는 더러운 냄새가 나고 나쁜 창질에 피고름이 흐르고 배가 고창(水腹)이 되고 숨이 가쁘며, 여러 가지 나쁜 질병에 걸리게 될 것이다.

그러므로 보현이여! 이 경전의 법문을 수지하는 사람을 보거든 반드시 일어나서 멀리 나가 영접하고, 마치 공경하는 제불여래를 맞이하는 것과 같이해야 한다."

보현보살권발품의 공덕

說是普賢勸發品時 恒河沙等無量無邊菩薩 得百千萬億旋陀羅尼. 三千大千世界微塵等諸菩薩 具普賢道. 佛說是經時 普賢等諸菩薩, 舍利弗等 諸聲聞 及諸天龍 人 非人等 一切大會 皆大歡喜 受持佛語 作禮而去.

부처님이 보현권발품(普賢勸發品)을 설할 때, 항하사와 같이 한량없고 끝이 없는 수많은 보살들은 백 천만 억 선다라니를 체득하고, 삼천대천세계의 티끌 수와 같이 많은 보살들은 보현보살의 불도를 구족했다.

부처님이 이 경전의 법문을 설할 때, 보현보살 등 여러 보살들과 사리불(舍利

弗)과 여러 성문(聲聞)들, 천신, 용왕, 사람과 사람 아닌 귀신 등 일체의 모든 대중들이 모두 크게 환희하고, 부처님이 설한 법문을 수지하고 예배하며 물러갔다.

妙法蓮華經 終

부 록

대승경전과 방편법문

대승경전과 방편법문

1. 대승불교와 제불여래의 출현

한국불교 역경사업은 한자로 기록된 대승경전을 한자 지식이 있는 사람들이 한글로 번역하는 일이었다. 대승경전의 방편법문(方便法門), 불이법문(不二法門)의 지혜를 자신이 알고 있는 한자 지식으로 벅역하면 그 경전을 읽는 사람도 언어, 문자, 명칭 등을 의식의 대상으로 이해하고, 二元 二見의 분별심, 차별심, 사견(邪見), 사도(邪道)에 타락하게 된다. 인간의 마음은 언어, 문자나 말로 인식한 대상에 따라서 자신의 주관적인 사고와 사상, 자신의 삶이 되기 때문이다.

불교의 모든 경전은 불설(佛說)로서. 제불세존의 여시설법(如是說法)을 여시아문(如是我聞)하여 청법한 제자들에 의해 전승(傳承)된 방편법문이다.

『아함경』은 석가세존의 설법을 제자들이 청법(聽法)하고 제자들에게 구전(口傳)으로 전하여 전승된 법문을 기록한 것이라고 하지만, 대승경전의 설법자는 부처(佛), 제불세존(諸佛世尊), 제불여래, 여래(如來, 我)로 표현한다.

『아함경』의 설법자인 석가세존과 대승경전의 설법자인 제불세존은 같은 부처인가?

대승불교경전에서 설법자로 등장하는 불(佛), 제불세존, 제불여래는 누구인가?

부처가 설법한 법문의 내용은 구체적으로 어떤 것인가?

불교는 부처나 절대자를 신봉하는 신앙과 믿음의 종교가 아니라 "자신의 생명을 밝히고, 여법한 진여본성의 지혜생명에 의거하라(自燈明 法燈明)"고 설하는 것처럼, 진여법의 법의(法義)를 깨닫는 자각의 종교이다.

대승불교경전에서 제불세존이 설법한 방편법문과 진실한 불법사상의 본질은 무엇인가?

제불여래의 출세본회(出世本懷)와 설법의 특성은 무엇인가?

『금강경』에 "여래는 자신의 주장을 설한 법이 없다(如來無所說)"라고 하고, 『반야경』, 『열반경』, 『능가경』에서 세존은 "한 글자도 설하지 않았다(一字不說)"라고 설했다. 대승경전에서 부처나 제불세존은 자신의 주장이나 의견, 사상을 한 글자도 설하지 않았다고 했는데, 설법의 의미와 특성은 무엇인가?

이 점은 세계의 모든 종교가들이 설한 성전(聖典)이나 성서(聖書)의 말과 노장자의 사상가, 철학자들이 주장한 저술(著述)의 내용이나 철학과 어떤 차이점이 있는가?

특히 대승경전과 중국에서 발전된 선어록은 한자어로 번역되고 기록되면서 노장자(老莊子)나 중국의 고전(古典)에서 전하는 언어와 비슷하거나 같은 말을 사용하면서, 노장자의 사상과 선사상의 차이점을 분명하게 이해하지 못해서 많은 문제점이 발생하고 있다.

언어가 비슷하다고 사상이 같은 것이 아니다. 만약 노장사상과 선사상이 같다고 이해하면, 대승불교나 선사상의 독자적인 법문은 중국불교에서 제시할 이유가 없다.

불교경전은 '여시아문(如是我聞; 나는 이와 같이 들었다)'으로 시작한다. 즉 부처가 설한 법문을 이와 같이 여법하게 청법(聽法)한 사실을 제자들이 언어문자로 기록했다는 뜻이다.

『대지도론』 제1권에 '불교의 모든 경전에서 처음에 왜 여시(如是)라는 말을 강조하는가?'라는 질문에 다음과 같이 설한다.

"불법의 큰 바다(大海)는 신심(信)으로 능히 깨달아 체득(能入)할 수가 있으며, 방편의 지혜로 능히 건널 수가 있다. 여시(如是)라는 뜻은 곧 이 신심이다. 만약 어떤 사람이 심중(心中)에 신심(信)이 청정하면, 이 사람은 불법을 능히 깨달아 체득할 수(能入)가 있다. 만약 신심이 없는 사람은 불법을 깨달을 수가 없다."

원시불교 경전을 『아함경(阿含經)』이라고 하는데, 『아함경』은 범어 아가마(agama)의 음역으로 세존의 설법을 들은 제자들이 구전(口傳)으로 전해 내려온 법문을 계승(傳承)했다는 의미이다.

즉 석존의 설법을 직접 들은 제자들이 자신이 듣고 기억하고 깨달아 이해한 석존의 법문을 자기 제자들에게 구전으로 전하고, 또 그 제자들이 자신의 제자들에게 전달하는 형식이다. 오랜 세월 동안 구전으로 전래된 석존의 법문을 언어문자를 통하여 사실(진실) 그대로 기록하여 전한다는 의미이다.

후대의 사람들이 석존의 설법이라는 사실을 확신하고, 여법하게 불법의 지혜를 배우고 익히며 실천 수행할 수 있는 불법의 등불을 제시하고 있다. 불교의 가르침은 석가세존이 독자적으로 사상이나 철학을 주장한 말이 아니고, 일체 중생의 본성(本性)은 모두 인연법(因緣法)과 연기법(緣起法)으로 생명활동이 이루어진 사실을 여법하게 깨달아 제시한 여시설법(如是說法)이다.

불교는 제불여래가 여시설법한 진여법(眞如法)을 일체 중생이 여시아문(如是我聞)하여 스스로 자각하고 깨닫도록 설한 종교이다.

대승불교의 모든 경전도 원시불교 경전의 형식에 의거하여 설법 인연에 대한 시기와 장소, 법회에 동참한 제자들과 보살 대중 등 청법자들을 아함경전의 형식을 모본(模本)으로 하여 편집했다.

그러나 대승불교경전은 『아함경』과 같이 석가세존의 설법을 듣고 제자들에게 전하는 경전이 아니기 때문에 똑같이 '여시아문'이라고 제시할지라도 그 의미와 내용은 다르다. 『아함경』은 석가모니불의 친설(親說)을 제자들이 구전(口傳)으로 전승(傳承)한 경전이지만, 대승불교의 반야 경전은 석가모니불 입멸 후 약 4~5세기 이후, 약 1세기 전후부터 성립되었기 때문에 석가모니불이 직접 설한 법문(親說法)이 아니다.

대승불교 운동은 약 1세기를 전후하여 반야의 지혜를 체득하는 공사상(空思想)을 기본 토대로 하여 일승(一乘)의 불교, 대승 보살도의 실천불교 운동으로 시작되었다고 할 수 있다. 대승불교 운동의 특색은, 시방 삼세 수많은 무명(無名)의 다불(多佛), 즉 제불여래와 대승보살들의 출현이다. 대승의 불법사상을 깨달아 체득한 수많은 무명의 다불, 제불여래와 대승보살들이 설법한 다양한 방편법문, 비유법문, 인연법문을 대승경전으로 편집한 것이다.

대승경전은 대승불교 사상의 발전과 함께 다양한 제불여래가 출현하여 시절인연의 본분사로 다양한 방편법문을 설한다. 소승불교에서 아라한의 경지를 이루면 해탈(解脫), 열반(涅槃)의 경지를 깨달아 체득한 것이 있다고 설일체유부(說一切有部)의 주장을 비판하면서, 대승불교에서 공(空)사상과 반야바라밀의 지혜를 체득하는 반야경전이 출현하게 되었다.

『반야경』에서 반야지혜를 체득하는 아공(我空), 법공(法空)의 공사상과 『화엄경』의 유심(唯心)사상, 『법화경』의 제법실상법(諸法實相法)과 여래비밀지장(如來秘密之藏)의 법문, 『여래장경』의 여래장(如來藏)사상, 『열반경』에는 일체 중생이 불성(佛性)을 구족하고 있다는 불성사상을 설법하고 있다.

대승불교는 반야의 지혜를 체득하는 공(空)과 유심(唯心)의 사상, 여래장, 불성을 깨달은 무사자오(無師自悟)한 수많은 제불여래가 출현하여 다양한 방편법문, 비유법문, 인연법문 등을 설하면서 다양한 대승경전이 편집되었다.

제불여래가 설법한 대승불교의 법문은 불교경전의 형식을 계승하여 편집되면서 지금과 같은 대승경전으로 전해진 것이다.

대승경전의 서두에는 다음과 같이 기록하고 있다.

> 『대품반야경』은 "여시아문, 어느 한 때(一時) 부처님은 왕사성 기사굴산에서 대비구승 오천여 명과 함께 했다. -- (略) -- 관세음보살, 문수사리보살, 미륵보살 등 한량없는 백 천만 억 나유타 보살마하살은 모두 부처의 지위를 이을 만한 경지이다."

『법화경』은 "여시아문. 어느 한 때(一時) 부처(佛)는 왕사성 기사굴산에서 비구 만이천 명과 함께했다"고 하며, 보살 대중 8만인, 천상의 천자 대중, 용왕 대중, 긴나라, 건달바, 아수라, 가루라 대중과 위제희와 아사세왕 등의 권속들이 함께하고 있다고 법회의 대중을 소개한다.

『아함경』은 석가세존이 녹야원 등에서 설법할 때 성문, 연각 등의 제자들과 사부대중이 청법하는 인연을 자세히 기록하고 있지만, 대승경전은 『아함경』의 구성형식과 권위를 계승하여 부처(佛)의 설법에 사부대중과 보살 대중, 천상계, 아수라, 인간계 등 일체의 모든 중생들이 법회에 동참하고 있다는 사실이다. 대승불교는 사바세계 일체 중생에게 설하는 방편법문이다.

또한 설법자 역시 불(佛), 제불세존(諸佛世尊), 제불여래(諸佛如來), 여래, 보살, 유마(維摩)거사, 승만(勝鬘)부인, 암제차녀(菴提遮女), 천녀(天女) 등 대승의 불법을 깨달아 체득하여 불지견(佛知見), 여래실지실견(如來悉知悉見)을 구족한 정법의 지혜로 다양한 설법자가 등장하고 있다.

2. 제불여래와 대승경전

대승불교경전은 거의 부처(佛), 여래, 제불세존(諸佛世尊), 제불여래(諸佛如來), 보살과 거사의 설법이다.

부처(佛)는 범어 붓다(buddha)의 음역(音譯)으로 제법의 진실을 깨달은 각자(覺者)라는 뜻이다. 우리말로는 부처 혹은 부처님이라고 한다. 구마라집이 번역한 경전에만 부처로 표기하고, 『반야경』에서는 바가바(婆伽婆), 혹은 바가범(婆伽梵)이라고 표기한다.

불교 역사상 최초의 부처는 석존(釋尊), 즉 석가모니(釋迦牟尼; Sakya-muni; 석가족의 존자라는 의미) 부처이다. 그러나 후대에는 석가모니 부처 이전 즉, 과거에도 칠불(七佛)이 있었다고 과거칠불(過去七佛)을 설한다.

『법화경』 화성유품에 과거의 부처인 대통지승불(大通智勝佛)이 출가하기 전에 16명의 왕자가 있었다고 한다. 그 16명의 왕자들이 출가하여 대통지승불의 설법을 듣고 성불하여 16불(佛)이 시방(十方)에 출현했는데, 특히 동방에는 아촉불, 서방에는 아미타불, 사바세계에는 석가모니불로 출현하였다고 한다.

대승불교는 부처(佛)의 관념이 확대되어 석가모니불뿐만 아니고, 과거, 현재, 미래에 걸쳐서 무수하게 많은 제불이 출현하는 다불(多佛)의 시대이다. 또한 일불(一佛)에 법신(法身), 보신(報身), 화신(化身)의 삼신(三身)이 구족되어 있으며, 청정 법신 비로자나불(毘盧遮那佛), 원만 보신(報身) 노사나불(盧舍那佛), 아미타불(阿彌陀佛), 천백억 화신(化身) 석가모니불(釋迦牟尼佛)과 같은 부처의 명호(名號)가 등장한다.

『금강경』, 『법화경』 등 대승경전에서 설법하는 부처는 역사상의 인물인 석가모니불이 아니다. 대승경전을 설한 제불여래는 제법실상법(諸法實相法), 진여법(眞如法)을 깨달아 불지견을 구족한 대승의 제불여래, 제불세존이다.

『금강경』(14)에 "일체의 모든 자아의식과 의식의 대상경계를 여윈 경지를 곧 제불이라고 한다(離一切諸相 則名諸佛)"라고 제불(諸佛)의 뜻을 분명하게 밝히고 있으며, 또 "여래는 제법과 여여하게 지혜로 작용한다는 뜻(如來者卽 諸法如義)"이라고 설하는 것처럼, 대승불교의 제불여래, 제불세존은 진여본성이 여법하게 지혜로 작용한다는 의미이다. 즉 자아의식의 중생심을 텅 비운 진여본성(일심)의 지혜가 여법하게 반야지혜로 설법하는 것을 제불여래, 혹은 여래라고 정의한다.

『금강경』(14)에 "선남자 선여인이 능히 이 경전의 법문을 수지(受持), 독송(讀誦)하면 그는 곧 여래(如來)가 되어 부처의 지혜로 이 사람(중생)의 번뇌 망념을 모두 여실하게 알고, 이 사람의 번뇌 망념의 작용을 여실하게 모두 다 볼 수가 있다(能於此經 受持讀誦, 則爲如來. 以佛智慧 悉知是人, 悉見是人)"라고 설한다. 여래는 진여본성이 여법하게 지혜로 작용하는 것을 말한다.

대승경전의 부처는 불법의 대의와 진여법을 깨달아 불지견을 구족하고, 중생심의 심병(心病)을 여법하게 진단하고 치료하는 방편법문을 설한다.

『법화경』에는 부처님이 보살들과 성문 제자들에게 미래에 성불한다는 수기 설법을 하는데, 성불하면 반드시 여래의 십호(十號)를 구족하게 된다고 여래, 응공(應供), 정변지(正遍知), 명행족(明行足), 선서(善逝), 세간해(世間解), 무상사(無上士), 조어장부(調御丈夫), 천인사(天人師), 불(佛), 세존(世尊)이라고 한다.

『화엄경』에 "마음과 부처와 중생 이 셋은 차별이 없다(心佛及衆生 是三無差別)"라고 설하는 것처럼, 깨달은 부처(佛)는 깨닫지 못한 중생(衆生)에 상대하는 말로서 마음의 근본은 같다. 깨달으면 부처(佛)요, 깨닫지 못하면 중생(衆生)이지만, 부처의 마음과 중생의 마음이 달리 존재하는 것이 아니기 때문에 이 셋은 차별이 없다.

『대승기신론』에 일체 중생이 본래 진여본성을 구족하고 있다는 사실을 알지 못한 무지(無知), 무명(無明), 불각(不覺)의 중생심(衆生心)으로, 자아의식과 의식의 대상경계를 분별하고 집착하여 생사망념에 윤회하고 있다고 설한다.

부처는 진여본성을 구족하고 있다는 사실을 제불여래의 설법과 경전의 법문을 통해서 수지(受持)하여 깨닫고, 신심(信心)수행과 발심수행으로 불지견(佛知見), 여래지견을 깨달아 체득한다.

대승불교에서 설하는 신(信; sraddha)은 일체 중생이 본래 구족하고 있는 진실한 생명(제법실상)인 진여본성(眞如本性)을 회복한 신심(信心)수행을 말한다.

『화엄경』 현수품에 "진여본성을 회복한 신심은 불도의 근본이 되고, 공덕의 모체가 되니 일체의 모든 선법을 길이 양육하며, 중생의 의심을 차단하고, 애욕의 물줄기를 벗어나게 하고, 열반의 경지인 무상의 불도를 개시(開示)한다(信爲道元功德母, 長養一切諸善法 斷除疑網出愛流 開示涅槃無上道)"라고 설한다.

불교의 신심은 부처나 여래, 보살, 불법 등을 신앙(信仰)의 대상으로 믿는 것이 아니라, 일체 중생이 본래 구족하고 있는 진여본성을 회복한 신심이며, 확신이다.

진여본성이 불도의 근원이며 지혜와 자비의 공덕을 이루며 회향하는 주체이다. 그래서 『열반경』 제32권 사자후보살품에 "불성은 대신심이다. 대신심이 곧 이 불성이며, 불성은 곧 이 여래이다(佛性者 名大信心. 大信心者 卽是佛性, 佛性者 卽是如來)"라고 설한다.

『화엄경』에 "초발심이 곧 정각(初發心時便成正覺)"이라고 설한 법문은, 불지견으로 중생심의 번뇌 망념을 진단하고 자각하는 발심으로, 진여본성을 회복하고 정각(正覺; 구경각)을 깨달아 체득하는 수행이다. 즉 부처의 깨달음은 일체 중생이 본래 구족하고 있는 진여법(眞如法)을 깨닫고, 부처의 지혜를 이루는 정법(正法)과 중생심의 번뇌 망념으로 생사에 윤회하는 사법(邪法)을 판단할 수 있는 불지견(佛知見)을 구족한 것이다. 진여법을 깨달은 부처의 지혜(佛知見)는 중생이 진여본성을 상실한 무지(無知), 무명(無明)의 불각(不覺)으로 생사에 윤회하는 번뇌 망념의 심병(心病)과 정법의 방향을 상실한 수행자들의 선병(禪病)을 여법하게 알고, 여실하게 보고 진단하고 치료할 수 있는 능력이다.

그래서 『대승기신론』에 "진여일심법은 중생의 세간법과 출세간법을 모두 포섭하고 있다"고 설한다. 불지견을 구족한 제불여래는 중생심의 자아의식과 차별심과 분별심으로 발생하는 세간의 일체법을 여법하고 여실하게 진단할 수 있을 뿐만 아니라, 출세간의 방편지혜로 일체 중생을 구제하는 방편법문을 개시(開示)할 수 있다.

자아의식과 의지로 판단하는 중생심은 생사윤회를 초래하는 업장이 되기 때문에 사도(邪道)를 행하는 일이며, 중생심의 삿된 견해(邪見)가 된다. 자아의식의 중생심으로 의식의 대상경계의 부처나 여래, 열반의 경지인 불도를 추구하는 일은 사도(邪道)이며, 또한 마음 밖에서 불도나 열반, 진리를 추구하는 것은 외도(外道)이다.

불교의 정법은 진여본성을 깨달아 회복한 신심이며, 진여일심의 지혜로 진여삼매(眞如三昧)의 여법한 지혜작용이 되도록 해야 한다.

『대승기신론』에는 불법승 삼보와 진여본성에 대한 신심(四信)을 제시하는데, 일체 중생이 본래 구족하고 있는 진여본성에 대한 신심이 근본이다. 신심은 자기중심의 사고와 중생심으로 작용하는 의심과 불신(不信)에 대한 상대적인 언어이다.

신심은 진여본성의 지혜가 여법하게 작용하는 것이며, 신심이 없다는 것은 중생심의 의심으로 진여본성에 대한 무지, 무명과 의심, 불신이다.

진여본성의 철저한 신심은, 참된 진아(眞我)를 스승으로 삼는 자등명(自燈明)이기 때문에 진여본성의 여법한 지혜작용(法燈明)으로 불도를 이루는 근본이 된다. 불도란 지금, 여기서 시절인연에 따른 자기 본분사의 일을 진여일심의 지혜로 실행하는 것이다.

『조당집』 제2권에 육조혜능이 "도(道)는 본심으로 깨닫는 지혜(道由心悟)"라고 설하는 것처럼, 중생의 망념을 깨달은 진여본심의 지혜가 여법하게 작용하는 것이다. 마조도일선사는 "평상심으로 지혜로운 삶을 실행하는 것이 도(道; 平常心是道)" 혹은 "무심의 지혜작용이 도(無心是道)"라고 설한다.

진여본성의 신심과 확신으로 여법한 지혜작용이 되기 때문에 불도를 이루는 근본이 됨과 동시에, 상구보리 하화중생의 보살도로 지혜와 자비의 공덕을 실행하게 하는 모체(母體)가 된다. 문수의 지혜가 제불의 모체(母體)인 것처럼 신심은 진여본성이 부처의 지혜를 이루는 모체이며, 지혜작용의 근본이다.

신심은 곧 진여본심의 지혜로 여래가 되고 부처가 되는 원력행을 실행하는 일대사이기 때문에, 시절인연에 따른 일체의 모든 일이 선근 공덕을 이루는 선법(善法)이 되며, 상구보리 하화중생의 보살도로 회향한다.

『화엄경』 제14권에 부처가 불법을 설한 것은 "중생의 의식으로 능히 알 수 있는 경지도 아니며, 중생심의 경계가 아니니 중생의 본성이 본래 청정한 사실을 일체 중생에게 개시한 것(非識所能識, 亦非心境界, 其性本清淨, 開示諸群生)"이라고 설한다.

일체 중생은 본래 청정한 진여본성을 구족하고 있다는 사실을 중생들은 무지(無知), 무명(無明)으로 알지 못하고 있기 때문에 부처가 방편법문으로 설법(開示)하여 일체 중생이 각자 본성을 깨달아 확신하도록 한 것이다. 신심수행은 중생의 무지와 무명, 의심과 불신, 미혹을 떨쳐버리는 구도행이다.

또한 신심은 자아의식과 의식의 대상경계로 환상과 착각, 전도몽상, 중생심의 불안과 근심, 걱정, 의심과 불신, 애욕과 감정 등으로 얽힌 일체의 번뇌 망념을 모두 함께 차단하고 제거한다. 중생심의 번뇌 망념을 의식의 대상경계로 두고 차단하고 제거한다는 말이 아니다.

신심수행은 발심수행으로 중생심의 번뇌 망념의 숲에서 본래 청정한 진여본성의 집(근본)으로 되돌아가는 것이다. 불교의 수행을 범어로 바와나(bhavana)라고 하는데, "본래로 돌아가다, 본래의 상태가 되는 것"이라는 의미이다.

중생심의 번뇌 망념에서 진여일심의 지혜생명으로 되돌아가는 일(歸命), 진여의 불법승(佛法僧) 삼보(三寶)에 귀의하는 일(歸依), 번뇌 망념의 숲에서 본래의 집으로 되돌아가는 귀가(歸家)라는 말로 표현한다.

선에서 번뇌 망념의 숲속에서 소를 찾는 심우도(尋牛圖)나, 소를 찾아 본래의 집으로 되돌아가는 십우도(十牛圖)의 그림은 이러한 불법수행의 방향과 방법을 도식화(圖式化)한 것이다.

선불교에서는 "진여본성을 자각하는 친견으로 부처의 지혜가 이루어지는 것(見性成佛)"이라고 한다. 성불은 목적을 달성하는 것이 아니라 진여본성의 지혜가 여법하고 여실하게 지금 현재, 자기 본분사의 일로 진행되고 있는 상태를 말한다. 대승의 열반이나 반야바라밀도 같은 말이다.

그리고 진여본성의 신심은 본래열반의 경지인 무상의 불도를 깨닫는 일이다. 즉 진여일심의 지혜로 32상(相)과 80종호, 정토를 장엄하는 일이며, 진여일심의 지혜로 지금 여기, 시절인연에 따른 자기 본분사의 일을 여법하게 실행하는 것이다.

여래는 범어 따타가따(tathagata; 如去), tatha-agata(如來)의 번역어로, tathagata(如去)는 진여실상(眞如實相; 眞相)을 여실하게 관찰하여 불이일체가 된 경지를 말한다. tatha-agata(如來)란 일체 만법, 진여법과 일체가 된 경지에서 현실의 사바세계에 출현한 진여의 지혜작용이라는 의미이다.

그래서 여래는 '진여본성 그대로 여여하게 지혜생명이 작용하는 상태'라는 의미인데, '이 사바세계에 여여하게 출세(출현)하신 분'이라는 의미로 이해하고 있다. 그래서 여래십호(如來十號)의 하나로 후대에 부처의 관념이 확대되어 모든 제불여래에 대한 존칭으로도 사용하고 있다.

사실 대승불교에서 여(如; tatha)는 진여(眞如; tathata)와 같은 의미로, 진여일심의 지혜가 여여하고 여법하게 작용하는 그대로를 여래(如來), 여여(如如)라고 하는데, 여법(如法), 여실(如實), 일여(一如), 불이(不二)와 같은 뜻이다.

『금강경』(29)에 "수보리여! 만약 어떤 사람이 여래가 어디에서 오고, 어디로 가고, 앉고, 눕는다고 말한다면, 이 사람은 여래가 설한 법문의 뜻을 알지 못한 것이다. 왜냐하면 여래란 어디에서 온 것도 아니고, 또한 어디로 가는 것도 아니기 때문에 여래라고 한다(須菩提 若有人言 如來 若來 若去 若坐 若臥 是人不解我所說義 何以故 如來者 無所從來 亦無所去 故名如來)"라고 설한다.

『금강경』(5)에 "대개 형상이 있는 것은 모두 허망한 것이니 만약에 모든 형상을 대상경계로 보지 않는다면 곧 여래를 친견한다(凡所有相 皆是虛妄 若見諸相非相 卽見如來)"라고 설한다.

『금강경』(26)에 "만약 형색으로 여래(我)를 보려고 하거나 음성으로 여래를 구하려고 한다면, 이 사람은 삿된 중생심으로 사도(邪道)를 행하는 사람이니 여래를 친견할 수가 없다(若以色見我 以音聲求我, 是人行邪道 不能見如來)"라고 설한다.

경전에서 "여래를 친견한다(卽見如來)"라는 말은, 정법의 안목을 구족한 불지견(佛知見)으로 중생심의 번뇌 망념을 자각하고 진여본성을 깨달아 회복한 경지이다. 초발심으로 정각을 이룬 경지이며, 진여본성을 깨달아 친견하고 부처의 지혜를 이룬 견성성불(見性成佛), 즉심시불(卽心是佛)과 같은 뜻이다.

반대로 중생심의 육근(六根)과 육식(六識)으로 대상경계의 형상과 색깔(形色)과 소리(聲), 향기(香), 맛(味), 촉감(觸), 의식의 대상경계(法)를 인식하고 분별하고 집착하는 사람은, 자아의식의 중생심으로 사도(邪道)를 행하는 사람이기 때문에 "여래를 친견할 수가 없다(不能見如來)"고 설한다.

대승경전에서 설하는 아(我)는 자아의식의 중생심이 작용하는 자아(自我)가 아니라, 자등명법등명(自燈明法燈明)이라고 설한 자아(自)와 같이 진여본성(本性)의 진아(眞我)로서 진여자성의 지혜인 여래(如來)나 부처(佛)와 같은 뜻이다.

경전에서 '여시아문(如是我聞)'이라고 설한 아(我)나 "천상이나 천하에 오직 진여본성의 진아(眞我)가 홀로 존귀하다(天上天下 唯我獨尊)"라는 아(我)도 같은 여래이다. 천상이나 천하에 부처님이 홀로 존귀한 절대존재라는 자기중심의 자존적인 말이 아니다.

『대방등무상경(大方等無想經)』에 "상락아정(常樂我淨)은 곧 여래의 진실한 본성이다(常樂我淨 卽是如來眞實之性)"라고 설한다. 제불여래는 항상 진여본심의 지혜(常)로 법희선열의 법락(法喜禪悅樂)에 살며, 여래의 청정한 지혜와 자비로 공덕행을 회향하고 있다는 법문이다.

『열반경』 애탄품(哀歎品)에 상락아정(常樂我淨)에 대하여 "아(我; 여래)란 진실한 진여본체로서 영구(永久)적이며, 진여 그 자체가 주재자임과 동시에 타(他)의 의존처가 된다. 진여본성은 변역(變易)이 없는 참된 진아(眞我)이다"라고 설한다. 진여법신은 여여부동(如如不動)하여 불생불멸(不生不滅), 불변(不變)한 진여를 진아(我; 여래)라고 한다.

대승경전에는 설법자인 부처가 여래의 입장을 아(我)라고 표현하는데, 예를 들면『법화경』방편품에 "사리불이여, 잘 알라. 본래 여래(我)가 세운 서원은, 모든 중생들이 여래와 다르지 않은 정법을 깨닫도록 하는 일이다. 여래가 옛날 세운 서원처럼 지금 서원에 만족한다면, 일체 중생을 교화하여 모두 불도를 깨달아 체득하도록 하리라"고 설한다.

경전에서 설한 아(我)는 설법자인 부처나 여래와 같은 말이다.

『대승기신론』(14)에는 여래의 평등법신을 다음과 같이 정리한다.

> 깨달음(覺)이란 진여본심의 본체(眞如)가 중생심의 번뇌 망념을 여읜 경지(離念)를 말한다. 중생심의 번뇌 망념을 여읜 진여본성의 특성(相)은 허공계가 일체의 모든 존재와 함께하는 것과 같이 일체의 모든 곳에 지혜와 자비가 두루하여 미치지 않는 곳이 없다. 진여본성의 지혜작용은 시방 삼세 일체의 법계(法界)와 하나로 불이일체(法界一相)이기 때문에 곧 여래의 평등한 지혜법신(法身)이다(所言覺義者. 謂心體離念. 離念相者, 等虛空界, 無所不遍. 法界一相, 卽是如來平等法身)

『관무량수경』에 "제불여래는 바로 법계신(法界身)이다"라고 설하며, 『대승기신론』(68)에서는 "제불여래법신은 평등하여 일체 처에 두루한다(諸佛如來法身 平等遍一切處)"라고 설하는 것처럼, 진여일심의 지혜는 여래평등법신이며, 법계와 하나 된 진실상(法界一相)이며, 만법일여(萬法一如)이기에 평등법신이라고 설한다.

그래서 『금강경』(17)에 "여래란 곧 일체 제법과 여여하게 지혜작용하는 뜻(諸法如義)이 같다"라고 정의하고, "이 진여법은 평등하여 높고 낮음의 차별이 없다(是法平等 無有高下)"라고 설한 것처럼, 여래는 진여본성이 시절인연에 따라서 여법하고 여실하게 지혜의 생명으로 작용하는 것을 말한다.

3. 제불세존의 출세와 설법

대승경전에 부처님이 설법할 때, 그 시간에 동참한 대중(時會大衆)은 수보리와 사리자 등의 십대제자와 성문(聲聞), 연각(緣覺)과 문수, 보현 등 제대 보살 대중들과 천상계(天上界), 용왕(龍王), 긴나라, 건달바, 아수라, 가루라, 사람(人), 비인(非人; 귀신) 등 법계의 일체 중생이 동참하고 있다.

말하자면 대승불교의 경전은 『아함경』의 형식과 권위를 빌려서 대승 불법을 설한 부처(佛)의 방편법문을 청법하고 깨달아 체득하여 제불여래의 지혜를 구족한 보살이 편집한 경전이다.

이러한 사실은 불교의 가르침이 시대적인 흐름과 지역적인 확대에 따라서 초기 경전의 가르침을 모체로 불법사상이 발전되면서, 초기불교에서 대승불교경전으로 자연스럽게 편찬하게 된 것이라고 할 수 있다.

즉 『아함경』에서는 석가세존 일불(一佛)의 설법을 전하지만, 대승불교에서는 시방삼세(十方三世)의 다양한 방향과 장소에서 수많은 제불(多方佛)이 출세(出世)하여 제불세존, 제불여래의 다양한 설법이 실행된 사실을 입증하고 있다. 『법화경』에서 연등불(燃燈佛), 대통지승불(大通智勝佛), 석가불(釋迦佛)과 수많은 석가불의 화신, 다보불(多寶佛) 등을 설하고, 『아미타경』에도 동서남북(東西南北)과 상하(上下)의 각 방향에서 출현한 다양한 제불의 명칭을 소개하고 있다.

60권본 『화엄경』 제10권 야마천궁보살게찬품에 "만약 어떤 사람이 삼세의 일체불을 알고자 한다면 반드시 진여일심의 지혜로 이 마음이 모든 여래를 창조한다는 사실을 관찰하라(若人欲求知 三世一切佛 當應如是觀 心造諸如來)"고 설하며, "마음과 부처와 중생, 이 셋은 차별이 없다(心佛及衆生 是三無差別)"라는 법문을 설한다.

참고로 이 게송을 80권 『화엄경』에는 "만약 삼세의 일체불을 알고자 한다면 반드시 진여법성을 관찰하라. 일체불은 오직 이 마음이 창조한다(若人欲了知 三世一切佛 應觀法界性 一切唯心造)"라고 설한다. 대승불교는 유심(唯心)의 사상을 제시한 가르침이다.

대승경전에서 설한 유심의 사상은 소승불교의 한계이며, 문제점인 의식의 대상경계인 법유(法有)를 법공(法空)으로 전환하게 하는 불법사상이다. 대승불교는 소승불교가 차원이 낮은 가르침의 법문에 탐착(樂小法)하고 소승의 열반은 참된 열반이 아니라고 비판한다.

반야의 지혜를 체득하는 공(空)사상의 구체적인 수행법을 대승불교의 경전에서는 유심(唯心)의 사상으로 새롭게 제시하고 있다. 『화엄경』에는 "만법(萬法)은 유심(唯心)이며, 마음은 마치 훌륭한 그림을 그리는 화가와 같다(心如工畵師)"고 비유한다.

『관무량수경』에는 다음과 같이 설한다.

> 제불여래(諸佛如來)는 바로 법계신(法界身)으로 두루 일체 중생의 망심(心想)에서 깨닫는다. 그러므로 그대들이 중생의 망심(心想)을 깨달아 부처의 지혜를 이룰 때, 이 제불여래의 마음이 곧 32상 80종호를 나툰다. 중생의 망심을 깨달은 진여본심이 부처의 지혜가 되고, 중생의 망심을 깨달은 진여본심이 바로 부처의 지혜작용이다. 제불의 올바르고 법계에 두루하는 방편지혜의 바다는 이 중생의 망심에서 생긴다.(諸佛如來 是法界身, 遍入一切衆生心想中. 是故 汝等 心想佛時 是心卽是三十二相 八十隨形好. 是心作佛, 是心是佛, 諸佛正遍知海 從心想生) (『대정장』 제12권 343쪽 上)

『금강경』(8)에도 "만약 어떤 사람이 이 경전의 법문을 깨달아 수지하고 四句의 게송 등으로 타인에게 설법하면 그 공덕은 수승하리라. 왜냐하면 수보리여! 일체의 제불과 제불여래가 최상의 불법을 깨닫는 발심(아뇩다라삼먁삼보리법)한 것은 이 경전의 법문에 의거한 것이기 때문이다"라고 설한다.

대승경전의 법문을 여시아문(如是我聞)하고 수지, 독송(受持讀誦)하는 방편수행은 언어문자를 대상으로 참구하는 법문이 아니라 유심으로 깨달아 제불여래의 지혜를 체득하는 일이기 때문에 경전의 법문에 의거하여 제불여래가 출현하게 된다.

『화엄경』의 법문을 요약한 게송으로 "나는 한 권의 경전을 수지하고 있으니, 종이와 먹으로 만들어진 것이 아니다. 경전을 펼치면 한 글자도 없지만, 언제나 대지혜의 광명을 비추고 있다(我有一卷經, 不因紙墨成 開卷無一字 常放大光明)"라고 읊고 있는 것처럼, 『반야심경』이나 모든 대승경전은 유심의 사상으로 설한 법문이다.

대승불교는 유심(唯心)의 사상으로 불법(진여법)의 대의(大意)를 깨닫고, 불지견(佛知見)을 구족한 시방삼세의 제불이 설한 다양한 방편법문과 비유법문, 인연법문을 편집한 것인데, 설법한 부처의 이름을 분명히 밝히지 않고 있다. 『법성게』에 진여법성의 지혜작용은 "일체의 이름과 형상과 일체를 초월하여 자취나 흔적도 없다(無名無相絕一切)"라고 읊은 것과 같은 입장이라고 하겠다.

태양, 달, 산천(山川), 초목(草木)이나 동물 등 일체의 모든 자연의 존재는 각자 시절인연에 따라서 자기 본분의 생명활동을 여법하게 실행한다. 일체만법이 각자의 형상과 특성으로 자연스럽게 본래 진여자성의 지혜생명으로 작용하는 것을 불교에서는 제법실상법(諸法實相法), 진여법(眞如法)이라고 설한다.

『노자』에 설한 상선약수(上善若水)나 선에서 설한 수류화개(水流花開)의 법문처럼, 마치 물이 위에서 아래로 흐르는 불변의 법칙성과 단절됨이 없이 여여하게 흐르는 청정한 지혜는 스스로를 정화함과 동시에 일체 만물에게 생명수를 제공하는 묘용의 덕행을 자연스럽게 실행하고 있다. 자연의 모든 존재는 외부의 힘에 의존하지 않고 진여자성 자체의 지혜생명으로 여법하고 여여하게 작용하고 있다는 사실이다.

석가모니불 역시 출가하여 여러 스승들을 찾아다니며 여러 가지 고행과 수행을 했지만, 올바른 정법을 깨닫지 못해 결국 홀로 좌선하여 인연법, 연기법을 스승 없이 홀로 깨닫고(無師自悟) 처음 5비구(五比丘)들에게 설법했다.

제불여래도 일체 중생이 진여본성(佛性)을 구족하고 있으며, 외부의 힘에 의존하지 않고 독자적으로 자발적인 생명활동을 하는 귀중한 존재라는 사실을 스승 없이 스스로 깨달아(無師自悟) 진여법, 제법실상법을 설했다. 대승불교경전은 수많은 제불여래가 깨달아 체득한 진여법을 다양한 방편지혜로 설한 법문을 제자들이 편집한 것이다.

어떤 종교가나 사상가도 자신의 주관적인 입장에서 주장한 가르침은 있어도, 일체의 모든 존재가 절대 평등한 진여본성을 구족한 사실과 제불여래와 똑같은 지혜와 자비행을 여법하게 깨달아 체득할 수 있는 방편법문을 객관적으로 제시한 성자는 없다.

제불여래는 일체 중생이 각자 절대 평등한 진여본성을 구족하고 있다는 진여법(眞如法)을 여법하게 개시(開示)함과 동시에, 일체 중생이 제불여래와 똑같은 지혜와 자비행을 실행할 수 있는 능력을 방편법문으로 제시하고 있다.

또한 삼세여래가 똑같은 진여본성을 깨달아 제불여래의 원력과 지혜 자비의 공덕행을 회향하는 법문을 설하는 평등의 종교이다.

1) 제불세존의 출세(出世)

『법화경』에서는 "제법(眞如法)은 본래부터 항상 여여하게 본래열반의 경지로 상주한다, 불자는 이러한 진여법을 여법하게 수행한다면 곧 부처의 지혜를 깨달아 성불한다(諸法從本來 常自寂滅相, 佛子行道已 來世得作佛)"고 설한다.

일체 중생이 모두 본래열반인 진여자성(眞如自性)을 구족하고 있다는 사실과 일체 중생이 모두 부처의 지혜와 자비를 실행하는 절대 평등의 종교이다. 진여본성을 법성(法性), 불성(佛性), 여래장(如來藏), 진상(眞常), 진여(眞如)라고 하는데, 제불여래가 진여법성을 깨닫고 설법하게 된 일대사 인연을 제불의 출세(佛出世)라고 한다.

사실 불교에서 불법승(佛法僧)을 삼보(三寶)로 공경하는데, 부처는 일체 중생이 본래 구족한 진여법을 깨달아 체득하여 방편법문으로 설법한 선각자이다. 사실 진여법성은 제불여래가 출세(出世)하거나 출세하지 못하거나에 상관없이 본래 여여하게 상주하고 있다.

『금강경』에 "이 법(法)은 평등하여 높고 낮음의 차별이 없다(是法平等無有高下)"라고 설하는 이 평등법은 진여일심법, 불법, 진여법, 제법실상법을 말한다. 진여법성은 절대 평등한 것이며, 구경, 최상, 무상정등정각(아뇩다라삼먁삼보리)을 이루는 진여일심법이다.

『잡아함경』 제11권에 세존이 여러 비구들에게 다음과 같이 설한다.

> 부처의 지혜를 체득하여 출세했거나 부처의 지혜를 체득하지 못해서 출세하지 못한 중생에 상관없이 이 법(진여법)은 항상 법계에 상주한다. 여래는 이 법을 스스로 자각하여 알았기에 위없는 정각을 이루었고, 사람들에게 연설하고 개시(開示)하여 발심하게 한다. 말하자면 중생의 인연법은 무지(無知) 무명(無明)에 의거하여 번뇌 망념이 일어나고 생로병사(生老病死)와 우비고뇌(憂悲苦惱)의 고통이 있게 된다.
>
> 이와 같은 제법은 진여법으로 상주하며, 법공(法空)과 법여(法如), 법이(法爾)로 여법하게 그대로 지혜로 작용하는 것이기에 진여법은 진여를 여의지 않고, 진여법은 진여와 다르지 않고, 지혜로 관찰하여 진실하니 전도(顚倒)되

는 일이 없다. 이와 같이 진여에 수순하는 연기(緣起)를 연생법(緣生法)이라고 한다. (若佛出世, 若未出世, 此法常住, 法住法界. 彼如來自覺知, 成等正覺. 爲人演說, 開示顯發. 謂緣生故, 有老病死, 憂悲惱苦. 此等諸法, 法住, 法空, 法如, 法爾, 法不離如, 法不異如, 審諦, 眞實, 不顚倒. 如是隨順緣起, 是名緣生法) (『대정장』제2권 84쪽, 中)

『잡아함경』 제30권에 법성이 상주(法性常住)한다는 사실을 다음과 같이 설한다.

여래가 출세했거나 출세하지 못했거나 관계없이 법성은 항상 여여하게 상주한다. 여래는 그러한 사실을 스스로 깨달아 알고, 무상정등정각을 이루어 정법을 분명하게 다양한 방편법문으로 개시하여 설법한다.(如來出世及不出世 法性常住, 彼如來自知成等正覺, 顯現演說 分別開示) (『대정장』 제2권 217쪽 下)

이와 똑같은 법문은『잡아함경』제12권에도 설하는데, 만법의 근본이 되는 진여본성은 法性, 眞性, 本性, 自性과 같은 뜻이며, 法界, 眞如, 實際, 眞實, 眞諦 등과 같은 의미이다.

『승천왕반야경(勝天王般若經)』 제2 法界品에 다음과 같은 대화가 있다.

승천왕이 부처님께 질문했다. "어떤 것이 법계(法界)입니까?

부처님이 승천왕에게 말했다. "대왕이여! 여실(如實)한 것입니다."

"세존이시여! 어떤 것이 여실한 것입니까?"

"대왕이여! 변화와 바뀌는 일(變異)이 없는 것입니다."

"세존이시여! 어떤 것이 변이(變異)하지 않는 것입니까?"

"대왕이여! 여여(如如)한 것입니다."

"세존이시여! 어떤 것이 여여(如如)한 것입니까?"

"대왕이여! 이것은 지혜에 의해 알 수 있는 것입니다. 말과 언어로 설명할 수가 없습니다. 왜냐하면 ---(略) --- 취사선택하는 차별심의 오염(汚染)을 초월하여 청정하며, 본래 오염을 여의고, 최고로 수승하며 제일(第一)로서 그 본질은 영원히 불변하는 것입니다. 설사 제불이 세상에 출세하거나 출세하지 못한 중생이거나 관계없이 진여자성의 특성은 항상 여여하기 때문입니다. 대왕이여! 이것이 법계입니다.(最勝第一性常不變. 若佛出世 及不出世, 性相常住. 大王. 是爲法界)" (『대정장』 제8권 694쪽 上)

보리유지가 번역한 『대승입능가경』 제4권(無常品)에 세존이 정각을 이룬 그 날부터 열반에 들 때까지 한 글자도 설하지 않았다(一字不說)는 법문을 대혜의 질문에 다음과 같이 설한다.

대혜여! 두 가지 비밀법(二密法)에 의거하기 때문에 이와 같이 설한다. 즉 스스로 깨달아 증득한 법(自證法)과 본래 상주하는 법(本住法)이다. 자증법이란 제불이 깨달아 증득한 법이며, 나 역시 제불과 똑같이 깨달아 증득하였다. 그 법(진여법)은 늘어남도 줄어듦도 없이 증득한 지혜로 여법하게 실행하는 것이며, 언설상(言說相)을 여의고, 분별상(分別相)을 여의고, 명자상(名字相)을 여읜다.

본주법(本住法)이란, 진여법이 본래여여하게 상주한다는 사실이다. 마치 금이 광석 속에 있는 것과 같다. 부처의 지혜를 체득하여 출세하거나 출세하지 못한 중생이거나 관계없이 진여법은 본래 그대로 법위(法位)에 상주하며, 법계의 법성이 모두 상주하는 것과 같다.(若佛出世 若不出世 法住法位 法界法性 皆悉常住)

『열반경』 제34권에 "진여법신은 常樂我淨으로 영원히 일체의 생로병사를 여읜 경지이니 白과 黑, 長과 短, 此와 彼, 學과 無學의 상대적인 차별심을 초월했다. 만약 부처의 지혜로 출세했거나 출세하지 못한 중생이거나 관계없이(若佛出世及不出世) 진여법신은 상주불변(常住不變)하니 변화되거나 바뀌는 일(變易)이 없다"라고 설한다.

부처의 지혜로 출세하여 설법하거나 출세하지 못한 중생이거나 관계없이 진여본성은 본래 구족하고 있다. 그래서 『열반경』에 "일체 중생이 모두 불성을 구족하고 있다(一切衆生悉有佛性)"고 설한다.

대승경전에서 佛出世와 不出世를 如來在世와 如來滅後라고도 설한다.

如來在世를 여래나 부처가 세상에 출세하여 설법할 때라고 번역하면 어떤 여래와 부처인지 그 내용도 애매하고, 또한 여래나 부처가 대상으로 존재하는 것으로 이해하면 불법의 근본정신에 위배된다.

불법수행과 발심은 각자 중생심을 진여본심으로 전향하는 원력행이다. 따라서 발심수행자가 대승경전의 가르침으로 진여일심을 깨닫고, 여래법신의 지혜와 정법의 안목을 구족하여 중생심의 생사윤회를 해탈하고, 스스로 설법하고 중생을 구제할 수 있는 능력을 갖추어 지금 여기, 시절인연에 따라서 자기 본분사의 일을 건립하는 것이다. 선에서는 安身立命이라고 한다.

『법화경』 제바달다품에 "만약 미래세에 선남자나 선여인이 『법화경』의 법문을 듣고 신심으로 공경(信敬)하며 의혹을 일으키지 않는 사람은 지옥, 아귀, 축생의 세계에 타락하지 않고, 시방에서 부처의 지혜를 실행(佛前)하여 화생(化生)하며, 화생하는 곳마다 이 경의 법문을 청법하고 깨달으면 인천(人天) 중에 태어나 수승하고 미묘한 법락(法樂)을 수지하게 될 것이다. 만약 부처의 지혜를 실행(現前)하면 연꽃에 화생하리라(若在佛前 蓮華化生)"고 설한다.

여기 연꽃에 화생한다는 것은, 『유마경』에 연꽃이 진흙탕에서 피지만 진흙탕에 오염되지 않는 것(處染常淨)과 같이, 부처의 지혜는 중생심의 번뇌 망념에 오염되지 않고 연꽃처럼 청정하게 생명활동 하는 것을 비유한 말이다.

如來在世나 佛前은 『금강경』(14단)과 『법화경』 법사품에 "곧 여래의 지혜를 이룬 것(則爲如來)" 혹은 "곧 여래 최상의 깨달음을 짊어진 것(則爲荷擔 如來阿耨多羅三藐三菩提)"이라고 설한 말과 같다.

즉 如來出現, 諸佛出世, 一佛出世, 諸佛出身處, 如來善護念, 諸佛護念의 경지이기 때문에 중생심의 생사윤회에 타락하지 않고, 불지견의 안목으로 발심수행하여 생사에 윤회하지 않고, 불퇴전(不退轉)의 경지를 이루게 된다.

『관무량수경』에 "아미타불은 여기서 멀리 있지 않다(阿彌陀佛 去此不遠)", "이 진여본심의 지혜가 부처를 이루며, 이 진여본심의 지혜가 부처이다(是心作佛, 是心是佛)"라고 설하며, 『아미타경』에 "아미타불이 지금 현재에 설법하고 있다(阿彌陀佛 今現在說法)"라고 설한 말도 같은 뜻이다.

또한 如來滅後나 諸佛滅度已라는 말도 여래가 입적한 이후가 아니라, 자아의식의 중생심과 번뇌 망념으로 진여본심(여래)의 지혜, 제불여래의 지혜를 상실한 중생심을 말한다. 『법화경』 법사공덕품에 "만약 선남자 선여인이 여래의 지혜가 소멸한 후(如來滅後)에 이 경전의 법문을 受持하여 독송, 해설, 서사(書寫)하면 천이백 의근(意根) 공덕을 체득하리라"라고 설한다.

『법화경』 방편품에 "제불의 지혜가 없는 중생이 되었을 때 만약 어떤 사람이 진여본심을 회복한다면, 이와 같은 모든 중생은 모두 이미 불도를 이룬 것이다(諸佛滅度後 若人善軟心 如是諸衆生 皆已成佛道)"라고 설한다.

『금강경』(5)에 다음과 같이 설한다.

> 여래의 지혜가 없는 오백세 이후의 중생세계에서 만약 어떤 사람이 계율을 수지하고, 선근 복덕을 수행하는 자가 이 경전의 말씀을 듣고 스스로 신심을 일으켜 진실한 법문이라고 확신한다면, 이 사람은 수많은 부처의 법문을 듣고 다양한 선근공덕을 심었기에 이 경전의 법문을 듣고 일념(一念)에 청정한

신심을 일으켜 깨닫게 된 것이다.(如來滅後 後五百歲 有持戒修福者 於此章句 能生信心 以此爲實. 當知是人 不於一佛二佛三四五佛 而種善根 已於無量千萬佛所 種諸善根 聞是章句 乃至 一念生淨信者)

『법화경』 약왕보살본사품에도 이와 똑같은 법문을 설하고, 『원각경』 원각보살장에 "만약에 일체 중생이 부처의 지혜로 살고 있거나(若佛住世), 부처의 지혜가 소멸된 중생으로 살고 있거나(若佛滅後), 말법(末法)시대에 중생으로 살고 있을지라도 모든 중생들은 대승의 불성(佛性)을 구족하고 있다"라고 하며 다음과 같이 설한다.

만약 부처의 지혜를 현재에 실행하면(若佛現在), 반드시 정법으로 사유(正思惟)하는 보살도의 지혜로운 삶이 되도록 해야 한다.

만약 부처의 지혜가 없는 중생(若佛滅後)이라면 부처의 형상(形像)을 방편으로 시설하고, 부처의 형상을 마음의 눈으로 상상(像想)하여 경전의 방편법문을 기억하고 수지(受持)하여 여법하게 부처의 지혜가 되살아나도록 하라.(若佛滅後 施設形像 心存目想 生正憶念 還同如來常住之日)

『대승기신론』(5) 저술의 의미에 다음과 같이 설한다.

말하자면 사바세계에서 여래의 지혜를 구족한 중생들의 근기와 지혜는 영리하다. 따라서 스스로 정법을 설하는 사람의 몸과 마음(色心), 신구의(身口意) 삼업(三業)이 청정하고 수승하다. 여래의 지혜로 원만한 법문(圓音)을 설하면, 중생(異類)들도 모두 똑같이 잘 이해하기 때문에 특별히 논서를 만들어 해설할 필요도 없었다.

그러나 여래의 지혜가 없는 중생들의 근기와 능력은 다양한 차이가 있다.

어떤 중생은 자신의 능력(自力)으로 대승의 법문을 널리 많이 듣고 이해할 수 있는 사람도 있고, 어떤 중생은 자신의 능력(自力)으로 약간의 법문을 듣고도 많이 이해할 수 있는 사람이 있다. 한편 어떤 중생들은 자신의 능력이 없어 불법의 가르침을 잘 이해할 수가 없기 때문에 자세하게 설명한 논서의 도움을 받고 이해하는 사람도 있다. 또 어떤 중생들은 경전의 법문을 자세하게 설명한 논서(廣論)의 문장이 너무 많고 번거롭다고 생각하고, 불법의 핵심을 전체적으로 정리한 책으로 많은 뜻을 이해할 수 있는 논서를 마음으로 간절하게 원하는 사람도 있다.(所謂如來在世, 衆生利根. 能說之人, 色心業勝. 圓音一演, 異類等解. 則不須論. 若如來滅後. 或有衆生 能以自力廣聞 而取解者. 或有衆生, 亦以自力少聞 而多解者. 或有衆生 無自心力 因於廣論 而得解者. 自有衆生 復以廣論文多爲煩. 心樂總持少文 而攝多義 能取解者)

如來在世는 佛出世와 같이 진여일심법을 깨달아 불지견(佛知見)을 구족하여 설법한 제불여래의 지혜이고, 如來滅後나 혹은 佛未出世는 無知, 無明으로 진여본성을 깨닫지 못한 중생심을 말한다.

제불여래는 제법이 본래 상주하는 진여일심법을 발견하고, 진여법을 깨닫고, 일체 중생이 진여법을 깨닫도록 방편법문을 설했다. 제불여래가 설법한 방편법문은 인연법, 연기법, 진여법이 여여하게 지혜의 생명으로 작용하는 진실상(眞實相)을 不二法門, 空, 不空 등 수학의 법칙과 같은 방편법문을 法數의 논리로 여법하게 개시(開示)했다.

그래서 진여본성(불성)은 평등한 것이고, 깨달아 부처의 지혜를 체득했거나 체득하지 못한 중생이거나 관계없이 일체 중생은 모두 진여본성을 구족하고 있다. 제불여래는 이 인연법, 연기법, 진여법을 스스로 깨달아 체득하여 일체 중생에게 生老病死 憂悲苦惱의 고통에서 해탈하도록 진여일심법을 여실하게 개시(開示)했다.

따라서 불법은 제불여래가 만든 법도 아니며, 자신의 견해와 사상을 주장하며 제시한 법문도 아니다. 일체법이 진여본성의 지혜로 여법하고 여실하게 생명 활동하는 인연법, 연기법, 진여법, 제법실상법을 여법하고 여실하게 제시하여, 일체 중생이 정법의 안목을 구족하고 발심 수행하여 진여본성을 깨닫도록 설했다.

불교에서 불법의 가르침을 교법(敎法), 이법(理法, 眞理, 眞實), 수행법(行法, 果法, 涅槃) 등으로 구별하지만, 『대승기신론』에서는 대승의 근본 당체(體)인 진여일심을 법(法)이라 하고, 일심의 법(法)이 여법하고 여실하게 반야의 지혜로 작용하는 뜻(義)을 설명한다. 즉 진여일심(法)이 여법하게 제불여래의 지혜로 작용하는 뜻(義)을 말한다.

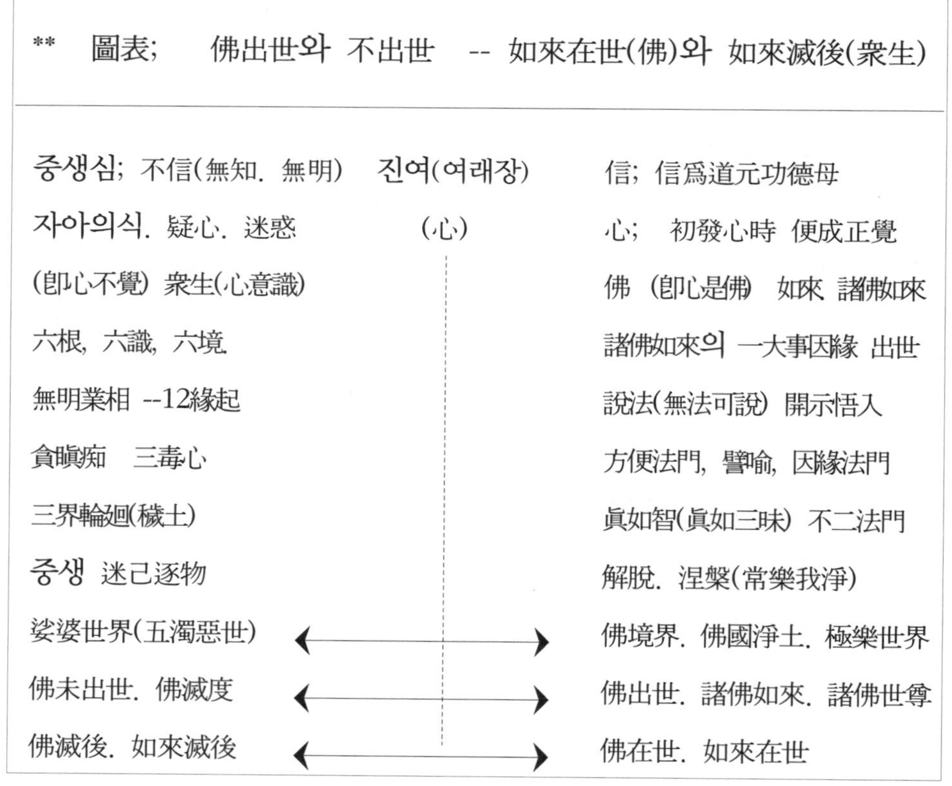

** 圖表; 佛出世와 不出世 -- 如來在世(佛)와 如來滅後(衆生)
중생심; 不信(無知. 無明)
진여(여래장)
(心)
信; 信爲道元功德母
자아의식. 疑心. 迷惑
心; 初發心時 便成正覺
(即心不覺) 衆生(心意識)
佛 (即心是佛) 如來 諸佛如來
六根, 六識, 六境
諸佛如來의 一大事因緣 出世
無明業相 --12緣起
說法(無法可說) 開示悟入
貪瞋痴 三毒心
方便法門, 譬喩, 因緣法門
三界輪廻(穢土)
眞如智(眞如三昧) 不二法門
중생 迷己逐物
解脫. 涅槃(常樂我淨)
娑婆世界(五濁惡世)
佛境界. 佛國淨土. 極樂世界
佛未出世. 佛滅度
佛出世. 諸佛如來. 諸佛世尊
佛滅後. 如來滅後
佛在世. 如來在世

2) 제불세존의 일대사인연

대승경전은 제불세존(여래)이 불지견(佛知見)을 구족한 정법의 안목으로, 일체 중생이 본래 구족한 진여법(眞如法), 제법실상법(諸法實相法)을 일체 중생에게 다양한 방편법문으로 설한 것이다.

제불세존(여래)이 진여법(眞如法), 제법실상법을 깨닫고 부처의 지혜(佛知見)를 구족하고, 일체 중생을 구제하는 제불의 원력행을 실행하는 시절인연의 본분사로 설법하면서 제불여래(세존)가 출세(出世)한 것이다.

일체 중생이 본래 구족하고 있는 진여법(眞如法)을 제불여래가 발견하고 깨달아 체득하여, 일체 중생을 구제하는 제불의 원력행을 실행하면서 설법한 법문이 불법이기 때문에 불교는 제불여래가 주장한 사상과 교법(教法)이나 교설이 아니다.

佛法僧 三寶를 논하면, 불교는 진여법이 근본이고 진여법을 발견하고 깨달아 설법한 각자(覺者)가 제불여래(佛)이며, 제불여래의 설법을 여시아문(如是我聞)하고 수지(受持), 독송하여 신수봉행하고 진여일심법을 깨달아 체득하는 발심수행자가 보살 승가이다.

『법화경』 약초비유품에 다음과 같이 설한다.

> 나(我)는 곧 여래(如來)이며, 응공(應供), 정변지(正偏知), 명행족(明行足), 선서(善逝), 세간해(世間解), 무상사(無上士), 조어장부(調御丈夫), 천인사(天人師), 불(佛), 세존(世尊)이다. 아직 제도(濟度)하지 못한 중생들을 제도하도록 하고, 불법을 이해하지 못하는 중생들을 이해하도록 하고, 편안하지 못한 중생들을 편안하게 하고, 열반의 경지를 체득하지 못한 중생들에게 열반의 경지를 체득하게 한다.(我是如來 應供 正偏知 明行足 善逝 世間解 無上士 調御丈夫 天人師 佛 世尊. 未度者令度, 未解者令解, 未安者令安, 未涅槃者 令得涅槃)

이 법문은 중국 천태종의 천태지의(天台智顗)가 『석선바라밀차제법문(釋禪波羅蜜次第法門)』 제1권의 上에서 다음과 같이 해설하고 있다.

소위 보리심을 발원한다고 설하는데, 보리심이란 즉 보살이 중도의 실천으로 올바른 지혜로써 제법의 실상을 관찰하며, 일체 중생을 연민하는 대비심을 일으키고, 사홍서원(四弘誓願)을 발원해야 한다.

사홍서원이란 첫째, 아직 제도하지 못한 중생을 제도하도록 한다. 다시 말하면 중생이 무변이지만 맹세코 제도한다는 것이다. 둘째, 불법을 이해하지 못하는 중생을 이해하도록 한다. 다시 말하면 번뇌가 무수히 많지만 맹세코 끊도록 하는 것이다. 셋째, 평안을 얻지 못한 중생들에게 평안을 얻도록 한다. 다시 말하면 법문이 다함없지만 맹세코 불법을 알도록 하는 것이다. 넷째, 아직 열반을 체득하지 못한 중생들에게 열반을 체득하도록 한다. 다시 말하면, 무상의 불도를 맹세코 이루도록 한다는 것이다.(所謂發菩提心. 菩提心者 卽是菩薩以中道 正觀以諸法實相, 憐愍一切 起大悲心 發四弘誓願. 發四弘誓願者, 一未度者令度 亦云 衆生無邊誓願度, 二未解者令解, 亦云. 煩惱無數誓願斷. 三未安者令安, 亦云. 法門無盡誓願知. 四未得涅槃 令得涅槃, 亦云. 無上佛道誓願成)(『대정장』제46권 476, 中)

또 『법화경』 약초비유품에 다음과 같이 설한다.

여래는 일체법을 여법하게 알고, 여실하게 보고, 불도를 깨달아 알고, 불도를 지혜로 건립하고, 불도를 여법하게 설한다.(我是一切知者, 一切見者. 知道者 開道者 說道者)

이 일단의 법문은 제불여래가 일체법을 여실하게 알고, 여실하게 볼 수 있는 불지견(佛知見)을 구족한 사실을 밝히고 있다. 『금강경』에 "如來 悉知

悉見” 혹은 “如是知, 如是見, 如是信解”라고 설한다.

제불여래는 불지견을 구족했기 때문에 진여법, 제법실상법이 여법하게 지혜의 생명으로 작용하는 도리를 깨달아 잘 알고(知道者) 있다. 여기서 설한 知道는 佛道로서 眞如法, 제법실상법, 진여일심법이 여법하게 지혜로 작용하는 도법(道法)을 말한다.

『금강경』에 “이 진여법은 평등하여 높고 낮음의 차별이 없다(是法平等無有高下)”라고 설하며, 또 “여래가 깨달아 체득한 이 법은 실체도 없고, 허망한 것이 아니다(如來所得法 無實無虛)”라고 설한 것처럼 진여법, 진여일심법은 자아의 고정된 실체가 없지만, 진여본성이 미묘하게 반야지혜로 작용한 실상은 허망하지 않다는 사실을 깨달아 체득한 사실을 밝히고 있다.

지도자(知道者)란 진여일심법이 여실하게 지혜로 작용하는 진실한 불법의 도리를 깨달아 체득한 것을 말한다. 『금강경』에 여래가 깨달아 체득한 불법은 무실(無實), 무허(無虛)라고 설한 법문은, 진여일심이 지혜로 작용하는 도리를 공(空)과 불공(不空)의 논리로 설한 법문이다.

『대승기신론』에는 『승만경』의 법문에 의거하여 ‘공(空)여래장, 불공(不空)여래장’이라고 정리한다. 중국의 선불교에서는 하택신회(荷澤神會)선사가 『현종기(顯宗記)』에 진여법은 중생심의 번뇌 망념을 텅 비운 진여일심(眞空)의 반야지혜가 미묘하게 작용(妙有)하는 도리를 진공묘유(眞空妙有)로 설했다.

진여실상법을 진여자연이라고 설하는 것처럼, 진여본성은 외부의 힘에 의존하지 않고 본래 자연 그대로 여법하고 여실하게 불변의 법칙성에 의거하여 미묘하게 지혜의 생명으로 작용하고 있다는 사실(道理)이다.

여래는 불지견을 구족한 지도자(知道者)이기에 지금 여기, 시절인연에 따른 자기 본분사의 일을 진여본심의 지혜로 건립(創造)할 수 있기 때문에 여래를 개도자(開道者)라고 설한다.

개도자(開道者)란 제불여래가 불지견을 구족하고, 진여일심의 반야지혜로 지금 여기, 시절인연에 따른 자기 일대사(본분사)를 건립하고 창조하는 능력을 말한다. 『금강경』에 "반드시 대상경계에 집착하지 않는 진여일심의 지혜로 언제 어디서나 본분사의 일을 실행해야 한다(應無所住而生其心)"라고 설하며, 『유마경』에는 "진여일심의 지혜로 시절인연에 따른 자기 본분사의 일을 건립한다(無住本上 立一切法)"고 설한다.

마치 연꽃이 진흙탕에서 피지만 진흙탕 물에 오염되지 않는 것(處染常淨)처럼 여래는 사바세계의 중생들과 함께 살면서 항상 시절인연에 따른 일체의 모든 일을 진여일심의 지혜로 자기 본분사를 건립하고 창조한다.

설도자(說道者)란 여래가 진여일심법을 일체 중생에게 개시(開示)하며 여시설법(如是說法)하여 일체 중생이 불지견을 구족할 수 있도록 불도의 진실을 방편법문으로 설법하는 것이다. 제불여래가 출세하여 일체 중생을 구제하는 일대사(본분사)의 일이다.

『금강경』에 "일체 현성은 모두 진여일심의 지혜(無爲法)로 중생들에게 다양한 방편법문을 설한다(一切賢聖 皆爲無爲法 而有差別)", 또 "설법은 진여일심의 지혜로 여시 설법해야 한다(說法者 無法可說 是名說法)"라고 설한다.

지도(知道)와 개도(開道)는 불도(佛道; 眞如法)를 깨닫고 진여일심의 지혜로 지금 여기, 자기 본분사를 방편지혜로 건립하는 능력이다.

『법화경』 방편품에 사리불에게 제불세존이 출세하는 근본 뜻(本懷)을 다음과 같이 설한다.

> 부처님(佛)이 사리불에게 말했다. "이와 같이 미묘한 불법은 제불여래가 시절인연에 따라서 설법한 것이니, 마치 우담발화가 때가 되어 꽃이 피는 것과 같다. 사리불이여! 그대들은 반드시 부처님이 설한 불법을 확신하도록 하라. 부처의 지혜로 설법한 법문은 허망한 거짓이 없다.
>
> 사리불이여! 제불이 시절인연에 따라서 여법하게 설법하는 법문의 뜻과

취지는 중생심으로 이해하기 어렵다. 왜냐하면 내가(여래) 무수하게 많은 방편과 다양한 인연과 비유의 언어로 제법의 실상을 연설하기 때문이다. 이 불법은 중생심으로 사량 분별해서 이해할 수가 없다. 오직 제불의 지혜로써만이 알 수 있을 뿐이다."

(佛告舍利弗 如是妙法 諸佛如來 時乃說之, 如優曇鉢華時一現耳. 舍利弗, 汝等當信佛之所說, 言不虛妄. 舍利弗. 諸佛隨宜說法 意趣難解. 所以者何, 我以無數方便種種因緣, 譬喩言辭 演說諸法. 是法 非思量分別之所能解. 唯有諸佛乃能知之)

제불여래가 출세(出世)하여 설법하는 인연은, 우담발화꽃이 때에 따라 한 번 피는 것과 같이 지극히 희유(希有)한 일이라고 비유했다.

제불여래가 설하는 대승불법의 법문은 중생심의 사량 분별심으로 알 수 없는 경지이며, 오직 불지견을 구족한 사람만이 알 수 있다는 뜻이다. 제불여래가 설하는 진여법, 제법실상법, 진여평등법의 법문은 중생들이 이해할 수가 없고, 제불의 지혜로만이 능히 알 수 있다고 경전에서 '유불능지(唯佛能知)', 혹은 '유여래능지(唯如來能知)'라고 설한다. 자아의식의 중생심을 텅 비운 아공(我空), 법공(法空)의 경지에서 진여본심의 지혜로만이 알 수 있는 경지라는 뜻이다.

경전의 처음에 제불여래의 여시설법(如是說法)을 여시아문(如是我聞)이라고 하고 제불여래의 설법을 여법하게 기록하고, 경전의 마지막에는 진여일심으로 제불여래의 법문을 확신하고 여법하게 수지하여 지금 여기, 자기 본분사의 지혜로 실행하고 있다는 의미로 신수봉행(信受奉行)이라고 기록하고 있다.

『법화경』 방편품에 제불세존(여래)의 출세(出世) 본회(本懷)를 일대사인연으로 다음과 같이 설한다.

왜냐하면 제불세존은 오직 일대사 인연으로 이 사바세계에 출세하기 때문이다.

사리불이여! 제불세존이 오직 이 일대사 인연으로 사바세계에 출세한 뜻은 무엇인가?

제불세존은 중생들이 불지견(佛知見)을 열고, 청정한 반야지혜를 체득하도록 출세한 것이며,

중생들에게 불지견을 개시(示)하고자 출세한 것이며,

중생들에게 불지견을 깨닫게(悟) 하고자 출세한 것이다.

중생들에게 불지견의 지혜(佛知見道)를 체득(入)하게 하고자 출세한 것이다.

사리불이여! 제불은 오직 이 일대사 인연의 원력을 실행하고자 이 사바세계에 출세한 것이다.

(所以者何. 諸佛世尊, 唯以一大事因緣故 出現於世. 舍利弗. 云何名諸佛世尊 唯以一大事因緣故 出現於世. 諸佛世尊, 欲令衆生 開佛知見, 使得淸淨故. 出現於世. 欲示衆生 佛之知見故, 出現於世. 欲令衆生 悟佛知見故, 出現於世. 欲令衆生 入佛知見道故, 出現於世. 舍利弗. 是爲諸佛, 唯以一大事因緣故 出現於世)

『법화경』 서품에도 "부처의 지혜로 설법하기 때문에 제불이 사바세계에 출세한 것이다(說佛智慧故 諸佛出於世)"라고 설한다.

제불세존이 진여법, 제법실상법을 깨달아 체득하여 불지견(佛知見)을 구족하고, 중생들이 생사에 윤회하는 세간법과 생사를 해탈할 수 있는 출세간법을 여법하게 알고, 여실하게 볼 수 있는 불지견을 구족하여 일체 중생이 본래 구족하고 있는 진여법의 진실을 여법하게 개시(開示)하여 깨달아 체득(悟入)하도록 불법을 설했다.

『법화경』 약초비유품에 다음과 같이 설한다.

"가섭이여! 반드시 잘 알아야 한다. 여래는 제법의 근본(王)이기에 여래의 설법은 허망하지 않다. 여래는 일체법(一切法)을 방편지혜로 연설하며, 여래가 설법한 법문은 모든 중생들이 일체 지혜(一切智)를 깨달아 미묘한 경지에 도달하게 한다.

여래는 일체 제법이 근본으로 귀결하는 곳을 관찰하여 알며, 또 일체 중생의 깊은 마음작용(心行)을 다 알고, 통달하여 걸림이 없다. 또 일체 제법의 근본을 분명하게 요달하여, 모든 중생들에게 일체의 지혜를 깨닫도록 개시(開示)한다.

(迦葉當知. 如來是諸法之王 若有所說 皆不虛也. 於一切法 以智方便 而演說之. 其所說法 皆悉到於一切智地. 如來觀知一切諸法之所歸趣. 亦知一切衆生 深心所行 通達無礙. 又於諸法 究盡明了 示諸衆生 一切智慧)

제불세존은 중생구제를 목적으로 불법을 설한 것이 아니라, 시절인연의 자기 본분사(일대사)로 제불의 본원력을 실행한 설법이기 때문에 사람(중생)들이 부처를 세존이라고 존경하고, 여시아문하며 수지 독송하고 신수 봉행하여 여래의 지혜를 체득하는 보살도를 실천 수행하는 것이다.

『대품반야경』 문상품에도 "반야의 완전한 지혜는 일대사인연을 성취하는 것이다. 제불의 일대사는 일체 중생을 구제하는 일이며, 일체 중생을 버리지 않는 일이다"라고 설하며, 『무량수경』에도 "여래는 한량없는 자비심으로 삼계(三界)의 중생들을 가엾고 불쌍히 여기고, 사바세계에 출현하여 불도의 가르침(道敎)을 지혜의 광명으로 비추고, 중생들을 구제하고 진실 된 깨달음을 체득하도록 한 것"이라고 출세 본회(本懷)의 의미를 설한다.

부처의 출현과 설법에 대하여 『화엄경』 수미정상게찬품에 "비유하자면 어둠 속의 보물을 등불이 없으면 볼 수가 없듯이, 불법을 설하는 사람이 없으면 비록 지혜가 있어도 깨달아 체득하지 못한다(譬如暗中寶, 無燈不可見, 佛法無人說, 雖慧莫能了)"라고 읊고 있다.

대승경전에서 부처님이 사바세계에 출현하신 일대사(一大事) 인연이란 무엇인가? 부처란 제법의 진실을 깨달아 체득하여 지금 여기, 시절인연에 따른 자기 본분사(一大事)의 일을 진여일심의 지혜로 건립(創造)하는 것이다.

『법화경』 방편품에 "제불의 본래 서원은 여래가 실행하는 불도(佛道)와 같이 널리 중생들도 역시 이 불도를 깨달아 체득하도록 하는 일이다(諸佛本誓願 我所行佛道 普欲令衆生 亦同得此道)"라고 설하며, 여래수량품에는 다음과 같이 설한다.

> 여래는 항상 중생이 수행해야 할 불도(佛道)와 수행하지 말아야 할 사도(邪道)를 잘 알고, 시절인연에 따라서 반야의 지혜로 제도하며 여러 가지 다양한 방편법문을 설한다. 항상 스스로 이렇게 사유한다. '어떻게 해야 중생들을 무상(無上)의 지혜를 깨달아 체득하게 하며, 신속히 불신(佛身)을 성취할 수 있게 할까?'(我常知衆生 行道不行道 隨所應可度 爲說種種法, 每自作是意 以何令衆生 得入無上慧 速成就佛身)

일대사를 선에서는 시절인연에 따른 자기 본분사(本分事)라고 하며, 자아중심의 중생심을 초월한 진여일심의 지혜로 지금 여기, 시절인연에 따른 보살도의 원력행을 실행하는 일이다.

대승불교는 원력과 신심의 종교, 자각의 종교, 지혜의 종교, 일상성의 종교이다. 인간 각자가 불법의 방편법문에 의거하여 원력과 신심을 확립해야 불법에 의거하여 중생심의 번뇌 망념을 텅 비우고 진여일심으로 전향할 수 있으며, 중생심을 불심의 지혜가 되도록 하고, 불심의 지혜와 자비심으로 중생구제의 보살도를 실행할 수가 있다.

원력과 신심(信心)은 경전과 어록의 법문이나 부처나 조사의 설법을 통해서 일체 중생이 모두 진여본성(佛性)을 구족하고 있다는 사실이다. 진여본성에 대한 신심은 자아 중심의 중생심을 초월하여 부처의 지혜와 자비심을 보살도로 실행하는 원력행의 토대가 된다. 진여본성에 의거하고(自燈明), 본성의 여법한 지혜(法燈明)를 실행하는 부처의 지혜와 자비행이 중생을 구제하는 일대사의 인연이다. 『법성게』에서는 "진여자성은 자성의 본분을 고수하지 않고 시절인연에 따라서 자각적인 지혜로 부처를 이룬다(不守自性隨緣成)"라고 읊고 있다.

대승경전의 여시아문(如是我聞)은 문자적으로는 아함경의 여시아문과 같지만, 그 내용은 다르다. 대승경전에서 설한 여시아문은 제불여래가 설한 여시설법(如是說法)을 들은 청법자(聽法者)가 진여일심의 지혜로 부처의 설법을 여법(如法)하고 여실(如實)하게 청법하고, 이 경전의 법문을 수지 독송하고 깨달아 체득하도록 진여일심의 지혜로 전달한다는 의미이다.

『법화경』 약초비유품에 다음과 같이 설한다.

여래의 설법은 일상(一相)이며, 일미(一味)이다. 말하자면 여래의 설법은 해탈상(解脫相)이며, 자아의식과 의식의 대상(法相)을 여읜 경지(離相)이며, 중생심의 번뇌 망념을 소멸하고 구경에 일체의 다양한 방편지혜(一切種智)를 이룬다.

그 어떤 중생이라도 여래의 법문을 듣고, 수지하여 독송하거나 설법한 그대로 여법하게 수행하면, 그가 깨달아 체득한 공덕을 스스로 자각하여 의식의 대상으로 알지(覺知) 못한다. 왜냐하면 오직 여래의 지혜로써만이 이 중생들의 종류(種)와 특성(相)과 본체(體)와 성품(性)을 여실하게 잘 알기 때문이다.

즉 중생들이 무슨 일을 자각하고, 무슨 일을 사유하고, 무슨 일을 수행하는지를. 어떻게 자각하고, 어떻게 사유하고, 어떻게 수행하는지를. 어떤 법을 자각하고, 어떤 법을 사유하며, 어떤 법을 수행하는지를. 어떤 법으로써 어떤 법을 깨닫는지, 중생들이 여러 가지 다양한 견지에서 안주하고 있는 것을 오직 여래의 지혜로 여실하게 보고, 분명하게 깨달아 알기에 걸림이 없다.
(如來說法 一相一味. 所謂解脫相, 離相, 滅相, 究竟至於一切種智. 其有衆生 聞如來法 若持讀誦 如說修行 所得功德 不自覺知. 所以者何. 唯有如來 知此衆生 種相體性. 念何事 思何事 修何事, 云何念 云何思 云何修, 以何法念 以何法思 以何法修, 以何法得何法 衆生 住於種種之地 唯有如來 如實見之 明了無礙)

제불여래의 설법은 일상일미(一相一味), 즉 진여일심의 지혜로 설한다는 법문인데, 『유마경』 불국품에서는 일음연설(一音演說), 『화엄경』에서는 원음(圓音), 법음(法音), 묘음(妙音)이라고 한다. 자아의식의 중생심으로는 진여법을 설할 수가 없기 때문에 부득이 진여일심의 지혜로 여시설법하고 청법자 역시 여시아문할 수 있도록 불이법문(不二法門)으로 설법한 사실을 밝히고 있다.

제불여래의 지혜로 설한 법문은 허망한 거짓이 없다(言不虛妄). 즉 제불여래가 설한 경전의 법문은 진실하고 거짓이 없다(眞實不虛)라고 설한 말인데, 『금강경』에 "여래는 바로 진어자(眞語者), 실어자(實語者), 여어자(如語者)이며, 말로 사람을 속이는 자가 아니며(不誑語者), 진실과 다른 말을 하는 자가 아니다(不異語者)"라고 설한다.

『법화경』 안락행품에 "일체 중생에게 진여본심으로 평등하게 설법한다(於一切衆生 平等說法)"라고 하며, 『금강경』에도 "설법은 자아의식을 텅 비운 진여본심의 지혜로 설법해야 한다(無法可說)"라고 설법의 정신을 설한다.

중생심의 자아의식을 텅 비우고 진여본심의 지혜로 설하는 법문이 평등설법이다. 평등은 중생심의 차별심과 분별심을 초월한 진여본성의 지혜작용을 말한다.

제불여래의 여시설법은 『금강경』에 "설법은 진여본심의 지혜로 설법해야 한다(說法者卽 無法可說)", 또 "일체 현성은 모두 진여본심의 지혜(無爲法)로 다양한 중생의 심병을 치료하는 방편법문을 설한다(一切賢聖 皆爲無爲法 而有差別)"라고 설한다.

대승경전은 진여법을 깨달은 제불여래가 진여일심의 지혜로 설한 방편법문을, 청법자 역시 진여일심의 지혜로 여시아문(如是我聞), 수지독송하여 여법하고 여실하게 깨달아 불지견을 구족한 입장에서 제불여래의 설법을 기록하고 편집한 것이다.

즉 제불여래가 진여일심의 방편지혜로 설한 진여법, 제법실상법을 진여일심으로 청법하고 수지하여, 제불여래의 경지를 깨달아 체득하여 불이일체(不二一體)의 경지를 이룬 입장이다.

『금강경』(14)에 "수보리여! 미래세에 만약 선남자 선여인이 스스로 발심하여 이 경전의 법문을 수지 독송하면 곧 여래가 된다(善男子 善女人 能於此經 受持讀誦 則爲如來)"라고 설하며, 『법화경』에도 법화행자가 경전의 법문을 서사(書寫), 수지(受持), 독송(讀誦)하는 5종의 방편법문을 수행할 것을 설한다.

대승경전과 제불여래의 출세는 『법화경』 방편품에서 일대사인연으로 중생들에게 방편법문을 개시오입(開示悟入)하도록 설한 것처럼, 일체 중생이 모두 제불여래의 방편법문을 여시아문, 수지 독송하여 제불여래와 똑같은 불지견을 구족하여 여래의 지혜를 체득하게 한다.

『유마경』에서는 제불여래의 설법과 방편법문은, 진여일심의 지혜를 이룬 법문이라는 뜻으로 불이법문(不二法門)이라고 설한다.

제불여래의 방편법문은, 일체 중생이 발심 수행하여 제불여래의 지혜로 깨달아 체득하도록 불이법문으로 설한 것이다. 일체 중생이 발심하여 평등하게 여래와 똑같은 무상정등정각(無上正等正覺), 구경각(究竟覺), 정각(正覺)을 이루도록 개시(開示)한 법문이다.

일체 중생은 제불세존이 여시 설법한 법문을 진여일심의 지혜로 여시아문하고, 수지 독송하여 깨닫고, 제불여래와 똑같은 불지견을 구족해야 한다.

『법화경』은 대승불교경전 가운데서도 사바세계의 일체 중생을 구제하는 부처님의 원대한 원력행을 다양한 비유법문과 인연법문, 방편법문으로 설법하고 있는 대표적인 경전이다.

만약 대승경전의 법문을 들은 제자가 중생심으로 부처의 설법을 들었다면 여법하게 불법을 깨달아 체득할 수가 없으며, 또한 남에게 설법하거나 전달하여 여법하게 깨닫게 할 수가 있을까? 경전의 번역자 역시 여법하게 번역하지 못하면 정법의 불법은 전할 수가 없다.

부처님이 설법한 법문을 여법(如法)하고 여실(如實)하게 듣고 깨달아서 전달하는 것은, 부처와 같은 진여의 지혜가 아니면 부처의 법문인 대승법(大乘法)을 여법하고 여실하게 전달할 수가 없다.

『유마경』 제자품에서 유마 거사가 가전연 존자에게 "중생의 생멸심행(生滅心行)으로 실상법(實相法)을 설하지 말라"고 비판한 것은, 제불여래가 진여삼매(眞如三昧; 語言三昧)의 지혜작용으로 설법한 제법실상(諸法實相)의 대승법문을 자기중심의 의식작용인 중생심으로 이해하고 설법한다면, 그것은 일반적인 지식을 전달하는 것이기 때문에 진여법의 지혜를 여법(如法)하게 전하고, 여법하게 깨달아 체득할 수 없다.

『금강경』(14단)에 수보리가 "부처님은 이와 같이 진여일심의 지혜로 여법(如是)하고, 깊고 깊은 금강경의 법문을 설하였다(佛說如是甚深經典)"라고 하면서, 내가 옛날부터 부처님을 따라 많은 설법을 듣고 깨달아 체득한 혜안(慧眼)으로서는, 이와 같은 『금강경』의 법문을 일찍이 들어본 적이 없었다고 말한다.

그리고 "세존이시여! 만약 어떤 사람이 이 『금강경』의 법문을 듣고 신심이 청정하면 곧 실상(實相)을 깨달아 지혜를 일으키게 되리니 이 사람은 제일 희유한 공덕을 성취하게 된 것임을 잘 알 수가 있습니다"라고 말했다.

『법화경』 방편품에 다음과 같이 설한다.

“사리불이여! 여래는 여러 가지 다양한 진여의 지혜작용으로 능히 분별하여 제법을 훌륭하게 설법하며 언어의 말씀은 유연하고 중생들을 기쁘게 한다. 사리불이여! 그 요지를 말하자면 무량무변의 미증유법을 부처는 모두 깨달아 성취하였다. 그만두게(止)! 사리불이여! 거듭 설하지 말라. 왜냐하면 부처가 깨달아 성취하신 제일 희유(第一希有)하고 이해하기 어려운 진여법(難解之法)은 오직 부처와 부처의 지혜로써만이 능히 알 수 있고(唯佛與佛), 능히 제법실상(諸法實相)의 본질을 궁극적으로 알 수 있다.

말하자면, 제법은 진여의 실상(如是相)과 진여법성(法性), 진여의 근본당체(如是體), 진여일심의 독자적인 지혜의 힘(如是力), 진여일심의 창조적인 지혜작용(如是作), 진여일심의 인(如是因)과 진여일심의 지혜가 반연(如是緣) 되어 진여일심으로 깨달음(如是果)과 진여일심의 지혜를 체득하는 과보(如是報)를 이룬다. 즉 진여일심으로 발심수행하고 정각의 깨달음을 체득(如是本末)하는 본분사의 일이 진여일심의 지혜로 구경(究竟)에 평등하게 불이의 묘용으로 실행된다는 사실이다.”

『법화경』 방편품에 제불여래가 설한 제법실상법은 이해하기 어렵기 때문에 무수하게 많은 방편법문과 다양한 인연법문, 비유법문 등의 방편지혜의 언어를 불이법(不二法)으로 개발하고 창조하여 진여일심의 일음(一音), 법음(法音)으로 연설했다.

그래서 “이 진여실상법은 중생심의 사량 분별로는 이해할 수가 없고, 오직 제불여래의 지혜로써만이 능히 알 수 있다(是法 非思量分別之所能解 唯有諸佛 乃能知之)”라고 설한다.

대승불교경전에 희유나 미증유, 혹은 불가사의라는 말은 성문, 연각의 경지에 있는 수보리가 처음 대승의 법문을 듣고 일찍이 들어본 적이 없었다는 사실을 표현한 말인데, 제불여래의 법문을 청법하고 불지견을 구족했기 때문에 이 법문을 알 수 있게 된 사실을 설한다.

『법화경』 신해품에도 대승의 법문을 듣고 이해한 수보리가 진정한 성문(眞聲聞)이 되고 진정한 아라한이 되었다고 전한다. 제일 희유한 공덕은 최상의 깨달음을 이룬 부처나 여래가 진여의 지혜로 법계의 일체 제불, 일체 중생과 함께 불도를 회향한 공덕인 것이다.

『법화경』 방편품에는 제불여래가 설한 제법실상법을 십여시(十如是)의 법문으로 설하는데, 범어(梵語) 원본 『법화경』에는 십여시 법문이 없기 때문에 구마라집이 설한 법문으로 본다. 제법실상법, 진여법은 외부의 힘에 의거하지 않고 진여일심 자체의 지혜로 여법하고 여실하게 작용한다는 자연법이(自然法爾)의 불가사의한 묘용(妙用)을 십여시로 설했다.

십(十)은 원만한 숫자로, 진여일심의 지혜가 원만하고 무애자재한 경지이며, 여시(如是)는 진여본심이 여여(如如), 여법(如法), 여래(如來), 여시(如是), 여실(如實), 불이(不二)의 반야지혜로 작용하는 묘용이다.

『금강경』에 "여래란 제법과 여여하게 지혜로 작용하는 뜻이다(如來者則諸法如義)"라고 설했다. 여래의 지혜가 여법하고 여여하게 작용되도록 하는 일은 발심수행이다. 불지견으로 발심수행을 하지 않고서는 여래의 지혜(진여일심)를 깨달아 체득할 수가 없다. 중생과 성문, 연각은 진여법(대승불법)을 확신하는 신심이 없고, 발심수행하지 않기 때문에 불법난봉(佛法難逢), 혹은 난해지법(難解之法), 난신지법(難信之法)이라고 한다.

십여시 법문에 진여일심으로 발심수행(如來因地法行)하고, 진여일심의 지혜로 정각의 깨달음을 체득하여 보신불의 경지를 이룬다고 여시인연과보(如是因緣果報)를 설했다. 그리고 본말(本末)이 구경에 평등하다는 법문은 진여일심(因地)으로 여법하게 발심수행(法行)하는 일(本)과 진여일심의 지혜로 깨달음의 정각을 이룬 것(末)으로, 발심수행과 구경정각이 진여일심의 지혜이기 때문에 구경에는 평등한 불이법(不二法)이라고 설한다.

『화엄경』에 "초발심이 곧 정각(初發心時便成正覺)"이라고 설하고, 『열반경』에 "발심과 구경의 정각, 이 둘을 구분할 수가 없다(發心畢竟二不別)"고 설한다. 그래서 『대승기신론』에는 "초발심의 시각(始覺)과 구경의 본각(本覺)은 진여일심이기 때문에 같다"고 설한다.

제법실상법은 진여본성의 지혜생명이 여여(如是)하게 수행과 깨달음(本末)이 구경(究竟)에 평등(等)한 지혜로 실행된다는 사실이다. 그래서 『금강경』에 "이 진여법(法)은 평등하여 높고 낮음(高下)의 차별이 없다(是法平等無有高下)"라고 설했다. 제불여래가 여시설법(如是說法)한 법문을, 진여일심의 지혜로 여시아문(如是我聞)한 청법자가 여법하게 발심 수행하여 깨달아 똑같은 여래의 경지를 이룬다.

『금강경』(2)에 "반드시 진여일심의 지혜로 보살행을 해야 한다(應如是住)", "반드시 진여일심의 지혜로 중생심을 항복해야 한다(應如是降伏其心)", 10단에 "반드시 진여일심의 지혜로 청정심이 되도록 해야 한다(應如是生淸淨心)", 14단에 "반드시 진여일심의 지혜로 보시행을 해야 한다(應如是布施)", "부처는 진여일심의 지혜로 뜻이 깊고 미묘한 경전의 법문을 설법한 것이다(佛說如是甚深經典)", 17단에 "반드시 진여의 지혜로 청정심이 되도록 해야 한다(當生如是心)"라고 설하는데, 여기서 여시(如是)는 여법, 여여, 여실, 불이의 경지로서 진여자성(일심)의 청정한 지혜작용과 같다는 의미이다.

또 『금강경』(31)에 "최상의 정법을 깨달아 체득하려고 발심한 사람은 응당히 여시지(如是知), 여시견(如是見), 여시신해(如是信解)하도록 해야 한다"라는 일절이나, 또(32단) "일체의 유위법은 꿈, 환화, 물거품, 그림자와 같고, 이슬이나 전깃불과 같이 실체가 없다. 당연히 진여일심의 지혜로 이와 같이 여법하게 유위법을 관찰하여 깨닫도록 해야 한다(一切有爲法 如夢幻泡

影 如露亦如電, 應作如是觀)"라는 게송의 여시(如是)도, 진여일심의 지혜로 중생심으로 대상경계를 인식하는 유위법(有爲法)이 실체가 없는 환화와 같다는 사실을 깨달아 체득해야 한다고 설한 것이다.

자아의식의 중생심으로 의식의 대상경계를 인식하는 유위법(有爲法)은, 제불여래의 불지견(佛知見)으로 여법하고 여실하게 알 수 있기 때문에 아공, 법공, 일체개공의 경지에서 진여일심의 지혜인 여래만이 능히 중생심으로 조작하는 번뇌 망념을 분명하게 파악할 수가 있다.

불지견을 『금강경』에서 여래 실지실견(悉知悉見)이라고 설하며, 『대승기신론』에서는 "오직 부처의 지혜로만이 알 수 있다(唯佛能知)"라고 설한다.

말하자면 『금강경』을 설한 부처와 똑같은 정법의 안목을 구족한 불지견의 입장에서 부처의 설법을 진여일심의 지혜로 여법하고 여실하게 청법하고, 부처와 똑같은 안목에서 대승의 법문을 전달하고 있다는 사실을 확신하게 하는 의미로 여시아문이라고 한 것이다. 즉, 대승경전의 법문을 설하는 부처(佛)와 이 법문을 여법하고 여실하게 청법하고, 기록하는 사람의 지혜가 진여일심이라는 사실이다. 또한 대승경전의 법문을 진여일심으로 청법(聽法)하고, 수지, 독송, 사경하는 사람도 똑같이 진여일심의 지혜로 제불여래와 똑같은 불지견을 깨달아 구족하도록 설한 원력이 내포되어 있다.

대승경전에서 설하는 여시(如是)라는 방편법문은, 여래 실지실견(悉知悉見), 불지견(佛知見)과 같이 진여일심의 지혜작용이다.

4. 진여법(眞如法)과 방편법문

황벽선사의 『완릉록(宛陵錄)』에 어떤 수행승이 "이와 같이 시방의 일체 제불이 출세하여 어떤 법을 설했는가?"라는 질문에 황벽선사는 "시방의 제불이 출세하여 모두가 한결같이 진여일심이 지혜로 작용하는 법문을 설했다(十方諸佛出世 祇共說一心法)”라고 대답했다.

시방제불이 출세하여 진여일심(眞如一心)이 여법하게 지혜(생명)로 작용하는 정법(正法)을 설하여, 일체 중생이 제불의 지혜를 깨닫고 생사윤회에서 해탈하고 열반의 법락을 이룰 수가 있게 된 것이다.

제불이 진여일심법을 스스로 깨닫고 불지견을 구족하여 설법한 법문이 중생들에게 진여법을 개시오입(開示悟入)하도록 설한 것이다. 일체 중생과 만물이 본래 구족하고 있는 청정한 진여본성이 시절인연에 따라서 여법하게 본분사의 지혜생명으로 작용하는 제법의 실상법을 방편법문으로 설한 요의경(了義經)이 대승경전이다.

진여법은 마치 물이 위에서 아래로 흐르는 불변의 법칙성을 유지하며 생명 활동하는 것처럼, 자연법이(自然法爾)의 법(法; 道)이며 일체 만물이 각자 시절인연에 따라 지금 여기, 자기 본분사의 생명활동(眞如智)을 하고 있기 때문에 여여, 여법, 여래, 여실이라고 한다.

『잡아함경』 제24권에 “자아를 깨닫고, 정법의 지혜에 의거하라(自燈明 法燈明), 혹은 자아에 의거하고 정법에 의거하라(自洲 法洲)”고 설하고, 『열반경』 제6권 여래성품에 다음과 같이 사의(四依)로 설한다.

> 진여(法)에 의거하고 사람(人)에 의거하지 말며, 진여의 진실한 뜻(義)에 의거하고 사람의 말(語)에 의거하지 말며, 진여의 지혜(智)에 의거하고 사람의 의식(識)에 의거하지 말며, 요의경(了義經)에 의거하고 불요의경(不了義經)에 의거하지 말라. (依法不依人, 依義不依語, 依智不依識, 依了義經 不義不了義經)(『대정장』 제12권 401쪽 下)

불법수행의 네 가지 기준(四依)을 『유마경』 법공양품과 『승만경』, 『자재왕보살경』, 『대지도론』 제9권 등의 경전과 논서에서 제시하고 있다.

『금강경』에 “여래란 제법이 여여하게 지혜의 생명으로 작용하는 뜻(如來者卽 諸法如義)”이라고 설하고, 『법화경』에서 제불세존이 불지견으로 제법실상의(諸法實相義)를 여시설법(如是說法)하여 다양한 방편법문, 비유법문, 인연법문으로 개시(開示)한 것은, 일체 중생이 여시아문 하여 제법실상의를 깨달아 제불여래와 똑같은 불지견을 구족하도록 설법한 것이다.

요의경(了義經)은 진여본심이 여법하고 여실하게 진공묘유의 진실한 지혜생명으로 작용하여 상구보리, 하화중생, 자리이타의 공덕을 원만하게 회향하도록 방편법문을 설한 대승경전을 말한다.

『대승기신론』은 대승경전에서 설한 법문(諸法實相義)에 의거하여 진여일심법이 공(空)과 불공(不空; 眞空妙有)으로 여법하게 지혜 작용하는 뜻(義)을 체계 있게 설명하고 있다.

제불세존도 진여일심의 지혜로 정법을 여법하게 설법(여시설법)하여 일체중생이 각자 여시아문하고 발심 수행하여, 정법을 깨달아 부처의 지혜를 체득하도록 개시(開示悟入)한 것이라고 『법화경』 방편품에 설한다.

제불세존은 시절인연에 따른 자기 일대사(본분사)는, 중생들이 불지견(佛知見)을 열고(開), 불지견을 제시하고(示), 불지견을 깨닫고(悟), 불지견을 체득하도록(入) 진여일심법을 설한다.

제불세존, 제불여래의 일대사(본분사)는, 중생들에게 제법실상의 진실을 여법하고 여실하게 방편법문으로 개시(開示)하는 설법이기 때문에 자아의식의 중생심으로 주장하거나 자신의 사상을 설한 것이 아니다.

그래서 『금강경』에 “설법은 자아의식을 텅 비운 공(空)의 경지에서 여법하게 설해야 한다(無法可說)”고 설한다.

『유마경』 제자품(목련장)에도 유마 거사가 “대개 설법은 반드시 진여일심의 지혜로 여법하게 설해야 한다(夫說法者 當如法說)”라고 하며, 또 “설법은 자신의 사상을 주장하거나 설하지도 말고, 자신의 견해를 내세우며 제시하지도 말아야 한다. 또한 청법(聽法)도 여시설법하는 법문을 자아의식의 귀로 듣고 이해하거나 언어문자의 지식으로 얻은 것이 없이 여시아문 해야 한다. 비유하면 마치 마술사가 인형들에게 설법하는 것처럼, 반드시 이와 같은 불법의 대의를 건립하여 설법해야 한다(夫說法者 無說無示. 其聽法者 無聞無得. 譬如幻士 爲幻人說法, 當建是意 而爲說法)"라고 설한다.

즉 자아의식을 텅 비우고, 의식의 대상경계를 텅 비운 아공, 법공, 무심(無心) 무사(無事)의 경지인 진여일심의 지혜로 여시설법하고 여시아문 해야 한다는 법문이다.

그래서 『능가경』에 세존이 49년간 설법했지만, 자신의 의견이나 사상, 주장은 한 글자도 설한 것이 없다(四十九年 一字不說)고 강조한 것은, 제불여래의 설법은 진여법을 진여일심의 지혜로 여법하게 여시 설법한 것이다.

제불여래의 설법은 시절인연의 자기 본분사의 일로 여법(諸法如義)하게 설법한 것이다. 즉 진여본심의 여법한 지혜(여래)로 일체 제법의 진실한 생명이 작용하는 의미(諸法實相義)를 여실하게 개시하는 설법을 했을 뿐이다.

대승불교경전의 방편법문, 비유법문, 인연법문은 제불세존이 제법의 진실한 생명작용을 여법하고 여실하게 개시한 법문을 제자들이 듣고 기록한 것이다.

그래서 제불여래의 설법을 길을 안내하는 도사와 의사에 비유한다. 『중아함경』 제35권에는 "여래는 길을 안내하는 도사와 같다. 도사가 안내한 그 길을 가고 가지 않는 것은 도사의 과오가 아니다(我如導師, 行與不行 非導過也)"라고 설하고, 『열반경』과 『불유교경』에는 "제불여래는 중생의 심병을 진단하고 처방하는 의사(我如良醫 知病設藥 服與不服 非醫咎也)"라고 비유한다.

『유마경』 불국품에 태양이 항상 밝은 광명을 비추고 있지만, 맹인이 그 태양의 광명을 볼 수 없는 것이 맹인의 허물인 것처럼 제불여래의 지혜광명을 볼 수 없는 것은 무지하고 지혜가 없는 무명의 중생이다.

5. 공(空)과 불이법문(不二法門)의 법수(法數)

제불여래가 진여실상법을 설한 방편법문은, 일체 중생이 본래 구족한 진여일심이 여법하게 지혜로 작용하는 진여법을 깨닫도록 독자적인 방편법문의 언어를 개발하여 불이법문으로 여법하게 개시한 설법이다.

제불여래가 설한 불법의 가르침은, 일체 중생이 본래 구족하고 있는 진여법, 제법실상법을 발견하고, 진여일심의 지혜로 작용하는 도리를 공과 불공, 불이법 등 수학의 공식과 같은 방편법문의 언설을 법수의 논리 체계로 개발하여 여시설법한 독창성이다.

진여법, 제법실상법이 본래 청정한 사실을 공, 진여일심이 시절인연에 따라서 여법하고 여실하게 지혜의 생명이 작용하는 불가사의한 묘용을 불공이라는 방편법문의 언어로 제시한다. 즉 진여일심이 여법하고 여실하게 지혜의 생명으로 작용하는 도리를 공과 불공, 불이법문 등의 법수 논리체계의 방편법문으로 여시설법하여 객관적으로 여실하게 개시한 특성이다.

중생세간의 언설은 자기중심의 사고로 보고 들은 말을 사량 분별하고, 착각하거나 집착하여 많은 오해와 문제를 일으키기 때문에 진여, 공, 불공, 불이법문 등 언설의 극치인 독자적인 방편법문의 언어를 개발해서 설법한 것이다.

『대승기신론』에서 진여를 다음과 같이 설한다.

진여(眞如)라고 말하지만, 사실 진여라는 말과 진여의 지혜는 어떠한 모양으로 나타난 형상(相)은 없다. (진여라는 말도 임시방편으로 붙인 이름(假名)일 뿐이다.) 진여라는 언어로써 진여의 지혜가 작용하는 실상을 설명한다는 것은 불가능하다. 그러나 진여라는 방편의 언어를 사용하지 않고서는 진여의 지혜를 설명할 수가 없기 때문에 진여라는 궁극적인 언어로써 진여라는 방편의 언어를 떨쳐버리는 방법으로 진여의 지혜를 설명하는 것이다.

진여(眞如)라는 방편의 언어로 진여의 본체(眞如體)를 설명하지만, 진여의 지혜로 작용하는 진여의 본체는 떨쳐버릴 수가 없다. 왜냐하면 일체법(一切法)이 그대로 진여본체(體)의 지혜이기 때문에 새삼스럽게 진여본체를 내세워 진여라고 주장할 필요가 없다.

즉 일체법(一切法)과 모두 똑같이 동등하게 본래 그대로 여여(如)하게 진여의 지혜로 생명활동을 하는 것이 진여본체이기 때문이다.

일체법(法)이 모두 진여본성(眞如本性)의 지혜로 작용하는 그 자체를 방편의 언어로는 설명할 수 없으며, 중생심의 망념으로 분별해서 알 수 있는 것도 아니다.

일체법이 여여하고 여법하게 시절인연에 따라서 자기 본분사의 생명활동으로 작용하는 진실한 실상(實相)을 임시방편의 말로 진여(眞如)라고 한다.

(言眞如者. 亦無有相. 謂言說之極, 因言遣言. 此眞如體, 無有可遣. 以一切法, 悉皆眞故. 亦無可立. 以一切法, 皆同如故. 當知一切法, 不可說 不可念故. 名爲眞如)

진여는 일체의 언설상(言說相), 명자상(名字相), 심연상(心緣相)을 여읜 경지이며, 진여도 최후의 궁극적인 방편의 언어로 제시한 말이기 때문에 진여라는 임시방편의 말도 의식에서 떨쳐 버려야 한다. 진여라는 말을 의식하거나 집착하면 중생심이 되어 진여의 지혜를 체득할 수가 없다. 진여라는 고정된 실체가 달리 존재하는 것이 아니라, 진여 일체법이 외부의 힘에 의거하지 않고, 본래 구족하는 진여일심의 지혜 그대로 여여하게 생명 활동하는 것이다.

여기서 "진여라는 궁극적인 언어로써 진여라는 방편의 언어를 떨쳐버리는 방법(言說之極 因言遣言)"이라는 말은, 진여를 어떤 언어문자로 설명해도 언어 개념으로 대상경계의 언어나 명칭으로 인식하기 때문에 진여 그 자체가 여실하게 지혜로 작용하는 본래의 진실상을 상실하게 된다.

또한 임시방편의 언어는, 사람이 어떤 사실(진실)을 객관적인 차원에서 설명하는 것이기 때문에 진여 그 자체를 지혜의 생명으로 여여하게 작용하는 실상을 여실하게 표현한다는 것은 불가능하다.

『승천왕반야경』 제7권에 "도(道)는 본래 언어(말)를 초월한 것이지만, 언어(말)를 빌려서 도를 실행하게 한다(道本無言 因言顯道)"라고 설한다. 이 말은 『벽암록』 제25칙에도 인용하는데, 진여본성이 지혜로 작용하는 불도(佛道)는 언어문자를 여읜 경지이지만, 임시방편의 언어에 의거하여 방편수행을 해야 진여일심의 지혜를 체득할 수가 있다.

그러나 진여라는 방편의 언어를 사용하지 않고서는 진여의 지혜작용(생명활동)을 설명하고 표현할 수 있는 방법이 없다. 그래서 진여라는 방편법문의 언어를 제시하여, 진여라는 언어의 자취나 흔적을 떨쳐버리는(因言遣言) 방편수행으로, 진여일심의 지혜를 깨달아 체득하도록 설법한 것이다. 대승경전에서는 제불여래가 설한 방편법문을 여시아문(如是我聞), 수지(受持), 독송(讀誦), 서사(書寫) 등 오종(五種)의 방편법문을 수행하도록 설했다.

『대승기신론』에서는 진여라는 방편의 언어를 빌려서(依言眞如) 언어를 초월한 진여의 지혜를 설명(離言眞如)하는데, 궁극적인 진여라는 방편의 언어를 통해서 진여일심의 지혜가 여법하게 실행되는 것이다.

즉 임시방편으로 설한 진여라는 언어를 사용하여 진여일심의 지혜를 실행하면서 진여라는 방편언어의 자취나 흔적을 떨쳐버리도록 했다. 경전에서 설한 방편법문을 사경(書寫)하고, 수지(受持), 독송(讀誦)하는 방편수행으로 진여일심의 지혜를 깨달아 체득하는 불법수행의 본질을 말한다. 그래서

『법성게』에서 "깨달아 증득한 지혜로써 알 수 있는 경지(證智所知非餘境)"라고 설한다.

진여와 진여법, 제법실상법 등 불교의 경전에서 설하는 모든 방편법문은 마치 수학의 공식이나 음악의 악보처럼, 독자적인 방편 언설을 불이법문으로 설했다. 즉 중생심으로 사량 분별하는 번뇌 망심을 초월하도록 공(空)과 불공(不空), 불이일체(不二一體), 일음연설(一音演說), 반야바라밀의 지혜 등 법수(法數)의 논리체계로 개발하고 창조한 방편법문의 언어를 즉비(卽非)와 삼구(三句)설법의 논리로 여시설법(如是說法)한 특성이 있다.

즉 진여실상법, 진여법을 진여일심의 지혜로 연설(演說)한 불이법문(不二法門)이며, 일음(一音)설법이다.

세간의 모든 성인과 현자들이 자신의 사상과 철학을 다른 사람들에게 주장한 이원(二元)적인 사고의 저술이나 종교의 서적과는 차원이 다르다.

제불세존이 진여일심의 지혜로 개시(開示)한 일음(一音) 연설의 방편법문은 중생세간에 없는 독창적인 방편언어를 새롭게 창조하고 개발하여 불이(不二)의 법수(法數)의 논리로 여법하게 설한 객관성이 있다.

그래서 『유마경』 불국품에 "부처님이 일음으로 연설하여 설법하지만, 중생은 각기 그들이 살고 있는 국토에 따라서 그 법문을 이해한다. 제불세존이 중생과 같은 말로 설법한 것은 부처의 신력으로 중생과 다른 불공법이다(佛以一音演說法, 衆生隨類各得解, 皆謂世尊同共語 斯則神力不共法)"라고 설한다.

제불세존은 진여법(眞如法)이 여여하게 지혜의 생명으로 작용하는 도리(道理)를 공(空)과 불공(不空), 선정(禪定)과 지혜, 종통(宗通)과 설통(說通), 불이(不二)법문과 같은 법수(法數)의 논리체계에 맞는 방편언어를 개발하여 여시설법한 것이다.

진여일심의 지혜와 같은 뜻으로 일여(一如), 여여(如如), 여시(如是), 여법

(如法), 여래(如來), 일색(一色), 일미(一味), 일음(一音), 불이(不二) 등 수학 공식과 같은 법수(法數)의 방편언어를 개발하여 진여법을 여법하게 개시한다.

또한 보살도의 수행으로 제시한 팔정도, 육바라밀, 사섭법(四攝法), 사무량심, 무생(無生), 무법(無法), 무주(無住), 무상(無相), 무아(無我), 무심(無心), 무사(無事), 무위법(無爲法), 무루법(無漏法), 무소유(無所有), 무소득(無所得), 무소구(無所求), 삼업청정(三業淸淨), 삼륜청정(三輪淸淨)의 보시행 등 모든 방편법문이 진여일심의 지혜와 자비의 공덕행으로 회향하여 일체의 언설과 의식의 자취와 흔적을 남기지 않는 반야바라밀의 법문이다.

『금강경』과 『유마경』에서는 진여법을 공(空), 불공(不空), 불이법문(不二法門) 등 독자적인 법수(法數)의 논리로 다음과 같이 설한다.

> "일체 현성은 모두 진여일심(無爲法)으로 방편지혜의 법문을 설한다(一切賢聖 皆爲無爲法 而有差別)."
>
> "설법은 반드시 진여일심의 지혜로 여시 설법해야 한다(說法者 無法可說)."
>
> "반드시 진여일심(無所住)으로 방편지혜를 실행해야 한다(應無所住 而生其心)."
>
> 『유마경』 관중생품에 "진여일심의 지혜로 일체 법을 건립(창조)해야 한다(無住本上 立一切法)."

무주(無住), 무위법(無爲法)의 법문은 자아의식의 중생심과 의식의 대상경계를 텅 비우고, 진여일심의 지혜로 지금 여기, 자기 본분사의 일로써 설법한 중도(中道) 실상의 법문이다.

『유마경』 제자품에 "마음은 안에 있는 것도 아니고, 밖에 있는 것도 아니고, 안과 밖의 그 중간에 있는 것도 아니다(心亦不在內 不在外 不在中間)"라고 설하며, 관중생품에서는 "해탈이란 마음 안에 있는 것도 아니고, 마음 밖에 있는 것도 아니고, 안과 밖의 그 중간에 있는 것도 아니다(解脫者 不內不外 不在兩間)"라고 설한다.

『화엄경』 제20권과 73권에, 마치 뱃사공이 배를 운항할 때 배를 강의 이쪽 기슭에도 정박하지 않고, 강의 저쪽 기슭에도 정박하지 않으며, 강의 중간에도 정박하지 않고, 시절인연에 따라서 배를 운항하는 것과 같다고 비유해서 설한다.

『유마경』 아축불품(阿閦佛品)에도 "배를 차안(此岸)에도 머무르게 하지 않고, 피안(彼岸)에도 머무르게 하지 않고, 강의 중간에도 머무르게 하지 않고 중생을 교화하는 본분사의 일을 한다(不此岸, 不彼岸 不中流而化衆生)"라고 설한다.

진여일심(無一物中)의 방편지혜(無盡藏)로 지금 여기, 자기 본분사의 일을 창조하라는 법문도 공, 불공, 진공묘유, 중도의 실천사상으로 설한 법수(法數)의 방편법문이다.

6. 즉비(卽非)의 논리와 삼구법문(三句法門)

경전과 어록에 설한 방편법문은 자아의식의 중생심으로 선과 악, 자타, 범성, 부처와 중생을 분별하는 차별심과 번뇌 망념을 텅 비우고(空), 본래 청정한 진여일심의 지혜(不空)로 설한 법문이다.

『금강경』에 "설법은 진여일심의 지혜로 설해야 한다(無法可說)"라고 설한 것처럼, 자아의식의 중생심으로 자타(自他), 선악(善惡), 범성(凡聖), 긍정과 부정 등의 이원적인 사고의 분별심과 차별심을 텅 비우고, 진여일심의 지혜로 설법한 법문의 형식을 즉비의 논리라고 한다.

『금강경』(7분)에 "여래가 설한 법은 모두 대상으로 취할 수가 없으며(不可取), 언어문자로 설할 수도 없으며(不可說), 고정된 긍정의 법이 아니고

(非法), 부정의 법도 아니다(非非法). 왜냐하면 일체 현성은 모두 진여본심(무위법)의 지혜로 시절인연에 따라서 중생의 심병을 진단하고 처방하는 방편법문을 설하기 때문이다(一切賢聖 皆以無爲法而有差別)"라고 설한다.

『금강경』(17분)에 "보살은 고정된 보살로서 존재하는 것이 아니며, 임시방편으로 보살이라고 설한 것이다(菩薩 卽非菩薩 是名菩薩)."

『금강경』(21분)에 "중생이라고 설하지만 여래는 고정된 중생이 없으며, 임시방편으로 중생이라고 설한 것이다(衆生 卽非衆生 是名衆生)."

『금강경』(22분)에 "선법(善法)이라고 설하지만 고정된 선법이 없으며, 임시방편으로 선법이라고 설한 것이다(善法, 卽非善法, 是名善法)."

"반야바라밀 즉비(卽非)반야바라밀, 시명(是名)반야바라밀"이라고 즉비의 논리로 삼구(三句) 법문을 설했다. 즉 반야바라밀(긍정)은 고정된 실체로서 반야바라밀이 존재하는 것이 아니고(부정), 임시방편으로 반야바라밀이라고 설한 것이다(절대긍정).

자아의식의 중생심으로 대상경계를 분별하는 긍정과 부정을 모두 함께 텅 비우고, 진여일심의 지혜로 반야바라밀의 방편법문을 여실하게 설하는 것이 지금 여기, 시절인연에 따른 자기 본분사의 일이다.

제불여래의 방편법문은 이러한 삼구법문의 논리체계가 뒷받침된 중도의 법문으로 설했기 때문에 자아의식의 중생심을 초월하고, 진여본심(여래)의 지혜로 방편법문을 설법한 것이며 제불여래가 출세한 일대사 인연이 된다. 제불세존은 49년 동안 자신의 사상을 한 글자도 주장하지 않았다고 일자불설(一字不說)이라고 한다.

제불여래가 진여일심의 지혜로 설법한 방편법문은 공(空; 0)의 법문이며 중도실상의 법문이다. 수학에서 제로(0)는 허수로서 +1도 -1도 아니지만, 일체의 모든 숫자를 포용하면서 무궁무진한 일체의 모든 숫자를 계산하고 다양하게 변화시키며, 불가사의한 묘용으로 전개하는 지혜작용이 있다.

제불여래가 설하는 대승경전의 방편법문뿐만 아니라, 선승들의 설법도 경전의 방편법문과 같이 삼구(三句)법문으로 설한다.

『전등록』 제14권에 약산유엄(藥山惟儼)선사가 좌선하고 있을 때, 어떤 수행승이 "선사는 꼿꼿하게 앉아서 무엇을 사량(思量)하십니까?"라고 질문하자, 선사는 "일심(箇)으로 부사량(不思量)의 경지를 사량(思量)한다"라고 답했다. 수행승이 "부사량의 경지를 어떻게 사량합니까?"라고 묻자, 선사는 "비사량(非思量)"이라고 대답했다.

사량은 사유(思惟)와 같은 말로, 진여일심의 지혜로 여법하게 불법의 대의와 현지(玄旨)를 참구하는 좌선수행이다. 약산선사가 제자들에게 설한 좌선수행의 법문도 자아의식의 중생심으로 사량하는 일(긍정)과 사량을 부정(否定)한 불사량(不思量), 그리고 사량(思量; 긍정)과 불사량(不思量; 부정)을 모두 함께 초월한 진여일심의 지혜로 정법을 사유하는 참선수행을 비사량(非思量)이라고 대답하고 있다.

『신심명』에 "비사량의 경지는 중생심의 의식과 감정으로 측량하기 어렵다(非思量處 識情難測)"라고 읊고 있는 것처럼 진여일심의 지혜로 경전의 방편법문을 여법하게 참구하는 사유이다.

또 『조주록』에 조주(趙州)선사가 남전보원(南泉普願)선사를 찾아가서 "도(道)란 무엇입니까?"라고 질문하자, 남전선사는 "평상심이 도"라고 대답했다. 조주는 "그 평삼심의 도에 나아갈 수가 있습니까?"라고 질문하자, 남전선사는 "평상심의 도는 대상으로 아는 지(知)에도 속하지 않고, 도를 모르는 부지(不知)에도 속하지 않는다. 자신이 안다고 생각하는 지(知)는 자아의식의 중생심으로 인식한 허망한 자각(妄覺)이고, 도를 알지 못하는 부지(不知)는 불법의 대의를 알지 못한 중생의 어리석음(無記)이다. 진정한 평상심의 도를 깨달아 체득하고자 한다면, 마음을 허공처럼 확연히 텅 비워 일체처에 걸림이 없어야 한다"라고 설했다.

평상심이 도라는 사실을 지식으로 알려는 지(知)와 불도의 현지(玄旨)를 전혀 알지 못한 무지(不知), 옳고 그름(是非)을 분별하는 두 가지 차별심을 모두 함께 텅 비우고, 진여본심의 지혜로 깨달아 증득(證智)해야 평상심이 도라는 사실을 확신할 수 있다.

남전선사가 제자 조주선사에게 설한 법문에 중생심의 사량 분별과 허망한 지식으로 아는 지(知)와 불법의 대의를 알지 못한(不知) 어리석은 무기(無記)를 초월한 진여일심의 지혜를 평상심시도라고 설한 법문도 같은 뜻이다.

『유마경』 제자품에 유마거사가 아나율의 천안(天眼)에 대하여 "그대의 천안은 의식으로 조작하여 보는 것(有作相)인가? 의식의 조작 없이 보는 것인가(無作相)? 의식의 조작으로 보는 것(有作相)이라면 외도의 오신통(五神通)과 같은 경지이고, 의식의 조작 없이 보는 것(無作相)이라면 정법의 지혜가 없는 무위(無爲)로써 사물의 진실을 여실하게 볼 수 없는 것이다"라고 말했다.

유마힐의 질문에 아나율이 대답을 하지 못하고 있는데, 중생심의 의식으로 조작해서 보는 것(有作相)과 의식의 조작 없이 보는 것(無作相)을 모두 함께 초월하고, 본래 청정한 진여본심의 지혜를 체득해야 천안이 된다.

『임제어록』의 유명한 삼구법문은 『종용록』 제76칙에 수산성념(首山省念) 선사가 다음과 같이 요약해서 설한다.

수산(首山)선사가 대중들에게 설법했다. "제 일구(第一句)의 법문에서 깨달으면 불조(佛祖)의 스승이 된다. 제 이구(第二句)의 법문에서 깨달으면 인천(人天)의 스승이 될 수 있다. 제 삼구(第三句)의 법문에서 깨달으면 자기 자신도 구제하기도 어렵다."

수행승이 질문했다. "화상께서는 몇 번째 구절의 법문에서 깨달았습니까?"

수산선사가 말했다. "달이 지는 삼경(三更)에 저잣거리(市)를 조용히 스쳐 지나간다."

(擧. 首山 示衆云, 第一句薦得, 與佛祖爲師. 第二句薦得 與人天爲師. 第三句薦得 自救不了. 僧云, 和尙是第幾句薦得. 山云, 月落三更穿市過)

제 일구의 법문 불조의 스승이 된다는 말은, 발심 수행하여 부처나 조사를 의식의 대상으로 두고 있는 입장이다. 자아의식의 중생심으로 일체의 존재(언어)를 대상경계로 보는 일체 유위법을 부정하는 법문이다.

제 이구의 법문 인천의 스승이 된다는 말은, 인천을 의식의 대상경계로 두고 있는 입장이다.

제 삼구의 법문 자기 스스로도 구제하지 못한다는 말은, 자아의식의 중생심과 의식의 대상경계를 모두 함께 초월한 경지이다. 즉 일구에서 설한 향상문(向上門)의 불조와 이구에서 설한 향하문(向下門)의 인천을 모두 함께 초월하여, 본래 청정한 진여본심의 지혜로 지금 여기, 시절인연에 따라서 자기 본분사를 여법하게 실행하고 있다고 개시한 여시설법이다.

『조주록』에 어떤 수행승이 조주선사에게 "학인은 남방으로 가서 불도를 수학하려고 합니다. 어떻게 불법을 수행해야 합니까?"라고 질문하자, 조주선사는 "그대가 남방으로 행각 수행한다고 하니, 부처가 있는 곳을 보면 급히 지나가고 부처가 없는 곳에는 잠시라도 머물지 말라(見有佛處 急走過, 無佛處 不得在)"라고 했다. 수행승은 "그렇게 말씀하시면 학인이 의지할 곳이 전혀 없습니다"라고 말하자, 조주선사는 "버들개지, 버들개지(柳絮柳絮)"라고 말했다.

부처가 있는 곳(有佛處)은, 부처의 형상이나 깨달음이라는 말을 의식의 대상경계에 두고 있는 중생이기 때문에 급히 떨쳐버리라고 지시한 것이다. 부처가 없는 곳(無佛處)은 불법의 현지를 알지 못한 무지(無知), 무명(無明)의 중생이다. 그대는 유불처(有佛處)의 긍정과 무불처(無佛處)의 부정, 옳고 그름의 시비(是非)를 모두 초월하여 버드나무 꽃이 바람에 날리는 것처럼 진여일심의 지혜로 제법과 불이일체(不二一體)가 되어 지금 여기, 시절인연에 따라서 무심(無心)하고 무사(無事)하게 수행하라는 법문이다.

어떤 수행승이 조주선사에게 "조사가 서쪽에서 온 뜻이 무엇입니까(如何是祖師西來意)"라고 질문하자, 조주선사는 "뜰 앞의 잣나무(庭前柏樹子)"라고 설한다.

선승들이 정원의 잣나무나 목단, 매화꽃, 버드나무꽃 등을 제시하는 법문은 자연법이(自然法爾)로, 여법하고 여실하게 본분사의 생명활동을 하도록 지시한 법문이다.

『금강경』에 "여래는 제법과 여여하게 지혜로 작용하는 뜻이 같다(如來者諸法如義)"라고 설한다. 그대도 자아의식과 의식의 대상경계를 텅 비운 아공(我空), 법공(法空)의 경지에서 제법실상법의 꽃과 나무처럼 진여본심의 지혜로 지금 여기, 자기 본분사로 수행하고 설법하라고 지시한 법문이다.

『오등회원』 제17권에 유신(惟信)선사는 다음과 같이 삼구법문을 정리해서 설한다.

노승이 30년 전 아직 참선수행을 하지 않았을 때, 산을 보면 바로 산(山)으로 보고, 물을 보면 바로 물(水)로 보았다. 이후 선지식을 친견하고 한 경지(箇)를 깨달아 체득하고는 산을 보면 산이 아니고(不是山), 물을 보면 물이 아니었다(不是水).

지금은 자아의식과 대상경계를 텅 비우고 독자적인 정법의 안목으로 산을 보면 단지 그대로 산(是山)이고 물을 보면 단지 그대로 물(是水)이다.

대중들이여! 이 세 가지 견해가 같은가? 다른가?

만약 어떤 수행자가 이 경지를 체득하면 그는 노승을 친견한 것으로 인가하겠다.(『卍속장경』 138권 335, c)

이 법문은 『보등록』 제6권, 『속전등록』 제22권 유신선사전 등에도 수록하고 있는데, 여기서 설한 삼단(三段)의 법문은 삼구법문으로 불법수행의 구조적인 체계를 제시한 것이다.

범부 중생은 자아의식의 대상경계(色)를 주관적인 사고로 인식하는 존재(有)이고, 경전을 통해서 불법공부를 한 사람은, 일체 중생심의 유위법(有爲法)은 자아의 실체가 없고(無自性), 의식의 대상경계를 텅 비운(空) 경지이다.

그러나 존재와 비존재, 유(有)와 무(無), 색(色)과 공(空), 중생과 부처, 긍정과 부정, 상대적이고 이원(二元)적인 자기중심의 사고와 의식의 대상경계를 분별하는 두 가지 차별심을 모두 함께 텅 비우고, 진여본성의 청정한 정법의 안목으로 여법(如法)하고 여실(如實)하게 볼 때, 산과 물은 여전히 본래 자연 그대로 독자적인 생명활동을 여법하게 실행한다.

주관적인 사고의 견해를 텅 비울 때 일체 만법과 불이일체, 만법일여(萬法一如)의 경지에서, 부처의 지혜로 여법하고 여실하게 볼 수 있는 정법의 안목이 구족되고, 일체 만법에 걸림 없이 무애자재하게 지혜로운 본분사의 삶을 살 수 있다.

일체 중생 누구나 발심하여 경전의 방편법문을 수행하면 반야지혜를 이루고 제불여래의 경지를 깨달아 체득할 수 있는 것처럼, 불교는 공(空)의 실천으로 출세간의 지혜를 깨달아 체득하는 평등의 종교이다.

제불여래의 불지견으로 중생들의 심병(心病)과 번뇌 망념으로 생사에 윤회하는 고통에서 해탈하고, 진여일심의 반야지혜를 깨달아 체득하도록 독창적인 공(空)과 불이법문, 다양한 방편법문을 개발하여 일음(一音)으로 연설한 것이다.

『반야경』에 자아의식의 중생심과 의식의 대상경계는 환화(幻化)와 같이 실체가 없다고 아공(我空), 법공(法空)이라고 설한다. 공(空)은 범어 쑨야(sunya; 비우다), 쑨야따(sunyata; 텅 빈 상태)로, 진여자성이 본래 청정하여 중생심의 번뇌 망념이나 자아를 주재하는 영혼과 같은 실체가 없다. 따라서 일체 중생이 본래 구족한 진여자성, 불성은 영혼과 같은 실체가 없고무자성(無自性), 공(空)하며, 일체의 번뇌 망념이 없는 자성청정심이기 때문에 진여본심, 진여무념(眞如無念), 진여자연(眞如自然)이라고 하며. 선에서는 본래무일물(本來無一物)이라고 한다.

대승불교에서 제시한 공(空)의 방편법문은 수학의 제로(0)와 어원이 같다. 제로(0)는 수학의 혁신으로 인류 문화의 위대한 업적으로 평가한다. 제로(0)와 1~9라는 숫자로 표기하는 기호는 언어문자의 개발과 함께 인류의 문명과 문화의 위대한 발견이다.

제로(0)라는 숫자는 +1, -1도 아니며, 실수(實數)가 아닌 허수(虛數)이다. 제로(0) 그 자체가 텅 빈 공(空)의 상태라는 뜻이며, 자체가 텅 빈 공(虛數)의 상태이기 때문에 일체의 모든 숫자(實數)를 포용할 수 있고, 일체의 모든 숫자를 자유자재로 응용하고 계산할 수 있으며, 다양한 공식과 방정식으로 변화시켜 일체법을 창조할 수 있다.

수학의 공식으로 모든 계산을 자유자재로 할 수 있는 열쇠가 바로 제로(0)이다. 오늘날 현대과학의 기술, 공학과 산업, 도시건축과 비행기, 자동차, 우주공학, 컴퓨터, 핸드폰 등 모든 디지털(digital) 문명과 IT 기술은 모두 제로(0)라는 숫자 표기를 기본으로 하고 있다.

과학자들이 우주의 해와 달, 천체의 만물이 시간과 공간 속에서 여법하게 작용하는 신비로운 자연과학의 실체를 수학의 논리체계로 논증하고 있다. 우주 만물이 독자적으로 법칙성에 의해 존재한다는 사실을 수학적인 방법으로 논증하여 밝힌 이론이 물리학이다.

제불여래가 진여법, 진여일심법이 여법하게 지혜로 작용하는 도리를 공(空)과 불공(不空), 불이(不二), 중도(中道), 즉(卽), 원(圓) 등 법수 논리의 방편언어로 창조해서 설법하고 제시했다.

『대승기신론』에 일심(一心)은 세간법과 출세간법을 모두 포섭한다고 설한 것처럼, 진여법은 출세간의 지혜를 체득하는 방편법문뿐만 아니라 중생세간의 문명과 문화를 다양하게 발전, 향상, 변화시키는 수학과 과학의 힘으로 응용하고 있는 사실을 알 수 있다. 인류의 문명과 현대과학은 제로(0)의 발견에 의거한다고 해도 과언이 아니다.

일체 중생이 본래 구족하고 있는 진여자성은 자아의식의 중생심과 번뇌망념을 텅 비운 공의 경지에서 일체 만법을 모두 포용할 수 있고, 일체의 방편지혜를 자유자재로 활용하여 응용하고 변화시켜 방편의 지혜로 지금 여기, 자기 본분사를 창조한다.

선에서는 "본래 한 물건도 없이 텅 빈 진여일심은 무궁무진한 방편지혜를 구족한다(無一物中無盡藏)"고 설한다.

불이법문과 반야바라밀도 진여일심의 지혜를 체득하는 공의 법문이다. 범부중생은 자아의식으로 대상경계의 사물을 보고 자타, 선악, 범성, 미추, 진위, 시비, 긍정과 부정 등 두 가지 상대적인 차별심과 분별심을 일으키고 사량 분별하면서 생사에 윤회하는 고통으로 심병(心病)을 만든다. 중생심으로 분별하는 망심의 비극은 영원히 이원(二元), 이견(二見)의 투쟁과 심중(心中) 갈등과 고통에서 벗어날 수가 없다.

중생심의 번뇌 망념으로 생사윤회에 빠지면 평안하고 안락한 삶은 물론, 독자적인 안목과 방편지혜로 독립(獨立) 주행(周行)하는 진정한 해탈의 자유를 체득할 수 없다.

자아의식의 중생심으로 자타, 시비(是非)를 분별하는 번뇌 망심을 비우고, 본래 청정한 진여본심을 회복하도록 방편법문을 출세간의 언설로 창조하여 불이법문으로 설한다. 중생심으로 분별하는 세간의 언설로써는 진여법, 제법실상법과 출세간의 지혜를 체득하는 방편법문을 설할 수가 없기 때문에 제불세존은 독자적인 진여일심의 지혜가 불이(不二)의 묘용(妙用)으로 작용하는 방편법문을 개발해서 설법했다.

제불여래가 설한 일언일구의 방편법문은 모두 진여본심의 지혜로 지금 여기, 자기 본분사의 일을 여법하게 실행하도록 법수의 논리로 개발하여 개시한 불이법문이다. 따라서 과거, 미래, 현재 삼세(三世)의 제불여래가 시공을 초월하여 똑같이 진여일심의 지혜로 본분사를 실행할 수 있는 진여평등의 법문이다.

그래서 대승경전에는 제불세존이 설법한 법문을 청법한 사람들이 미증유의 법문, 불가사의 해탈 법문이라고 찬탄한다.

불이법문은 결코 추상적이고 철학적인 사상의 개념이 아니다. 일체 중생이 본래 구족하고 있는 청정한 진여본성의 지혜생명(實相)을 깨닫도록 제불여래가 출세간의 방편법문의 언어를 개발하여 여법하고 여실하게 설법하며 개시(開示)한 것이다.

『유마경』 제자품에 "중생심의 번뇌 망념을 끊지 않고, 열반의 경지를 깨달아 체득하는 일이 좌선수행이다(不斷煩惱 而入涅槃 是爲宴坐)"라고 설하는 것처럼, 중생심의 번뇌 망념을 끊고 해탈 열반의 경지를 깨달아 체득하는 것이 아니다.

소승의 좌선수행은 번뇌 망념을 끊고 열반의 경지를 수행의 목적으로 구하기 때문에, 아라한을 번뇌 망념의 도적을 죽인 살적(殺賊)이라고 번역한다.

경전의 방편법문에서는 번뇌를 끊는다(斷), 망념을 소멸시킨다(滅), 제거한다(除), 비운다(空), 마음을 닦는다(修心), 항복(降伏)한다, 조복(調伏)한다, 번뇌 망심을 수섭한다(受攝其心), 번뇌 망심을 항복한다(降伏其心)라고 설하지만, 중생심의 번뇌 망심을 수행의 대상으로 삼고, 번뇌 망심을 끊고, 항복시키고 조복시킬 수가 있을까?

불교는 중생심의 번뇌 망념을 끊고 열반 해탈을 추구(趣向)하거나, 악(惡)을 버리고 선(善)을 선택하며, 부처, 해탈, 열반 등을 목적으로 삼고 수행하는 종교가 아니다. 번뇌 망념을 끊고 해탈 열반을 구하는 수행은, 중생의 차별심으로 해탈 열반을 추구하는 사도(邪道)이며, 마음 밖의 대상경계에서 해탈 열반을 찾는 것은 외도(外道)이다.

『유마경』의 이 법문에 의거하여 번뇌즉보리(煩惱卽菩提), 생사즉열반(生死卽涅槃)이 설해지게 되어 선승들이 자주 사용하는데, 여기의 즉(卽)은 동(同)과 같은 뜻이 아니다. 같다(同)는 것은 차이(差)와 차별이라는 상대적인 언어이기 때문이다.

즉(卽)은 『금강경』에서 설한 즉비(卽非)의 논리로 번뇌와 보리, 생사와 열반, 수행과 깨달음(修證), 불심과 중생심을 모두 부정한 양비(兩非)와 같은 뜻이다. 즉 번뇌와 보리, 생사와 열반, 선과 악, 부처와 중생 등 상대(相對)하는 존재나 언어의 이원적인 사고를 모두 함께 텅 비우고 진여일심의 지혜를 체득하는 불이법문이다.

선에서는 "선과 악을 모두 함께 사량 분별하지 말라(善惡都莫思量)", "부(父)와 모(母)를 분별하는 망심이 일어나기 이전 본래면목을 체득하라(父母未生以前本來面目)"고 설한다.

자아의식과 의식의 대상경계를 텅 비운 아공, 법공의 경지가 되어야 수행의 목적으로 추구하는 해탈열반이 아닌 진여본성의 본래열반의 경지를 깨달아 증득할 수 있다.

경전에서 진여일심이 청정한 공의 경지를 불이, 무이(無二), 즉(卽), 여(如), 여여(如如), 여래(如來), 지마(只麽) 등의 방편법문으로 설하고, 번뇌 망심이 일어나지 않은 본래 청정한 진여본심, 본래면목이라는 의미로 미생(未生), 불생(不生), 무생(無生), 무법(無法), 무상(無相) 등으로 표현한다.

진여일심의 지혜가 원만하고 법계에 두루한다는 의미로 중도, 법계일상(法界一相), 일여(一如), 법성원융, 원각(圓覺), 원통(圓通), 원종(圓宗)이라고 한다. 공(空), 불이(不二)의 법문을 중(中)이나 원(圓), 즉(卽), 여(如)라는 한

마디 언어로 제시한 것은, 이 한 마디의 방편법문에 불법사상 전체를 깊이 사유하고 이해할 수 있도록 한 것이다.

경전과 어록에서 설한 일구(一句)의 방편법문의 언어는 법수(法數)의 논리가 뒷받침된 불이법문이기 때문에, 진여일심의 지혜로 여법하게 사유하고 참구해야 한다.

정법의 안목으로 경전에서 설한 제불여래의 방편법문을 진여일심의 지혜로 사유하고 관찰해서 불법의 대의를 분명하게 깨달아 실지(實智)와 증지(證智)를 체득해야 제불여래의 지혜와 일체가 된다.

제불여래가 설한 법문은 언설과 문자의 지식으로 이해하면 안 되고, 진여일심법이 공과 불공, 불이법문의 지혜로 작용하는 법수(法數)의 논리로 여시설법한 방편법문을 여시아문하여 여래의 지혜를 깨달아 체득해야 한다. 『반야심경』과 『금강경』을 독송하는 일도 마찬가지이다. 언어문자의 속박에서 해탈하여 진여일심의 지혜로 경전을 수지, 독송하여 사람들에게 설법할 수 있는 능력을 구족해야 된다.

제불세존이 49년간 수많은 방편법문을 설했지만, 자신의 견해와 주장을 "한 글자도 설하지 않았다(一字不說)"고 설한 것처럼, 자아의식을 텅 비우고(我空) 대상경계도 텅 비운(法空) 진여본심의 지혜로 진여법을 여법하게 개시(開示)했을 뿐이다.

마치 태양이 항상 밝은 빛과 생명의 에너지(光明)를 일체 만물에게 자기 본분사의 일로 평등하게 제공하는 것과 같다. 태양뿐만 아니라, 자연의 모든 존재는 모두 각자 외부의 힘에 의존하지 않고, 어떤 목적도 없이 자성(본성)의 지혜생명으로 시절인연에 따른 자기 본분사의 일을 할 뿐이다.

어떤 선승이 조주선사에게 "달마대사가 서쪽 인도에서 중국에 온 뜻은 무엇인가?"라고 질문하자, 조주선사는 "정원의 잣나무(庭前柏樹子)"라고 했다. 정원의 잣나무가 자아의식도 대상경계도 분별하지 않고, 시절인연에 따라서 묵묵히 자기 본분사의 삶을 살고 있는 것이다.

달마대사나 제불여래가 어떤 목적의식을 가지고 중국에 온 것도 아니며, 중생들을 구제하고 혜가에게 정법을 전하고 설법하기 위한 것도 아니다. 제불여래의 설법은 중생을 구제하기 위한 목적도 아니며, 시절인연에 따른 자기 본분사(일대사)의 일이다. 불지견과 정법의 안목을 구족한 제불여래나 대승의 보살은 누구나 설법자가 될 수 있다.

문수, 보현, 관세음보살 등 수많은 대승보살과 유마(維摩) 거사, 승만(勝鬘) 부인, 암제차(菴提遮) 여인, 천녀(天女)와 8세 용녀(龍女) 등 많은 여인들과 조사와 선승들도 정법의 안목으로 선의 법문을 설했다.

7. 방편법문의 수행

불교의 경전과 어록은 제불여래가 방편지혜를 깨달아 체득하도록 설한 방편법문이다. 즉 불지견을 구족한 제불여래가 정법의 안목으로 제법의 실상을 여법하고 여실하게 개시하여, 일체 중생이 정법의 안목(불지견)을 구족하고, 방편지혜로 시절인연에 따라서 자기 본분사의 일을 여법하게 보살도로 실행할 수 있도록 방편법문을 설한 것이다.

『금강경』에 "여래의 지혜생명은 보살수행자들이 생사윤회에 타락하지 않도록 잘 보호한다(如來 善護念諸菩薩)"라고 설한 법문처럼, 정법의 안목을 구족한 여래의 불지견은 중생심의 번뇌 망념을 텅 비우는 발심수행과 동시에 시절인연에 따른 자기 본분사(일대사)를 방편지혜로 실행한다. 따라서 일체 중생이 경전의 방편법문을 여시아문하고 수지, 독송하는 방편수행은 중생심의 번뇌 망념으로 생사에 윤회하는 고통에서 해탈하고 진여일심의 방편지혜로 공덕행을 회향하는 자기 본분사의 일이다.

인류의 역사에서 제불의 원력행으로 지혜와 자비의 생명을 회향하는 보살도의 위대한 삶을 실행하는 종교는 대승경전과 어록의 방편법문뿐이다.

진여일심으로 여래의 지혜생명을 실행하는 경지를 여래행, 불경계(佛境界), 정토왕생이라고 하며, 임제선사는 무위진인(無位眞人), 무의도인(無依道人)이라고 했다. 『증도가』에 "계정혜 삼학의 수행도 끝내고, 진여본심의 지혜(무위)로 한가하게 본분사의 삶을 사는 도인(絕學無爲閑道人)"이라고 하며, 『십현담』에는 "장부는 하늘을 치고 오르는 뜻(원력)이 있으니 여래가 행한 길을 따라서 실행하지 말라(丈夫皆有衝天志, 莫向如來行處行)"고 하며, 독보행(獨步行), 독립주행(獨立周行)을 설한다.

불법수행을 『원각경』에서는 여래인지법행(如來因地法行)이라고 하는데, 진여일심으로 여시아문(如是我聞)하고 신수봉행(信受奉行)하며 발심 수행하는 일이다. 제불여래의 설법은 자아의식의 중생심으로 대상경계를 분별하는 이원적인 사고의 번뇌 망념을 텅 비우고, 진여일심의 지혜로 불이법문을 실행하는 제불여래의 공덕행이다.

『금강경』(14)에 "이 경전의 법문을 청법하면 신심이 청정하고, 진여일심의 지혜가 살아난다. 이 사람은 제일 희유한 공덕을 성취한 사실을 알 수 있다"라고 설한다.

대승경전에는 이와 같은 법문을 반복해서 설한다. 방편수행은 제불여래의 큰 수레(大乘)로 동승(同乘)하고, 제불의 큰 배를 타고 사바의 고해(苦海)를 함께 건너가는 일과 같다. 제불여래는 발심수행자의 진여본성의 지혜생명이기에 남의 수레에 의존하는 편승이 아니라, 각자가 제불여래의 큰 수레를 건립하는 것이다.

마치 음악을 연주하는 사람이 악보(樂譜)에 따라서 악기로 연주하거나 노래를 부르면, 음악이 여법하게 연주되는 것과 같다. 남의 연주를 듣는 것이 아니라 자신이 여법하게 악보에 따라서 독자적인 자기 본분사의 일로 연주를 실행하는 일이다.

제불여래의 방편법문은 마치 음악의 악보와 같이, 자성 청정한 진여일심(一心)의 진실한 지혜생명(諸法實相)이 여법하게 실행되도록 한다.

아무리 악보가 있어도 연주하지 않으면 음악이 연주되지 않는 것처럼, 제불여래의 방편법문을 여법하게 수행하지 않는 사람은 제불여래의 지혜로 보살도를 실천할 수 없다.

『금강경』(14)에 "선남자 선여인이 스스로 이 경전의 방편법문을 수지 독송하여 남에게 설법하면 그는 곧 여래가 된다"고 설한 것처럼, 불지견으로 설법하는 일이 지금 여기, 자기 본분사의 일이다.

『종용록』 제70칙, 경전의 언어문자에 의거하여 뜻을 이해하는 것은 삼세제불의 원수(依經解義 三世佛冤)라고 인용한 말은, 『종용록』 제58칙 '금강경의 법문' 수시에도 언급한다(依經解義, 三世佛冤, 離經一字, 返同魔說) 의경의해(依經解義)라는 말은, 『상법결의경(像法決疑經)』에서 다음과 같이 설한다.

> "상법(像法)의 시대에 모든 나쁜 비구들은 나의 뜻을 이해하지 못하고, 자기의 소견에 집착하여 십이부(十二部) 경전을 글자에 따라서 뜻을 취하고 결정적인 설법이라고 주장한다. 마땅히 알아야 한다. 이 사람은 삼세제불의 원수로서 나의 법을 빨리 소멸하게 하는 것이다.
>
> (像法中 諸惡比丘, 不解我意, 執己所見, 宣說十二部經, 隨文取義, 作決定說. 當知此人 三世諸佛怨, 速滅我法)(『대정장』 제85권 1337쪽 上)

『조당집』 제14권 백장회해전에도 다음과 같이 전한다.

> 어떤 수행승이 "경전에 의거하여 뜻을 이해하는 것은 삼세제불의 원수이고,

경전의 법문을 여의고 한 글자라도 설하면 마구니의 말과 같다고 했는데, 어찌하여 그렇습니까?"라고 질문하자, 백장선사는 다음과 같이 대답했다. "경전의 말을 굳게 지키고 있으면 삼세제불의 원수요, 마음 밖에서 달리 구하면 마구니의 말과 같다."

경전의 언설을 자기의 주관적인 사고로 이해하고 해석하는 것은 삼세제불의 원수가 된다는 말이다. 수산주는 자기 생각대로 이해하고 판단했기 때문에 불이법문을 생(生)과 불생(不生)으로, 죽순과 대나무로, 수행과 깨달음이라는 두 가지 견해(二見)로 분별했다. 여법하게 경전의 법문을 잘 이해해야 여래가 되고 부처가 된다.

만송선사는 "이것은 말과 대상경계에 흔적이 생기면 시비 분별이 발생하기 때문이다(言跡之興也, 是非所以成)"라고 설명하는데, 이 말은 승조의 『조론』 답유유민서(答劉遺民書)에 "대개 말과 흔적이 일어나는 것은 여러 가지 차별이 생기는 원인이 된다(夫言迹之興 異途之所由生也)"라는 말에 의거한 것이다. 『장자』 천운편에 노자가 공자에게 "대개 육경(六經)이란 옛 성인들의 낡은 흔적이오. 그 흔적을 만들어낸 옛 성인의 정신과 덕행이 될 수 있겠소. 지금 당신이 말하는 것 역시 옛 성인의 발자취(흔적)일 뿐이오(夫六經, 先王之陳迹也. 豈其所以迹哉. 今子之所言 猶迹也)"라고 말했다.

세계의 문명 문화사에서 시간과 공간에 따라 이루어진 위대한 사상, 철학, 종교, 과학, 수학 등의 고전(古典)은 많지만, 고전에서 제시하는 가르침은 인간의 사유와 사상을 기록한 것으로, 어떤 특정 사상가의 주관적인 사고와 성찰을 기록한 것이다.

고전은 자신의 사고나 신념, 철학 사상을 제삼자에게 전달하려는 목적과 의도, 취지가 있기 때문에 작가의 머릿속에 독자를 상상하고 있다. 특히 중국의 고전은 한자로 기록한 저술이기에 글자를 이해하는 능력과 시각, 안목이나 입장에 따라서 다양한 이해와 해석이 제기될 수 있다. 한자를 잘 알고 있는 사람의 능력과 주관적인 사고의 인식에 따라서 여러 가지 해석을 할 수 있고, 독자 또한 작가의 말과 주장에 따르기 때문에 자신의 머릿속에는 작가와 작가가 주장하는 말에 따른 사고와 사상에 속박되거나 의식하게 된다.

불교의 경전과 어록은 제불여래와 조사들이 불지견을 구족하여 제법실상을 방편법문으로 제시한 것으로, 일체 중생이 생사 해탈과 열반의 안락을 체득하도록 설한 불이법문이다.

『법화경』에 제불여래가 불지견으로 진여법, 제법실상법을 개시하여 일체 중생이 진여법을 깨달아 불지견을 구족할 수 있도록 설법하는 일이 제불세존이 출세한 일대사인연이라고 설한다.

즉 주관적인 자아의식도 의식의 대상경계도 텅 비운 아공, 법공의 경지에서 진여법을 여실하게 개시하고 중생이 자각하여 생사윤회를 해탈하도록 설한 방편법문을 시절인연의 자기 본분사라고 설한 것은 인류의 역사에서 그 전례를 찾아볼 수 없는 일이다.

제불여래는 자아의식과 의식의 대상경계를 텅 비운 아공, 법공의 경지에서 진여일심의 지혜로 방편법문을 설했으며, 설법의 기록도 제3자가 보고 들은 대로 조금도 가식을 첨가하지 않고 기록했다는 점이다. 경전과 어록의 방편법문은 진여일심법(法), 진여일심이 여법하게 지혜로 작용하는 뜻(義), 방편지혜(智), 향상과 향하, 상구보리 하화중생의 보살도를 실행하는 요의법(了義法) 등 사의(四依)에 의거한다.

동서양의 고전(古典)은, 사람(人)이 자신의 주관적인 사상을 기록한 말(語)이기 때문에 일반인들은 그 고전의 언어를 자아의 주관적인 사고로 인식(識)하고 분별하는 이원적인 사고에서 벗어날 수가 없다.

불교의 수행은 제불여래의 방편법문과 설법에 의존하는 것이 아니라, 정법의 안목을 구족하고 방편지혜를 체득하여 진여일심의 지혜로 독자적인 자기 본분사의 일을 실행하도록 설한다.

『십현담』에 "장부는 여래가 행한 경지를 따라서 실행하지 않고 독보행을 한다(丈夫皆有衝天之志, 莫向如來行處行)"고 설한다. 진여일심의 지혜로 독자적인 생명활동을 실행하는 경지를 여래행, 불경계라고 하며, 임제선사는 무위진인(無位眞人), 무의도인(無依道人)이라고 했다. 『증도가』에는 "절학무위한도인(絕學無爲閑道人)"이라고 설한다.

『금강경』(14)에 "만약 어떤 사람이 이 경전의 법문을 들으면 신심 청정하고 곧 진여지혜의 실상(實相)이 살아난다. 이 사람은 제일 희유한 공덕을 성취한 사실을 알 수 있다(若復有人 得聞是經 信心淸淨 卽生實相 當知是人 成就第一希有功德)"라고 설한다.

대승경전에는 이와 같은 법문을 반복해서 설하는데, 방편수행은 제불여래의 큰 수레(大乘)에 동승(同乘)하고, 제불의 큰 배를 타고 사바의 고해(苦海)의 바다를 함께 건너가는 일과 같다. 제불여래는 발심수행자의 지혜생명이기에 남의 수레에 의존하는 편승이 아니라 각자가 제불여래의 큰 수레를 만든 것이다.

마치 연주자가 음악의 악보에 따라서 악기로 연주하거나 노래를 부르면 음악이 저절로 연주되는 것과 같다. 남의 연주를 듣는 것이 아니라 자신이 악보에 맞추어 독자적인 연주를 실행하는 일이다.

제불여래의 방편법문은 마치 악보와 같이, 자성이 청정한 일심(一心; 空; 0)이 반야지혜의 진실한 생명(諸法實相)으로 실현되도록 한다. 진여법이 진여일심의 지혜로 작용하는 도리를 공(空)과 불공(不空)의 법수 논리로 설한다. 진여일심의 반야지혜는 수학의 공식과 같이 논리적인 체계이기에 중생심의 사적인 사고가 개입할 수 없으며, 언제 어디서 누구라도 제불여래의 방편법문을 발심수행하면 똑같은 방편법문의 법수(法數)로 중생심의 생사해탈을 이룬다.

악보가 있어도 연주하지 않으면 음악이 되지 않는 것처럼, 방편법문을 발심 수행하는 사람이 제불여래의 지혜생명으로 보살도를 실천한다는 사실이다.

진여자성(眞如自性)은 진여자연(眞如自然)이다. 자연은 외부의 힘이 개입되지 않고, 진여 그 자체의 불가사의한 생명활동을 구족하고 있다. 일체 만법이 모두 자성 청정한 진여일심의 불가사의한 지혜의 생명으로 자연스럽게 작용하고 있다는 진실을 제법실상, 자연법이, 본래면목이라고 설한다.

일체 중생이 구족한 진여본성(如來藏)은 중생이 사바세계에 살고 있지만, 일체의 만물이 오염시킬 수가 없고, 항상 청정한 제불여래(비로자나)의 지혜 광명을 법계에 두루 비추고 있다는 사실, 열반의 사덕(四德; 常樂我淨)이 미묘하게 작용한다는 불가사의한 사실이다.

불법의 방편수행은 비본래(非本來)의 중생심으로 살고 있는 자신을 정법의 안목으로 자각하고, 스스로 본래 자성이 청정한 진여자연의 생명으로 되돌아가도록 하는 일(歸命)이다. 스스로의 발심수행과 동시에 저절로 진여자성의 지혜생명이 자연스럽게 실행된다. 이러한 불법수행을 "초발심이 곧 정각"이라고 설한다.

발심수행은 제불의 방편법문에 동참하는 수행을 말한다. 그래서 『법화경』, 『금강경』 등에서 청법(聽法), 서사(書寫), 수지(受持), 독(讀), 송(誦)이라는 5종의 방편수행을 제시하고 있다.

『금강경』(14)에 경전의 방편법문을 수지, 독송하는 수행은 여래가 된다고 다음과 같이 설한다.

미래의 시대에 만약 어떤 선남자 선여인이 스스로 이 경전의 법문을 수지,

독송하면 곧 여래가 되어 제불여래의 지혜로 이 사람을 모두 여법하게 알고, 모두 여실하게 볼 수 있기 때문에 생사윤회에 퇴보하지 않고 모두가 무량무변의 공덕을 성취할 수 있다.

(當來之世 若有善男子 善女人 能於此經 受持讀誦 卽爲如來 以佛智慧 悉知是人 悉見是人 皆得成就無量無邊功德)

경전의 방편법문을 수지, 독송하여 불지견을 구족한 여래가 되어 정법의 안목으로 타인에게 방편법문을 설법하면 그는 곧 부처와 여래가 된다고 설했다. 누구에게 설법했기 때문에 여래가 된 것이 아니라, 대승의 보살이 발심하고 방편법문을 수행하여 자기 본분사의 일로써 타인에게 설법하는 일이 제불여래인 것이다.

정토교에서 '나무아미타불'이나 '관세음보살'이라는 방편으로 제시한 부처와 보살의 명호를 칭명하는 염불수행 역시 방편법문을 수행하는 일이다. 부처의 명호를 칭명하는 염불수행, 방편수행이 곧 부처의 지혜(아미타불)를 이루며 아미타불의 정토를 건립하고 장엄하는 일이 된다.

칭명 염불수행이나 경전의 방편수행은 중생심의 의식을 즉시에 불심의 지혜로 전환하고, 부처의 지혜로 상구보리 하화중생의 공덕행을 실행하는 본분사의 일이 된다.

『유마경』 불국품에 "불속에 연꽃이 피는 희유한 일(火中生蓮華 是可謂希有)"이라고 설하며, 『열반경』 여래성품에 "해탈을 희유(希有)라고 한다. 물속(水中)에서 연꽃이 피는 일은 희유라고 할 수 없다. 불속(火中)에서 피는 일이 희유한 일이다"라고 설한다. 『증도가』에서는 "중생의 사바(욕망)세계에서 발심(참선)수행하는 일은 불지견(佛知見)의 힘이요, 불속에서 연꽃을 피우는 희유한 공덕의 일은 결코 파괴되지 않는다(在欲行禪知見力, 火中生蓮

終不壞)"라고 읊었다.

묘법은 『법화경』을 『묘법연화경』이라고 하는 것처럼 진흙탕에 연꽃이 피지만 연꽃은 진흙탕에 오염되지 않고 항상 청정(處染常淨)한 것처럼 진여본성이 여여하게 청정한 지혜로 작용한다.

『유마경』 불국품에 "중생세간에 오염되지 않는 연꽃과 같다(不着世間如蓮華)"라고 설하며, 『화엄경』 보현행원품에 "마치 연꽃이 진흙탕 물에 오염되지 않는 것과 같고, 또한 태양과 달이 허공에 안주하지 않는 것과 같다(猶如蓮花不着水 亦如日月不住空)"라고 설한다.

8. 염불수행 – 관세음보살 이근원통(耳根圓通)

『법화경』 관세음보살보문품에 관세음보살을 칭명하는 염불수행을 다음과 같이 설한다.

그때 무진의(無盡意)보살이 자리에서 일어나 오른쪽 어깨를 드러내어 지극히 공경하는 예의를 올리고 합장하고 부처님께 말했다.

"세존이시여! 관세음(觀世音)보살은 어떠한 인연으로 관세음이라고 칭명하게 된 것입니까?"

부처님이 무진의보살에게 말했다.

"선남자여! 만일 한량없는 백 천만 억 중생들이 모든 괴로움으로 고통을 받을 때, 이 '관세음보살'이라고 일심(一心)으로 칭명하고, '관세음보살'이라고 칭명하는 그 소리를 듣는 즉시에 그 음성을 관찰하면 모든 괴로움의 고통에서 해탈할 수 있다."

(爾時 無盡意菩薩 卽從座起 偏袒右肩 合掌向佛 而作是言. 世尊 觀世音菩薩 以何因緣 名觀世音. 佛告 無盡意菩薩. 善男子. 若有無量百千萬億衆生 受諸苦惱. 聞是觀世音

菩薩 一心稱名 觀世音菩薩 卽時觀其音聲 皆得解脫)

수행자가 '관세음보살'이라고 일념으로 칭명하는 '관세음보살'이라는 자신의 소리를 듣고 자각하는 염불수행이 칭명염불(稱名念佛)이다.

수행자가 스스로 '관세음보살' 명호를 칭명하고 스스로 자신이 칭명한 '관세음보살'이라는 소리를 듣고, 그 소리(음성)를 진여본심의 지혜로 관찰(觀)하며 자각하는 염불수행을 염불삼매(念佛三昧)라고 한다. 온 몸이 입이 되어 일념으로 '관세음보살'이라고 칭명하는 소리를 진여일심의 귀(耳根)로 듣고 자각(觀)하는 청각(聽覺)은 진여일심의 지혜작용이기에 일체 중생심으로 사량 분별하는 모든 번뇌 망념과 생사윤회의 고통에서 해탈하게 된다.

『대승기신론』 진여자체상(眞如自體相) 훈습을 설한 곳에 "진여자체상 훈습이란 무시이래로부터 무루법을 구족하고 있으며, 또 불가사의한 지혜로 본각진여를 대상경계로 훈습작용하고 있다(自體相熏習者 從無始世來 具無漏法, 備有不思議業相, 作境界之性)"라고 설한다.

진여삼매를 진여일심과 진여일심의 대상경계(心一境性)가 되어 불이일체(不二一體)가 된 경지라고 설명한다. 즉 진여일심으로 '관세음보살'이라고 칭명(稱名)하는 진여본심의 음성을 진여본성이 자각하여 진여삼매(염불삼매)의 경지가 되도록 하는 염불수행법을 설한다.

진여일심으로 '관세음보살'이라고 칭명하는 염불수행이 시각진여(始覺眞如)이며, '관세음보살'이라고 일심으로 칭명하는 일음(一音)의 법음(法音)을 진여일심의 귀로 듣고 자각하는 본각진여(本覺眞如)가 대상경계의 본성(境界之性)이 되는 것이다.

자아의식의 중생심과 육근(六根)이 육경(六境)의 대상경계의 형색과 소리를 인식하면, 중생심으로 의식의 대상경계를 분별하는 업장을 지어 생사윤회의 고통에서 벗어날 수가 없다. 그래서 보살이 진여본심에서 발심(因地)

하고 진여본심의 지혜로 자각하는 진여삼매(眞如三昧), 일행삼매(一行三昧)의 수행법으로 염불삼매를 제시하고 있다. 『대승기신론』과 『원각경』에서는 여래인지법행(如來因地法行)이라고 한다.

『법화경』 관세음보살보문품의 법문과 『대승기신론』에서 설한 진여삼매의 염불수행법을 『수능엄경』 제6권에 관세음보살의 이근원통(耳根圓通)으로 다음과 같이 설한다.

대중들과 아난이여! 그대들은 전도된 중생심으로 대상경계의 소리를 듣는 육근의 귀(耳)를 진여자성으로 되돌려(旋) 진여자성의 귀(耳根)가 듣는 기관이 되도록 하고, 중생심의 귀에 들리는 소리(음성)를 되돌려서 진여자성의 귀(耳根)가 듣고 자각하라(旋汝倒聞機 反聞聞自性).

자성(自性)이 소리를 듣고 자각(聽覺)하면 진여자성(自性)은 무상(無上)의 불도를 이루게 된다. 관세음보살의 원통(圓通)은 진실로 이렇게 이루어진다.

이것이 바로 미진수와 같이 많은 제불이 한 길로 열반의 경지를 이루는 문이며, 과거의 제불여래도 이 열반의 문으로 원통을 성취했고, 현재의 모든 보살도 이 열반의 문으로 지금 각자 원명(圓明)한 깨달음을 체득했다. 미래의 수행자도 반드시 이와 같은 정법(法)에 의거하여 여법하게 수행해야 한다. 여래 역시 이 정법의 수행으로 깨달음을 증득했으니, 이것은 비단 관세음보살뿐만이 아니다.

(大衆及阿難 旋汝倒聞機 反聞聞自性. 性成無上道, 圓通實如是. 此是微塵佛 一路涅槃門. 過去諸如來 斯門已成就, 現在諸菩薩 今各入圓明 未來修學人 當依如是法. 我亦從中證 非唯觀世音)(『대정장』 제19권 131쪽 中)

『수능엄경』은 관세음보살의 이근원통을 깨달아 체득하는 법문을 설한다. 중생이 의식의 대상경계로 들리는 소리를 육근(六根)의 귀(耳)로 듣는다면, 대상경계의 소리를 분별하고 차별하는 중생심의 번뇌 망념에서 벗어날 수 없다.

마찬가지로 '관세음보살'이나 '나무아미타불'의 명호를 칭명(稱名)하는 자신의 목소리를 자신의 귀로 듣는다면, 중생심으로 의식의 대상경계(心緣相)로 명칭(名字相)을 인식하고 분별하는 것이 되기 때문에 번뇌 망념과 생사윤회를 벗어날 수 없는 범부가 된다.

또 단순하게 '관세음보살'이라고 칭명하는 소리만 반복하고 진여일심으로 자각하는 지혜의 작용이 없으면, 허망한 염불로서 무기공(無記空)에 떨어진다.

그래서 『수능엄경』에 "그대들은 전도된 중생심으로 대상경계의 소리를 듣는 육근의 귀(耳)를 진여자성으로 되돌려(旋), 자성의 귀(耳根)가 관세음보살이라고 칭명하는 그 소리를 듣는 기관이 되도록 하고, 육근의 귀로 들리는 소리를 되돌려서 진여자성이 소리를 듣고 자각하라(旋汝倒聞機 反聞聞自性)"고 설한다.

자신이 관세음보살 명호를 칭명하는 염불 소리를 육근의 귀에 들리는 대상경계의 소리로 듣지 말고, 진여본심의 귀로 듣고 자각(聽覺)하여 진여본심의 지혜로 진여삼매, 일행삼매가 되도록 하라는 염불수행법이다.

그래서 육근의 귀로 소리를 듣는 기관을 진여자성의 지혜기관(機關)으로 되돌려(旋), 자성의 귀로 칭명하는 염불소리를 듣고 자각하도록 설했다. 관세음보살이라고 칭명하는 그 소리를 육근의 귀로 듣게 되면 의식의 대상경계가 되지만, 진여본성의 지혜로 듣고 자각(觀)하면 진여삼매가 되기 때문에 자아의식과 의식의 대상경계를 분별하는 번뇌 망념의 자취나 흔적도 없다.

『수능엄경』에 반문문자성(反聞聞自性)의 염불수행을 '입류망소(入流忘所)'라고 설한다. 즉 관세음보살이라고 칭명하는 소리의 흐름(의식)을 바꾸어(入流) 진여본성이 듣고 자각하면, 육근(六根)의 중생심으로 듣는 소리의 대상경계가 없어진다(忘所)는 뜻이다.

『수능엄경』 제6권에 다음과 같이 설한다.

처음 육근(六根)의 귀로 들리는 소리의 흐름(의식)을 바꾸어 진여자성이 듣고 자각하면, 소리(의식)의 대상경계가 없어진다(初於聞中 入流亡所). 대상경계의 소리를 듣고 인식하여 받아들이는 일도 이미 없어져 동정(動靜)의 두 차별상이 요연하게 일어나지 않는다. 이렇게 점차로 나아가 소리를 듣는 자아의 주관과 들리는 객관의 대상경계가 없어져 안주하지 않으니, 깨달음과 깨달음의 대상도 모두 텅 비워진다. 또한 텅 빈 경지의 깨달음도 지극히 원만하여 공(空)과 공한 경지도 소멸하고, 중생심의 생멸(生滅)이 이미 소멸하니 적멸(寂滅)의 열반이 실행(現前)된다.

(初於聞中 入流亡所. 所入旣寂 動靜二相, 了然不生. 如是漸增 聞所聞盡. 盡聞不住. 覺所覺空. 空覺極圓. 空所空滅. 生滅旣滅, 寂滅現前)

"처음 육근(六根)의 귀로 들리는 소리의 흐름(의식)을 바꾸어 진여자성이 듣고 자각하면 들리는 대상경계가 없어진다(初於聞中 入流亡所)"라는 일절은 매우 난해하다. 글자대로 번역하면 오역(誤譯)이 되기 때문에 의미가 통하지 않고, 방편법문의 특성을 상실하게 된다.

대승경전은 제불여래가 설한 방편법문을 여법하게 번역해야 여법하게 방편수행을 할 수 있다. 단순히 한자를 한글로 바꾸는 번역이 되어서는 안 된다.

『수능엄경』 제5권에도 "근본(根)을 선택하고 원통을 택하며, 육근(六根)으로 들리는 소리의 흐름을 바꾸어 진여자성이 듣고 자각하면 정각을 이룬다(根選擇圓通 入流成正覺)"라고 설한다.

또 『수능엄경』 제6권에 다음과 같이 설한다.

부처님이 원통(圓通)을 질문하면, 나는 다음과 같이 대답합니다.

즉 이근(耳根)의 문(耳門)에서 원만하게 비추는 삼매로 반연하는 마음작용이 자유자재하며, 이로 인(因)해 중생심으로 대상경계를 인식하는 의식의 흐름을 바꾸어 삼매를 체득하고, 깨달음(菩提)을 성취하는 일이 불도수행의 제일 근본입니다.

(佛問 圓通. 我從耳門 圓照三昧 緣心自在, 因入流相, 得三摩提, 成就菩提 斯爲第一)

입류(入流)라는 말은, 『벽암록』 제46칙 경청(鏡淸)화상의 우적성(雨滴聲)이라는 공안에 설두선사가 게송에서 언급하고 있다.

본칙의 공안은 『조당집』 제10권, 『전등록』 제18권 경청화상전에 수록하고 있다. 경청화상은 도부(道怤; 868~937)선사이다.

경청화상이 어떤 수행승에게 물었다. "문 밖에 무슨 소리인가?"

수행승이 대답했다. "빗방울 떨어지는 소리입니다."

경청화상이 말했다. "중생은 전도되어 자기를 잃어버리고, 마음 밖으로 대상경계를 쫓는다."

수행승이 말했다. "화상은 어떻습니까?"

경청화상이 말했다. "간신히 자기에 미혹하지 않는다."

수행승이 말했다. "간신히 자기에 미혹하지 않는다는 말의 의미는 무엇입니까?"

경청화상이 말했다. "출신(出身)은 오히려 쉬운 일이지만, 탈체(脫體)를 말하기는 어렵다."

(擧. 鏡淸問僧. 門外是什麽聲. 僧云. 雨滴聲. 淸云. 衆生顚倒. 迷己逐物. 僧云. 和尙作麽生. 淸云. 泊不迷己. 僧云. 泊不迷己, 意旨如何. 淸云. 出身猶可易, 脫體道應難)

출신은 입신출세(立身出世), 제불의 출세(出世)와 같이 발심수행으로 향상(向上)의 깨달음을 체득한 경지, 정각을 이룬 경지이다. 탈체(脫體)는 깨달음의 경지를 그대로 여실하게 밝히는 일(설법)이다. 그래서 "깨달음을 체득하는 일은 쉬우나, 깨달음의 경지 그대로를 말로 표현하기는 어렵다(出身猶可易. 脫體道應難)"라고 한다.

『오등회원』 제13권 운거도응(雲居道膺; 828~902)선사가 상당법문에서 다음과 같이 설한다.

> 육근(六根)의 문안에서 깨달음을 체득(出身)하기는 쉽고, 법신(法身)의 몸 안에서 방편의 지혜를 제시하는 일(出門)은 어렵다. 마음이 움직(動)이면 곧 중생의 몸이 천 길의 생사에 윤회하는 구덩이에 묻히고, 마음이 움직이지 않으면(不動) 당처에서 썩은 곰팡이가 생긴다.
>
> (上堂云, 門裏出身易, 身裏出門難,. 動則埋身千丈, 不動則當處生苗)

운거선사의 법문은 『허당록(虛堂錄)』 제48칙에 제시하며, 『종용록』 제25칙 게송의 착어에도 언급한다. 마음이 움직이면 업(業)이 되어 생사에 윤회하게 되고, 마음이 움직이지 않으면 곰팡이가 생긴다는 말은, 남전(南泉)선사가 평상심이 도(道)라는 사실을 중생심으로 아는 것(知)은 망각(妄覺)이고, 알지 못하는 것(不知)은 멍청한 무기(無記)라고 설한 법문과 같다.

동(動)과 부동(不動), 지(知)와 부지(不知)를 분별하는 중생심의 차별심을 초월하고, 본래의 진여본심을 회복하여 지금 여기, 자기 본분사를 방편지혜로 실행할 수 있어야 한다는 법문이다.

『자각선사어록(慈覺禪師語錄)』에도 "열반의 본심을 깨닫기는 쉬워도 방편의 지혜로 분명하게 설하는 일은 어렵다(涅槃心易曉 差別智難明)"라고 설하고, 풍혈(風穴)선사도 "중생신을 불신으로 전환하는 길은 있지만, 깨달음의 경지를 그대로 설하는 것은 어렵다(轉身猶有路 脫體道應難)"고 설한다.

도연명(陶淵明)의 시 「음주(飮酒)」에 "석양의 아름다운 모습이 산중의 기운으로 나타나고, 새들은 날면서 각자의 둥지로 돌아간다. 이러한 자연세계의 참된 뜻이 있지만, 말로써 표현할 수가 없다(山氣日夕佳, 飛鳥相與還, 此中有眞意, 欲辨已忘言)"라고 읊었다.

석양이 산기슭에 아름답게 드리우고 새들이 둥지로 날아가는 자연법이, 제법실상의 세계를 언어문자로 설명한다는 것은 불가능하기 때문에 말로써 표현할 수 없다고 했다. 언어문자로 제법실상의 진실한 뜻을 표현할 수가 없다(言不盡意)는 말이다.

정법의 안목으로 번뇌 망념을 자각하여 진여본심을 회복하는 일은 초발심으로 정각을 이루는 참선수행이다. 그러나 깨달음을 체득한 진여본심(본래면목)의 지혜는 언어문자로 설명할 수가 없기 때문에 『대승기신론』에 진여법신(眞如法身)의 지혜는 언어를 여읜 진여(離言眞如)로서 일체의 언설상(言說相), 명자상(名字相), 심연상(心緣相)을 여읜 경지라고 설한다. 진여본심(본래면목)의 지혜는 불립문자 언전불급(言詮不及)이라고 설한 법문과 같다.

중생신의 번뇌 망념을 초월하는 발심수행(出身)은 쉬우나 깨달음의 경지를 여법하게 방편의 지혜로 설법하는 일(脫體)은 어렵다고 했다. 말후구(末後句)의 법문을 언어문자로 설하기 어렵다는 사실을 경청선사의 법문을 인용하여 설하고 있다.

경청화상이 "자신은 간신히 자기를 잃어버리지 않고 있다"라고 하는 것은, 비 내리는 소리를 의식의 대상경계로 듣는 중생심이라는 사실을 자각하고, 곧바로 진여본심을 회복한 것이다. 즉 정법의 안목으로 마음을 되돌려(唯心) 자아의식과 의식의 대상경계를 텅 비우고(一切皆空), 진여본심(본래면목)을 회복한 것을 말한다.

『수능엄경』에는 관세음보살의 이근원통(耳根圓通)을 체득하는 수행법으로 "육근(六根)의 귀로 들리는 소리를 되돌려, 진여자성(眞如自性)이 듣도록 하라(反聞聞自性)"고 설했다.

육근(六根)의 귀로 들리는 비 오는 소리를 진여본심의 귀로 듣도록 중생심의 인식작용을 진여본심의 지혜로 전환시키는 것이다. 번뇌 망념을 자각하는 초발심의 수행으로 진여본심을 회복하는 깨달음을 체득하는 불법수행은 일심(一心)의 전환인데, 『화엄경』에 "일체는 오직 마음으로 창조한다(一切唯心造)"라고 설한 유심의 사상이다.

자아의식의 중생심과 의식의 대상경계인 일체유위법(一切有爲法)은 실체가 없다. 정법의 안목으로 중생심의 번뇌 망념을 자각하고, 진여본심의 지혜를 이루는 참선수행을 즉심시불(卽心是佛), 시심작불(是心作佛)이라고 설한다.

선에서는 자아의식의 중생심과 의식의 대상경계를 모두 텅 비우고, 진여일심의 지혜를 회복하는 발심수행을 발초참현(撥草參玄), 발진견불(撥塵見佛), 회심작불(回心作佛), 견성성불(見性成佛)이라고 한다.

『현사어록(玄沙語錄)』에 경청도부(鏡淸道怤)화상이 젊은 시절 현사사비(玄沙師備)선사의 처소에서 수행한 인연을 다음과 같이 전한다.

> 도부(道怤)상좌가 밤중에 현사화상에게 나아가 예배를 올리고 법문을 청했다. "저는 여기에 와서 열심히 수행하였지만 아직 아무런 깨달음을 체득하지 못했습니다. 화상께서는 자비를 베풀어 깨달음을 체득하는 길(入路)을 제시해 주십시오."
>
> 현사선사가 말했다. "그대는 저기 개울에 물 흐르는 소리가 들리는가?"
>
> 도부상좌가 "예! 들립니다"라고 말하자, 현사선사는 "그대는 그 개울에 물 흐르는 소리를 듣고 깨달아 체득하도록 하라!"고 지시했다.
>
> 경청(鏡淸)선사는 현사선사의 지시를 받고 개울에 흐르는 물소리를 듣고 깨달음을 체득했다.

『열반경』 제20권에 "일체의 모든 소리는 부처의 소리(一切聲是佛聲)"라고 설하며, 부대사(傅大士)도 "부처가 어디 있는지 알고자 하는가? 단지 '부처님!'이라고 부르는 그 소리가 바로 부처이다(欲知佛何在 只這語聲是)"라고 설한 것처럼 진여법, 제법실상법, 자연법이(自然法爾)의 여여한 법음(法音)을 듣고 자각하는 일이 문성오도(聞聲悟道)이다.

현사(玄沙)선사는 제비가 지저귀는 소리를 듣고 "깊고 깊은 제법의 실상을 설하고, 훌륭하게 불법의 요체를 설한다(深談實相, 善說法要)"라고 했고, 『운문어록』에 운문선사는 "일체의 모든 소리는 부처의 소리요, 일체의 모든 모양은 부처의 모습이며, 모든 대지가 바로 법신이다"라고 설했다.

소동파(蘇東坡)도 동림상총(東林常聰)선사를 참문하여 무정설법(無情說法)의 법문을 청법한 뒤 대오(大悟)하고, "개울물소리가 곧 부처의 설법이요, 산의 형색이 청정법신이다. 지난밤에 깨달은 팔만사천법문, 다른 날 어떻게 사람들에게 제시해야 할까(溪聲便是廣長舌 山色豈非淸淨身 夜來八萬四千偈 他日如何擧似人)?"라는 오도송을 읊었다.

발심수행(초발심)으로 깨달음(정각)을 이루기는 쉬워도 깨달음의 경지를 방편의 언설로 설법하기는 어렵다고 했다. 진여본심이 지혜로 작용하는 깨달음의 경지는 일체의 언설과 언어를 초월한 언전불급(言詮不及), 언어도단(言語道斷), 불립문자의 경지이기에 이언진여(離言眞如)라고 한다. 즉 진여일심이 지금 여기, 자기 본분사의 일을 여법하게 지혜로 실행할 수 있는 방편법문을 설하기란 어렵다.

경청화상이 "중생은 전도되어 자기를 잃어버리고, 마음 밖으로 대상경계를 쫓는다(衆生顚倒. 迷己逐物)"라고 한 말도, 『수능엄경』 제2권에서 설한 법문이다. 밖에 비 오는 소리를 듣고 자기 본래면목을 상실하고 의식의 대상경계로 들리는 빗소리를 듣고 있는 중생심을 지적하고 있다.

『이입사행론』에도 “중생이 미혹할 때는 사람이 대상경계의 사물(法)을 따르고, 깨달으면 사물이 사람을 따른다. 깨달으면 마음이 사물을 수용하고, 미혹하면 사물이 마음을 포섭한다”라고 했다.

『벽암록』 제46칙, 경청선사의 법문에 대하여 설두중현(雪竇重顯)선사는 다음과 같이 게송으로 읊었다.

빈 집에 빗방울 떨어지는 소리,
훌륭한 작가도 대답하기 어렵다.
만약 의식의 흐름을 바꾸었다고 말했지만,
여전히 깨달아 체득하지 못했다.
알겠는가? 알지 못했는가?
남산과 북산에는 더 많은 비가 내리고 있네.
(虛堂雨滴聲, 作者難酬對. 若謂曾入流, 依前還不會. 曾, 不會. 南山北山轉雱霈)

“빈 집에 빗방울 떨어지는 소리.”

방 밖에는 빗방울 떨어지는 소리가 들리지만, 집 안은 텅 비어 아무도 없다. 텅 빈 집, 무심의 경지에는 미혹과 깨달음의 차별도 없으니 자신이 미혹한 일도 없고, 사물에 집착하는 일도 없다고 읊은 말이다.

“훌륭한 작가도 대답하기 어렵다.”

문 밖에 들리는 소리를 빗방울 떨어지는 소리라고 말하면 사물을 쫓는 중생심이기에 마음 밖에서 대상경계(法)를 추구하는 것이 되고, 빗방울 소리라고 말하지 않으면, 현실에 비 오는 소리라는 사실을 위배하여 만법의 참된 진실을 보지 못하는 정법의 안목 없는 사람이 된다.

훌륭한 선지식도 사량 분별이 끊어진 깨달음의 경지를 여실하게 있는 그대로 방편법문의 언어로 설법하기란 지극히 어렵다. 작가 선지식은 방편지혜가 여법하게 작용하는 방편법문을 설할 수 있는 능력을 구족해야 한다.

"만약 의식의 흐름을 바꾸었다고 말했지만, 여전히 깨달아 체득하지 못했다."

입류(入流)라는 말은 『수능엄경』 제6권에 "처음 육근의 귀로 들리는 소리의 흐름을 바꾸어(入流) 자성이 듣게 하면 소리의 대상(所)이 없어진다(入流亡所). 소리를 듣고 받아들이는 일도 이미 없어져 움직임(動)과 고요함(靜)의 두 차별상(相)이 분명히 일어나지 않는다"라는 말을 토대로 한 게송이다.

흐름을 바꾸다(入流)라는 말은, 육근(六根)의 인식으로 보고 듣는 중생심의 의식을 바꾸어 진여본성이 보고 듣는 지혜작용을 말한다. 밖에서 들려오는 빗소리와 방에서 빗소리를 듣는 주관적인 자성의 자각이 하나(一體)된 경지이며, 육근의 대상으로 들리는 빗소리를 되돌려 자성이 듣고 자각(反聞聞自性)하는 지혜작용이다.

그런데 설두의 게송은 대상경계를 잊는 경지까지 가지 못하고 질문한 수행승처럼 "빗방울 떨어지는 소리입니다"라고 말하는 것은 단지 육근(六根)의 귀로 소리를 들었기 때문에 여전히 빗소리(경계)에 속박되어 있다. 즉 빗소리와 자기와 하나된 깨달음의 경지를 이루지 못한 것이라고 비판한 것이다.

설두선사는 수행승들에게 "알겠는가? 알지 못했는가?" 문제를 제시했다. 빗소리는 불법을 깨달아 체득하여 정법의 안목으로 알거나 알지 못했거나 관계없이 역시 빗소리일 뿐이다. 깨닫기 이전도 산이고 물이며, 깨닫고 난 뒤도 산이고 물인 것처럼, 빗소리는 여전히 빗소리인 것이다.

"남산과 북산에는 더 많은 비가 내리고 있네."

남산과 북산은 이곳이나 저곳, 시방세계 일체 처 어느 곳에도 많은 비가 오고 있다.

자아의식의 중생심으로 보고, 듣고, 맛보는 것은 사량 분별심과 번뇌 망념이기 때문에 생사윤회에서 해탈할 수 없다. 중생심의 인식작용을 진여자성의 지혜작용으로 전환시키는 것을 발심수행이라고 한다.

『화엄경』에 “일체유심조(一切唯心造), 만법유심(萬法唯心)”의 법문처럼 대승불교는 자아의식을 텅 비우는 아공(我空)과 의식의 대상경계를 텅 비우는 법공(法空)의 실천수행을 유심의 실천사상으로 설한다.

발심, 발보리심은 반야바라밀의 지혜를 실천하는 유심의 사상이다. 대승의 열반은 본래열반이며, 진여자성이 선정이고 지혜이기 때문에 진여무념, 본래열반, 적멸상, 진여자연, 고불(古佛), 본래면목 등 여러 가지 방편의 언어로 표현한다. 그 구체적인 수행법이 발심수행, 신심수행, 염불수행, 방편수행, 간경수행, 참선수행 등이다.

『유마경』 불도품에 문수보살이 유마거사에게 “보살이 어떻게 수행해야 불도(佛道)를 통달합니까?”라고 묻자, 유마거사는 “보살은 중생의 비상식적인 도를 실행(非道行)하는 것이 불도를 통달하는 것입니다”라고 대답했다.

상도(常道)는 일상적인 윤리 도덕을 실행하는 것이고, 비도행(非道行)은 중생심의 상식을 초월한 비사량(非思量), 불가사의(不可思議) 경지, 즉 진여본심(본래면목)의 지혜로 보살도를 실행하는 것이다. 비사량(非思量)은 부사의(不思議), 불가사의, 희유(希有)와 뜻이 같다.

『운문광록』에 “중생의 일상적이고 상식적인 사고(常道)를 위반해야 불도에 계합한다(反常合道)”고 설한다. 중생심의 번뇌 망심이 없고 진여본심의 지혜가 되어야 불도에 계합한다(無心合道)고 설하면서 번뇌 망념이 없는 무념(無念)과 무심(無心)의 경지를 깨닫도록 설한다. 『무량수경』 제22원에 “범부의 일상적인 윤리관을 초월한다(超出常倫)”라는 구절도 같은 뜻이다.

범부 중생이 정토에 왕생하고자 발원하고 ‘나무아미타불!’ 혹은 ‘관세음보살’이라고 칭명(稱名)하는 염불소리를 중생심의 귀로 듣지 말고, 진여자성의 귀(耳根)로 듣고 자각(聽覺)하도록 설한다.

중생심으로 칭명하는 염불은 염불삼매(念佛三昧), 진여삼매(眞如三昧)가 될 수 없어 아미타불을 친견할 수도 없고, 곧바로 정토에 왕생할 수도 없다.

그래서 여법한 염불수행법을 강조한다.

여법한 염불수행은 '관세음보살', 혹은 '나무아미타불'이라고 칭명하는 염불 소리를 진여자성의 귀(耳根)로 또렷하게 듣고 자각(聽覺)해야 불심의 지혜로 깨달음(念佛)을 이루는 염불삼매가 된다.

그래서 『수능엄경』에 "자성(自性)이 부처님의 명호를 칭명(稱名)하는 염불 소리를 듣고 자각(聽覺)하면 자성(自性)은 무상(無上)의 불도를 이루게 된다. 관세음보살의 원통(圓通)은 진실로 이렇게 이루어진다"라고 설한다.

『대승기신론』에 진여자성의 지혜로 진여 자체를 훈습하는 일을 진여삼매라고 설하는 것을, 『수능엄경』에서는 관세음보살의 이근원통(耳根圓通)은 '관세음보살'이라고 칭명하는 그 소리를 되돌려 자성이 듣고 자각하도록 한다(反聞聞自性)라고 정리했다.

중국불교에서 『수능엄경』을 편찬한 근본 이유가 이 일단의 법문에 있다고 할 수 있다.

『아미타경』과 『법화경』 관세음보살보문품 등에서는 칭명염불, 염불수행을 설했다. 『아미타경』에서는 일심불란(一心不亂)으로 7일간 '나무아미타불'이라고 부처의 명호를 칭명하는 염불수행을 하면 중생심의 번뇌 망념의 생명이 끝날 때(臨命終時), 아미타불의 극락정토에 곧바로 왕생한다는 법문이다.

그러나 『아미타경』 등 정토계의 경전에서 여법하게 염불수행의 실천방법을 구체적으로 설한 것은 없고, 『법화경』 관세음보살보문품에서 칭명 염불하는 그 소리(法音)를 관찰(觀)하라고 지시할 뿐이다.

중국 불교인들이 『법화경』과 『아미타경』에서 설하는 칭명염불수행 방법(방편)을 구체적으로 여법하게 제시하려고 『수능엄경』을 편찬한 것이라고 할 수 있다. 사실 관세음보살의 이근원통(耳根圓通) 법문은 『수능엄경』의 압권이다.

『수능엄경』에서 설한 관세음보살의 이근원통을, 『대승기신론』에서 진여자성의 지혜로 진여자체(眞如自體)를 대상으로 훈습(熏習)하여 진여삼매를 이루는 방편법문으로 염불수행, 참선수행을 제시한 것이다.

여법한 진여삼매, 일행삼매는 염불수행뿐만 아니라 모든 불법수행의 기본이며 근간이 된다. 불법은 진여법이며, 제법실상법, 자연법이(自然法爾)로서 시절인연에 따라서 자기 본분사의 일로 진여일심의 지혜생명이 여법하게 작용하는 방법을 방편법문으로 설한 것이다.

중생심의 번뇌 망념을 텅 비우고 진여본성(眞如本性)의 지혜로 여법하게 상구보리 하화중생의 공덕을 회향하는 진여삼매의 수행법을 지금 여기, 자기 본분사의 일로 실행하도록 제시한다. 진여삼매의 여법한 수행은 정토수행에 한정된 것이 아니라 조사선, 간화선 등 모든 불법수행의 근본이다.

사실 중생심의 모든 의식이나 감정, 생각은 모두 언어이기 때문에 언어로 사물의 이름과 모양, 좋고 나쁨, 선과 악, 나와 남을 분별하며, 욕망과 번뇌 망념, 탐진치(貪瞋痴) 삼독심(三毒心)으로 생사윤회의 고통을 초래하는 업장을 만든다. 중생은 자아의식으로 의식의 대상경계의 사물을 보고 듣고, 좋고 나쁜 것을 분별하면서 번뇌 망념을 일으키고, 생사에 윤회하는 업장을 짓고 있다.

그래서 중생심의 마음을 언어 개념과 분별심이 없는 본래 청정한 진여본심으로 전환시키도록 유심(唯心)의 실천사상을 설한다. 오직 일심으로 '나무아미타불' 혹은 '관세음보살'이라는 부처와 보살의 명호를 칭명하는 염불수행과 참선수행은 본래 청정한 진여본심의 지혜와 자비심으로 상구보리(上求菩提) 하화중생(下化衆生)으로 보살도의 공덕을 회향하는 본분사의 일이다.

따라서 염불수행은 자신이 입으로 부처님의 명호를 칭명하는 목소리를 진여본심의 청정한 마음의 귀로 듣고 자각하는 수행이다. 자신이 발심수행하는 염불소리를 진여본심의 귀로 듣고 지혜를 이루는 문성오도(聞聲悟道)라고 한다.

불교의 수행에서 깨달음을 체득하는 방법을 다양한 방편법문으로 제시하는데, 두 가지로 요약하면 진여본심의 귀로 청정한 법음(法音)의 소리를 듣고 깨달음을 체득하는 청각(聽覺)과 부처의 지혜인 정법의 안목으로 여법하고 여실하게 제법의 진실을 보고 깨닫는 시각(視覺)이다. 정법의 안목을 구족한 시각은 경전을 공부하는 간경(看經)과 선어록을 참구하는 간화(看話) 수행에서 많이 강조하고 있다.

청각(聽覺)은 물소리, 바람소리, 종소리, 북소리 등 자연의 모든 소리는 중생심의 사량분별을 초월한 소리이기 때문에 법음(法音), 묘음(妙音), 일음(一音), 원음(圓音)이라고 한다.

『법화경』 공덕품에 "보배의 풍령(風鈴)이 바람 따라 미묘한 소리(妙音)를 낸다"고 설하며, 『화엄경』에도 "여래의 일음(一音)은 한량이 없다(如來一音無限量)"라고 설한다.

칭명염불은 진여본심의 법음(法音), 원음(圓音). 묘음(妙音), 일음(一音)이며, 칭명염불 소리를 듣고 자각하는 진여일심의 지혜작용은 중생심의 분별심과 번뇌 망념을 소멸시킨다.

『화엄경』에 "초발심이 곧 정각을 이룬다"고 설하며, 『대승기신론』(42)에 "중생의 번뇌 망심이 소멸하면 진여법신의 지혜가 실행한다(妄心則滅 法身顯現)"고 설하고, 현수법장의 『오교장』에 "한 생각의 망념이 일어나지 않으면 부처이다(一念不生名爲佛)"라고 했다.

『열반경』 제9권 보살품에 천상에 있는 독을 바른 북(塗毒鼓) 이야기를 다음과 같이 설한다.

> 선남자여! 어떤 사람이 여러 가지 독을 바른 북(塗毒鼓)을 치면 많은 사람들이 그 북소리를 들으려고 하지 않아도 듣게 된다. 그 북은 독(毒)을 바른 북이기 때문에 그 북소리를 듣는 사람의 중생심은 모두 죽고, 진여본심의

지혜는 살아난다.

내가 설한 경전의 법문도 독(毒)을 바른 북과 같아서 한 번 설하면 멀고 가까운 곳에 있는 모든 사람들의 중생심은 모두 죽어버리고 청정한 진여본심의 지혜가 살아난다.

이 일단은 천동굉지의 『묵조명』과 『선문염송』 제44칙에 인용하고 있는데, 북소리나 종소리는 법계에 두루 울려 퍼지기 때문에 그 종소리나 북소리를 듣게 되면, 중생심의 번뇌 망념은 죽고, 북소리를 듣고 자각하면 진여본심의 지혜가 되살아나게 된다고 설한다. 염불소리나 사찰에서 울리는 종소리나 북소리도 마찬가지다.

『석문의범』에 다음과 같이 종성(鐘聲)의 게송을 전한다.

원하건대 이 종소리가 법계에 두루하여
지옥의 철위산 어두운 곳에도 모두 지혜광명이 비치고,
삼악도의 고통을 여의고, 금수도산의 지옥도 파괴되며,
일체 중생이 정각을 이루기 원합니다.
(願此鐘聲遍法界, 鐵圍幽暗悉皆明. 三途離苦破刀山, 一切衆生成正覺)

무량종수(無量宗壽)선사의 『일용청규(日用淸規)』에도 다음과 같이 종성(鐘聲)의 게송을 전한다.

삼계의 중생들이 이 종소리를 듣고,
번뇌는 끊어지고 지혜는 증장하며,
발심하여 깨달아 지옥을 여의고 삼계를 초월하여,
불도를 이루고 중생을 제도하기 원합니다.
(聞鐘聲 煩惱斷, 智慧長 菩提生, 離地獄 出三界, 願成佛 度衆生)

자아의식의 중생심이나 육근(六根)의 귀로 들으면 분별심이 일어나지만, 청정한 진여본심의 귀(耳根)로 종소리를 듣고 자각(聽覺)하면, 자기와 종소리가 불이일체가 되어 일행삼매가 되고, 성불의 원력을 성취하게 된다.

원력과 발심, 방편수행은 자아의식의 중생심으로 짓는 업장과 번뇌 망념, 생사에 윤회하는 고통의 업장을 소멸하게 하고, 청정한 진여본심의 지혜로 선근 공덕을 이루며, 해탈 열반의 평안한 삶으로 자기 본분사의 일을 건립(창조)한다.

경전강의 시리즈
교재 03

법화경 강설

초판 1쇄 인쇄 | 2023년 5월 23일
초판 1쇄 발행 | 2023년 5월 30일

강설 성본 스님
펴낸이 | 윤재승
주간 | 사기순
기획홍보팀 | 윤효진
영업관리팀 | 김세정

펴낸곳 | 민족사
출판등록 | 1980년 5월 9일 제1-149호
주소 | 서울 종로구 삼봉로 81 두산위브파빌리온 1131호
전화 | 02-732-2403, 2404
팩스 | 02-739-7565
웹페이지 | www.minjoksa.org, www.facebook.com/minjoksa
이메일 | minjoksabook@naver.com

ISBN 979-11-6869-031-8 03220